云南大学民族学一流学科建设经费资助

"离别"东南

庄孔韶 等著

——一个汉人社会人类学的分解与组合研究

中国社会科学出版社

图书在版编目（CIP）数据

"离别"东南：一个汉人社会人类学的分解与组合研究／庄孔韶等著. —北京：中国社会科学出版社，2019.12
ISBN 978-7-5203-5598-8

Ⅰ.①离…　Ⅱ.①庄…　Ⅲ.①汉族—社会人类学—研究—福建　Ⅳ.①K281.1

中国版本图书馆 CIP 数据核字（2019）第 256646 号

出 版 人	赵剑英
责任编辑	王莎莎　刘亚楠
责任校对	冯英爽
责任印制	张雪娇

出　　版	中国社会科学出版社
社　　址	北京鼓楼西大街甲 158 号
邮　　编	100720
网　　址	http://www.csspw.cn
发 行 部	010-84083685
门 市 部	010-84029450
经　　销	新华书店及其他书店
印刷装订	环球东方（北京）印务有限公司
版　　次	2019 年 12 月第 1 版
印　　次	2019 年 12 月第 1 次印刷
开　　本	710×1000　1/16
印　　张	49.75
插　　页	2
字　　数	712 千字
定　　价	198.00 元

凡购买中国社会科学出版社图书，如有质量问题请与本社营销中心联系调换
电话：010-84083683
版权所有　侵权必究

地势无南北，
水流有西东，
欲识分时异，
应知合处同。

——（南宋）朱熹

在世界的政治地图与思想地图之间，存在一种巨大的差异。前者每五十年变幻面貌，其上覆盖着一些不确定的、任意的分化，占据优势的核心是可变化的。与此相反，思想的地图缓慢地变更，其疆域的边界呈现出一种很大的稳定性。

——瓦雷里·拉尔博（Valery Larbaud）

序

这本书是继《时空穿行——中国乡村人类学世纪回访》（中国人民大学出版社2004年版）一书出版之后的第二部人类学组合研究论著。《时空穿行——中国乡村人类学世纪回访》一共有九位同仁参与了对旧日著名人类学家中国调查点的回访研究。数年间，学人群体做跨越时空的思考，努力寻找这种特定回访的意义解说。显然，人类学的先行者提供了同一社区如何组织起来的第一个解说蓝本，然而，我们的回访意图不是只限于以今天批评昨天，而是进一步思考：业已发生的时空过程何以提供该社区思想之稳定性，抑或呈现出不同于以往的各种变化，以及其是在何种方向上的变化？

这种特定的田野回访点组合调研（纵向）之外，是二十几年前的另一个到中国北方多点调研（横向）的思考，那是在我离开林耀华"金翼"黄村调研点赴美做博士后研究期间所萌生的。在20世纪八九十年代，笔者来到西雅图的华盛顿大学——一个新的学习与研究环境，在大学苏兹楼图书馆可以方便查阅从高延（J. J. M. DeGroot）、马林诺斯基到萧公权、施坚雅等人的原版作品，杰克逊国际研究学院的常规讲座尤为容易获得来访名家理论出笼与论争的原委，以及琢磨这所学校教授善于从经验中提炼思想的好学风。当1989年接续林耀华先生的金翼黄村调研完成时，特别是在华盛顿大学博士后期间整理《银翅：中国的地方社会与文化变迁：1920~1990》书稿时，我已经交叉阅读了萧公权、何炳棣、埃文斯-普理查德、弗里德曼（Maurice Freedman）等历史与人类学的著作。我看到以往西文学术圈针对"初民社会"努尔人的世系群/宗族理论之延伸比对，借鉴了作为"文明社会"的汉人宗族乡村案例，其中林耀华撰写的义序研究简写本，以及金翼黄村的资料是弗里德曼的重要依据。我在林耀华关于《义序宗族的研究》详本重印后的专门背景解说，已经考证了福建的义序和金翼黄村作品知识进入英语学术圈的细节。[①] 那时英语学术圈受中文限制，征引中文作品不多，未能获得中国学者在功能主义与平衡论后面的更深层的本土解释，包括国学的抽绎性和转换性的解释。当然，东南部中国宗族乡村特征，也限制了中国乡村大面积的、多样性的解释。于是，我产生了在中国扩大区域研究的愿望，包括弗里德曼的学术忠告。其实，体现在中国汉字中的巨大文化涵摄力也要引起足够的认识，因为那是理念传承的车轮，而传统人类学的田野工作自身体验多于文字理解（甚至早期部落社会没有文字）。出国前我在中国闽东宗族乡村，以及在西南中国汉族与少数民族交汇处的调研经验，也促成了我的扩大汉人社会调研范围从福建"离别"的愿望。

1992—1993年在西雅图，我制订了"北方汉人社会研究计划"，得到郝瑞教授（Stevan Harrell）和中央民族大学的支持。直到现在我还留着当年发给该校领导人和几位同事的研究计划、文稿、示意图电传件（那时以写信为主，借助商用电传已经是高效的表现）。想来一下子过去20多年了，应该说不是每一个人都有同样的汉人社会研究兴趣，但我师从林耀华教授必然会思考一种学术脉络，以及是否值得并加以延续。1994年回国后，在多年研究生教学过程中，我发现有兴趣于汉人社会研究的学生在每一届都会有一两人，尽管不多，但也感到欣慰。然而时间久了，还有来自全国各地大学、研究所的追随者加盟，这个群体经常通电话，后来流行电邮和会议沟通，先前所谓的"北方汉人社会研究计划"变成了"超出北部中国的田野多点调研"。现在学人并不拘泥于某个地理方位，然而闽东的初始性研究显然是需要加以参照的，故

---

① 庄孔韶：《附记：林耀华早年学术作品之思路转换》，见于林耀华《义序宗族的研究》，生活·读书·新知三联书店2000年版，第259—276页。

"离别"东南的学术意义再明白不过了。

在闽东回访研究的同时,延续和扩展林耀华的汉人社会研究思路,离开东南北上或西去,需要提前考虑很多事情。历史而今的人类学田野工作因其点状调研的特点,多体现不同情境与视角的替代性理论成果,而今日似乎并不需要采纳某些偏激的治学态度,即所谓要"淘汰"以往的一些仍具生命力的重要解说模式,而是要尽可能地借鉴各种不同研究视角的成果。当然,古典文献和历史研究成果、思想渊源和制度考察都需要和人类学的田野工作结合起来。

从早期儒学"过化"到中华帝国,以儒家思想为主的理念与制度的选择与推广,是一个崇化导民、以国统族的历史—空间过程,从中国教育与文化的进程也能清晰地肯定这一有意识的传递过程。还有,精英哲学与大众思维的贯通性,以及惯行行为方式,如中庸、性灵、直觉思维与风水实践等;我在《银翅:中国的地方社会与文化变迁:1920～1990》里强调了帝国之下统一文字的文化认同意义,这是初民社会单纯以口传和社会记忆、集体记忆引起的认同之差别。应该说,好似言语单纯对应言语加汉字的文化意义不在一个水平上,而且,文字对流动的话语认同之固定与涵摄的意义不可小觑,这也是如此多样性文化的国度何以获得认同而不分不散的重要原因之一。因此有人特别提到世界上的几个明显的文明延续的案例,其中就包括儒家的思想与制度之"过化"。我们似乎无法否认儒家的思想与制度成功的历史过程,而所说的国学所包含当今意义上的社会史、教育过程、哲学与伦理、政治与风俗,以及新兴人类学擅长的田野调查,我们也能尝试理解中国文化先贤智者所发明、政治家所强化、教育家和乡土文人所传播及最终由基层人民所实践的文化 context 互动流程。

这本书初期选择了参与其中的九个调查点的团队作者的论文,尽管有的论文已经发展成专著,但我特别关注一个时期以来团队每人论文的创造性结论之归纳。由于调查点是大面积和多样性的分布,又一再加以挑选,因此读者会看到多角度的学术观察,可以说,能够看到在一个经历 20 年时间以后的一群中国学者的新见解，非常难得。本书阐述了作者们针对社区相似性与相异性的各自真知灼见，也反映了这次多点组合研究的理论发现与理论共享之成果。

一些研究紧紧联系着东南中国汉人社会的宗族与亲属制度，那么书斋的原理和人类学的田野观察，以及多样性区域表现如何进一步得到解释和归纳呢？杜靖近年来深化了对九族和五服—姻亲群体理念与实践探索。九族制在中国历史上有着长期的亲属实践，当其落在丧葬场景时，自然就引出了五服问题。作为一种制度的研究，无论是在所谓的宗族社会，或是非宗族社会，五服范畴的民间社会实践都极为普遍，成为基层乡村社会血缘、姻缘和地缘熟人社会组织构成诸环节的新的理论观察点。中国乡土社会千百年来一直继续着五服民俗，因此跃出宗族重视五服的观察也预示着人类学田野学术的新转向。

周泓来到中国北方杨柳青一带等两地多点的缜密研究，尝试由村庄模式转向市镇重新认识中国的途径，指出绅商引导市镇运作展现了传统乡绅村治的文化延续，从传统宗族引出的汉人社会的血缘、地缘和业缘之组合，市镇经济与乡土经济作为互为相属的组成部分而存在，因此，杨柳青成了传统宗族理念仍起支配作用的北方农商文化之路的重要案例。在以往宗族家族的研究中，血缘传承与孝的主轴之探讨最为深刻与常见，而孝悌之"悌"不知何以常被忽视。

宋雷鸣的研究认为，悌道的弱化与诸子均分的流行大体上处于同一历史过程，由家庭内的兄弟关系直接发展而来的宗族支系之间的关系，以及通过联姻而结成的兄弟式的宗族关系等，可能与人们获得平均主义的思想有最直接的关系。作者还把兄弟关系延展到家庭之外的宗族内各"门头"和外在宗族或村庄各类组织中加以讨论，甚至旧日捻军组织（作者的家乡河南沈丘娄庄是捻军起事的中心区）和当代娄庄都有"类家族主义"的构成选择和兄弟关系黏合性的内外延展的特征。

已有华北的"同姓不同宗"非宗族类型研究，对依据满铁资料和简单调研的成果质疑。兰林友在这一论题上发展了当代村庄结构和村治的研究，使我们看到了传统文化秉性传递与中断并存的现象。他的文章试图提供地方权和势的解释，这是当今福柯权力解释泛化而影响问题聚焦的改进诠释作品之一。

在帝国的边缘（或相对边际），王明珂的文献解读与田野结合，指出了那里"一截骂一截"动态场景，很有意思。1994年以后几次到台湾访问，李亦园先生就向我提到他的新著，我带回介绍给同行，希望我们也有好的族群关系研究的一线作品。萧凤霞（Helen F. Siu）教授不喜欢从上到下的社会控制论解说模式，而是走韦伯（Max Weber）的思路，强调文化意涵和人为的能动作用，几乎她的整个团队都使用结构过程（structuring）的文化诠释。因此已经看到他们人类学涵化的边缘效应的各种可能性及其新解说的成果。我最近倒是看了教育研究中的能动过程的研究，也许在文化过程初期还有一个非主动性的应对阶段（一个文化交互的隐忍和协商阶段）——一个被动性的应对状态却仍属于能动性的表现。马威接续我在25年前社区类型的课堂讨论记录线索，不是华南，而是到中国北方农牧文化交汇处调研，以解释那里的蒙古族传统继承制何以改变而接受了汉人平均主义的"轮值"制，耐人寻味。

黄剑波则在甘肃天水的吴庄看到了一百年来基督教影响下的地方文化的延续与断裂，这个变与不变的过程构成了一个富有意义的来回转换：都是作为行动主体的地方民众在更大的历史结构性场景中生成自己的意义世界的努力。因此，吴庄已经在新的历史和社会场景中生发出来一种"新传统"。

我们发现资源竞争不一定是经常的关系主题，甚至是平日有芥蒂的不同族群之间的联合与认同也是可能的。来自西北洮州同一个冰雹带下的族群合作携带着共同龙神的意旨，这是范长风在西北高原发现的极为少见的跨族群联合个案。他们在共同的生态压力下，跨越族群的共生意义与诉求超越了通常排斥他人的族群边界，是一个难得的生态与组织文化的中国经验。

四川出身的吕卓红在川西茶馆的历时性研究表明，那里并没有出现欧洲咖啡馆的公民精神，不过是日常熟人社会的生活与民俗常态，亦完全看不到哈贝马斯感兴趣的那种"政治公共领域"，得到与王笛教授的同一主题相左的结论。那么，在英语学术圈写作和在华语学术圈写作有什么不同吗？其原因值得我们进一步思考。

石峰的作品回到无宗族的问题，深入探讨了在强宗大族缺失的关中社会构成中，除"官渠"和"民渠"主导性组织力量外，宗教组织和"社火"也卷入其中。他强调正是在缺少宗族的汉人社区，便为许多自愿性组织的生长提供了可能的职能空间，他的这个分析可以概括为"组织参与的置换逻辑"。其价值在于能说明复杂多样的社会结构和社会运转的时空性差异，然而正是人类生存居住地的环境、组织和信仰的整体性生活方式系统的共同性，导致了多样性的组织角色与互动的置换逻辑生成。

虽说这个团队的作品并没有理论限定，但帝国乃至如今的上下关系过程研究，需要吸取从20世纪30年代以来的几种解说模式之间的关联性也许更为恰当。不过，林耀华、费孝通、萧公权、弗里德曼、施坚雅、杜赞奇、黄宗智和萧凤霞等人的研究之外，我们取长补短的综合研究是在注重人类学的田野调查基础上，进一步讨论和重视理念和理念先在的影响研究（德勒兹的电影绘画实践就是理念先在，捻军起义和现代中国城乡、农民工、企业研究中的等"类家族主义"的组织选择，其实也是因汉人的先在理念；个人和一定意义上某个族群都会有某种行动前的"理念先在"；拉比诺也是现象学的先在理念；当然林耀华也是）。当功能、科学、资源、权力与关系的观察之余，理念及其制度的长期影响及其限定，是我们的特别关注点，也许正是这些年人类学忽略的角度。我想理念先在的思想在早年林耀华的《拜祖》中便存在，他肯定中国乡土社会儒家教化、乡规民约、国学诵读和耳濡目染的集体背诵记忆与文化传递作用，认为报本来自于太古时代。我想，报本和祭祖的生物——文化整体性是其根源，而且汉人社会后天附加的儒家文化"负荷"，导致了宗族与家族主义的拜祖思想先于祭田、族产、祠堂等物质条件，于是我们在讨论基层社会资源、权力和关系的论争中，不能忽视祭祖报本和儒家思想制度的长期影响，当然，其影响的限度也应在讨论之列。我们说，在人类学田野研究中，地方理念与文化惯习的观察与研究并不是脱离物质关系与利益的研究，而文字与说教长久传递的理念意义总是在同时存在的制度保证下得到延续。我在《银翅：中国的地方社会与文化变迁：1920~1990》中，除了谈到古代宗法制与宋以后宗族实践的差别外，其前后的理念延续、转换清晰可见。如今我们可以进一步观察和思考儒家思想的稳定性及其何以被限定，以及制度性变迁大幅改观之后，其理念影响生活方式的持久性及其限度。我们有时不能将"前沿的"英语学术圈理论硬加在第三世界的场景中，这就会在论说的证据选择上过度挑拣。我们应当重视资源竞争、功能需求、权力关系等视角，它们对组织构成原委和思想信条持久性的影响，即理念先在的意义，看起来人类学不能忽视这一点。

（2011年2月11日停笔）

七八年前就已经有九位同行完成了多个调查点的论文，为此笔者写了上述一个未完成的论文集序言，放在了那里。原因是我们的汉人社会研究一度峰回路转，其间中国人类学家颇多人卷入了多国参与的医学、公共卫生和人类学的大规模应用调查（如国家疾控中心牵头引进社会学人类学界的China – UK HIV/AIDS Prevention and Care Project），这些新的研究似乎和汉人社会的传统议题有所分别，但后来当我们把这些团队的应用性成果集合发表的时候，却发现了汉人社会组织人类学上的收获，2020年我们准备出版另一个调研论集，特别讨论汉人社会书斋研究与田野应用之间的重要联系，有些观察则直接和我们的回访研究、"离别"东南研究直接相关。还要提到的是，我的另一支团队成员也零星地随我（大约二三十年前开始）卷入了人类学诗学、纪录片摄制、绘画、戏剧甚至体育（如足球）的调研，内中透露了同古老国学理念（如仁爱、孝道和文武之道）的紧密联系，以及这一团队关注理念先在、情感发露的精神动力与行动结构。

这是一个插曲，现在我们再回到汉人社会人类学研究的学理问题，是说最近几年又有汉人社会研究的团队新人参加，于是我新近在束之高阁的九人论文集增补了五位撰稿人的作品，合集成

《"离别"东南——一个汉人社会人类学的分解与组合研究》，主要凸显了这一团队多样性论文之间的相关性。

现在就本书田野点而言，理论上东南之外的汉人地区皆在本书中的范围之内，但目前所编纂的论文主要集中在华北（河北1篇、山东1篇、河南1篇，天津1篇、内蒙古1篇）、西北（甘肃3篇、关中1篇）、西南（云南1篇、四川2篇、广西1篇），已经大大扩充了东南以外的广大区域。

在第二轮新的论文稿中，袁松在桂北发现的包含不同宗族组织的村落研究案例，好似孔孟家族主义和"守望相助"良好组合的现代汉人居地样本。作者看到由儒家和宗族理念调动起来的内心温情在生活实践中转化为村落地缘意义上的情感认同，他们通过丧礼并生成如同信仰一般的精神生活的情感宣泄机制，人们在直觉中能够体悟到共同体和仪式的神圣存在。他们先在的儒家理念长久延续，以情感认同和情感排斥机制构建了一个依恋与敬畏的公共村落共同体。他的文章无疑强化了我们对中国文化"理念先在"的社会动力学的理解。

还有几个精彩的个案研究是对组织、方式、空间、性别与情死的新观察，有时你会想到人人经历过的、写来写去就绕到权力、理性、功能和结构的老路，尽管它们还都是社会与文化诠释的好帮手，但我们也可以换上一个哲学上"情本体"视角，以及情感人类学的导源于人类生物—文化整体性理解的方向。以类家族主义组合的川北大木偶李家班子，他们在城乡游走演出生涯中，出现了跨越"家族"情感的人/偶互动情感，发生在人、"家庭"、木偶、神与鬼之间，显然是一种互动情感之超越状态。那么，这些心灵与艺术的情感共鸣究竟意义何在？可以说，情感与美学感触是深入理解扩大的家族主义、社会角色、信仰结构和族类跨越的角色黏合剂。宋红娟来到甘肃西和调研民间的乞巧仪式的时候，发现那里除日常和公共节日的家庭民俗生活以外，在"狂巧娘娘"的活动中，以"狂耍"与"心上"的观念支撑了当地更为圆满的生活方式，并填补了女性隐性情感的表达空间，显然，它已不在权力、经济、理性和功能性的分析框架中了。

和柳对云南丽江纳西族（家乡）和汉人的交往研究中，部分借用权力解说，部分否，的确她有她的学术分别。她同意"改土归流"，即帝国中央对地方权力下的变迁举措的见解的同时，关注了纳西族何以易于采纳汉人社会的宗族家族制度，以及和纳西族女性相关的交表婚制度又如何在文化变迁中混生和缠绕。尤其是她触及了纳西族殉情的问题，我一直同她不断地追寻和深入探讨。

一些论文认为殉情是"改土归流"后汉人封建礼教对纳西族青年男女自由恋爱的迫害，然而和柳认为，从殉情的动机和所向往的杜鹃盛开的极乐世界，其生命的悲情价值已由纳西族的神话、歌谣、信仰所赞美，那些源自"情本体"的行动难以简单地归结到封建权力上。和柳认为，纳西族偏好的（至今仍能看到的）交表婚提示我们，殉情其实是源自纳西族文化自身的原因。她的新见解好似已经达成，但有意思的是，和柳意想不到地提出了我提不出的问题，即纳西族的殉情还是一个反思汉文化情感表达的族群对比问题。她认为汉人社会虽然强调了家庭人伦，但是没有完整性的情感濡化，这大概就是宋红娟论文中提及那个未被结构化了的（汉人社会伦理道德规范中）"悬置"了的"隐性情感"问题，当然和柳并没有想让我们学习纳西人"情死"的勇气，只是她得意地说，汉文化当然加强了纳西族家内父母对子女的"规训"和管束，但是年轻人情感所携带的古老文化特质仍能在纳西族传统的公共空间中展现其生命力。

我深入阅读本书十四位作者的论文，并在此基础上择要介绍，以展现他们各自的学术智慧与创见。应该说，当代人类学已经难于有以一个理论统摄一个时期的学术风尚和面对一个多样化的世界，因此这些分散的民族志之间的关系就处在重要的需要加以归纳的位置，这就是我们的分解与组合研究的重要出发点。

庄孔韶
2019 年 10 月 17 日于北京景山老宅

目　　录

导言：过化、权力、互动与情感 ················· /1

早期儒学过程检视
　　——古今跨学科诸问题之人类学研讨 ············· 庄孔韶/36

村落共同体的情感联结
　　——兼论宗族与汉人社会的文化公共性 ············ 袁　松/83

"心上"的日子
　　——关于西和乞巧的情感人类学研究 ············· 宋红娟/114

涵化的多重机制
　　——汉与纳西之互动 ······················ 和　柳/153

结构与情感
　　——木偶戏的人类学研究 ··················· 张猷猷/207

"同姓同宗"与"同姓不同宗"之华北村落政治
　　——满铁调查村落侯家营的个案研究 ············· 兰林友/243

五服与姻亲
　　——山东闵村亲属交往的民族志报告以及关于
　　　汉人社会性质的一个推想 ················· 杜　靖/318

棠棣之花
　　——一项基于汉人村庄的兄弟关系研究 ········· 宋雷鸣/395

商域宗族：绅商商绅与商镇圈层
　　——市镇研究与圈层格局 ····················· 周　泓/457

边界的对望与文化的采借
　　——内蒙古东部地区轮养制状况调查 ··········· 马　威/516

信仰、家庭与社区的再造
　　——对一个西北村庄的考察 ··················· 黄剑波/575

冰雹带上的社会联合
　　——汉藏交接地区的青苗会组织研究 ··········· 范长风/618

川西茶馆
　　——作为公共空间的生成和变迁 ··············· 吕卓红/664

组织参与的置换逻辑
　　——关中"水利社会"的组织形态 ·············· 石　峰/720

导言：过化、权力、互动与情感

庄孔韶

这一导言[①]，实际不过是近年来围绕"离别"东南的阅读与研究笔记，当然离不开本书十四位作者专论的思想启发。近年来，中国人文社会学科作品广受福柯的"权力说"影响，以此作为一个解释策略成为一时之风尚。当然在某些领域不能否定其解释力，但不加区别地泛化导致了两个后果，一是失去了权力解释的特定价值，二是遮蔽了其他维度观察的重要性。本书唯一一篇关于早期儒学"过化"之文献与考古互证研究的论文也是为了说明权力解释的有限性，以及各地人类生活方式背后携带的更为多彩的解说原理。

一 "过化"

作者特别从先秦儒家经典中抽出"过化"这一本土术语，并讨论其文化特征及其意义。例如世系群之关系范畴，既表明了其人伦网络的生物性血缘选择基础，又体现了人类后天区域性亲属制度文化之复杂规定性。向善的"仁"的儒学，即亲属血缘选择、共耕/技术协作，以及达成人伦秩序中和文化适应性理念与制度。儒学"过化"这一术语的含义，还包括早期儒学积极地展示自己，而不是后世的借助于帝国权力。从原初儒学发展的情况看，古典文论中出现

[①] 本导言草成先后得到石峰教授、杜靖教授发来的宝贵意见，以及和柳博士为我在不同系统电脑脚注转换所做的工作，在此一并致谢。

的"过化"一词,是最为贴切的儒学布扬特征术语。如果联系九族五服亲属制和儒学传布的文化地理分布,如同墨渍在宣纸上洇开似的(It is like the ink spreads and sinks in on a Chinese paper)弥散过程,似乎是最为恰当的"过化"的过程表现。

林耀华在他的早年《从人类学的观点考察中国宗族乡村》以外的论文《拜祖》和他的长篇论著《义序宗族的研究》(可惜弗里德曼没有看到他的注释部分)中的注释部分一再阐述他的"理念先在"的意义。① 如他曾摘录义序大族兴起之初(公元1734年),其《宗祠志》表达的族人心境之压力:"祭田未备,不胜惶愧,当与吾族之尊祖敬宗者共廑于怀也。"这是说祭祖是理念使然,而非功利使然,只是后来才渐渐出现了走向族田、族产、制度等多元职能的宗族组织。这一《宗祠志》描述,大概就是儒学"先在理念"持久"过化"的近现代群体性心境反应。

即使是在后来帝国时代,儒学从精英层抵达基层人民的伟大的媒介和中人中,循吏以外尚有无职无权的无数粗通儒学,善风水、会合婚、懂丧服等的乡村媒介人物,被称为"文化与人事之媒"(entrepreneur or broker of culture and human relationship)。他们是广大乡村的智者兼儒道杂家,尊师、立学、重教和礼让而"里落化之",也可以说,他们实际是"上下层文化交接的基本中人"。② "持久地执着于中国文化和作为其理想工具的儒家的文明化使命。"③ 应该说,他们是早期儒学和后世连贯的"过化"理念实践参与者。

该文以考古发掘的铭文和史料共同印证了李克在中山国传讲游说儒家诗学,成功推行了仁义之说,中山国融入华夏已经成为早期儒学"过化"第一波的重要历史明证;而郭店楚简则提供了先秦时期儒家思想自齐、鲁向四方"过化"的证据,此中,孔子门人讲学与留学、师门传授之际,文字交流对儒学学理的系统性与一致性

---

① 林耀华:《义序宗族的研究》,燕京大学1935年影印本,第51—53、64页。
② Fredrik Barth ed., *The Role of the Entrepreneur in Social Change in Northern Norway*, Norwegian University Press, 1963.
③ Arthur F. Wright, *Introduction. In The Confucian Persuasion*, Arthur F. Wright ed., California: Stanford University Press, 1960, p. 5.

"过化"起到了重要作用。儒学过程之考古人类学分析，已经可以勾画出早期中原儒学"过化"南北的两个重要证据。

这样便展示了一幅建基于生物性—文化性整体观的早期儒家思想之精髓与圣贤"过化"行迹的宏大画面。其学术见解可提炼如下：

（一）主张生物—文化整体性的整合性思路。汉人的祭祖与孝悌的文化观念需要从人类延伸到动物界共有的生物性本源上去探讨。人类亲属制度之亲近文化内涵——由生物性之"比德"，延伸到包括汉人亲属关系文化的特征中，即世界各地各种人伦之礼均包含了人类学意义上的生物—文化整体性的混生和整合性的思路。

（二）强调"先在理念"的社会动力学意义。社会生物学的血缘网络选择力量和亲子关系友好的基因禀赋，以及人类拜祖的动机、意义与伦理文化之规定，均不支持人类亲属系统（慎终追远）的功利主义优先意义。圣贤"过化"之所以感人而获得认同，还关乎他们出使布扬和讲学的态度、德行和内容，以及特有的行动方式。这些方式还借助文字刻印交互传布最终成为儒学得到大面积认同与成功"过化"的主要特点。在并非不考虑其他因素的前提下，我们不得不承认某些特定"先在理念"的社会动力学意义。

（三）早期儒学圣贤的"过化"并非强力（权力）推进的结果，其凭借的是人伦天然的情感因素和圣贤的高尚人格，从而感化众生主动接受儒家以"仁"为核心的诸多理念。这种感化的力量是为了说明世界上不同地理区域文化传布自有其特点。因儒学重在"自我教化"与"为仁由己"，故导致了非强力推进型的、如墨渍弥散式的、成功的早期儒学"过化"进程。

二 宗族研究内外

（一）五服与姻亲

杜靖近年来针对汉人社会亲属制度的原理问题——九族、五服与姻亲的区位与关系理念放到田野中对照与探索。在他的大部头著作《九族与乡土》里写到，九族制在中国历史上有着长期的亲属实践，当其落在丧葬场景时，自然引出了五服问题。作为一种制度的研究，明显看出作者考察的特点是将亲属制度和社会组织/结构紧密连接起来，寻找新的理论发现的重要途径与依据。本书收录的他的论文《五服与姻亲——山东闵村亲属交往的民族志报告以及关于汉人社会性质的一个推想》则进一步聚焦于五服—姻亲群体的内涵与意义上面。

他认为如果把五服群体比喻成一个喷泉，这个喷泉喷涌到一定高度就会自动脱落，而山东闵村就是一个大水池，里面是由一个个喷泉构成的。同样，随着五服群体的自动调整，姻亲也相应地跟着调整。因此五服—姻亲群体不是一个严格意义上的血缘继嗣群体，它实际上结合了血缘与姻亲两种关系。这样如果"以一个五服群体为参照点，就会发现它的周围有若干个五服姻亲群体在旋转（环绕？），也就说一个五服群体同时跟多个姻亲五服群体相互动"。那么，作者重新探寻五服—姻亲交往的亲属研究模式的用意，是"要从五服（本家）与姻亲双边亲属架构中理解汉人的亲属制度与实践"，无论是在所谓有宗族的社会，还是非宗族的社会。

作者从生态人类学角度加以肯定，因为这个五服—姻亲群体的规模总是可以应付农业生计与村民生育两种生产，还有在婚姻和丧葬，以及本家和姻亲之间的互助中履行各种日常文化角色。这些五服—姻亲群体的存在同各地乡土环境的资源获取总是两相契合。它们历久不衰的另一个重要原因是这个五服—姻亲群体还是帝国大传统文化理念的世代携带者，因而该群体的文化与环境始终获得适应的状态。作者还看到山东闵氏宗族组织成立的目的重在传授孝道，而孝道是五服—姻亲结构存在的根本文化机制，因此这个五服—姻亲群体不仅有着孝的心理认同，也被村落内外视作一个行动的共同体，并且有古今广为分布的事实。

杜靖对五服—姻亲古老群体至今普遍存在的田野再发现，意味着当今汉人社会以宗族和非宗族乡村社会组织与结构研究的传统视角可以更新为：汉族农村五服—姻亲群体才是更为根本的亲属活动框架。因而今后的田野工作重点可以是，探讨家庭成员的五服—姻亲群体认同和宗族/地缘认同在何种意义上加以比对，将为中国汉人社会结构的深化理解——无论是书斋亲属谱系与关系理论上，还是乡村田野文化实践上——转到一个新的重心与方向上。

(二) 悌道的新观察

以往宗族家族的研究中，血缘传承与孝的主轴之探讨最为深刻与常见，而孝悌之"悌"不知何以被忽视。宋雷鸣的论文《棠棣之花——一项基于汉人村庄的兄弟关系研究》认为，儒家提出了"孝"的基本伦理，父母传递男系之血缘纽带，要求子嗣兄弟互爱互助以更好地行孝。从这一角度而言，悌道实际上是由孝道衍生而来的。作者认为，悌道的衰落与诸子均分的流行大体上处于同一历史过程，大小传统显然上下紧密联系和相互影响。然而朱熹论及"均，谓各得其分；安，谓上下相安"，可见大传统中的平均理想实际上是建立在等级差别认同的"不均"基础之上的。因此，对平均主义观念如何实践，在民间的小传统中观察别有意义，特别是平均主义伦理存在一个由家庭逐层往外扩展的过程。作者推论，汉人家庭内的兄弟关系伦理及其生活实践应是汉人社会平均主义思想的重要源头。

他还以家乡史（作者的家乡河南沈丘楼庄是捻军起事的中心区）论述地缘关系和朋友关系是捻军组合与发展的重要方式，而地缘和朋友关系也常常以拟"兄弟关系"表现出来。"平均"作为一种理想，在现实生活中往往难以完美实现，这就造成了现实与理想或规范的差距，一些兄弟因此处于矛盾或冲突状态。但反过来说，矛盾和冲突也是兄弟们要求实现平均的表现形式。

说到平均主义这一点，笔者发现，从古至今中国家族兄弟关系黏合作用的历史性传承表现。今天中国的农民进城，可以说依然携带着家族主义、兄弟情义和平均主义，不仅反映在实际上，也反映在超血缘的"类家族主义"组合中，以及重现捻军"把兄弟"的孝悌实践。他们居然能以古老农业社会的传统伦常跨越时空在现代化大城市里找到这种最佳的组合与存在状态，不能不说这属于历史理念的选择性"重现"。

(三) 宗族与市镇商业的关联

周泓（《商域宗族：绅商商绅与商镇圈层——市镇研究与圈层格

局》）来到中国北方杨柳青两地多点进行缜密研究，尝试由村庄模式转向市镇重新认识中国的途径，指出绅商引导市镇运作展现了传统乡绅村治的文化延续，从传统宗族引出汉人社会的血缘、地缘和业缘之组合，市镇经济与乡土经济作为互为相属的组成部分而存在，因此，杨柳青成了传统宗族理念仍起支配作用的北方农商文化之路的重要案例。

仔细观之，那里在中华民国前后御河南北社会之转换与递进，因与近代商业需求一致，使得整个乡、镇构成了农商互补与结合一体的形态。她看到，绅商延续了家族合作传统，民国基层社会网络仍以亲缘、地缘为基础关系，并不妨碍其与近现代业界及社会衔接。（请对照一下林耀华《金翼》里的农商关系描述）杨柳青"八大家"商号以财富实力显示着其商性，而家族传承之地位显示其绅性，是农商兼连的、具有绅商性的杨柳青市镇文化的象征。然而，这一市镇文化以商会为中心，但不像西方市民社会那样必经自由结社而与国家处于相对视的紧张状态，反而旨在调谐民间与官府的关系，以民治辅助官治。作者进一步认为，由于市镇之绅商性或商绅性，成为国家与社会的介体。绅商基于"言商仍向儒"和非暴力理念，其出发点在于调节官商关系，赢得商人权利之商政。因而二元对立的分析框架往往把中国宗族制度作为社会对应于国家的存在方式，而忽略了家—国一体的制度。

在这种分析框架下，很容易认为，中国北方因近居国家政治中心，政权强而社会弱；而南方社会力量强而国家力量弱，从而突出了这种分离状态。作者认为，即使中华民国时代帝制解体，作为宗族制度的物质形态仍凸显于南方，而北方（如杨柳青）也可在实际存在与运作的大宗祠、作为民事（例如立嗣）法源的习惯法中发现。不仅如此，在亲缘组织以外，作为地缘组织的会馆、会所以及业缘组织的行会和商会，仍可见宗族制度的转换形态。笔者也赞同存在同一宗祧理念下中国汉人社会的地方性实践形态。正如作者所言："杨柳青所在的北方与南方的宗族制度的表现形态虽然有方式和程度的差异，但其基础结构和体系的本质是同一的。"

作者进一步认为，改革开放实质上也是在恢复社会基础、自治组织和文化传统。例如，今日乡镇的商品经济在中国传统经济中既有；杨柳青绅型商业（农—商经济、手工年画、饮食服务等）回归本位，传统商镇属性在新的年月得到延续。因此我们看不到二元对立分析框架的解释效能，倒是以群团与圈层的社会解说框架，即商团与乡农的社会，或者说是绅阶统领商民与农人的社会更为有效。

周泓尝试了从村庄模式理解中国转变为从市镇研究重新认识中国的途径。文中所见群团与圈层关系刻画了汉人社会的结构格局，绅商类型引导市镇运作则展示了传统绅治之于乡治的文化延续；而且，由传统宗族研究引出的汉人社会的血缘、地缘和业缘组合之扩展——市镇与商业领域呈现的文化共享与现代意义上杨柳青人主动的文化变迁，其重要意义显然会影响未来。

三 权力

（一）泛权力观

我们看到，当一种新兴起的认识论展现时，不同国别因其学术传统及其脉络的不同，其反响也不同。就福柯来说，20世纪80年代，当在对民族志权威性质疑的同时，需要调整民族志的认识论重心，此时很多人都愿意引证福柯的权力观。福柯的好友德勒兹（Deleuze）认为："福柯的一般原理是，任何形式都是力量作用的产物。"[①] 可见最终的权力和形式的辩证法吸引了人类学家的关注，美国人类学领域特别感兴趣的是他的权力关系的论述，并引入文化诠释与撰写的新认识论里。而福柯和法国后结构主义哲学家的作品开始在美国人类学界产生可观影响时，却在法国人类学界几乎没有任何位置（不以为然）。似乎法国人类学更倾向于在自己的领域内成长和援引它为自己所定制的流行概念。

1. 关于权力的认识论

我们需要理解福柯的权力观，在某种意义上说，这是一种政治哲学角度的泛权力认识论。在西洋，权力说植根于政经制度的统治

---

① Gilles Deleuze, *Foucault. Les Editions de Minuit*, 1986, p.131.

权，极具代表性的是意大利思想家尼科洛·马基雅维里的代表作《君主论》。①《君主论》是一部历代君王的必读书，强调权力的基础是实力，把权力归结为君王实际所具有的能力和力量，以及讨论君主如何掌权、用权、夺权和固权。②例如尼科洛·马基雅维里就直言引证说："世界上最弱和最不牢固的东西，莫过于不以自己的力量为基础的权力的声誉了。"他还欣赏那些赢得盛名和驾驭贵族的统治权却没有被人察觉的君主；还有推崇那些"逆境而不沮丧"的用权者，因"以其精神意志与制度措施激励全体人民"。

相对这一西洋权力的对比含义，传统国学只是具有引申理解的意思。权是什么？"权，称锤也。"（《玉篇》）所以，国学中的权就是称重时常用的秤砣而已。古代圣人教导"谨权量"（《前汉·律历志》），是说要谨慎公平地使权，所谓"掌权人"便是在握权、用权，要谨慎公平，故要"寄法度"（《论语·尧曰》）。掌握秤砣大体可以转换为当今行使力量和权力（power）的意思；古汉语"权牟人主"是说权力与君王相等，是君王掌握权柄（reins of power），相当于西洋意味的统治权。

其实在古典中国文献中，也是承认帝国的统治权概念的，唐代以来的称试官或暂时代理官职即称"权"，如权国（代理执掌国政）、权朝（权国）；权职（权且职掌）；权官（指代理之官）；权署（暂时代某官职）等，都是统治权线上的权力职称术语。"权者，君之所独制也。"（《商君书·修权》）"权出一者强，权出二者弱。"（《荀子·议兵》）这是从理论上申明，最高的统治权力必须由君主所独占和完全控制运用，但凡有一分可能，就绝不容许被分割。只有权柄在握，才能实现其统治。

历史上很多知名人文社会学家也在学术层面提供了权力的解说。例如，韦伯认为"权力意味着在一种社会关系里哪怕是遇到反对也

---

① 陈炳辉：《福柯的权力观》，《厦门大学学报》（哲学社会科学版）2002年第4期。
② ［意］尼科洛·马基雅维里：《君主论》，潘汉典译，商务印书馆2010年版，第48、68、106页。

能贯彻自己意志的机会"[1]。米尔斯有类似的看法，认为掌权者是"那些即便有他人在反对，也能实现自己愿望的人"[2]。所以，综合《君主论》如何用权与学术上的观察，传统权力理论首先是指一种具有中心统治权的、使有意想要的结果呈现的能力，所谓权力关系就是指这种统治权的实施及其回应。但这并不是福柯的权力观的关注（余容后续）。

福柯改变了观察的视角。他不是关注统治权，而是更为关注从17—18世纪规训机制普遍化以后——一个规训社会网络中的各种力量/权力的关系。在这里，福柯的权力并非是一种单向的、直接的所有权的占有模式，而是处于多形态的、流动的、结构的场域内。权力"使这些力量关系彼此交织，以致形成了某种锁链或某种系统，或者相反，各种差异和对抗使它们互相分离"[3]。这里福柯的权力包含着各种力量关系之间的相互协作，也包含着各种力量关系之间的相互矛盾和难以整合。这一思想表明，权力生产出结构，权力通过权力关系的互动生产出结构，而不需要任何中心的指导。[4] 这使得权力含义超越了统治权，是通常权力观以外的新的观察范畴。

根据凯利的研究，英语"Power"译成法语，可以有两个单词：既有法律与政治意义上的权力（Pouvoir，同Power）的含义（例如包括前面提到的中世纪起源的君主制的权力），也包括物理、身体意义上的力量（Puissance）。显然福柯的权力（Power）并不是某种物理力量，也并非是指机器所具有的机械力（Puissance），尽管人也确实具有这种力量。

不过还应该注意到，福柯在《规训与惩罚》《必须保卫社会》中多处使用"力量关系"（Force relation）的用语。所以福柯的权力

---

[1] [德] 马克斯·韦伯：《经济与社会》（上卷），林荣远译，商务印书馆1997年版，第81页。

[2] [美] 查尔斯·赖特·米尔斯：《权力精英》，王崑、许荣译，南京大学出版社2004年版，第8页。

[3] R. Hurley, *The History of Sexuality*, Volume 1: An Introduction, New York: Pantheon, 1978, p. 92.

[4] [英] 马克·G. E. 凯利：《导读福柯〈性史（第一卷）：认知意志〉》，王佳鹏译，重庆大学出版社2016年版，第81页。

是一般意义上的力量（Force），他的"多种多样的力量关系"表明他使用Force和传统的引至中心的权力的观念不同。所以他的力量（Force）的和权力（Power）的有时是一个意思。

福柯的确也谈到"在政治思想和政治分析中，我们仍然没有砍去国王的脑袋"，意即我们对权力的理解还停留在中世纪的概念，而实际上权力的概念已经发生了变化，即"从以削减和死亡为基础，转变为以控制有生命的身体为基础"。而且福柯还将他的权力观解释为是一种"分析"，而不是一种理论。这种"方法"是把马基雅维利的权力观引申到"权力源自一个人在某个复杂社会网络中所占据的位置，正是它所处的位置赋予他权力"。"经济关系、性关系和知识关系也构成了在我们社会中无处不在的去中心化网络。"而且"这种网络的权力关系还具有不稳定性和多变性"。统治者行使他的剥夺生命的权力来行使他维持生命的权利，因此这种权力就成了一个管理、繁殖、控制和规范生命权力的补充物，福柯的生命政治在于它将管理生命和剥夺生命的各种形式联系起来，他用非法律权力概念为基础，让我们重新理解西方政治史并用以在现实中分析那些对身体、群体和人口的管控。这里我们需要反思的问题在于，我们究竟是倾向于福柯的权力的非法律概念，还是站在法律权力概念一边，[1]扎尔卡肯定了兼顾的思想是有道理的，因为这体现了对西方政治史及其延伸下去如何解读的两个有益视角，尽管福柯认为国家权力只是权力的终极形式。

福柯的非法律概念角度的力量/权力思想，揭示了人被理性塑造和被历史改变的历程，以及人被塑造和改变的奥秘。因此福柯让我们理解，由于启蒙时代的理性旗帜，用知识的通道，使人变为主体；但权力借助知识、真理、理性直接作用于身体、精神并建构一个规劝的社会[2]，而权力的内涵是从惩罚的权力演变到规劝的权力。

---

[1] ［法］伊夫·夏尔·扎尔卡：《权力的形式：从马基雅维利到福柯的政治哲学研究》，赵靓等译，福建教育出版社2014年版，第154—157页。
[2] 陈媛：《权力的政治解剖学：福柯权力观的内在逻辑》，《南京政治学院学报》2010年第3期，第60—65页。

2. 福柯权力观的借用方式

不难发现，杜赞奇的《文化、权力与国家：1900—1942年的华北农村》一书流行于人文社会科学界，这就是一本接续了福柯权力理论模版并加以调研落实的案例。杜赞奇也的确承认他的权力概念就源自于米歇尔·福柯（《法纪与惩罚》《性史》，特别是杜赞奇上述著作的第93—96页）。[①] 杜赞奇的"权力"是一个中性概念，他的文化等同于象征与规范，这些规范包括宗教信仰、内心爱憎、亲亲仇仇等，它们有文化网络中的制度与网结交织维系在一起。权力是指"个人、全体和组织通过各种手段以获取他人服从的能力"，这些手段包括暴力、强制、说服以及继承原有的权威与法统。这一定义似乎过于笼统，但事实上，权力是各种无形的社会关系的合成，难以明确分割。（亦可称之为关系）存在于宗教、政治、经济、网络框架，但有时又是新旧理论兼顾。他试图使用平面的"权力的文化网络"分析方法，但仍是关心旧的帝国权力和法令是如何行之于乡村的。所以杜赞奇说："谈到文化，我们不能只讲孔教、绅士或由绅士操纵的体制。国家利用合作性的商人团体、庙会组织、神话以及大众文化中的象征性资源等渠道深入下层社会。权力的文化网络就是要揭示国家政权深入乡村社会的多种途径和方式。"所以杜赞奇只是部分地落实福柯的权力网络说，或许这就是福柯无中心的权力网络框架在中国实地调研中无法厘清的原因（杜赞奇似乎是采纳了上述两种视角来讨论北方中国农村社会的权力的文化网络。而福柯的权力的毛细血管网状理论其实很忌讳有一个中心权力的设定。再说，这是如同福柯的规训的社会吗？）。福柯的无中心社会网络和杜赞奇有中心的文化网络，都有泛权力论者之嫌，前者之泛论影响了学术解释力；后者则不得不兼顾。

在国家政权从中央到地方的上下网线上，统治权由大到小具有层层递减现象，但在这一统治权抵达基层的过程中，次级中心的权力的运用也有递减现象。而从作为其他相关的或无关的社会关系网

---

① ［美］杜赞奇：《文化、权力与国家：1900—1942年的华北农村》，王福明译，江苏人民出版社1996年版，第11页。

中的多元组织的职能看，如果都以权力论已经有了权力泛化现象来论，就会使得问题难以聚焦。

如果说福柯为资本主义的规训社会建立了权力的分析框架，那么所谓"中华帝国"是一个同样意义上的"规训社会"吗？当各层次社会遇到各种力量汇聚的时候，为了（例如在记录和行文中更好地区分）表达力量群体的类别和差异，国学则常见把当权者表达为"权"（Power）、在野者力量为"势"（近似potentiality）的区别性术语。朝野翻转的情形，权与势也会随之消长变化。因为中心的统治权不能忽略。如，权，"势使之然也"；又有"夫六国与秦皆诸侯，其势弱于秦"（苏洵《六国论》）。这里，强势弱势力量的变化导致了以秦为中心权力的地缘格局。权与势的用法的确较为容易观察朝野不同的社会力量角色。

如自唐朝天宝年间，唐明皇军事上放松警惕，把军权、政权和经济权尽推边将，以致安禄山得到大量精兵，积累了造反的势力。平定安史之乱之后，又封了太多的节度使，以致朝廷已经完全压制不住这些拥兵自重的外围势力，直至唐朝灭亡。这就是过度放权和自我削弱统治权造成的权势翻转现象。而相反，汉武帝推行减少诸侯封地，削弱诸侯王势力范围的一项重要法令——推恩令，其主要内容是将过去由诸侯王只能把封地和爵位传给嫡长子的传统，改为允许诸侯王把封地分为几部分传给几个儿子，形成直属于中央政权的侯国。推恩令后，"藩国始分，而子弟毕侯矣"，于是朝廷"不行黜陟而藩国自析"。推恩令之实施使王国辖地不过数县，这样，诸侯王势力被大大削弱，而中央统治权力得到巩固。然而，当权者外在的各种势力（近似potentiality），如军事、政治、经济、文化、宗教等势力，则总是表现不断的消长与变化。

不仅如此，还有两种力量的表达显然不同于福柯的资本主义社会。一是汉人宗族社会，以及在"皇权不下县"的、带有以绅士上下过渡的相对自治状态的力量结构；二是边疆如西南凉山汉彝更为隔绝的家支社会。前者应是带有中央统治权影响的半规训权—势社会；而后者则明显是无中心的、难以规训的家支势力社会，这和福柯成系统的、规训的资本主义社会刚好具有截然不同的"无中心"

社会与亲族的巧合。

所以,汉字国学中的权势分解,易于展示中央权力与多种地方势力(包括反叛势力或其他类别势力)平面存在的地缘结构。如果权与势混为一团,则很难在集团性存在的五花八门的社会组织中,区分何者处在统治权的基本线条上的权力分享或权势转换,以及在统治线条以外的社会空间中大量存在的作为"势"(potentiality)的民间组织与力量(有些表面上很像福柯"规训"社会关系中起伏不停的力量/权力)。但这里却包括不是"规训"的势力和那些非"规训"的民俗象征、自组织和情感关系实践。

杜赞奇结合福柯的权力观建立的北部中国"权力的文化网络",增进了社会关系的解释力。可以设想,如果进一步区隔权与势的分类考察华北社会,显然要比杜赞奇单纯借用福柯的权力关系网络更为清晰。泛权力说都难于使学术问题聚焦,何况我们这里还没提那些被硬性归结到权力问题的各种民间信仰、修行与情感团体的实践解说上面呢?

(二)"权"与"势"

兰林友回到已有先期调研蓝本的河北侯家营,发现"与历史上的情形几乎一样"。这是说从集体化的国家权力无所不及,到今天(指从1998年到2008年的田野调查)集体财产流失,水利失修,公共事业日渐衰落(据作者说只剩管理计划生育一类的微小权力表现),以致2003年后治安堪忧,似乎重现了数十年前的"原子化"状态的宿命轮回。如侯家营,在基层乡村固有的和新兴的各种势力相互角力,广大村民面对多种势力集团疲于应对。有时发现这里的非政府力量的基层集团势力竟置微弱的国家权力于不顾,发现涉及"国家—社会"二元理论的权力模式解释更无以奏效,而中国古典权与势转换的理论的解释力此时更为凸显,因为这一古老理论就是在这块土地上产生的。八九十年来的侯家营,"时异而势异,事异而理异",这种中国人的势的理论被认为是要"先对事物的布置趋势有所了解之后,才对显示了现实做出解释,因为他们总要先观察出什么是那作为运作体系的组合"(能起作用的布置),从这种势的评估及牵涉作用来看,"正在发生的变化则完全出于始发状况里的各种之间的平衡状态",即审时度势,"窥测出事情运行当中的形势,因此可以随其意而加以利用"①。然而数十年来,侯家营人的不同宗姓、不同派系、政党团体和黑势力在不同时空的组合和所做的选择,是遵循儒家的道德价值?政党的原则?还是"顺势"的政治表演,以求最大的潜能与利益?作者已经做出了分析。我们看到这里的"理成势",还是"势成理"的现象并存,如"物类相应于势"的无德黑道,演变成"势成理"的现象,已经引起了全社会的声讨。不过就学术上的观察而言,古今乡村各种势力的消长显示了不同时空的势之兴衰与重组的不同原理,如在作者调查期间,国家权力几乎不在场,近乎无政府、无章法和无序的基层社会构成,乡村传统宗姓团体也被无德势力侵蚀,老势力重整旗鼓和新势力异军突起,其中还有"不问道德,只问成败"的黑势力人群组合,体现了大小势力起伏不绝的平面政治景观,这和至今仍以古老的儒家宗族和家族主义血缘理念及孟子"守望相助"的地缘熟人社会——袁松的桂北乡村的和谐景象有着天壤之别,这无疑是有序和失序的两种中国基层乡村的模型,然而它们都分别包含了跨越时空的古老思想遗产的价值:一个现存有序的"周礼"的社会生活情感意义样本和一个"渐积而势"和"势使之然也"的古老权—势理论的现代田野"观察所"。最近我们正提醒侯家营的回访作者注意当前大张旗鼓地"铲除黑恶势力,增强人民群众获得幸福感安全感"运动在那里的进程,这又是一个国家权力返回的乡村社会观察阶段。这是杜赞奇的"有中心的"权力的网络分析,还是无中心的多元势力消长分析?的确耐人寻味。

(三)生活还是政治(川西茶馆的不同解读)

以往四川茶馆的作品多归于民俗研究,而吕卓红的川西茶馆调查《川西茶馆——作为公共空间的生成和变迁》有着历史人类学视

---

① [法]余莲:《势:中国人的效力观》,卓立译,北京大学出版社2009年版,第13页。

角。关于茶馆研究历史文献资料丰富,作者认为"真正具有开创意义的四川茶馆的研究始于王笛"。不过她的四川生活经历与人类学参与观察隐约觉得王笛研究的初始预设有问题,于是便针对他的作品加以对照阐述。我们原先是讨论川西有无宗族和移民分布的问题,发现川西许多地区移民社会很少有通过宗族组织做外在的联系,因这里缺少聚居型的村庄,故场镇的地位非常突出,是基本的经济与社会活动单位,而茶馆是各个场镇必有的。而且历史上的茶馆还是从农民到士绅各阶层的社会交往中心,这是一个不分血缘、不分阶层、不分地域的平民公共空间,茶馆可以说是最早的一个。吕卓红还有她的生活与精神体验,认为茶馆是处于出世与红尘的交义,进入这个空间的人"带着平等交融"和"心灵超脱的需求"。为此她总结道,无论是晚清还是中华民国,直至今天,川西茶馆一直占据着公共空间的主体位置,也是民间传统文化的保留地。茶馆中会出现自由谈天、发泄情绪、现状评论、谈生意、会朋友、解决纠纷、休息和擦鞋混为一团,不过这就是场镇茶馆的生活常态。她觉得一旦场镇人走进茶馆,其身心、体态都呈现一种无拘无束的状态,所以这是一个鼓励抛却日常约束与限制的阈限空间,以达成场镇人精神放松和慰藉。这是川西茶馆几个最重要的特征。

吕卓红考察18世纪欧洲咖啡馆,那里的文学艺术批评和政治批评中心特点明显(如笔者访问过的波兰克拉科夫的绿气球咖啡馆就属此类,留有不少政治文学艺术活动的遗迹,也是人类学家马林诺斯基年轻时常光顾的地方),而且"在批评过程中,一个介于贵族社会和市民阶级知识分子之间的中间阶层开始形成了"。然而川西的茶馆不是精英光顾的地方,只是老百姓休闲娱乐的公共空间,吕卓红认为川西茶馆"其政治舞台的角色并不是最主要的,因此在与西方的咖啡馆、沙龙等公共领域进行类比时,对政治功能的强调就缺乏坚实的基础"。譬如王笛的研究认为,街头成为政治斗争的巨大舞台,但他标举的历史上的保路运动,事实并"没有证据表明保路同志会是在茶馆里集会、谋划罢市罢课等一系列斗争活动的"。吕卓红在阅读了王笛的《茶馆:成都的公共生活与微观世界1900—1950》后,认为他用三分之一篇幅考察"茶馆与政治","揭示精英、民众以及国家怎样利用茶馆以达到各自的政治目的"很是牵强,这一政治的凸显并未使我们看到四川茶馆里会"形成一个新的阶层"和"新生的力量"。因此说不同地理区域的咖啡馆和茶馆横向对比,因有太多的政治、经济、社会与文化差异而需要特别谨慎。吕卓红的论文是从田野的人类学调查和体验所得,而王笛尽管有经过组织了的丰富材料,或许在研究之初,"就预设了茶馆与城市发展、市民兴起的因果关系",这里是吕卓红的推想和揣测。不过,我们是否可以设问,在英语学术圈和汉语学术圈研究写作何以会有不同的预设?

吕红卓的川西茶馆研究表明,那里没有出现欧洲咖啡馆的公民精神,不过是日常熟人社会的消遣生活常态,那里的茶馆难以看到哈贝马斯感兴趣的那种"政治的公共领域",也并没有"演变为社会的和政治的空间,以及怎样在地方政治中扮演重要角色"①,她得到了和王笛教授同类观察相左的结论。

四 迟到的情感研究

(一)情感也要挂钩权力吗

尽管鲍厄斯、米德、本尼迪克特和贝特森等人早年都对带有情感色彩的"精神气质""文化模式"(行为规范和情感模式)有过研究,批评功能主义如果不能"将结构和带着情感色彩和精神气质的文化的实际运作联结起来",就不够完善。②这是贝特森的见解,他已经看到了人类学功能主义的不足。

然而人类学早期的关注都是大的理性进化、直白的功能需求和文化的传播等,延续下来的是对大的政经、制度,以及后来忙于注意在田野中如何引起对历史的关注(这在以前是个弱点)。当他们还没有足够的时间(一百多年而已)排列他们的递进的大角度的理论成果时,田野情感总是被挤到文化与社会框架边缘。可以说,被忽

---

① 王笛:《公共生活的恢复:改革开放后的成都茶馆、民众和国家》,《开放时代》2018 年第 5 期。
② [美]贝特森:《纳文——围绕一个新几内亚部落的一项仪式所展开的民族志试验》,李霞中译,商务印书馆 2008 年版,第 22—23 页。

略的更广泛意义的情感关注出现在20世纪70—80年代，应是人类学一个不得已的迟到现象。格尔茨是把情感看作是"一种群体性的文化现象"，以及人们的精神气质受符号体系制约。① 而法国人涂尔干和葛兰言的"集体情感"紧紧联系着"社会团结"。可见他们的研究所注目的情感现象，一是集体气质的文化决定，二是集体情感的社会性表达，而个体情感和社会文化中潜在的情感关联却没有被关注。加上近些年来被无限扩张的权力范畴及其运用（有时是生硬地勉强套用），以及卷入国家—地方二元论分析框架的大比例论文，似乎今天的人类学家都快成了政治家的注脚，而田野中的情感早就被大的政经、结构、社会所淹没。

20世纪80年代的情感人类学兴起，罗萨尔多认为："要把握个性就必须把握文化的形式"，"要分析思想就必须分析情感。"② 这种研究趋向是解释个性、情感在特定的文化之下是如何被建构的，是寻找个性、情感和行为实践的关联。那个年代还有把情感围绕话语分析展开的，是为了"寻找情感同社会性与权力之间的关系"。我们感兴趣的Lila Abu-Lughod的贝都因社会的情歌诗学分析③，就是偏重从中发现针对社会压抑的反抗情绪。想象一下，如果我们把大量收集的中国地方民歌加以类别分析——和权力相关的，例如属于礼教压抑下的民歌只能算作很少一部分；常见的陕西民歌中的酸曲的直白情感抒发；吴歌常用的谐音双关抒情题材几乎都和权力无关。④可以想见，在一个学科流行一个理论的时期，连情感这类主题都有可能加以片断选择和权力挂钩，那么问题在于，既然人类原生情感并不是首先来自权力关系，那么因此认为贝都因人的情歌属于"颠覆性权力话语"，实在是过于学究气的生硬比附做法。即使不错，情

---

① ［美］格尔茨：《文化的解释》，韩莉译，译林出版社2002年版，第471—475页。
② Rosaldo, Michelle Z., "Toward an Anthropology of Self and Feeling", in Richard A. Shweder and Robert A. LeVine ed., *Culture Theory: Essays on Mind, Self, and Emotion*, Cambridge: Cambridge University Press, 1984, p.140.
③ Lila Abu-Lughod, *Veiled Sentiments: Honor and Poetry in a Bedouin Society*, Berkeley: University of California Press, 1986, p.34.
④ 参见张睿婷《陕北酸曲的考察研究及其价值重塑》，硕士学位论文，西安音乐学院，2006年。以及苏州市文学艺术界联合会编《吴歌》，中国民间文艺出版社1984年版，第221—223页。

歌和权力的联系比重又有多少呢？整体视角不足和不能脱俗，看来各国学者概莫能外。近年来参与情感人类学研究颇具成就的两位年轻学者已经认识到，由于过往人类学的理性主义关注始终要高于非理性因素。在研究对象上，人们仍然普遍认为社会文化的研究对象是"社会事实"而不是"情感事实";[①]"这种充满理性主义气质的理论视角也正是为后来出现的情感人类学所不满的主要原因"[②]。

（二）儒学情感为要

我们在转向情感人类学的视角之时，会追溯国际人类学理论史的脉络，可当在做中国研究的时候，国学理论过程也不要视而不见，因为历史和当下从来不会被隔断，每一个人都永远地生活在历史的脉络之中，而且我们所发现的研究创意可能恰恰来自往昔国人集体智慧的跨时空呈现。

看一看儒学正是把情感放在首要地位，情感是人的最基本的存在方式，这一点也不奇怪。孔子解释礼源于孝行，而孝行在于人的内心情感，是众德之本。古人看到鸟类反哺的现象，将慈乌"比德"为"鸟中之曾参"（曾参以通孝道而著称），于是慈乌被指代奉养父母的情怀。这里需要跨学科研究的知识，鸟类因需要反复远行和给幼鸟搜寻食物而导致连续的亲本照顾，于是亲本照顾和幼鸟守巢两个因素在一起，就构成了两个亲本间紧密联系并普遍发生的基础。[③]人类亲属亲近和孝行，包含生物性"比德"并延伸到人类亲属关系及其礼的文化规定中。世界各地人伦情感均包含了人类学意义上的生物—文化整体性的整合性思路。

在人类学界，当讨论族群认同之原生性情感的时候，范·登·

[①] 张猷猷：《情感人类学的发展理路与现状释义》，《北方民族大学学报》（哲学社会科学版）2015年第1期；《求偶记："李木脑壳"的人类学研究》，知识产权出版社2013年版；以及牛津大学的许小丽（E. Hsu），她强调了感知之所以得不到人们的重视与研究是因为在科学上总是模棱两可、难以界定的说法。

[②] 宋红娟：《西方情感人类学研究述评》，《国外社会科学》2014年第4期；《心上的日子：关于西和乞巧的情感人类学研究》，北京大学出版社2016年版。

[③] [美] 爱德华·奥斯本·威尔森：《社会生物学——新的综合》，毛盛贤等译，北京理工大学出版社2008年版，第421页。

伯格（Pierre L. Van den Berghe）受到社会生物学家里查德·多金斯（Richard Dawkins）的影响，已经使用"亲亲性"（nepotism）① 概念参与解释。这里的亲亲性，即上文提及的人类本源性的亲属选择（kin selection）实际是由生物性决定的，社会生物学发现群体中这种"血缘—网络"繁荣的增强作用及其普遍展现是用以解答族群原生情感的问题，要点涉及了亲属发端时刻的优先血缘结合现象。显然，先在的人类生物性血缘选择才是族群认同的认识根基，至于后天的文化雕琢发展出的被认可的地方亲属（关系）制度，无论是事实的，还是建构的，都是由初起的血缘选择现象呈现之时或随后的文化附加物。然而难以躲闪的问题是，若想进一步关注人类生物性基础上的文化建构是如何混生运作的，的确需要交叉学科在一个知识平台上交接研究。例如，如果我们顾及人类生物性的"血缘选择"与优先形成血缘网络聚合的事实，那么包括早期中国九族五服制已经不止于讨论古代中原人伦层位之文化建构这一点，也应包括探讨其亲属关系上的生物性世系。

近年发现的郭店楚简是先秦时期最重要的一批学术资料文献，在那里可以找到"爱亲"和"仁爱"的本源理解。② 蒙培元教授关注了以下一些竹简字句概念较之前更为明确和肯定。《郭店楚墓竹简》的一篇《唐虞之道》，其中解释孝："孝之方，爱天下之民。"《五行》篇也说："爱父，其攸爱人，仁也。"《语丛三》又说："爱亲，则其方爱人。"从这些论述来看，孝不仅仅是"私情"，倒是从"爱亲"开始而又普遍化了的最基本的人类情感。③

可是，在以往孔子的言论中，怎么难见"情"字呢？蒙培元教授从郭店楚简中检索了这个遗址更重要的考古发现，④ 即在郭店楚简出土中发现大量使用"情"字，而情是属于正面的价值。《性自命出》载"凡人情为可悦也"，是说凡是人的情感都是令人喜悦的，

---

① Pierre L. Van den Berghe, *The Ethnic Phenomenon*, New York: Elsevier, 1981, pp. xi, 5 – 8, 17 – 27.
② 荆门市博物馆编：《郭店楚墓竹简》，文物出版社1998年版。
③ 蒙培元：《人是情感的存在——儒家哲学再阐释》，《社会科学战线》2003年第2期。
④ 蒙培元：《情感与理性》，中国人民大学出版社2009年版，第30—34页。

所以真情是难得的;"苟以其情,虽过不恶",是说出于真情就是做错了事,也不是罪;"未言而信,有美情也",是说要是不用说什么就能获得信任,那真是美好情感呀!楚简中的《六德》篇还提出"为父绝君,不为君绝父",这也说明先秦时期父子之情是先于和大于君臣之义的。

在先秦农业社会,儒家的情感主义来自亲属认同,他从基本的家族主义的孝悌纵横原理延伸出去,九族五服最终形成了本家和姻亲的网状乡族社会的坐落,孟子的"守望相助"就是这个熟人社会的领地所及,而这个特定的社区就是从乡土"爱亲"出发到普遍"仁爱"的情感基地。人们的基本情感在世界的或小或大的巨大变动中因不断诠释、族群交会和科技进步而变动,但即使是先秦时代的情感发散基础依然在起作用。配合四季轮转的农业社会,西周具有强大的精英思想导向,将物质、技术、协作、孝悌和血缘亲属情感结合起来,数千年的中原农耕哲学与实践一直延续着,仁爱向善的传统理念一直成功地渗入华汉民俗之中。

《论语》也是修身之道,是一种"自我涵养成为君子的德性的道理"。例如《论语》的特点诸多,这一最早的记言体,简约而练达,情感而含蓄;[①] 它巧于类比和情景化直觉理解;[②] 充满诗性之美,以及平和、婉转与诱导的谈吐。[③] 它的传世魅力还在于寄情山水,完善人格,推崇真性情之修养,以及"人人皆可为尧舜"的公平思想。《论语》可以说是悠远理念与隽美文句"互趣",其精华谁人都可以获得。孔子确实是一位充满德化与情感魅力、拥有使命感的真正的君子和循循善诱的圣人;而被感染之人则因之趋之若鹜,其情感之偎依成为主动修行的重要动力!

关于情感介入言传身教而使大面积听众因受到感染而心悦诚服,所谓"过化存神"即是。这里不涉及权力的问题,甚至那种感同身受、由衷折服的"过化"形态,也经常是在无权无助的群体里呈现,

---

[①] 柳存仁:《上古秦汉文学史》,商务印书馆1948年版。
[②] 庄孔韶:《早期儒学过程检视——古今跨学科诸问题之人类学探讨》,庄孔韶主编《人类学研究》(第1卷),知识产权出版社2012年版,第34页。
[③] 聂永华:《20世纪〈论语〉散文艺术研究述评》,《孔子研究》2002年第2期。

特别是在恰当的知识、理念和精神方面的导引之下，信念的引领者所表达的前程与理想、生命寄托的诠释、信念的承诺获得了高度认同；人们因此而获得情感的共鸣和相互"感应"（朱熹语），充满群体感、道德感、爱和美感。知识和技艺美学也是重要和引人借鉴的。所谓感染还来自布扬者的表情、语调（或笔调文采）、身段和做派等。上述方式引起众人情感与行动的一致性，以及共同情绪的直觉传递与调动。

（三）互动感染的方式与空间

"过化存神"般的知识、情感与精神感染，可以用古典文句"性灵""真"和"趣"的连贯性作整体解释。"性灵"是指心物感应及抒发；"真"是指实现"童心"和"赤子"心态，不做作；而"趣"是指知识、情感与精神认同团体成员之间实现直觉之互动，它不是一般的交换性互动，而是"心有灵犀一点通"的互动式感染。法国道教学者范华（Patrice Fava）将汉字"趣"拆解为互为"取走"的状态，他举例如同一支激情爵士乐队歌者和演奏者之间天衣无缝般的默契互动，乃至进一步和听众融为一体。所以性灵、真和趣的连贯性和场合性感染解释，是场景、认同团体、心灵、情感、真诚、美感、艺术和互趣的结晶。这里，如果我们不是刻意"寻找"权力结构之所在，其实就是一个纯真生活情感与互动的天地，我们同样可以在上文提及的陕北民歌与吴歌场景中与参与人的自在的情感分享中获得。

1. 人/偶交融与隐性情感

让我们举这本论文集的例子。张猷猷的川北大木偶剧团的研究，看到逼真的木偶，如同真人的尺寸木偶道具充满"感情"，在辗转游走演出的山路上，即使演出者自己的脚崴了，也不能损毁木偶。更为感人的是，他们在演出前，甚至要给木偶敬香，有的人还给木偶梳头，展现出木偶和演员之间之互助情感（就像上述激情爵士乐队，是乐器、乐手、歌者和听众之间的互动情感）。不仅如此，在演出中，木偶可扮演人神，李家班的演员也化妆扮演人神角色，呈现了人、偶交互和混生出场。因此，也可以说，川北大木偶戏班社群的

"家族"情感已经有了对单纯人间的超越，这些活灵活现的大木偶，包含着"亦人亦偶""亦人亦神"，乃至"非人非偶""非神非鬼"和"非真非假"的交融状态。在川北木偶社群中，大木偶的人性早已被调动起来，木偶戏班成员终日和"李木脑壳"相依为命，这明显超越了朴素的亲族情感，人、神与物达成了艺术与心灵的情感共鸣。①

而宋红娟的甘肃西和乞巧研究关注"乞巧娘娘"和"狂巧娘娘"的差别，"乞巧娘娘"是指整个乞巧仪式，而"狂巧娘娘"是指乞巧仪式中具有娱乐、狂欢性质的那一部分，是将乞巧视为一种抽离家庭、日常生活的休憩和放松的活动。所谓"狂耍"的内涵，"认定这不仅仅是一种行为和实践，更是心灵上的逍遥"，她看到，在观念层面上，"狂耍"与"心上"合在一起共同支撑着当地的一种生活方式。一方面，这些文化活动在她们的认知里是重要的，被她们所钟爱，因此，她们才愿意从养家糊口的状态中抽身出来，将过日子的钱拿出来，在这些活动上花心思，使得文化形式得以延续、传承和精致化；另一方面，那里一张一弛的生活方式对于人的重要性，以及人的存在和活着的意义不应该体现为更大范畴下经济、理性发展的工具性存在。也不是在于其功能性。

为此，宋红娟在乞巧研究中划出了一个女性隐性情感表达范畴（对应于显性情感），以补充费孝通和赫勒的"定向性情感"表达之不足。这里发现的、展示的和潜藏的情感空间，其实也常常处于那些不应属于权力理性观察的视野之内，然而它是活生生的，它不应为了一时的权力结构分析套路而被裁剪。

2. 祖先睡在一旁

感染性过化还存在于当代民间信仰之仪式与布扬过程之中。袁松博士考察以桂北村落的"天地国亲师"（君被改为国）为崇拜对象的传统民间信仰与村民情感认同的关系。在这里他把制度化的研究思考放在了一边，因为制度化的研究框架并没有容纳村民情感的

---

① 张猷猷：《求偶记："李木脑壳"的人类学研究》，知识产权出版社2013年版。

聚合价值。①

以往学者们在观察民间信仰的时候,经常延申到权力结构中去,认为"以庙宇为中心的仪式场合更有利于明了在平常的生活场景下不易显露的社会分化与权力支配关系",他们通过探讨神庙祭祀组织与基层权力组织之间的关系及神庙祭祀仪式,对不同群体权利、义务关系和村社规则、秩序的表达,来说明乡村社会的整合机制与运行秩序。而袁松讲的是包含不同宗族在内的整个村庄从老到小均参与的祭奠仪式盛会,每年每次都如此隆重。在仪式上,老人的娴熟引导和深情回忆——"不断在人们情绪高昂的时刻唤醒内心深处的亲情,人们在子孙绵延的情感之链中寻找安身立命的基础,祖先与子嗣在阴阳两界之间互相支持,而兄弟与村友成为在同一块土地上延续永恒的同道者。通过以丧礼为代表的情感宣泄机制,人们直觉到村庄共同体的存在,并产生出宗教般的神圣感。这种信仰型塑了全体村民对于村庄的深切认同与情感依恋,使得他们在村庄公共生活中甘心付出,并主动承担责任。"甚至在通宵进行闹丧歌时,唱书人用本地民歌的曲调就死者生前的苦难与艰辛进行即兴的演唱,极为调动情绪,竟至与会的内外村民哭一片,这让我们不由得想起穆旦的诗:"我们的祖先是已经睡了,睡在离我们不远的地方。"

桂北民间信仰长久积淀,农民习得了一种自然的亲情偏好,人们最倾向于体验的积极情感是温婉柔和的亲情,即所谓的"天伦之乐"。在这种纯粹利他性的相互关系中,情感的体验可以使人神经放松,心境平和并且享受到安全感、稳定感和幸福感。人们辛苦劳碌的终极目的就是要拥有和体验浓厚的亲情,而同一家族的成员、同一村庄的村友就是他们与之互动并产生积极情感体验的常规来源。

上文谈到甘肃西合的"狂巧"、陕北酸曲和吴歌的谐音双关表达,以及当代桂西"慎终追远"的丧礼的深度情感发露,均展示了人际关系中情感心声与实践。以当今生物文化整体性的研究观察,拜祖祭祀是地方人类生物性根基上附加的文化特征与制度,其中,

---

① 袁松:《民间信仰的情感之维与村庄公共生活的整合——以桂北村落为考察对象》,《湖北民族学院学报》(哲学社会科学版)2009年第4期。

祭祖的根本渊源联系着动物与人类生物性的血缘选择内涵，其外在显示为亲属群体认同的报本理念，这种理念与情感表达显然与人类后世的功利主义无关。同样，上述三省的民歌及其民俗狂欢，总是无视歌词中的属于生物文化整体性内涵的性爱情感抒发。在中国历史上的大家族研究中，发现除了祭祖上的血脉情感对维护家族主义的重要意义以外，宗族家族内的性爱情感限制也具有同类的意义。[①]可见追思和性爱（或许"狂巧"的歌词还不止于此！）的文化理念与生物性意义得以整合，只是需要我们在制度、功能与权力的解释范畴之外，关注情感人类学的生物—文化整合性的解释基础。

五　文化的互动

人类学起初关于文化涵化的研究至今，不同文化与族群相遇产生的多样化变迁丰富多彩，近年来肖凤霞团队在华南和王明珂在西部的研究最为著名。本书这一部分涉及的北方农牧交接处、西北洮州和吴庄，以及云南丽江的汉族社会和不同族群与信仰群体之间各不相同的互动特征，也是我们的学术关切点。

（一）蒙汉文化的采借

在帝国的边缘（或相对边际），王明珂的文献解读与田野结合，指出了那里"一截骂一截"动态场景，很有意思。20世纪90年代到台湾访问，李亦园先生就向笔者提到他的新著，笔者带回介绍给同行，希望我们也有好的族群关系研究的一线作品。萧凤霞（Helen F. Siu）教授不喜欢从上到下的社会控制论解说模式，而是走韦伯（Max Weber）的思路，强调文化意涵和人为的能动作用，她的整个团队几乎都使用结构过程（structuring）的文化诠释，因此已经看到那些人类学涵化的边缘效应的各种可能性及其新解说的成果。马威接续了笔者在25年前社区类型的课堂讨论记录线索，不是华南，而

---

① 庄孔韶：《银翅：中国的地方社会与文化变迁：1920~1990》，生活·读书·新知三联书店2004年版，第214—217页。

是到中国北方赤峰外围农牧文化交汇处调研,以解释那里的牧业蒙古族传统继承制何以改而接受了农业汉人平均主义的"轮值"制。根据马威《边界的对望与文化的采借——内蒙古东部地区轮养制状况调查》的描述,出现蒙古族游牧逐渐变为农耕过程中的文化学习和采借,加之交错地带的移民和蒙汉通婚,直至为汉族的均分制所影响,蒙古族最大的变化即轮吃轮养制。但这种实行时间并不长久的轮养制内含并非如汉人社会般的均等,他们的轮住时间长短比较随意;在财产均分时仍然会考虑蒙古族偏疼幼子和长子为家庭付出较多而并不绝对平均,并有一个从传统幼子赡养老人到轮养制的缓慢的过渡,这些现象或许就是为了防止蒙汉交错初期所引来的"家庭秩序的混乱"的族群调适行为。而且我们看到蒙古族没有重男轻女的思想,所以他们的轮养制并非只在儿子家之间,老人也可以和女儿、孙子、孙女过,这也反映了跨文化的制度性过渡与变通。笔者最近倒是看了教育研究中的能动过程的研究,也许在文化过程初期还有一个非主动性的应对阶段(一个文化交互的隐忍和协商阶段)——一个被动性的应对状态却仍属于能动性的表现。我们看到,这里的蒙古族近年来已经开始向锡林郭勒盟的蒙古族学习和恢复传统的蒙古族婚丧仪式、年节仪式等,可以说,在不同的社会生活空间,其族群在"区分与认同的过程中裹杂了非常复杂的因素"。

(二)不同意义世界之共居观察

早年基督教传入中国的历史至今仍在继续着,那么基督教何以成功地进入渭河畔的甘肃吴庄——一个具有深厚民间伏羲崇拜(融合了儒、道、佛思想)和汉人宗家制度传统的村庄,是具有相同或不同理念的学者均会关心的问题。黄剑波的论文《信仰、家庭与社区的再造——对一个西北村庄的考察》,是以人类学的出发点看到,"就家内关系来说,基督教的进入使得部分吴庄人从传统汉人的父子纵向轴心,(至少是部分地)转变为圣经教导的夫妻横向轴心"。与此相关,人际关系也从传统的"差序格局"(至少是部分地)转为接受试图抹平人际地位差异的"上帝面前人人平等"的观念。我们看到出于信仰的不同,村民们形成了不同认同理念与利益的群体,并各自根据自己的信仰和传统指导日常行为。

黄剑波细致地考察了吴庄基督教如何采用对联这一本是传递儒家伦理的手段，普及基督教的教义。显然，传播神学原理，这是一种容易为吴庄村民所接受的方式。还有，这里传统文化中的"孝"字，在基督教和儒家学说里有不同内涵，吴庄出现的孝道思想的置换与再造，是以村民、家庭成员之间相互妥协实现的。当这里的人民结合各自的诉求采取相应的行动策略的时候，我们就会理解今日北方乡村不同信仰与文化体系之间的差异乃至冲突，宽容与协调，以及彼此尊重的缘由。渭河畔的吴庄是一个文化积淀极深厚的村庄，村民们的思想和行动无不反映着他们的生活哲学和智慧，因此我们相信那里的人民总是会找到文化中断与协调的路径的，因为人类学细腻的田野志本身就是今后选择恰当的社会性互动与回应策略的基本素材。

黄剑波在甘肃天水的吴庄看到了一百年来，基督教影响下的地方文化的延续与断裂，这个变与不变的过程构成了一个富有意义的来回转换：都是作为行动主体的地方民众在更大的历史结构性场景中生成自己的意义世界的努力。因此，吴庄已经在新的历史和社会场景中生发出来的一种"新传统"。

（三）超越族群边界的生存认同与合作

范长风在甘南洮州的田野调查发现，这里有一个历史而今常态的灾害——冰雹带下生活的多族群共居地。由于雹灾常常使农作物绝收而导致生存危机，古往今来跨区域的青苗会联盟、联合仪式和行动便是顺着冰雹带而形成，这是因生态抗争所完成的社会关系之整合性结局。值得一提的是，这里的青苗会的组织体系超越了宗族、村落和族群；龙神成为当地不分族群、不分村落的地方神，表达了一种少有的开放性的信仰体系。其中宗族组织承担和管理了地方社会的事务必然会超越宗族意识，不只限于联宗联谱。

饶有兴味的是因"雹走直线"的气象灾害规律，故跨区域的青苗会联盟也是顺着冰雹路线而形成的。他们在适应与获取生计资料的竞争、合作和互助中，发展了各自的社会组织。作者这里的区分是，何者是层次上的合作，何者则是全方位的。他认为，汉藏与回的合作是在没有共同信仰基础的情况下发生的，合作只是层次上的；而汉藏与土的合作有信仰的基础，因此是全方位的。这样同华北青苗会、华南宗族组织相比，洮州青苗会容纳着多种文化元素和不同的族群成分，青苗会不仅可以和宗族制度加以糅合，而且能够跨越族群边界在更大范围内开展社会活动。当长久生态灾害与危机成为不同族群共同面对的首位因素时，人类不同族群之间越界合作的潜能就会被激发出来，不仅跨过族群边界，还会超越历史情仇。

洮州青苗会在结构上所呈现的文化的兼收并蓄表明，维持边界的文化特征也是可以改变的，因而成员的身份也随之变化，边界的移动成为可能。范长风的研究说明，族群作为归属性和排他性群体的人类学表述不一定是通则。洮州青苗会如何被文化地生成，为生态所形塑，它又是如何反过来以组织行为去影响文化和生态，实在是耐人寻味。在持久的生态压力之下，在不同文化互动的地方，人们希望减少这些差异，互动要求生产出符号和价值的一致性，于是获得了建立跨族群组织的根本缘由。其中，由地方龙神信仰涵盖并生成的跨族群认同感，加上生态互助的紧迫感，于是产生了维系洮州"冰雹带"人们共同体的动力。显然，作者为我们的读者提供了一个不可多得的、人类学研究大型生态—社会组织的中国经验。

（四）动态的边缘

和柳的《涵化的多重的机制——汉与纳西之互动》所讨论的问题也是我们这本论文集的重要主题之一。她把统治权力、文化技术选择，以及情感意义进行分别讨论，希望在古今族群文化互动的过程中建立新的诠释向度。

和柳对云南丽江纳西族（家乡）和汉人的交往研究中，部分借用权力解说，部分否，的确有她的学术分别。她同意"改土归流"，即帝国中央对地方权力下的变迁举措的见解的同时，关注了纳西族何以易于采纳汉人社会的宗族家族制度，以及和纳西族女性相关的交表婚制度又如何在文化变迁中混生和缠绕。尤其是她触及了纳西族殉情的问题，笔者一直同她不断追寻和深入探讨。

首先和柳认为，中华帝国的"儒家文明化工程"的权力在改造边缘，大约在清末民初，儒家礼制、民间信仰（如有了魁星阁、灶神）和社会管理制度抵达云南丽江周边乡村，特别是认为纳西族火葬旧俗有悖儒家伦理，于是立石强制改为土葬。村中节日也出现了春节、中秋节和二十四节气。改土归流200年，丽江大来村已貌似汉村。和柳认为，因为纳西族对祖先的口传记忆和汉人儒家文化的"慎终追远"的理念的相似性，使纳西族容易接受汉人的宗谱记录方式，于是懂汉文的纳西精英便接受超稳定的文字记录，用家谱方法来对自己"崇窝"做记忆的转写。

然而纳西和汉族接触方式，除了帝国权力下移所致，还有马帮、移民和邻里族群接触有关。中华民国时期，纳西传统的原木板屋已经变为汉式——唐代中原式，一种带堂屋的三开间住房，不过建筑学家认为，纳西房屋的"唐宋遗风"却是与周围白族先民率先吸收汉族的木构技术有关。建筑是空间文化的语言，文化的主动采借有案可查，而查看"技术风格"总是携带着文化的总体性意义。带有唐宋遗风的纳西房屋象征中心的"格故鲁"出现，是纳西族宇宙观在家庭空间秩序上的体现，是一种文化采借和文化转换的表现。可以认为，纳西族的文化采借也包含新技术和工艺美学的吸引等，而非局限于遥远帝国的迫力。

一些论文认为殉情是"改土归流"后汉人封建礼教对纳西族青年男女自由恋爱的权力迫害，然而和柳认为，从殉情的动机和其所向往的极乐世界，其生命的爱情价值已由纳西族的神话、歌谣、信仰所赞美与涵摄，那些源自"情本体"的行动结构难以简单地归结到封建权力之上。

六 整体性视角的组织置换逻辑

和上面几篇文章不同的是，石峰是在关注不同农业社区不同职能的地方组织的整合性搭配问题，在《"离别"东南》后看到无宗族的关中地区，以及在多篇论文中发现的社区组织的位置置换问题上，引发了整体性的观察结论。他在关中这个水利社会中发现，在

"官渠"和"民渠"两大水利系统中，前者是政府组织在牵引其运转；而后者承担其组织作用的是地缘性的联合组织。除了这两种主导性的组织力量外，还有一些辅助性的组织力量参与其中。例如拥有一定庙产（土地）的庙宇，必然和水利灌溉发生牵连，在关中水事活动中，庙宇扮演了积极的角色作用；而地方性娱乐组织"社火"则体现在对"水"的象征性管理方面，表达了地方名中对"水"的文化性理解，以及以此文化作为武器来表达自己对水资源的利益诉求。他看到在华北也有类似的情形，那里的宗族势力要比华南地区微弱得多，除去国家的力量，在华北地方社会上起作用的还有许多非血缘的民间组织，这些民间组织可能代替了宗族组织的许多社会功能。

石峰的论文《组织参与的置换逻辑——关中"水利社会"的组织形态》是从他在关中"水利社会"的组织形态得出的整体性观察结论。他认为"在宗族组织发达的乡村社会，宗族组织可能包揽了社区的一切事务，但在非宗族的社会，则为许多自愿型组织的生长提供了可能的空间"。这样，石峰将宗族社会和非宗族社会放在并置的地位，探讨在相似的社会空间中，多样性的组织，包括国家和自愿性、非自愿性的民间组织，都可能在场而发挥作用。而当某种组织不在场时，会给其他组织留下生长的空间，这就是石峰为我们提供的"组织参与的置换逻辑"的分析框架，属于人类学整体性比较观察的重要研究成果，还将在以下余论中特别提及。

余论

一、关于东南中国宗族引起的比较人类学问题，观察政府和无政府下的基层世系群结构运作，已有颇多收获。那么，众多学者"离别"东南的考察则既有汉人社会构成的基本原理，也有其多样性表达。无论是有宗族还是无宗族的社会，中国的家族主义才是汉人社会的基石，它主要包括家族之"孝悌"，孔子所说的血缘的出发点；而习惯上说的"熟人社会"和小型农业社区则是"守望相助"，孟子说的则是超越血缘的。

本书发现了当代不多见的孔孟原理之乡，看到了由家族宗族理念调动起来的内心温情在生活实践中何以转化为村落地缘意义上情感认同。通过共同的天地、祖先、神灵信仰与仪式（如丧礼）活动，强化了彼此的感情与村庄认同；这里发现的村落情感宣泄机制和情感认同与排斥机制，极大程度地遏制了那些阻碍集体行动的搭便车者，于是公共生活的平稳进程，便不会是一种难题。为此我们感到，儒家理念长久延续，在当代社会实践着一个令人依恋与敬畏的公共村落共同体，无疑会推动我们对儒家文化"理念先在"落到实处的社会动力学解释。想一想今日农民工进城的"类家族主义"的组成和历史上捻军的"把兄弟"均是家族主义孝悌原理（和惯习）的重拟与跨时空延续，这刚好是中国传统宗族与家族主义何以现代延伸与变异的兴趣点，其实它也老早就延伸到中华民国的福建古田商会和北方的杨柳青商绅中，我们正计划在一本团队的医学与城乡人类学论集和一本组织人类学的教科书里表达"意义的历史"之多种呈现。

二、《"离别"东南》团队将汉人社会古典谱系理论和田野观察对照，加深了对九族和五服的理念与实践的理解，发现联姻生活中以父系的人为中心推衍出的五服—姻亲群体是更普遍的生存依赖。无论在所谓的宗族社会，还是在非宗族社会，五服范畴的变动性引人深思，成为基层乡村社会血缘、姻缘和地缘熟人社会组织构成诸环节的理论观察点。中国乡土社会千百年来一直继续着五服民俗化之状，因此跃出宗族再现五服—姻亲群体的观察也预示着汉人社会父系亲属制度与姻亲关系的新的探索转向之一。

中国北方闵村兼容继嗣与交换两种亲属模式的研究，使笔者有兴趣联想本书提供的纳西族汉族相遇的比较案例。纳西族的"崇窝"父系继嗣群，实行的外婚制的特点是那里盛行"给妻者"和"娶妻者"之间身份不断交换的世代持续交表婚，而他们特定的"崇窝"祭天仪式（"负债于天"）正好是表现"给妻者"和"娶妻者"之间的"高—低"关系，这一习俗表达了他们对于给妻方的"崇窝"负有嫁回女儿的义务，显然这是一种对来回相互不间断的"负债"制衡与平衡作用。这样纳西式特定的交表婚制度就化解了血脉（世系）

和婚姻（联姻）的对立，这种不断相互"还债"联姻的若干个父系"崇窝"，本身便加强了他们所在居地与社群系统运转的独立性与对应性，加上这种相互制衡的"崇窝"联姻文化惯习，或许就是纳西族为什么传统上不见以父系个体推衍出（如汉人社会的）五服—姻亲群体的原理与生活实践缘由。

三、本书开篇是基于国学古籍钩沉与新考古成果发现而提出的"过化"术语①，是关于情感介入言传身教而使大面积听众因受到感染而心悦诚服，所谓的"过化存神"即是如此。文章标举早期儒学"过化"那些不涉及权力的场景，也会在帝国权力的世界里得以延续和呈现。那种感同身受、由衷折服的"过化"过程，也经常是在无权无助的群体里出现的。论文里信念的引领者所表达的前程与理想、生命寄托的诠释、信念的承诺获得了高度认同；人们因此而获得情感的共鸣和相互"感应"，信仰、道德、情感、文采、做派、精湛工艺和技术美学也是由衷"过化"的生命素材而引人采借。笔者以这本书的多情境案例对照，似乎这些令生命情感升华的诸种因素，无论"大"至族群群体，"小"如个体私情，都似难有轻重主次之别。

四、虽说福柯的规训的权力关系，为无所不在的泛权力状态，尽管他不太顾及所谓统治权力的"终极形态"，但在已经成系统的规训的社会关系中，可以认为，"说到底"还是力量/权力的关系。而相对于西洋的权力说，古代儒家的德化才是焦点，这是重要的文化的差异。从早期儒学情感感染式的"过化"，到日后出现某种携带有福柯"权力"色彩的"德化"，是一个缓慢历史过程的社会文化实践。权力斗争可能是领土的、资源的、组织的、工具的，但其表现为暂时的；而仁爱、道德、修行与情感的实践过程常常不是力量/权力的，它们总是包含有长久的理念积淀。在基层社会的人类学调研中，中央权力的抵达状态和基层不同势力的消长是两个关注点，以后者研究最为薄弱，"时异而势异，事异而理异"，不同时空势之兴

---

① "过化"似乎可以译为"pass-through transformation"，但此处的"化"并非简单的"转化"（transform），其意义属于精神上与行动上之泛指，而"过化"之进一步的国学理解，是布扬与言传身教导致的由衷的仁爱与德化转换，"过化"译为"pass-through moralization"的意思可能更接近一些。

衰与消长的这一研究重心，有益于跳出简单的二元论。无论是杜赞奇尝试的"有中心"的权力的文化网络分析，还是"无中心"的多元势之分布与分解，只有组织与自组织的力量（force）与权力（power）关联，成因才容易获得深度理解。所谓政治与权力终究要向文化妥协的道理，早已在世界不同地域得到证明。①

五、本论文集提及的"组织参与的置换逻辑"理论看起来极为简朴，好像不言自明，却是以往谁也没有提出来的全观的思考。东南中国宗族编织的细密多样的功能性组织究竟在无宗族的关中如何被替代？果然，那里政府组织、庙宇、民间组织"社火"出现了；而华北源自自发看青、敛青的"青苗会"民间组织（其会首多见大姓之间轮替），在历史上包含了保卫、征税、公摊、宗教、教育与民俗等不断调整和变化的职能；②这样来推敲"组织参与的置换逻辑"的理论无疑是人类学社区整体性观察——基于环境、组织和信仰全观构成的常见运转结构（如有宗族的福建义序和无宗族的关中等）和"特定"运转结构（如洮州跨村落、跨族群的组织）的逻辑概说，笔者可以进一步理解"组织参与的置换逻辑"：是不同生活方式中所包含的常见的职能置换、替代和历史性演变，这一学理的着眼点或能推动探索各类人类社区整合组织原理、艺术与智慧，它不一定是权力观所能涵盖的。

六、我们看到，纳西族并不关注跨越族界的问题。在纳西族和汉族的交往中，他们认为儒家族谱文字记载制度优于纳西族的口传记忆，故做主动的文化模拟与转换；而蒙汉交界处的游牧者因变换了农业生计，引起了向汉人平均主义的轮养制的采借和转换，这和生态生计方式变化的结果息息相关；洮州冰雹带的固定周期性的生态灾害，居然促成了跨越三个信仰与生活方式（甚至世仇）不同的族群边界的联合仪式、组织与行动，因此族群作为归属性和排他性

---

① ［英］瓦雷里·拉尔博：《未受惩罚的罪恶》，伽利玛出版社1936年版，第33—34页；庄孔韶：《银翅：中国的地方社会与文化变迁：1920～1990》，生活·读书·新知三联书店2004年版，第414页。

② 杨念群：《华北青苗会的组织结构与功能演变——以解口村、黄土北店村等为个案》，《中州学刊》2001年第3期。

的人类学表述不一定是通则；而吴庄传统汉人社区和百年形成的基督教群体之间则是采纳了信仰与生活方式不同的情形下的新老传统妥协共居方式，相安无事，令各自追寻自己的意义世界。本书上述关于跨越族群边界文化涵化的多彩的案例，或者是权力与"汉化"进程的适应性回应，或者是移民、商贾与生计变迁中的文化学习与采借，或者是很少见的因生态环境制约而导致超信仰、超族群（边界）之上的联合祭祀与联合行动组织的结局。

族群理论发展至今，在世界上所见基本是分离和分解的社会趋向，而我们的案例研究则极为欣赏人类族群和解共居的区域生活方式，这一定是全球化进程中的一个凸显的学术观察重心，意味着需要深入理解那些被认为是超越族群边界的合作力量与智慧之所在。

七、文化互动、学习与采借看似是人类学的老题目，但权力的分析偏向影响了这一问题的深化，生计转变、族际婚姻、商贸、移民和共居的文化交流值得一提。这里需要讨论学界大体认同的"技术价值中立"（value-neutral），[1] 和进一步的"利人谓之巧，不利人谓之拙"（墨子）和"精在体宜"（《园冶》）的美学采借原理，这里工艺美学的吸引还包括向善的内涵，如亚里士多德"一切技术均以善为目的"[2]，以及儒家向善观更包含在"为仁""互待互成"和"择其善而从之"，其强调"人与人之间适当关系之实现"和"为仁由己"，更接近于人类学的视角。[3] 本书可见的一种是移民和牧农生计转换造成的农技采借，长期马帮贸易和移民过程发生的建筑采借案例就是如此。不过"技术行为的全部后果"难以预见（含负面效应）的见解忽略了文化采借中的地方族群的主体性——选择性文化转换之发生。如纳西房屋的"唐宋遗风"率先来自周围白族先民，汉族的木构技术是由这个邻居族群跳跃吸收的，那是帝国权力抵达前发生的，其后果并不在于"负面"或"正面"，而是最后形成添

---

[1] Jacques Ellul, *The Technological Society*, Vintage Books, 1964, p. 106.
[2] ［古希腊］亚里士多德：《亚里士多德全集》（第八卷），苗力田译，中国人民大学出版社1997年版，第12页；王佩琼：《论异化的技术史观》，《自然辩证法通讯》2011年第5期。
[3] 傅佩荣：《儒家哲学新论》，中华书局2010年版，第16—17页。

加了纳西宇宙象征文化空间"格故鲁"的新式房屋,是文化的采借和转换;而蒙汉边际的交流效应则前所未有地指向汉人家族制度——轮养制的转换。可以认为,文化互动、学习与采借包含致用、利人、体宜、向善和转换的新技术和工艺美学的吸引等,而非局限于与遥远帝国的权力。

八、对比共居一地的汉族与纳西族社会,历史上纳西族就有完整的关于爱情的濡化系统,从青少年开始,传说、音乐、歌谣和仪式都是他(她)们尝试实践爱情的模拟途径,即使是殉情也是美好的爱情践行。纳西族偏好的(至今仍能看到的)交表婚提示我们,殉情其实是源自纳西族文化自身的原因,当不同"崇窝"之间不间断的交表婚一旦出现故障,"情死"就是一种解除情欲的抗争与选择。本在书序言中,笔者提及研究情死的作者认为,纳西族的殉情还是一个反思汉文化情感表达的族群对比问题。她认为,汉人社会虽然强调了家庭人伦,却没有如纳西族般的完整性的情感濡化系统,是一个有趣的设问。

于是笔者做了殉情的情境分析。纳西男女的殉情并不是一件随意的事情。决定殉情的情侣在做出决定时就开始做细致的准备,要用最美的姿态前往"玉龙第三国"。他们前往集市采买漂亮的衣饰和美酒,当然也不忘准备情死的草乌;殉情地点也仔细对照传说的极乐世界:人烟罕至的高山密林、溪水和杜鹃花盛开之美景;到了相约的时间,情侣两人愉快地前去,用鲜花和布匹装饰周围,在这里他们愉快地吃喝、嬉戏,情歌对唱用假嗓低音追求比喻、象征和华丽的语言艺术效果;最后他(她)们在对歌的款款深情中,走向厮守永恒的"玉龙第三国"。

不像汉人的观念,他(她)们模拟情死的世界是极度美好的,而这些情死的"胜地美景",早已被其耳濡目染,他(她)们从传统的歌谣(如《鲁般鲁饶》《逃到好地方》)中获取了"行动的结构",我们可以将殉情看作"一种植根于纳西族传说和歌谣的情感实现模式"。"万亩杜鹃园"包含了自然美、装饰工艺美和人性美(情爱)的吸引。因此,笔者认为,情死的美好世界场景的模拟和浪漫的仪式,令殉情者产生了一种情绪感染的极度效果,也就是说,人类情感生发的基本元素并不一定均来自"大"的族群认同和权力的追求，人类学家不用充当政治家。《"离别"东南》展现的眼花缭乱的交往世界，令我们有机会欣赏新的族群互动经验，包括情感世界的新的观察。在权力的泛化影响之外，文化上的"理念先在"就是有文字历史的、持久濡化的汉人社会惯习传承与调适的重要动力所在，以往人类学的功能主义和唯物主义都忽略了这一点。

还有，人类情感发露以及无比的精神动力还有很多决定性的场景诱导因素有待深掘，上述如"杜鹃盛开"的自然之美（天然美学意象），服饰工艺之美（人造工艺美学意象）等古代传说歌谣的诗学憧憬（美好的出世乐园）的引力，以及交表婚的世代持久张力，这些"一拉一推"的文化精神实践都被"情死"的文化场景调动起来。我们起初或许根本不知道哪一种影响因素是决定性的，也许在一种族群场景或有主次，但换一个族群场景却不同。故笔者认为，人类情感的发露要素无主次（或大小），因而以情感发露的精神动力的影响来源要素也无主次（或大小）；或许还有，常言认为的所谓"大"的族群情感和"小"的私情（如爱情）对精神力量的推动也无主次（或大小）。所以，我们在不同地理与人文区域情感人类学的观察中，预设需要谨慎，因为我们可能预先"不知道"。在当代人类学家偏爱的"大"的政经与权力的思考之外，还应进入族群人类学情感与诗学的领域，那里不只有杜鹃花，也有对当下人类学分析泛权力观的一种解救。

早期儒学过程检视[*]
——古今跨学科诸问题之人类学研讨

庄孔韶[**]

在中国人类学的众多研究主题中，有一些明显不是现代切割式单一专业所能应付的。其中，人的生物性与文化特性之整体性观察；地理环境、生计与生活方式之关联；技术与民间协作组织惯习之选择异同，农耕、亲属关系与精英哲学；特定理念先在之原理；伦理本位诸解释模型；早期儒学"过化"的区域文化特征、行动、后果，以及新考古人类学印证等，需要我们在历史而今的诸多场景中加以关注并得到合理解释，不断推进相关分支人类学之间的整合性研究。

一 慈乌与报本的生物—文化整体性认识

在早期儒学过程中有许多问题耐人寻味，例如祭祖与孝悌的文化观念总是需要从人类伸延到动物界的共有的生物性本源上去思考。这种联系性探讨的做法似乎是很少见的，不过颇有益处。

孔子解释礼何以出现不是从天命而是从人性。例如《论语·阳货》中的"问三年之丧"问答，是关乎人类道德本性的重大问题。那么，为父母服丧三年，实际上是对父母养育之恩的报答，为于心不忍。孔子认为，供养父母和侍奉君长，最关键的是要有恭敬之心

---

[*] 本文原载庄孔韶主编《人类学研究》(汉人社会研究专辑)第一卷，知识产权出版社2012年版，第1—43页。

[**] 庄孔韶，云南大学特聘教授、魁阁学者、社会文化人类学首席专家。

(《论语·为政》)。因此，礼缘于孝行，而孝行在于人的内心情感，是众德之本。

从这里不由得会想起白居易《慈乌夜啼》的诗句："慈乌失其母，哑哑吐哀音。……声中如告诉，未尽反哺心。"他的另一首《燕诗示刘叟》也有"衔泥两椽间，一巢生四儿。……须臾十来往，犹恐巢中饥。"诗人描述鸟类亲情和失去亲本照顾之悲凉状可谓惟妙惟肖。众所周知，常常呈现在天上和树上的鸟类行为虽可望而不可即，却总是容易处在从古到今人类世代的相仿的经验性与积累性观察之中（就古人而言，对丛林中的猿猴等灵长类社会习性反而不能处于经常和仔细的观察之中）。现代社会生物学对鸟类的研究，注意到了鸟类和一些昆虫（如蚂蚁）的相似性，即它们因需要反复远行和给幼鸟搜寻食物而导致连续的亲本照顾。这两个因子——亲本照顾和幼鸟守巢在一起，就构成两亲本间紧密联系广泛发生的基础。[1] 白居易还把慈乌比作"鸟中之曾参"[2]（按：《史记·仲尼弟子列传》云曾参"通孝道，作《孝经》"）。在古人看来，慈乌反哺是尽孝报本，具有感恩的道德价值，而乌鸟、乌哺也因此成了一种固定的语言喻象，用来指代奉养父母的情怀。[3]

这种动物亲本之间与人类亲族之间爱怜的秉性有何种关联呢？我想，上述古人已经早有在不同种群之间"比德"的意味了。如果我们这里不继续深入讨论动物的"本能"和在某些非人灵长类[4]中的"学习"能力与社会亲缘构成的话，那么，人类是唯一将自身生物性附加到自创的亲属关系文化制度中的种群。

如慈乌反哺这类生物性亲本之间的爱怜本能，也可成为人类亲属制度的文化特征认识素材之重要来源。人类亲属制度之亲近文化

---

[1] [美]威尔逊：《社会生物学——新的综合》，毛盛贤译，北京理工大学出版社2008年版，第421页。

[2] 曾参，字子舆，鲁国武城人，少孔子四十六岁，与其父曾点同在孔门受业，性情鲁纯而以至孝闻名。《孟子·离娄上》云："若曾子，则可谓养志也。事亲若曾子者，可也。"《史记·仲尼弟子列传》称："孔子以为能通孝道，故授之业，作《孝经》。"

[3] 潘兰香、姚立江：《慈乌反哺与鸱鸮食母——兼论中国古代的兽德观》，《求是学刊》1998年第3期。

[4] Lawick-Goodall，"Tool-using in Primates and Other Vertebrates"，*Advances in the Study of Behavior*，pp. 195 – 249.

内涵——由生物性之"比德",延伸进包括汉人亲属关系文化的特征中,即世界各地各种人伦之礼均包含了人类学意义上的生物—文化整体性的混生的和整合性的思路。

假设动物按照亲缘关系行事,你会看到,具有合作倾向的个体或至少是具有亲缘关系的个体,其适合度得到了提高。在群体中这种"血缘—网络"繁荣的增强作用被称为"血缘选择"(kin selection)。① 可见,动物世界存在着这种同类群选择中最有力的模式——血缘选择,以及可见的准则:对亲属友好②。应该说,特别是人类的亲属制度的文化规定,不管有多少差异都可以同样看到动物界——昆虫、鸟类,特别是非人灵长类亲属关系的生物性衔接,如血缘选择;而所谓人类亲属制度的文化的规定性,显而易见地导源于动物亲属关系上的某些萌芽。人类亲族相互包庇和"父为子隐,子为父隐"③ 的这种关系在后世得到历代帝国法律的保护和强调。④ 这大概就是一种生物性的亲属关系特性向人类亲属忠诚与认同表现的延伸与文化表现。因此,人类生物性与后天的区域性亲属关系文化负载之整合性关联是显见的。例如古代中原九族与五服的范畴的文化规定性,也是建构于亲属群体远近亲疏关系的生物性基础之上的。

我想强调其中最有意义的提示是,人类的亲缘关系还为集体记忆和文字记录所固定,扩大和超越了更广阔地域中不同代际本家和姻亲的亲缘关系。对于那些有悠久历史的,以及拥有文字的国家与地区来说,人类文字系统相对稳定地携带并扩散了某种主流亲属制

---

① [美]威尔逊:《社会生物学——新的综合》,毛盛贤译,北京理工大学出版社2008年版,第102、108—109页。

② Jane Van Lawick-Goodall, "My Friends the Wild Chimpanzees", *National Geographic Society*, 1967, Washington, D. C. and Jane Van Lawick-Goodall, "The Behaviour of Free-living Chimpanzees in the Gombe Stream Reseve", *Animal Behaviour Monographs*, 1968 (3), pp. 161 - 311. 以及[美]威尔逊:《社会生物学——新的综合》,毛盛贤译,北京理工大学出版社2008年版,第327页关于亲本抚育与异亲抚育。

③ 《论语·子路》;同样可参阅《孟子·尽心上》。

④ 从汉宣帝地节四年诏书开始,"亲属相隐"便正式载入帝国法律条文,其"亲属得相首匿"的范围包括父子、夫妇、祖孙。到东汉班固《白虎通义》中又增添"兄弟相为隐"内容。至《唐律·名例律》相隐范围有所扩展:"诸同居,若大功以上亲及外祖父母、外孙,若孙之妇,夫之兄弟及兄弟妻,有罪相为隐。"至明清律例,妻妾、女婿及无服亲都列入相隐范围。

度的文化规定性，例如在西周。

  一般来讲，没有文字只靠口传的小型地方族群，他们的亲属制度尚不具备过于复杂的系统。而古代中国以文字记载并加以实施的亲属制度则是一个重要的和复杂的系统。例如钱杭把"九族"理解成了"两类宗族集群"：一种是"同姓宗族集群"，一种是"异性宗族集群"。① 在钱氏看来，它们是中国世系群的两种历史形态和实践形式。芮逸夫利用现代人类学的亲属理论从血亲和姻亲两个范畴来解读九族制②，认为《尔雅·释亲》反映了西周末年至汉初中原人的九族概念③。芮逸夫发现《尔雅·释亲》的亲属称谓可大致分为父方亲属、母方亲属、妻方亲属和妇方亲属，这四个大类亲属中又分为九小类，即九族：父族四、母族二、妻族二、妇族一。即是"我们现在所行的以自我为中心的亲属范围"。④

  可见，《尔雅·释亲》的解释避免了单纯从父系的角度理解汉人社会的亲属关系，而且从乱伦的亲属关系警示限度，到在实际生活中较为宽泛地涵摄因婚姻关系结成的亲戚范围，因此，该解释使阅读者和身体力行者有了九族亲属关系从悬空到落地的感觉，如同体验了某一生命个体周围生活半径的亲属群伦常，以及一个地区亲属关系具体分布的理念原则与生活实践框架。其实，九族群体的亲属活动，即本家与姻亲之间多样式的互动在很大程度上也勾画了这个亲属群范畴。⑤

  作为第一部词典性质的《尔雅》，为古代语言文字的一致性提供了标准——雅言。由于当时地理、交通、联系与方言的不便与困扰，以及"古今"词语的变化，妨碍了人们的交往，因此需要标准的雅言统一和规范社会生活。可以想见，如若在公共交往中使用一致的

---

  ① 钱杭：《中国宗族制度新探》，中华书局有限公司1994年版，第100—105页；《中国宗族史研究入门》，复旦大学出版社2009年版，第76—87页。
  ② 芮逸夫：《九族制与尔雅释亲》，载芮逸夫《中国民族及其文化论稿》（中册），"国立"台湾大学人类学系1989年版，第723—745页（具体在第736页）。
  ③ 同上。
  ④ 石磊：《中国古代亲属体系研究的回顾与检讨》，《考古人类学刊》1991年第47期，第26—35页（具体见30页）。
  ⑤ 杜靖：《五服姻亲与宗族——来自山东闵村的亲属实践报告》，载上海社会科学院《传统中国研究集刊》编辑委员会编《传统中国研究集刊》第六辑，上海人民出版社2009年版，第485—501页。

雅言来超越这些隔阂，往往需要求助于《尔雅》。其中《释亲》属于人伦类，各种人伦关系的称谓都可以在其中查到。例如《释亲》篇称父亲为考，称母亲为妣，称祖父为王父，称祖母为王母，不一而足。尽管古今亲属制度的诠释在不同的年代、不同的学派和不同的地域很早就有了差异，但《尔雅·释亲》的用意就在于实现表述独特九族制的统一的中原文化的伦理规定性，而有了文字系统便方便了精英群传播他们的中原亲属制度体系，并且得以"过化"向四围传递，成为伦理文化过程的重要成分和依据。

在学术界，伦理直觉主义（ethical intuitionism）被特别地加以注意。"认为意识拥有具有直接知晓真正的正确和错误的认知能力，并通过逻辑可以将其形式化而转化成社会行为的准则。"[①] 威尔逊还特别提到西方世界最为纯粹的指导原则就是洛克、卢梭以及康德所表述的社会契约论，[②] 似乎是人类拥有"公义就是公平"的理性选择。但人们很清楚，世界上并不存在一套单一的道德标准可以用于人类所有群体。因此，需要讨论的是伦理判断是有可能具有中性机制的伦理行为主义（ethical behaviorism）。其观点是，道德信仰是从学习中获得的，即儿童只是把社会行为规范内在化。

其实上述关于伦理的直觉主义与行为主义都有其文化存在的理由与古往今来持续的社会实践，甚至表现了二者的联系。

你看，孔子儒学认为必须发现一个大的原则以贯通所有知识，即所谓"一以贯之"（《论语·里仁》），而"一以贯之"的大原则即是仁。仁本质上根于人性，"尽其心者知其性也，知其性则知天矣"（《孟子·尽心》），因此尽心知性是人生活的最高境界，也是一个直觉的过程。[③] "当吾人说'本心'时即是就其具体的呈现而说之，如恻隐之心、羞愧之心，是随时呈现的。比如孟

---

① [美] 威尔逊：《社会生物学——新的综合》，毛盛贤译，北京理工大学出版社2008年版，第528页。
② 同上。
③ 庄孔韶：《银翅：中国的地方社会与文化变迁：1920~1990》，生活·读书·新知三联书店2004年版，第494页。

子所说，见父自然知孝，见兄自然知悌，当恻隐则恻隐当羞恶则羞恶等。"如是，人在其有限的存在中，"智的直觉不但理论上必肯定，而且实际上必呈现。"①

伦理直觉主义似乎和伦理行为主义并不矛盾，以学习和教化为主要思想传习形式的中国古代社会，如孔子《论语》那样非训导式儒学解说，本质上是古代温和的大君子循循善诱式的濡化过程，而孔子及其弟子四处奔走讲学，以及习于背诵和温习式的学习与记忆（含集体记忆），则是古代中原流行至今的教育与教化特色和模式，其古今伦理之传习本质上是最终实现"文化的直觉"，因此说直觉实际上是可教的，即可以"teaching intuition"。这里，显然伦理的直觉主义和伦理的行为主义之间在一个地理区域是相辅相成的。

让我们再次提到本节开端白居易的"慈乌夜啼"诗句，似乎正是从西周延续至作者时代（唐代）儒学教习与"过化"的人性烙印。这里包含有《论语》仁的精神与直觉，也有孝的理念与了悟，是来自常年世代持续性的仁和礼的教化过程之结果，其中伦理直觉主义和伦理行为主义常常叠压在一起。

梁漱溟又进一步提到，"礼乐不是为了别的，是专门作用于情感的。他从'直觉'作用于我们的真生命"②。这又是一个问题。这里我们特别关注到社会生物学者唯恐人文社会学者忽视了伦理的遗传进化（genetic evolution of ethics）问题，认为"只有通过把情感中心的活动（指针对人的下丘脑边缘系统的情感中心研究）解释为一种生物适应性，才可以破解伦理准则的意义"③。虽然我们仍然不甚明了其内涵，但他们已经关注了人类地方群体从部落组织、农耕和对城乡生活的变化性适应。如果我们定位在讨论西周前后中原农耕社会的道德哲学的生境适应性，那么在一个相对不变的农耕环境中，如果礼崩乐坏，各行其是，伦理的一致性就会更为脆弱和混乱，也就会加速社会的灭亡。孔子正是在这个历史的当口游说礼所包含的

---

① 牟宗三：《智的直觉与中国哲学》，商务印书馆1971年版，第193页。
② 梁漱溟：《东西文化及其哲学》，上海人民出版社1922年版，第141页。
③ ［美］威尔逊：《社会生物学——新的综合》，毛盛贤译，北京理工大学出版社2008年版，第529页。

社会秩序。人类学所承认的古代中原仁的伦理过程与仁的本心直觉呈现，其实已经包含了社会生物学者基因微观的外在表现，或许至今还没有太多人出来直接讨论人脑伦理生物性的跨学科研究。

在人类学界，当讨论族群认同之原生性情感的时候，范·登·伯格（Pierre L. Van den Berghe）受到社会生物学家里查德·多金斯（Richard Dawkins）的影响，已经使用"亲亲性"（nepotism）[1]的概念参与解释。这里的亲亲性，即上面提及的人类本源性的亲属选择（kin selection），实际是由生物性决定的，社会生物学发现群体中这种"血缘—网络"繁荣的增强作用及其普遍展现是用以解答族群原生情感的问题，要点涉及了亲属发端时刻的优先血缘结合现象。因为，人们已经普遍看到了人类生物学理性的类同的外化或表现。显然，先在的人类生物性血缘选择才是族群认同的认识根基，至于后天的文化雕琢发展出的被认可的地方亲属（关系）制度，无论是事实的，还是建构的，都是由初起的血缘选择现象呈现之时或随后的文化附加物。格尔兹（Clifford Geertz）的"主观认知的、来自亲属传承的'既定资赋'（assumed givens）"[2]，以及凯斯（Charles Keyes）的"造成族群的血统传承，只是文化性解释的传承"[3]，都是在强调文化的建构。然而难以躲闪的问题是，若要进一步关注人类生物性基础上的文化建构是如何混生运作的，的确需要交叉学科得以在一个知识平台上交接。例如，如果我们顾及人类生物性的"血缘选择"与优先形成血缘网络聚合的事实，那么包括早期中国九族五服制已经不止于讨论古代中原人伦层位之文化建构这一点，也应包括探讨其亲属关系上的生物性世系。

总之，承认人类生物性的"亲亲性"，又承认人类的族群认同深受社会现实与文化的影响，这二者之间似乎并不矛盾，其根本就是

---

[1] Pierre L. Van den Berghe, *The Ethnic Phenomenon*, xi, New York: Elsevier, 1981, pp. 5-8, 17-27.

[2] Clifford Geertz, "The Integrative Revolution: Primordial Sentiments and Civil Politics in the New States", *Old Societies and New States: The Quest for Modernity in Asia and Africa*, New York: Free Press, 1963, pp. 105-57.

[3] Charles Keyes, "The Dialectics of Ethnic Change", *Ethnic Change*, Seattle: University of Washington Press, 1981, pp. 4-30.

在于探讨人类生物性—文化混生性与整合性的整体论特点。举例来说，其中就包括本节讨论的中国人祭祖与孝悌的文化观念建构究竟在多大程度上受到常见动物亲本之间爱怜秉性的影响，以致古人早已在不同种群之间"比德"了，或许其本身就是为了扩展人类亲本照顾与亲情的生物性—文化伦理转换。

在农业社会，特别是中原文化区，四季轮转，社会若要保持相对平稳，首先需要建立稳定的亲属关系，乃至社会关系。而中原发达的文字系统记载并推广了精英们的社会建构思想。在广大的农业地域，由于生产力的限定，考虑到亲属与邻里群体性耕作的必要性，亲属结合是优先的选择。应该说，九族与五服的本家与姻亲的纵与横的亲属关系理念与实践是这种群体性合作的重要发明、选择与延伸。显然，其分布依据了生物—文化整体性的思考，从五服和九族的层层反推，可以看到反本的孝和人情的文化实践过程，从本家到姻亲的系统和地缘分布，再加上所谓"服国"的理想模式与文化实践，从作为亲属发端中心到远近亲疏的外展层次，均展示了当时从血缘到地缘、从近及远、修齐治平更大的文化的与政治的图景。

二 技术与组织：西周与近现代民族志

应该说，西周是中国历史上一个重要的朝代。耦耕耜耕、九族五服、分封制等都是那个时代的创制。学界总是不断关心农耕工具质地、技术与组织构建的关系及其判断。

中原一带，自仰韶文化时代到西周初年，年平均气温高于现在2℃，一月份气温要高于现在3℃—5℃，[1]那里有出没于森林草莽之间的象和犀牛（《吕氏春秋·古乐》，《孟子·滕文公下》），这是现在看不到的现象。

从西周延及春秋早期，那里的青铜器铸造技术同商代不相上下，但主要用于制作礼器、兵器、酒器、乐器和少数手工工具。在考古发掘中，西周的农具绝大部分仍由木、石、兽骨或蚌壳制

---

[1] 竺可桢：《中国近五千年来气候变迁的初步研究》，《考古学报》1972年第1期。

成，而墓葬出土的青铜工具太少，这可能和青铜工具可以回炉再造有关。①

青铜较软而铁器晚生，以及中原土地上林木丰饶，分布多种动物种群，这和人口相匹配，土地也并不紧张。然而，清除林木，使用石木骨农具，需要集体行动。在平地上使用木质耒耜也适于协作，成对的耦耕，形成所谓集体性的"千耦其耘"（《诗·周颂·载芟》）。因此，早期公社制的家族集体协作劳动是一种生态与技术适应性的选择，也是文化的选择。许倬云也认为，"周初农耕的方式，似是大规模的集体耕作"②。

从考古与文献资料看，春秋中后期，特别是战国时期铁器有了应用与推广，最后普遍用于农业、手工业等生产部门。相对于青铜工具，铁器的种类有所增多，主要有锄、犁、镰、臿、斧、凿、耙、削、镢等。一方面反映了铸造技术的提高，推动了播种、除草、中耕、收获、加工等环节复杂化；另一方面反映了生产技术的进步和生产分工的日益细密。③

这里我们需要讨论一下工艺技术的问题。从某种角度讲，似乎"技术价值中立"（value-neutral）就是说，技术不分好坏，然而需要注意它的社会属性，在于使用技术的人如何加以运用，但如果我们作进一步的思考，技术的改进除了可以预见的益处以外，却"不可能预见到技术行为的全部后果"，其中包括伴随着的"负面效应"。④因此，从技术史观出发，代之以"超出必要即是负担"的合理态度，是异化技术史观的逻辑结论；⑤如果我们从早期农耕社会的多样性上看，在不同的地理环境区域，技术及其伴随的生计合作选择乃至协作惯习，即是文化适应性的生存表现。

如果我们转入哲学层面上看，亚里士多德早就想过这样的问题，他认为，"一切技术均以善为目的，追求善就是人类技术活动的一般

---

① 李瑞兰：《中国社会通史》（先秦卷），山西教育出版社1996年版，第53页。
② 许倬云：《西周史》第八章"周人的生活"，生活·读书·新知三联书店1994年版。
③ 李瑞兰：《中国社会通史》（先秦卷），山西教育出版社1996年版，第53页。
④ Jacques Ellul, *The Technological Society*, Alfred A. Knopf, 1964, p. 106.
⑤ 王佩琼：《论异化的技术史观》，《自然辩证法通讯》2011年第5期。

目的：一切技术，一切规划以及一切实践和抉择，都以某种善为目标"①。这样我们也可以回到早期儒家的见解，孔子同样是向善观，不过孔子的向善观的含义更接近今日社会学与人类学的关注点："人而不仁，如礼何？人而不仁，如乐何？"（《论语·八佾》）他是以"仁"代表善，而这种向善观尤为包含在"人与人之间适当关系之实现"和"为仁由己"的后天选择向善态度上。②

因此，顺便可以判定，现代技术异化论在价值观上已经同儒家早期向善论背道而驰。看来，回到孔子的时代，由亲族结合、技术与农耕，以及地方哲学构成的区域文化系统中，向善即是有序的协作与和谐完满的社会关系状态，包含被文化所认同和推崇的民风。以今日人类学的观点，从农耕社会产出的儒家向善论是一种更为稳固的文化适应性，它包括，寻找适当的人与人的关系（为仁）；相信道德"互待互成"（成己成人），相信道德教化与习得（好学与问俗），善于在各种人际关系中抉择（择其善者而从之）。③ 因此农耕社会的儒学向善论是实践以家为基点的五伦关系理想，即"入则孝，出则悌，谨而信，泛爱众而亲仁"（《论语·学而》）。④

俞伟超先生考证，"西周的村社组织，根据金文中的徽号，至少在中期以前，仍然叫'单'，《周书·大聚》也称'弹'"。《大聚》有"合旅同亲，以敬为长。饮食相约，兴弹相庸，耦耕俱耘"，是说二人一起耕地，而且是整个村社的人协作。⑤ 但你仔细阅读，这种集体耕耘组合不是别的，而是同血缘的亲族组织，这是一种人类经常选择的亲属血缘协作适应方式。西周分封，大宗之族和小宗之族可能都在其内，至少是其分支。封地之诸侯和大夫的大小宗人数也都

---

① ［古希腊］亚里士多德：《尼各马可伦理学》，载《亚里士多德全集》，苗力田译，中国人民大学出版社1997年版，第12页；王佩琼：《论异化的技术史观》，《自然辩证法通讯》2011年第5期，第2页。
② 傅佩荣：《儒家哲学新论》，中华书局2010年版，第134—137页。
③ 同上书，第16—17页。
④ 从"向善"一词的英文翻译看，亚里士多德的"善"的固定译法是"good"，但应该指的是真善美之类的个人品质；孟子的"向善论"或"性善论"常译成"ameliorism"，但仍是字面的意思，并不妥，因为它还是指代一般的人性，没有儒家朝向人伦和谐的完满状态的意思，而"moralization"也只能说明"道德教化"这一层面。
⑤ 俞伟超：《中国古代公社组织的考察》，文物出版社1988年版。

不在少数。《诗·周颂·载芟》写道："载芟载柞，其耕泽泽。千耦其耘，徂隰徂畛。侯主侯伯，侯亚侯旅，侯彊侯以。"是说家族长带领长子和众子弟老少人等全族集体耕作。《良耜》的"以开百室，百室盈止"，更反映了由数百个小家构成的家族公社（应在三、四、五百人之谱）齐心劳作的生动写照。米迎梅认为，按照《礼记》的"百世不迁"之大宗，家族成员的数目自不待言，即使是"五世则迁"的小宗，根据古人的早婚的惯例，五代同堂是有可能的（这有点疑问，如果考虑到当时的寿命较短，五代同堂的机会应不多——笔者注），一般情况下，三代同堂为多。米迎梅还注意到西周盛行多妻制，如果考虑进去，显然一些家族成员更多。① 但没有更多的资料加以支持。这种劳动协作"起源于家族共耕制度，后来便发展为井田制。所谓井田制，从某种意义上说，便是一种共耕的生产单位"②。因此，在宗法制下的基层社会血缘关系组成的集体是早期农耕工具的使用者。他们按照时令大面积耕作采纳的多是同宗血缘集体协作形式。"百室者，出必共洫间而耕，入必共族中而居，又有祭醋合醵之欢。"（《毛诗正义》卷十九之四）这已鲜明反映了同族劳动、协作、共居、祭祀和会饮的生活方式。无论整个集体同族的范围有多大，是同居共爨，还是分而食之，都反映了同宗之下"亲亲""尊尊"秩序与融合的协作。

我想无拘束地讨论，或许这个问题可以加以比对，似乎人类技术总是需要注意其文化的属性。直到 20 世纪上半叶，在高加索南奥塞梯山区使用木犁，用牛牵引，男子和牛并排拉犁，耙用干树杈制成。③ 在格鲁吉亚，那里厚厚的黑土层要花费四个男劳力和几头牛牵引，另外，还需要不少劳力花费在葡萄园。④ 阿尔巴尼亚人也类似。南斯拉夫的重犁需要二人使犁一人赶牛，共同耕作和联合收割，尤

---

① 米迎梅：《论西周家族组织存在的原因、规模及在当时的影响》，《鲁东大学学报》2007 年第 4 期。

② 田昌五：《古代社会断代新论》，人民出版社 1982 年版，第 127—129 页。

③ М. О. Косвен, Этнография и история Кавказа, Иследования и материалы, ИздательствоВосточной Литература, 1961.

④ Р. Л., Харадзе проблемы грузинской семейной общины в литературе 19 века. СЭ, 1954, p. 2.

其是犁耕组合是必需的。那里小家庭胜任不了农业，只有家族公社才有这个能力。在巴尔干，院落式家族公社常常是40—80人，而多的达到200—300人①，有意思的是，从语言学上看，那里古代没有"小家庭"的说法，晚近以来才出现这个单词。还有，那里不称村落，而只叫某某家族公社。这种数十、数百人的，带有公共院落、公共餐桌、公共会议和习惯法的家族公社是这里的民俗风习，南斯拉夫人的"扎德鲁嘎"（Zadruga）的古老含义是"合作的家族"，由于他们的传统是甚至父亲死了也不分家，因此这里的另一种家族公社被称为兄弟公社（Bratstvo），含义是"谦和的兄弟们"。保加利亚的家族公社达到250人（80个劳力）。他们没有出现过继承权问题，无我、占有土地和享受劳动成果的平等精神维系着保加利亚农村公社的民主精神，②这其中显然已经包含了那里拥有一种大规模亲属和谐合作的至善与无我哲理，并形成民风。可以说，地貌、土层、犁锄工艺、技术协作、亲属制度、伦理与哲学、信仰以及风习之结合成了地方文化适应系统的组成部分。科瓦列夫斯基的民族志认为，"扎德鲁嘎"家族公社的协作特征为：共同生产消费；为一个血缘与亲族集团；以及宗教崇拜的一致性。③诚然这也是在论证一种区域型的向善亲属组合方式之缘由。

根据作者1979—1983年在西南山地亚热带林地（请对照西周时期中原的气候与动植物种群，和这里颇有相似处！）专题调查家族公社形态，考察20世纪中叶基诺族龙帕寨有干栏长35公尺，内有27个火塘，住一个父系大家族，共125人。他们采纳少则三四家、多则十一二家的共有地共耕方式。西北怒、独龙、基诺多数非坝区民族的铁器进入仅仅有200年的历史，主要从外地传入，有的才几十年。在极小的铁器的数量和大量的石器、木竹器农具情况下，只能以集体的协作为主要劳动组合方式。特别是西南山林中普遍流行的

---

① М. О. Косвен, Семейная община и патронимия, Москва 1963.

② Жак Натан, Стопанска история на България, 1955. 以及 С. С. Бобчев, Българската челядна задруга в селашна и минало време, 1907.

③ М. М. Ковалевский, Современный обычай и древний Закон. Т 1, 又见庄孔韶《关于塞尔维亚和保加利亚的家族公社》和《科瓦列夫斯基与家族公社》，载林耀华、庄孔韶《父系家族公社形态研究》，青海人民出版社1984年版，第22—151页。

砍倒烧光的大面积游耕方式,需要整个家族公社的协作、家族长的指挥和协调;而他们对天与人关系的看法倾向于"天人和解"的宗教生态整体观。①

将中国西南山地、巴尔干和西周的集体协作农业相对照,尽管它们的地貌、土质、农具有一些差异,但对以木石骨竹用具的古今农人,应该说,不仅在使用少量铜质工具,甚至少量铁质农具的情况下,农耕、收获的集体协作也是必要的。而且请注意,他们的共同点都是以多代人亲属组合的生活与生计方式,其中最普遍的亲属团体组合方式是父系宗族公社、家族公社。

这样我们可以说,类同的工具技术为人类一些地理区域的类同的亲族组合和类同的农耕组合找到了区域集体智慧的相似性,这里讨论的"主要是指共产主义的耕作,而非所有权"②。这样,技术便为各个地理区域的人民做了社会与文化的相似性选择,例如男人(为主)的协作共耕和父系(为主)宗族与家族公社形态的选择。当然,除这种相似性的选择之外,还有多样性文化的不同选择,例如共耕搭配的不同的亲属组织范畴选择,以及因不同制度设计所引起的共耕的地方性特点,如"扎德鲁嘎"院落、基诺族长屋和西周共族共耕等。应该说,需要注意到人类地方群体协作方式的向善性的和适应性的选择,以及亲族组合的地方性特点。

西周具有强大的精英思想导向,将物质、技术、农业协作、长幼有序与远近亲疏的血缘亲属系统结合起来,是宗法理念与农业协作和分封制的有机结合,使数千年后之中原的农耕哲学与实践一直延续并扩展着,而仁者向善的传统理念始终渗透在汉文化的民俗生活之中,尽管我们有时需要讨论某些文化变异的影响因素。

---

① 林耀华、庄孔韶:《父系家族公社形态研究》,青海人民出版社 1984 年版,第 151—160 页;庄孔韶:《远山与近土——田野纪行》,湖北教育出版社 2001 年版,第 16—26 页;罗维萍:《基诺族传统信仰的生态伦理价值》,《黑龙江民族丛刊》2010 年第 1 期,第 142—147 页。

② [德] 韦伯:《农业组织和农业共产主义问题》,《经济通史》第一编、第一章,姚曾廙、韦森译,上海三联书店 2006 年版。

三　农耕理念：文字传递与循环论

从农具质地、耕耘方式和人力搭配的类同结合，以及原初共产共耕组合的比较研讨，父系亲属组织选择有着广泛的地理分布。不过，从世界上无文字社会的基层组织来看，家族主义和祖先祭祀有其朴素的象征形式。例如云南基诺族曾拥有的大家长领导的"长屋"干栏的家族公社式生活与生计协作方式。屋内有总火塘为家族公社象征物、祭祖仪式和长屋祖先供处，而且人人可以熟悉背诵父子连名制（他们的男人可以背诵50余代），实际上这也是大家族和同世系群分布地点同族的重要认同源泉。他们每逢节日，晚间在竹楼上老人会口传叙事诗演唱和道德说教，涉及现代意义上的生态循环观念（游耕的规矩）、烧荒的男女分列队式、平时与收获季节的文化禁忌（同姓不婚，与男女关系在平日与收获季节的差别惯习与舆论）、互助与平等分食制、敬畏大自然所体现至善的"天人和解"观，以及人、植物、动物之间的整体性生态观照伦理。[①] 世界各地的农业族群文化，由生计、社会组织和信仰连接的经验、实践、世界观和道德伦理，确保了各个族群社会稳定运转的可能性。这样看起来，孔子礼制恢复的意义不完全是因"礼崩乐坏"，而是伦理、制度需要符合循环农耕系统。因此，我们需要从农耕生活方式思考文化传递的特点。

（一）口传、方言与文字意义

众所周知，口传的时空范围是有限的并充满变异，有文字的民族通过文字共同识别和传递理解与再行转换理解，方便了生计经验、组织、伦常、仪式和信仰的推广，也包括促成理念传播一致性的后果。对照而言，古代西周的社会制度与理念在实践中因文字的传递，更便于在精英中间交流与完善而形成精致的思想框架与制度，并在

[①] 林耀华、庄孔韶：《父系家族公社形态研究》，青海人民出版社1984年版，第151—160页；庄孔韶：《远山与近土——田野纪行》，湖北教育出版社2001年版，第16—26页；罗维萍：《基诺族传统信仰的生态伦理价值》，《黑龙江民族丛刊》2010年第1期。

社会与文化实践选择中成为中原文化的主要类同特点。从农业耕作的生计轮转,进而通过思想家和精英(包含现代意义上的哲学家)的适应性"礼"的发明与推崇,以及长久"仁"的濡化、集体传递和文化的直觉教化,政治家之选择性确认与推动,从贵族到庶民之定位实践,最终创造了中原乃至随后更大历史范围的中国区域农耕与亲属关系整合后的儒家(主要的)理念系统与社会文化制度。

雅为西周之音,以西周京都之音为"雅言",所以求知者必须学雅音,这一学习是在使用方言的俗民上就士大夫精英层的必经之路。如先师孔子是鲁国人,他当会方言鲁语,但阅读先王法典、正规教育和礼制场合必须用雅言。故而《论语·述而》篇说:"子所雅言,诗书执礼,皆雅言也。"后来,汉儒继承先秦儒家雅正思想以及写作体裁恪守雅体,更是精英文化即儒学正统的表现。[①]

这样,我们考察的古代雅言与俗民方言大体代表了大小传统的两个文化层。然而方言差异并未能隔断中国上下层文化的连接。首先,雅言不过是地方化的雅化并成为官话,但士大夫说雅言并不排除说本地方言。还有,虽说地方口语难于划一,但中文书面语和文字的发展从一开始就走上了趋于统一的体系,周之雅言达于书便打开了中国文化上下开放和普及之路,因此中国没有前现代欧洲拉丁文带给俗文化层的坚硬的文字壁垒。[②] 可以说,中国统一文字的文化认同意义是最重要的标志,其中方言和汉字的文化意义不在一个水平上,而是前者被后者所涵摄。[③] 那么,实际上早在西周中原社会已经明显开始了一个扩大崇化导民和"服国"的历史—地理的时空范畴,理念通过铭文、竹简上的文字交流达成认同,以及容易使儒学得以流传。在一定的意义上,这一稳定的儒学文化理念从古至今影响长久。

---

① 孙克强:《论"雅"》,《复旦学报》1991 年第 6 期。
② 庄孔韶:《银翅:中国的地方社会与文化变迁:1920~1990》,生活·读书·新知三联书店 2004 年版,第 483、484 页;缪钺:《周代的雅言》,载《冰茧丛稿》,上海古籍出版社 1985 年版,第 186 页。
③ 庄孔韶:《银翅:中国的地方社会与文化变迁:1920~1990》,生活·读书·新知三联书店 2004 年版,第 483、484 页,"序"第 3 页。

(二) 农耕与人事的循环论

古代中原农业人口从周而复始的四季轮转、耕种与收获、出生与死亡是农人以循环论看待宇宙的物质与思想基础。例如《夏小正》反映了夏和三代以来按月份排列记载着每个月的物候、气象、天文和不同的生产事项与经验。然而关键在于，《夏小正》"把天地宇宙的大循环与人类活动（农业生产、农事活动）的小循环联系起来"，是"整体系统思想即循环思想体系的开端"。①《易经》则提供了天地、阴阳、人与万物的感应现象的学说，是最早的中国本土循环论。它把人与万物的来源，归之于天地透过阴阳所创造，如说，"天地感而万物化生"（《易经·咸卦》），"刚柔相推，变在其中矣"（《易经·系辞下传》）。柔属阴，刚属阳，实际上也就是阴阳相互作用而产生变化。② 后经人加入五行说，所谓阴阳变化、五德终始就确立了，即阴阳变化、始终循环与天人合一的说法。

从早期农业的"菑、新、畬"的轮荒耕作和"今兹美禾，来兹美麦"轮种（《氾胜之书》），到人世间"五百年必有王者兴"的朝代更迭，农业社区变迁的"三十年河东，三十年河西"，到个人命运的期待"时来运转"之类，早期农业中原与汉人社会的循环论是将天象、农业、社会、人事联系在一起的理论，在漫长的历史时期里成为循环易变的华夏哲学。然而，农业循环和人生轮转都存在"察机"，人需要观象察变，生计上"与时偕行"，人事上"审时度势"，《系辞》说"神而明之，存乎其人"，强调了人的前瞻性"察机"而获得因势利导的主动性。

我看到了汤恩比的衰老和重振的循环论和崩溃（失序）的周期性（rhythm of disintegration），其动力是挑战与回应；③ 索罗金等强调文化成长、成熟，然后必然衰落，是同质文化三类型的循环变异，

---

① 胡火金：《论中国传统思维中的循环观与农业精耕细作传统》，《农业考古》2002年第1期。
② 文崇一：《历史社会学》，台北三民书局1995年版，第131页。
③ A. Toynbee, *A Study of History*, N. Y., Dell, 1965.

而循环变异的内部因素比外部因素重要。① 文崇一在对比了上述中国的循环论以后认为，易传解释人事，并形成一种盛衰循环的文化观念，其本质上"是观念改变了世界"②，这大体也承认易变盛衰循环论是经过濡化与"过化"的一种先在的理念，这种理念之"应验"总是发生在中原四季轮转的循环生境之中，致使我们不得不承认"理念先在"的社会动力的意义。不过，依照人类学的整体性观察方式，并不是不考虑其他动力视角。循环论切合农耕社会轮转规律的秩序理念，自然、天时、节气、技术、人事、伦理等均纳入其间，导致了中原人民的宇宙观定势，而历史则积累了先在的观念和理念对行动的导向作用，并化民成俗。

四　祭祖理念先在

（一）祭祖理念先在之文化研究

我1986年起在福建"金翼"黄村田野调查初期，因黄氏宗谱失存而协助他们重建时就发现，那里的村民熟知整个（或部分）山谷农人的辈分、房份、墓号、墓祭和常见家礼（如祭祖与上寿之礼等），族谱中的辈分与房份原则和内容好像是印在同族人脑子里的，不须翻动族谱就对长幼、房派有清晰的认识，这"显然是认识先在的证明"。③ 于是，我和村民重拟宗谱的工作顺利且快捷，这些化民成俗的辈分知识和上寿礼仪④体现了农民拥有儒学最基本的长幼有序的秩序理念；祭（拜）祖和墓祭则是儒家孝敬理念之仪式性实践。如果单纯从区域地理分析，三千年来成功的儒学"过化"，中国人孝道和慎终追远的内心已经变成了理念的、意识的和无意识的东西，深深植根于民众内心中。⑤

---

① P. Sorokin, *Social and Cultural Dynamics*, Boston: Porter Sargent, 1957; W. E. Moore, *Social Change*, N. J., Prentice‐Hall, 1965.
② 文崇一：《历史社会学》，台北三民书局1995年版，第142页。
③ 庄孔韶：《银翅：中国的地方社会与文化变迁：1920~1990》，生活·读书·新知三联书店2004年版，第246—248页。
④ 朱熹《家礼》可见"上寿于家长"句。
⑤ 本文通篇探讨早期儒学文献的思想与行动，并不讨论儒学"过化"之涵化问题。

我正是从最初的人类学田野经验层面发现了农人之"先在理念",[①] 而后便逐步思考这些"理念先在"的文化来源。

首先,"中国人古往今来创造了一套独立的亲属制度及其结构,而中国文化哲学的实践又发展了这一套亲属制度。人口再生产和宗祧理念的相辅相成,成了中国 descent group 过程的一个永动的根源"[②]。早年林耀华在《拜祖》一文中解释了理念向社会化之转换:"看过前面本原五服图,我们就知道从拜祖思想为根基而建立一个团结的家族;所以孙中山先生说中国人家族的观念最深刻,然推其原是从拜祖思想发扬出来的。……宗庙原始虽是专为拜祖之用,后来渐渐地变成全族的社会、政治、经济等组织的功用……一个原是崇拜的机关,就因此渐渐地社会化了。"[③] 说明造成汉人家族宗族制度的第一原因是先在的祭祖理念,中国人的人伦行为和祭祖等宗族文化并非是出于某种功利性的计算,而是一种先行存在的内化"理念"。因为"在汉人的亲属制度中,观念上的系谱架构所形成的体系先于祖产分配问题而存在,这是再清楚不过的事"[④]。

此外,早期人类学的田野研究地点多在无文字的部落社会,在这样的社会里,难以观察到像中国社会那样存在一个掌握文字书写系统的儒家大传统且能够对小传统加以"过化"。其中,弥散式"感染"和谆谆教化颇具成效。这种文字携带的丰富理念,如敬祖报本、尊老爱幼、人伦差序和社会和谐等儒家理念长期以来深入人心,成为中国文化传承的重要成分。

我在福建的田野调研,深感继早期儒学从中原传布与"过化"之后,新儒家朱熹之理学在中国农业社会的接续性影响。朱熹把宗法伦理看作是"天理之自然"并身体力行。他一面巩固宗族制度,一面借宗族组织将儒学礼制生活方式化。他所著《家礼》通过礼和

[①] 杜靖:《"理念先在"与庄孔韶汉人社会研究》(待刊稿),2011 年 5 月。
[②] 庄孔韶:《银翅:中国的地方社会与文化变迁:1920~1990》,生活·读书·新知三联书店 2004 年版,第 279 页。
[③] 林耀华:《义序的宗族研究》,见"附"(《拜祖》),生活·读书·新知三联书店 2000 年版,第 227—258 页。
[④] 陈其南:《汉人宗族制度的研究——傅立曼宗族理论的批判》,《考古人类学刊》1991 年第 47 期。

冠婚丧祭四礼，申述"修身齐家知道，谨终追远之心"，意图有补于国家"崇化导民之意"。① 他感于家礼久废，故主张家礼与冠婚丧祭礼，应镂版颁行传播，其《五礼新仪》，得宋朝廷批准，重印发行。直到 20 世纪上半叶，儒学要义在福建乡村私塾中仍不绝于耳，其影响实际上大于官学。不仅如此，其月旦集会读讲约礼，甚至至今在丧礼、丧服、上寿之礼等礼仪程序上仍可见到朱子《家礼》的影响。

　　儒家的理念是如何导入农民社会里的呢？"儒家主张文化大一统，故而'以教为本'的德治思想导致了一系列大小传统贯通的做法。关于中国人家族与宗族文化价值的思想为哲学家所发明、政治家所强化、教育家和乡土文人传播并最终由农人所实践，从而成为中国人及其族群的精神支柱与行为准则。"② 应该说中国传统文化的高层文化从上而下疏导的脉络十分清晰。这一过程中精神的儒学理念与制度得以通俗化与乡里文化相结合，渗透民众心理，甚至铸成民族深层无意识文化成分。从三千年前早期儒学到最近八百年来朱子理学，文化传递始终和讲学、学校、文本、民俗结合在一起，是民众儒学思想内化的有力手段。

　　我们当然会有足够的证据表明中国东南诸省，例如像福建义序式的万人大宗族和较小些的金翼黄村宗族，似乎那时的中国学者的一些论文支持了强调族产、族田之宗族功能主义成分并成为弗里德曼宗族说的根据之一。然而，差不多八九十年以后，人们再度评价考察人类学的一些理论渊源及其哲学根基以后，却看到发源于英国的功能主义"除了在田野工作方法及其个案研究方面还差强人意以外，其理论价值实在不值得恭维"③。我最早阅读中国老一辈学者的早期作品，就试图考察发源地的人类学理论和第三世界地方学者的研究实况的联系问题。我们看到中国学者在接受功能主义理论的同时，本土哲学诠释在一个新兴的欧风美雨的

---

① 邱汉生：《宋明理学与宗法思想》，《历史研究》1977 年合订本，第 64 页。
② 庄孔韶：《银翅：中国的地方社会与文化变迁：1920～1990》，生活·读书·新知三联书店 2004 年版，第 277 页。
③ W. Y. Adams, *The Philosophical Roots of Anthropology*, CSLI. Publication, Leland Stanford Junior University, 1988, pp. 350–352.

理论大潮之下，似乎躲藏了起来。然而问题并没有解决，本来单纯视角的理论就难以成通论，功能主义除了他的田野实用性以外，这一理论不能涵摄人文的道德哲学的内化部分，况且尚不包括人类生物性渊源的思考。

林耀华在《义序宗族的研究》中的注释部分一再阐述他的理念先在意义。[①] 其《宗祠志》表达了族人心境之压力："祭田未备，不胜惶愧，当与吾族之尊祖敬宗者共廑于怀也。"[②] 这是说祭祖是理念使然，而非功利使然，只是后来才渐渐完成了走向族田、族产、制度等职能多元的宗族组织。这种先在理念的社会化转换，导致没有理由把功能性的要素放在宗族田野研究的决定性地位上。

（二）祭祖理念先在之生物性—文化整合观

西周的农人都是按族聚居的，宗法制是按照血统远近以区别亲疏的制度。周天子由嫡长子继承，处于大宗的地位。对周天子而言，别宗属小宗，而在自己家族内则为族长，是大宗。宗法制对待嫡庶之分是十分严格的。班固《论五宗》（《白虎通》卷三）力言大宗祀始祖，小宗祀父祖曾高四代，大宗率小宗，小宗率群弟，成一宗统。这种一层一层的宗法关系，其源头为祭祖。这一点很重要，是拜祖的理念和风俗（请联系上述生物—文化整体性的论述，拜祖具有生物性的原始根基）造就了宗法，进而宗法也就不得不尊重祭祀。[③] "所谓'生则敬仰，死则敬享'，就是对祖先不忘恩，不忘本，奉祖先为神灵，而永世致以崇拜。这在伦理宗教上具有慎终追远的意义。祀祖，或祭祖，是一种礼教上的仪式，亦就是祖先崇拜的具体表示。"[④] 这里社会生物学的血缘网络选择力量和亲子关系友好的基因禀赋，以及人类拜祖的理念及其亲属制度的文化伦理，均不支持人类亲属系统中之追思与祭祀的功利主义优先意义。

---

① 林耀华：《义序宗族的研究》，生活·读书·新知三联书店2000年版，第51—53、64页。
② 同上书，第51—53页。
③ 同上书，第72页。
④ 芮逸夫主编：《云五社会科学大辞典》第十册《人类学》，台湾商务印书馆1971年版，第199页。

比较而言，在人类各地不同的亲属制度中都可以引申看到从社会性昆虫、鸟类、非人灵长类血缘网络的生物性关联，如血缘选择；而所谓人类亲属制度的文化的规定性显而易见地导源于动物亲属关系上的某些萌芽，以及存在着人与动物界共同拥有的血缘网络与血缘选择特性。

人类对亲缘关系的判定程度要比动物世界更为肯定。"人类能建立起长期有效的契约（文字）和从事可延续数代的长期的相互利他主义活动，可把血缘选择直观地引入到这些关系的考量中。他们注重血缘关系的纽带达到了其他社会物种难以想象的程度。他们利用自己唯有的句法语言使其相互交往更为有效。"① 这不仅是由于人类个体取名方法（如显示父名，甚至如哈尼、基诺族的父子联名制）上显示的血脉联系，正式的婚礼习俗还能分辨姻亲。而且很多民族膜拜祖先，也表现出家族成员之间忠诚。祭祀与宗法制是地方人类生物性根基上附加的文化特征与制度，其中，祭祖的根本渊源联系着动物与人类生物性的血缘选择内涵，其外在显示为亲属群体认同的报本理念，显然也和后世的功利主义无关。

在西周，宗法有祀先庙制，大宗宗子祭始祖，其庙百世不迁。小宗宗子祭及父祖曾高四代，其庙五世则迁。但层层宗法关系都是以"尊祖故敬宗"② 的先在的理念为出发点，这个非功利的先在的理念不是正处在生物—文化整体性的有机联系之中吗？

早期儒学布扬与"过化"，逐渐普及和内化了属于"理念先在"之孝行实践——世代祭祖、严格丧服和顶礼膜拜，不仅如此，慎终追远之心基本上是人类生物性—文化伦理整合的结果。

五 中国伦理本位模型观察

从上述祭祖理念及九族五服制来看，从西周逐渐制度化的伦理

---

① ［美］威尔逊：《社会生物学——新的综合》，毛盛贤译，北京理工大学出版社2008年版，第360页。
② 《礼记·丧服小记》。

关系究竟从哪里起始并加以讨论的呢？

（一）丧服：伦理制度之核心示意

动物种群和人类所共同观察到的血缘选择，特别是具有血缘网络特征的群体，有助于依照亲缘关系来增强群体的适应性的合作倾向。人类各地族群之亲属与人伦之礼，也都或多或少地包含了一种生物性的亲属关系特性，向人类亲属忠诚与认同表现的延伸与文化表现。古代中原的五服与九族就是一种较为复杂的亲属文化规定性，也是建构于亲属群体远近亲疏关系的生物性基础之上的。然而，中原九族五服的文化性内涵，既包含了大众口传——无文字群体集体记忆特征，同时也叠加了重要的借文字传达的亲属制度的文化意义——对地方亲属网络生物性及文化特性的承继性多代共识。其代际接续间，隆重的葬礼从旧石器时代的遗址中已见端倪，体现了人类亲本丧失的依恋与怀念所导致的文化仪式结果，祭祖仪式行为可以看作是人类丧仪的递进性亲族追思的实践。在西周，完善的丧服制和祭先祖活动，透露了在亲属伦理范畴与时间记忆上具有的文化延续意义，并且渐渐形成主流族群亲属制度的文化规定性并向四周传递。

古代中国的九族以父系为重，其亲属范围包括自高祖以下的男系后裔及其配偶，即自高祖至玄孙的九个世代。在此范围内的亲属，包括直系亲属和旁系亲属，为有服亲属，死为服丧，亲者服重，疏者服轻。古代的丧服称为"五服"，指斩衰、齐衰、大功、小功、缌麻五种服制，丧服因使用粗细不一的麻布形制和不同的服丧期，严格划分了丧礼参加者的辈分亲疏关系。每逢丧服着装实际上是在展示丧礼发生地从内亲、外亲到无服亲的亲属关系内外结构；同时，也是在展示一种制度，即五服九族关系在丧礼期间加以人人定位，从近到远将血缘、姻缘和地缘关系铺陈开来，于是地方亲属制度和社会结构便呈叠压状。其实，五服并非是一个常设的社会组织，无法构成一个合作共财团体，且处于贯时的不断演变的状态中。因此，以己为出发点的每一个关系个体需要以九族五服的原理在每一种地方场景加以代代学习（所谓耳濡目染）、判定和最终熟悉从宗亲、姻亲到乡亲的人际亲等序列，这就是伦常的教化与实践过程。然而，发端于生物性血缘选择的古代中原亲属制度，适应了稳定的农耕哲学，由作为一代精英的"古圣人"（梁漱溟语）之发明、安排，以及经历了从贵族到庶民的社会文化实践，人们透过代代不断呈现的生离死别之丧礼（亦包括其他人生礼仪等），不断重复和强化人际伦理意识，终于形成了中国伦理本位社会的这一最重要的文化特征。中国道德濡化的目的一直是维护群体的利益、调节好人伦相对位置以及个人与集团的关系。[①]

上述丧服实践就是伦理本位实践，也就是从社会文化的亲属伦理核心向外缘层层识别和确认亲疏关系，并将每一个地方的血缘、姻缘和地缘关系结合起来。参考《尚书·禹贡》服国模型的天下理念之亲族基础——先秦丧服礼制的具体内容，其中丧礼过程最能代表国人敬祖收宗理念的是丧服制。《尚书·禹贡》的更大规模的服国模型，其理念显然来源于先秦时代中原的丧服礼制。所谓家国同构的现代表述，实际上是说每个人首先在自己的家中熟悉了父母、兄弟、姐妹等核心的亲属关系定位，紧接着就是进入地方五服九族识别范畴。可以认为古代丧服模型之放大即连接了服国模型，形成了在人伦系统中以己为出发点，依照五服九族原理，连接血缘、姻缘和地缘而延伸至天下的有机秩序与理念实践系统，也就是说，丧服是古代中原亲属伦理制度之核心圈层的展示。

（二）"畿服"的层级模型含义

西周的父系宗法制，天子的伯父、叔父为同姓诸侯，伯舅、叔舅为异姓诸侯。这种姻亲关系加进来，实际不仅是宗法制实践中不得不补充的成分，也是正视了相当于现代意义上的婚媾亲戚族系交往的文化地理分布。

西周的分封把姬姓后裔、异姓姻亲与功臣分封到王畿以外的地方，而所谓封邦和"畿服"制度包含了重要的伦理层层推导出的文化模型，

---

① 庄孔韶：《银翅：中国的地方社会与文化变迁：1920~1990》，生活·读书·新知三联书店2004年版，第502页。

体现了周礼的基本原理。宗法制意在血缘（宗统）收族和分封制完成地缘（天下）共主，显然这不是西人意义上的国家与地方之对立的关系，而是从天子中心到层层"畿服"的道德实践和开放的"过化"过程。

于是我们可以从起始于商代，完善于周代的"畿服"制度中明了，这是一种以天子居地（王畿）为中心，依照由近及远及德化程度高低划分的"服国"秩序模式。《尚书·禹贡》将从中心王畿向四围以外的亲疏关系依次表述为：甸服、侯服、绥服、要服、荒服与化外，从而构成天下共主的层级框架。根据尚会鹏、游国龙的现代国际关系的引申性研究，认为甸服、侯服、绥服、要服大约相当于国家的本土，而荒服和绝域则大约相当于现在所称的"外国"，显然说这是关于中国古代"国际"秩序的一种理念和雏形或许更妥。[1]他们和滨下武志的古代中国"朝贡体制"[2]的六个等级略可比附，即中央、地方、土司（土官）、藩部、朝贡和互市，其间体现了不同层级同中央关系由强到弱的状态，层级内涵则并不绝对对位。

然而，"服国"的同心圆秩序，可以解说为"为政以德，譬如北辰，居起所而众星拱之"（《论语·为政》）的理想图景。然而，文化上的吸引力，为"积德行义，国人皆戴之"（《史记·周本纪》）。强调"己所不欲，勿施于人"，以及重在"自我教化"之"为仁由己"。也就是说，"仁"的世界秩序的建立主要应依靠每个国家自己而不是依靠外力。正是由于西周之理想文化吸引力，"见行者让路，耕者让畔"，乃至有"天下闻之，归周者四十余国"之美名（《孔子家语·好生》）。其内化仁、德和礼的"跨国"过程，就包含着早期儒学"过化"的巨大魅力与感染力。故而是以亲缘结构为出发点的一个"文化的天下"的理想。[3]

应该说，早期儒学"过化"的时间与空间概念，就体现在将居

---

[1] 尚会鹏、游国龙：《心理文化学——许烺光学说的研究与应用》，台湾南天书局2010年版，第443—444页。

[2] [日]滨下武志：《近代中国的国际契机——朝贡贸易体系与近代亚洲经济圈》，朱荫贵、欧阳菲译，中国社会科学出版社1999年版，第38页。

[3] 许倬云：《中国古代文化的特质》，新星出版社2006年版，第35—45页。

于核心地位的丧服亲属亲疏的伦理本位实践，向依照由近及远及德化程度高低划分的"服国"秩序模式转换。

（三）许烺光"心理—社会均衡理论"钩沉

从丧服到国服的早期儒学延伸性理念与实践，明显反映了中国伦理本位的实践特征，然而如何将其引申到大规模的区域文化比较研究中实属不易，因为首先涉及在强势英语学术圈中的文化表达和跨文化理解问题。许烺光先生的"心理社会均衡"理论PSH（Psychosocial Homeostasis），[①] 如今"无论是在西方还是在中国学术界，对许氏的评价似乎还没有达到与其实际贡献相符的地步"[②]。这是一件很遗憾的事情。如今，我们不断在大规模区域文化（或国）的具体表征中看到许氏"心理社会均衡"理论的重要意义，而且已有尚会鹏和游国龙师徒多年从国际关系研究与区域文化研究中再次肯定许烺光先生的杰出贡献，并将其与韦伯（Max Weber）、汤恩比（Amold Toynbee）等的成就相比拟，[③] 实属至理名言。这势必会引起国人在区域文化研究中，思考既不要盲目鹦鹉学舌或落入区域文化/族群中心主义，又要在"卖中国药"（或其他药）时很好地提供某种区域文化思维与行为过程之内涵表达。

许先生在回答他的理论来源提问时说："与帕拉图和亚里斯多德二者相比，孔子高度重视人在群体中的位置。"这一点被明确认为是他提出亲属在社会发展过程中重要性的智慧源泉。[④] 的确，许烺光的"心理社会均衡"理论是在讨论人与人、人与物和人与文化规范互动的场域之中，是一个心理与社会的动态平衡体。他的PSH模式从内到外的圈层分别为：无意识、前意识、限表意识、可表意识、亲密的社会关系与文化、作用的社会关系与文化、远离的社会关系与文

[①] F. L. K. Hsu, "Psychosocial Homeostasis and Jen-Conceptual Tools for Advancing Psychological Anthropology", *American Anthropologist*, 1971（1），pp. 23–44.

[②] 尚会鹏、游国龙：《心理文化学——许烺光学说的研究与应用》，台湾南天书局2010年版，第8—9页。

[③] 同上书，第9页。

[④] ［美］许烺光：《彻底个人主义的省思》（许烺光著作集9），许木柱译，台湾南天书局2002年版，第253页。

化。而其中，包含了比个人与"人格"概念要大的人（仁）的概念范畴。许烺光的模式凸显了孔子学说的影响，反映出他对亲属集团和父子轴的关心。不仅如此，PSH 理论与早期儒家就强调的"修、齐、治、平"思想的联系，依照尚和游的研究，如果将"修齐治平"用同心圆表示，从内到外，依次为：知、意、心、身、家、国、天下，这和许氏的 PSH 理论有很大程度的吻合。① 他的理论还带有中国文化的"中和"思想，其中，人类生物性、社会性、文化与心理都得到了 PSH 理论的考虑。当然他也注意到了失衡和失之和谐的问题。

尚会鹏、游国龙还进一步提出"伦人"② 人际关系模型，以进一步表达中国人的基本人际状态。相对于西方的个人意义上的基本人际状态，伦人社会的个体具有一个更稳定、更具向心力的心理社会均衡结构。伦人社会的个人与集团不是二元对立关系，而是差序式的放大和缩小、包容与被包容的关系。"国"与"家"高度同构意味着国家组织建立在一种更强调人的生物性联系的基础之上，因而有更稳固的基础。伦人的关系强调亲疏、远近、尊卑，但不是竞争性的，或者说这种排列以及与之相联系的一系列伦理规范的设计缓解了人与人之间的竞争性，增强了集团的凝聚性。③

为此，尚和游讨论传统中国人由亲属关系出发，一圈一圈外推的同心圆结构的三个圈子，即亲人圈、熟人圈和生人圈。④ 并认为"亲人圈"由近亲组成，适用"亲情规则"；熟人圈由熟人、朋友组成，适用"人情规则"；"生人圈"由既没有"亲情"也没有"人

---

① 尚会鹏、游国龙：《心理文化学——许烺光学说的研究与应用》，台湾南天书局 2010 年版，第 213—214 页。
② 同上书，第 330—339 页。
③ 同上书，第 460—461 页。
④ 类似的和相关的见解可见：黄光国、胡先缙等著，黄光国编订《面子：中国人的权力游戏》，中国人民大学出版社 2004 年版；何友晖、陈淑娟、赵志裕《关系取向：为中国社会心理方法论求答案》，载杨国枢、黄光国编《中国人的心理与行为》，桂冠图书公司 1989 年版，第 49—66 页；文崇一、萧新煌主编《中国人：观念与行为》，凤凰出版传媒集团、江苏教育出版社 2006 年版。

情"的陌生人组成，交往时适用"公平规则"。① 这同相关学者的结论有很多相似的思考，不过也有其扩大的思考。如所谓伦人人际关系模型的"亲人圈"被比喻为"朝贡体系"的中央与地方；"熟人圈"相当于"土司"和"藩部"；而"生人圈"相当于"朝贡""互市"及其以外的世界。当然，这只是尚和游的层级示意图，其中亲人、熟人和生人有时是可以变动的。②

他们特别关注儒家的修齐治平模型、古代中国朝贡体制模型、《尚书·禹贡》服国模型和伦人人际关系模型③的大体对应或可比拟的对位圈层，却没有将丧服和五服九族的亲属关系模型纳入图表，尽管他们在字里行间提到了"国家"形式乃是从亲属关系延伸而来，以及五服的意义。但我认为，伦人人际关系模型之"亲人"部分，倒是需要讨论因丧服制引申的亲属亲疏圈层意义，因为当我们每个人待在家里和走出家门，我们便落在了五服的文化框架中。如果思考中国人的人际关系模型的话，从丧服制展示的五服原理是处在基础和源头地位的，因为这一古老亲属制度的发生和延续至今，它的生物性和文化之整合特性均在其内。

冯尔康等根据服制，将五服结构再分为三个圈：斩衰之内亲为第一圈，大功之内亲为第二圈，小功及缌麻服为第三圈。此外，他们又把出离了五服的人列为第四圈④（这好似对应和比拟于服国的荒服和化外）。需要注意的是，这是父族、姻亲和友人关系的亲疏圈层，但同死者关系的丧服圈层判定并不完全是以父族与姻亲画线的，例如父系纵向之远缘有时比不上横向婚姻近亲和长者，因此五服是以己为中心的纵横向综合性亲疏划定的，是一种比较状态中的人伦

---

① 类似的和相关的见解可见：黄光国、胡先缙等著，黄光国编订《面子：中国人的权力游戏》，中国人民大学出版社 2004 年版；何友晖、陈淑娟、赵志裕《关系取向：为中国社会心理方法论求答案》，载杨国枢、黄光国编《中国人的心理与行为》，桂冠图书公司 1989 年版，第 441—442 页。并请对照相关论述，如黄光国、胡先缙等著《面子：中国人的权力游戏》，中国人民大学出版社 2004 年版，第 5 页。
② 尚会鹏、游国龙：《心理文化学——许烺光学说的研究与应用》，台湾南天书局 2010 年版，第 446—447 页。
③ 同上书，第 447 页表 6：《四种模型的三个层面》。
④ 冯尔康、常建华、朱凤瀚、阎爱民、刘敏：《中国宗族史》，上海人民出版社 2009 年版，第 233 页。

波纹图，父族、母族、妻族和妇族之亲属是混合比较的，其中五服九族关系之精英判定（如《尔雅·释亲》），以及纵横交叉界面的人际情景与民俗定位等，尽管有差异，但均不脱基本的伦理本位原则。

我和游国龙讨论他对中国之伦人与天下的国际秩序原理的时候，深感其师徒针对"心理社会均衡"理论钩沉（实在是学界多年对许先生建议以"心理人类学"取代"文化与人格"研究用心的忽视）的重要意义。许氏的 Human Constant（尚会鹏译为"基本人际状态"）重视人的相互性，他的"心理社会均衡"理论由内到外的层级表述，以及许氏联系儒家"修齐治平"思想，即由内到外知、意、心、身、家、国、天下之密切关系，是对强调人的相互性、亲族组织、动态平衡理念等中国传统经验做了"学理性的提升"。[①]

经过许烺光及最近几代人的递进性研究，应该说从不同角度解说中国人人际关系诸种模型，从《礼记·三年问》和《礼仪·丧服传》显示的丧服基本原则与圈层，到《尚书·禹贡》服国模型，以及从古代中国朝贡体制模型和儒家的"修齐治平"模型，其原理具有一致性。原初周天子依据亲属关系远近分封天下，就是建立在所谓"差等爱"的"礼"的秩序，以及从日常生活关系到天下道德政治的整合秩序之上的，其早期儒学的理念似乎经历了三千余年，仍在民间丧服和处理国家关系的原则上看到了传统文化的持续性影响。

（四）九族五服之当代人类学观察

很多人都在农村生活经历中，或者在乡村人类学研究中，确定了九族五服制的强大的文化生命力。九族在中国历史上有着长期的亲属实践，它是指围绕在某一生命个体周围的一定亲属群。当其落在丧葬场景时，你会看到丧服象征了不同人等亲疏关系的五服层次问题。尽管古今丧服亲疏层次表达有一些出入，但丧服制度的原理是一致的。直到中华民国以前，中国法律中的亲等计算均采用五服；

[①] 尚会鹏、游国龙：《心理文化学——许烺光学说的研究与应用》，台湾南天书局2010年版，第68页。

尤其是在民间，五服用以区分亲疏关系的功能却没有被打破。①

自古以来，在九族五服制的亲疏关系之间还有一些重要的限定，即父系宗亲间通婚历来被禁止，体现在周人"同姓不婚"的详细戒律上。②当然，世界上很多民族都有类同规定，尽管在解释上还有一些歧见。不过，人类学家有自己的生物文化整体论观察。列维-斯特劳斯认为："自然通过乱伦禁律这一过程超越自身。"③经过对于数百个亲属关系的体系的分析已经获得证实、充实和加强，即，乱伦禁律的存在理由是"在人与人之间建立起一种联系，没有这种联系他们就无法超越生物性组织，达到社会性组织"④。就在这两个端点之间，可以看到建立起一系列无意识的工具，而且无处不在，社会因此成其为社会：这就是文化诞生的过程。⑤当然，古代中国人也早有自己的整体性解释。究其缘由，除了古今经验中的"男女同姓，其生不繁"（《左传》载叔詹云）的生物性顾虑以外，同姓男女相嫌可以防止"淫佚"和关注"厚别"（《礼记·坊记》）。这全然是为了杜绝打乱嫡庶、长幼、亲疏、尊卑等的人伦秩序，并使每人定位其不同的成员身份。可以说，从西周以来禁止五服内近亲通婚之严厉，以及确保宗亲观念与伦常秩序之严格，在大量世界民族志的记载中都极为凸显，尤其是在九族五服制的结构中，生物性禁忌之上附加了极为复杂的文化制度设计与传布，并从先秦，历经唐宋明清加以法律上的确认与实践，影响于中国人认知、社会舆论与民俗生活，甚至民众文化无意识的内心之中。看起来，上述列维-斯特劳斯是在讨论乱伦禁忌发生的生物性—文化转换过程的道理，而西周人早已在设计制定防止乱伦禁忌与规定九族五服的复杂礼制了。

---

① 吴飞：《从丧服制度看"差序格局"——对一个经典概念的再反思》，《开放时代》2011 年第 1 期。

② 《礼记·大传》云："系之以姓而弗别，缀之以食而弗殊，虽百世而婚姻不通者，周道然也。"

③ ［法］贝多莱：《列维-斯特劳斯传》，于秀英译，中国人民大学出版社 2008 年版，第 196 页。转引自 Claude Levi-Strauss, Les Structures elementaires de la parente, La Haye-Paris, Mouton, reed, 1967, p. 29.

④ 同上书，第 565 页。

⑤ 同上书，第 196 页。

杜靖在山东闵村所做的现代民族志调研①，偏重于对五服九族形态及实际运作的古今关联性调研，展现了一幅生动的图景：个体因为婚姻组成一个核心家庭或基础家族，它可以渐渐生长为一个五服九族，但是到达五服群边缘时，迫于生存压力，五服九族就不再往上继续生长，相反多余的房支就会自动从这个结构上滑落下去，又裂变或回归为若干个五服群。作者把每一个五服群体比喻成一股喷泉，每股喷泉喷涌到一定高度就会自动脱落，而闵村就是一个大水池。从整个区域社会看上去，是由若干的村子组成，每个村子里分布着若干本宗五服九族，这些五服九族又通过个体的婚姻而连接在一起。这是一个重要的观察。作者证明了类似"喷泉社会"之普遍存在，无论在所谓的宗族社会或是非宗族社会。②

我理解杜靖的意思大概是，随着地方人群代际死亡和繁衍，以个体（上述伦人含义）为中心的五服九族范畴显示了一个动态的、其边缘不断变化的状态，然而从中心到边缘总是可以看到恪守汉人社会的层级伦理本位原理。在历史而今的实践过程中，一个地方社区每一次呈现的五服九族分布框架都体现了中国亲属制度的伦理本位和文化结构特点，而作为包括一些地理区域古今盛行的宗族或各种非宗族社会而言，宗族或非宗族则均处于地方多样化社会组织的地位。而"五服并非一个社会组织，无法构成一个合作共财团体（Corporation），且处于一个不断演变的状态中"③。杜靖进一步指出，这个群体不仅有着心理认同，也被村落内外的其他类似亲属结构视作一个行动的共同体。同时，我们必须意识到，帝国大传统长久地对它自上而下的推行和教化也形塑了这一文化架构。④ 杜正胜曾注意

---

① 杜靖：《九族与乡土——一个汉人世界里的喷泉社会》，博士学位论文，中央民族大学，2010年。

② 杜靖：《五服姻亲与宗族——来自山东闵村的亲属实践报告》，载上海社会科学院《传统中国研究集刊》编辑委员会编《传统中国研究集刊》第六辑，上海人民出版社2009年版，第485—501页；杜靖：《九族与乡土——一个汉人世界里的喷泉社会》，博士学位论文，中央民族大学，2010年。

③ 陈奕麟：《由"土著观点"探讨传统汉人亲属关系》，《"中央研究院"民族学研究所集刊》1996年第81期。

④ 杜靖：《九族与乡土——一个汉人世界里的喷泉社会》，博士学位论文，中央民族大学，2010年。

到它的重要意义，认为"根本的结构和精神则在于五服制"。①

杜靖还从生态人类学角度对其加以肯定，因为这个五服九族群体的规模刚好可以应付农业生计与生育两种生产，还有在婚姻和丧葬，以及本家和姻亲之间的互助中（如盖房和灾年抢收抢种）履行各种日常文化角色。这些五服九族群体的存在同各地乡土环境的资源获取总是两相契合。它们经久不衰的另一个重要原因是，这个五服九族群体还是帝国大传统文化理念的世代携带者，因而该群体的文化与环境始终获得适应的状态。杜靖还论证，这个五服九族群体不仅有着心理认同，也被村落内外视作一个行动的共同体，以及古今广为分布的事实。②

因此可以认为，汉人社会普遍存在的五服九族制，从先秦中原传承至今，一直处于中国伦理本位的核心出发点，也处于农人的生命与生活起点。体现尊亲远近关系的五服九族群体之构成本质，是人类生物性的优先血缘选择与亲属文化适应性结果，并铺陈成为一个个亲属层级认同的基层乡里文化地理分布（是可以伸缩组合的）与行动与民风认同共同体。在中国农业社会，五服九族才是根本的亲属活动范畴。这里可以发现，五服九族是从早期儒学发端至今数千年最为稳定与成功的"先在理念"与亲属文化制度。

杜靖对五服九族古老群体至今普遍存在的发现，意味着当今汉人社会以宗族和非宗族乡村社会组织研究的传统焦点可以更新为：汉族农村五服九族及其姻亲才是更为根本的亲属活动框架。因而今后的田野工作重点是：探讨"宗族"对于"九族"的意义，即考察宗族如何围绕"九族"而存在，或是家庭成员的五服九族认同与宗族认同在何种程度上可以加以比对；同时，对单纯的姻亲研究角度也力主进行反思，提出了继嗣模式和姻亲模式相兼容的理论模型，将为中国汉人社会的深化理解——无论是理论上还是乡村发展研究

---

① 杜正胜：《传统家族试论》，转引自黄宽重、刘增贵《家族与社会》，中国大百科全书出版社 2005 年版，第 1—87 页（此处所引具体在第 86 页）。

② 杜靖：《九族与乡土——一个汉人世界里的喷泉社会》，博士学位论文，中央民族大学，2010 年。

上——提供一个新的关注点。

历史上，很多地理区域农业文化生态的共同原因：稳定的农业周期循环状态下农人亲属组织的选择常态——南斯拉夫人（塞尔维亚人）、东斯拉夫人（俄罗斯人）、中国（汉人）——多选择从大家庭、房份、五服九族动态共同体、宗族、兄弟公社、不同程度和不同类型的村社公有或共有制等，然而其地方文化选择的群体范畴，其本源均以其有效安排血缘群体生计与确保生育传代、分工与共耕互助、灾变群体应对、稳定的群体延续与依存性为代表——血缘网络与姻亲关系在上述父系民族中多处于依存状态，那里的农业哲学（安土重迁），总是肯定自己的亲属选择与文化生态选择。值得注意的是，共耕的农作需求和血缘亲属群体组合优先（如西周的五服九族）是一种常见的、适应性的人类生物性—文化搭配。因此在我们的汉人乡土社会研究中，五服九族制是居中的伦理本位动态组合，并由此可以方便对不同地理区域社会组织的可能的或约定俗成的形态（如宗族或非宗族及其他）做出解释。

六　儒学"过化"

九族五服制同农耕社会整合，成为中原主流思想与制度，而作为最重要的早期儒学及其中原的文化制度是如何得以弥散的呢？

（一）何为"过化"？

中国先秦古典文论中出现的一个重要的术语叫"过化"，即指圣贤经过某地而感化人民之谓。圣贤常指"鲁仲尼之过化"等大儒先贤；及至后世"七贤过化"，也是指朱熹等七位理学大家；而在先秦，孔子和他的弟子、再传弟子和门人，以及无数追随者；进一步说，圣贤、儒者和各类智者以德服人，其所到、所居之地，人民均接受儒学教化而移风易俗并永受其精神与心理影响，所谓获得区域地方人民群体认同的人文与世事理念，正是

"过化"的基本含义。"Pass-through moralization"① 这个英文词大体可以表达"过化"这个孔夫子式的德化含义，但心悦诚服的内涵尚难以包括在内。《孟子·尽心上》较早提及这一概念，曰："夫君子所过者化，所存者神，上下与天地同流，岂曰小补之哉？"——"过化存神"就是由此提炼的中国著名成语，大概是源自中国古典文论中最能贴切地表达早期儒家开始身体力行的文化传递的过程特点，然而，其"过化存神"之妙很难把握，所以朱熹集注有"圣人过化存神之妙，未易窥测"。故而《辞源》解释道："言圣人具盛德，所经之处，人人无不被感化；心所存主之处，神妙莫测。"②

"过化"除了圣贤和智者身体力行儒学理念以外，在使用语言（方言）讲习与传布（设教授徒）的同时，文字刻写（如《论语》等早期儒学经典）流传可谓有助于把握早期儒学的基本原理，成为圣贤和儒者亲身实践儒学"过化"的有力工具。在有文字的历史悠久的大国历程中，木简帛书等显然携带了如《论语》之类无数儒学经典文书的主要思想，因此还需要注意先秦中原工具性文字"过化"的重要作用。

当然，如果从孔子时代早期儒学发展到汉代以后③，如星辰密布的循吏就是儒学从精英层抵达基层人民的伟大的媒介和中人，他们以"仁爱"化民，把儒学教化看得高于法令。由于通经者被推崇，为吏者在民间尊师、立学、重教和礼让，于是"里落化之"（《后汉书·本传》）。其持久"过化"行动之同时，以数以千万计之地方志文献——其实就是儒学人伦礼化的史志，成为儒学大面积布扬的重

---

① Charles Muller 翻译的英文版《孟子》（Mencius）中将"夫君子所过者化，所存者神；上下与天地同流，岂曰小补之哉！"一句译为："So wherever the Superior Man passes through, people are transformed; the place where he stays is spiritualized and Heaven and Earth blend harmoniously. How could you say 'he is of little help?'"由此"过化"似乎可以译为"pass-through transformation"，但此处的"化"并非简单的转化（transform），其意义泛指精神上与行动上，而"过化"之进一步的国学理解，是布扬与言传身教导致的由衷的仁爱与德化转换，"过化"译为"pass-through moralization"的意思可能更接近一些。

② 《辞源》（修订版），商务印书馆 2010 年版，第 3360 页。

③ 本书专于生逢其时之先秦孔夫子早期儒学创造期，凸显其充满理想的仁心仁行理念之"过化"研究。

要文字载体。"他们持久地执着于中国文化和作为其理想工具的儒家的文明化使命。"① 应该说他们是汉代以后重要的"过化"参与者。当然,历史上参与"过化"者还远不止于此②,基层社会的无数粗通儒学、善风水、会合婚、懂丧服等的乡村媒介人物,都被称为"文化与人事之媒"(entrepreneur or broker of culture and human relationship)。他们是广大乡村的智者兼儒道杂家,成为上下层文化交接的基本中人。③ 因此,汉代以后的循吏(相当于县级层位,偏上)、教师和民间"先生"(活跃于大小村—镇,偏下)共同成为儒学"过化"的交接者。而且,从官学到书院,排字印刷之改善,结合民间礼俗、说唱、戏曲等孝悌人伦的浸润,也因帝国政治布之民间,使人知典常,家识图史。说明孔子时代早期儒学理念体系从创造期到了汉代以后开始了大面积的文化地理分布,其儒学"过化"的方式方法也层出不穷。

人类学另有一个术语叫播化(diffusion),原初带有"扩散"的含义,而且常常是指一个主体向外部的传播扩散,注重通过物质文化形态的比较来构拟区域文化的传播过程。④ 这是指早年德奥之文化播化论者的先驱性研究原论,并不能表达"过化"式的中国区域文化特征。

考察文化传布的比较文化特征,我们还需要思考人类学意义上的"濡化"意义。文化濡化(cultural enculturation)⑤,经常是指在特定的族群文化之中,个体或群体继承和延续传统的习得过程。人们通过代代承继的语言、文字、服饰、用具、饮食习惯、亲属规则、伦理、组织、人格、礼节、仪式和信仰等,在特定的族群范畴不断获得区别于他者族群的认同感。这种濡化常见于地方部落或族群头

---

① F. Wright Arthur, *Introduction of the Confucian Persuasion*, Stanford University Press, California, 1960, p. 5.
② 庄孔韶:《银翅:中国的地方社会与文化变迁:1920~1990》,生活·读书·新知三联书店2004年版,第15、17章。
③ Fredrik Barth, *The Role of the Entrepreneur in Social Change in Northern Norway*, Norwegian University, 1972.
④ 庄孔韶:《人类学概论》,中国人民大学出版社2006年版,第41—43页。
⑤ M. J. Hertzkovits, *Man and His Work*, New York: Appleton-Century-Crofts, 1948.

人与智者之说唱或说教、完成代际传承的各种正规或非正规的"耳濡目染",濡化特别凸显于某个族群文化范畴内传承的时间与历史维度上,因此也不能涵盖"过化"的意思。

我们今日已能从多种民族志中看到,世界区域文化之传布过程一定具有地方文化特征,且具有各自开启与空间放大的不同原理。应该说,早期儒学从一开始就没有强力推进传播的意思(从原初儒家经典《论语》完全可以看到这一点)。然而,又的确可以在古今历史地图上看到华夏文化的弥散过程。因此,我们今天特别地推敲从早期中原开启的儒学"过化"的含义,尤其包括了最为不同于强力播化的初衷。从原初儒学发展的情况看,古典文论中出现的"过化"一词,是最为贴切的儒学布扬特征术语。如果联系上述五服九族亲属制和儒学传布的文化地理分布,以及更大范围的"服国"模型,如同墨渍在宣纸上洇开似的(It is like the ink spreads and sinks in on a Chinese paper)弥散过程,似乎是最为恰当的"过化"的过程表现;而从处于人际关系核心部位的丧服到扩大的服国的空间类比,则是最形象的古代儒学结构转换比喻。

不仅如此,以"过化"的本土含义为出发点,其中还充满了许多伟大儒者讲学和布扬的巨大感染力,以及一聚一散的师承团队传习特点和借助竹木简与绢帛刻写文字传布儒学理念,使之恪守大体一致的系统性。而先秦中原儒学以"过化"的方式完成了向四围空间的最初的文化弥散过程。

(二)《论语》:早期儒学"过化"要义与展示特征

圣贤儒者"过化"之所以感人而获得认同,还关乎于他们出使布扬和讲学的态度、德行和内容,以及特有的行动方式。

孔子关心的是"不能正其身,如正人何?"(《论语·颜渊第十二》)其核心是以身作则和以道诲人。饱含先王道德伦理规范的《论语》是由孔子和众弟子之间论学、记录编纂而成(论语中记录的弟子名称就有30人),体现"修己安人"的主旨。他们在不同社会环境下或者退隐修身,或者入仕安人。修己是对自己,安人则是对他人。《论语》应该是反映早期儒家根本特质的最具代表性的文献。

教了六十年《论语》的狄百瑞教授（W. Theodore de Bary），以及一些中外学者主客位交互认同所达成的要识如下。[①]

（1）"君子若要受人尊敬，和他身为贵族的社会地位无关"，那是指"道德崇高的人"。[②]《论语》推崇不断学习的态度，就是为了鼓励成为有德行的人，即使政治上不成功的人，他也是真正的社会智者。

（2）《论语》的修身之道，是一种"自我涵养成为君子的德性的道理"。"也要从生活经验中，去体现做人的理想和德性。"而学习生活经验"应直接立基于家庭的生活中"[③]。正如《论语》所说，"孝弟也者，其为仁之本与！"

（3）既然孝道是仁爱之德性，那么"孝道是父母慈爱的回应"。因此，"恕"是相对性的原则。[④] 人类家庭内的亲情（血缘）关系获得了回报的心，导致了中原早期儒家"仁"的观念。显然，早期华夏伦理的基础已经包含了人的生物性—文化整体性观察。所以《论语》总是从人之常情不经意地提升到理念层面，从家到国，是一个道理。

（4）"人无信不立"，有了德行和自尊还不够，同时还要有礼仪和习俗。礼俗告诉人们"如何应对进退"，人与人互动的准则有了，政治的作为也会和谐圆满。[⑤] 所以儒家有中和的著名的价值观。

（5）《论语》中孔子的言行体现了对生命的尊重，也反映了对天的尊重，[⑥] 要修己、知命和敬天。不过，《论语》并不由于敬畏天命而消极人生，它主张人在自然面前应努力而为，"发愤忘食，乐以忘忧"[⑦]。我理解《论语》倡导重生惜生，目的是与自然和谐："知者乐水，仁者乐山。知者动，仁者静。知者乐，仁者寿。"孔子实行

---

① 以下要点仅为笔者的阅读体会。
② ［美］狄百瑞：《我们为什么要读〈论语〉?》，《开放时代》2011年第3期。
③ 同上。
④ 同上书，第63页。
⑤ 同上书，第64—65页。
⑥ 同上书，第66—67页。
⑦ 李零：《丧家狗——我读〈论语〉》，山西人民出版社2007年版，第152页。

涵养德行的同时，寄情山水，完善人格，提升生命境界，这是赞美智者的一种全观的生态情怀。

显然，我们已经从《论语》中悟到那些"人类共同的、亘久不变的核心价值"[①]，这已然是最为重要的体会，因为这是从东亚区域文化中发现的属于人类普世的精神遗产。孔子的确是一位拥有使命感的真正的君子，以及现代意义上的言传身教和循循善诱的圣人。

我们还要看到，充满深邃儒学基础理念的《论语》是怎样表达和展示的。它之所以静静地几千百年传世不绝，其魅力究竟何在？

《论语》长于简约和练达。这一最早的记言体，崇实无华，语长文简，以及多含蓄与情感。[②] 当时，"仅记纲目以免遗漏，而精微深远之涵义则仅凭口说，未必全在布帛"[③]。根据下文要涉及的重要考古发掘资料，实际上，若是刻录于竹简木简之上，则更需字斟句酌。因此，早期狭窄木简之限定，古语风格之简练，这二者之间有着合乎逻辑的制约关系，以及由此生成文字节约而文采不减的文化，都展示了智慧。

《论语》巧于直觉理解。中国古文和《论语》用句都习于类比和场合表现，以及在古文句式上缺乏系词来辅助判断，以致有时词的概念表现出很大的不确定性。例如，《论语》关于"仁"的论述多达数十逾百，但我们找不到现代意义上的定义，也无多论证，有时还需要联系上下文加以判断和综观，方可领略。然而，实际上擅长直觉思维的华夏文化，常发现这种直觉之跳跃性句式，即便省略了许多语意环节，在相互认同的情境中，人们仍可以得到沟通和理解，以及无穷回味。

《论语》诗性之美。透过言辞、对话和故事，其艺术特色包容其间。《论语》写作当时，春秋诗性文化风韵犹存，《论语》作者的诗学修养，给人以悠然神远之感。[④] 钱基博认为，《论语》二十篇，"作者神态毕出"；较之《左传》之"以曲畅为肆""以净夸为奇"；

[①]　[美] 狄百瑞：《我们为什么要读〈论语〉？》，《开放时代》2011年第3期。
[②]　柳存仁：《上古秦汉文学史》，商务印书馆1948年版。
[③]　同上。
[④]　聂永华：《20世纪〈论语〉散文艺术研究述评》，《孔子研究》2002年第2期。

《论语》"辞以简隽称美""意以微妙见深""语约而有余于意,其味黯然而长,其光油然而幽"。① 大概这就是从古至今《论语》魅力不减的多种缘由之一。

《论语》平和之口吻。这里总是可以发现存在一种诱导的谈吐,完全看不到权威式的训政和居高临下的说教,也找不到如宗教信仰的宣告或启示。果然,在《论语》中,你根本找不到一个训字,甚至连"教"字都没有几个。这样,你不得不注意《论语》对话者所拥有的良好修养。潘光旦就说,在两三千年前,"我们似乎已经懂得政治与教育的一个基本分别,就是,政治用得着训,而教育用不着训"② (潘光旦对后者教育的观察更准确些)。是的,《论语》的对话者总是处在平和的、婉转的和商讨的口吻之中。想一想,生命经验之中的事情很多时候都不是像今日选择答案那样要人直接填上 yes 或 no 呀,因为人类的人生经验着实充满着真性情!《论语》的传世魅力还在于推崇真性情之修养,以及"人人皆可为尧舜"的公平机会的思想。《论语》可以说是悠远理念与隽美文句的"互趣",其精华谁人都可以得到。

(三) 早期儒学"过化"的隐含结构

早期儒学的代表作《论语》,以其简美微深之诗性,流淌仁爱德性之修身理念,经往来过化感染万千儒生君子。那么,"过化"的结构是怎样的?

如果我们从古代中原农耕社会做一个原点观察,那里的群体"平面配置"是由产生于血缘适应性(基于群体原生的生物性基础)为出发点西周时期的亲属文化网络——五服九族制引起的。作为非独立个体的"伦人"的个人原点,则源自家。在这样的地方人类居址,仁是孔子学说的核心,孝悌是这核心的基础内容,源于家庭伦理范围。子曰:"君子务本,本立而道生。孝悌也者,其为仁之本与。"(《论语·学而》)所以钱穆看出,其先发而可见者为孝悌,故

---

① 钱基博:《中国文学史》,中华书局 1993 年版,第 21、30 页。
② 潘光旦:《说训教合一》,载潘光旦《自由之路》,上海三联书店 2006 年版。

培养仁心当自孝悌始。孝悌之道，则贵能推广而成为通行于人群之大道。有子之章，所指浅近，而实乃孔门教学之要义。①总之，在论语中许多实例和场景提问，都反映了作为孝悌这一生活准则，规定了什么该做、不该做、怎样做，是实现仁的具体做法，成为儒生的人生目标。

中国的家庭伦理——建构于亲属群体远近亲疏关系的生物性基础，而孝悌把家庭伦理推广到社会政治伦理，国是其延伸，即"修身齐家治国平天下。故天下之本在国，国之本在家"（《孟子·离娄上》）。礼教的政治正是依附于"父子有亲"的基础上，所谓"孝慈则忠"，孔子认为孝悌是政治之本。子曰："以政为德，譬如北辰，居起所而众星共之。"（《论语·为政》）这就是早期儒学"过化"的隐含的文化远景结构，相当于本文前述五种国人人际关系模型（请注意不同模型不同层面之横向关联）的动态表述。

五服九族制最早产生于西周时期，自《晋律》以后，历代法典都保留了五服制度，就连"异族"的北魏孝文帝都在王族内推行五服制。②可以想见，以帝国为首的大传统强调的是"五服九族"制。诚如梁漱溟所言，"中国之所以走上此路（指伦理本位社会），盖不免有古圣人之一种安排在内，非是由宗法社会自然演成"③。

在那个动乱不堪的时代，孔子四处奔走，讲学授徒，均是为了唤起人们的道德自觉，以回到名正言顺、君臣父子的礼制社会中去。我们根据上文讨论，早期儒学行动的实质是要从乱世回到四季轮转之下平静的乡里协作生活、西周的耕作组织与制度中去。除了"宗族称孝焉，乡党称弟焉"（《论语·子路》）等宗法制规矩以外，孔子所说"吾学周礼，今用之吾从周"（《中庸》第二十八章和《论语·八佾第三》）的意思，并不只是冠婚丧祭，仪文节式之末，盖礼既为社会全部之制度。④那应是指一个实行仁德仁政，在礼的规约下

---

① 钱穆：《论语新解》，生活·读书·新知三联书店2002年版，第7页。
② 康乐：《孝道与北魏政治》，载邢义田、林丽月《社会变迁》，中国大百科全书出版社2005年版，第186—216页。
③ 梁漱溟：《中国文化要义》，学林出版社1987年版，第88页。
④ 萧公权：《中国政治思想史》，新星出版社2010年版，第40页。

可以实现的理想的农业礼俗社会。

（四）考古人类学：孔子门人"过化"方式与结果

可以说孔子关于仁与礼的道德讲述是涵养理念与情境感悟的方法，循循善诱培养成自爱与爱人的道德君子。无论是不是贵族，无论做不做官，都不能阻止每一个人成就君子和圣人的伟大理想。故而《论语》成了孔子伦理观与天下秩序理念的最流行的儒学"过化"教本。

孔子一生曾"为贫而仕"，后无从政之举。然而他的讲学和整理书籍对于儒学传承最为重要。孔子三十岁时已经开始设教授徒，[①] 当时传授弟子分入室和在籍。入室弟子能到家里向老师当面请教；而在籍弟子只是登记在册。"孔子以诗书礼乐教，弟子盖三千焉，身通六艺者七十有二人。"（《史记·孔子世家》）不过从早期儒学的孔子学术团队来看，其儒学"过化"实践主要是聚徒讲学和出使布扬两种方式。

在20世纪40年代，一般学人的文献考察大体认为，"孔子弟子鲁人为多。其次则卫、齐、宋皆邻国也"[②]（崔述《洙泗考信录》，钱穆《先秦诸子系年考辨》56页引）。萧公权也考其弟子之较著者，如颜回、闵损、冉耕、冉求、宰予、言偃、有若、原宪、曾参、宓不齐、南宫括、公西赤、颛孙师皆鲁人，卜商、端木赐、高柴为卫人，公冶长、樊须为齐人，司马耕为宋人，漆雕开为蔡人。[③] 唯有无考之楚人陈良学儒，也是"北学于中国"（《孟子·滕文公上》），即他远游而来，因为当时孔学仅仅传于北方鲁国及其近邻。

如果以黄河中游的周为中心，所谓中原文化应大体为北晋国南部，东和南为卫和郑。这之前的夏商周对四围的文化影响始终很明显。众所周知，孔子所在的鲁国保存周的传统最多，有所谓"周礼尽在鲁"之声名。"凡四代之服、器、官，鲁兼用之，是故鲁，王礼也，传之久已。"（《礼记·明堂位》）孔子奔走游说、身体力行的目

---

① 《论语·学而第一》。
② （清）崔述：《洙泗考信录》，转引自钱穆《先秦诸子系年考辨》，第56页引。
③ 萧公权：《中国政治思想史》，新星出版社2010年版，第23页。

的也是为了恢复西周的礼制。虽说古代文献多有提及儒学风尚和"过化"与传习的记载，但时代久远，到底如何传习儒学，颇需考古新发现的印证。从我近年对相关考古发掘资料大增的关注，已能清楚地看到早期中原儒学对其北部中山国（具有游牧少数族群文化特征），以及对南部楚国的"过化"遗迹。

的确，20世纪70—90年代中国出土文物帛书、铭文和竹简，已经有了新的证据，证明孔子在世时，或者说在更长的春秋战国时间跨度，儒学被接纳的范围已经明显扩大，考古人类学的关注提供了文化"过化"的一些细部，串联起来，实耐人寻味。

1. 儒学北传：中山国消失

在中原文化区的北面，中山国即是所谓北狄及其白狄鲜虞氏所建立的。北狄的一些支系"冒没轻儳，贪而不让，其血气不治，若禽兽焉"（《国语·周语》）。古籍颇为看不起（现代人如是则称其为"社会歧视"）北狄人吃半生肉、不讲礼让等，而且服饰打扮是"披发左衽"，和当时华夏的"束发古衽"不同，同他们交往还需要"舌人"（翻译）才能通话。[1] 在北狄中，白狄似乎位于相对中原文化区北面较偏僻之处，他们的生计为游牧或游牧兼农业。

1974年河北平山县三汲公社发掘出战国中山国的古墓和古城遗址，该城址被认为是中山国的都城，古墓是中山王陵，这些发现对复原中山国的生活方式意义重大。铁质生产工具在中山国已经被普遍使用。山字形铜礼器用于棚帐前立柱顶上，我们还注意到出土了折叠式棚形帐架、屋形帐架和圆形帐架，折叠帐铜橛、铜圆形帐首，土帐干和牧区取暖和出行用的铜提链火盆、五齿耙（扒火用）、提梁铜以及炊具，[2] 显示了北部中山国的棚帐居住与游牧生活经济特征。而它的南部，从河北石家庄市村庄遗址看，除发掘铁器农具以外，还有牛、羊、猪、狗、鸡、家畜家禽遗骨，以及两堆碳化了的高粱，显然属农耕生活状况。根据段连勤先生的研究[3]，战国中山国的北部

---

[1] 段连勤：《北狄族与中山国》，广西师范大学出版社2007年版，第30—31页。
[2] 河北省文物管理处：《河北省平山县战国中山王墓出土文物展览简介》（内部资料），第6、7、24页。（打印说明书，无年份——笔者注）
[3] 段连勤：《北狄族与中山国》，广西师范大学出版社2007年版，第114—115页。

地区，即《史记·货殖列传》所说的"龙门碣石以北"的特征是"多马、牛、羊、（旃裘）裘、筋角"的牧区，而以南（也是中山国南部）的作物以稷（小米）、黍（黄米）为主，也种植高粱和养蚕。这样，中山国遗址的考古发掘和史料记载的地理区位和生计特点刚好相符。

如果我们考察古中山国的一系列遗址发掘成果，可以从位于今河北省满城县、唐县、行唐县和平山县境的若干遗址（春秋末起）中看到"白狄逐步华化的轨迹"[①]。如唐县北城子墓葬的扁壶和短剑、马坑、马骨，以及唐县钓鱼台的石椁墓和平山县访驾庄的石椁墓、提链壶都有典型的北方特征。而到战国初期的平山墓葬群，北方的特点淡薄了，少有和胡服骑射相关的出土器物表征。[②] 显然，从考古发掘中比对中山国生计方式差别分布，以及诸遗址所出，提供了中原文化向北华化的过程写照。

如果我们再关注后期鲜虞中山国国君的治国理念，就会发现先前《吕氏春秋》记载的民风"君臣无序，男女无别"（《先识览》），起初尚有游牧游猎之风的早期中山国，在不长的时间里，便成了尊崇儒学，"好显岩穴之士而朝之""上尊学者，下士居朝"（《韩非子·外储说》）的国度。应该说，这与孔子儒学之"过化"有重要关系。

三国时期吴人陆玑《毛诗草木鸟兽虫鱼疏》记载："孔子删书授卜商（子夏），卜商为之序，以授鲁人曾申（曾参之子），申授魏人李克……"所以李克为孔子、子夏再传人，正是他在中山国传授《诗经》，推动了儒学在中山国的传播。1974年河北平山县出土的《中山王鼎》刻有铭文"可顺可俾，亡不率仁，敬顺天德"，以及《中山王方壶》之铭文有"为人臣而反臣其主，不祥莫大焉。不用礼义，不分逆顺，故邦亡身死，曾亡一夫之？遂定君臣之位，上下之体"等，多有引用《诗经》《左传》《大戴礼记》等的文句。[③] 上

---

① 李学勤：《东周与秦代文明》，上海人民出版社2007年版，第64—65页。
② 同上。
③ 李学勤：《平山墓葬群与中山国的文化》，《文物》1979年第1期。

述铭文都作于中山王十四年。① 这与古文献记载相合。《太平寰宇记》（卷六十二）就有记载："俄而中山武公之后复立，兴国并称王五叶，专行仁义，贵儒士，贱壮士，不教人战。"应该说，考古发掘的铭文和史料共同证实了李克在中山国传讲游说儒家诗学，推行仁义之说至上层，并刻于官方青铜礼器之上的儒学思想与制度性成果中起了重要作用。

该北方少数民族某些原有习俗越来越少的过程，也是那里生计方式、社会结构与儒学秩序在中山国得以快速"过化"的过程。当儒学进入国家政治及下层社会民俗之中，农耕扩大化及铁器工具改善，与从中原引进技术之同步，儒家理念与礼俗随行，孔子及其门人的儒学影响在中山蔚然成风。事实上十分有趣的是，中山国虽被赵国所灭，但中山国的儒学进程早已先行，那里"举士"与"朝贤"，以及孔门再传弟子直接传习儒学均为"过化"之重要实践，而诸侯国相互征战则为列国之统一奠定基础，可以说不可同日而语。早期儒学从中原向它的四围"过化"，以致如中山国等国间的战事都并未影响"过化"。当今，古文献与考古检视之余，可见中山国融入华夏已经成为早期儒学"过化"第一波的重要历史明证。白狄中山国民风渐变之尾声，似乎只留下一些姓氏的痕迹而已。

2. 儒学南下：古籍、楚简互证

儒学南传也是我所关注的。关于春秋战国时期儒学南抵楚国的线索也因 1993 年郭店一号墓楚简出土而获得重要证据。虽说针对墓主的身份还有不同意见，但随葬部分除道家文献②外，《缁衣》《五行》《成之闻之》《尊德义》《性自命出》《六德》《鲁穆公问子思》《穷达以时》为儒家作品。③ 例如郭店简《六德》曰："故夫夫、妇妇、父父、子子、君君、臣臣，六者各行其职而谗诤无由作也。观诸《诗》《书》则亦在矣，观诸《礼》《乐》则亦在矣，观诸《易》

---

① 李学勤、李零：《平山三器与中山国史的若干问题》，《考古学报》1979 年第 2 期；段连勤：《北狄族与中山国》，广西师范大学出版社 2007 年版，第 88 页。
② 李零：《郭店楚简校读记》，北京大学出版社 2002 年版，第 44 页。
③ 李学勤：《郭店楚墓文献的性质与年代》，载艾兰、魏克彬《郭店老子——东西方学者的对话》，邢文编译，学苑出版社 2002 年版。

《春秋》则亦在矣。"① 代表着鲜明的儒家礼制思想。战国中期郭店楚墓随葬简,确证了在战国中期以前,儒家典籍已在南方的楚地广为流行。②

　　文字的交流统一也是需要关注的。周凤五③对郭店竹简各篇反映先秦时代的学术流派归属做了分析,还注意到简牍字体所包含的重要信息。周先生识别的一类是"常见于楚国简帛,字形结构是楚国文字的本色";一类是"与齐国文字的特征最为吻合,是楚国学者新近自齐国传抄、引进的儒家典籍,保留较多齐国文字的形体结构与书法风格"。我感兴趣的是,周先生识别的"《语丛一》《语丛二》《语丛三》应当出自子思学派,是流传于楚国的先秦儒家的'传注'类典籍"。以及《语丛一》《语丛二》《语丛三》保存若干齐、鲁、三晋一带儒家经典字体的原貌,不但具体反映了先秦时代儒家思想自齐、鲁向四方"过化"的过程,也客观地呈现了楚国与各国学术交流的实况。

　　这样看来,郭店竹简不仅是由楚国文字写成,而且还能够看到多国文字之间的传递与传抄特点与关联,也可发现文字"形体结构"与"书法体势"交流中的变化轨迹,以及从楚国北部中原等多个诸侯国辗转传播儒学而来楚的文化交流内涵。例如当年楚国的版图紧邻鲁国,今山东临忻市的苍山县即为楚国疆域,有荀子作《兰陵令》为证。这种紧邻性,使得楚地儒学传播有近水楼台先得月之便。楚简中所包含的巨大人力、物力和典籍精粹,代表了先秦文人的学术智慧,是儒学"过化"复杂过程的有力印证。

　　在这里,当我们再次查阅古籍所载,在早期儒学的发展过程中,仿佛可以看到诸如"北学于中国"的儒者楚人陈良(《孟子·滕文公上》),以及孔子弟子澹台子羽(居楚)(《史记·儒林列传》)的流动身影④,而且不只是孔子的"四科十哲"、七十二贤人的儒学布

---

① 刘光胜:《战国时期儒学传播研究》,硕士学位论文,曲阜师范大学,2007年。
② 同上书,第17页。
③ 周凤五:《郭店竹简的形式特征及其分类意义》,载武汉大学中国文化研究院《郭店楚简国际学术研讨会论文集》,湖北人民出版社2000年版,第57—59页。
④ 澹台灭明,南城人,即今山东平邑人。南武城遗址今在平邑县魏庄乡境内,为晋代羊祜老家。南武城当年一度隶属楚国,孔子亦到过此地。

扬功劳①，"不可胜数"的默默无闻的孔子弟子也功不可没，尤其是孔门弟子来自各国，"留学"之后，他们最终返回自己的故土继续传扬文化中心的儒学。可见，讲学与留学、师门传授之同时，文字交流对儒学学理的整体性"过化"起到了重要作用。

七 结论

在先秦中原亲属制度的考察中，社会生物性的血缘选择和亲属友好现象同样存在，九族与五服的亲属关系范畴，既表明了其人伦网络的生物性血缘选择基础，又体现了人类后天区域性亲属制度文化之复杂规定性。亲属制度之亲近文化——由生物性之"报本"与"比德"，延伸进早期儒学亲属伦理制度的丰富内涵中，体现了人类学生物性—文化整体性观察与诠释的重要意义。在五服九族制及西周伦理准则寻求群体认同的过程中，伦理直觉主义和伦理行为主义之间总是相辅相成的。

在不同的地理环境区域，技术及其伴随的生计合作选择乃至民风与哲学之整合，即是文化适应性的生存表现。西周具有强大的精英思想导向，向善的"仁"的儒学即是亲属血缘选择与共耕/技术协作，并达成人伦秩序的中和的文化适应性理念与制度。除了联系人类生物性—文化整合原理的祭祖之先在理念外，深入汉人社会的盛衰循环的积淀性观念也改变了世界，在并非不考虑其他因素的前提下，我们不得不承认某些特定先在理念的社会动力学意义。

我从最初的人类学田野经验层面发现了农人之诸种"先在理念"，②而后便逐步思考这些"先在理念"的来源问题。中国人古往今来创造了一套独立的亲属制度及其结构，而中国文化哲学的实践又发展了这一套亲属制度。祭祖与宗法制是地方人类生物性根基上附加的文化特征与制度。这里社会生物学的血缘网络选择力量和亲子关系友好的基因禀赋，以及人类拜祖的动机、意义与

---

① 一种研究认为，来自鲁、齐、卫、楚、陈、秦、晋、宋、吴、蔡和燕的孔子弟子达到104人。参见李伯谦《孔门弟子研究》，齐鲁书社1987年版，第238—241页。
② 杜靖：《"理念先在"与庄孔韶汉人社会研究》（待刊稿），2011年5月。

伦理文化之规定，均不支持人类亲属系统（慎终追远）的功利主义优先意义。

西周丧服制是一种重要的伦理本位实践，显示了从亲属伦理文化核心向外缘层层识别和确认亲疏关系，并将每一个地方的血缘、姻缘和地缘关系结合起来。而依照从近到远及德化程度高低划分的"服国"秩序模式行事，其实就是核心伦理本位实践——丧服制之扩大转换。这一转换过程就是早期儒学内化仁、德和礼的过程，已经体现了先秦先贤"过化"原理的完全一致性与巨大感染力。人类学家许烺光的"心理社会均衡理论"引入古代儒家"修齐治平"思想，对强调人的相互性、亲族组织、动态平衡理念等中国传统经验做了"学理性的提升"，值得重新获得积极评价。

显然，中国传统文化的高层文化从上而下疏导的脉络十分清晰。先贤儒家理念之发明、政治家所强化、教育家和乡土文人传播最终由农人所实践。在这一过程中精深的儒学理念与制度得以通俗化，成为民众儒学思想内化的有力手段。汉人社会普遍存在的五服九族制，从先秦传承至今，一直处于中国伦理本位的核心出发点，也处于农人的生命与生活起点。体现尊亲远近关系的五服九族群体之构成本质，是人类生物性的优先血缘选择与亲属文化适应性结果，并铺陈为一个个亲属层级认同的基层乡里文化地理范围限定（可以伸缩组合的）与行动共同体。在中国农业社会，五服九族才是根本的亲属活动范畴。这里可以发现，五服九族是从早期儒学发端至今数千年最为稳定与成功的"先在理念"与亲属制度。

反映早期儒家根本特质的代表性文献首推《论语》，饱含先王道德伦理规范并体现"修己安人"的主旨。《论语》的修身之道，是一种"自我涵养成为君子的德性的道理"。孝道是仁爱之德性，人与人互动的准则有了，那政治的作为也会和谐圆满。[1] 所以儒家有中和的著名的价值观。《论语》之魅力还在于其手法简约平和，巧于诗性直觉，推崇真性情，以及拥有机会公平的思想。《论语》之感人而获

---

[1] ［美］狄百瑞：《我们为什么要读〈论语〉？》，《开放时代》2011年第3期。

得认同，还关乎他们出使布扬和讲学的态度、德行，以及特有的行动方式。我们从早期儒学的孔子门人团队组成来看，其儒学"过化"实践主要是通过孔门聚徒讲学和出使布扬等方式，这些方式借助文字刻印传布最终成为中国文化大面积认同与成功"过化"的主要特点。

检视早期儒学过程之考古人类学分析，已经可以难得地勾画出儒学"过化"的南北向两个重要个案：一是，获得中原北部中山国生计转化的证据，以及中山国儒学治理与华化之证据，特别是以出土铭文比照史料，共同证实了李克[①]在中山国上层传讲儒学，并刻录于官方青铜礼器之上，显然是重现早期儒学成功"过化"的重要成果；二是，郭店楚简出土提供了先秦时期儒家思想自齐、鲁向四方"过化"的证据，也呈现了中原多个诸侯国辗转传布儒学来楚的实况，以及惊现多种文字（儒家经典传抄）交汇与变化之轨迹。此中，孔子门人讲学与留学、师门传授之际，文字交流对儒学学理的系统性与一致性"过化"起到了重要作用。

本文特别从先秦儒家经典中钩沉"过化"这一本土术语，并讨论它的重要内涵，是为了说明世界上不同地理区域文化传布自有其特点。因儒学重在"自我教化"与"为仁由己"，故导致了非强力推进型的、如墨渍弥散式的、成功的早期儒学"过化"进程。

---

① 李克为孔子、子夏的再传人，考古发掘的铭文和史料共同证实了李克在中山国传讲儒家诗学。

村落共同体的情感联结
——兼论宗族与汉人社会的文化公共性

袁 松[*]

一 引言

汉学人类学持续关注的一个主题是中国社会的构成机制,即回答中国基层社会是如何组织起来的。这其中,宗族是最为重要的研究范式。尽管当初弗里德曼(Freedman)研究中国东南地区的宗族并不是为了探寻中国社会的基层结构本身,而是以之为基础与西方人类学的非洲宗族范式对话,[①] 但他却开启了一个以宗族祀产为核心的功能主义分析框架。而且受其影响,西方的汉学家大多将宗族作为构成中国社会的基本单元。[②]

学界对弗里德曼的批评主要集中在其作品内含的逻辑悖论中:为了超越简单社会的宗族理论,他着手对中国这一具有中央集权与悠久文明的社会进行研究,但在实际分析中,他又将宗族之形成归因于边陲社会中国家力量的薄弱。[③] 在弗里德曼之后,宗族研究出现了社会历史学转向,其通过大量的社会史材料证明,宋以后宗族制

---

[*] 袁松,浙江师范大学法政学院讲师,华中科技大学中国乡村治理研究中心研究人员。

[①] Freedman, Maurice, *Lineage Organization in Southeastern China*, London: Athlone Press, 1958; Freedman, Maurice, *Chinese Lineage and Society: Fukien and Kwangtung*, London: Athlone Press, 1966.

[②] 高怡萍:《汉学人类学之今昔与未来》,《广西民族大学学报》2002年第9期。

[③] 王铭铭:《社会人类学与中国研究》,广西师范大学出版社2005年版,第62—72页。

度在民间的扩散是政府社会控制政策调整与民间社会对贵族敬慕模仿双向互动的结果。①

通过宗族与国家的关系互动对弗里德曼的宗族研究进行反思确有必要，但在中国社会的基本构成这一议题上，还远远不够。不管是社会人类学，还是社会史对宗族的研究，都侧重于地缘化的宗族，也即宗族型村落。这种研究取向的一个潜在假设是：宗族与村落的边界是重叠的，宗族组织在相当程度上可以等同于村落共同体，宗族/村落被视作构成中国农村社会的基本单元。然而，这显然忽视了中国社会内部巨大的差异性。一个非常明显的事实是，在广袤的中国农村，聚族而居的宗族村落从来都不是社会常态，即使是在华南地区，单姓的宗族村落也不是普遍性的存在。②

对于宗族群体与地域空间的一致性问题，弗里德曼曾在学术生涯的晚期有过反思，作为修补，他指出，不应忽略生活于不同社区之内的宗族分支群体之间的关系。他把生活于不同地方社区的宗族分支群体叫作"离散宗族"（dispersed lineage），把生活在具有明显地域界限的聚居区内的不同地方性宗族的聚合体称为"上位宗族"（higher-order lineage）。③ 但是，他自己的补充并没有正面回答两个重要的问题：第一，在地域空间不断扩大、裂变分支的日常交往愈发有限的情况下，宗族如何靠共有族产来凝聚？第二，如果承认在构成汉人社会基本单元的地域空间——村落之中，功能完备的宗族组织并非常态，那么，宗族范式又何以分析汉人社会？

作为对上述第一个问题的回应，陈其南主张将中国社会结构的

---

① 参见郑振满《中国家族史研究：历史学与人类学的不同视野》，《厦门大学学报》（哲学社会科学版）1991 年第 4 期；科大卫、刘志伟：《宗族与地方社会的国家认同：明清华南地区宗族发展的意识形态基础》，《历史研究》2000 年第 3 期；常建华：《明代徽州的宗族乡约化》，《中国史研究》2003 年第 3 期。

② 弗里德曼曾指出，促成中国东南地区强大宗族组织的原因是边陲地区的水利网络与稻作生产，生产过程中的亲属协作促进了宗族社区的形成，而稻作农业的剩余又促成了共有地产，这为宗族的治权及防卫等功能提供了发展基础。但是，巴博德在中国台湾地区的田野调查却表明，水利事业上的合作需要与稻作经济的财富积累所促成的往往并不是宗族组织的发展，而是地域化组织的兴起。参见 Pasternak, Burton, *Kinship and Community in Two Chinese Village*, Stanford: Stanford University Press, 1972.

③ 师云蕊：《古老异域的迷失——读弗里德曼〈中国宗族与社会：福建和广东〉》，《社会学研究》2010 年第 2 期。

研究由功能群体转向系谱关系的探讨，强调系谱观念对于整合跨地域宗族的重要性。① 庄孔韶更进一步，他从"理念"出发，认为基于情感生发的祭祖文化机制才是地区性宗族凝聚的基础，而祀产、族谱等则是上述理念的外化。② 相应地，钱杭在研究当代中国农村的宗族复兴时指出，地域性联宗组织的存在是因为同族成员共享文化上的根脉。③ 这些研究的共识是，只有从与祖先崇拜相关的文化系统中进行象征分析而不是围绕族产进行功能分析时，才能更加确切地把握现实状态中宗族运行的逻辑。

而对于第二个问题，即如何以宗族范式来把握地域差异极大的中国农村，学界出现了以下几种不同的思考方向。

第一种思路，承认村落作为中国社会之研究起点的基础地位，将其作为相对稳定的农业人群在相对清晰的地域范围内凝聚而成的地理实体和社会单元，同时，又要强调宗族的组织结构和文化传统在深层次上代表了传统中国社会的结构和传统。于是，一种兼顾两者的方案便是将村庄按照宗族维度进行分类。比较有代表性的是芮·马丁，他将村庄分为单一宗族（single lineage）村庄、多宗族（multi-lineage）村庄和不均衡型多宗族村庄（several lineages），在这三种不同类型的村庄中，村民的祭祀对象、认同单位乃至村庄的权力格局都是相当不同的。

第二种思路，认为在村落的空间范围内，宗族并不存在完备的组织形态，或如兰林友所说，是残缺的，且不同区域残缺的程度不同。④ 贺雪峰在他关于村庄社会结构的区域比较研究中，把这种思路贯彻到了极致，他在多地点的田野调查中发现，农民的认同与行动单位有宗族主导型、小亲族主导型、户族主导型、联合家庭主导型

---

① 陈其南：《房与传统中国家族制度——兼论西方人类学的中国家族研究》，《汉学研究》1985年第3期。
② 庄孔韶：《银翅：中国的地方社会与文化变迁：1920～1990》，生活·读书·新知三联书店2004年版，第246—353页。
③ 钱杭：《血缘与地缘之间：中国历史上的联宗与联宗组织》，上海社会科学院出版社2001年版。
④ 兰林友：《庙无寻处——华北满铁调查村落的人类学再研究》，黑龙江人民出版社2007年版。

以及原子化村庄，从宗族作为行动主体到只认同核心家庭的原子化的社区，形成了一个因"现代性对传统农村冲击程度不同"而造就的宗族碎片的连续谱，并且他用这一认同单位的差异很好地解释了不同地区的农民负担、村级债务、群体上访及选举竞争等村庄政治社会现象。① 而阎云翔在东北下岬村所做的关于移民村落的研究实际上是宗族规模萎缩到原子化程度、村落中只剩下私人关系网络的特殊类型。②

第三种思路，是回到宗族范式的构成原理来重新思考问题，认为在一个地域化的社区中，社会行动者并非是强调姓氏认同的宗族，而是家族间的亲属网络。为了提高对于中国社会的解释力，乡村人类学应该回到汉人亲属制度的实践中去，反思宗族范式的单系继嗣原则。这种思路强调社区内部的姻亲网络对于不同家族的整合作用，村落是不同家族基于姻亲网络的联合体，个人可以通过积极扩展其家族——姻亲网络而获得本地社会网中的资源。③

第四种思路，是用宗族文化的关系原则来把握地方的组织机制，这种差序化的庇护关系网络的底色，是儒家文化传统支撑起的权威认同，这被杜赞奇称为"权力的文化网络"。④ 这种思路在考察村落的组织机制时往往会淡化血缘认同，并以其衬托地缘因素，从而从单向的宗族认同中跳脱出来，转向地方居民（乡亲）在共同的生产、消费和交换场所中所建立起的对于市场、交换习俗与规则的认同；基于共有资源，如土地、水利、道路、庙宇、风水景观等权利归属的边界，以及基于地域信仰所建立的地方认同。⑤ 而当某种单一的地

---

① 贺雪峰：《村治的逻辑：农民行动单位的视角》，中国社会科学出版社 2009 年版。不过，这种思路贯彻到极致后恰恰也形成了它的缺陷：村庄的结构性太强，以至于解释框架过于僵硬，对个体的能动性强调不足，忽视了中国农民"有关系而无组织"的特点。
② ［美］阎云翔：《私人生活的变革——一个村庄里的爱情、家庭与亲密关系》，龚小夏译，上海书店出版社 2006 年版。
③ 典型作品可参见杜靖：《五服姻亲与宗族——来自山东闵村的亲属实践报告》，载《2008 年第三届传统中国研究国际学术讨论会论文集》（第六辑）；刁统菊：《亲属制度研究的另一路径——姻亲关系研究述评》，《西北民族研究》2009 年第 2 期。
④ ［美］杜赞奇：《文化、权力与国家：1900—1942 年的华北农村》，王福明译，江苏人民出版社 2003 年版。
⑤ ［英］王斯福：《什么是村落？》，赵旭东、孙美娟译，《中国农业大学学报》（社会科学版）2007 年第 1 期。

缘因素（如市场、水利、生态环境等）被运用到极致时，其分析基层社会的综合性就会有所降低，但却能够成为超出村庄并把握地域社会的思考框架，当然，在这种情形下，它也不再属于宗族研究的范畴了。

上述由宗族范式扩展开来的简单耙梳可以看出，在中国农村社会的凝结机制这一议题上，学界展开了广泛而深入的讨论，研究者基于兴趣点和思路的不同，呈现出各自不同的视角，但是，这些研究在血缘与地缘、结构与象征、权力与伦理、财产与意识等诸多方面的二元论特征依旧存在。在当代中国农村的急剧变迁中，地域特征的多样性被变迁速度及方向的不同放大，这使得理论的二元性在区域之间的巨大差异面前更加明显。我们的研究在分析村落中的个体与群体、群体与群体、村落与外界联系时，抓住的是某种具体的纽带，这种纽带也许同时存在于一个村落中，也许村落中也只存在一个或多个。在笔者看来，这些研究之所以难以跨越特殊与一般、局部与整体、微观与宏观、多样性与一致性之间的断裂，并不仅仅是由于概念提炼的抽象程度不够，而是没有抓住这些具体纽带背后的更为深层的机制，这使得围绕村落研究展开的一些所谓"范式论争"成为一种盲人摸象后的无谓争论。"如果忽视了村落共有的文化背景，而只专注于自己所研究的某类主题，那么所有理论都将成为默顿式的'自我实现的预言'。"[1] 悠久的儒家传统给汉人社会留下了共同的文化背景，正是这种背景使得村落内部能够在一些层面达成基本的共识，即使受到现代性的冲击也依然存留。这些存留的因素不同，所表现出的村落凝聚的纽带也就不同，但它们都是村落的文化公共性[2]的某种表现形式。从这个意义上讲，要继续推进中国基层社会凝结机制的研究，就需要揭示儒家文化理念如何在实践中内

---

[1] 董敬畏：《文化公共性与村落研究》，《华中科技大学学报》2015 年第 2 期。
[2] "作为一种社会事实的公共性，它的核心表现是文化。经由文化，不同身份、不同角色、不同地位、不同知识的人能够在某种共同底线基础上相互理解，形成某种普遍的意向性。在中国村落传统的语境中，'公'的意涵可以概括为三种：表示权威实体的'公'，表示伦理道德的'公'，表示共同体乃至共同空间的'公'。汉语中常用的'公德'、'公理'、'公家'等语词是这三种意涵的体现。"参见李明伍《公共性的一般类型及其若干传统模型》，《社会学研究》1997 年第 4 期。

化为村民的信念，进而形成村落文化公共性的内在机制。

本文的田野报告，是探索上述文化内化机制的一种尝试。笔者试图通过对桂北地区一个多家族村落的研究，展示注重血缘认同的宗族文化在日常的生活实践中如何通过情感的濡染转化为村落成员的地缘认同，这种情感联结又如何形塑了村落共同体的社会记忆、实现文化传统的存续。最后，基于以上探究，本文还试图讨论这种通过情感内化的文化机制与现代性下乡所形成的冲击之间正形成怎样的互动关系。

二 桂北村落素描

从 2008 年开始，笔者在广西桂林兴安县溶江镇的一甲村、文家村、廖家村、通济村、鹞子坪等 13 个自然村陆续开展了多次田野调查。在地理位置上，这一地区位于广西与湖南的交界处，它的西北部横亘着越城岭山脉，东南部为都庞山脉，而两大山脉中间的这条狭长地带被称为"湘桂走廊"，自秦代以来就是中原通向岭南的交通要道，其间分布的丘陵及河谷平原是良好的农业耕作区和水果种植区。湘桂走廊中的主要市县有全州、兴安、灵川、桂林、永福等。

兴安海拔较高，是湘江和漓江的发源地，自古有"兴安高万丈，水往两头流"之说，形成湘江北去、漓水南流的独特景观。兴安县境内全长 36.4 公里的灵渠是秦始皇于公元前 214 年下令开凿以连接湘江和漓江的世界上最古老的人工运河，至今还发挥着重要的运输和灌溉作用。溶江镇是兴安县西南部的一个古镇，早在秦汉时期，这里就筑城戍疆，商贾云集，至今还保存着秦城和古汉墓群遗址。溶江镇四面环山，中间平川，北距兴安县城 25 公里，南距桂林市 35 公里，是桂北地区商品运输及旅游观光的必经之地。溶江镇葡萄种植面积达 2.5 万亩，年产量 3.75 万吨，是华南最大的葡萄生产基地，有"南方吐鲁番"的美誉。近年来通过招商引资，充分开发本地农业和旅游资源，当地经济获得了长足发展。2007 年，全镇农村人均年收入已经接近 4000 元。

笔者所调查的村落在行政上经过了中华人民共和国成立后的多

次调整，现在大多被归于"一甲"行政村，全村辖 13 个自然村，15 个村民小组，总户数 1130 户，总人口 4508 人。全村总面积 8170 亩，耕地 2050 亩，水田 3020 亩，森林 2000 亩，主要经济来源以葡萄种植、养殖与劳务输出为主。

以下是"一甲"各自然村的基本情况：

"一甲"各自然村的基本情况

自然村名	人口（人）（约）	村民组（个）	主要姓氏	组长产生方式	人均耕地
水街村	390	1	唐①、胡、阳、陈、莫	选举	1.0 亩
通济村	400	2	唐①、唐②、石、伍	选举	1.0 亩
一甲（下）	460	5	李、易、俸、秦、余	选举	1.2 亩
一甲（上）	340	4	李、易、俸、张、袁	选举	1.2 亩
五架车村	630	6、7	康、赵、阳、秦、唐②	选举	1.2 亩
黄茅坝村	270	8	唐③、袁	抽签	1.1 亩
大凸村	160	9	王、李	抽签	1.1 亩
文家村	540	11	易、蒋、廖、唐③	选举	1.1 亩
龙塘村	270	13	唐④、李、陈	推选轮换	1.3 亩
背头园村	410	14	周、黄、唐④	推选轮换	1.1 亩
鹞子坪村	200	10	李、季	抽签	1.1 亩
廖家村	160	15	廖、张、韦	抽签	1.2 亩
太和铺村	160	3	吴、罗	选举	0.8 亩
望月山村	60	12	梁、陈	选举	1.3 亩

注：唐姓在一甲村有 4 个分支，他们的始迁祖来自不同的地域，在族谱上互不相属。表中用①②③④的序号加以区别。

一甲村的传统农业是水稻种植。1981 年分田到户，1989 年溶江镇政府从外地引进葡萄种植并开始了在一甲大凸村的试点。20 世纪 90 年代中后期葡萄种植作为一项经济附加值较高的产业在溶江镇渐渐推广开来。现在溶江镇各村只要土地的地势和水利条件允许，基本都种上了葡萄。但是，在葡萄种植以外，村民还是会辟出水田来种稻谷以提供自己的口粮。每年 2 月到 8 月，是村民的农忙季节，7 月到 8 月是葡萄收获的季节，也是村民们最忙的时候。9 月过后开始进入农闲时节，青壮年劳动力会选择在附近打工（溶江、兴安、桂林或者广东沿海一带）以补充收入。从笔者的了解来看，村里外出务工的人数较少，即使打工也是选择在附近的企业里干活。

桂北地区的自然村一般为多姓杂居村，间有少量单姓氏的宗族性村庄。这些村庄的历史各不相同，从当地老年人的传说以及族谱上记载的年代来看，少量的宗族性村庄可以追溯到宋朝中叶，但大多数的杂姓村形成于明末清初湖南向广西的移民。在多姓杂居的自然村，村庄以姓氏分出3到5个不同的家族，但家族间的关系融洽。各自然村有自己的村民小组长的产生方式，在姓氏较多的自然村，多采用户主开会投票选举；而姓氏或人数较少的自然村，则有户主抽签及各姓氏推出人选每三年进行轮换的多种方式。值得一提的是，在行政村范围的村委会选举中，各个自然村都想推出自己的候选人。村委成员的权力博弈并不是几个大型宗族对资源的争夺，而是各个自然村基于利益关系和历史恩怨的合纵连横，村民对自然村的认同感和归属感更为明显。

桂北农民在村庄的公共生活中并没有呈现出"善分不善合"的原子化状态，在自然村范围内，村庄的公共品能够实现自我供给，村民们在地方文化活动①中的交流频繁地展开。当地农民以种植葡萄为主要收入来源，同村村民在平时种植葡萄，特别是销售葡萄的过程中多有合作，比如集体购肥、买泡沫箱（装葡萄用）、合作运输等。

各自然村经常自发地组织村内道路与水渠的维修，不需外部资源的输入。通济村的村民小组长在发动村民清除水草、疏通灌渠的户主动员会上说：

我们都是一个村的，做事情要对得住天地祖宗，有些人认

---

① 由于历史久远，当地的传统文化资源丰富，一些传统的文化活动在时间上非常密集，如春节拜年、元宵舞狮、耍龙灯；二月二日土地公生日给香火拜年、举牌灯；清明节扫墓；端午节包粽子、喝雄黄酒、插菖蒲、晾豆腐；六月六日尝新米；七月半祭祖先和鬼神；中秋吃月饼、插柚香；九月九重阳节各村自发组织的老年人协会聚餐、唱戏、表演腰鼓、彩调等。

为偷懒、不出工可以占到便宜，你要占就占好了，只要你对得起自己的良心。

笔者在文家村调查时恰逢村民们维修村路，他们跟在一辆运土的拖拉机后面，把从山边运来的泥土填在路基上，再铺上一层碎石和细沙。以下是笔者与一位妇女的谈话：

问：您的庄稼是不是在路边？你们是邻居还是亲戚？
答：我家水田不在这边，我们是一个村的，（所以）都要来修路。
问：你们是怎么安排的？
答：每家出一个劳力，男的女的都可以，一直出到把路做好为止。除了出工，每家还要出一点钱，作拖拉机的油钱。出了拖拉机的就可以不出钱。现在油这么贵，总不能让人家白出吧？

村民们把自然村作为他们的认同单位，并对这个认同单位具有较强的义务感和集体意识。即使是外出打工的青年，也对村庄生活充满了归宿感：

打工能够不走远就不走远，因为要顾家。村子里有些年轻人在广东打工，不过他们结了婚肯定还是要回到村里传宗接代的，要把葡萄种好的。[1]

三　村落文化的情感维度

桂北村庄的公共生活样态可以从村落本身的性质中找到原因。在讨论社区公共生活中的公共品供给问题时，奥斯特罗姆指出，"任何时候，一个人只要不被排斥在分享由他人努力所带来的利益之外，

---

[1]　村民 LYB 的访谈记录。

就没有动力为共同的利益做贡献"①。这种被制度主义学派称之为"搭便车"的行为是个体合作时遭遇的最大难题,诺思在论述历史上的私人合作如何克服搭便车难题时提出了"意识形态"(ideology),成功的意识形态可以得到个体的忠诚,有效降低集体行动的交易成本。"ideology"是广义上的意识形态,它所指称的是一种"集体意识",对于一个特定的社区而言,即是社区成员对于集体共有的信仰、观念和情感的总和。② 在桂北农民那里,共同的村落文化是他们村庄集体意识的重要来源,而共同信仰激发的情感能量则使得他们的集体意识得以传承延续。

(一)"天地国亲师":日常化的情感符号

桂北农户堂屋正中的墙壁上都设有一个放置着香炉和供品的香案,香案的上方,是用大幅红纸书写的"天地国亲师位"(传统上为"天地君亲师"),当地村民是这样说的:

> 天和地肯定是要拜的,没有天地国亲就没有世界,就没有我们。师嘛,当然是孔子,他是最大的师。其他的嘛,观音可以保平安,可以让你生儿子;土地爷让你有吃的;灶神爷让你吃得好;财神爷可以让你发财,这些都是要拜的,不拜怎么行呢?观音管天下,财神只管世间的财产分配,到祖先就只管自己这一家,管辖范围从大到小,在牌位上就从右到左……③

根据学者们的研究,"天地国亲师"的观念起源很早,一直可以追溯到战国时期的《荀子》。④ 古人长期把崇奉"天地君亲师"作为

---

① [美]埃利诺·奥斯特罗姆:《公共事务的治理之道》,余逊达等译,生活·读书·新知三联书店2000年版。
② [美]道格拉斯·诺思:《经济史上的结构与变革》,厉以平译,商务印书馆1992年版。
③ 村民YQL的访谈记录。笔者访谈这位老人时,他已经81岁,但精神矍铄。他小时候念过私塾,是当地受人尊重的文化人士,经常给村民题字、撰写对联。
④ 《荀子·礼论》中说:"礼有三本:天地者,生之本也;先祖者,类之本也;君师者,治之本也。无天地恶生?无先祖恶出?无君师恶治?三者偏亡焉,无安人。故礼上事天,下事地,尊先祖而隆君师,是礼之三本也。"参见王先谦《荀子集解》,中华书局1996年版,第373页。

祭天地、祭祖、祭圣贤等民间祭祀的综合。祭天地源于自然崇拜，中国古代以天为至上神，主宰一切，以地配天，化育万物，祭天地有顺服天意，感谢造化之意。祭祀君王源于君权神授观念，在传统社会君王是国家的象征，故祭祀君王也有祈求国泰民安之意。祭亲也就是祭祖，由祖先崇拜发展而来。祭师源于祭孔子的传统，也泛指自己的先师。到了中华民国时期，社会性质的变化使"天地君亲师"衍变为"天地国亲师"。①

李泽厚认为，"天地君亲师"是中国传统文化的显著特征，突出体现了儒家伦理道德。它代表了普通百姓的一种人生信仰，可以包容对各种人格神（如佛教的菩萨、道教的土地爷，以及各种民间神祇）的崇拜。在这里，"国"不是指任何政府、政体、政制，而是对历史文化共同体的心理认同，它成为含混而宽广的对宇宙自然、家园乡土、父母、兄弟、夫妻、朋友、师长、文化传统的某种道德和超道德的情感认同与精神皈依。②"天地国亲师"五字成为人们长久以来祭拜的对象，充分地表现出人们对天地的感恩、对君师的尊重、对长辈的怀念之情。

"天地国亲师"的牌位在农民的日常生活中占有重要地位，除了每年的传统节日，每月的初一、十五，还有平时的亲朋聚会，红白喜事等时刻，人们都要到"天地国亲师"牌位之前上香拜祭，呈上供品。在严肃的祭祀过后，大家才开始集体聚餐的情感释放。这种嵌入日常生活的周期性情感共鸣，使得鲜红醒目的信仰载体——"天地国亲师"不断地提醒自己，天地和祖灵与自己同在；频繁出现的信仰符号，不断在情绪高昂的时刻唤醒内心深处对故人的思念，于是，这种类似于图腾的符号就与人们心中最真切的亲情粘连了起来。

（二）阴阳沟通：代际绵延的情感链条

> 神灵是有的，上一辈人死了就是一种神，敬奉香火就是

---

① 徐梓：《"天地君亲师"源流考》，《北京师范大学学报》2006 年第 2 期。
② 李泽厚：《论语今读》，安徽文艺出版社 1998 年版。

（为了）神灵，香火上面都要写（名字）的。神仙不一定保佑你，有时还会报复你，但是（去世的）上一辈人肯定是会保佑你的，（因为）他们是你的亲人。①

以上所引的是村里一位70多岁的老人对"神灵"的看法。这位老人是唐姓家族的长老，深得族中成员的敬重。他对一些神秘事物的看法往往会成为村中的权威。在他眼里，佛教中的菩萨只是外地传过来的一种风俗，未必真有，但是神灵肯定是有的，祖先就是与自己最为亲近的神灵。

笔者平时和村民聊天时，发现他们在日常生活中有大量可以印证这种说法的资源，他们经常举例《西游记》《封神榜》《白娘子传奇》《聊斋》《隋唐演义》……"里面都是这么说的，电视上还天天在放"。如此看来，支撑他们这种对神灵看法的体系除了当地社区所持有的特定的共同看法之外，还有大量的传统文化载体，如民间传说、传统小说、地方戏剧等。

我们村的华爹爹死的时候，村里忽然停电，以前从来不停的，但是停了一下又忽然来了，他断气的时候他家的狗猛然狂叫不止。这条狗养了十多年，平时叫的时候声音不是这样的。它那次叫的时候肯定是看见了死人的魂，畜牲看到不是人的叫法是不同的，碟子（影碟）上都是这么放的。②

值得一提的是，笔者在通济自然村访谈几位年轻人时，发现他们的看法也与村里的长辈几乎一致：

这世上没有鬼，但是是有魂的。有时候半夜里锅盖、碗啊忽然响一下，那肯定是太爷爷他们回来盛饭来了。我们村有一个女的参加他父亲的葬礼，他父亲平时最喜欢她，她也待父亲

---

① 村民 TRL 的访谈记录。
② 村民 LX 的访谈记录。

最好。她参加完了葬礼之后，一股腐臭味总是在她身边，洗澡都洗不掉的，他爸爸的魂跟着她不愿意走。百日的时候，她抱着一只鸡到她父亲墓前割血，在路上走了4个多小时，鸡也没有拉屎在她手上。①

在村民眼中，死去的祖先以另外一种形式存在于这个世界上，并通过一些常理无法解释的奇异现象与子孙沟通。祖先作为"魂"的生活质量与子孙后代对其供奉有关。所以每个月的初一和十五，当地人都要给祖先上香、烧钱纸、供饭供菜，在"清明"和"七月半"还要去扫墓，替祖先"整理住宅"，并烧上一些他们认为祖先可能需要的物品，如纸糊的衣服、桌椅、房子，甚至还有电视机、冰箱等。

> 我是会经常想起祖先的，每年清明都要去挂山，希望（祖先）保佑自己发财，不过搞不到钱也不能怪祖先，什么都还是要（靠）自己去做，上香就是感情上好想一点。生你养你（的人）哪能不去拜一下子？你现在不去拜，死了之后谁来拜你呀？②

在村民的意义世界里，供奉和祭祀祖先并不仅仅是希望得到祖先的保佑，它更是一种情感的绵延。先辈们在日常的祭祀中追忆他们的祖先，那么今人也要在这样的祭祀中怀念自己的先辈，只有这样，后代才会如此来缅怀自己。于是乎，生者与死者，过去与将来，都在一条温情脉脉的情感链条上联系起来，形成一个生生不息的序列。正是这个能够通过子子孙孙实现永恒的系列，使得人们头脑中对未来的生活和死后的世界有了一份美好的期待与想象，正是这种美好的温情，支撑着人们奋斗不息，不断战胜现实生活中的艰难与困苦。

---

① 村民THT（23岁）的访谈记录。
② 村民YLW的访谈记录。

（三）祭祀修谱：行动中的情感关联

近年，笔者跟踪访谈了通济村、文家村和鹞子坪村等村内30多家农户，这几个村都是杂姓村，但是村民非常注重日常对祖先的祭祀，各个姓氏的兄弟、堂兄弟之间虽然居住距离甚远，但因为祭祀活动而经常要走出山坳相互联系。他们虽然没有共同的族产，没有修建祠堂，也没有相对固定的家族首领，但却因定期举行的祭祀活动而聚在一起，在对共同先祖的缅怀中形成行动团体。每年清明节，这些团体都要组织"挂山"的活动。

> 在我们鹞子坪，李姓是大姓，李姓的人家到了清明那天要集体去挂山的，在外打工的也要回来。一个家族要一起去，100多个人，分几批分头去扫墓，所有祖先都要走到。妇女在家做饭，中午回来一起吃，有十二、三桌的样子。在外工作的人出钱多，一般每人出五百（元）。我们在家的要少些，但也要出一两百的。去年我们还搞了集体的照相，现在已经洗出来了，每家发一张，相片很大的。①

不仅如此，各姓氏还非常注重族谱的修撰。如果下一代出生的小孩在取名字的时候，在族谱中找不到代表辈分的字号了，那么族谱就一定要继续编撰。

笔者在廖家村的一个普通农户家里找到了一本《廖氏宗谱》，以下是其序言：

> 廖氏始祖原系山东青州府益都县石板桥籍，自宋始祖讳六郎公以武职随王护驾游官西粤，遂卜居灵邑廖家塘村以为故居。当年第四始祖讳景后公景秀公景铭公分为五六八三甲，第八世祖讳仁溥公文溥公闻溥公。文溥公闻溥公生九世祖讳后鳌公后冕公后仪公生十世祖讳桂香公。十世祖讳桂英公迁居本都山夹

---

① 村民LYM的访谈记录。

背村……阖宗祠派衍六房以编次世公已久矣。至康熙元年余十三世祖号恒明公据考墓碑各识纂序，虽未详晰，嫡派流传可谓善继善述者也。迨其后世远年，恐其族繁星散叶，谱不修尊卑长幼名号各殊，本族与本族茫然莫辨，必有相视如僭越矣。余凤夜惶然，放道光十六年乃属其阖族兄弟子侄暨诸孙等入祠商酌此事，非我辈之责更谁责哉。于是踊跃督诸名家谱式，编其世次前表以图式后，载其实行，以宗系族，以族系谱，咸有收族敬宗之谊。今而后瓜瓞绵绵，克绳祖武于斯年，后视今亦犹今视昔，是则后厚望也矣。

族谱中有对每个男性祖先的生平介绍，并有详细的宗族谱系图。族谱每页按年数和辈分排列，同辈写于一页，不够再补一页，多则空之。族谱的末尾记录了1984年廖姓宗族重修族谱时的财务数据：

谨将我族捐入各房修谱费及其支出各项款数开列于后。

收入款项：各户人数总数2076人，每人计捐5角，合计人民币1038元。

支出款项：

录谱书费　590.8元

纸张笔墨账本　48.39元

赴全州两次往返伙食费　15.82元

去临桂五次往返伙食费　79.75元

司门、富江等处家族会议餐费　259.14元

水泥、修墓、鞭炮、柴炭等　35.1元

共支　1029元整

在通济村这个杂姓村，唐姓是大姓，而唐姓的祖先是从湖南迁移而来，按当地风俗修谱应该重新回到湖南的祖籍地去修。但是这样一来花费会很大，二来也面临一些人员组织上的困难。2008年笔者在村中调查时，唐姓的一位老人正为此事忧心不已：

修谱的事情需要跑路，要组织，要分工，要请人，要请客吃饭，要开家族会，要做好多工作，讲好多道理。现在的年轻人涣散得很，东飘西荡的，没有办法搞。现在很难在村里找到几个能干的人出面组织，现在的年轻人你要他不去挣钱，就像是要了他的命……①

老人所抱怨的困难主要来自人手的缺乏（而不是经费），尤其是年富力强的组织者的缺位，由于近年来兴起的打工经济，一些具有动员和组织能力的村庄能人纷纷外出经商。不过，抱怨归抱怨，2011年冬，当笔者回访调研地点时，这位已去世的访谈对象的儿子告诉笔者，父亲的遗愿明年就可以完成了。只是，完成的过程在笔者看来有点出人意料：几位在外经商成功的家族成员捐出了数十万元，他们已经聘用了专门的人手，准备第二年完成修谱事宜，这些被聘用的人员大部分并不是本家族的成员，而是本地几位有修谱经验的文化人士，包括一名民办小学的校长。不过，即便如此，通济村的老人仍旧有所抱怨，他们说："修谱跟祭祖一样，一定要亲身去做，亲力亲为才行的，雇人去做，味道就变了！大家没法聚在一起做事，（那样的话）时间长了，感情会淡掉的。"

（四）隆重丧礼：村庄集体的情感宣泄

丧事是当地最重要的生命仪式，因为丧事仪式的成功与否关系到死者身后的生活质量。桂北农民极其重视丧事，一般婚嫁的举办只需一天，而丧事则至少要三到七天。丧事的礼仪隆重，规矩细密，步骤繁杂，规模庞大，参与丧事的族亲、姻亲及同村村民数量多达数百人。每逢丧事，该自然村的每家农户都要派人参加，连附近村子里都有很多人尾随着奔丧队伍，丧事的每个细节都会成为人们津津乐道的话题，并随之成为人们今后行动的判准。

丧事要尽量办得隆重，不隆重村里人是要说的。我们村有

---

① 村民TRL的访谈记录。

兄弟两个,哥哥埋了母亲,弟弟负责埋父亲。轮到弟弟埋父亲时,他说没有钱,不想好好弄,其实他挺有钱,每天开着摩托在村子里转,大家都看着的。他不想花钱好好办,同一个家族的亲戚就说,我们凑钱给你好不好?他的两个姐姐也说要凑钱给他,但这小子就是不肯。不但没有土葬,连火葬也没有买个像样的骨灰盒,跑到街上去买了个小罐罐,第二天叫来民政局的车子就这样把丧事给办了。结果晚上的追悼会,村里没有一个人愿意去。这样的人以后脸往哪里放呢?以后一辈子说话都没底气,子孙在村里面都抬不起头来啊。[1]

正因为同村,特别是同姓的人起着这样明显而突出的监督作用,所以一般人不敢在办理丧事时有所怠慢,否则不仅是自己,就连自己的后代在村里都难以做人。

由于丧事是当地的头等大事,村民之间无论有什么样的矛盾,只要是丧事上发了请帖便一定要来吊唁,矛盾也就此化解。一般而言,丧事的办理有择期、选址、发帖、收礼、哭丧、入殓、出殡、立碑等多个环节。丧事过程的鲜明主题是情感的渲染,特别是对与村民们共同生活多年的长者的若干生活细节进行反复追忆。

死者去世当天,主家要请本村的村邻过来帮忙,同时托人发帖通知亲朋。邀请的亲属当中,姻亲只包括两代,但族亲至少要请四代,覆盖到整个五服之内。同日,还要请来账房先生(一般是本家族的长辈),和知宾先生写好白对联与大"奠"字。白对联的写法有很多讲究,男性女性的写法亦不同;死者的去世原因不同,写法也不同。此外,还要表达和概括死者一生中的作为。以下是笔者调查时抄录的贴在文家村村道醒目处的一张请柬,全文用工整楷书书写(繁体字竖排),目的是邀请同村村民参加其父亲的丧葬仪式。

---

[1] 村民 LWN 的访谈记录。

> 辭束
>
> 謹擇定於本月
>
> 農曆十二日為吾父
>
> 登山安葬日，敬請
>
> 各位村友免禮，一
>
> 辭再辭。
>
> 孝男 ***
>
> 朝
>
> 雙禮拜辭
>
> 某年某月某日

第一天的晚上是哭丧。周围相熟的人，就算在几十里外都要赶来闹丧歌，而丧歌主要是唱书人用本地民歌的曲调，就死者生前的苦难与艰辛进行歌唱，演唱的内容完全是一种即兴发挥，你唱了什么，我马上接着你的往下唱，咏唱亡者的一生。有的人非常擅长煽情，一曲唱罢，会让参加丧礼的全村村民哭成一片。哭丧的活动通常会持续至凌晨两三点钟。

第二天选址。选址要选地势开阔的、方位好的，要请当地的风水先生来看好，墓地的好坏关系着亡灵的安顿，笔者曾亲见一位处事稳重、性格坚强的中年男子因为无法找到一块满意的墓地给自己的父亲安葬，当场抱住父亲的棺木失声痛哭，号啕不已。

第三天出殡。同自然村的所有男性劳力，特别是青壮年都要来抬棺。棺木一共由十六个人抬，前八人与后八人被称为"八仙"，必须由异姓的同村劳力担任。不同的是，前八位是年纪偏大的中年人，后八位则是村里的青壮年后生。棺木偏重的一头靠后，而且抬棺木期间不准落地，不能偏离，要平稳。送葬队伍中走在最前面的是亲友的"孝礼"，用麻绳捆住，竹竿挑起，上贴白纸，书写落款。紧随其后的是孝子孝孙，大儿子拿灵牌，二儿子拿粮罐，三儿子拿花圈，儿子可由女婿代替，没有女婿的则安排侄儿等。粮罐里放着五谷杂粮，随棺木一起埋到地下。棺木后面是长长的送葬队伍，尽管在顺序上是按照血缘关系越近位置越靠前，但在数量上，人数最多的却是本村村民，是那些平日里跟离世者每日交往、情感仍驻的同村村友。

出殡仪式是整个丧礼的高潮。但这场原本严肃、哀伤的葬礼进行到末尾时却有了一种游戏的况味。走在棺木前面的八位中年男子故意用各种方式难为后面的年轻人，特别是在路过泥地水洼的时候，由于必须确保棺木不能落地,所以无论前面的人如何摆动和摇晃棺木,后面的人也一定要保持平衡。一段时间过后,后面的青年满头大汗,一身泥浆。好在抬棺者可以轮换,看到有人支持不住,旁边马上会有年轻人过去顶替。队伍前面领头的村庄族老看到后面可能会支持不住的时候,也会来提醒大家保持节奏。

桂北村落的出殡仪式让笔者这个旁观者在初次观察时感慨不已,因为这种从古代就流传下来的仪式,真切地展示了生活实践中的情感表达,这种实践的要义在于参与、体验和身体的情感调动:肩头的重荷、责任,体能的极限挑战,情绪的亢奋、紧张、激动、压抑和爆发,以及在即将失去重心的那一霎感受到的同村长辈看似严酷实则温暖的关怀,都在这个全村共同参与的仪式过程中得到贯彻。敬宗法祖的文化理念通过跌宕起伏的过山车式的情感体验达致神经中枢,完成浸入骨髓成为身体刻写。送离亲人的哀婉、悲伤最终在全村参与的仪式过程中转化为共同面对未来对抗艰险的温情。于是乎,整个出殡的过程成了全村所有老人、中年、青年以及一旁围观的妇女小孩共同参与的集体盛会,人们在这种盛会中感受和体验集体的力量,感染和宣泄共同的情感。类似的盛会不断举行,有关故人和祖先的记忆,以及凝结在礼节仪式上的村庄文化传统不断在村民心中积淀。

丧礼后不久,就要立下墓碑,并在墓碑上刻写墓志铭。墓志铭用文言文写就,言简意赅,但对祖先的情感表达非常真挚。以下是笔者在鹞子坪村的一处墓碑上看到的墓志铭:

> 吾祖公旭远之厚命于光绪三十年甲辰七月廿日子时东来,殁于公元一九九一年三月初十日,于子时西归。八十有七,一生勤俭持家,为人恳切诚信。今外葬于地名村背后,群山之中翠林深处,唯恐后人久失,特请石匠刊碑使后人永祭。①

---

① 墓碑上的文字为竖排,从右至左依次为墓志铭、祖先名号与子孙落款。2008年7月14日调查笔记。

四 村落社会的情感整合

人是一种情感动物，他们积极地追求和体验正向情感的最大化，尽可能地在社会互动中得到正面的情感反馈，使自己的情感能量保持在较高水平，从而承受生活的各种压力。尽管不同文化的情感构造有所差异，但是已有研究指出，有四种基本情感（primary emotions）是固化在人类神经自主系统之中的，因为它们对哺乳动物和灵长类动物具有提高适应性的价值。①

在生命历程中，人们学会了哪种情境可以导致积极情感能量的增加，就将主动去寻找这种情境。不同民族、不同文化的情感构造有所不同，他们在积极情感的类型偏好、体验方式与表达习惯上有着细微的差异，这些差异和人们社会化时的成长环境，以及成长环境背后的文化氛围有着极其重要的关联。

（一）村落传统文化的情感濡化

在桂北村落中，"天地国亲师"位所体现的敬天法祖、孝亲顺长、尊师重教的价值取向，在鬼神观念、祭祀、修谱活动以及丧葬仪式中都有体现。作为一种世界观和宇宙观，民间信仰的关键在于把生命伸展为一个绵延的永恒，人在世间的过程相对短暂，但在死后更为长久的时间里会与其子孙以特殊的形式相沟通，并在某种程度上保佑他们的生活。祖先的肉体虽然已经死去，但他们的魂灵却仍在曾经生活的土地上，与自己有着密切的、神秘的情感交流，彼此在阴阳两界之间互相支持。祖先的"在天之灵"是自己的内心在无助时倾诉和依靠的对象，而自己则负有给在地下的祖先提供"生活用品"的责任。

人们在子孙绵延的情感之链中找寻安身立命的基础，"自己不过是祖先和子孙之间的连接点，而兄弟是同一个过程中的同道者……

---

① 参见〔美〕乔纳森·特纳、简·斯戴兹《情感社会学》，孙俊才、文军译，上海人民出版社2007年版，第9页。

祖宗的坟地也是自己将来的归宿，父母将沉睡在自己的前方，而兄弟则睡在自己的身旁"[1]。村民们相信，人只有埋葬在他出生的故乡，才能在阴间有更好的生活。同姓的兄弟有着共同的开基祖先，而不同姓的村友也都要来参加自己祖先的祭祀礼仪，因为村庄中所有姓氏的祖先都埋葬在同一块土地上。

通过民间实践着的传统文化的濡化，桂北农民习得了一种自然的亲情偏好，人们最倾向于体验的积极情感是温婉柔和的亲情，即所谓天伦之乐。在这种纯粹利他性的相互关系中，情感的体验可以使人神经放松，心境平和，并且享受到安全感、稳定感和幸福感的满足。人们辛苦劳碌的终极目的就是要拥有和体验浓厚的亲情，而同一家族的成员、同一村庄的村友就是他们与之互动并产生积极情感体验的常规来源。

（二）纵向亲情的横向弥散

兰德尔·柯林斯认为，社会现实由互动仪式链构成，共同在场、相互觉察、注意力的共同集中、节奏性同步、共同的心境和群体的符号将唤醒情感。当情感被唤醒时，集中邂逅（encounter）被赋予了重要的价值，群体的意义感由此产生。集会中兴奋情绪的共鸣使人们感受到他们之外的力量，然后他们又把这种力量表征为符号。[2]

汉人社会传统文化的最大特点，是其文化符号消融于日常生活之中潜移默化地发生影响。桂北农民几乎每天都要经历与信仰有关的日常仪式，如前文所述，这些嵌入在生活中的仪式把人们最为珍视的亲情与村庄中的传统文化符号粘连了起来。香火、牌位、花圈、墓碑等一系列元素都成了与亲情相联系的符号，在全村村民集体参加的大型仪式特别是丧礼上，人们共同的心境和注意力的节奏性同步将会让这些平日里常见的文化符号唤醒内心深处的亲情。

互动仪式的效果是定期地唤醒情感，所以人们在具体时空中的

---

[1] 陈柏峰：《农民价值观变迁对家庭关系的影响》，《中国农业大学学报》（社会科学版）2007年第3期。

[2] Randall Collins, "Emotional Energy as the Common Domination of Rational Action", *Rationality and Society*, Vol. 5, 1993, pp. 203–230.

共同在场非常重要，人们通过面对面的节奏性互动将产生更高水平的情感能量。在桂北民间信仰的互动仪式中，这个共同在场的地域边界是自然村；在所有仪式中最为隆重、赋予了最深含义的仪式则是丧礼，而丧礼中固定的成员就是村庄的全体村民，这就使得全体村民组成的集体成了人们心目中最为亲切的归属。

现实生活的分散状态总是使人们感觉单调、萎靡而且沉闷，但是，当集体的情感宣泄开始后，一切都会改变。情感的密集互动与高度共鸣就像一股如电的激流，使人达到一种极度亢奋的状态。"在这种亢奋的状态中，他就不可能再意识到自己了，他感觉自己被某种力量支配着，使他不能自持。"[①] 在集体丧礼的情感宣泄中，人们察觉到村庄共同体的存在，产生出宗教般的神圣感。人们不断重复仪式行为，正是要不断地在往复循环的时空中强调集体氛围的重要性，进而将这种集体感融入文化符号并铭刻到记忆之中。

（三）村落公共性的情感形塑

桂北村民对天地、祖先、神灵的敬畏与崇拜在现实中强化了彼此的感情依恋与村庄认同，共同的信仰与祭祀、丧礼等系列活动使得村庄成员的集体情感不断凝聚，社会关联不断增强。传统民间信仰的情感积淀在农民心中确立了浓重的"历史感与当地感",[②] 铸就了现世生活中的宗教意义。它使得所有在这块土地上成年的村民对村庄、对集体充满了认同、依恋与敬畏，使得他们在村庄共同体中甘心付出，承担责任。

由于在村民的记忆中，村庄集体总是与温暖的亲情相连，于是人们对村庄生活便有了长远的预期，因为回到村庄就意味着压力的释放，情感的满足。这使得村庄公共生活中的行动者并不是仅仅关注现实生活中的短期利益，而是要在村庄的公共事业中为子孙后代

---

① ［法］埃米尔·涂尔干：《宗教生活的基本形式》，渠东译，上海人民出版社 2006 年版，第 206—208 页。
② 杨华：《传统村落生活的逻辑——农民"历史感"与"当地感"的视角》，硕士学位论文，华中师范大学，2004 年。

着想。村民们没有因外出打工而成为"村庄的外人"①，让村庄公共品供给中的集体行动难以开展；相反，他们不断从外部向村庄输入资源，增强村庄的凝聚力。

个体的村民非常害怕被集体抛出，这不是因为集体的支持会影响到他的收入，而是因为他们害怕在这个自己极为认同的村庄里"被人看不起、说坏话、没有面子"，倘若因为某些自利行为而遭到村庄的社会排斥，那将意味着失去许多本来属于自己的欢乐。而且，遭到排斥的直接后果就是使得自己及家人的生命仪式无法顺利举行。在一个生命意义如此明确的村落里，生命仪式的失败又会和自己及子孙后代的不幸直接相连。"连棺木都没人抬"——村民能够想象得到的最大的情感打击莫过于此。

于是，通过在村落文化基础上形成的情感认同与情感排斥机制，桂北的自然村在村庄公共生活中极大程度地遏制了那些阻碍集体行动的搭便车者。在这个人们赋予了浓浓亲情的村庄共同体中，公共生活的开展，公共文化活动的举行，公共品的供给，就不会是一种难题。

五 村落传统文化的存续机理

村落文化的存续需要通过行动者的群体认同与社会记忆机制来予以揭示。

在发生学的意义上，桂北村落中的宗族或房头意识产生于每年常规化的祭祀活动，村民认同的范围与同族的人口数量和聚居形态有很大关系。在单姓的大村，常规祭祀活动因生存基础、技术水平、组织资源和协作条件等因素所限，往往以房头为单位而展开。而在多姓氏的中等规模村庄，认同的范围就不再是房份而是村内同一开基祖繁衍下来的宗族。

---

① 在中部一些原子化的村庄，外出打工人员并不将自己看作村庄的一部分，他们对村庄没有长远预期，所以不愿意在村庄公共品供给中承担相应义务。这种村庄生活面向朝外的村民积累到一定数量，会使村里的公共事业很难开展。参见贺雪峰《新乡土中国》，广西师范大学出版社 2003 年版，第 7—10 页。

以房头意识的产生为例，同一房份的村民祭拜的对象一致，顺序相同。开基祖（也被称为始迁祖）是迁居后在本地出生的第一代儿子，也就是各个房头的祖先，埋在村后的祖坟山上。在每年的清明、七月半等祭祀的时节，子孙们都要从这个祖先开始祭拜，施以重礼。其他房头的祖先如果葬在附近，会顺便祭拜一下，如果距离遥远，则可以不拜。而在本房头祖先之下的若干"太公"（三代之外的祖先都称太公），由于人数众多且年代相隔久远，许多人的墓碑已模糊不可辨识，还有许多人的埋葬地点已难以记起，祭祀时难免忽略。当然，距离村民自身年代较近的祖先，记忆依然清晰，甚至音容笑貌仍能记起，在扫墓时也要去坟前一跪，以求心安。如此一来，在祭祀活动中，本房头的所有男丁都是首先去房头祖的墓前，然后又到最近四五代本房先祖的坟头跪拜。而房头意识、亲疏之感，也在生者与先祖的沟通中产生。至于这种祭祀的规则，并没有外在的强制性。一位村庄长者在回答中反问道："哪里不是这样呢？去祭拜一下还记得的人也不是为了什么，人死如灯灭，他也不可能保佑（我），就是觉得感情上好过一点。"

为什么在祭祀活动中的后人看来，去祭拜本房的近祖心安理得，而其他房的先人则好像隔了层距离呢？这涉及人类普遍参与祭祀活动的一个根本问题：生者与死者沟通的实质是什么？从个体心理发展的角度来看，尽管自我随着所处环境的更换而不断变动，但这个变动的自我却必须有着不变的同一性，否则人们就无法回答"我是谁"的问题。人都需要进行自我定位，而定位自身就是在定位所处的群体，定位这个群体的过去。其实阴阳两界是无所谓沟通的，人之所以能对一个死者的符号寄托情感，是在寻找过去的我与现在的我之同一性。过去的我与曾经活着的死者有过密切的互动，他/她的符号能够勾起现在的我对往昔生活的回忆，从而更好地定位自我，迈向未来的生活。简言之，人们参与祭祀等纪念活动是为了在曾与社会发生的互动，尤其是初级群体的情感互动中寻找自我的本体。

人类是通过生产和运用符号以形成社会的高级动物，尽管客观世界纷繁无序，但人们却会在头脑中构筑普遍秩序的概念，并在现实互动中通过种种象征符号的运用赋予精神世界以秩序的实在性；

上至神仙菩萨龙王土地老祖宗，下至帝王将相宗族房头大家庭，不同的体系在概念世界里俨然有序，而个人则需要在这个有序的概念世界里寻找自身的定位，获得本体性的存在。在获得这样的存在感之后，他会更加地强烈认同属于自己的群体，进而赋予这个群体的象征符号以真挚的情感，并使他的"精神气质"与"世界观"[1]受到这些符号的潜在影响。

作为一张无所不在的意义之网，文化既是一个有序的象征体系，同时也是群体生活的行动指南，嵌入其中的人们依据它来解释经验并指导自身的行为，社会互动依它而发生；相对而言，社会结构是人们行为的形式，是群体的行动路径，是实际存在的社会关系网络。尽管具体社区的文化从根本上说是被其社会结构所决定的，但自从特定的文化传统形成的那一刻起，它就在无形之中对社会结构产生强大的影响。

在桂北的村落中，传统文化的延续并不依赖成文的法令，不依靠人们对于各种明定规则的有意识遵守，而是靠身体自幼形成的"惯习"。在布迪厄看来，惯习是一种生成性结构，它塑造、组织实践，生产着历史，但惯习本身又是历史的产物，正因为如此，布迪厄称惯习是一种"体现在人身上的历史"（embodied history）。[2]

奥克肖特曾经区分过两种道德类型，一种是"对道德标准的反思应用"，另一种是"感情和行为的习惯"。[3] 在前一种循规生活方式中，不仅规范或理想是反思的结果，而且这些规范和理想在具体情境中的应用，也同样属于反思行为；而对于后一种来说，此处的行为几乎等于没有反思，在一种生活情境中，不存在对选择的权衡，有的只不过是遵循自幼熏陶的行为方式。习惯行为和规范行为之间的分界线，取决于是否有意识地应用了规则，实际上，大部分的人

---

[1] 借用格尔茨的术语。"精神气质"（ethos）涉及道德、美学与价值性的因素，如道德风格、审美格调及情绪特质等；"世界观"（world view）涉及认知方面，是对纯粹现实中的事物存在方式的描画，是自然、社会和自身的概念。
[2] 参见杨善华《当代西方社会学理论》，北京大学出版社1999年版，第280页。
[3] 参见 M. Oakeshott, *Rationalism in Politics*, London, 1962, pp. 61—69，转引自〔美〕保罗·康纳顿《社会如何记忆》，纳日碧力戈译，上海人民出版社2000年版，第28页。

类行为都可以用习惯来加以描述，也即是说，规范潜藏在身体的习惯中，人们在具体的实践中下意识地加以应用，当习惯改变时，人们也是在无意识的从众与模仿过程中改变的，他们不会去深究习惯背后掩藏的规则、去反思它的价值，然后再进行选择。

保罗·康纳顿极具启发性地对人们日常生活中的记忆做了一个基本类型的划分，他把记忆（动词）分为个人记忆、认知记忆与身体记忆。[①] 个人记忆是指生活史中的事件、经历，认知记忆是指一种过去获取的知识，如数学公式、逻辑真值等，身体记忆是人们具有的再现某种操演的能力，就像骑自行车、游泳一样。康纳顿非常看重身体记忆的作用，正是纪念仪式和身体实践使得有关过去的意象和有关过去记忆的知识通过不断的仪式性操演来传承和维持。

尽管行动理论的传统观点认为，文化通过提供行动指向的终极目的和价值来塑造行动，然而在具体的历史与生活情境里，文化更是一个已经存在的工具箱，人们依据它来决定采取行动的策略与路径。在桂北地区，作为价值系统和行动路径的村落文化潜藏在仪式性活动的各种习惯之中，仪式就是受规则支配的象征性表演，它能使参与者在特定的符号系统面前体会到强烈的意义与情感，从而把共同的价值理念赋予操演者的生活。仪式（特别是丧礼和祭祀）最大的特点就是高度的程式化，它刻意讲求形式、严格遵守成规，几乎会到呆板的程度，任何对仪式的变通都要经过非常正式的商议才能通过。正是严格的程式化使其正式、庄重、严肃，同时也使它最大限度地保持了对过去的重复。具体的特定仪式是为了通过调动参与者的情感来达到纪念的目的，无论是纪念某事还是某人，其操演过程中的符号叙事都是为了表达和重申对过往者载附之精神的弘扬，而这种在具体的人和事上附载的精神，正是实践中的活的文化。人们通过参加若干场仪式，模仿他人的语言、神态、举止、姿势、观察前辈的组织方式、事务流程，体会具体情境中的感受和联想，便可以在不经意间完成村落文化的传递，而不需要下意识地强迫自己

---

① ［美］保罗·康纳顿：《社会如何记忆》，纳日碧力戈译，上海人民出版社2000年版，第19页。

进行理解、背诵和练习。在整个过程之中，通过情感的调动与共鸣，促发了生物机能的自然投入和身体记忆的自动镌刻。

六　结论与讨论

儒学的核心是"仁"，而"仁"是人类最真实的情感。[①]李泽厚在他晚近的研究中提出，中国文化是"情本体"。[②]他把人在生活世界中对于"情"的追求提到信仰—宗教的高度，他这样写道："沐浴人际的温暖，共享欢乐的春天，珍视自己的情感生存，使生活成艺术，流连于生命的故园情意，就是儒家讲的'知命''立命'；常驻者，就是这真情片刻，将这真情化成生命意识，人就不是机器，不是动物；'无'在这里变生成为'有'。"他以时间和空间这两大康德所谓的"先验统觉"为例，阐释了"情本体"的人类学意义："人类历史地生活在与他人共在的空间化的时间中，却让这些空间化的时间经验进入艺术凝练，它便超时间而永恒常在，使后来者的人性情感愈益丰足。这就是'德不孤，必有邻'，这就是变异中的不易。这'不易'并不在别处，就在这人生情感之中。"[③]

中国传统文化的高层文化，也即是"大传统"自上而下传导的脉络非常清晰，宗族文化的价值理念"为先贤儒家所发明、为政治家所强化、为教育家和乡土文人传播，并最终由农人所实践，从而成为中国人及其族群的精神支柱与行为准则"[④]。本文的田野调查显示，传统文化中发端于祭祖这一情感缅怀行为的"慎终追远"的价

[①] 蒙培元：《儒学的核心价值及其意义》，《社会科学战线》2009年第8期。
[②] "情本体"探讨情感本体论问题，它首先是指一种区别于动物恋生本能的生命力量，更主要的是指关于人的信仰—宗教的情感问题。不同于心、性、理，情感作为本体世界是多元的。作为文化积淀的历史成果，它多样、丰富而细致，虽产生在历史群体之中，却由每个个体去选择和创造。中国文化的"情本体"特征就在于相信有一个情感—信仰的"物自体"，这种"物自体"不同于康德的"物自体"，而是指情感追求归依或超脱的对象。所以，所谓"情本体"是以"情"为人生的最终实在、根本。参见李泽厚《中国美学研究》第二辑，生活·读书·新知三联书店2007年版。
[③] 李泽厚：《华夏美学》，台北三民书局2006年版，第182—183页。
[④] 庄孔韶：《银翅：中国的地方社会与文化变迁：1920～1990》，生活·读书·新知三联书店2004年版，第277页。

值理念融化在乡民的日常生活之中，并在定期与不定期的各种群体活动中通过村民的亲身实践建立起情感联结。传统文化资源在当代桂北的村庄公共生活中仍发挥着重要的整合功能，它的集体仪式嵌入村庄的生活世界，并不断在人们情绪高昂的时刻唤醒内心深处的亲情。人们在子孙绵延的情感之链中寻找安身立命的基础，祖先与子嗣在阴阳两界之间互相支持，而兄弟与村友成为在同一块土地上延续永恒的同道者。由宗族文化调动起的内心温情在生活实践中转化为村落地缘意义上的情感认同，通过以丧礼为代表的情感宣泄机制，人们在直觉中体悟到共同体的存在，并生成等同于宗教信仰的神圣感。这种道德信念形塑了全体村民对于村庄的深切认同与情感依恋，使得他们在村庄公共生活中甘心付出并主动承担责任。

经由上述情感过程，儒家文化理念被内化为村民的生活信念，进而形成村落的文化公共性。可以说，在西方文化中，理性战胜了情感，情感被边缘化了。但在中华文明中，孔子根据西周农业社会的形态自然生长出来的模式总结并提倡的儒学体系实际上就是围绕着人的情感本能而设计的，它的最大的特征不是作用于人的理性和逻辑思维，而是在具体的生活实践中调动人的情感，这也是它能够穿透千年历史，抵御外族文化和现代性冲击的一个根本原因。而儒家文化所建基的人类的情感本能，则是高等物种在漫长的进化淘汰过程中经过大自然的选择而存留下来的，是人之所以区别于智能机器的本质，是文化教化的生物基础，是个体形成认同组成群体的社会基石。

由此反思当前的村落研究之所以难以把握地域差异性中展现出的"多"，是因为忽略了这种差异性背后的"一"，而此处的"一"，恰恰是中华大地数十万个村庄共享的文化背景。有还是没有基于人类情感本能而设计的文化传统，是华夏民族区别于原始部落，也是汉人社会区分于其他社会的根本。从这个意义上说，轻视了汉人社会的文化公共性，是结构—功能主义、市场—理性主义在解释中国现象时陷入庸俗的主要原因。

最后，笔者试图申明的是，尽管本文力图揭示村落文化传统的内化与存续机理，但这并不是对当下乡土中国发生的巨变视而不见。

如果要总结村落文化传统的传承机制，那么，至少有两个核心要素不可忽视：一是提供意义与行动路径的文化理念保持稳定；二是仪式活动的持续。意义/符号系统的稳定性与一致性能够激发仪式活动的继续举行，而仪式活动的保持能够反过来强化意义/符号系统在特定场域内的一致与稳定，从而保持人们对仪式性活动组织单位的情感认同。当前发生的事实是，这两个核心要件正在发生变化。

当文化的意义指向已不明确，或者说人们只能够守住仪式的古老形式却对文化符号的理解难以达成一致的时候，人们经由身体和情感所形成的社会记忆就要大打折扣。经过革命年代的洗礼之后，有关这些仪式的内容在话语层面上都被指斥为封建迷信，把涉及死后世界的仪式看作不科学、不先进、不文明的行为。所以，"竞争在文化的记忆中是一个易被忽略但却至关重要的因素，不同的认同和叙事之间是互相竞争的"[1]。革命话语、无神论以及对现代国家的认同与祖先崇拜、宗族房头之间有着天然的排斥力，比如，政府近年来倡导生态葬法，甚至直接平坟以节约土地的做法，便加速了仪式意义指向的遗忘，许多形式化的细节因而慢慢被简化和忽略。

表达地方文化的仪式性活动若要持续，值得强调的一个必要条件是有足够的行动者作为依托。在人、财、物大量流出，人们的生活面向村庄之外的时候，超出直系家庭之外的自发的仪式性活动难以组织。不过，随着经济的发展与剩余资源的充裕，仪式仍然能够举行。老人的地位尽管相对下降，但他们利用手中可操控的资源仍可以通过雇佣关系整合起相当的人力物力，因而具有一定的行动能力。然而，这样的仪式性行动却无法因充足的资源而保证更大的规模，这其中最主要的原因，是人们的生计来源从农业中转移出来之后，生活的节奏不再与土地和气候相同步；而随着经济的飞速发展，人们的"生活半径"也在急剧扩大，[2] 赚钱的门路变得密集化和多

---

[1] 正是在这个意义上，国家认同才会通过多样的纪念场所、实践和外形来确立和维持，比如服装、庆典、文学、影视作品等。在国家政权建设的不断深入过程中，民族国家会致力于占有和压制其他认同话语，而农民的认同单位也会发生由具体的血缘、地缘单位向抽象的族群单位的扩展。参见 Schwartz B., "Memory as a Cultural System: Abraham Lincoln in World War Ⅱ", *American Sociological Review*, Vol. 61, No. 5, Oct. 1996, pp. 908 – 927.

[2] 李培林：《村落的终结》，商务印书馆 2004 年版。

元化，村民们的劳动力也价值化了，时间变得可以用货币来衡量，人们再也难以让各自的时间表统一起来：要么是生意太忙，要么是休息的时间不同步。即使作为一项文化上需要履行的义务，他们也会考虑是否可以花钱找人代替。反过来，活动的组织者们也会考虑参与者的机会成本，毕竟，为了一些意义不再是那么十分重大的事情而耽误别人赚钱，是会折损自己的面子和声誉的。正是基于这样的逻辑，在需要大规模时间同步的宗族活动中，族内成员很难齐聚，而丧葬仪式、红白喜事等也变得尽量简单、快速、高效，剩下的便是借助市场力量完成的生命礼仪中最实用的、最核心的部分。

在这里，我们可以看到市场经济与文化传统的辩证关系：一方面，经济的发展、社会的分化使得农民的时间观念、生活节奏发生了巨变，人们再也难以在日常状态下自发形成大规模的民间文化活动；但是另一方面，因经济发展而来的资源的密集又保证了一定水平的仪式性活动的顺利举行。市场的天然特性是要扩大甚至制造人们的需求，而这种扩大总是建立在已有文化的基础之上。在社会分层显性化的状态下，人们反而容易出于面子竞争、建构象征性权力的需要投入大量资源，强化既有文化传统中的符号传播。正因为如此，在一些城镇化水平颇高，经济充分发展的地区，尽管更大规模的宗教仪式般的宗族活动已经消失，但基于私人情感的家族祭祖活动依然作为一种文化传统而保留；虽然传统活动的符号化的象征意义大打折扣，但是基本形式仍然保留，面向彼岸世界寻求本体意义的仪式气氛依然肃穆。持续举行的小规模仪式性活动不断地将各种象征符号与文化规则进行身体的刻写，从而在实践中延续了血缘和地缘意义上的社区记忆。正是因为社区记忆实现了一定程度上的留存，村落文化才得以在新的社会形态中完成再生产。虽然随着交往范围的逐步扩大与外来人口的增多，人们自我建构的朋友关系的密度与深度会渐渐超过同村村友，村庄共同体趋向松散，但是文化意义的村庄边界依然存在，这与土地、集体资产等共同利益因素一起，在城镇化进程中构成了村庄社区的黏合力。

斯威德勒说："在稳定的时期，文化经验与社会的结构化环境相互加强，而在不稳定时期则会随着新生的意识形态建立新的风格或行动策略。"① 斯威德勒所说的稳定时期是指社会结构处于一种长期连续的样态，在这种情形下，一定的社会结构能够使从中产生的文化经验保持生命力。然而现实情况是，村落的文化理念与社会结构在历史中以多种模式互相交叠，而简单同构的模式只不过是其中有限的个案——它只能在村庄社区长期保持稳定的情况下出现，这种稳定使人们可以在社会与文化的罅隙处做出调整，使之继续严密，而在变动的社会中，两者之间的不连续性却是一种常态。

　　如何在变与不变的文明过程中完成村落文化公共性的再生产呢？笔者上文强调，两千年来的儒学仁爱，慎终追远和守望相助，是当今汉人社会生活的共同先在理念，依然是村落文化公共性的原理和村落凝聚力的群体认同纽带。尤其是在当今流动的城乡关系情境下，桂北的这一田野案例，同时呈现了村落的情感认同与情感排斥机制，因此能在公共生活中成功地遏制那些阻碍集体行为的搭便车者。我们终于不得不承认古代儒学理想的社会模式，在当今巨变的时代中依然能够恍如隔世存在的内中原委。

---

① ［美］约翰·霍尔等：《文化：社会学的视野》，周晓虹、徐彬译，商务印书馆2004年版，第345页。

"心上"的日子[*]
——关于西和乞巧的情感人类学研究

宋红娟[**]

一 乞巧与"心上"

（一）从一首山歌说起

> 唱过穿了唱戴哩，
> 唱我心上的畅快哩。
> 没唱穿，没唱戴，
> 一唱心上一畅快。

这是我在陇南西和[①]读到的一首山歌，它一下子将我带入了有关"心上"的思考，并贯穿了本项研究的整个心路历程："心上"与"唱"有何关系？为什么"心上"的畅快能够被唱出来？反过来说，为什么一唱，"心上"就畅快了？究竟该如何理解"心上"？

---

[*] 本文是作者博士学位论文《"心上"的日子：关于西和乞巧的情感人类学研究》（北京大学出版社2016年版）的一部分，同时本文的部分内容曾发表在《人类学研究》《中国人类学》《西南边疆民族研究》《民俗研究》《国外社会科学》《北方民族大学学报》及《民族艺术》等刊物上，在此表示感谢。此外，本文的修订受到云南大学民族学一流学科建设2017年招标项目"追寻美好生活：大理剑川县域公共文化生活研究"（2017SYL0039）和云南大学"东陆中青年骨干教师"培养项目的资助。

[**] 宋红娟，云南大学民族学与社会学学院副研究员。

[①] 2009年8月13日至2010年9月6日，我在甘肃省东南部的陇南市西和县城做田野调查，两个月的预调查之后，我便一直住在县城北关村的一户人家，北关村就成为我在西和参与观察的社区了。现在，生活在西和的除了部分的回族和白马藏族之外，大部分都是汉人，总体上是一个汉人社会。

西和乞巧中包含着大量的歌曲，与各类仪式相配，当地叫作"乞巧歌"，与山歌稍有不同，乞巧歌包括祈神性和娱乐性两种，这些乞巧歌奠定了整个乞巧的狂欢特质，同时也将之推向高潮。看她们乞巧时，我常听到这样的说法："晚饭后，来巧娘娘这狂一下，心上就亮清了。"在她们看来，唱乞巧歌与唱山歌一样，都可用以处理"心上"的问题。

　　"狂""亮清"和"心上"都是西和俚语，其中最好解释的是"亮清"，指心情不错。"狂"记音 kuang（去声）又兼表意①，有"玩耍"的意涵，"心上"就是心情；不过，在后来的一年参与观察中，我发现"心上"与"狂"远非字面意思这么简单。这一感触最初来自杨兰花的故事。

　　杨是我西和房东的邻居，也是北关村乞巧的牵头人之一。乞巧时，我会帮杨做一些力所能及的小事，她也开始悄悄地向我诉说起自己的怨愤。她说因为乞巧，一直和儿媳妇闹着别扭。杨是位近七旬的老人，和老伴跟着小儿子一起住。平日里，她要照顾老伴，也要替儿子媳妇照顾两个孙儿。准备乞巧的那些天，儿媳妇忽然对她冷嘲热讽起来，说她那么大岁数了还出去唱啊跳啊的，也不怕被人笑话。又过了些天，儿媳妇开始直接干涉杨，她说："孩子在学校暑期班补课，正是长身体的时候，你去乞巧，谁来给他们做饭？"杨兰花告诉我，有天下午一点多，她还在乞巧点，忽然感觉很饿，就回家吃点东西，哪知等她回去后，发现儿媳妇早已将锅洗尽，她说那天下午她好伤心。

　　我想杨兰花的这次伤心绝不单单是因为乞巧，这些矛盾一直充斥于她的日常生活，类似的矛盾难免在她心底产生诸多悲伤；不过，她也跟我说，只要到巧娘娘这里来"狂"一下，"心上"就"亮清"了许多。这引发了我对"心上""狂"以及"乞巧"与"心上"关

----
① 关于这个"kuang"字，西和当地的学者持有两种观点，一种观点主张用现代汉语中的"逛"字，偏于表义，《西和县志》中便用了"逛"字；另一种观点认为"狂"字合适，既可以记音又可以表义。在与他们的讨论中，我更倾向于第二种观点，认为"逛"字不能涵盖"kuang"的意涵，于是用"狂欢"中的"狂"字，表示超越日常生活状态的一种心态和带有娱乐性质的文化形式。

系的进一步思考。首先,"心上"是指人的情感范畴,人的情感是具有社会性的,即心情的好坏源于人际互动,"狂"是指人的行为范畴,是可见的,包含着放松、休憩的情趣,"乞巧"具有"狂"的精神气质(ethos),"狂"是有相应的文化形式的,乞巧就是当地"狂"的文化形式之一;其次,"心上"与"狂"这两个范畴之间相互区隔又相互联系,情感要借助"狂"的行为进行抒发;最后,不论是山歌、乞巧歌还是乞巧本身都具有开放性,它们能让人借以处理源于人际互动的心情问题,因此,对于乞巧与"心上"问题的追问,需要超越乞巧仪式,关注乞巧的主体,并将其置于日常生活和社会生活之中。"心上"不仅是乞巧仪式中的一个关键词,也是当地人日常生活的关键词之一。

从仪式主体来看,乞巧是西和女性的节庆仪式活动,她们在乞巧这个文化形式中,通过可见行动("狂巧娘娘")来表达不可见的内在情感世界,这是身体和情感两个范畴。费孝通在《乡土中国》里曾有一段颇为有趣的论述。他说在乡土社会里,人们的感情生活是被压制的,特别是男女之间那种奔放不羁且充满变数的情愫表达;为此,乡土中国设计了一套男女有别的机制,阻隔男女之间的情感交流。男子们不常留在家里,有事在外,没事也在外,茶馆、烟铺,甚至街头巷口都是他们寻找情感安慰的消遣场所,在那里有说有笑、热热闹闹。费孝通指出,男女有别的界限使中国传统的感情定向偏于向同性方面发展,即男的和男的在一起,女的和女的在一起。但是,对于女子们如何进行情感的抒发和表达,费孝通却颇为惜墨。虽然我有幸与之相遇的小城西和与昔日的乡土中国早已大相径庭,但是在读到费孝通着墨于男子们在街头巷尾有说有笑的场景时,我依然不禁遐想,一个社会无论怎么压制人的情感表达,都会在别的地方为其留出空间。当我沉浸于西和乞巧的狂欢与喧嚣时,我便在思索类似于乞巧这样的女性节日,之于西和的女子们又有着怎样的意义呢?

(二)礼仪与情感:一个关于盘缠的故事

传统的仪式研究不太注重仪式主体。人类学研究仪式最终是要落实在对人的关注上,还是落实在对那些充满理性气质的外在体系的关注上?这是一个值得我们重新思考的问题。

2010年9月6日的上午,我在西和寄住的赵叔[①]家里非常热闹,不停有人进出,像是一个短小仪式的前奏;是的,我正是这个仪式的主角,这一天,我结束田野将要离开。西和的朋友陆续来话别,让我惊讶的是,他们每一位起身离开前都塞给了我一些钱,并用几近相同的口吻对我说了同样的话:"一点心意,路上当盘缠吧。"那天,我总共收到了1100元钱。

看着钱包里的这些"盘缠",我感到有些沉重。赵叔[②]说这是因为他们已把我当成自己人,这让我感到欣慰,因为这毕竟是自己在整整一年田野中想要的状态,但是,作为一个终究要离开的外来者,我觉得自己有些承受不住这些"心意"的重量。这让我回想起,几个月前曾注意过的一个与"盘缠"有关的故事;没想到就在离开时,我也与故事的主人公慧美一样,被"盘缠"置于如此的困扰当中,内心生出如此复杂的情绪来。

慧美是一位年长我许多的家庭主妇,我们是在我刚到西和,看慧美他们村乞巧时认识的。她的丈夫是老大,有个妹妹,慧美告诉我,不知道为什么,她总和小姑子处不好。有几天,慧美闷闷不乐,她对我说,小姑子的儿子考上了大学,丈夫和她商量哪天要去妹妹家坐坐,坐坐就是给钱的意思,慧美说她不愿意去,因为丈夫要给外甥600元钱,这让慧美心觉不平,她说当初儿子上学时,他们才给了200元钱。之后的一天晚上,在我跟他们一起到妹妹家去时,慧美的丈夫把600元钱放到外甥手上时,也是说:"钱不多,拿着路上当盘缠吧!"

在西和,给"盘缠"是一个司空见惯的事情,盘缠建构的是一套基于礼仪的互惠机制,只要处在一定的社会关系中,人们就会自觉地进行相应的礼仪行为,并认为其是理所当然的,反而是倘若没有践行,心里倒是会生出担忧。这是一个地方的文化习俗,它让人

[①] 关于论文提到的所有人名我都尽量做了处理,我所起的化名,一是为了避免侵犯到他们的隐私,二是为了突出我对他们性格甚至他们在家庭和社会中角色的理解和概括。

[②] 我的房东。

们知道在哪些情况下应该践行哪些礼仪，西和人把这叫作"按照规程办事"。看起来，这是一种可行的分析方式，往下继续的话，可以从这个小小的"盘缠"过渡到对社会关系、社会互动的探讨，这是一种典型的功能主义的视角。但是，在我与慧美这个具有鲜活生命的家庭妇女的长久相处中，我又感知到她丰富的内心情感世界，看到了她在践行社会礼仪规范所要求的行为过程中，内心的矛盾与挣扎，她常说，"心里熬嘈着"①。一方面，我觉得礼尚往来、遵循社会礼仪规范是一件可以赋予人美德，也是值得共同体中每位成员去做的事情；但另一方面，我又觉得慧美的犹豫和不满也颇有道理，也值得同情和理解。

从表面上看，礼仪对人的约束性，并不是在内心，而是在行为，不管慧美是否愿意，她必须践行相应的礼仪，那是她作为社会角色应该有的行为。但同时，我也注意到，慧美自始至终都无法，也不能说出自己心底的不满，那么，可以说礼仪又通过行为来规训人的内心。从另外一个角度看，在礼仪照常被践行的时候，与礼仪相应的情感有可能已经不在了，甚至引发出相反的情绪来。反过来说，这种情绪确实又是礼仪的约束性促成的，但又被排斥于礼仪空间之外。费孝通在论述乡土中国时，提出一个"感情定向"的概念，他说："感情定向"是指一个人发展他感情的方向，而这方向却受着文化的规定；也就是说，情感不止是个人性的，它还具有社会性，喜怒哀乐是生理现象，但又是发生在人事圈局之中，又是一种社会现象。②

费孝通这个有关感情的定义，正好是指慧美在丈夫以及小姑子家人面前所表现出来的那种得体的情绪，它与礼仪一样，是文化规定的、社会允许显现的部分；至于慧美在我和她姊妹面前诉说时表现出来的那种抱怨情绪，就是"感情定向"之外的部分了，是社会所不允许的，但是又与得体的礼仪相伴生的部分，是潜在的、隐性的部分，我称之为"非定向性情感类型"。不过"感情定向"在这

---

① "熬嘈"是西和方言，即心烦之意。
② 费孝通：《乡土中国　生育制度》，北京大学出版社2004年版，第43—47页。

里也同样具有启发性,类似于慧美那种逃逸于礼仪之外的情感,它虽逃逸于礼仪,但又来源于礼仪,同样也是发生在人事圜局之中,是一种社会现象,同样受着文化的规定,也有相应的文化形式加以表达,这样的情感也同样具有社会性。

西和是在用礼仪规范人的行为,尤其是女人,她们对于家庭的抱怨,往往只能选择说"悄悄话",这让我意识到,慧美内心那些"隐性情感"就是通过"悄悄话"来宣泄的。"悄悄话"其实是一种表达机制,构建起了一种特殊的表达空间,它飘逸于礼仪之外,是一个相对自由的社会空间,人能够在其中表达平时被社会礼仪阻止的怨愤和不满。但是,又并非是一个颠覆性的空间,人们生活的重心和生命意义还是建立在礼仪空间之中的。在义务与内心情感之间徘徊,怎么样既履行了社会的要求,又达到自己内心的平衡,是一种生活的艺术,也是一种生活方式,更是一种价值观念。

顾名思义,"悄悄话"就像窃窃私语,是要低声地、偷偷地说。其实,在当事人不在场的情况下,"悄悄话"就不再是窃窃私语,而是毫无约束的宣泄。有的时候,这样的"悄悄话"还可以借助一些张扬和夸张的场景来诉说,只不过,在这些场景中,"悄悄话"往往是以隐喻、象征的方式出现;"悄悄话"就像一串絮语,是这些场景的暗流,倘若我们不用心去聆听,很难发现那些庄重、严肃或者绚丽的场景背后的那些复杂的情感曲调,这些让"悄悄话"融贯其中的场景可以被视为情感表达的文化形式,它们可以是临时建立的空间,比如慧美与我诉说委屈时我们二人构成的空间;也可以是仪式、节庆这类集体性的、具有特定文化规则的活动。总之,它们是一个社会中,基于人们的经验而形成的约定俗成的表达方式,人借之表达情感,但这并不表示人们是被动地接受文化形式,作为具有能动性的主体,人们也会对文化形式进行修改,这就表现为文化形式的历时变迁。[①]西和有很多这类用于情感表达的文化形式,我将西和的乞巧也视为这种文化形式之一。

---

① 这个界定,我主要借助于 Williams 的观点,参见 Williams, Raymond, *Marxism and Literature*, Oxford: Oxford University Press, 1977.

二 "狂巧娘娘"

"非定型情感"是我在费孝通和赫勒的"定向性情感"的基础上提出来的。"定向性情感"是说人的情感以及情感的表达是由社会文化规定的；这个概念给予了情感以社会性，但它同时也容易产生一种后果：一个社会中只有一种显而可见的情感类型。因此，本文用"非定向性情感"来指那些非显见的、流淌于社会各种角落中的情感倾诉。

（一）地方词源学和价值观念

首先要交代"狂巧娘娘"一词的语境。"狂巧娘娘"是西和方言，通常西和人不说"乞巧"，而是说"乞巧娘娘"或"狂巧娘娘"，"乞巧娘娘"和"狂巧娘娘"的区别在于言说时的情感态度。"乞巧娘娘"代表一种相对正式、严肃的情感和态度，用"乞"突出人在神面前的谦卑心理，也凸显乞巧的神圣性。"乞巧娘娘"是西和人提及乞巧时最常用的说法，但并非所有时候，他们都用"乞巧娘娘"，有些情况下，他们会说"狂巧娘娘"。"狂巧娘娘"的说法渗透一种诙谐语气，比如一个男人对一群女人说："你们今年狂不狂巧娘娘了？"或者女人们常说的："男人家狂社火，我们女人家就狂巧娘娘。"

"乞巧娘娘"和"狂巧娘娘"二词的使用与语境极为相关，二者是不能置换的。另外，二者所指的内容也不尽相同，"乞巧娘娘"是指整个乞巧仪式，而"狂巧娘娘"是指乞巧仪式中具有娱乐、狂欢性质的那一部分，是将乞巧视为一种抽离家庭、日常生活的休憩和放松的活动。总体而言，"乞巧娘娘"的范围要大于"狂巧娘娘"，即当人使用"乞巧娘娘"这个词时，虽然更多的是指针对巧娘娘的宗教仪式及行为，但它亦可以包括"狂巧娘娘"的那部分。但反过来说，"狂巧娘娘"却不能包含"乞巧娘娘"所含有的神圣性态度、情感和行为。总之，"乞巧娘娘"是乞巧的主体部分，"狂巧娘娘"要依靠"乞巧娘娘"才有可能，但"狂巧娘娘"这个概念对于我们理解乞巧具有意味深长的意义。

从主体及其观念的层面上看，首先，"狂巧娘娘"与前文所论述的"狂耍"概念是一致的，"狂巧娘娘"是"狂耍"观念下的行为和活动的一种，而其特殊性在于其主体——当地的女性。因此，反言之，正是因为她们拥有"狂耍"的观念，才会喜爱和浸淫于乞巧。另外，当地的男性也赞同女人们"狂巧娘娘"，虽然他们在很多场合会说道："那是女人家的事情。"带有不屑、与己无关、不值一提的情感态度，而这也正是当地人观的体现，即男人要远离女性气质。但是，这并不表示他们在观念上对之不屑，虽然男性从来不直接参与其中，不过他们从来不质疑和否定女人们"狂巧娘娘"的合理性。在另一个层面上，他们对于自己的女人出去"狂巧娘娘"也很少干涉，很多时候是鼓励的，甚至可以说，鼓励妻子去"狂巧娘娘"是爱意的表达。

(二)"心上"与"狂耍"

在我参与乞巧仪式时，常听她们这样说："晚饭后，来巧娘娘这狂一下，心上就亮清了。"她们这里所说的"狂"是西和俚语，有玩耍、转悠的意思，而乞巧中的"狂"，则是指相关的唱乞巧歌、边唱边跳、上香祭拜巧娘娘或者在一旁听别人唱、看别人跳，也可以跟着一起哼唱。可是，"心上"和"亮清"又是什么意思呢？有一次，我与赵叔在街上走着，途遇一位熟人，赵叔上前握手，并说了这样的话："最近你怎么不来我家了，一定是我说了什么得罪人的话，把你给得罪了，我心上一直卡人的。"过后，我问他"卡人"是什么意思，他说就是心里不太舒服的感觉，对以前做过的事情或对待过的人心怀歉意，有些后悔的意思，但时光无法倒流，有的事情无法弥补，就更加深了后悔的程度。此后，在田野中，我经常听到西和人说，"最近心上卡人的""心上亮清的""熬嘈死了""心上泼烦的"。[1]

---

[1] 卡（qia 去声）人：后悔、过意不去；亮清：指光线很好，也指心情不错；熬嘈：烦心；泼烦：不高兴。对于这几个方言的意思以及字形的把握，我主要参考了一位西和学者的著作（《何元元文集》）。

"心上"是西和的一个地方性词汇，实际上就是我们通常所说的"心里面"，心是身体的一部分，就在心脏的地方，但"心上"说的又不是生理上的病状，而是因为人事圈局内的事情导致心的各种状态，如混乱的、激动的、忧愁的、时而平静、时而明朗；西和人用"卡人""泼烦""亮清""熬嘈"这样的词语来形容"心上"，就是指心的不同感觉，这些词语与"心上"组合起来，其实就是我们通常所说的"心情"，其中包含着人们的情感。然而，"心上"虽非生理上的症候，但在人们的表述和体会中，不同的状态又要通过对"心"的描述来达成，就如赵叔，在跟那个朋友诉说自己心上卡人时，他的面部表情似乎呈现出很难过的样子；再如有些人说"熬嘈死了"，就会看到他们的确眉头紧锁，感觉有东西郁结在心中，很难排解。

　　西和人爱唱山歌，有首山歌这样唱道："唱过穿了唱戴哩/唱我心上的畅快哩。没唱穿，没唱戴/一唱心上一畅快。"作为一种行为活动的"唱"，成为排解心情、表达情感的一种方式，也正借此，内在不可见的情感具有了外在的可见性。在一种文化形式中，人的内心情感体验落实到具体行为上，而作为行为的主体，活生生的人生存于丰厚的日常经验当中。这又一次强调了，情感是在人事圈局内的。"唱"不仅是一种行为，而且是一种群体性行为，这是"唱"的社会性方面。一个人走在路上哼着流行歌，这是唱，但不具备社会性；一群人每天清晨相约半山腰，赏心地边唱边跳，当唱的行为起始，这便是一种文化形式；一个人在半山腰，唱起洪亮的山歌，这虽是个人的行为，但听的人可以与之构成关联，这个唱也同样具有社会性。可以说，"唱"是情感表达的文化形式之一。

　　"唱"是一种文化形式，同时也表达一种生活心态和生活方式，这充分体现在西和的一个地方性概念"狂耍"当中。在西和小城经常听到人们使用"狂"和"耍"这两个字，比如一个小孩出门之前会向父母请示一下说"我出去狂一下，可以吗"；两个相识的青年男子在街道上偶遇，一个问对方干什么去，如果对方没有什么特别的事情就会问答说："没什么事，就在街上狂一阵子"；一个爱好根雕的人，当别人称赞他的工艺时，他往往会自谦道："我这是自己没事时耍的";一位喜好收藏字画的人,当别人赞誉自己的收藏爱好时,他也会自然地应和一声:"嗨,我那是耍的";西和将孩童的过家家游戏称为"狂屋里";当男人们出头组织社火时,他们会说我们今年准备"狂/耍一台社火";女人们在一边看着男人们尽情于社火时,会半羡慕、半开玩笑地说:"男人家狂社火、我们女人家来狂巧娘娘吧。"这个狂巧娘娘即乞巧的意思,当然她们是不能在腊月里狂巧娘娘的,乞巧与社火一样都是有特定的社会时间,当女人们着手准备乞巧时,她们也可以说"今年我们狂巧娘娘了"①。

"狂"和"耍"囊括了孩童与成人、正式与非正式、随意性与必要性、个体和家庭、家庭和村落等范畴。孩童的游戏可以在"狂耍"的概念之中,这样的游戏是很随意的;个人对根雕、书画、收藏的爱好是一种个人性行为,这种行为虽然与生计不直接相关,但与个体的审美乃至西和人的审美世界直接相关;而那些具有集体性的"狂耍"行为则往往具有一种文化约束性,这种约束性体现在当地的民间信仰上,比如社火、乞巧都与信仰有关,这两种活动终究是一种娱神活动,拥有正当的社会空间和社会时间,这使得这两种活动本身充满了与其他"狂耍"行为不一样的神圣性,也因此诞生出一套相对完整的仪式活动;但同时,作为主体的民众在用"狂"或"耍"来表述社火和乞巧时,又表示是在将原本严肃的事情转变为一种轻松愉悦的事情来做。

我发现"狂""耍"这两个字在西和人的日常生活中非常重要。一方面,这两词在当地人的日常用语中的使用频率非常高,很多活动都可以用狂或者耍来指称;另一方面,使用主体也极为广泛,男女老少都有使用这个词的机会。而这两方面也正是我所感兴趣的地方,即这两个词所指称的对象以及使用主体,这两个方面共同使得这两个词本身承载了西和小城的一种生活方式和观念。

比如,在西和的红白喜事中,总是会有这样的场景:一群男人聚到一块儿打麻将或者"挖坑"(即打扑克),旁边还有一些围观的

---

① 在当地,举办社火可以说"耍社火",也可以说"狂社火",但针对乞巧,只能说"狂巧娘娘"而不能说"耍巧娘娘"。

人，我们可以说这些男人们是在"狂耍"。其实，这些男人们是到主家来"攘事情"①的，但区别于理事会，他们并不承担任何实质性的任务，他们只是到那里露个面、行个情并吃个酒席，这是一种人情的表达，主家会预先准备好供他们"狂耍"的场地、麻将和扑克牌，甚至包括烟、酒。于是，在"过事情"的那些天里，从上午九十点钟一直到晚上七八点钟，主家的庭院内会陆续聚集一些来攘事情的男人们，在酒席前后，这群不管相识与否的男人们就会玩起扑克或麻将。扑克的玩法最能吸引众人的围观，游戏包括四个人，但每轮只能三个人参与，另外一个人等着下一轮，这样相互轮流着玩；谁先将牌出完谁就赢，留牌最多的一个人是输家，他需要给另外两位赌注，钱的数额取决于赢家在开盘前的赌注，比如在揭完牌之后，每位参与者可以根据自己牌的好坏来决定这个数额，一般是五元钱为底线，然后可以二倍、三倍地往上加，这种场合的玩法一般不会超过三倍；这样下来，一两个小时内的输赢大概在一二百元左右。在游戏过程中，围观的人也在参与，他们会在每盘结束之后议论这盘出牌的其他可能方式，有些人之间会因不同的意见而争得面红耳赤。游戏结束之后，大家会要求赢钱最多的人请客，比如烟、酒或时令的瓜果之类，不能从主家那里取，必须用赢得的钱去买。其实，赢家最后往往还要自己再添些钱才可以。从请客的角度讲，赢家的钱也是另外几位参与者的，其实就是四位玩牌的人共同请大家的。所以说，挖坑并不是为了赢钱，从某种程度上讲，这是为了让这段必须来但又没事可做的时光变得有意思一些。

西和人一般不会把"狂"和"耍"放在一起说。对当地人而言，"狂"和"耍"是有区别的，"狂"是一个包括至少两个或两个以上主体的娱乐性活动，比如一个小孩跟家长说出去狂一下，那么

---

① "攘事情"在当地也是一个很有意思的概念，它是借用民间信仰中的"解攘"的概念，但与"解攘"不同，"攘事情"是指某一家户遇到红白喜事时，亲友、邻居和同事一起过来帮忙将整个事情顺利做完。按照承担事情的不同，"攘事情"又可细分为两类，一类是红白喜事中理事会成员们承担的特殊任务；另一类则是与主家有"行情"关系的家庭，从主家正式开始办酒席招待客人的那天起，这些家庭会派来"行情"的人，大多数都是男人出面，他们不承担什么实质性任务，这也叫"攘事情"。作为"狂耍"的打麻将和挖坑就是发生在他们到达主家后、酒席开始之前这段时间。

就意味着出去找同伴一块儿爬爬山、闲聊一会儿；比"狂"的程度再深一点的就是"耍"①，"耍"是一个人也可以进行的活动，比如说个人性的收藏、写字、画画等，这些活动只能说是"耍"而不能说是"狂"；而像乞巧或儿童游戏中的过家家却只能说"狂"而不能说"耍"。"狂社火"，也可以说成"耍社火"，但"耍狮子""耍龙"就不能说成是狂狮子和狂龙；"狂"是偏重主体的，而"耍"是偏重对象的；"狂"强调的是一种集体性的玩耍，一定是两个或两个以上的主体，比如说，小孩告诉父母说出去狂一阵子，那么一定是指出去找伙伴一起玩耍，一个人构不成"狂"。另外，"狂"和"耍"这两个词只能用于平辈或者长辈对晚辈之间，也就是说，晚辈对长辈不能用这两词，比如，晚辈不能对长辈说"你出去狂一阵子去"之类的话。"狂"和"耍"虽有区别，但在内涵上却是重叠的，二者都有玩耍、爱好、娱乐等含义，不管是"狂"还是"耍"，其活动大多是兼娱乐性质的，而且这些活动都不是以赚钱为目的，用当地人的话说，这些都是不重要的事情。总之，我将"狂"和"耍"放在一起说成是"狂耍"，是侧重于强调这个概念所包含的一种与理性的、生计不同的生活方式和心态。

　　西和人说"狂耍"是不重要的，那么究竟什么事情是不重要的呢？首先来看，对他们而言，什么是重要的事情。他们说，人的一生中，最重要的事情莫过于养家糊口，除此之外，与之不相干的事情都是不重要的。"狂"和"耍"都与生计无关，因此他们将之划为不重要的事情，但是这些不重要的事情在当地的日常生活中却占有较大的比重，比如男人们的打麻将、打扑克、耍社火、喝酒、字画、唱山歌、玩根雕，女人们的织毛衣、狂巧娘娘、爬山唱山歌、唠家常。其中除了与地方信仰相关的社火和乞巧之外，其余的活动都没有特殊的社会空间和时间的限制。这些可以概括为"狂"或"耍"的活动都是与理性、赚钱不相关的，甚至是相对的，进行这些活动的主体并不是为了赚钱而集中在一起，而是为了让生活变得有

---

　　① 当地人告诉我，"耍"在一定的场合下稍带贬义，有戏谑的意味，比如说某人"耍人""耍脾气""耍家""耍牌子"等。

意思、让心上能亮清一些、让闲暇的时光变得有滋味一些。实际上，他们所说的重要，包含着不得不做的意思，也就是在人事围局之中不得不扮演的角色以及承担起相应的责任；重要的事情，如养家糊口、把生活过好，其中包含着很大的重量，一直做重要的事情会让人终究疲惫不堪。虽然，他们说"狂耍"是不重要的，但他们却又对之偏爱有加，在生活的重量之外，人们也需要寻找一些轻逸的事情来做，"狂耍"就是一种轻逸、一种放松和休憩，其实同样也是重要的；这种重要性一方面源自于"狂耍"与"养家糊口"之间所构成的一张一弛的关系，同时，"狂耍"与"养家糊口"的有机结合才可能构成一种较好的生命状态和生命体验，换言之，人的生命意义绝不单单是为了养家糊口，更不应该体现为更大范畴下经济、理性发展的工具性存在。

　　本文将"狂耍"这个概念进一步延伸为四个层面。首先，"狂耍"不是指对象化的活动，即一种从对象抽离出来的观看或观赏，而是指人作为主体参与其中进行实践的自主行动；其次，"狂耍"是指一种能够超越日常的特殊范畴，在具体的层面上说，"狂耍"的空间是在聚焦日常生活的家庭空间之外的，它包含着离开和超越的过程和行为；再次，"狂耍"不仅仅是一种行为和实践，更是心灵上的逍遥，是在内心里强烈想超越日常生活下那种过日子的理性心境，这种理性的心境时刻规训着人们，哪些能做、哪些不能做；最后，在观念层面上，"狂耍"与"心上"合在一起共同支撑着当地的一种生活方式。它们在当地日常词汇中的频繁出现说明人们对心灵的重视，因而，与之相关的文化活动在人们看来才是重要和有意义的。这种生活方式，一方面，从当地人的观念出发，这些文化活动在他们的认知里是重要的，被他们所钟爱，因此，他们才愿意从养家糊口的状态中抽身出来，将过日子的钱拿出来，在这些活动上花心思，使得文化形式得以延续、传承和精致化；另一方面，从研究者的角度而言，会看到一张一弛的生活方式对于人的重要性，同时也看到人的存在和活着的意义不是在于其功能性。

　　总之，通过对地方性概念"心上"与"狂耍"的考察和论述，可以得出这样的结论，这对地方性概念包含着当地人一种独特的价值观念，和由此而生的一套特殊的生活方式。"狂"和"耍"这两个词在使用主体上有所区别，但它们所指称的对象之间具有类的相似性，是指在日常生活中，与中规中矩相对的另一个范畴，在这个范畴里，个体或者由兴趣相投的个体组成的群体，他们可以发挥自己的特长和喜好，可以不按照正常生活状态下的规矩去做事情，可以让自己得到释怀，淤积的情感（"心上"）得到通畅地表达，这是日常生活的调味品和审美向度。而且，社会也为这种调味品设置了不同的文化形式，人们是借着文化形式休憩和狂耍。日常生活中中规中矩的那一面构成一个社会的另一个范畴，"中规中矩"与"狂耍"之间具有相对又相生的辩证关系，这两个范畴共同构成了整体的社会。

（三）悲恸地哭：记忆中的情感表达

杨老师是我在田野中的重要报告人之一，刚到西和时，我们聊起西和乞巧，他经常回忆起一个场景：

> 那时我大概七八岁，那是我第一次见"送巧娘娘"的场景，至此，再也没有勇气去再看一次。那年是我们本村的乞巧，晚上我就跟着奶奶一起去看。夜深后，她们开始准备送巧娘娘归天，她们忽然就开始痛哭起来，嘴里还说着舍不得巧娘娘走的话，也说些自己的委屈。等到送巧娘娘仪式时，哭得更厉害了，她们满脸都是泪。这让我特别难过，不敢再见那样的悲伤场面了。

谈起乞巧，杨老师总是感叹今不如昔，他认为现在的西和乞巧早已变了样，以前乞巧的那些女人们真的是动真情了，他的言下之意则是说现在的乞巧有点流于形式了。事实上，杨老师的这个观点在当地人中并不少见，特别是当地具有文化自觉的一批知识分子，他们对此充满担忧。不过，我对这种观点始终不大赞同。

当地人对于乞巧的回忆特别有意思，我发现他们在讲述过去的时候，大多很少提及乞巧的仪式行为，留在他们脑海中的主要是"狂巧娘娘"以及与乞巧不太相关的场景，比如说婚恋。根据他们回忆，中华人民共和国成立前很多婚姻源于乞巧；那时，在乞巧时，各家都会精心打扮自己的女孩，女孩到别的村子行情时，一些父母就会在这些女孩子里观察，如果觉得哪位姑娘不错，就托人打听，进而提亲。所以西和人常说以前的乞巧成就了不少良缘。

关于记忆中的"狂巧娘娘"，我想引用赵殿举先生搜集的乞巧歌。赵先生是在20世纪30年代开始搜集并记录西和的乞巧歌，他将西和的乞巧视为先秦时代的"风雅颂"，同时，他也敏锐地注意到这些歌词当中所包含的情感表达："纸上心弦神鬼惊，女儿悲苦气难平。"这里，谨以一首为例：

> 蒋旅长①进了西和县，男人不叫留长辫。
> 少年家剪了笑嘻嘻，提着要送秃女子。
> 老汉家常常回头看，猪尾巴没了不习惯。
> 妇人家小脚要放开，过河冻水能脱鞋。
> 女子家不再缠脚了，走路轻巧的没说了。
> 兰州天水请把式②，商量制造纺纱机。
> 纺的又细又均匀，一台机器顶百人。
> 巧娘娘，下云端，我把巧娘娘请下凡。③

在一般情况下，女人们之间其实很少谈论时事，或者说，谈论时事是男人们茶余饭后的专利。乞巧歌表露着西和人对时事和当权者的看法，不乏批判之词。还有一类乞巧歌更有意思，包含着女性

---

① 旅长，即蒋云台（1905—1987年），名汉城，甘肃定西人，早年毕业于陇东讲武学堂，后入陆军大学高教班，抗战开始时任165师副师长，陆军中将。1948年蒋云台任119军中将副军长兼244师师长，次年12月，王、蒋率部在武都起义。
② 把式：方言，工具的意思。
③ 引自赵殿举《西和乞巧歌》，赵逵夫校，香港银河出版社2010年版，第61—77页。《西和乞巧歌》是由西和赵殿举先生于1936年前后搜集整理而成，该书于2010年由香港银河出版社出版发行，校订者为赵殿举之子赵逵夫先生。现在这类乞巧歌已经没有人再唱了，但这些存留纸片之上的歌词，却可以反映出中华人民共和国成立前女性借之表达的内心情愫。

对自身身份的反思①：

(一)

北山里下雨南山里晴，势成女子不如人。
四岁五岁穿耳环，七岁八岁把脚缠。
十一二上不出门，媒人登门问行情。
六尺花布一瓶酒，打发女儿跟着走。
侍候阿家②把花扎，挨打受骂养娃娃。
只让喝汤不给饭，一点不对让滚蛋。
巧娘娘，下云端，我把巧娘娘请下凡。

(二)

一样的毣子十样的银，女子不如儿子疼。
十二三上卖给人，心不情愿不敢嗯。
山又大来沟又深，木底鞋垫得脚腰疼。
五黄六月热难当，把饭送到山梁上。
放下扁担就割麦，本来不黑也晒黑。
太阳没落一身汗，赶着回去做黑饭③。
路上连滚又是爬，急着回家要喂娃。
腰又酸来腿又疼，对着灶神骂媒人。
巧娘娘，下云端，我把巧娘娘请下凡。

读着这一组乞巧歌，我似乎听到了杨老师记忆场景中的那些恸哭声，那些乞巧的女性对于自身命运的哭诉。

(四) "销声匿迹"："文化大革命"时的情感表达

"文化大革命"是人们在回忆乞巧时触及较多的一个时段，忆起

---

① 转引自赵殿举《西和乞巧歌》，赵逵夫校，香港银河出版社2010年版，第11—31页。
② 阿家：西和方言，婆婆的意思。
③ 黑饭：西和方言，晚饭的意思。

这段往事的人们大多没有亲历"文化大革命"和乞巧,但他们幼时所见的场景就如杨老师的反应,似乎有感同身受的切肤之痛。当地人告诉我,"文化大革命"期间乞巧并没有真正断过,那时的乞巧只能在晚上偷偷地进行,参与的女孩子有时甚至还瞒着自己的父母。其实,她们要隐瞒的主要是村干部,怕被作为典型拉到街上游行。就如周家纸货铺的主人,就曾被挂着巧娘娘纸扎像游街,也曾被绑起来吊在屋梁上打过。即使在这样的环境下,"狂巧娘娘"还是在进行着,不过她们的声音确实被取消了。

荣阿姨[①]回忆起她小时候,那时大概是20世纪50年代后期,那一年,大家私底下听闻北关村有一个乞巧点。晚上,年龄相仿的女孩子就相约去看乞巧。那时,北关村北面的北川还是一片田地,女孩子们走在黑夜的路上,都倍感害怕,大家相互鼓气。荣阿姨说那天那个乞巧点的人特别多,她那时还小,根本看不到屋子里的情景。就记得当时在跳《跳麻姐姐》,大家也没有人在唱《跳麻姐姐》,一片被按捺住的沉寂,几个乞巧的女孩子跳得很开心。其中一个女孩身体比较羸弱,但也愈跳愈高,超出同伴很多。大家紧张起来,过去将她按住,可原本身体很弱的女子,在这种情况下却要好几个人才能按得住。最后,大家将她按在炕上,她挣扎了一会便昏睡过去了,约莫半个小时,这个女孩才醒过来,周围的人问起她之前的事情,她却一概不知。

我在当地也听说过这样一个故事,讲述者现在是西和县广播局的职工,大约在他四五岁时,1969年前后,他与母亲以及姊妹被下放到二十里外的一个乡村。这时"文化大革命"刚刚开始,乞巧是被严令禁止的。有一天,他在村子里闲逛,看到一些女孩子往一户人家进进出出,出于好奇跟过去,发现里面正在乞巧。他对当时的情景记忆犹新:巧娘娘像也还是供在香案上,一切活动与他之前和此后所见也差不多,但就是有一种莫名的恐惧感阵阵袭来。我很好奇他的这种恐惧,他说应该是那样无声的场景,每个人都不说话,也没有唱和跳,而且,那个乞巧点是一间空房子。也许是由于房子

---

① 荣阿姨是我在西和的女房东。

久无人居，再加这种诡秘的行为让他感到害怕的吧。

"文化大革命"时期的"狂巧娘娘"是一种被压抑着的狂欢，人们不能像正常乞巧那样大声地歌唱，只能悄悄地组织和参与，只能在黑夜来临的时候，默默地跳着《跳麻姐姐》和《泼又泼》，进行一种特殊的欢腾；这种欢腾的场景可以从那时不能唱，但却能跳的乞巧歌中窥见一斑：

泼又泼（其一）
泼又泼呀，泼又泼，白绫子缠脚乐又乐呀。
用心梳妆打扮哩，红缎子鞋上绣花哩。
前一跳，后一摆，咯噔咯噔泼起来。
泼又泼呀，泼又泼呀，姊妹几个乐又乐呀。
泼乱了，泼端了，绣下的花鞋拐偏了。
泼端了，泼乱了，绣下的花鞋拐烂了。
泼又泼呀，泼又泼呀，巧娘娘面前乐又乐呀。
鞋偏了，鞋烂了，可惜大姐的针线了。
鞋烂了，鞋偏了，可惜大姐的手段了。
泼又泼呀，泼又泼呀，跳着唱着乐又乐呀。
只顾泼着图乐了，绣花鞋烂得没穿了。
只顾泼着不歇了，难为缠下的小脚了。

泼又泼（其二）
泼又泼呀，泼又泼呀，姊妹乞巧乐又乐呀。
用心梳妆打扮哩，要显姐姐的手段哩。
红缎子的绣花鞋，手拖手儿跳起来。
前一跳，后一摆，尽着身子放心载。

帽盖子①后面耍长虫，瓦眉儿上下像扇风。
妹子的脸蛋儿跳红了，姐姐的小脚跳疼了。

---

① 帽盖子：长辫子的意思。

跳疼了呀跳酸了，一双花鞋拐偏了。
泼又泼呀，泼又泼呀，姊妹乞巧乐又乐呀。
跳乏了，唱乱了，一双花鞋拐烂了。
跳得高兴没说了，只愿缠成小脚了。
妹子诅咒再不缠，老天劝说也枉然。[1]

欢乐的场景溢于言表，新鞋也跳坏了，脚也跳扭了，没有任何力量可以拥有控制人内心情感表达的权力，即使有这样的做法，但也始终是不成功的。

（五）音像时代的欢腾与辛酸

"音像时代"是对电影、电视普及时期的概括。我在调查中发现，"音像"对于"狂巧娘娘"的形式和当地的女性均具有很大的影响。对于乞巧的女性而言，"音像"是一种审美理想，即音像所展现的女性形象影响着她们的审美标准，借着狂巧娘娘的机会，她们可以公开且正当地对银屏上的女性形象进行模仿和再现，通过这种方式，她们进行自我表达。倘若平日里谁将自己装扮成乞巧时的样子，一定会有人在背后说这个人头脑出问题了。

1. 身体的展示

据当地老人回忆，中华人民共和国成立前，父母会在乞巧前给女儿准备一身新衣服和一双绣花鞋，乞巧时，女孩子在头后梳一个大辫子，耳朵两边各留一个小辫子顺下来。人们喜于评论，谁家的女儿漂亮、会收拾、会打扮。到了20世纪六七十年代，女孩子们开始按照电影里的形象，扮演起刘三姐、七仙姑、九天仙女、织女等；比如一位中年妇人给我描述，她年轻时乞巧，女孩子们的装束都是梳两个髻、后面甩一个大辫子，身穿荷叶边的衣服，手里配条拂尘。

随着音像时代的到来，女性对于电影、电视，尤其是流行音乐和舞蹈的喜爱和模仿在"狂巧娘娘"中得到了淋漓尽致的展现。首

---

[1] 转引自赵殿举《西和乞巧歌》，赵逵夫校，香港银河出版社2010年版，第101—103页。

先是着装上，她们通过"音像"追随着潮流，也按照电视上晚会的场面统一着装，比如妇人家乞巧时，会购买一身黑西服里面配上白色吊带、白手套，还可以配上花篮或扇子作道具，这些费用可以统一收，也可以说好样式，各自到县城去买。音像时代的另一个标志是光盘的普及，在每个乞巧点，都可以看到她们有不少光碟。女娃娃们的光碟大部分是自己购买的那种盗版的流行音乐和舞蹈；妇人家的光碟则是她们所喜爱的歌曲，还有往年乞巧时请人录制的音像资料。

女孩子们的乞巧，在服装的选择上，主要由大班子的女孩负责，比如到过外面打工的人，大家就会依赖和相信她们的审美标准，往往是由这样的女孩子带着乞巧成员到城里选购衣服。乞巧之前，大家要买新衣服，为了跳舞时整齐好看，每个班着装要一致；买衣服不统一收钱，每人自己向家里要些钱，相约一起搭车到县城里去挑选衣服，挑衣服的时候，大部分人觉得哪个款式好，那么就选那款，讲好价之后各付各的钱；"新衣服"是指从头到脚的新，有新头花、新上衣和裤子、新鞋子和新袜子。十里乡梁集村一社的张晶告诉我，大班子的一套衣服是175元、二班子是80元、小班子70元。她们挑衣服的时候，除了要好看、时尚之外，也要注意不能选得太过花哨。

现在女孩子们"狂巧娘娘"还会化妆，化什么样的妆也大多是由"娃娃头"和大班子的人决定。下面是梁集村一社女孩子们购买的用于化妆的物品：

2瓶指甲油4元；10片美人痣7元；1包棉签5角；1盒眼影和1盒粉18元；1瓶唇彩2元；1瓶睫毛膏15元；2瓶亮晶晶2元；1盒儿童霜5元；1瓶遮瑕膏49元。

2. 新乞巧歌

在"狂巧娘娘"中所唱的乞巧歌，在音像时代表现出极大的流变性，以前的那些歌基本上都鲜有人再唱起。现在的两类乞巧群体，妇人家和女娃娃，分别有喜爱的流行歌曲并配以舞蹈。比如妇人家在狂巧娘娘时喜欢唱：《十送红军》《中国好运》《兵哥哥》《好日子》，还有一些自编自演的快板，她们会自编自导一些类似于健身操的舞蹈与之相配；女孩子则是以流行音乐配上现代舞，比如：黄安的《东南西北风》，郭富城的《芭啦芭啦樱之花》，闪亮三姊妹的《给我几秒钟》，动力火车的《眉飞色舞》，周鹏的《咚巴啦》，徐怀钰的《踏浪》，侯强的《回心转意》，周鹏的《自己美》，李建复的《龙的传人》，孙悦的《魅力无限》，刘德华的《开心马骝》，伍佰的《挪威的森林》，孙悦的《大家一起来》，庞龙的《杯水情歌》，S. H. E. 的《波斯猫》等。

下面是梁集村一社乞巧点的情况：

整个乞巧点的舞蹈都由"娃娃头"张晶编排，她说一首歌，半个小时左右就能编出一套舞蹈动作与之相配，她也是跟着光盘上的现代舞学的，然后再根据歌舞的旋律将各种舞蹈动作组合在一起。每个班子都有相应的歌曲和舞蹈：

大班子：《魅力无限》《独一无二》《火苗》《彩虹的微笑》《丢了幸福的猪》《偷偷的哭》《爱的抱抱》《不如跳舞》《我的 darling》；

二班子：《踏浪》《不怕不怕》《叮咚》《不如跳舞》《彩虹的微笑》《4 个舞曲》；

小班子：《兔子舞》《小螺号》《独一无二》《小手拍拍》《小白兔》。

在音像时代，狂巧娘娘的乞巧歌发生了前所未有的变化，乞巧的女性在此期间借之展示自己的方式也更为开放，她们通过身体（装扮、舞蹈、歌唱）来展示自己。

3. "狂耍"中的心情故事

相较而言，像中华人民共和国成立前乞巧歌中那种对自身身份的抱怨倒是少见了，这当然是与女性在社会中角色和地位的变化直接相关，但并不能说女性得到了解放、获得了自由，现在的女性依然会在乞巧的特殊空间中讲述着自己的辛酸故事。

故事一：

那天在北关村的乞巧点，她们教我叠敬神用的"金元宝"，大家在一块讲起了张雀的一个笑话。有一年狂巧娘娘，那时张雀已是三个孩子的母亲了，最小的孩子刚会走路，丈夫经常在外跑生意。七月初七深夜送巧娘娘，张雀也参加了，贴身带上了两个大点的孩子，小儿子放在家里炕上熟睡。正在河坝里送巧娘娘归天时，丈夫忽然出现，见到张雀，解开皮带就抽打，口里说道："还叫你野桥哥呢，去家里看看，孩子绊啥样了！"原来，丈夫夜晚从外地回到家中时发现小儿子醒来找娘，从炕上摔下磕到了头，一个人在那里哭。

故事二：

张晶是我在离城十里地的十里乡某村认识的一个女孩，她在村里连续当了两年的乞巧"娃娃头"。她今年22岁，父亲是村里小学的校长，但她却不爱学习，2007年初中毕业后去了广州打工，后来又到北京做过三四个月的导购，家里给介绍了对象之后，她就没有再外出打工。她告诉我，男友催促明年结婚，因为根据他们二人的属相，如果明年不结婚那就要再等好多年。她感叹说，今年是最后一年带着村里的娃娃们狂巧娘娘了，她之前的娃娃头们也是这样一个个嫁了出去。

作为妻子和母亲的张雀、作为子女的张晶，她们在日常生活中都有特定的身份和角色，并要履行相应的社会义务，这与"狂巧娘娘"构成了一定的张力。比如，作为家庭主妇的张雀应该照顾好她的孩子们，作为未婚的少女，张晶也在准备着做一个男孩的妻子。她们在日常生活中履行相应义务的时候，都有相应的道德体系约束她们的行为。狂巧娘娘提供了一个特殊的空间，在其中，大家可以讲述各自的心事。张雀被丈夫打骂的事情居然成为一个笑话被大家，包括她自己讲述着，但是这样的笑话也只会在乞巧的时候才会听到，笑声背后隐藏着深深的悲情。再如张晶，其实她担忧的并不是自己不能再狂巧娘娘了，在她讲述的背后包含着对未来婚姻以及自己身份转变的紧张和担心。

"狂巧娘娘"的女性在一起哭或笑,看起来是一样的,但是背后却蕴藏着不同的故事,反过来讲,每一位女性都借狂巧娘娘诉说自己的心情故事。

三 人的情感向度

(一)人的情感向度

如果有兴致将马尔库塞的《单向度的人》和阿伦特的《人的条件》放在一起阅读的话,或许会发现他们在讲述着相同的故事,那就是高度发达工业社会里的人们已经丧失了一些难能可贵且至关重要的向度,其中最为重要的是理性和反思的能力,用马尔库塞的话说就是否定性思维。"向度"(dimension)是马尔库塞在《单向度的人》里使用的词汇,这个词预设了人是多向度的存在,诸如灵魂、生物性(肉体)、审美、社会性、文化属性、政治性等维度。

倘若同时翻开特里林的《诚与真》一书,也会发现有类似的故事被讲述;特里林极为睿智地勾勒出"真诚"(sincerity)与"真实"(authenticity)两个概念之间的张力,即人的社会性存在与真实的自我之间的矛盾。他将这个矛盾聚焦于人的情感表达,说道,"真诚"虽然是讲究公开表达的情感与人的实际情感之间的一致性,但事实上,"真诚"的社会性决定了其对自我的背离。与《单向度的人》和《人的条件》对理性的讨论有所不同的是,《诚与真》强调了另一个维度——人的情感向度。

有意思的是,像阿伦特和马尔库塞所讨论人的理性向度,曾一度是西方思想体系中的核心话题之一,也恰恰在这些讨论中,情感被作为理性的边缘或对立面而出现。关于情感的讨论在很大程度上是在抽象的意义上进行的,在对情感较为关注的心理学研究中,人的情感也是在个体意义上被解析。直到 20 世纪 80 年代,西方人类学中出现了对情感的专门性研究,称为情感人类学(Anthropology of Emotion),算是从经验层面对人的情感向度的开创性研究。

在畅游小说世界时,最触动人心的往往是那流淌其中的爱恨情仇,小说家总是善于将主人公的情感生活置于各种纷繁复杂的困境当中，让读者沉浸于对悲剧美的长久咏叹。在中国社会经历近现代变革的过程中，特别是在家庭结构变革当中，一个人倘若能够按照自己的内心去爱和恨的话，就是一种个人自由和自主的象征。而这种倾向往往导致将爱恨情仇这样的情感归为私人的范畴，也促成这样一种认知：喜怒哀乐是个人的事情，别人管不着，尤其是那些与自己构成等级关系的长辈们。费孝通在勾勒乡土中国的图景时也在说，乡土社会用男女有别的机制来排斥男女之间的自由恋情，以保证社会的稳定。在中国，酣畅淋漓地表达自己的爱恨情仇、追求自由恋爱曾被视为与传统决裂、反封建的一种革命姿态。

可见，即使在追求个人解放的过程中，情感被划归个人范畴，但它同时也被赋予了充分的革命使命。抛开宏大的国家历史变迁背景，人的情感也不全是一种内在体验。就如心理学家罗伯特·所罗门（Robert C. Solomon）所言，"情感"从来都不是孤立的，情感之所以是情感取决于情感的对象。[①] 用费孝通的话说，人的情感是有定向的；他提出一个"感情定向"的概念，指一个人发展他感情的方向，而这方向却受着文化的规定，喜怒哀乐是生理现象，但又是发生在人事圈局之中，又是一种社会现象。[②] 也就是说，情感不止是个人性的，也具有社会性。所谓的"人事圈局"便是指对别人的情感态度绝非随意而生，而是由你们之间的社会关系决定的，阿格妮丝·赫勒（Angnes Heller）也曾有过类似的论述。她说，日常生活中的感情绝不是主观的，而是由社会预定的，她将这种由社会规定的情感称为"定向性感情"（Orientative feelings）。赫勒举了一个很能说明问题的例子，她说那些对父母根本不再有感情的孩子和那些对孩子漠不关心的父母，他们却依然要在众人面前断言他们之间是彼此相爱的。赫勒指出，情感的基本功能就是帮助人们寻找出路，在日常生活中确定自己的位置，情感绝不像它们初看起来那么主观，

[①] Solomon, Robert C., *Getting Angry: The Jamesian Theory of Emotion in Anthropology*, Richard A. Shweder, Robert A. LeVine, ed., *Culture Theory: Essays on Mind, self, and Emotion*, New York: Cambridge University Press, 1984, p. 308.

[②] 费孝通：《乡土中国 生育制度》，北京大学出版社2004年版，第43页。

那样同个性密切相关，都是社会所要求的秩序的组成部分。① 也就是说，人的自然情感始终会受到社会文化机制的约束和管理。

（二）非定向性情感

在"定向性情感"这个概念框架下，情感超越了私人范畴而具有了社会性和文化特质，同时也具有了外在的可见性，这使得对情感的经验研究成为可能。不过，在"定向性情感"强调情感的社会性的同时，也不禁让我们反思，"定向性情感"代表的是一个社会当中显性的情感，即是社会秩序允许和积极提倡的情感，但却不能囊括那些为社会秩序所排斥的情感，我称之为隐性的情感或"非定向性情感"，这是"定向性情感"概念的不足之处，也恰是我们推进有关情感的人类学研究的可为之处。

"定向性情感"将"情感"从被理性压制的灰暗地带解救了出来，但紧接着就落入"文化模式"或文化建构主义的窠臼；博厄斯学派对于文化内在精神向度的强调确实很好地调和了充斥于英国人类学之中那样一种冷冰冰的理性研究气质，但是他们对于"文化模式"的热衷却又或多或少地丢掉了文化的内在丰富性与复杂性，特别是普通人的日常生活。作为显性文化特质的"定向性情感"无疑忽略了流淌于日常生活中的潜在的情感暗流，我称之为"非定向性情感"或"定向性情感之外的情感基调"；基于日常生活，"非定向性情感"与"定向性情感"，这两种分别被有意排斥的情感与被提倡的情感之间构成内在的张力。

从文化与人格到情感人类学，他们对有关情感的人类学研究持两种思路：前者认为人的情感或者说精神气质是正面地被文化所涵化，通过把握精神气质，就是把握了一种文化；而20世纪七八十年代出现的情感人类学恰恰是从相反的思路出发，将情感视为话语，认为人的情感体验是一种话语实践，从而构成对既定社会结构的反思。此外，西方思想界对于"情感控制"的反思也可以与情感人类学放在一起阅读和思考。

---

① ［匈］赫勒：《日常生活》，衣俊卿译，重庆出版社1990年版，第223—227页。

1. 情感控制

西方思想界曾对与柏拉图有关的理性与情感的论述进行过反思，反思所针对的便是一种理性至上的西方文明，认为追求效用的现代西方文明是以牺牲人的自然本性为前提的，在情感范畴内，西方文明中存在着一种埃利亚斯所称的"情感控制"。

卢梭在《论人与人之间不平等的起因和基础》中指出，应该珍视文明之前的那种自然状态下人的自然情感或者天然情感，他与霍布斯的人性本恶的预设相反，认为这种天然情感能够缓和文明导致的人的自私心理以及人与人之间的冷酷。① 弗洛伊德也对由理性主导的西方文明进行了反思，他指出随着文明的发展，人的幸福感却在逐渐地消失，原因是这种基于理性、公正以及功利主义的文明是建立在牺牲个人欲望以及压抑非理性情感的基础之上的。② 因此，以理性压制情感的西方文明是一种次好的文明，理想的文明应该是不仅能消除物质上的匮乏，同时也能允许人们抒发一种非功利的审美心态，让人由内而外地感受到内在的幸福情感。另外，弗洛伊德的分析也让我们认识到，理性以及理性对情感的控制不是自在的，或者说情感的特质不是本质化的，而是文明进程中的产物，这也是埃利亚斯所说的"情感控制"。

诺贝特·埃利亚斯在其《文明的进程：文明的社会起源和心理起源的研究》一书中指出，用理性与情感这两个不同甚至相反的范畴来划分人的思维是西方思想传统中的一个基本框架，但是随着近代科学的发展，科学产生的认知思维将世界对象化；在此过程中，人与世界发生了分裂，世界被抛向"物"的一极，人则被反作用力推向"内部"，而"情感"在这个过程中被摒弃，即认识必须剔除情感因素，从而在西方文明进程中产生了的抑制情感与本能的理性思维，即"情感控制"。③ 通过情感控制，动物性的人类行为逐渐隐

---

① [法]卢梭：《论人与人之间不平等的起因和基础》，李平沤译，商务印书馆2011年版，第51—75页。

② [古希腊]弗洛伊德：《一个幻觉的未来》，杨韶钢译，华夏出版社1999年版，第15—56页。

③ [德]埃利亚斯：《文明的进程：文明的社会起源和心理起源的研究》，王佩莉译，生活·读书·新知三联书店1998年版，第41—44页。

退到公共的社会生活的背后，自我控制的过程渗透着羞耻感，使得本能、感情趋于平稳。① 从而产生一种文明化了的举止和感情。情感控制也通过孩童教育，逐渐由社会约束变为自我精神上的约束。西方文明的进程就是通过情感控制的手段逐步将人从群体性状态推入个体、改变个人结构的进程。

福柯用一种更为复杂的逻辑，对这种关系进行了更为细致入微的考察。他首先提出一种新的权力概念，尤其不同于马克思政治经济学的视角，以及西方传统尤其自霍布斯以来的政治哲学有关权力的定义，即权力就是基于两个相对群体之间的二元对立关系，人的解放即是从被压迫、黑暗的境地走向光明；福柯认为，二元的权力概念实际上避免不了走出一种权力关系之后又步入了另一种权力的牢狱。他强调权力不是二元而是网状的，一个人同时是统治者又是被统治者，是一种力量的交织。他在反对二元的权力概念时，尤其指出这种二元结构下的权力概念固定了"人"，将人进行类别的区分，一边是永恒的理性、公正、主人、富人、掌权者；一边是暂时、混乱的非理性、不公正、服从者、穷人、劳动者。实际上，福柯在其博士论文中就开始对二元结构展开反思，即理性与非理性的划分。福柯的贡献在于指出，理性与非理性的发生学意义，即理性与非理性是经过不同时代、不同权力关系之间的交错影响产生的认知范畴。比如疯癫与文明的关系——疯癫被一步步界定为异己，被排除到社会之外，文明产生。那些远在古典时期被认为是清晰表达的感受，在文明时代则被界定为一种混淆不清的情感，这些情感被规定为非理性的范畴。②

对于人的灵魂中非理性部分的讨论一直是西方思想的主题之一，它最终往往涉及的是伦理，即什么样的生活是值得过的。西方古典时期的哲人说，要过好的生活就必须剔除心灵中不好的部分。过了很多世纪，哲人又指出这种剔除实际上是一种压制，甚至这不只是

---

① ［德］埃利亚斯：《论文明、权力与知识》，刘佳林译，南京大学出版社2005年版，第47页。

② ［法］福柯：《疯癫与文明》，刘北成、杨远婴译，生活·读书·新知三联书店2003年版，第42、57页。

压制，对压制本身的论述也卷入一种新的权力形式之中。与这条反思性脉络相关的是，作为一门特殊学科的人类学，从遥远的非西方社会带回丰富的经验资料，也逐渐地参与到对这个问题的讨论之中。人类学提出的问题是，情感与理性、个人与社会的关系是普世性的吗？

2. 情感人类学

20 世纪七八十年代，西方人类学中出现了一股对情感的专门性研究热潮，一般称之为情感人类学（Anthropology of Emotion）。正如凯瑟琳·卢茨（Catherine Lutz）所言，西方有关情感的讨论一直是在哲学、宗教以及 19 世纪兴起的心理学范畴内进行的，但是这样的讨论都将情感视为人类内在的、固定不变的特质，是对情感的本质化认识；卢茨认为这样的思路忽略了历史、文化和意识形态。她举例列出西方文化中与情感有关的几组关系：情感与思想、作为非理性的情感、无控制能力的情感、危险和脆弱的情感、作为自然事实的情感、作为主观的情感、女性特有的情感、作为一种价值的情感。她认为这些有关情感的说法本身就充斥着意识形态的意涵，[1] 问题是，早期人类学对异文化的描述以及心理学对情感的研究，大多是以这些情感定义为导向的，在某种程度上，情感人类学的出现就是为了修正这种认知缺陷。

在 Lutz 与 Abu-Lughod 合写的一篇文章中[2]，她们指出，在 Myers[3] 和 Rosaldo[4] 有关情感的开创性研究中，将情感与社会行为和社会关系联系起来进行考察，这种方法很好地修正了传统西方心理学

---

[1] Lutz, Catherine, "Emotion, Thought, and Estrangement: Emotion as a Cultural Category", *Cultural Anthropology*, Vol. 1, 1986, pp. 287 – 309.

[2] 1987 年，美国人类学学会专门组织了题为"情感与话语"的年会，会议文章结集为 *Language and the politics of emotion*，由 Lila Abu-Lughod 和 Catherine A. Lutz 一起为这本书作了导言。

[3] Myers, Fred, "Emotions and the Self: A Theory of Personhood and Political Order Among Pintupi Aborigines", *Ethos*, Vol. 7, 1979, pp. 343 – 370; Myers, Fred, *Pintupi Country, Pintupi Self: Sentiment, Place, and Political Among Western Desert Aborigines*, Washington, D. C.: Smithsonian Institution Press, 1986.

[4] Rosaldo, Michelle, *Knowledge and Passion: Ilongot Notions of Self and Social Life*, Cambridge: Cambridge University Press, 1980.

对于情感的研究。不过，她们认为，把情感视为话语将是推进情感人类学研究的一条路径，这主要是受福柯的话语概念的影响。[①] 她们强调在具体的田野地点背景下考察情感获得意义的方式，同时也反过来，可以研究情感话语是如何影响社会生活的。这种方法有效地修正了文化与人格学派有关情感的研究方法，即单方面地强调个人情感受文化中情性模式的控制和影响。

Lutz 的田野是在密克罗尼西亚的一个叫作埃法卢克（Ifaluk）的小岛，她首先将情感视为人类动机的基本要素，在文化层面它是价值；在个人层面，它是理解个体的创造能力、个人与社会制度以及习俗之间关系的重要因素。她发现，与英语世界中人们对于自身内在情感状态的重视和表达不同，埃法卢克人要根据具体的情境来定义情感词汇，而且在埃法卢克人的观念里也没有像西方传统思想里对理性、情感的等级化区分。[②] 此后，Lutz 有关情感的研究开始转向对日常对话的关注，认为日常对话中的情感运用包含着情感观念与文化实践的二元关系，或者说，情感是在特定的地方、特定的语境下形成的，其中蕴含着不同社会力量之间的权力关系。通过观察当地人对情感的描述，可以理解他们的日常生活，因为他们有关情感的谈论包含着他们的价值观念、权力争斗，以及外在生存环境的影响。[③] 情感本身是无法把握的，但是关于情感的话语却是一个社会事实，也就是说，情感是具有社会性的，是社会生活的产物，同时也影响着社会生活，它与政治、权力、亲属关系、婚姻以及道德都是相关的。

---

① Lila Abu-Lughod 和 Catherine A. Lutz 在导言中指出，"话语"（discourse）出自法国后结构主义（Poststructuralist），尤其是语言学家索绪尔（Saussure）与传统语言学对抽离社会实践/经验的静止语码（code）（语法、结构、模式）分析相比，话语则强调语言使用的社会语境，这是语义学向语用学的转变。她们指出，该书中的话语是福柯意义上，即话语是系统地形成他们所言说对象的实践。

② Lutz, Catherine, "Parental Goals, Ethnopsychology, and The Development of Emotional Memory", *Ethos*, Vol. 11, 1983, pp. 246 – 262.

③ Lutz, Catherine, *Need, Nurturance, and The Emotions on a Pacific Atoll*, Joel Marks and Roger T. Ames, ed., *Emotions in Asian Thought: a Dialogue in Comparative Philosophy*, New York: State University of New York Press, 1995, p. 235; Lutz, Catherine, *Unnatural Emotions: Everyday Sentiments on a Micronesian Atoll & Their Challenge to Western Theory*, Chicago: University of Chicago Press, 1988, pp. 3 – 5.

将情感视为话语来研究，考察情感话语是如何在社会实践中被运用，背后又包含着什么样的权力关系，对社会结构有着怎样的张力，这是 Lila Abu-Lughod 在研究贝都因社会时提出的问题。她发现，在正规场合、普通语言（ordinary language）的表述中，贝都因的女人们都会刻意地避免谈论情感，尤其是对丈夫的爱，但是她们会唱情歌，其中却又表露出浓浓爱意。她举了一个例子，一个与丈夫离婚二十年的女人，在与 Abu-Lughod 交谈时，说自己从未喜欢过前夫，而且对离婚的事情无所谓，但就在几天后，Abu-Lughod 发现这位妇女与同伴们闲聊而提起前夫时，忽然唱起了情歌，其中饱含着对前夫离去的悲伤和谴责，情绪非常激动。[1]

Abu-Lughod 发现贝都因的女人和年轻男子会唱很多情歌，这些情歌里所唱的男女之情在日常生活中是被排斥的。她分析这种矛盾在于，贝都因是男权社会，具有严格的等级秩序，社会的道德规范不允许谈情说爱，人要表现得得体，想要获得尊重，就要遵守规范，在这个秩序中，女人和年轻人处于地位较低的状态。Abu-Lughod 认为年轻人、女人是以情歌来表达被社会规范所压制的情感，实际上，他们是在反抗社会权威，表达内心渴求自主和平等的愿望，因此，她认为情诗歌是一种具有颠覆性的权力话语。

情感人类学对话语的关注，修正了情感作为人的本质化的特质，并认为情感不单是一种文化体系中的表达机制，也与人的实践和行为相关，它被社会规训的同时，也具有反抗的能力，也参与着人的社会行动。而且，这种渗透着人的实践的情感，在历时的维度也呈现出一定的结构。雷蒙·威廉斯（Raymond Williams）将这称为"情感结构"，情感结构是社会经验和社会关系的特殊品性，而且，它必然是从另一种品性历时地转变而来。[2]

---

[1] Abu-Lughod, *Shifting Politics in Bedouin Love Poetry*, Catherine A. Lutz and Lila Abu-Lughod, ed., *Language and The Politics of Emotion*, New York: Cambridge University Press, 1990, pp. 30 – 34.

[2] Williams, Raymond, *Marxism and literature*, Oxford: Oxford University Press, 1977, p. 131.

（三）在礼仪与情感之间

费孝通在讲述乡土中国时曾指出中国社会讲究效用而不讲究情感的表达，实际上，中国人是否有情感表达曾被作为一个学术话题而出现过。对此主要有两种观点，一种观点认为中国人不讲究情感的表达，中国社会也不存在个人情感表达的机制；[1] 另一种观点则相反，认为情感的表达在中国社会中不仅存在，而且起着重要的作用，比如对于社会关系建构的作用、与外在社会秩序之间的张力甚至预示着中国乡村社会中个人观念的出现与兴起。[2] 有关中国人情感研究的两种观点，虽然表面上看来是背道而驰的，但背后的逻辑却是一致的，即他们都将"情感"视为西方意义上的个人情感，并以西方社会科学的逻辑预设情感研究的基调，在中国社会中探讨个人与社会的关系。实际上，每个社会中不可能没有情感表达的空间和机会。

中国向来被誉为礼仪之邦，在礼仪的范畴之下，中国也是一个讲究等级和差序的社会，在礼仪面前，哪类情感允许被表达、哪类情感不允许被表达都是具有明晰的界限的。以往我们对中国社会的研究往往侧重于关注社会的等级和差序，我们顶多注意到礼仪规范下的中国社会不太注重西方意义上的个人情感表达，却未曾关注过个人在社会等级和差序中的情感表达问题。实际上，任何一个社会都讲究人的情感表达问题，或者说任何一个社会都会给个人留出情感表达的空间。中国人不在公开场合讲究个人情感的表达，并不代表中国社会中没有情感表达的方式，儿媳妇在公婆面前的缄默，这本身就是一种情感态度。除此之外，我们也不应该忽略儿媳妇在公

---

[1] 费孝通：《乡土中国　生育制度》，北京大学出版社 2004 年版。Potter, Sulamith, "The Cultural Construction of Emotion in Rural Chinese Social Life", *Ethos*, Vol. 16, 1988, pp. 181–208.

[2] Andrew B. Kipnis., *Producing Guanxi: Sentiment, Self, and Subculture in a North China Village*, Durham, NC: Duke University Press, 1997; Mayfair Mei-hui Yang, *Gifts Favors and Banquets: The Art of Social Relationships in China*, New York: Cornell University Press, 1994; K. K. Hwang, "Face and Favor: The Chinese Power Game", *American Journal of Sociology*, Vol. 4, 1992; 李欧梵：《中国现代作家的浪漫一代》，王宏志等译，新星出版社 2010 年版；Lee Haiyan, *Revolution of The Heart: a Genealogy of Love in China* 1900–1950, Stanford, Calif.: Stanford University Press, 2007；[美] 阎云翔：《私人生活的变革：一个中国村庄里的爱情、家庭与亲密关系 1949—1999》，龚小夏译，上海书店出版社 2009 年版。

婆不在的场合中的情感态度。前一种是"定向性情感",而后一种则属"非定向性情感"。

因此,我们提倡,在中国研究中除了关注宏大的社会问题之外,也应该适当地关注社会中的情感表达机制,关注普通人的情感世界,这是对个体生命尊重的基础。另外,还要在容易观察到的"定向性情感"之外,看到中国社会中的"非定向性情感"以及它与社会礼仪规范之间的内在张力。我们主张要在礼仪与情感之间,以日常生活为背景,呈现出活生生的个人。在这个意义上,人不再是一个原子化的个人,不是凝固于各自的社会位置和角色中的功能性存在。在人的情感维度中,每一个人都是同等重要的,每一个人的内心都构成一个意义世界,日常生活中的每一件琐碎都可以在各自的内心中开出花朵或形成霜冻。如何保持花朵的绽放、消除霜冻,每个人都有其解决之道,文化也会赋予他们解决的途径。可问题在于,对人们借之进行情感表达的文化形式进行正面提倡、不压制,却并不是每个社会都能够做得到的。

四　仪式多重维度的混融

西和乞巧仪式展示了多重维度的混融,包括仪式的神圣与日常生活、集体情感与非定向性情感以及神学观念与狂欢精神的同时在场。西和乞巧是一项基于巧娘娘信仰的民间宗教仪式,在西和人神学观念的支撑下,乞巧的仪式过程充满神圣性,也可见仪式与日常生活之间的清晰边界;此外,西和乞巧为当地女性提供了"站在门槛上"的机会,让她们可以短暂地抽离家庭,抽离日常生活。但是,这些都并不表示西和乞巧仪式与日常生活之间是相互隔离的,实际上,日常生活被乞巧仪式参与者深深地带入乞巧仪式当中,比如杨兰花在乞巧中讲述的儿媳妇对自己的狠心、张雀从被丈夫打骂的笑话而引发的对自身命运的感叹、慧美对家庭的间歇性厌倦,等等。西和乞巧仪式激发了仪式参与者的集体情感,同时来自定向性情感之外的非定向性情感亦在其中显现。西和乞巧仪式是多重维度的混融,严肃的敬神仪式反映和延续着西和人的神学观念,而那些轻松愉悦的歌舞活动则深刻体现了西和人的"狂耍"观念。

西和乞巧仪式中这种多重维度的混融在西和当地并不少见，北关泰山庙的庙产出租也是一个类似的例子。2009年10月12日，在到达西和两个月后，随着我住进北关村的赵叔家，我在西和的田野调查才算真正开始。住进赵叔家之后，我慢慢融入他们家的生活，我经常跟随赵叔的妻子荣阿姨一起去庙里进香。北关村的村庙叫泰山庙，就是我们常说的东岳庙，里面供奉东岳大帝，北关人称之为泰山爷，他们说泰山爷就是《封神演义》里的黄飞虎。荣阿姨第一次带我去泰山庙进香时，顺着她指的方向，我没能一下子辨别出庙宇来，因为泰山庙淹没在一片农贸市场之中。北关村地处西和县城的北面，是整个县城的交通要道，自然也是主要的经济活动场所；泰山庙处在北关村与县城主干道的交界处。与大多数的庙宇命运一样，泰山庙在"文化大革命"期间被摧毁过，20世纪80年代，北关村里的信众开始自发筹款重修庙宇；到2010年9月，也就是我最后一次离开西和时为止，北关人重修了戏台和泰山庙的整体部分。

当初庙宇被摧毁之后，村委会曾占用过庙宇所在地。中华人民共和国成立后，特别是在庙宇重修的过程中，村委会开始逐渐介入到村里的信仰活动中，泰山庙的部分庙产也归村委会所有，其中包括戏台前面的一大块广场。20世纪90年代，基于泰山庙所处的优越位置，村委会将广场及其四周的房子租了出去，房子主要作为店铺。广场被村里一位矿主租下，他硬化了地面，逢集、庙会期间，就将广场出租给小商贩，平时主要用作收费停车场，冬秋之际，常常出租给摊贩搞物资交流会，而当夏季来临时，则变为啤酒广场。特别是在夏季，不论是白天还是夜晚，泰山庙似乎消失在了一片灯红酒绿之中。此外，泰山庙的戏台也出租给一位村民用来办家政公司，这个家政公司并没有正规的营业执照，也不要求有一个正规的办公地点，主要是通过熟人介绍以及电话联络来确定业务事宜；老板租下戏台也主要是为了堆放家政公司的用具，庙会期间会主动让出戏台。

最初看到的这片景象会给人一种印象，那就是圣/俗的混融，它呈现了神圣与凡俗两个范畴之间的模糊边界。"圣/俗"之说就是涂尔干关于神圣和凡俗的界定。泰山庙的景象虽然是一种直观印象，但是却可以带来较为严肃的沉思：涂尔干在《宗教生活的基本形式》中不是强调神圣与凡俗的二分么？不是强调神圣与凡俗之间不能相互浸染么？他还说，特别是神圣一旦沾染了凡俗的气息，那么，就不再是神圣的。如果按照涂尔干的这种界定，泰山庙的这种情况又该作何解释呢？西和乞巧中多重维度的融合又该作何解释呢？

五 情感的出口与狂耍的生活方式

福柯在《何谓启蒙》中特别提到康德所说的"出口"概念，他说："康德将这'出口'确定为一种事实，一种正在展开的过程，但又把这出口描述为任务和义务。"① 福柯认为康德在这里强调的是人们从未成年状态走向成年状态的努力，冲破蒙昧、走向理性的过程。"出口"既是一个名词，也是一个动词；既是指解决问题的具体办法，也是指寻求解决之道的行为和行动；是指人对自身所处"未成年"状态的洞察，以及自己能够对自身所处现状进行改变，总之，人能够自觉地自我启蒙。理性在康德看来是"出口"以及人能够自觉的一个核心要素，而现代哲学开始强调不只有理性，非理性的情感也能够促成人的自觉。我在此意义上重提"出口"概念，并在康德意义上加入情感的维度，"出口"也不再仅仅是摆脱未成年状态，冲破蒙昧的行为，也指人对于自身被压制状态的知觉，尤其是自身情感世界被规训和压抑的状态。

在"非定向性情感"的概念背后包含着这样一种观点，那就是人的完整性是被压抑的，不管是西和的乞巧还是社火，是唱山歌抑或是女人们之间的悄悄话等，都表明人的情感需要有宣泄的路径，是为情感的"出口"。西和的乞巧和社火分别是当地女性和男性的情感出口之一，同时，人们能够在传统的文化形式中，将信仰、仪式以及自身的情感表达融为一个有机的整体，这种智慧或实践也是情

---

① ［法］米歇尔·福柯：《福柯集》，杜小真选编，顾嘉琛译，上海远东出版社1998年版，第530页。

感的"出口"。西和人的这种情感"出口"具有一种特殊的精神气质（ethos），从而形成了一种别样的生活状态，我称之为"一种'狂耍'的生活方式"。

"狂耍"是小城西和的一个地方性概念，它首先是行为的集合，更深层地讲，它也是人们心态与价值观念的集合，它与当地的那些具有愉悦和狂欢性质的文化活动直接相关，即是这些文化形式得以存在的观念基础，又是这些文化形式的外在行为表现。"狂耍"之所以是当地人的一种价值观念，恰恰在于它与当地的另一个地方性概念"心上"之间的紧密关系。

"心上"在当地人的日常对话中频繁出现，他们用不同的形容词来描述自己内心里的感受，借用费孝通的话来说，他们的这类内心感受大多发生于人事圈局当中。倘若是孤家寡人在一个与世隔绝之处，其内心也难免生出各种各样的状况，也有自己的喜怒哀乐，但西和人的"心上"却不是在这个意义上使用的。当一个人感觉到自己"心上"有了异样的感受时，往往是缘于社会互动，比如，自己何时何地面对何人，没有能够如社会礼仪规范所要求的那样做好自己应该做好的事情，对此，西和人常会说："心上熬嘈着"；而当一个人特别好地完成和履行了自己所充当的角色所要求的礼仪行为时，他/她便会觉得"心上是亮清的"。但是，问题在于，一个人是否做好了自己应该履行的社会行为，这在某种程度上并不是被预定的，换言之，社会规范着人的行为，但这并不代表每个人都会如约践行，因为，人除了行为之外，尚有内心的情感世界。从某种程度上讲，一个社会对人的行为规范愈发强烈和细致入微，那么，人的内在情感世界便相应地愈发波动起伏。

这些源自情感与社会规范相冲突的情感或情绪终归需要有宣泄、表达和讲述的机会和空间，不过，这类情感的表达和讲述却无论如何无法也不能在社会规范所在的社会空间内发生。因此，就愈加急切需要另外一种性质的社会空间和文化形式的存在。换言之，也正是西和人对"心上"的重视，使得他们寻找情感的"出口"成为可能。

一个小孩子对家长说"想出去找同伴狂一下"，这往往是自己完成了功课或家务活，想得到大人的同意到外面去自由自在地、不受家庭约束地玩耍一把。大人偶尔到外面找些场合娱乐放松一下也大致基于类似的原因。如果，那些具有狂耍色彩的娱乐活动具有了时间、空间、主体上的严格划分和规定的话，它们便成为一种文化形式，就如"狂巧娘娘"与"耍社火"。更有意思的是，通过活动中所祭拜的神，它们又与当地人的信仰世界融为一体。这类人可以借之进行情感表达的文化活动便具有了约定俗成的性质，每年，快接近那些特殊的时间点时，人们便蠢蠢欲动，这类具有狂耍性质的文化活动已经成为当地人情感生活的一部分了。西和人认为，人活着不单单是要养家糊口，"狂耍"也很重要。

"心上"的状况源自于人事圈局、日常生活和社会生活，"狂耍"却恰恰是要与此远离，但是却最终又指向它们。"狂耍"与三者间的关系是辩证式的，互为基础和条件。当地人在两类不同范畴之间的穿梭恰恰体现了他们生活的智慧和艺术。"狂耍的社会生活"涵盖着两层含义，首先，这并不是说人们完全放弃日常生活和社会生活，过着一种消散、消极的日子，相反，日常生活和社会生活依然是人们的重心。另外，"狂耍的社会生活"概念本身就包含着人们对日常生活和社会生活的重视，只不过，在这个概念范畴下，过日子与狂耍之间是互补和协调的关系，二者在人们的观念里都是有意义的，过日子是人们最基本的生活状态，柴米油盐、传宗接代、做一个好公民等；而"狂耍"中则带有浓郁的审美意涵，二者互为补充，人的整个生存状态便呈现出别样的意蕴。

毋庸置疑，狂耍的生活方式与以经济理性为主导的社会生活必然形成鲜明的对比，在两种生活方式中，人们的情感状况也势必有着质的差异。也正是在这个意义上，人类学对于普通人的生命情感和日常生活的关注和叙写，才显得尤为重要。

小结：西河"非定向性情感"的意义

情感一直都是西方哲学中重要的议题之一。在中国，自近现代以来，情感被另外一种方式提出和加以重视，即对情感的表达是个人自由的一种表征。情感是一种私人事物，但它又绝不仅仅是一个私人问题。

在关于中国人情感问题的现有研究中，要数阎云翔和李海燕的研究最为突出，不过前者是经验性研究，后者属史料研究。二者的观点都是极具启发性的，实际上，他们的观点与费孝通对于中国人情感问题的论述存在着一定的关联和延续。费孝通首先指出人的情感都是定向的，即被社会文化所规定着的，他主要是从东、西比较的视野出发，认为西方是重情感的表达，而中国人则是相反的；这尤其表现在家庭生活的夫妻之间，他指出乡土中国里的男人与妻子之间根本不谈论情感，家庭是承载基本生计和香火传递的理性工具，男人休闲和放松的空间恰恰不是在家里，而是在家外的胡同巷口、茶馆。阎云翔和李海燕的研究则表明，随着中国社会的变革，中国人也逐渐开始重视起情感问题，在家庭内，情感的表达逐渐成为亲密关系的重要部分；费孝通将乡土中国称为"无声的社会"，而阎云翔则指出随着中国社会的变革，特别是改革开放的影响，中国人的情感表达，特别是男女之间的爱情生活已经由遮蔽转向奔放甚至是毫无遮拦。

阎云翔和李海燕的研究虽然在历史变迁的维度适当地修正了费孝通关于中国人情感问题的观点，但总体而言，他们却都没能跳出费孝通的思维框架，那就是他所提出的"定向性情感"。费孝通在论述乡土中国人的情感问题时，首先从文化人类学的角度将人的情感界定为定向性的，我将这类情感总结为"定向性情感"；我不同意费孝通的界定，因为"定向性情感"的定义其背后预设的前提是人们对于自身被社会文化的"定向"或规定是毫无反应的。因此，我在定向性情感的基础上又提出一个"非定向性情感"，恰恰是指"定向性情感"之外的人们的情感以及情感生活。我所预设的前提是人们对于社会文化对自身的规定和约束是有主动反应的。一方面，定向性情感与社会的礼仪规范是一致的，即社会文化告诉人们在什么样的场合下应该表露出什么样的情感类型，什么样的情感是不被提倡的甚至是不被允许的；但另一方面，我认为人是整体性的，社会文化对人的约束和规范导致的结果是对人的整体性的压制和削减，这个时候，我们的研究不能只关注定向性情感而忽视这部分被压抑了的情感，我认为这类情感必然会通过另外的形式得以表达和宣泄。

本项研究的对象是甘肃西和县的女性节日"乞巧"，分析框架是情感人类学理论，总体上是一项基于当地人日常生活的仪式研究，即用情感人类学的视角来关注和研究人类学最普通的对象——仪式。早在调查期间，我便发现乞巧仪式中包含着具有内在张力的两个部分，一个是正面、严肃地强调女性表征的仪式，另一个则是一系列具有狂欢意味的仪式，我将这些仪式理解为对女性表征的消解。在此基础上，通过参与乞巧仪式的那些鲜活的个人生活故事，将乞巧、乞巧的女性与日常生活联系起来。在日常生活这个范畴下，参与乞巧的女性与日常生活中的男人们、与家庭内的其他成员、与家庭生活，甚至是整个社会生活构成一系列既统一又矛盾的关联。

在分析中，我主要运用了两个概念，一个是借助费孝通和赫勒的"定向性情感"，一个是受情感人类学启发的"非定向性情感"。而在我们通常的研究中，大多只关注到了显性的"定向性情感"，即一个社会允许和正面提倡人们所表现出来的情感类型，比如说费孝通所说的"无声的社会"，李海燕笔下"五四"时期人们对自由恋爱的追求，阎云翔所讲的下岬村年轻人那种开放的爱情对白和行为，也包括像贝特森在《纳文》中所列举的男人与女人各自表露的情感类型。但是，我们却很少能够同时关注到那些被压抑了的或者说隐性的情感类型，比如说儿媳妇在公婆面前不能够表现出来的情感，而这些情感必然是要通过其他的途径得以表达的，比如儿媳在公婆走后表现出的不满情绪，甚至公婆在场时，她们内心的气愤，这些情感虽然是与礼仪规范相抵触的，如果自我管理不好则是不得体的，但我们并不能因此而忽略它们的存在以及它们存在的事实。

前述利拉·阿布－卢格霍德关于贝都因社会的研究非常有意思，她发现贝都因社会表面上看是一个非常讲究礼仪规范的社会，以男性为主导，讲究权威，女性和年轻人处于失语或陪衬的地位。但是，通过长期的田野调查，她发现虽然在公开场合，如果女人们谈论自己的情感、爱慕的对象或者自己的丈夫，这都是不得体的，或者说作为社会里的一个正常人，这些都是不会发生的行为；不过，利拉·阿布－卢格霍德某一次的意外发现拉开了她研究的序幕，她发现在很多非正常的场合，比如女人们饭后的闲聊、年轻人私底下的小聚，他们会通过唱或吟诵一些情歌来表达自己对某人的思念之情。

因此说，任何事物绝非单一的，费孝通和赫勒所提出的"定向性情感"，初衷是为了用概念来论述情感问题，其贡献和意义不可否定，但这个概念本身也势必忽略了那些未能涵盖的部分。基于这些观念上的回述，我将西和的乞巧界定为西和女性隐性情感表达的文化形式或机制。

情感人类学为我们提供了认知普通人情感世界的机会，让我们看到人内心世界和地方文化的丰富性。我们可以通过认识人的情感，通过仪式和日常生活，将人看成是社会生活的主体或者表述的主角。这种既关注文化形式、社会规范，同时又体悟普通人情感世界的叙述正是我们现在所缺乏的。传统的人类学研究通常都将人的情感抽象掉，而借助于情感人类学的方法，让普通人的情感成为我们认识他们的路径和方式，也因此，这样的认识才会更丰富、真切和完整。

涵化的多重机制
——汉与纳西之互动

和　柳[*]

公元 3 世纪的《华阳国志·蜀志》中有对纳西族（摩沙夷）的最早汉字记载，末些、摩娑、么些等词语先后出现在此后的诸多史书之中。在此后漫长的历史中，随着疆域的不断变化、朝代更迭，纳西族都在国家视野的边缘，在各朝史书中仅略有记载。元朝时，纳西族正式进入国家视野，此后随国家对边疆的态度、政策的变动而逐渐被深深卷入国家的历史进程直至今日。元以后纳西族与国家的联系、与周边地区的关系、与其他族群的互动和往来便有史可寻了。

本文着眼于清末民国年间纳西族与汉族和汉文化是如何发生互动与往来的。庄孔韶曾提到，擅长于从边缘看待中心以研究中国文化的族群理论视角可能仅是中心与边缘文化互动的一种反映。[①] 受此启发，笔者将从乡村日常生活入手，在历史中考察纳西族与汉文化的互动。纳西族与汉文化的交往互动是一个非常复杂的地方历史过程——政策、阶层、族群、地理、权力、商贸等因素在历史时间内相互交织。应当如何看待边缘与汉文化的互动对人类学和历史人类学提出了挑战，需要更为多样的理论视角来拓展讨论。

---

[*] 和柳，云南大学民族学与社会学学院博士后、讲师。
[①] 庄孔韶：《银翅：中国的地方社会与文化变迁：1920~1990》，生活·读书·新知三联书店 2004 年版，第 3 页。

一 理论背景

少数民族与汉文化的接触与互动在有人类学背景的人看来，可以直觉地提出这是一个涵化与濡化的问题，更有少数民族"汉化"这般直观的术语。但是，"汉化"是一个看似直观却又往往难以界定的概念，一般泛指中国各非汉民族逐渐在汉文化的影响下发生涵化的过程。但是"汉化"的范畴又有着多样的所指——可以指国家使用汉文化来改变少数民族，也可以指少数民族在生活接触中开始采用汉字汉语、汉族风俗习惯、方法工具或其他汉人的生活方式。在人类学的语境下，"汉化"可以是一个文化现象，可以是一个文化变迁、一个涵化的问题，也可以是大量田野资料的堆砌；在历史学的语境下，"汉化"还可以是一种国家用以管理民众的策略。

在开始讨论前，需要先厘清"汉化"一词在人类学和史学界中长期存在的误解——认为"汉化"就是"同化"，这一误解使"汉化"被等同于"同化"这一虚无的批判对象。同化应当被看作是"汉化"的一个极端的结果，但不应在二者之间画等号。有学者指出，对"汉化"的研究中有不同的误解：第一种误解认为"汉化"是汉族统治者以强制手段同化少数族群，从而扼杀他们在思想意识上的反抗；第二种误解认为"汉化"等于灭绝少数民族文化，是汉民族至上，强力推行本民族文化的结果。[①] 这一误读也是史学界罗友枝对何炳棣的批评之所在。罗友枝提到"汉化是指所有进入到中国领土的非汉人群最终被同化入中国文化之中"[②]。这种观点无疑是20世纪50年代的游魂：当时中国史学界以吸收理论为主流，强调外来族群与汉文化接触后，被汉文化一面倒地吸收和同化。

对"汉化"的人类学研究至今已发展出多种不同的理论解释，独立看来，每种理论都对特定文化现象有强大的解释力。现将尝试

[①] 陈友冰：《"汉化"刍议》，《史学理论研究》1998年第1期。
[②] Evelyn S. Rawski, "Presidential Address: Reenvisioning the Qing: The Significance of the Qing period in Chinese History", *The Journal of Asian Studies*, Vol. 55, No. 4, Nov. 1996, pp. 829–850.

根据这些理论所讨论问题的层次、视角的层次以及关注的问题予以做归类分析。

1. "汉化"是一个认同的问题

从认同角度研究"汉化"的理论通常持文化建构论，采取从边缘看待中心的视角，这是人类学关注中国边缘的传统。认同是指一个人在特定的情境下，认为自己属于一个社会群体。[1]

（1）华南学派

萧凤霞与刘志伟对闽江疍民"上岸"的历史人类学研究在国家与地方的二元结构中对历史中疍民逐渐消失的现象进行了解释。为理解这一研究首先需要了解华南学派的"修辞学"的理论。"修辞学"（rhetoric）是柯娇燕（Pamela Kyle Crossley），萧凤霞（Helen F. Siu）和苏堂栋（Donald S. Sutton）在《帝国在边缘》一书中提出的概念，是指"中心"对自己的表达。他们认为，中国的"中心"对自己的表达可以是多样的——扩张的文明修辞学、替代性的修辞学、以权力和策略表达的修辞学等。[2] 该理论认为边疆的历史是关于国家、社会和文化的复数的历史。中国至今仍存在着动态的边缘，在这个边缘上，汉人移民与多民族混合。这个民族混合的现象是由边缘对国家"修辞学"的使用来决定。在边缘民族混合格局的形成中，"修辞学"是中心对地方的设计、规划或定位，在地方文人的积极使用下，实现其在边缘的表达。

在闽江疍民的研究中，帝国对地方的隐喻向地方的渗透是通过本地人自下而上提升自己的动力来实现的。在珠江三角洲的疍民被认为在文化和地位上是低下的，他们在一定的历史情境内灵巧能动地运用了当时的正统语言来操纵祖先记忆，制造出本地的国家秩序，实现了其身份的转化——"变成汉人"。其结果就是疍民的"消

---

[1] 庄孔韶主编：《人类学概论》，中国人民大学出版社2006年版，第312页。
[2] Pamela Kyle Crossley, Helen F. Siu, and Donald S. Sutton, Introduction. In Pamela Kyle Crossley, Helen F. Siu, and Donald S. Sutton edit. *Empire at the Margins: Culture, Ethnicity, and Frontier in Early Modern China*, Berkeley and Los Angeles: University of California Press. 2006, pp. 1–24.

失",在一定程度上是一个被汉人移民同化的过程。①

(2) 羌族"一截骂一截"的认同

王明珂认为"汉化"是一种排他性的结果,是"古代'华夏'对'华夷'的歧视推动"的结果,是华夏起源与形成的一种重要方式。其理论的基本出发点之一是认为人类的资源分配、共享和竞争是最基本的人类生态背景。华夏就是阶序化的资源共享、分配和竞争的体系。"汉化"产生的背景有两方面:一方面是官府力量的干涉;另一方面是存在于邻近人群之间、社会阶级之间、两性之间的本地资源分配和共享系统。历史上北川人"一截骂一截"的"汉化"过程并非发生在文化、社会身份可以截然区分的华夷之间,而是发生在文化、生活习俗与社会身份皆十分近似的人群之间。

在如何"成为汉人"这一问题上,他认为整个"汉化"的过程是借由邻近人群之间的模仿、攀附与相对的区别和夸耀进行的——在"一截骂一截"的体系里,人们"透过一段(自称汉人)文化符号与历史记忆的展示与夸耀,以及另一端(被视为'蛮子'者)的模仿与攀附,明、清以来愈来愈多的北川人自称为'汉人'"。族群之别还存在于村寨中——头人相对于其子民展演汉人的士绅文化,男人则挑剔女人的来源。②

(3) 历史上的"成为汉人"

"成为汉人"在中国史学中也是一个频繁出现的主题。中国历史上由少数族群建立的政权中,统治者、社会上层阶级的汉化是典型的例子,他们的汉化通常经由对汉文化的主动学习来实现。建立金政权的女真人热衷于学习汉文化,统治精英阶层努力使自己彻底转变为"汉人",其目的在于使自己"从宇宙观的最高层次上,合法地成为中国王朝更替中的一链",成为汉人为主的国家秩序中的合法存在。除了女真人之外,契丹辽与唐古特西夏也有类似的"汉化"

---

① [美] 萧凤霞、刘志伟:《宗族、市场、盗寇与蛋民——明以后珠江三角洲的族群与社会》,《中国社会经济史研究》2004年第3期。

② 王明珂:《羌在汉藏之间》,中华书局2008年版,第313—320页。

过程。①

女真统治者的"汉化"是为了获得权力的合法性这一理论也可推及西南少数民族精英的"汉化"。丽江木氏土司的族谱中也提到一段外来祖先的家族记忆,并以此作为其对丽江统治的合法性来源——在神性上和族性上的双重合法性。

以上三个研究都涉及不同族群或族群中特定群体对族籍的操纵。族籍是人们对于世系所做的一种文化解释。人们的世系事实上是由他们的文化,而不是他们之间生物学上的联系来定义的。② 这类研究在一定程度上有人类学族群理论的"工具论"或"场景论"的意味。"工具论"认为,人是有理性的,无时不在算计和优化自身的利益。族群认同生成于对有限资源的竞争中。族籍不过是人们为追逐集体利益而操弄的一种工具,只要能够增进利益,族群纽带就会有巨大的感召力。③ "工具论"的族群理论聚焦在族群作为整体有其政治内聚力,可以通过族内精英对族群文化的某些方面进行操纵而调动全族以与其他群体竞争。

与族群"工具论"不同的是,虽然同为对族籍的操纵,如上研究中"成为汉人"的现象表明人们实践的目的在于跨越族间界线,进入另一族群。在清末民初,疍民的例子和羌族"汉化"的例子并未指向族群的内聚。但是与族群的"工具论"解释相一致的是,族群中部分人通过对历史的建构、对族籍的操纵来获取其在地方的权力或对资源的支配力。

2. "汉化"是一个"过化"的过程

明清时改土归流政策渐次波及西南的各少数民族,流官知府在地方推行的教育措施和移风易俗实际上使少数民族也进入了儒家文化的"过化"过程中。因此,产生于汉人社会研究的"过化"理论对于西南少数民族的"汉化"的讨论有其适用性。

庄孔韶主张基于边缘与地方社会的田野调查,以关注中国文化

---

① 何炳棣:《捍卫汉化:驳伊芙琳·罗斯基之"再观清代"》(上),张勉励译,《清史研究》2000年第1期。
② 庄孔韶主编:《人类学通论》,中国人民大学出版社2015年版,第216—217页。
③ 同上书,第215—216页。

的历史性多重关联的细部的研究，通过其"过化"理论解释了中国如何在文化上实现了从精英到百姓的整合。他认为播化或扩散以及濡化在西方人类学中被当作一般性的分析概念，但是这些术语无法在内容、方式和时间上涵盖中国的特殊文化传播方式。"过化"是一个来自先秦儒家古典中的重要术语，本义为"圣贤之经过某地而感化人民之谓"，是具有中国本土性的概念。这个概念最能够涵盖"古今历史地图上看到华夏文化的弥散过程"。① 在其《早期儒学过程检视——古今跨学科诸问题之人类学研讨》一文中详述了"过化"的含义：圣贤、儒者和各类智者以德服人，其所到之地，人民均接受儒学教化而移风易俗，并永受其精神与心理影响，获得区域地方人民群体认同的人文与世事理念。②

3. 边缘如何"成为汉人"

（1）中心对边缘的权力使然

何炳棣认为清朝之所以有"康乾盛世"，并能够在国家统治、疆域领土扩张以及人口增长上获得成功是由于清王朝采取了系统性的汉化。清朝的王室、贵族和官员的系统性汉化体现在多个方面。③ 对西南边缘广泛实施的改土归流政策是清王朝对明朝时期对边政策的继承、发展和推广，清朝时西南少数民族的汉化问题归根结底是统治王朝汉化的结果。

郝瑞曾提到明清时期中华帝国地理外围的少数族群和今天同处外围的少数民族长久以来都受制于中心权力试图改变他们、使他们"文化"的努力，这种中心改造边缘的努力被称为"文明化工程"。它并非局限于中国，而是在不同历史时期上许多国家与地区都存在的现象。该理论假定中心处于优等的文明等级上，同时有责任将处于较低文明等级的外围人群的文明提高到中心的水平或至少接近中心的水平。文明化工程是一种连续的分类体。首先，文明化工程有

---

① 庄孔韶：《银翅：中国的地方社会与文化变迁：1920～1990》，生活·读书·新知三联书店 2004 年版，第 29—32 页。

② 庄孔韶：《早期儒学过程检视——古今跨学科诸问题之人类学研讨》，载庄孔韶主编《人类学研究》（第 1 卷），知识产权出版社 2011 年版，第 1—44 页。

③ Ping-ti Ho, "The Significance of the Ch'ing Period in Chinese History", *The Journal of Asian Studies*, Vol. 26, No. 2, Feb. 1967, pp. 189–195.

两个极端，一个极端是外围人群完全拒绝文明化工程；另一个极端是外围人群与文明化工程是部分或完全的共谋关系。更多的外围人群与中心的关系则分布在介于两个极端之间的中间地带上。他认为中国从明清到现代表现出三个文明化工程，分别是"儒家文明化工程""基督教文明化工程"以及"共产主义文明化工程"①。

"文明化工程"理论在中国史研究者中有其支持者。例如罗威廉认为儒学教化首先是一个"文明化进程"，是将清帝国的统治延伸到边疆地区的有效手段，而且对"边民"的教化实际上是在逐渐灌输爱国主义，是关系国家边疆稳定的大事。②

由于该理论过于强调中央对地方的单向权力而被批评。杜靖认为该理论首先强调儒家文化的传播和扩散在方向上的单一性。其次，文明化工程容易掩盖边缘文化中的多样性，强调自上而下的权力倾轧。再次，未能注意到汉人社会内部存在的差异性。最后，该理论对文明化的讨论常脱离国家政治、军事和经济的情境。③

（2）实践

布迪厄关于实践的理论在人类学中有深远影响，在当前对"汉化"的研究中，实践已成为主要的研究切入点。萨林斯认为实践的概念可以用于文化变迁的人类学研究——"实践的概念作为意义的情境社会学，可以应用到对文化变迁的一般理解活动中"。他认为人在不断地建构关系，人的这一建构行为具有结构性，即历史是有结构的，并且这一结构的观念包含历时性。他主张以"并接结构"来研究历史，并接结构是指在特定历史脉络中，文化范畴在实践上的实现。④ 庄孔韶则认为中国文化的"文化实践"展示了一个文化的

---

① Stevan Harrell, *Cultural Encounters on China's Ethnic Frontiers*, Seattle: University of Washington Press, 1995, pp. 1 – 20.
② ［美］罗威廉：《中华帝国在西南的教育：陈宏谋在云南（1733—1738）》，陆韧译，载陆韧主编《现代西方学术视野中的中国西南边疆史》，云南大学出版社2007年版，第87—137页。
③ 杜靖：《海外中国学"汉化"中国之论争：空间中国的文化生成》，《学术研究》2015年第11期。
④ ［美］马歇尔·萨林斯：《历史之岛》，蓝达居等译，上海人民出版社2003年版，第3—18页。

历史旅程。①张小军认为历史的"时间"也是被实践出来的,是在人们的日常生活中被呈现、被理解、被创造的。"历史"不是一个外在的固定的东西,历史可以在人们的实践中改变。②他对实践的理解呼应了华南学派的"结构过程"。结构过程是指"个人透过他们有目的的行为,织造了关系和意义(结构)的网络,这网络又进一步帮助或限制他们作出某些行动;这是一个永无止境的活动"③。

以下笔者将尝试在历史中,从纳西族乡村的日常生活的一些细节入手,考察纳西族"汉化"的不同层面,以尝试与现有研究进行对话。实践的观念也将成为笔者讨论的基本出发点。前人对"汉化"的讨论都有其解释力,但是,即使仅以地方社会作为落脚点,也可以看到"汉化"实际上是非常复杂的地方历史过程,应当予以更多的理论关注。

二 权力下"汉化"的细部

清代"改土归流"对纳西族文化产生了巨大冲击。杨福泉对改土归流后由流官知府在丽江推行的移风易俗政策带来的文化变迁做了系统且深入的分析:清朝通过在纳西族地区兴办儒学,进行封建礼教教育,以礼教思想衡量少数民族风俗,推行全面的风俗改革,婚丧嫁娶乃至服饰都按照汉俗进行强制变革。他认为改土归流是"一场引起他们(西南广大少数民族)的政治、社会和文化产生重大变革的风暴"④。丽江改土归流后,历任流官以大力推行"移风易俗"为己任。在清末至民国年间,儒家礼制、民间信仰以及社会管理制度等汉文化在国家政策的压力下逐渐深入丽江周边乡村。

儒家礼制对纳西族乡村的渗透体现在婚丧嫁娶各个方面。以丽江坝区距离大研镇10公里的大来村为例:大来村的婚礼在中华人民

---

① 庄孔韶:《银翅:中国的地方社会与文化变迁:1920~1990》,生活·读书·新知三联书店2004年版,第2页。
② 张小军:《让历史有"实践":历史人类学思想之旅》,清华大学出版社2019年版,第5页。
③ 同上书,第34—37页。
④ 杨福泉:《纳西文化史论》,云南大学出版社2006年版,第362—369页。

共和国成立前保持着完整的采纳、问名、纳吉、纳征、请期、亲迎等系列礼仪。时至今日，村中虽然已无人能准确地说出这些礼仪的名称，但是在娶亲的前后事项中如上程序仍在村中年长者的指导下被不断实践。例如今日人们"ri^{33}bv^{55}"（送酒）的仪式相当于纳征。儒家礼制对大来村的渗透还体现在清季该村乡规民约的订立上。"清朝光绪十九年（1893年）立乡规铭于石碑，冠头为'永远遵守'，现存断碣之上半，约可认当时的'五禁'：'其一：携手逛游；其二，窝赌聚博；其三，及时不嫁；其四，不孝父母；其五，不尊长上'。"①

在丧葬习俗上，19世纪下半叶村中六个家族都已完全实行土葬，墓地的安排符合儒家规定。到任丽江的流官知府自改土归流伊始就为革除有悖儒家伦理的火葬屡屡劝诫，但又屡禁不止。至咸丰二年，丽江知府辛本棨颁布了强制改葬命令并刻为石碑——《用夏变夷碑》："所以一切天、水、火葬，一并视禁在案，兹据各里乡约等禀，恳勒石严禁火葬，前来除品批示外，合行勒石严禁，为此示，仰各里民人等知悉，嗣后如遇父母亡故，务须择地安埋，即有兄弟子孙男女奴役身死亦须用棺殓瘗，毋得用炎焚尸，亦毋得听信狂言，致效天水葬，倘敢狃于成见，许该乡保人等立时禀府究治，以凭尽法惩处，决不宽待，各宜凛遵，毋违，须至勒石者。"

据说清末时已有寺庙建于村旁山上，后搬迁于村边，名观音庙。观音庙最初被当作小学教室，后被改为龙王庙。观音庙建成不久之后，村里增建文庙作为村学，同时期还修建了魁星阁。村中有民国年间村民外出为僧人的记载，是一家的三兄弟。东巴教在大来村的表现却与汉人民间信仰的表现相反，除了传说中历史上曾有过一位名叫"桑八塌"的大东巴以外，近代并没有出过东巴。

清末至民国年间，大来村出现了保董、乡绅以及山官、水官和青苗官的乡村治理格局。山官、水官和苗官，需经村民推举、乡绅认可才能担任的。

此一时期，村中的节庆也表现出明显的汉化倾向。在坚持纳西

---

① 据村民和秀笔记《村史小记》。

族传统的祭天、祭三朵神、祭猎神之外，中华人民共和国成立前大来村民过的节日还包括春节、元宵节、清明、中元节、中秋节，此外村民还祭拜灶神。二十四节气在村中广为人知，不同节气的仪式性行为在中华人民共和国成立前也多为人们所实践。

经过历任流官知府的努力，改土归流近两百年后，清末至民国年间的大来村已具备了一派符合教化的乡村设置。

"改土归流"是对纳西族文化有强大影响力的、有权力介入的强制文化变迁。如上大来村所展现的汉化局面是否就是单向度的权力压迫造成的变迁甚至同化？我们需要将目光放到乡村层次，回到汉文化影响到达顶点的清末至民国时期，从乡村人们对特定文化范畴的实践中来看待这一文化变迁过程。

（一）纳西族的家族观念

无论是学者或是村民，现在人们习惯性地以"家族"或"宗族"指代纳西族的父系继嗣群。因此笔者首先有必要从地方知识的跨文化比较视角出发，对纳西族中对应于汉语"家族"范畴的词汇进行辨析。

纳西族中与汉语"家族"一词相近的词汇为"$tso^{31}o^{33}$"，有"一根骨头"之意，其中"o^{33}"意为骨。在纳西族研究中一般常以音译的"崇窝"代之，一些纳西研究学者多将之翻译为"家族""宗族"或"氏族"。李国文曾指出，"崇窝"意为"根骨"，是指由一个共同远祖后裔组成的家族。在"崇窝"之下还有"$də^{33}zhi^{33}$"（一支）的概念，是指从"崇窝"中分裂出来的一个近祖后裔组成近亲家支，并常以共同的近祖名字为家支名称。[①] 但是笔者认为，"家族"一词产生自汉人社会对儒家宗祧观念的实践，使用汉语词汇"家族"一词来指代纳西族"崇窝"不免有直接带入其汉语意涵的可能。在本文将直接在其本义上使用"崇窝"一词。

纳西族乡村一般由一个到多个崇窝组成。每个崇窝都有可以追

[①] 李近春：《纳西族祭天初探》，载郭大烈、杨世光主编《东巴文化论》，云南人民出版社1991年版，第168—180页。

溯的始祖，一般是该崇窝落脚该村的第一人。实行父系继嗣，崇窝外婚制。崇窝一般有其名称，通常为始祖的名字或值得纪念的事件、地名等。崇窝成员一般了解本崇窝的由来、数代祖先的生平、祖先之间的世系关系。

纳西族对自己的定位是"祭天的民族"。在祭天仪式中崇窝不仅是组织祭天的基本单位，也是祭天的主要内容。以下将通过对祭天仪式的解读了解纳西族崇窝贯彻的文化理念。

祭天读作"mω^{33} py^{21}"，"mω^{33}"即天，"py^{21}"即祭。[1] 通常一年举行两次，每年农历正月举行的被称为大祭天；农历七月举行的被称为小祭天，其中大祭天被认为是纳西族最重要的节日。祭天作为纳西族重要的特征在历史文献中多被提及。例如《光绪丽江府志》："祭礼：元旦家皆斋戒，祀百神或谒庙焚香，次日以后，村合族党，择洁地为坛，植松柏栗各一，陈豕、供净米，请刀巴祝暇，名曰祭祖。"[2] 祭天一般以一个村的同姓宗族为单位（单一宗族村以村为单位）举行。[3] 纳西族各地在女性是否可以参与祭天的规则上存在差异，例如香格里拉市三坝地区允许女性参与祭天，而丽江坝区的祭天在仪式过程中一般不允许女性在场。

不少学者就祭天的性质进行了探讨。首先，有学者认为祭天仪式表现了纳西族的祭祖观念。和忠华从仪式中使用的主要经书《崇搬绍》的主要内容、仪式功能、仪式象征物等角度展开分析，认为祭天的内涵即祭祖。[4] 孟彻理认为祭天仪式反映的是"祖先崇拜"，首要的并非是对父系"骨"祖先的崇拜，而是对母系"肉"祖先的崇拜。[5] 杨福泉则认为在祭天的仪式过程中，"天舅"位于仪式空间

---

[1] 李国文：《东巴文化辞典》，云南教育出版社1997年版，第99—101页。
[2] 《光绪丽江府志》卷一《风俗方言赋》。
[3] 《纳西族简史》编写组：《纳西族简史》，云南人民出版社1984年版，第109页。
[4] 和忠华：《祭天即祭祖——纳西族祭天文化质辨》，载郭大烈、杨世光主编《东巴文化论》，云南人民出版社1991年版，第181—195页。
[5] [美]孟彻理：《纳西、阮可、摩梭、蒙：云南、四川边境的亲属制度、政治制度和礼仪》，徐志英译，云南大学出版社2010年版；[德]米歇尔·奥皮茨、[瑞士]伊丽莎白·许等：《纳西、摩梭民族志：亲属制、仪式、象形文字》，刘永青等译，云南大学出版社2010年版，第17—45页。

的位置反映了纳西族以母系为尊的观念。① 后二人提及的"母系"应当理解为"母亲一侧的父系祖先",而非实行母系继嗣的祖先或女性祖先。

其次,"崇窝"又因婚姻或"女性交换关系"而产生了一组相对的父系世系群概念——指称婚姻关系中丈夫一方的崇窝为"$o^{33}ko^{31}$"(骨亲),指称婚姻关系中妻子一方的崇窝为"$na^{55}ko^{31}$"(肉亲)。崇窝通过"骨"将所有父系的亲属联系在一起,通过"肉"与其他"骨"建立联系。美国学者孟彻理将"$o^{33}ko^{31}$"与"$na^{55}ko^{31}$"对应于给妻者与娶妻者。"肉亲"在纳西族社会中有非常重要的社会联盟功能——人们通过"肉亲"与更多"骨亲"产生联系,对于个人而言,"肉亲"还是其获取帮助的重要来源。② 这种给妻者与娶妻者之间"骨"与"肉"的比喻或象征在纳西族文化中非常普遍,孟彻理进一步对纳西族空间进行了骨与肉的象征性研究。他认为,"格故鲁"是传统纳西族住宅的象征性中心,是火塘四边高出地面的平台,每一边有不同的文化安排。一般会分为男性边和女性边,这一区分反映出"骨亲"与"肉亲"之间的亲属关系差异。男性家长"骨亲"的男性客人都坐在"格故鲁"的男性一边,其"肉亲"的客人无论男女都坐在女性一边,并且禁止落座或起身时从一边跨到另一边。

最后,祭天仪式还表现了纳西族"给妻方"与"娶妻方"之间的关系。仪式主要表现了父系交表婚中所固有的,把女儿(作为妻子)还给舅舅之"骨亲"与把她嫁给没有亲族关系的外"骨亲"的男人之间的冲突。③ 祭天仪式体现了给妻者与娶妻者之间的高—低关系。一方面,娶妻一方希望不断通过娶进女性的方式来获得与更多"崇窝"的联系;但是另一方面,他们对于给妻一方的崇窝负有嫁回女儿的义务,这对前一种希望产生了制衡作用,即娶妻方因负有将

---

① 杨福泉:《纳西族祭天仪式的功能和特点》,《云南社会科学》2009 年第 4 期。
② [美]孟彻理:《纳西、阮可、摩梭、蒙:云南、四川边境的亲属制度、政治制度和礼仪》,徐志英译,云南大学出版社 2010 年版;[德]米歇尔·奥皮茨、[瑞士]伊丽莎白·许等:《纳西、摩梭民族志:亲属制、仪式、象形文字》,刘永青等译,云南大学出版社 2010 年版,第 17—45 页。
③ 同上。

女性还回给妻方的义务，这限制了娶妻方不断扩大崇窝联系的可能。奥皮茨文通过研究洛克所拍摄的照片资料，提出了祭天仪式中"负债于天"的观念——人类始祖一方面对天父负有"交换婚"还回女性的债务，另一方面他还对被他抢走原应属于天舅家族的女子所欠下的债务。①

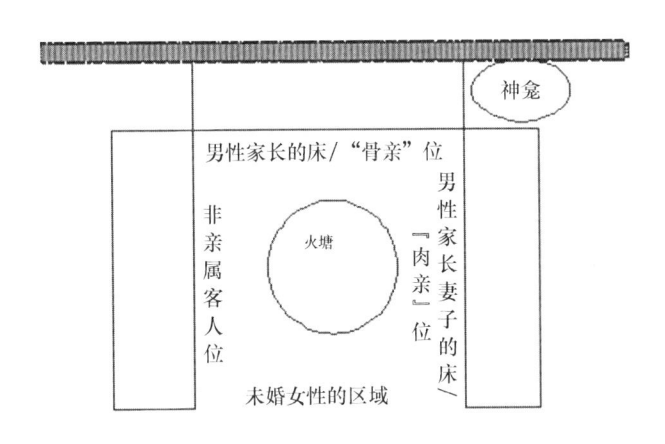

"格故鲁"四边的安排②

通过对20世纪上半叶大来村崇窝婚姻关系的研究表明，纳西族中曾普遍实行的交表婚并非仅是两个家族之间终结于两代的短暂关系，而是具有持续性的"给妻者"与"娶妻者"身份不断互换的联系。

从下图可见，最初A崇窝作为"给妻方"，一代以后又从娶走女性的B崇窝中娶回这名女性的女儿，成为"娶妻方"。这一图示仅表示历史中的一个环节，向上和向下仍可做类似的延伸。以理想形态来讨论，图中所示的关系在没有特殊情况致使这样的交换中断的前提下，借由两代之间女性的外嫁、还回的循环过程，两个"崇窝"在代际之间持续地互为"给妻者"和"娶妻者"，他们说这是

---

① [美] 麦克汉：《骨与肉：纳西传统建筑空间结构中体现的宇宙观和社会关系》，杨福泉译，载郭大烈、杨世光主编《东巴文化论》，云南人民出版社1991年版，第380—397页。

② 据孟彻理（曾译名为"麦克汉"）对纳西族住宅空间的描述绘制。

"纠缠的竹根"。此外，该图仅为对此"交表婚"的概括，女性的交换可以并不局限在给出女子的家庭的后代中，第一代给妻者崇窝的其他家庭也可作为外嫁者的女儿嫁回的家庭。因此，下图可以被视为纳西族崇窝间关系历史的基本单元。

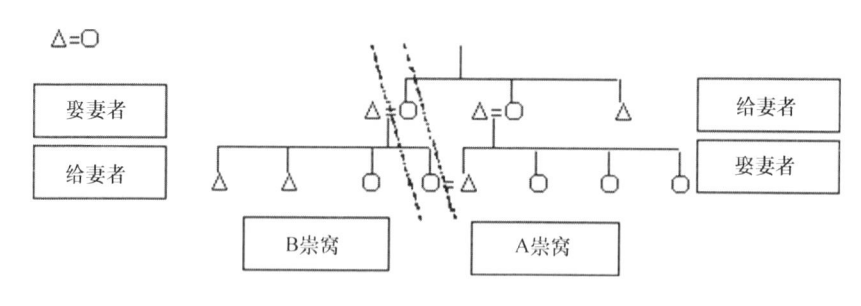

"娶妻方"与"给妻方"在代际的互换

当这种交表婚出现中断时，人们就会践行纳西族乡村流传着的"一世亲，二世表，三世不来往"原则。嫁出去的女性与其出生的崇窝为"亲"的关系，这位女性的子女与该崇窝为"表"的关系，而这位女性的孙辈在上两辈去世后，与该崇窝可以断绝往来。"亲""表"与"不来往"对应于人际往来的不同层次，尤其体现在亲辈去世后的发孝一事上。家中直系及近直系的家庭应给与全孝（年龄和辈分都小于死者的所有人），家中的女性都应发给孝围腰（以白布做成的围腰，要求守孝期间佩戴，一般服孝至四七）。"崇窝"的其他家庭都须均等发孝。而"肉亲"一侧，与死者一世的家庭发全孝，第二世的家庭仅发二孝，第三世一般不再给孝。[①] 在二世时，表亲之间有可以中断亲属关系层面上往来的权力。但是对于"骨"来说，凡是与崇窝始祖有父系继嗣关系的男性都是"骨亲"，无论经过多少世代，这样的联系不会改变。在大来村的阿目苴家族，即使现在仍在世的崇窝已经跨越了六七代，但是在婚丧或其他家族决议场合，男人们无论亲疏都会聚在一起讨论、参与。

---

① 纳西族在发孝上有这样的规则：不发单孝。因此一般二孝是最少的孝布。

（二）从"骨"与"肉"看纳西族对儒学的实践

祖先记忆可以被看作是一种族群记忆或集体记忆。集体记忆被认为是一项社会事实，被认为具有整合集体的功能，并且能够被选择、失忆或重构。[①] 我国的社会记忆研究有如下特点：一是国家权力卷入个人和群体记忆；二是有强烈的底层立场和社会关怀；三是记忆研究与我国近代的急剧社会、政治变迁有紧密联系。[②]

清末至民国年间，大来村纳西族纷纷自发对本崇窝进行了汉文化改造，这一历史过程有其特殊性，在历史的线索中解读这一少数民族对儒家文化的实践无疑能够帮助我们看清：乡村纳西族在何种层次上实践儒家文化；这一实践对于纳西族来说具有何种意义；这一对儒家文化的实践与前文所示的纳西族"骨与肉"的崇窝原则有何联系。

在上一部分我们看到祖先观念和交表婚制度是纳西族崇窝的核心文化理念，也是纳西族社会中的关键社会制度。纳西族的社会制度已多有学者讨论。但在对纳西族的研究中，前人未能就祖先记忆和交表婚制度这两个原则的实际实践做出考察。随着纳西族与汉文化接触的加深，他们与汉文化建立联系并开始实践儒家文化。这涉及一个更为核心的问题：人们如何在纳西崇窝的原则与新接触的汉文化之间做出选择和实践，并由此带来怎样的变迁？在此基础上方能进一步讨论纳西族在何种程度上接纳并实践儒家文化。

大来村由六个崇窝构成：冷落重、那可夸、曹纳陶、阿目苴、垒落崇、命合长[③]，其中那可夸崇窝又分为上、下两个分支。村民口碑有传，六个崇窝在定居上有先后，比如垒落崇，村民认为该崇窝名意为"早落居"。从前，同属一个崇窝的人家多聚居在一起，后因人口发展而逐渐形成了现在的杂居的状态。在中华人民共和国成立前，不同崇窝间在葬礼上有相互协作的制度，纳西语称为"ndzɿ³¹

---

① 庄孔韶主编：《人类学概论》，中国人民大学出版社2006年版，第312页。
② 钱力成、张翮翾：《社会记忆研究：西方脉络、中国图景与方法实践》，《社会学研究》2015年第6期。
③ 崇窝名均为音译。

zo^{33}"。例如阿目直、命合长与冷落重崇窝互为"ndzɿ^{31}zo^{33}",在对方家族中遇到婚丧喜事时有相互提供帮助的义务。据村中老人说,在结对崇窝遇丧事的时候,"ndzɿ^{31}zo^{33}"崇窝通常会在腰间系上一条麻绳别一双草鞋,集群而来,帮忙丧主家送葬。

1. 父子连名制与"骨"的观念

父子连名制是纳西族中曾广泛实行的姓名制度,能够在一个世代的名字中看到父子的世系联系。大来村中诸家族所实施的父子连名制表现为始于始祖的多线记忆,一个家庭中的每一个儿子都会形成一支新的父子连名线索。以大来上村阿塌时家族中五世"敦毛ㄋ"的前后七世人名为例:

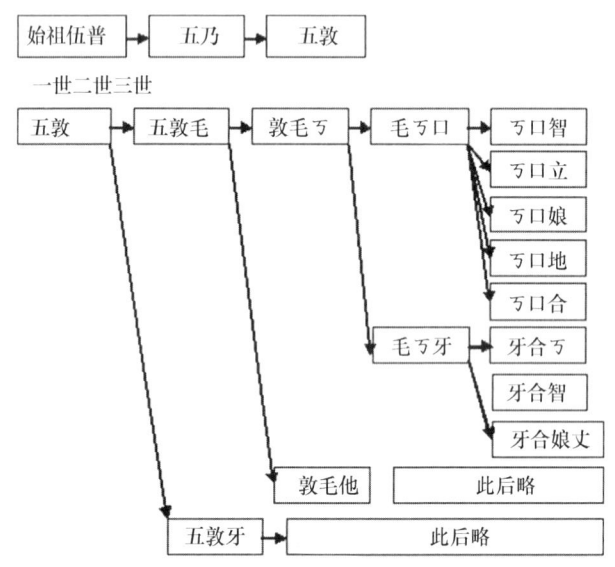

```
            始祖伍普 → 五乃 → 五敦
             一世  二世   三世

五敦 → 五敦毛 → 敦毛ㄋ → 毛ㄋ口 → ㄋ口智
                                  ㄋ口立
                                  ㄋ口娘
                                  ㄋ口地
                                  ㄋ口合
                         毛ㄋ牙 → 牙合ㄋ
                                  牙合智
                                  牙合娘丈
                敦毛他    此后略
       五敦牙             此后略
```

三世 四世 五世 六世 七世
此图表中单向箭头"→"左侧为父亲,右侧为儿子。

阿塌时家族前七代父子连名世系图①

从阿塌时家族的父子连名看,该姓名制度是对纳西族"骨"的观念的表达——骨是不可分割的、持久不变的,这种姓名的规律便

---

① 该图表根据"阿塌时"家族《和氏宗谱》制。

于后世以口传的方式记忆。

2. 实践"宗谱"

丽江坝区北部的白沙以及清末至民国年间丽江政治文化经济中心的大研镇是当地最早取得儒学教育成功的两个地区，也是纳西族中较早开始书写宗谱的地区。先从白沙《和氏宗谱序碑》[①]看起：

> 和氏远源自明朝，迄国朝奕叶连绵者已十代矣。……昔九世祖老苴公，崇尚佛道，乃□□祠于宅之后。今庵名云集者是也。上代延僧为□□□□之八代孙元琳，祝发于祠堂，遂以竭力增其旧□姿。九代孙祖亮，亦雉染为僧，承绍香火衣钵于师□□叔父也。然和氏之宗风相传不坠，盖由有云集宗祠故也。迨至本朝木氏改土设流后，和氏亦迁代村里，中复举约于乡。乃为忠厚头目之裔，然代远年湮，创业者固难而守业亦难，其人也。兹十代孙文秀乙巳（1845）岁试，喜为入泮，而我和氏读书功名始此开基矣！文绣欲知宗支之本末，亮闻得诸先辈序其源委，亦得此桢图信牌，屈指可数而略记其始终焉。自后和氏之子孙观此序文，亦知和氏历代丕振，家声连绵，弗替可不记乎？所谓源远则流长，根深则枝茂，良可证也。是为序。
>
> 九代孙僧祖亮熏沐敬书

早在明朝时，白沙乡东文村的和氏家族就已与汉文化有了交集——其第二世祖，即和刺苴功勋卓著，特得到木氏应允在白沙修建家祠。六世祖和德之次子元琳出家为僧后将家祠改为云集庵。[②] 据此碑文看，该《和氏宗谱》修于改土归流之后。修谱的原因在于入

---

① 立于丽江城北白沙乡东文村，据该村《和氏宗谱》辑录而成，于1845年成文，并于1916年刻成。该碑文为始祖的九世孙祖亮于清道光二十五年撰写，中华民国五年岁次癸丑夏月刻于石碑。收录于杨林军编《丽江历代碑刻辑录与研究》，云南民族出版社2011年版，第95—98页。

② 杨林军编：《丽江历代碑刻辑录与研究》，云南民族出版社2011年版，第95—98页。

泮的第十代子孙"文绣欲知宗支之本末",并依赖于九代子孙祖亮对祖先的了解和叙述,才得以成形。

改土归流后,伴随着流官知府对土葬制度的推行,丽江纳西族逐渐开始修宗谱、立祖碑。白沙《和氏宗谱序碑》的编写反映出了两个当时纳西族修族谱的特征:一是崇窝中有年轻人开始进入义学馆或通过私塾学习汉文化,并习得儒家文化中编写宗谱、记录祖先历史的方法、制度和规则等;二是"亮闻得诸先辈序其源委",指代的是纳西族对祖先的口述记忆。

虽然立碑时间较《和氏宗谱序碑》晚了半个多世纪,但大来村阿目苴家族的族谱《木本水源》碑刻也反映了类似的特征:

> 常考丽志,自唐建花马,宋元相仍,明清以来木氏土司管辖。于丽城东南有部落领袖册娘那,聚落过满,其后冷落重、那可夸、曹那陶、阿目苴、命合长[①]五族冒霜斩棘,营辟是土,世代相沿,以成村邑。清初,阿目苴与命合长于村南山麓共同祭天。迨至清季,分移宅旁,于是派衍繁昌,斯族尤为盛大,在二世祖八之裔一落三元,一流永胜,改姓刘和;三世祖季仲,初分居上村,旋落于灵光,其间盛衰兴替,时有所传,而绩成夫子,诚为斯族之灵胄。兹昔时火葬,恐炎埋灭故,合族同商觅巨石立碑,自目苴以来昭穆详勒,以垂不朽云。

阿目苴家族的《木本水源》碑立于中华民国三十五年冬月十九日,由其第十一世的言仁、言伟、言礼,第十二世的春向、杰昌,第十三世的承光等合力而立。据村内老人回忆,在民国年间大来村有一位读书人和习礼,从蚕桑学校毕业后一直在村小学里教书,这块记录了阿目苴家族来历和世系的祖碑即出自他手。

[①] 此处所列崇窝名皆为纳西语的汉语直译,不同崇窝对同一纳西语名的翻译会有所差异,如"冷落重"即为前后文中的"垒落崇"。

另有大来上村阿塌时家族书写于 1927 年的《和氏宗谱》[①]：

  然饮水思源，溯其开创之始祖，其名曰五浦。五浦生五乃，五乃生五敦。代代相传，一本万枝，瓜瓞连绵者，皆浦之裔也。猗欤休哉，何其子孙之发达耶。但恐代远年淹，逐末忘本，不知一脉流传之统系也。余故折衷前人，笔而记之，以垂教后世，使有所稽也。后生嗣子，能读而修之，不惟一家之历史，而成一族之历史，则未必无补于后也，是为序。
  昔在
中华民国十六年岁次丁卯孟春上浣补休 十二代孙和忠 谨誌

在同村垒落崇崇窝的族谱中还收录了 20 世纪 40 年代前后，该崇窝使用的祭天文本——《士良祖宗颂》。唱诵者为士良，生卒时间为 1880—1945 年，由其子以汉字代音的方式记录并翻译为中文。垒落崇后人和义将这份祭天古歌收录于其 2005 年编纂完成的《垒落崇家谱》中。

  啊呵——熏蒸后，被污染的又洁净了，灸熨后疫患又消除了。雪山坡脚一片白，藏族善算年，牧羊区的下方（即南方，指鹤庆、剑川、大理一带）[②]，白族善算月，天地间的坝子中，纳西善算日。吉祥的这年这月这日，祭天，清明，夏祭（塔别），冬祭（初别），一年四次迎祖、宴祖、送祖的规矩，父所传承儿亦继承，是一代一代传承下来的啊，象青蒿一样持久的铁打规范早已具备的。
  上江的三来大来人，逐步迁徙到贵峰山麓，住在"命译嘴"坡脚，因落脚早而名"垒落崇"家族。
  家族的始祖是阿祖八、阿祖那、阿祖量，就定居在"拖冷

---

 ① 和姓为丽江大姓，在丽江各地多有分布。一说木氏土司令其子民都姓"和"，从外地进入丽江的汉人也被勒令改姓。一说与纳西族最古老的素、禾、尤、梅四个氏族名有关联。因此，各地对修谱牒的实践难免都以"和氏"为题。
 ② 颂词括号中的注解为记录人添加。

当"之宅基地上，满坝子都是大来马，牛群满山，羊群布满高原草甸，说是要去开辟新天地，又回到了金庄（地名，在"山外"金沙江边）菁沟"花吉落"村。

定胜利标桩，烧胜利火。起屋立家已安顿，本该养儿防老，种禾防饥，说是该祭奉"五白底"家族的山神，约定该上租，有天说是未经验收而开镰收割，好心肠惹出大祸来，能干的阿普量，无奈脖套大簸箕而被焚尸，好男阿普苴，把父亲的尸骨及一些火炭藏于獐皮口袋，拿弓当拄杖悲伤地又回到了金山大来村。老爷三八陶（三八陶为何运炳家族之先祖，据传他占卜入神，后来在澜沧江边被当做山神供奉。）经占卜测算后说是大丈夫阿普苴养五子会去开普五个底盘，应去立五个门户。

幼子侍奉老屋家神，长子应承袭父亲的事业。几个兄弟应与那垮垮①家族结社依存，阿册阿玛两兄弟，房屋紧相连，家神与胜利神互勉，共商规矩章则，似牦牛、老虎一样勇猛而又能和谐，结社成团体。

（阿普量的儿子）阿构领着阿纳，在"冷肯古"山下居住⋯⋯

阿普日赶着一群绵羊，白天在大树下围群，晚上看着北斗星座赶羊群，还不到五个昼夜，又回归到金庄花吉落，孙子又立足于祖父之地，土地回老家⋯⋯

阿普苴已头发斑白还驾牛犁田，在帮阿册家犁地耙地时，好儿大丈夫阿恒因驾驭牛驾不力，父拿土巴子往牛驾里打，他却不做声色从牛驾中出走⋯⋯

五代祖名下的父亲阿普林，从十七八岁起，身佩利剑、手持齐眉棒，就去闯荡江湖，说是为报仇雪恨，一辈子去奔波磨难，⋯⋯

现时得到家神、胜利神的引导与护卫，大人小孩等全体家族，在香柱灯火前作揖又跪拜，田地国亲师，不懂的请予指教，不会的将去学习，如遇难为者请予以解救，诚请田地国亲师及

---

① 即前引碑文中的"那可夸"崇窝。

祖先在高堂尽情休闲、饮用、品尝,祭奠拉。

叩首,多谢了,祈年拜。

在《垒落崇家谱》中,除去祭天文本中提到的始祖、二世祖、三世外祖,该家谱对世系的追溯始于五世的四人:阿控、阿扭、阿骂、阿志,但缺少从二世祖苴到五世四人的世系关系。

将阿目苴祖碑、阿塌时崇窝的《和氏宗谱》与垒落崇崇窝的《士良祖宗颂》做对比,虽然阿目苴祖碑和阿塌时《和氏宗谱》采用了规范的家谱书写,而《士良祖宗颂》则是对口述内容的翻译转写,但是在所记录的内容上存在相似性:

(1)强调崇窝的始祖:阿目苴崇窝是以其始祖名来命名的。阿塌时崇窝也在其族谱中点明"然饮水思源,溯其开创之始祖,其名曰五浦"。而垒落崇家族则在《士良祖宗颂》中记录了一世的八、那、量三人。此一内容与汉人家谱对始祖的强调相同。

(2)崇窝世系分散在何处:阿目苴崇窝的祖碑中仅记录了二世和三世时曾发生的分居情况。阿塌时家族的家谱记录了七世时崇窝的分支和迁出。在垒落崇崇窝中则以该村传说中的大东巴"三八陶"(也被写作桑八塌)的占卜作为根据,列出了五条后人的分支线索。

在20世纪上半叶的大来村或19世纪中叶时的白沙一带,纳西族对其关于祖先和崇窝分裂与迁移的家谱化汉字转写可以看到:这一实践首先来自读书人的努力。相对于白沙和大研镇一带,大来村对汉文化的学习、吸纳和实践显然要晚许多。但是随着民国年间该村读书人逐渐增多后,人们与近一个世纪之前的白沙和大研镇等地的纳西族崇窝相似,纷纷开始实践儒家文化——修族谱以留存祖先记忆。另外,在20世纪上半叶,纳西族仍中广泛地实行着祭天仪式。人们普遍认为祭天是应当由专门的东巴主持的、需要有大量颂词的烦琐仪式,但是根据上文我们可以看到,《士良祖宗颂》提供了一个保有核心的简略版祭天辞,其核心在于对始祖和崇窝分裂与移居别处的记忆。

祖先记忆是历史人类学的一个重要研究内容。通常这一集体记忆的概念与族群理论相联系,被认为能够在特定的历史情境中经由特定的人的能动实践而被建构。但是祖先记忆并非仅与族群认同相联系,如汉人社会中对家族或宗族理念、祖先祭祀的实践,是一种父系世系群对于儒家追祖观念的实践。我们已经看到"骨与肉"不仅是纳西族的崇窝理念,也是崇窝历史的结构——通过"骨与肉"在历史中的不断循环和交织,崇窝得以不断延续发展。同时,我们还看到祭天仪式所展现的祖先与天相联系的具有一致性的文化内涵。首先,祭天仪式表达了追祖之意;其次,祭祀了人的始祖妻子之家所属的天;最后,将因始祖娶妻得罪到的妻子舅家的仇恨挡回去,舅家亦属于天。大来村各崇窝在民国年间纷纷开始采用汉人的"宗谱"制度,这一实践是在崇窝的祖先记忆这一层面上展开的,即以汉人儒家的方式实践"骨"的记忆,纳西族与汉族的父系继嗣原则之间所具有的相似性,使纳西族的家族实践对汉文化的整合更易于实现。

那么,有关"肉"的记忆在乡村中是如何进行的?与"肉"相关的记忆意味着与女性相关的历史记忆或文化记忆。在汉人社会的研究中,关于女性的集体记忆一般是缺席的。在羌族的历史记忆中,涉及了被污名化的女性。如王明珂对羌族的研究显示,岷江上游村寨中普遍流传的"毒药猫"的说法,实质上是以男性为主体的"我族"认同使一些女人被打上了"不洁"、有污染力的标签,通过这种洁净与不洁来区分"我"与"他",并进一步强化同一村寨内除了"毒药猫"之外的人的认同。①"毒药猫"实质上反映了汉藏边缘的羌族对于外婚制的看法——妻子所归属的他人群体是敌对的、充满恶意的。

在纳西族村落中盛行着"给妻者"与"娶妻者"之间身份不断交换的持续交表婚,关于女人的历史记忆与此相关。在20世纪上半叶,大来村盛行的交表婚以"阿舅占侄女"的形式最为普遍——男子娶外嫁了的父亲姐妹的女儿,但是大量其他形式的交换婚也被不断实行。"姑妈占侄女",即女儿嫁给父亲姐妹的儿子。例如,阿目苴崇窝第十三世承孔的二妹嫁到了大来上村,承孔的二女儿嫁了过

---

① 王明珂:《羌在汉藏之间》,中华书局2008年版,第90—103页。

去，即嫁到了她的二姑妈家；也有"阿舅儿子来养家"的说法。例如，阿目苴崇窝第十二世远昌的姑母嫁到了大来上村，在生了女儿之后姑父去世，由于夫家崇窝前来抢占家业，于是让侄子远昌上门。人们认为远昌上门是去"照顾"姑妈的。这是第一类关于女性的记忆。

对关于女性的记忆更多与"业"的观念相缠绕。人们在讲述家族历史时总会提及一个汉语词汇——"nie[23]"，从发音和意义上看，在很大程度上该词是对汉语"业"的采借，可以理解为家业或家产，一般包括农田、房屋、家畜、生产工具等。人们一般用纳西语和汉语组合的"吃业"一词表示继承或侵吞崇窝中其他人家的家产。"吃业"一般发生在一个家庭绝后或无儿子的情况下，由崇窝中的长者主持，将崇窝的男性聚在一起，共同商议该户人家的家产应由谁继承，这一继承通常绑定的是对这对将被"吃业"的无子女夫妇的尽孝和养家事宜。继承者一般为该崇窝内与该家庭有最近血缘关系的男性，或者用当地人的话说是"最近的崇窝"。可参看村民蕙花讲述的会明（1860—1918）娶小妈妈①一事：

  我的爷爷（会明）到四十多（岁）时头发就全白了，（看上去）非常老。我们这一家当时没有儿子，想要把女儿养在家里。这已是想要将女儿养在家的第三代了，但是其实三代都没有养成。第三代打算养在家的是我们的阿嬢（姑）。但最近的崇窝那一家不同意。说要养女在家的话，应当把一块耕牛耕一个半天的地归给崇窝。一头耕牛一天能耕3亩左右。还要给出一座楼。

  这其实是分家（直译：分骨）的意思，由崇窝来做家务事。他们选好的是一栋二层楼，因为好房子只有这栋。那家最近的家族的人带着铺盖在这栋房子里睡了三个晚上。意思是说这房子是他家的了，好耕牛的最好的那块地也要做他家的。家里决

---

① 大来村纳西族习惯采用随子称谓，即以一户人家的孩子来指称其他家庭成员。此"小妈妈"意为会明孩子的后母。

定三姑娘那个要养在家里，于是就答应了。

但是要养在家里的那个姑娘生了病，病死了。会明的大老婆非常不高兴，说：就因为没有儿子，田也要给人，房子也要给人。于是就给会明做思想工作，让他无论如何都要找一个后妈，说不定能生一个儿子。在以前，人家来占田地、占房屋，意思是没有（生）儿子就是输的。

后来因为买来了后妈，他们（最近的崇窝那一家）就败了，就掰了过来，田也是我们家的，房子也是我们家的，于是才有了我的阿大（大伯）和阿爸。

虽然人们认为女性在维系本崇窝与其他崇窝的关系上具有不可动摇的重要性，但是与世系记忆相同，在财产继承上纳西族通常会将女性排除在外。① 根据这段叙述，我们可以就在纳西族崇窝观念做出如下的等同关系推论：男性＝骨＝财产。虽然有的家庭能够养女招婿，但却需要接受严苛的条件。无子或绝后家庭与崇窝中其他人家存在着对抗的关系——是输赢的较量。人们还可以通过如上的娶后妈的策略来对抗家族对财产的侵占，这一策略的提出者往往是这一家的大太太——这是第二类关于女性的记忆。

阿曼达·阿斯曼与扬·阿斯曼在哈布瓦赫的"交际性"社会记忆基础上发展出关于社会记忆的两种框架——交际记忆和文化记忆，分别用以指代三代以内的新近过去和起源时期的绝对过去。并进一步认为，两者就是记忆的两端。其中，交际记忆最典型的代表是代际记忆，存在于其载体存在的时间，并随载体的消失而消失。交际记忆可以过渡为文化记忆，需要通过记忆的物质化来实现——文献资料和纪念物就是其媒介。②

对记忆进行理论划分是一个值得借鉴的思路。在以上关于纳西

---

① 这一排除女性的继承制度仅在丽江坝区常见。如杨福泉在《纳西族文化史论》中曾提到，在三坝地区，纳西族女性享有与男性相同的继承权。

② ［德］阿曼达·阿斯曼、［德］扬·阿斯曼：《昨日重现——媒介与社会记忆》，陈玲玲译，载［德］阿斯特莉特·埃尔、冯亚琳主编《文化记忆理论读本》，北京大学出版社2012年版，第24—29页。

族集体记忆的梳理中可以看到：

（1）关于世系的记忆是不间断的，不仅有如《崇搬绍》一般的神话世系记忆，也有明晰世代的祖先和后世群体记忆。

（2）关于"肉亲"女性的记忆虽然在一定程度上可以被理解为阿斯曼所提出的交际记忆，但是又与之存在差异——由于纳西族对交表婚的实践是"给妻者—得妻者"身份的不断交换循环，虽然作为"肉亲"的妻子会逐渐被淡忘，但是通过后世女性在崇窝间的交换，经由她们建立的两个家族之间的联系会长久存在。阿目苴家族与命合长、曹那陶家族在十一世前后就保持着持续的女性交换婚。另外，由于交表婚的这一循环性，崇窝对一位妻子或上门的丈夫的记忆以一种"姑妈的女儿"或"阿舅的儿子"的方式存续，并经由这位女性展开向上、向下的世代追溯，对她的记忆将远超三代，并且通常与"骨"的记忆相缠绕。

对"骨"与"肉"的记忆实践还可以做进一步理解：

（1）关于崇窝世系的记忆仅包含该世系中的父—子关系，即使是在招夫上门的情况下，女性也不会被记录。例如阿塌时家族《和氏宗谱》第八至十世的记录："苴地义生地义丈，无子赘养女婿下村和润甲，生和文昭。"

（2）崇窝的世系记忆具有如下功能：首先，以口述为载体的崇窝记忆具有仪式性的功能，用于祭天仪式；其次，使后裔了解崇窝的始祖、由来以及分居情况；最后，这一类型的记忆与家"业"紧密相连。

（3）崇窝世系记忆的特点包括不变性、永久性。

（4）关于女性的记忆首先并不被记录在世系记忆之中。

（5）通过对女性的记忆，崇窝与其他崇窝建立长久联系。

（6）相对于崇窝的世系记忆，人们对女性的记忆较容易遗失。

由此可以对纳西族的关于崇窝和女性的集体记忆进行如下概念化："骨"的记忆与"肉"的记忆。"骨"的记忆指经由父子原则世代相传的男性记忆，具有仪式性、不变性和延续性，并与"业"的观念紧密相连。"肉"的记忆是指经由婚姻关系，在很大程度上是交表婚建立的以女性为主体的记忆，具有松散型、易变性、生活化的。

可以说，纳西族中关于男性祖先的记忆和关于女性祖先的记忆表现出了"骨与肉"的原则和结构。

回到"汉化"或纳西族对汉文化实践的主题上。清末民初之际，大来村人对汉文化的学习渐深，人们开始将儒家关于家族的文化规定——宗谱付诸实践。宗族谱牒是以记录宗族世系源流为主、收集登载其他宗族文件为辅的一种文献，主要有族谱、宗谱、家谱等类别。一部比较完整的宗族谱牒包括序文、作者、凡例、世系、通例和世表。① 民国时期纳西族的宗谱或祖碑的编写已具备了宗族谱牒的基本结构和内容。从记忆的角度看，习得汉文化的纳西族男性仅对"骨"的记忆进行了儒家家谱式的转写。

纳西族为什么要如此实践汉人社会的家谱制度？大来村阿目苴崇窝的《木本水源》碑上刻有："兹昔时火葬，恐炎埋灭故，合族同商觅巨石立碑，自目苴以来昭穆详勒，以垂不朽云。"阿塌时家族《和氏宗谱》有载："但恐代远年淹，逐末忘本，不知一脉流传之统系也。余故折衷前人，笔而记之，以垂教后世，使有所稽也。"再有今人和义据《士良祖宗颂》编写的《垒落崇家谱》前言中所写："水有源，树有根，人有祖，希望家族全体成员，不忘根、不忘本。"总结来看，应有两点根本的原因：（1）纳西族对祖先的口述记忆与汉人社会儒家文化中对"追祖"理念的追求具有一致性。"追祖"理念的相似性易于使纳西族接受汉人宗族的文化规则。（2）纳西族传统的口述记忆受到了威胁——或是因为在"移风易俗"的影响下口述传统的衰退，接触汉文化的大来村纳西族开始感受到来自口述祖先记忆这一方式的危机。

庄孔韶就口传与文字有这样的讨论："口传的时空范围是有限的并充满变异。有文字的民族通过文字共同识别和传递理解和再行转换理解，方便了生计经验、组织、伦常、仪式和信仰的推广，也包括促成理念传播一致性的后果。"② 儒家文化在上下层文化中的沟通

---

① 钱杭：《中国宗族史研究入门》，复旦大学出版社2009年版，第121—132页。
② 庄孔韶：《早期儒学过程检视——古今跨学科诸问题之人类学研讨》，载庄孔韶主编《人类学研究》第一卷，知识产权出版社2012年版，第1—44页。

并实现大小传统的贯通，文字及其媒体起到了重要作用。[①] 文字的作用在于其是永久的媒介，也是记忆的支撑。阿斯曼通过考古文献中的埃及文字，作为精英阶层的罗马学者所写就的作品提炼出文字所具有的永生性，还看到文字使跨越时间的内心对话成为可能，互动的文字能够刺激记忆。[②] 这一论断虽然来自于阿斯曼对西方文明史上文字功能的考据，却也能够在一定程度上说明纳西族在面对自周朝至今的具有一惯性的儒学时的冲击和反思——崇窝记忆"恐炎埋灭""恐代远年淹"甚至"弗替可不记乎"。基于这一对汉字，对以汉字为载体的儒家思想的思考，彼时的纳西族开始反思自身口述记忆的利弊，并主动采取了儒家的家谱制度来进行对自己崇窝记忆的转写。

自1723年丽江改土归流后，在地方历任流官知府的或循循善诱或颁布明令的影响下，到民国时期丽江周边纳西族村落的风俗习惯都已有明显的"汉化"特征。这无疑是"文明化工程"的结果。与汉族的家族观念有相似也有不同，纳西族的崇窝以祖先崇拜和交表婚为其存续的基本原则。并且，纳西族家族观念与汉族家族观念的相似性使纳西族更易于实现对汉文化的整合。在乡村的日常生活中，移风易俗并未改变人们对交表婚的实践。另外，读过书的纳西族开始实践儒家的家谱以转写以男性为主体的崇窝记忆。

接触汉文化的纳西族虽然一方面逐渐接受"移风易俗"，另一方面也开始积极地实践儒家文化。与华南学派看到的情况不同，纳西族并不关注跨越族界的问题。在家谱实践一事上可以看到，儒家关于家族的文化制度对纳西族来说有一定的吸引力，吸引力来自于相似的"追祖"观念，也来自于书写对于口述的优势。

三 "汉化"的城乡联系

纳西族学者方国瑜曾就汉文化传播有这样的观点："汉文化之传

[①] 庄孔韶：《银翅：中国的地方社会与文化变迁：1920~1990》，生活·读书·新知三联书店2004年版，第483—487页。

[②] ［德］阿曼达·阿斯曼：《回忆空间：文化记忆的形式和变迁》，潘璐译，北京大学出版社2016年版，第201—212页。

播，固受军事政治之影响，而商旅往还与人口迁移尤为重要。"① 在丽江坝区，纳西族与汉文化互动与地方社会的变动和发展有紧密联系，需要在城镇与乡村的联系中进行考量。

（一）作为地方中心的大研镇

大研镇在明代以来的历史上是丽江的中心。明洪武十五年，任元朝通安州知州、丽江宣抚司副史的阿得归附明朝，得皇帝赐"木"姓，设丽江军民府。木得在今狮子山东麓建丽江军民府衙，在府前开辟了"知市"即新街，丽江的政治、经济中心也随之从白沙移至大研镇。② 清初，大研镇及周边逐渐形成定期集市，城市规模逐渐扩大。在大研镇四方街、象山北侧、束河、白沙、黄山哨坡脚等地都已形成集市，除大研镇的集市之外，其他集市都已形成了固定的街期。③ 大研镇的集市与周边集市已经具备了施坚雅意义上的中心市场和基层市场的分级市场格局。道光年间的《鸿泥杂志》记录了不少关于大研镇市集的情况："郡城西关外有集场一所，宽五六亩，四面皆店铺，每日己刻，男妇贸易者云集，薄暮始散。"

"七·七事变"后，我国沿海城市相继沦落导致沿海国际贸易中断。国际贸易虽然在一定程度上仍可以依靠于西南地区的滇缅公路，但其运力有限。在此背景下，滇藏"茶马古道"发展为西南进出口贸易的重要通道。"大研镇一时万商云集，商号林立，除云南各地商人外，来自北京、山东、四川等地的商人也来到丽江经商，形成了滇、藏、汉贸易的极盛时期。"④ 大研镇也将大批丽江周边纳西族卷入茶马贸易。大研镇是一个以商贸为主体的城镇，城内居民日常生活供给很大程度上依赖于周边乡村的供给。此外，城内的贸易、茶马古道上的物资运输等都需要大量的人力参与。

民国时期的大研镇不仅是一个商业中心，也是一个有历史沉淀的汉文化中心、技术中心。丽江土司制后期，在木氏土司的邀请下

---

① 方国瑜：《方国瑜纳西学论集》，民族出版社 2007 年版，第 67 页。
② 和仕勇主编：《丽江古城志》，云南民族出版社 2011 年版，第 57 页。
③ 同上书，第 192 页。
④ 同上书，第 193—194 页。

大量汉人移民进入丽江。根据木氏土司"天下齐民一姓和"的命令，进入丽江的外族人必须一律改姓为和，以示对木氏的臣服，部分人在改土归流后恢复本姓。明朝时来丽的汉人或者精通学问、擅长医术，或有手艺、精通阴阳之术等。这些方面与汉人社会的文化、宗教或风俗有着深刻的联系。对于留下来的人，木氏多在大研镇一带划拨土地，给他们居住生活之用。

这样一来，大研里一带逐渐成为汉人移民聚居区，对汉文化向周边的传播有两方面意义。首先，改土归流后，作为府治的大研镇有着丽江最好、最集中的教育资源，也代表了丽江最高的汉文化水平。在改土归流实施后，丽江府的读书人取得了可喜的教育成就。但是，通过研究这批读书人的来源地和族源，可以看到两个特点：读书人来源地的集中性，集中于大研镇、束河和白沙；读书人的族源具有集中性，他们多是汉族移民的后代。与此形成对比的是，丽江坝区的一般乡村中能够取得足以铭记于史册的功名的纳西族少之又少。这与方国瑜的观点相符："忆自古汉人迁至部落者日众，惟受土司压迫，既失其本姓，复弃其入学，变服从俗，渐化为夷。……土族受汉人潜移默化当日以深，貌虽汉化为夷，实则夷化为汉。故未归流之先，其境文物已多同汉制，归流后仅一年，而土司、人民已俱心服，又数年而规模粗备。"[1]

另外，大研镇内汇集了各类手艺技术。自明代以来，80%以上人口主要依靠手工业和商业为其生活来源，到清末至民国时期，古城内有2500多人是手工业者。[2]

（二）从大研镇回村的"读书人"

民国时越来越多的大来村人纷纷走出乡村，与更大的地方社会建立联系，并成为汉文化进入丽江乡村的新媒介。大来村这一时期出了一批读书人，他们热心于村内的教育事业，促成了良好的读书风气，并积极参与本村的治理。

---

[1] 方国瑜：《方国瑜纳西学论集》，民族出版社2007年版，第71页。
[2] 和仕勇主编：《丽江古城志》，云南民族出版社2011年版，第219页。

民国初年，大来村尚无小学。和盛元与和忠曾在丽江城中读书，师从当时著名的"忠义老师"杨穆之。① 和盛元读书有成后在村里办了一所小学，但是他遭到丽江保守派的诸多反对和攻击，甚至威胁到了他的人身安全，被迫逃往昆明。和忠学成后也选择回村，后来成了村里的保董。此后，毕业于民国时的丽江中学的和及德先在鲁甸教书，后来回到大来村教书，是村中最早的新学教师。后来有一位读书人名叫和习礼，少年时在大研镇私塾读书，此后就读于蚕桑学校②，毕业之后一直在和盛元所建的村小学中教书。民国时他是村中的乡绅，当过丽江县议员，还是国民党党员。他在村里被称为"乡长考③"，据说当时新到任的乡长都要前来拜会。

　　和一坤也毕业于蚕桑学校，毕业后进大研镇谋生。当时丽江茶马贸易兴盛，他从伙计开始干，后来开拓了自己的商业。他的后人说他最初是在大研镇的曾家当伙计，后来去了当时丽江有名的大商号——赖家的仁和昌当伙计。此人精明能干并且诚实敦厚，后被赖家派往仁和昌在大理黑龙桥一带的商号当掌柜。他还曾多次为赖家前往缅甸谈生意。后来，他离开赖家开始独立经商。在遭人算计损失了家业后回到村中，为村民减免赋税出谋划策。

　　大来村在清朝时属于刺缥里。改土归流初期，知府管学宣在乾隆四年就在刺缥里设义学馆"刺缥馆"，该馆初创立时由知府管学宣捐款"束修银一十二两"维持。刺缥馆义学距离大来村3里左右，村中学童需前往就读。虽然不少富足的家庭开始延请儒师作为家教，但是清朝时的儒学教育并没有教出多少读书人。村中有不少请儒师开私塾的小故事，例如：有一户人家请塾师入户陪读多年，父亲觉得儿子应当学有所获，就对儿子说："中元节就要到了，今年的祖先牌位就由你来写吧！"儿子一边写一边问道："阿爸，'a^{33}mu^{55}'④是

---

① 据说是民国时于大研镇忠义巷开设私塾的有名老师。
② 民国时的"丽江六县乙种蚕业学校"，是一所实业学校。由于缺乏办学经费，于1918年停办。
③ "考"字为纳西语音译，意为"官"。
④ 纳西语中指曾祖父。

不是孟夫子的孟字?"① 父亲一听,心中大惊——这几年来儿子是白学了,于是急忙辞退了老师。这位父亲在不久后因心中郁结而过世。

从墓葬碑刻、家谱撰写、后人口述等资料来看,直到19世纪末20世纪初,大来村才进入到对汉文化持开放态度的主动学习时期。作为文化和商贸中心的大研镇是村民求学的圣地。学成的村民对汉文化向乡村的发展有以下影响:首先,村人自己开设了村小,他们将教育带回到乡村的范围内。此后,先后几代村中读书人都曾回村任教。当然也有外来的老师,如李泽红,他启蒙了1949年参加革命的一批村中的年轻人。

其次,这批读过书并回村的人成为大来村当时的"绅士老民"。有村民说:"解放前我们村已经有绅士老民了,他们的讲话有分量,说什么就是什么,谁也不敢违背。"他们对内调节村内的争执和纠纷,管理乡村的山地、林地、水资源等;对外在公共事务上与政府积极沟通接洽——为政府收税、调解乡村之间的纠纷,也尽其所能为村民免除兵役。

最后,大来村在这一时期形成了崇尚读书的风气,村内对读书人极为尊重。一户人家出了"读书人",他们会借用汉文化来转写、重塑自己的家族记忆。在村中,"读书人"的后人都会被当作一个专门的有生物遗传学意义的类别——"读书种"。人们认为能读书、会读书的能力会像血或基因一般传给后代,后世学有所成的人都会在一定程度上被归结为祖辈的成功。

如前文所述,大研镇是民国时丽江的"政治、文化、经济"中心,丽江周边的纳西族乡村纷纷来此谋生、经商、寻求教育,这里成为乡镇文化交织互动的重要场所。从大来村的教育上看,大研镇的私塾对村民来说无疑有着极大的吸引力,让人们不远十几里也要让孩子前来求学。这批读书人学成回村并成为新一批保董之后,也在不断实践着学习到的汉文化——塑造自己的家族、开办教育以塑造年轻一辈人,把乡村与地方之间的关系带入了更深层次的文化圈子中。

---

① 纳西族不善于发鼻音,"孟"在方言口音中类似于"mu^{55}"。

(三) 人际关系网络与汉文化的濡染

在大来村有一栋出名的房子——阿目苴家族和言信在民国时盖的"三层楼",这是一栋靠坡地建筑的三层房屋,该房屋的建制在丽江坝区东侧的金山一带是唯一的。从他的人生轨迹看,我们可以更直观地理解茶马贸易兴盛时期大来村的纳西族与汉文化有怎样的关联。

和言信出生于清朝末年,自少年时代起,他曾前后两次拜干爹。一次是向一位常在村中乞讨的四川流民求名,人们认为向命贱之人要名可以增福添岁。另一次是由他的父亲带他向大研镇的"李新爷"拜继干爹并求得"李福林"一名。后来村中多称他为"李言信"。"李新爷"的本名已不可考。"新爷"一词在清末和民国时期的丽江常常用来称呼新近考取功名者,李新爷应是清末考取了功名的人,村中老人说他家中有兄弟经商,在当时繁荣的大研镇中是比较有名声的家族。

和言信外出做生意在村里是家喻户晓的,他常往来于永胜、丽江和鹤庆之间。他为人慷慨大方,并喜欢结交各路朋友,时常在家中宴请、招待。他喜爱植物,在院落中种满了各色植物。每逢春季,还会特地宴请朋友来家中赏花,说是叫"牡丹会"。他的友人遍及鹤庆、大研镇以及永胜,且多为商道上的朋友。后来建房时,他请来了永胜人关师傅来烧砖瓦,请来了白族人杨师傅做细木匠。每每外出时总要穿汉服、戴瓜皮小帽,随身挎有一个用细竹篾编制的小包,形制与今日男用手包相似,包中常备白铜制的老式水烟壶一把。

少年丧父,他没有入学读书的机会。但是由于走南闯北的关系,他与行商贸易的汉人也多有接触。其孙辈回忆时提到,在他70余岁时,还时常听他念叨《朱子治家格言》里的句子。据说他对许多汉语里的典故信手拈来,还会讲《西游记》《水浒传》中的故事。和言信生有一子三女,在他的支持下都曾入学读书。

现在需要将视角从大研镇与周边乡村的联系放到更大的地方社会情境之中。和言信的生平表明纳西族与汉文化接触时除了我们熟知的汉文化教育之外的另一种途径——卷入地方的商贸过程。这一时期投身地方商贸的纳西族有许多，他们的足迹遍布中国西南，甚至有人走到了更远的加尔各答、拉萨、缅甸等地。和言信行走在汉族以及高度汉化的白族之中，未曾接受过儒家的教育，汉文化对他的濡染无疑发生在他从事商贸、广交朋友的潜移默化的过程中。汉文化对他的影响不仅体现在他对汉文化的典故信手拈来，也体现在他的生活方式上。

儒家文化在地方的传播一方面依靠着循吏的"仁爱"化民，另一方面还依靠着乡村中文化与人事的媒介人物。[①] 和言信对于清代朱柏庐的《治家格言》、汉语典故以及古典名著中内容的熟知引出了一个汉文化在族际传播的不同途径——少数民族走出乡村，进入地方的历史过程，在广泛的人际交往中沉浸于汉文化的濡染。

家训是在中国传统社会里形成和繁盛起来的关于治家教子的训诫，是以一定社会时代占主导地位的文化内容作为教育内涵的一种家庭教育形式。[②] 传统家训采取最贴近大众生活的教化方式，注重亲情的濡染和感化。[③]《治家格言》强调了对于读书应有的态度、对农人应勤俭持家的劝导、家庭邻里的相处之道等，虽然仅有五百多字，但三百多年历传不衰，无论是官宦士绅、书香世家还是贩夫走卒、普通百姓，几乎是家喻户晓，人人皆知。其特点是整齐押韵，便于记诵；语言生动，通俗易懂；正反对比，善恶并论。[④] 因此，即使是只通汉语不识汉字的纳西族人也能轻易理解，能够朗朗上口并用在自己的治家持家之上。和言信的后人将他中华人民共和国成立前对家庭的成功经营归结为他持家有道。在大来村，学习汉人或白族持

---

① 庄孔韶：《银翅：中国的地方社会与文化变迁：1920~1990》，生活·读书·新知三联书店2004年版，第413页。

② 张艳国：《简论中国传统家训的文化学意义》，《中州学刊》1991年第5期。

③ 潘玉腾：《传统家训濡化社会核心价值观的经验及启示》，《福建师范大学学报》（哲学社会科学版）2017年第4期。

④ 徐少锦、陈延斌：《中国家训史》，陕西人民出版社2003年版，第682—685页。

家策略的纳西族家庭都注重勤俭持家，通过积累财富来获得更多土地。在中华人民共和国成立后农村阶级成分认定中，这些家庭都曾被划归中上农以上的阶级，这样的家庭也往往更重视子女的教育。

儒家文化传入另一文化的途径除了学校教育之外，还有交往中的濡染。这种濡染不必以识字为前提，以家训、经典小说等为依托的口头传播，不以"移风易俗"为目的，是以一种开放交流的态度进行的传播，其影响的大小完全取决于接触汉文化的一方的态度而定，这一开放式的交流对于纳西族文化在汉文化中的传播也是如此。

（四）从大研镇回村的"工匠"

史料中对纳西族房屋的记录在明朝时变得丰富。对于木氏土司来说，学习汉文化、践行风雅等与汉文化相关的事项均为其一家独占，是一个划分阶级、区分其与一般百姓的重要标志。建筑也是此类区分木氏与百姓的文化标志之一。木氏时期，木府建筑群给徐霞客留下了极深的印象："木氏居此二千载，宫室之丽，拟于王者。"[①]木氏对寺庙的修建也投入大量精力"富有一方，僭拟王侯，崇奉佛教，所在营建寺庙，极其华丽"[②]。此后，徐霞客还描述了头目居住的"瓦室"，以在屋角有标志头目的两面小旗为标志。一般民户则居住在"板屋茅房"[③] 中，而且描述纳西族房屋的"板屋"一词频繁出现于志书中。在正德《云南志》中对板屋有详细描述："麽些蛮所居，用圆木纵相架，层而高之，至十八层，即加桁，覆以板，石压其上，屋内四面皆施床榻，中置火炉，用铁链刳木甑，炊爨其上。"到乾隆年间，丽江民居已是"渐盖瓦房，然用瓦中仍覆板数片，尚存古意"。

在民国时，大研镇周边的纳西族民居已基本都是汉式建筑。民居的正房一般是三开间的房屋，中间是供奉着祖先的堂屋，这里还

---

① 《徐霞客游记·滇游日记六》。
② 吴大勋：《滇南见闻录》，载方国瑜主编《云南史料丛刊》第十二卷，云南大学出版社 1999 年版，第 19 页。
③ 《徐霞客游记·滇游日记七》。

取代了传统木楞房中围绕火塘的宗教和会客功能。人们青睐于蛮楼构架的"草楼"——二层可以储存大量草料,底层为牲圈。"蛮楼""漏阁""闷楼"等汉语词在大来村民谈论房屋时频繁出现。而如麦克汉研究中所提及的"美杜""格故鲁"等纳西语词以及根据"骨与肉"的象征含义所做的家内空间分布,在丽江坝区乡村中逐渐难以再见。房屋在纳西族宇宙象征的意义层面不再发挥其作用,但是在兄弟分家时被均分的原则至今仍在乡村被严格遵行。

与前人的调查一致,大来村纳西族实行长子婚后分家,幼子一般与父母同住。分家通常请族人主持,实行诸子均分财产的原则,父母在世亦分一份。女儿无财产继承权。[1] 进行财产分割时,房屋、田产、工具、家内细小事物、牲畜活禽等,一切有形之财物都应按兄弟数加一的原则分成等份,幼子与父母同住,多得一份,其他诸子取均分的一份。大来村的房屋多可追溯到数代之前:

> 四劳:我们这一支是在我的曾祖一辈时分的家。我的曾祖生了三个儿子,大儿子留在了家里,二儿子上门到上村姑妈家,三儿子过继给了大曾祖家。曾祖分家得到的房子现在就是我家院子北面的这一栋。因为祖父一辈另外两个儿子都出去了,没有分家,到我父亲一辈分家时,这栋房子给了我父亲,到我们兄弟三人分家的时候,我分得了这栋房子。当时父亲家周围都已经住满了,于是集体就分了现在这块地给我家做宅基地,把这栋房子从那边搬了过来。

纳西族的建筑从"板房"发展到汉式房屋,这无疑是一个纳西族与汉文化互动的结果。民国时,建筑学家刘敦桢到丽江考察后曾对在昆明的方国瑜先生说:"丽江今日住房之建筑纯为唐代中原式,至今未改者。"[2] 潘曦对纳西族建筑木作技艺的"唐宋遗风"进行了讨论。她认为,纳西族建筑中的唐宋古法较有可能是通过周边其他

---

[1] 《中国少数民族社会历史调查资料丛刊》修订编辑委员会编:《纳西族社会历史调查》(2),民族出版社2009年版,第3页。

[2] 方国瑜:《方国瑜纳西学论集》,民族出版社2007年版,第74页。

民族间接传入。白族先民自唐宋时期就已吸收汉族的木作技术，大理一带的白族先民明朝时受汉族影响转向硬山建筑，而处于大理与丽江边缘的剑川、九河一带仍保留唐宋古法。邻近的纳西族向白族学习到"唐宋遗风"，并在明清时期使这种建筑风格逐步在丽江普及。[1] 这呼应了方国瑜先生对"麽些"汉化的讨论："西洱河民族之势力早已达丽江边界，麽些之汉文化，间接得于白子族，亦可想象得之。"[2]

建筑是由人使用特定技术创造出的物，是技术的人工物。着眼于技术与社会之间的相互关系，以技术、技术人工物为研究对象的技术人类学在20世纪80年代发生象征主义转向，与人类学早期对物的功能研究相比，这一转向带来了审视技术和物的不同视角。莱蒙里尔在继承了莫斯"总体性"的思想的基础上，提出了"技术风格"的概念。技术风格是指通过日常物品的风格表现出的文化总体性意义。日常物品，即技术人工物的意义依赖于语境，该研究思路是对社会决定论的继承。[3] 传统技术和现代技术中普遍存在着的社会因素，这种社会因素被称为社会表现。[4] 田松对纳西族科技史的考察也有类似的表述，他认为生存状态是由解释世界的形而上体系和联系世界的形而下体系共同决定的。盖房子这一形而下的技术行为是由其形而上的体系决定的，纳西族民间的东巴文化构成了其形而上体系。传统纳西族所秉持的是一种融入自然的生存状态，其宇宙观、自然观和生存方式之间存在着和谐的关系。[5] 孟彻理对纳西族传统住宅的研究也有类似结论，他认为纳西族传统建筑空间结构，尤其是作为房屋象征中心的"格故鲁"，是纳西族宇宙观在家庭空间秩序上

---

[1] 潘曦：《西族乡土建筑木作技艺古法探源》，《古建园林技术》2015年第3期。
[2] 方国瑜：《方国瑜纳西学论集》，民族出版社2007年版，第67—68页。
[3] 王皓、夏保华：《论莱蒙里尔的技术人类学思想》，《东北大学学报》（社会科学版）2018年第5期。
[4] 王皓：《兴起中的技术人类学》，《东北大学学报》（社会科学版）2015年第9期。
[5] 田松：《神灵世界的余韵：纳西族：一个古老民族的变迁》，上海交通大学出版社2008年版，第123—131页。

的体现。①

以上观点强调了技术与文化之间的一致性，对封闭的传统村落来说具有其解释力。但是，坝区纳西族建筑的变迁从改土归流开始，一方面从大研镇为中心向外扩散；另一方面从与其他民族接触的边缘向内延伸。在这一情况下，沿着宇宙观在建筑技术中的贯彻这一思路是难以理解这一建筑技术变迁的文化意义的。

那么，在改土归流之后，坝区纳西族为何会越来越青睐于汉式的房屋？这首先需要历史情境化的解释。改土归流使坝区纳西族在很多层面上接受了汉文化，虽然人们仍然相信东巴教在解决疾病和不幸方面的效力，但是从前统领纳西族生活的东巴教已被不断削弱，逐渐在很多方面退出了人们的日常生活。

其次，纳西族建筑的变迁还涉及技术选择的问题。技术人类学代表人物莱蒙里尔认为社会文化因素会介入人们对技术的选择，社会文化因素在材料选择、手段选择、技术过程以及技术执行时都会产生影响。同时，新技术能否顺利进入一个文化则取决于其兼容性，新技术必须在技术水平和社会表征两方面都与技术体系兼容。②

改土归流的政策取消了从前木氏对于其疆界的严格控制，促进了纳西族与周边民族的接触往来。民国时期，大研镇作为茶马古道的重镇，其商贸运输事业将各族人都卷入其中，纳西族与周边民族的往来更为密切和深入。邻近民族为纳西族提供了可资自主选择的不同建筑样式，其中，以白族的汉式建筑技术对坝区纳西族建筑产生的影响最为广泛。

至民国时，各地纳西族民居产生了较大分化——永宁至盐源一带以木楞房为主体民居建筑，丽江坝区以汉式楼房四合院为主体民居，而靠北香格里拉、德钦、盐井则完全被藏化，以土掌房为主体

---

① ［美］麦克汉：《骨与肉：纳西传统建筑空间结构中体现的宇宙观和社会关系》，杨福泉译，载郭大烈、杨世光主编《东巴文化论》，云南人民出版社1991年版，第380—397页。

② 王皓、夏保华：《论莱蒙里尔的技术人类学思想》，《东北大学学报》（社会科学版）2018年第5期。

的民居建筑。① 分布各地的纳西族与不同民族相邻，在民居的建筑选择上反映了其对相邻族群建筑的青睐，与藏族比邻的纳西族接受了更适应当地气候的土掌房。纳西族对汉式建筑的选择则涉及多样的文化因素。首先，木氏土司时期以瓦房和板房区别身份地位，纳西族民间对木楞房的低矮门框有这样的解释——木土司要求百姓"对木低头"。这一身份区分在改土归流后不复存在，人们纷纷建起了瓦房。其次，如建筑学家刘敦桢所言："省内中流住宅，以丽江县附近者，最为美观而富变化。"② 纳西族对于瓦房有多样的审美诉求，例如对房屋的细木工的追求——门窗上的精细雕花，当然人们对繁复雕花的追求还受到经济能力的约束。最后，纳西族采取汉式的建筑和空间安排有也其功能性考虑，四合院或三防一照壁构成的院落，外加房后的菜园、草楼等，人们可以妥善安排自己的生活。

民国时大来村人对汉式建筑技术的学习还提供了考量影响技术选择的另一层文化因素。当人们提起建房请师傅，近有九河、七河，远至鹤庆、剑川的名师傅在丽江几乎是人尽皆知的。在七河与九河一带的村落多为纳西族、白族混居，并且相互间通婚。在丽江坝区，改土归流后金山一带也陆续有白族移民进入，并渐成村落。例如，丽江金山乡东元村的奚家于嘉庆年间从鹤庆来到丽江，祖上务农，农闲时会以家族为单位到邻近各村及大研镇做泥水匠。奚家村的后代将泥水匠的手艺代代传了下来，并活跃于大研镇和周边乡村。③

汉式建筑的技术传播除了以上明确的白族传纳西族的路线之外，大来村那可夸崇窝的一位大师傅提供了另一个线索。民国时，这位大师傅的兄长曾在大研镇拜师木匠，他用了两年时间，自己花着钱、做着帮工、孝敬着师傅才学得了功夫。学成之后，他邀着自家兄弟一起给人建房。几座房子建好后，兄弟四人都成了能够独当一面的建房大师傅，其中以四弟的手艺最好。四弟曾读过书，在记墨、用料上做过大量笔记，并乐于钻研。据说，在中华人民共和国成立前

---

① 杨林军：《论明代以来纳西族民居建筑的演变及分布特征》，《保山学院学报》2015 年第 3 期。
② 刘敦桢：《刘敦桢文集》（三），中国建筑工业出版社 1987 年版，第 334 页。
③ 唐有为：《纳西姓氏考》，高等教育出版社 2007 年版，第 81—84 页。

他已名扬大研镇，他建的房子时常有人前去参观学习。大研镇自明朝以来就多有发展，所剩下能建房的地块多不规则，需要就地建房。这位大师傅能够将每一块地都利用充分，没有浪费。不过，他们兄弟四人的后人都已是一般农人，无人继承大木匠的手艺。但是，村中有不少人却跟他学得了手艺——现在有一小批70—80岁的老人家就是从跟着他做帮手开始习得了木匠的手艺，传到更年轻一辈的木匠人数就更多了。从这位大木匠开始，大来村民起房就很少请外村、外族的人来了。

不同的技术人工物代表了不同的知识、信仰、道德等文化寓意，进行技术选择的过程其实是进行文化选择的过程。[①] 从建筑过程看，汉式建房技术中充满了汉文化的意义系统，例如，上梁仪式中大师傅的念词中关于鲁班、"破五方"的汉文化民间信仰。但是在民国时，大来村的男人们纷纷走进大研镇、卷入茶马贸易，习得这一汉式建筑技术无疑是加速了他们对地方历史过程的适应，对其生计也有意义。

对于明清至民国时汉文化在少数民族中的传播问题，"权力论"一直处于主流地位。将学术审视从"中心—边缘"的对立二元转向地方社会，我们可以看到繁盛的地方商贸带来了频繁的人群交往，当地纳西族又因对这一地方历史过程的积极参与，最终带来了地方层面多样的文化传播。如方国瑜所示，商旅往还与人口迁移的因素在汉文化向丽江的传播过程中起到了重要的作用。

在"七·七事变"后，丽江大研镇作为西南茶马古道上的重镇，是一特殊的以商贸为凝聚力的地方社会形态，是地方的经济、文化、教育、政治等方面的中心。民国时，纳西族人纷纷走出乡村进入大研镇、走上茶马古道以寻求新的生计，大研镇及以其为中心建构起的商贸网络是丽江乡村纳西族与汉文化积极互动的重要场景。首先，改土归流后大研镇形成了良好的教育风气，获得周边乡村农人首肯。这批民国时成长起来又回到乡村的读书人，在一定程度上成为中国

---

① 王皓、夏保华：《物质与象征之间——普法芬伯格对标准技术观的批判与社会技术系统的构建》，《自然辩证法研究》2018年第5期。

地方权力格局——地方精英或"绅士老民"的一部分。其次，卷入地方商贸的纳西族与其他民族有了更多的交往。为了维系与汉族和白族的贸易关系和交往，纳西族也学起了他们的生活方式，甚至在逐渐深入的交往中，通过口耳相传的方式学到了儒家治家的思想。最后，大研镇汇聚了丽江的商贸资源和各种工艺技术。周边乡村越来越多的纳西族走进古城，尝试寻找不同于传统农耕和放牧的新的生计方式。凭借新的谋生方式，他们与地方的大社会以及自己家乡的小社会有了不同于以往的参与方式。

纳西族传统建筑——木楞房曾是东巴教宇宙论的表征，符合莱蒙里尔提出的技术风格的概念，或如田松所言其建造符合纳西族东巴信仰的形而上体系的形而下的技术行为。但是，从改土归流到茶马贸易，这种使建筑与文化之间保持一致性的文化土壤已逐渐消失。在复杂的地方历史文化过程中，对建筑技术的考量若从不同的角度入手，我们可以看到纳西族采纳并自建"唐宋遗风"式房屋是其自主的文化选择，其出发点可能是技术、美学甚至生计手段，而非局限于与"中心"遥远的二元政治权力框架下。

四　爱情实践的传染

殉情现象被认为是"改土归流"后丽江纳西族中出现的特有现象，其以丽江坝区周边最为盛行，广受各界关注。民国时期，殉情不仅发生在纳西族中，还发生在与纳西族有所接触的其他民族中，不仅是民族杂居后相互的影响，还与当时丽江繁盛的茶马贸易有关，茶马贸易促进了不同民族之间的交往和相互理解。通过对殉情中纳西族爱情观念的分析，可以加深我们对纳西族与汉文化互动的理解。

至20世纪90年代，情感人类学的发展在经历了去本质化和话语理论取向后，转向对情感本身的关注，将情感视为人的生命体验。[1] 人类学情感研究认为情感具有社会性和文化性，可以对情感进

---

[1] 宋红娟：《西方情感人类学研究述评》，《国外社会科学》2014年第4期。

行经验研究。① 以下将以纳西族的日常生活中的情感作为关注点。

(一) 对殉情的解释

纳西族早在民国时就已驰名中外，除了茶马古道，还有殉情。在《被遗忘的王国：丽江1941—1949》中，顾彼得认为丽江"称得上是世界的殉情之都"。他对当时丽江纳西族青年男女的殉情多有描写，并且他对祭祀情死鬼的"祭风"仪式的描写令人印象深刻并不寒而栗。② 在当时的丽江坝区及周边乡村，殉情是常见的，如此特殊而普遍的自杀现象不仅为丽江蒙上了一层神秘的面纱，也吸引了学者的目光。

对20世纪上半叶纳西族殉情的解释中的主流观点是"文化冲突"，这一冲突是由1723年丽江"改土归流"后流官知府大力推行"移风易俗"的政府策略导致的。杨福泉认为"殉情习俗是非常典型的社会文化冲突和变迁的产物"，清朝对丽江的"改土归流"政策使纳西族青年男女成为封建礼教的牺牲品。③ 和志武对东巴教殉情祭仪中使用的核心经书《鲁般鲁饶》进行解读和分析，指出殉情是追求自由和幸福的青年男女对牧主压迫的反抗。④ 沈玉菲就殉情的精神性因素方面进行了讨论，认为东巴教中与殉情相关的祭殉情鬼或祭风仪式不仅反映了东巴教的死亡观，还通过暗示塑造了殉情。⑤

殉情不仅是历史学、民族学和人类学的研究对象，也是颇具吸引力的文学主题，产生了两部优秀的纪实文学作品。作家谷雪儿以田野调查的方法在丽江各地进行了长达两年的调查，并写成纪实文学作品《纳西人最后的殉情》。她既关注于民国时期的殉情，也关注于中华人民共和国成立以来丽江各地仍时有发生的殉情。通过对各地纳西族村落的走访，她对纳西族殉情给出了多样化的解释。包办

---

① 宋红娟：《情感人类学及其中国研究取向》，《中南民族大学学报》（人文社会科学版）2012年第6期。
② ［俄］顾彼得：《被遗忘的王国：丽江1941—1949》，李茂春译，云南人民出版社2007年版，第228—243页。
③ 杨福泉：《纳西族文化史论》，云南大学出版社2006年版，第369—394页。
④ 和志武：《论纳西象形文东巴经〈鲁般鲁饶〉》，《思想战线》1986年第1期。
⑤ 沈玉菲：《纳西族宗教殉情死亡仪式解析》，《贵州民族研究》2008年第2期。

婚姻与自由恋爱的矛盾之外，民国时期频繁的征兵、家庭贫穷、事业上的失意、为友情、社会歧视等也是导致殉情的重要原因。① 在谷雪儿的影响下，常年关注纳西族文化的和家修先生将自己家族的婚姻故事整理出版。② 这两本书在一定程度上可以看作是纳西族殉情的民族志。以下笔者尝试以这两本纪实文学为基础，分析纳西族的情感表达和实现。

（二）殉情的濡化——文化传递与情感共鸣

纳西族有不少与爱情相关的传说、歌谣和仪式，殉情也是其情感实践的重要体现。在清朝到民国年间，纳西族乡村有完整的关于爱情的濡化系统。至少到"文化大革命"时期，纳西族乡村仍保留有各种形式的曲子和演唱形式。唱民歌不仅是人们经历和表达情感的主要途径，也是青少年学习和尝试实践情感的途径。年轻人在各类歌谣的环绕下成长，在少年时就开始学习如何通过情歌开始自己人生的爱情实践，因此歌谣与纳西族对爱情的理解密不可分。

纳西族爱情的表达和实践以歌谣为主要途径，涉及的音乐形式包括在东巴仪式中唱诵的《鲁般鲁饶》、在找对象时吟唱的《时本受》以及民歌手对唱的"bω33"（大调）。

《鲁般鲁饶》是一部描述纳西族男女殉情的叙事长诗。讲述了一对牧羊男女在风景如画的高山上放牧时互生情愫，在遭受双方家庭的阻挠和斥责后相约殉情的故事。这部长诗在民间流传有不少版本，一般由抗命、妆饰、迁徙、阻隔、遭斥、盼望、双殉等情节构成。其内容不仅在民间的大调中被广为传唱，东巴经的《鲁般鲁饶》也是安抚情死鬼的祭风仪式的核心部分。③《鲁般鲁饶》感染力的来源至少有两个部分，一是其内容，另一是音乐和唱腔。长诗中有大量对牧羊男女的遭遇和心境的描述，往往能与听众的生活经历产生共

---

① 谷雪儿：《纳西人的最后殉情》，作家出版社2007年版。
② 和家修：《抢婚、逃婚、跑婚、殉情——一户纳西人家的奇异婚俗》，云南人民出版社2006年版。
③ 《纳西族文学史》编写组：《纳西族文学史》，四川民族出版社1992年版，第187—188页。

鸣。在过去,《鲁般鲁饶》在举行大祭风仪式时需要在夜晚唱诵,音乐与唱腔令在场者动容动情。

《鲁般鲁饶》描述了一个叫"巫鲁游翠阁"的地方,意为"纳西族传说中情人们的理想境界",后来被人们翻译为"玉龙第三国"。长诗的第六章"盼望"描述了殉情的男女主人随时听命于家庭,别离后仍相互牵挂惦记。伤心不已的女主人公九命姑娘听到了"游主①"的召唤:

> 九命姑娘呵,快把眼泪揩掉,到巫鲁游翠阁来吧:你的两眼呀,来看美丽的鲜花;你的双脚呀,来踏柔软的草滩;你的双手呀,来挤白鹿的鲜奶。
> 九命姑娘呵,快把眼泪揩干,使者就要来接你:树上蜂蜜任你采,高山清泉任你饮,金花银花任你戴……②

殉情的人们相信,如同在《鲁般鲁饶》中所唱,死去后殉情者的灵魂会去到"玉龙第三国"。杨福泉对纳西族的古典殉情文学的研究表明,"玉龙第三国"往往被描述为深处于草深林茂的高山中,有着朴素而超然的人生理想和人与自然融为一体的美丽境界,情死后的人们可以在这里享受永恒的青春,与自己的爱人永远相守。③ 此外,如上引文所示,来到"玉龙第三国"的人们不必再受生活苦难的折磨。

《鲁般鲁饶》是理解纳西族殉情的重要文本。这部长诗明确地给出了对殉情者的死后归属安排。纳西族认为一般人死时应在家中有家人环绕,并在吐出最后一口气时由家人将口含放入口中,得了口含的人的灵魂才能够顺着东巴指出的路线回到祖先居住的地方。与此相对,去世时未得到口含者的灵魂会变成游荡在各处的鬼魂而无法返回祖先居住地,并会对家中亲人作祟,使其生病、不顺。一般认为殉情而死者的灵魂会化作"风鬼",无法去到祖先居住的地方。

---

① 掌管纳西族男女殉情的爱神。
② 牛相奎、赵静修整理:《鲁般鲁饶》,云南人民出版社2009年版,第62页。
③ 杨福泉:《纳西族古典殉情文学中的灵界信仰》,《民族艺术》1997年第3期。

但是对于殉情者来说,《鲁般鲁饶》描绘了一个情侣灵魂死后归去的理想世界。对于活着的家中后人来说,殉情者灵魂的去向并非如此理想,人们认为殉情而死的人的鬼魂会给后世家人带来不顺利、疾病,甚至还会诱发新的殉情。一旦家中有人殉情后,家人需要耗费大量钱财请东巴上门做盛大的"大祭风"仪式,以安抚殉情后成为"游"鬼的灵魂。即使在中华人民共和国成立后,丽江各地的"大祭风"仪式仍多有举行。

纳西族文化中存在着鼓励自由爱情的一面。"命若号"是纳西族自由恋爱的方式,可以被理解为"找对象"。在农闲或节庆时,纳西族年轻男女会聚在一起用情歌对答的方式交流、娱乐,在此过程中年轻男女互相了解、试探。关于历史上纳西族的谈情说爱,余庆远据其乾隆年间在维西的经历和听闻写成的《维西见闻录》中曾写道:"闲则歌男女相悦之词,曰'阿舍子',词悉比体,音商以哀,彼此唱和,往往奔合于山涧深林中。"[1] 纳西族年轻男女有很多能够进行社交的空间。无论年节、村中办事或是集市,年轻男女会成群聚集在街头,按性别分成两组,相互对歌。互相有意的人也通过对歌来邀约在何处相会。仅据笔者所知,中华人民共和国成立后很长一段时间里,成群结队的年轻男女仍会在大研镇碰面,愉快对歌。金沙江边大小村庄的年轻人在农闲时也会成群结队聚在一起,相互唱和,不论他们是纳西族、傈僳族还是汉族。与此相反,民国时,幼年时就被父母定下婚约的男女双方在人前是不可讲话的,据说如果在人前碰到,可能还要跑开回避,但这样并非是否定了婚前的交往,人们认为他们会私下相会。

情歌对唱是"命若号"时最主要的沟通途径,其中一种吟唱方式在纳西语中叫作"时本受"。和家修认为"时本受""不是一般语言对白,也不是对唱,而是一种格式化的借字谐音修饰方法,通过比喻、隐喻、借代、想象、夸张的手段,用假嗓低音调进行吟诵对

---

[1] 余庆远:《维西见闻录》,载方国瑜主编《云南史料丛刊》第十二卷,云南大学出版社1999年版,第62页。

白，着意追求的是一种充满机智华丽的语言艺术效果"。① 这是想要找对象的年轻男女必须掌握的歌谣形式。十三四岁的男孩、女孩就可以跟着年长一些的青年参加"命若号"，开始学习如何对唱。人们认为，从前几乎人人都会唱这类情歌，只是唱得好不好罢了。人们以歌声能否打动人心来判断对方唱得如何。青年男女通过"时本受"来互相试探、邀约。选定意中人后，他们会频繁约会，加深相互间的了解。在情感成熟时就会告知父母，一部分人顺利成婚，另一部分人会遭到父母的激烈反对。父母反对的理由大多是他们早已为子女定下的亲事（多是交表婚），或是对于另一方在外貌、财富、身份等方面的挑剔。这样的反对往往以殉情结尾。情歌对唱还被用在赴死时，如果一方殉情的决心动摇了，另一方会以歌的形式不断劝导，直至对方下定决心。

除了仪式故事的唱诵、情歌对唱外，纳西族有一类历代相传、基本定型的民歌，被称为传统调或大调，纳西话叫"bw33"，也是人们即兴演唱时引用典故的来源。演唱方式一般为男女对唱。② 类型有欢乐调、相会调、苦情调、习俗调等，往往都涉及男女之间的爱情内容。其中，苦情调以殉情为结尾，名篇有《殉情调》《牧歌》《逃到好地方》《牧象姑娘》等。③

丽江几乎每个村都有自己的名歌手，他们会根据歌唱的场合选取恰当的调子配合以恰当的唱词唱腔，听者众多。每逢村民家中办事——如婚丧、满月或是树新房等，主人家会专程前去村中擅长此类歌曲的人家邀请。擅长调子的名歌手熟知各类调子。主人家办结婚客或是取名客，人们会为他家唱欢庆的调子，并为主人家多唱一些"吉利话"；办丧事，人们能唱出哀伤。不仅如此，歌手们还需熟知这户人家世代以来的历史，并能够在唱的过程中将典故与这些家庭历史交织成主人家自己的歌。正因如此，宾客

---

① 和家修：《抢婚、逃婚、跑婚、殉情——一户纳西人家的奇异婚俗》，云南人民出版社2006年版，第24页。
② 和忠华、杨世光主编：《纳西族文学史》，四川民族出版社1992年版，第319页。
③ 同上书，第348—370页。

往往会围坐在院中仔细聆听，在动情处人们会默默抹去眼泪。大调的演唱不仅能够渲染在场的情绪，还能将这一户人家的历史和故事讲给众人。

"$gu^{31}qi^{55}$"一般被写作"谷气"或"骨泣"，是一种特殊的唱腔，一般用来吟唱以苦情为主的大调，其意为吟唱心中的痛苦哀伤。和家修描述了他的三姨妈与爱人玉兴在逃婚前一起听调子的心理变化：

> 玉兴和我三姨妈其实也会唱这首《逃到好地方》的，但他们还是喜欢去听"子鸣洛"村著名歌手"阿哥德"与"阿妹花"用"谷气"调对唱这首《逃到好地方》。"阿哥德"与"阿妹花"不仅因为是一对当今人所称的帅哥、靓女，更主要是他们有一副能穿透人心的沉重嗓音和如泣如诉的咏叹艺术，让听众或揪心愤慨，或泣不成声，或神魂颠倒……
>
> ……
>
> 听到这些时就想起他们的遭遇比歌中的主人公还惨。
>
> ……
>
> 这时玉兴和我三姨妈的手握得更紧，心挨得更近。
>
> ……
>
> 这时，玉兴和我三姨妈已经下定决心效仿男女主人公那样远远逃出去，逃到好地方……①

如此，歌者与听者之间情感彼此共鸣。人们沉浸在歌手唱出的情绪中，故事在唱词中娓娓道来，每个个人的过往经历和内心热切的期望在人们的心中与歌谣、与歌手渲染出的情绪产生共鸣。

（三）殉情——爱情的实现

对于纳西族来说，爱情首先意味着有一位称心的伴侣。令人不满的婚约者就可能使一个人做出殉情的决定，外貌、性格、聪慧与

---

① 和家修：《抢婚、逃婚、跑婚、殉情——一户纳西人家的奇异婚俗》，云南人民出版社2006年版，第79—81页。

否等都可能成为令人不满的原因。和家修三姨妈的"包办"对象是她舅舅的儿子"五高":

> "五高"与我三姨妈"五娘"定娃娃亲时,他才两岁,当时还是一个很可爱的小男孩。可是之后的日子里,我三姨妈越长越水灵、越好看,"五高"却越长越丑陋、越笨拙。到十六七岁时,我三姨妈已经长成人见人爱的大姑娘,而"五高"却长成了一个癞痢头、罗圈腿的大傻瓜,什么农活也不会干,只会放羊子。
>
> 三姨妈看到"五高"那副模样实在是凉透了心,每当想起她要嫁给这样一个"憨包"时,总是泪流满面。①

在包办婚姻中,虽然当爱情理想无法实现时,人们对于婚姻对象的外貌、聪敏、家境等仍有比较大的接受度,但是当婚姻对象处于爱情理想的反面时,结婚就成为人生的苦难。除了对包办婚姻对象的不满,生活的艰辛也是一种苦难。

改土归流后,丽江历任流官知府在推行移风易俗一事上颇费心思,他们使丽江改土归流带来了一系列纳西族乡村社会的变革,这一变革重塑了纳西族的家内权力结构,强化了"父兄"的权威。最终的结果:首先是作为年轻一辈的男女没有婚姻自由;此外,女性要面临的通常是夫家繁重的劳动。马毓林在道光五年至七年时为丽江知府,其《鸿泥杂志》中写到丽江纳西族的"阴盛阳衰"。妇女"以贸易营生""采樵为业""背盐入市",而男子在家中"饮酒赌博,一力弱不能负重"。②生活的苦难对于男性也一样存在——家庭的贫困、没有出路的绝望。有的年轻人早想摆脱这种生活的苦难,他/她会以殉情为目的寻找一起殉情的人。

殉情的实现依赖于以下三个方面:首先,纳西族乡村有青少年社交的大环境,音乐传统为青少年创造了参与社交活动的方式,社

---

① 和家修:《抢婚、逃婚、跑婚、殉情——一户纳西人家的奇异婚俗》,云南人民出版社 2006 年版,第 57 页。
② 马银行、秦小健:《道光初年丽江的社会生活——以〈鸿泥杂志〉之记述为中心》,《楚雄师范学院学报》2013 年第 10 期。

交活动鼓励人们进行以音乐为途径的情感沟通，也鼓励人们有自由的恋爱。其次，在家庭与个人发生矛盾时，人们采取的殉情也从传统的歌谣中获取了行动的结构。一对情侣或是多人共同约定殉情后，如果时间充分，他们都会做相似的准备：挑选远离父母的殉情地点、去街市筹备饮食服装、在殉情地作乐，最后在喝下草乌酒后跳崖或上吊。这与《鲁般鲁饶》的内容有一定相似性。最后，传统歌谣和仪式的内容还为人们提供了殉情相关的完整世界观——殉情者的灵魂会欢聚"玉龙第三国"。前人对殉情者的描述还强调了人们赴死时的从容，与涂尔干提到的伊壁鸠鲁式自杀所表现出的心理特征相似。"他意识到自己的利己主义和由此而产生的合乎逻辑的结局，但是他事先就接受这种结局……由于知道不能有别的希望，所以他也不提出更多的要求；如果达不到这个唯一的目的，他今后就没有理由活下去，所以随时准备了结这一生。"①

（四）"传染"殉情

丽江有一些著名的殉情"胜地"，一般是深山景美、视野开阔、有参天大树的地方，例如玉龙雪山上的云杉坪、牦牛坪。另有一处著名的殉情地叫作"万亩杜鹃园"，据说位于丽江市古城区金安镇光乐二村境内。民国时，茶马古道上马帮往来频繁，地方经济繁盛发展，联络了云南各地乡村。行商走马帮的各族人与途经的纳西族村落有各种来往。"万亩杜鹃园"曾是茶马古道上的马站，是从永胜进入丽江的必经之路。据说在茶马古道时期，这里常有人殉情，除去附近村落的纳西族，走马帮、做生意的汉族和藏族也不在少数。谷雪儿记录了一段茶马古道时期的情死故事——藏族马帮的集体情死：

> 杜鹃花盛开的季节，满山的花，满山的蜜蜂和蝴蝶，是人间仙境，所以很多青年人到此殉情……
>
> 马帮到杜鹃园，附近年轻人常去玩耍。马站里来来往往的大多是年轻人，能歌善舞，气氛活跃。村里的孩子们跟他们混

---

① ［法］迪尔凯姆：《自杀论》，冯韵文译，商务印书馆2010年版，第299—318页。

熟了，什么话都可以交流。杜鹃园的美吸引着豪气浪漫的藏族马帮，有时他们大家围成一圈，请村里会讲故事的人讲故事，话题离不开女人。讲故事的人常常绘声绘色讲述发生在杜鹃园的殉情故事。讲述者极力夸大"玉龙第三国"神仙般的境界，渲染杜鹃园的优美环境。谁能想到讲述者无心，听者有意。以后的马帮队伍中开始出现女孩，甚至每人身边都有伴侣。马帮一身毛皮装束，皮靴皮帽，长期日晒，皮肤黝黑，往往博得姑娘的喜欢，马帮想带走哪个姑娘是不会被拒绝的，茶马古道上再也不只有男人的气味，胭脂香粉打破了马帮寂寞……

野合久了，感情越深，情人们越难割舍。然而马帮们多数已成家，路上的情人，决不能领回去。马帮们最大的一次情死就出现在杜鹃园。

和往常一样，马帮到了马站后，卸驮完毕，直接搭起帐篷在杜鹃园扎营。和老形容那个场面很是壮观，架势像个村落。他们由马锅头带头，整整唱了七天七夜。……二十对左右的马帮和情人自缢在杜鹃园里，还有一个十几岁的男孩单独吊在一棵树上。[①]

纳西族社会中存在着对殉情的两种态度。家庭会尽最大努力制止殉情，家人会留意到殉情者的情绪异常并将他/她关在家中，随时看守，男人会被迫尽快娶回与他有婚约的女子，而女方会被尽快送往与她有婚约的男方家中。如果阻拦失败，殉情会给家庭带来极大的影响：首先，因无法履行对有婚约方的义务，家人的殉情将使家庭蒙受道德谴责甚至要给出经济赔偿。其次，殉情是一件令家庭极其丢脸的事情，对该家庭及其后代在村中的生活有消极影响。例如，有妻子儿女的人情死，其后代的婚姻会受父亲污名的影响，甚至令他们也走上殉情的路子。有些殉情者的后代不得已只能迁出村另寻居处。最后，情死者的灵魂是后世生活中的隐患，虽然被送往了"玉龙第三国"的他们仍可能成为风鬼危害后人。但是，在公共的空

[①] 谷雪儿：《纳西人的最后殉情》，作家出版社2007年版，第155—156页。

间中，歌谣、传说不断塑造着不少人现实中无法实现的理想关系，并塑造了没有苦难、在山林里的理想之地，是对殉情的浪漫化表现。因此，与家庭相对，在乡村歌谣情境中濡染成长的年轻人似乎并没有像他们的父母那样排斥殉情，所以才有了如上给藏族马帮讲浪漫殉情的纳西族年轻人。

纳西族在杜鹃园的马站给外人讲故事的过程中，杜鹃盛开的景色与"玉龙第三国"的传说意象重叠在了一起。纳西族年轻人将传说的空间拉向现实空间，附加上对美好爱情的渲染，令人心动，这使人们关于殉情的浪漫化使殉情产生了一种"传染"的效果。

纳西社会中存在着塑造情感表达和体验的濡化环境，年轻人重视爱情并且享受恋爱自由。人们的殉情行为与苦情大调、殉情长诗具有一致性，乡村青年情感的社会化过程与音乐上的实践相辅相成。因此，我们可以将殉情看作是一种根植于纳西族的传说和歌谣的情感实现模式，该模式受到传说、信仰以及东巴仪式创造所共同营造的殉情者的死后世界观的支持。从其他民族纷纷赶往"万亩杜鹃园"自杀来看，他们积极地吸纳了这种情感模式并付诸实践。藏族马帮的集体殉情是一个极端的情况，跨族的殉情更多地发生在相邻而居的纳西族和汉族之间，甚至是汉族情侣之中。

由于纳西族乡村存在着公共空间内的情感濡化系统，人们的亲密关系并未被限制在家庭内，他们在家庭之外建立爱情关系。在"改土归流"中，流官知府全面大力地推广着汉人习俗，但是显然汉文化中并不具备情感方面的习俗与纳西族原有的情感结构对应。虽然有学者认为，殉情追根究底是由于"汉化"带来的包办婚姻导致的悲剧，直至今日，纳西族乡村中也有一些人持这一观点。但是，通过对纳西族婚恋方式的剖析，我们可以看到不同的画面。如前文所述，纳西族中曾盛行多样的交表婚，虽然"阿舅占侄女"是主流的婚姻形式，但是"姑妈占侄女""阿舅儿子来养家"的交表婚也是"不错"的替代形式。在今日的乡村中，人们在提到此类交表婚时仍认为这是一种不错的婚姻形式，因为结为婚姻关系的双方家庭乃至崇窝会形成盘根错节的、世代延续的牢固关联。在这种婚姻中，父母有权安排子女的嫁娶。不同于汉人社会中的包办婚姻，纳西族父母为子女安排婚事有其严格的文化规定——舅家、姑妈家的优先权。改土归流后，流官知府的行政律令并未改变这一纳西族婚嫁原则的实质，只是加强了家庭内父兄的权力。殉情的原因或许并不在于"封建礼教"，而是内生于纳西文化之中。

在相互往来中，纳西族对汉文化的接触并非总是在权力压制下一方对另一方的教化义务。纳西族学习细致的汉人生活——勤俭持家，而汉人则感受到纳西族殉情习俗的魅力——相对于情感表达和实践较少的汉人家庭，纳西族有如此途径可以实现情感。

汉人社会研究历来对情感关注较少，原因既在于学术关注的传统，也在于汉人家族家庭制度本身的特性。近年来开始有学者挖掘汉人社会中的情感维度，例如宋红娟对乞巧节歌谣的研究。[①] 在历史上，中央王朝对西南少数民族的移风易俗政策中，多有对各民族多样的婚恋和情爱习俗的打压，因这些习俗违背于权力中心所奉行的伦理道德。这种历史现象实际上提供了这样的人类学切入点：对这些矛盾点的关注是我们反观汉人社会中情感现象的镜子。不仅如此，我们还可据此一探儒家文化扩散或"汉化"过程中少数民族文化的情感维度的存续或改变。

五　结论

"中心—边缘"或"地方—国家"的研究框架来自于西方史学和人类学的中国研究。"边缘"通常是地理上和文化上相对于国家处于边缘的人群。在这一二元框架下已产出了丰富的具有解释力的研究——华南学派的"结构过程"、边缘族群认同研究、民族国家的形成等。人类学对"汉化"的研究几乎都可以被放入到"中心—边缘"或"地方—国家"的二元框架下。华南学派关注地方社会中人

---

① 宋红娟：《歌谣与情感——从情感人类学看西和的乞巧歌》，《民俗研究》2014年第1期。

的能动实践，正是在这样的实践中人们将国家拉向了地方。羌族的"一截笑一截"的认同反映了国家对边缘人群的划分。在历史学内也如此，女真人的"汉化"是为了拥有国家"正统"的身份，清朝统治阶层的"汉化"是为了更好地统治边缘。总之，"中心—边缘"框架下的研究具有一些相似性。首先，有类似的出发点——中国如何形成的；其次，帝国权力由中央指向边缘是基本预设；最后，关注族群和认同问题。

丽江纳西族是中国西南少数民族中被公认的"汉化"程度较高的民族，在历史上与中央政府保持着良好的关系。通过一系列非暴力的历史事件——木氏土司"忠"于明朝政府、清初的改土归流、茶马贸易等——纳西族逐渐被整合入国家中。从这个角度看，纳西族的"汉化"亦可放在"中心—边缘"的框架内解释，木氏的"汉化"是由于明朝羁縻制度、民间的"汉化"是流官强制推行"移风易俗"的结果。但是，"中心—边缘"是否是研究"汉化"问题的唯一框架？

通过将目光放在民国时乡村纳西族的日常生活的细部上，我们看到儒家教育、乡村权力结构、汉人葬俗与民间信仰等早已成为人们生活的一部分，这是"中心"对"边缘"权力影响的结果。但是，我们也看到"中心—边缘"权力框架下无法解释的"汉化"现象。虽然今日纳西族也以"家族"或"宗族"指代其父系继嗣群"崇窝"，但其实质上是不同于汉人家族或宗族的世系实践，以"骨与肉"的宇宙观为基础，以交表婚来维系。但是，又因其与汉族在世系原则上的相似性，使纳西族更易于吸纳、整合汉人家族实践。

仔细审视纳西族中曾盛行的交表婚，能够帮助我们反思前人将殉情归因于汉人"封建礼教"压抑的研究。在纳西族早已盛行的交表婚俗中，父母按照姑舅优先决定子女的婚姻，这一惯习常被误读为是受汉文化"包办"婚姻的影响。交表婚是过去纳西族的主要婚姻制度，是社会结构的基本原则，这样的交表婚无论古今都多有线索，至今乡民们都熟知自己的家族与另一家族之间数代的婚姻交换关系。方国瑜先生在《麽些民族考》中引用乾隆年间的《永北府志》表明，时居永北的麽些人"婚姻听命于父母"①；《民国中甸县志稿》中也提及"麽些族最喜血族结婚"②；在《纳西族社会历史调查》中也多有提及，至少在 20 世纪 50 年代以前，从丽江县（今古城区和玉龙县范围）到位于香格里拉市的三坝都盛行着姑舅表婚，且采取包办的形式。③ 显然，纳西族的婚俗所遵循的原则不同于儒家父权的"包办"——纳西族"包办"源于族群内生的交表婚，而非汉人的"封建礼教"。

对于纳西族长诗《鲁般鲁饶》来说，文化研究者对其殉情的主题持一致意见。有学者将长诗所述故事的产生年代定位于唐代初年，纳西族从游牧转向农耕定居的时代④，且被认为是"牧奴追求情感的自由而反抗牧主"⑤。纳西族的传统青年男女对唱是他们情感世界的重要组成部分，包括欢乐调、相会调、苦情调、习俗调等。如果苦情调里情爱至深（含情死）的《鲁般鲁饶》是"阶级压迫"所致，那么欢乐调和相会调就是阶级融合了吗?! 中肯的评说应该是纳西族的殉情远早于"改土归流"，由来已久。爱情与殉情的存在是纳西族青年对自由情感的向往，即情感文化与民族内生的婚姻惯习之间的矛盾，这样的矛盾与情感困扰在历史上一直存在着。儒家汉文化的传入或许只是增加了纳西族内生情爱困扰的新的因素，显然也有现代学者受阶级斗争观点的主观历史评判之嫌。

于是笔者由此问题还引出了对纳西族情感文化的进一步理解，即对汉人情感文化的对比和反观。纳西族社会中长久存在着以群体诗歌音乐为形式的情感濡化系统，该系统以公共场合为依托，使青少年通过诗歌音乐世代传递其情感模式。清朝流官知府所推行的儒

---

① 方国瑜：《方国瑜纳西学论集》，民族出版社 2008 年版，第 62 页。
② 段绥滋纂修：《民国中甸县志稿》，收入《中国地方志集成·云南府县志辑》（第 83 册），巴蜀书社 2009 年版，第 47 页。
③ 参见许鸿宝《丽江县纳西族婚丧礼俗调查》，《纳西族社会历史调查》（1），民族出版社 2009 年版，第 60—78 页；中共中甸县工委三坝调查组：《中甸三坝地区纳西族社会历史调查报告》，《纳西族社会历史调查》（2），第 20—26 页；和钟华：《中甸县三坝区白地乡纳西族阮可人生活习俗和民间文学情况调查》，《纳西族社会历史调查》（3），第 1—22 页。
④ 牛相奎、赵静修：《鲁般鲁饶》，云南人民出版社 2009 年版，第 73 页。
⑤ 和志武：《论纳西象形文东巴经〈鲁般鲁绕〉》，《思想战线》1986 年第 1 期。

家社会制度并不是一个万能模具，虽然强调了家庭人伦，但却无法替代纳西人开放的情感文化框架。历史而今，纳西族对情爱和至爱（含殉情）的族群情感文化精神充满了由衷的向往并引为自豪，不仅为自己，也为其他邻居民族（包括汉族）提供了一个关于真挚情爱同音乐、对唱、"巫鲁游翠阁"环境、工艺美学共存，以及爱情相守、视死如归的崇高的情感文化选项。

晚近以来，丽江坝区纳西族被深深地卷入地方茶马贸易之中，人们来这里求学、求生存，贸易带来了不同民族之间更为频繁和深入的往来。"汉化"借由多个不同的民间途径逐渐实现：从私塾到自发的乡村教育、从商者对汉人"勤俭持家"的学习和践行，以及工艺技术的学习并成为营生。这些途径无一不是乡村纳西族自主的文化采借与选择。

从民国时丽江坝区纳西族的"汉化"来看，"汉化"问题极具复杂性，"中心—边缘"的权力观是其中一个重要的面向；同样，非权力的地方历史过程、当地人自主的文化采借也是纳西族"汉化"中不可缺少的面向。因此，笔者在此倡导对"汉化"做更为广泛的研究，不仅依赖于"中心—边缘"的权力框架，也要关注人们日常生活中同样富有内生意义的情感世界。

结构与情感[*]
——木偶戏的人类学研究

张猷猷[**]

人类学研究有两个研究旨趣：其一是对宗教的研究，此方面"英国人类学之父"泰勒（Taylor）开创了以宗教为代表性的社会文化研究之路；其二是对亲属制度的解释，"美国人类学之父"摩尔根（Morgan）在《古代社会》中开创了他对非西方社会的研究旨趣。这两大研究主题在汉学人类学的复制结果是：以林耀华先生、英国人类学家弗里德曼（Maurice Freedman）和庄孔韶为核心的汉人社会"宗族"研究，这一学统的研究在当今人类学中已经超越了国际水准，成为汉人社会亲属制度研究的前沿领域。而汉人社会宗教人类学研究的领域相对而言较为滞后。

此一脉络可以追溯到20世纪60年代。由于世界冷战格局的影响，美国出台了一个对中国社会的研究计划，即"康奈尔计划"（Cornell Projects）。旨在以中国台湾社会为"实验室"，通过人类学的研究使得美国政府对中国社会与文化有一个更加全面的了解和认识。

这次研究计划持续时间很长，其在人类学理论中成就最大的算是对中国汉人社会神灵信仰的模式研究。形成了一个以武雅士（Arthur Wolf）为首的海外汉学人类学研究旨趣，即对汉人社会神灵信

---

[*] 本文得到湖南省社会科学一般项目"列维-斯特劳斯神话学研究"资助，批准号：17YBA131。
[**] 张猷猷，首都师范大学中国语言智能研究中心助理研究员，湖南工业大学讲师。

仰模式的研究。其研究范式认为：中国社会的神祇及其运转模式都是在模仿帝国时代的官僚系统，其被称为"正统模式"。

以武雅士为代表的美国人类学家，对中国台湾进行了"实验室"式的人类学研究，其宗教人类学的研究成果为，中国汉人社会神灵信仰存在着一种模式，即"官僚模式"，中国社会的神祇及其运转模式都是在模仿帝国时代的官僚系统。武雅士的研究得到了一些外国学者的追随与强调。[1]

总体来说，人类学、社会学与社会史等学科关于宗教信仰问题的研究比较偏向于通过信仰世界来看社会文化本身，并不在其信仰逻辑的内部进行问题的阐释。而关于汉人社会神灵信仰模式之研究，"正统模式"是为这种研究取向的第一种模式。第二种是韩明士（R. Hymes）在讨论宋代江西抚州道教天心派与三仙信仰所抽象出的理论模式，该模式认为，三仙之间的关系是通过师徒纽带所联系起来的，其中的两个弟子是堂兄弟或者是亲兄弟，他们并不是武雅士所解释的"官僚模式"，而是亲属关系与师徒关系，这是他对"个人模式"的集中阐释。第三种模式是魏乐博（Robert Weller）在一本横跨了中国大陆与台湾的历史、信仰与政治空间话题的书中所阐释的"异端模式"，他们的权力也并不来源于官僚系统，神祇的反常行为被再三地强调。

这三种模式具有怎样的特点？三种模式之间是如何关联的？三种模式是如何在情感与社会语境之下相互兼容和转化的？有没有不同于这三种模式的另外模式？木偶戏班子能够维持百年以上，是什么力量将四面八方的人组织和团结在一起的？将是本文所要阐述的主要内容。

一　木偶戏班与木偶戏的演剧

清代中后期，在四川北部地区活跃着诸如：大圣班、大红班、桂林班等二十多家木偶戏班，这些木偶表演艺人大多是岳池和广安

---

[1] Ahern, Emily, *Chinese Ritual and Politics*, Cambridge: Cambridge University Press, 1981.

一代的农民，但也不乏一些较为专业的演员和戏曲世家出身的从业者。他们带着木偶游走于川北、陕南和甘南一带的乡土社会，既辛苦又快乐，既神秘又浪漫，行踪飘忽不定，或临时性地寻找演剧场所，或因祈祷风调雨顺、道路、桥梁建设、丧葬仪式而受邀表演仪式和演剧。李家班（川北地区人称："李木脑壳"）就是这些木偶戏班之中的一员，戏班子正是李章木（其木偶戏表演在川北地区颇具声望，不仅会表演木偶戏，而且还会表演皮影戏，人送外号"李八娃"）的父亲李约之先生于 1914 年创立的，但在此之前的很长一段时间里，他们的先辈已经在这一地区表演木偶戏了，其所用木偶为岳池一带木偶雕刻艺人在咸丰五年时所雕刻的大木偶。①

　　李家班顾名思义，是以李氏族人为核心而组成的一个木偶戏班。在历史的发展中，它还延请和吸收了当地有名的川剧和木偶戏表演艺术家的加入，比如：杨三和、邓九乘等传授唱功、技法、杂技、评书、皮影等各种艺术表演门类，表演以三国戏、精忠戏和神仙戏为主的演剧内容，包含着儒家的忠、孝、节、义的伦理道德和礼法思想。李氏与非李氏艺人在百年的历史风雨中，形成了一个族内族外、父子、父女、师徒、人偶难分的较为稳固、团结且组织性较强的类家族主义社会结构，成为如今川北地区唯一一个百年不倒的木偶戏班。

　　木偶艺人对于木偶和木偶戏表演的情感注入和依赖是戏班子百年不倒的一个重要因素。在早期出则为伶，入则为民的生活环境中老艺人对于剧团成员和木偶所注入的情感让后世人难以想象。赵德成②和我说，以前老艺人都是把木偶当作自己的朋友和孩子一样，有两个老演员名叫潘成玉、龚献群，是四川省仪陇县人，旦角唱得特别好，他对待李家的孩子就像是自己的孩子一样。由于长期在外演出，吃住条件都比较差，有些孩子或是学徒晚上没有地方住，就睡在了客栈外面或者是庙子里，潘成玉后来就让孩子们和自己挤在一个房间里，平时她还会给孩子们煮饭，买好吃的。记得有一次，戏

---

　　① "文化大革命"初期，木偶被视为四旧，戏班人员将其当柴烧，在一些木偶头部发现"咸丰五年"字样。

　　② 赵德成为李氏家族的养子，木偶戏团原团长，8 岁开始表演木偶戏，演阴阳戏打下了基础，从 20 世纪 90 年代担任木偶戏团的团长。

班子在一个叫做石羊场的地方,商量晚上演出的事情,这时一个陌生人闯进来说:"你们的木偶都掉到河里了,赶快去看看。"听到这里,潘成玉第一个冲出去,跑到村外的河边,原来所雇佣的"鸡公车"翻入河中,看着木偶被河水冲走,她们俩就坐在地上哭,像是自己的孩子被河水冲走了一样。①

在对社会组织研究所延续的两种路径,即社会与文化,将组织各个部分视为功能性效用以及与外部环境互动体系的观点,但过于关注事件、静态模式的缺陷让些许人类学家不能满足。近十年来,中国人类学家扩大了对多型组织的田野剖析,同时也锲而不舍地探讨学院派文化诠释可能的应用性意义,将文化与情感作为独立的变量属性引入组织研究,催生出了组织文化研究②、组织情感研究等研究领域。以文化的视角来观察地方社会组织,亲缘关系和业缘关系往往是文化组织的原则。③ 情感研究的引介则补拙心灵、社会、神圣先验优先性等社会决定论,从而更加重视艺人与木偶的生命过程,在他们许多人眼中,人与物既是凡俗又是神圣,既有崇敬又带畏惧,既属于个体又属于集体,情感作为家族主义和社会团结的黏合剂,催生了类家族主义的独特组织类型——生死不分、人偶不分或人偶一家。在这种类家族主义之中,情感的表达一方面阐释了特纳所说的人回到了淳朴的自然状态,蕴含了反思社会控制;另一方面也包含了涂尔干所言的集体情感促进社会团结。在宋红娟研究的乞巧节民俗节庆里,从语言学入手阐述了一种类似的情感自觉的民间宗教仪式。④ 大木偶戏班子的独特之处就在于情感自觉的自然与文化表达,这是在类家族主义的社会结构中所呈现给世界的。

川北大木偶游走与演出主要集中在川北、陕南和甘南一带,其与这块区域的宗教信仰和民俗活动密切相关。如果从文化的角度来

---

① 张猷猷:《求偶纪:"李木脑壳"的人类学研究》,知识产权出版社 2013 年版,第 77—78 页。
② 庄孔韶、方静文:《从组织文化到作为文化的组织》,《浙江大学学报》2012 年第 5 期。
③ 和柳、庄孔韶:《农民合作社的组织文化研究》,《思想战线》2015 年第 1 期。
④ 宋红娟:《迈向情感自觉的民间宗教仪式研究——以西和乞巧节俗为例》,《文化研究》2014 年第 1 期。

看的话，这块区域并没有像中国的行省制一样被政治化、机械化地割裂开来，而是有机地形成了一个整体的文化结构区域，类似于莫斯（M. Mauss）所言的"礼物"所形成的交换、道德、契约与经济的圈子。① 在此，我将重点关注大木偶戏所游走的文化区域对其民俗、演剧形式、象征、信仰崇拜模式给予研究与阐述。

巴斯（Kate Buss）早在20世纪30年代就曾指出，要理解中国戏剧就必须要懂得中国有关宗教信仰与鬼神崇拜的知识。中国戏剧不仅吸收了许多宗教仪式，并且它的主体、角色和象征领域都反映了儒教、道教与佛教的思想。② 的确，这一情状也适用于大木偶的演剧特色。

从演剧时间上来讲，各种"老爷"、菩萨的生日、重要的人生转折或是重要的宗教事件都是木偶演剧的重要时间点，演剧的时间也依据地方上传统节日和庆典的重要性而持续，一般来说，都要一连几天或十几天，一年下来断断续续地从正月初开始一直可以持续到年末。

古县志中描述人们在某个节日中的场景是"每日远近诣庙拜跪者，香烟如雾，彻夜不息"③，这些宗教性的节庆至今仍然是以旧有的农历为依据来推算时日的。渡边欣雄解释说，"乃是因为'农历'与汉民族的农耕生活密切相关。或以为与农耕生活密切不可分的宗教性节庆，随着农历安排乃是十分自然的。"④ 从传统的演剧方式来看，人们随着农耕时节安排演剧时间，出则为伶，入则为农。每到农闲和节庆的时候，他们会临时组织到一起演出，当时被人们戏称为"揪皮戏""条纲戏"，也就是大家凑在一起商量着如何演、演什么内容、演多长的时间等，所以也没有固定的剧本可寻。直到当下，还有老人们常常拿当时演剧开玩笑说："木脑壳戏就是'揪皮戏'

---

① ［法］毛斯：《社会学与人类学》，佘碧平译，上海译文出版社2004年版，第107—226页。

② Buss, Kate, *Studies in the Chinese Drama*, New York: Jonathan cape and Harrison Smith, 1930, pp. 38–44.

③ 光绪《仪陇县志》卷2，第44页。

④ ［日］渡边欣雄：《汉族的民俗宗教：社会人类学的研究》，周星译，天津人民出版社1998年版，第27页。

'条纲戏',那根本就看不得,不像现在,有的戏都是乱唱,有一句话叫做'张飞杀岳飞,杀的满天飞'。"

当然,农闲的时候观众也会增加,附近的农人有了时间才能根据"婚姻圈""祭祀圈"或"市场圈"等学术概念走到一起,交换商品、男女幽会、欣赏演剧。依据节庆的特点,葛兰言(M. Granet)也曾准确地指出,古老的中国节庆是季节性质和乡村性质的。①

仪陇县的人们从正月初一开始就开门祀神,"正月元日,家家于天未曙时开门祀神,名曰初天行。上元节前五日,沿街之灯鱼龙曼衍或狮灯相往,还如古傩者。凡衙署、祠庙及内外城铺,户开不闭,历火树银花争辉炫采,环而观者如堵,人声爆声鼓声乐声错杂不可复辩"②。

大多数情况下,戏班子会在寺庙对面的戏台,即"万年台"演出。若是没有永久性的戏台建筑,他们就在庙子前广场的空地上搭建临时的戏台子,人称"二十八曲"。③ 所谓"二十八曲"就是用28根竹子围成一个矩形,在各连接处用绳子或是铁丝固定起来,上方用篷布盖住可以遮风挡雨。戏台子长有2米,宽有3米左右,高也有2米左右,在四周立上四根竹子,正前方和两侧大约在1.6米或1.7米高度的帷帐遮挡,演员们和乐队就藏在帷帐的后面。木偶就挂在两侧进出的"马门"位置,演员的衣服和木偶的服饰则挂在两侧伸出的竹竿子上,方便演员挂、取。

这个临时舞台的组装和拆卸都很方便、灵活,背起来就走,在遇到没有戏台或是戏台租金过高的地方,搭建这样的戏台对于他们而言是十分经济的。

在寺庙、戏台的周围还经营着一些茶馆和店铺,在节庆的特殊的时间里,店老板们会在门面披红挂彩,招揽生意。前来赶集的人们走在街上和广场,孩子们穿梭在杂耍班子、耍猴戏的以及各种江

---

① [法]葛兰言:《中国古代的节庆与歌谣》,赵丙祥等译,广西师范大学出版社2005年版,第151页。
② 光绪《仪陇县志》卷2,第44页。
③ 即使用28根竹子所搭建的临时性戏台,28这个数字象征着天上的二十八星宿,这样的戏台子不仅方便携带,而且无须交付租金,况且当地人的看法是,竹子可以辟邪。

湖班子中游来穿去，小商小贩们不停地叫卖着自己手中或篮子里的商品：特产香烛、手工制品和各种特色的小吃。在这些来自不同村落或集镇的陌生人中，就有几个我们熟悉的李家班的人，她们是李章木①的妻子或是儿媳，她们也扯着嗓子向过往的行人和游客兜售货物，以期待贴补家用。

在庙会的时节里，人数会激增，魏乐博把中国社会这种节庆氛围称之为"热闹的仪式"（heat and noise），② 仪式或演剧必然会是高潮，广场被人流和车流堵得水泄不通，庙宇被装饰一新以烘托这热闹的氛围。他描述了在节庆中，人们会把庙宇直接称为帝国时代的"衙门"，在院落中心，都是古代官署人员或神像的居所。这些建筑体现了中国人的意识形态，皇帝作为道德的表率以其所居住的宫殿为中心向外扩散。③ 在传统社会中，这样的节庆场景并不陌生，以至于县志中的形容、描写比魏乐博的文字还要生动。在各种庙会里，特别是与地方民俗相结合的演剧中，演剧之前都要上演各种各样的仪式以祭祀各种各样的神祇，这些仪式在不同时间与空间之语境中也具有不同的政治与文化意义。华英德（Barbara Ward）指出，至少在某些观众们的眼里，上演一场戏剧不仅仅是一个精心制作的娱乐节目，它的话外之音是含有宇宙论的象征主义，同时，演剧也是贡品，观众不仅有人，还有神。④

传统戏服与当下的相比虽然缺少美学主义者欣赏的目光，但更具象征主义元素。具体来说，红、白、黑不同的颜色在中国传统社会代表着阴、阳以及不同的道德品质与人物性格，成为把小小的舞台和人生观、宇宙观联系的重要线索。红色，是中国人喜欢的颜色，代表着好事儿、吉祥、勇敢无畏，它通常用在武将的身上，如关公；

---

① 李章木，戏班子的创始人李约之的儿子。
② 人们参与社会活动的过程也是社会化的过程，但这一过程离不开人类感官的生产，中国人在参与宗教活动或者是节奏紧凑的社会活动时，将世界感官化了。所谓的"热"，并不是指温度、体感的感觉，而是对社会热度的指向。参见 Chau Yuet, "Adam: The Sensorial Production of the Social", *Ethnos*, Vol. 73, No. 4, 2008, pp. 485 – 504.
③ Weller, Robert, *Resistance, Chaos and Control in China: Taiping Rebels, Taiwanese Ghosts and Tiananmen*, Seattle: University of Washington Press, 1994, p. 119.
④ Ward Barbara, "Not Merely Players: Drama, Art and Ritual in Traditional China", *Man*, London: Royal Anthropological Institute of Great Britain and Ireland, 1979, p. 25.

黑色，代表了对帝国的忠诚、耿直，张飞通常会被这样装扮起来；白色，则象征了人物性格的奸诈、阴险、诡计多端，曹操是人们比较熟悉的面孔。颜色不仅与人们的脾性相互对应，而且与方位吉凶也密切相关。

演剧讲究阴阳五行、风水吉凶，依据方位吉凶的判断，南方是吉祥的，所以庙宇的大门通常对着南方，象征着阳气迎门。而舞台和演员面向着庙门，即朝向北方，北方代表着冷和阴气，但如果神像面朝南方，那么它的左边是东面右边是西面，东边又是代表着吉祥、阳刚之气、生机勃勃、青龙、属阳；西边则正好相反，象征着不吉、死亡、煞气、女性、白虎、属阴。所以对于庙宇来说，它的左侧要高于右侧，戏台以及神像位置的摆放可以将风水的不利转化成有利。而从演员的角度出发，他的右手显然比左手更有优势，阴阳的力量也发生了转化，所以，华英德注意到，后台的右手边是男演员的更衣室，因为它是在阳的方位上；而女演员的更衣室是在左侧，也就是阴气的一方。需要在右侧摆放兵器，如矛等，① 以镇淫邪。

涂尔干（Emile Durkheim）与莫斯也注意到了"原始社会"存在着特殊的分类学。在《原始分类》中有这样一段话，"区域、季节、事物和物种的分类支配了中国人的全部生活、这种分类是家喻户晓的风水信条的原则，通过风水，它决定着建筑的朝向、村庄和房屋的建筑以及坟墓的位置"②。涂尔干和莫斯对于中国这个"原始社会"的分类和知识体系讲解得十分清晰，他们注意到中国传统社会中，时间、空间、动物、颜色、星体以及各种自然现象之间的联系，对于空间的认识，这本书说道："该体系依据的最基本的原则之一，是在四个基本方位上的空间划分。"③ 但可惜的是他们也忽视了一点，即传统中国知识对于空间方位的划分不是四个，而是五个、

---

① Ward Barbara，"Not Merely Players：Drama, Art and Ritual in Traditional China"，Man，London：Royal Anthropological Institute of Great Britain and Ireland，1979，p. 25.

② ［法］涂尔干、莫斯：《原始分类》，汲喆译，上海世纪出版集团 2005 年版，第 76 页。

③ 同上书，第 72 页。

八个、十个。

通过相关的研究我们发现，中国传统社会的城市中心往往是神圣与政治的中心，以上海为例，19世纪上海的运河与河流交错贯穿城市，房屋的布局依据的是自然弯曲的巷道。和所有的古代中国城市一样，城墙围绕着城市的中心被修建起来，县政行署即衙门，孔庙、城隍庙和其他仪式性的与政府建筑物象征着权力的中心。[1] 在另一本介绍中国古代城市的著作中，作者表达了对中国古代城市空间社会化思考的努力，商代城市是犹如"网状"的类型，中心的人口十分的繁茂而边缘人口则相对较为稀少，皇室的庙宇和宫殿都建在城市的中心。所以，中国早期城市的设计和制造者的逻辑是把仪式与政治生活放在中心的位置，而不是边缘，城市的设计表明了他们依赖于宇宙结构的原则。所以当新的朝代出现时，人们通过建筑来指向从乱到治之现象的更替。首先，最重要的是，所建构的中心象征是内与外、天与地的联系，如：祭坛和城墙；其次，四个主要的方向被强调着，南北向和东西向的街道组成了一系列的格子，不同方位的对立在仪式过程中被一遍遍地强调着；再次，天宫的宏大宇宙和天下的微观宇宙并行不悖，而皇帝就位于中心这个恰当的位置上；最后，数字作为阴阳分类的手段包含着万事万物。[2] 所以，处于中间位置的观众占据了更加有利的风水位置。

的确，无论是中国古代城市空间和建筑的象征性安排，还是庙宇和戏台之间信仰和仪式的时空组合，中国传统社会的象征意义都是不言而喻的。在庙宇和戏台所组成的具有神圣与幻想的空间内，节庆的特殊性又给它增添了不少的人情味。华英德说道，在神面对的南方和演员面对的北方分别受到阴阳关系的相对性影响，而在其中心的位置的是观众，他们像中间的国王一样，在天之下，在宇宙的中心。[3] 中心与吉祥的地位会随着周围地形和建筑物的变动而变

---

[1] Henriot, Christian, *Prostitution and Sexuality in Shanghai*: *A Society History*, 1849–1949, Edinburgh: Cambridge of Press, 2001, p. 204.

[2] Zito, Angela, *Of Food and Brush*: *Grand Sacrifice as Text/Performance in Eighteenth-Century China*, Chicago and London: Chicago University Press, 1997, pp. 133–134.

[3] Ward. Barbara, "Not Merely Players: Drama, Art and Ritual in Traditional China", *Man*, London: Royal Anthropological Institute of Great Britain and Ireland, 1979, p. 28.

动，比如，颐和园听鹂馆内的戏台，十分独特，是坐北朝南的。据说，乾隆皇帝会亲自登台演剧。无论方位和五行如何变化，在传统中国社会的观念里讲究的是尊卑与天、地、人的和谐。这种和谐的思想不仅表现在阴阳关系的转化，同时当地人还认为，庙子和戏台其实是一回事儿，它们在建筑的样式上是极其相似的，而且都具有相当的神圣性。

木偶也具有阴阳的属性，一位仪陇当地的巫师曾经告诉我：

> 木偶戏和"皮大子"（皮影戏）是戏曲的起源，他们是两口子，木偶是丈夫、皮大子是他的老婆，唱大戏的人把木偶戏称之为"爹"，皮大子戏称之为"娘"，男的在外面唱，女的在灶子里唱——戏娘，为啥子皮大戏唱戏要隔层布，因为她是女的，怕羞。以前唱大戏的都要把木脑壳和皮大子供起来（作为神祇）保佑他们。

木偶戏要在地方特殊的节庆与庙会上演出，脸谱的颜色、方向、位置都十分得讲究，演员们对周遭的文化环境都十分得熟悉，这一切已成为他们的精确知识。当然，这些知识不仅与实用的目的有关，而且也与中国传统的宇宙论有关。除了一般性的时空安排之外，一些更加特殊性的时间与状态也需要木偶戏的演剧服务，而且在这些场合下，更加能够反映木偶戏的文化位置与艺人们的生活状态。

二 特殊的演剧内容与木偶的文化位置

木偶戏班子游走于江湖之中，每当走到一个地方，首先在开戏之前向当地的士绅或"码头大爷"表示祝福，表演的仪式称为"打加官"或称"跳加官"；如果不这样做，就代表戏班子不尊重当地有钱有势的人，那么当地的士绅会收走道具或是欺负演员。

李家班来到一个陌生的地方演出，当地请戏的会首或是行会会长告诉李章木，在开戏之前要举行"打加官"的仪式，而当地有头有脸的人物也都会到场。

晚饭过后，演出即将开始，伙计们提着仅有的两盏煤油灯走进"二十八曲"，将灯挂在前台，李章木早已在后台准备，他恭恭敬敬地拿着一把木梳给木偶梳头，一边梳嘴里一边振振有词地念叨着，随后将其摆放在案桌上，又敬上几根香。虽说在人生中这已经不知道是第几场演出，但为了避免上次木偶被收走的事儿再次发生，他还是不敢怠慢，看着后台的演员们忙乱而又有序地准备着，他稍稍松了一口气，拿出烟袋点着了。会首和"码头大爷"姗姗来迟，等他们坐好之后，只听锣声一响，两个木偶分别从上马门闪出，一男一女，"男子"手持朝笏和喜条，身着天官蟒服；"女子"则身穿女儿蟒，手中只拿喜条，他们俩上台之后不唱不说，配合着仪式音乐做出各种身法，喜条分为三张：第一张"天官赐福"；第二张"吉祥如意"；第三张"福禄寿喜"。每当出示一张喜条，再配合着乐器的声音做出各种步法和身法。

"跳加官"的仪式结束之后，会首和"码头大爷"看得还算满意，他们也不想太为难这些过路的戏班子，只要不是对他们无理、失了他们的面子，就算过得去了，一般来说，这些地方士绅不会对他们有过多的苛求。今晚的开场仪式比较成功，李章木坐在后台抽着烟，把心放到了肚子里，他知道这些大爷们不会对今晚的演出有其他的挑剔，可以安心地在此演上几天了。

除了在公共场所演戏需要表演"跳加官"之外，当地的士绅们在摆宴席时也很有可能请戏班子来唱戏，过去叫作"酒戏"。

当地一个姓侯的老爷要在家宴请朋友，所以和李章木说好第二天让戏班子去他家演出。侯家在当地有权有势，因此李章木带着戏班子踏进侯家时心里就忐忑不安、七上八下，但这并没有使戏班子的人乱了手脚，他们依照前几日仪式的程序把跳加官重复了一遍。侯家看着虽然满意，但却也不是善男信女之辈，侯老爷想故意为难这个外地班子，好给他们一个下马威，以增加他在当地的威望。侯老爷忽然想到了

"关公战秦琼",于是把管事的叫来。

李章木问道:"侯老爷您有啥子事情?"

侯老爷不客气地说:"你们这个小戏班子会演啥子戏啊?"

李章木不敢怠慢,忙答道:"侯老爷,我们啥子都会演,最拿手的是三国戏。"

侯老爷看了一眼李章木说道:"哦,你们会演三国戏,那好啊,我也喜欢看三国戏,更喜欢看精忠戏。"

李章木仍然客气地点头道:"这两个我们都会唱,您看先唱哪一出?"

侯老爷言道:"管事的,我问问你,是张飞的本事大,还是岳飞的本事大啊?"

这可难住了李章木,他知道这是个不好伺候的主子,于是更小心翼翼地说:"侯老爷,这个我们不知道,我们只管唱戏。"

"好,今天你们就唱'张飞杀岳飞'。能唱吗?"侯老爷甩出狠话将了一军。

李章木把眼睛转了一下,心想揪皮戏的功夫还是没有白练,急忙应承下来:"会唱,会唱,出门在外的啥子不会唱啊。"

一场"双飞杀"就此开始,那优美的旋律、熟记的唱词和配合的默契使侯老爷等辈是大开眼界,本是要为难李家班,却没想到反让"双飞杀"一举成名,扬名乡里。大家都听说李家班不仅唱得好,而且十分机智、机智,善于随机应变,于是一传十十传百,以后来请戏的人更是络绎不绝了。

在以上两种情况里,戏班子需要表演"打加官"或"跳加官"的仪式,当然笔者认为,这些仪式也是艺术的一部分,更是木偶戏组成的一部分,他们被社会的权势阶层所控制,成为戏班子游走过程中必不可少的演剧内容,而与此同时,这些仪式也一再地被"文化的标准化",某些神被提升到国家权力认可的地位,[1] 同时,在传

---

[1] Watson, James L. Watson, Rubie, *Village Life in Hong Kong: Politics, Gender, and Ritual in New Territories*, Hong Kong: The Chinese University Press, 2004, p. 270.

统的文化标准化过程中，权势阶层的地位也一再地被这些仪式和庆典所巩固和强调着。

"跳加官"和"双飞杀"让我们看到，木偶艺人表演的变通性、灵活性、适应性，戏班子可以根据演员性格特点和木偶戏的表演特征十分灵活地在复杂的生活环境中转变和机敏地处理危机与意外。

李家班在此演得十分成功，开始收入挺丰厚，但随着演出时间的延长，大木偶新、奇、真的特点越来越不能较好地得到体现，它的魅力、"板眼"和陌生感随着当地人与它不断地接触、熟悉而变得稀薄，后来除了只有几个小孩子嚷嚷着要来看之外，人们对它也都已见怪不怪了，它的吸引力正在印证着边际效益递减规律的正确性。李章木知道是该离开此地的时候了。他心里正筹划着下一个"台口"的候选地之时，一个年轻人行色匆匆地跑过来，神情紧张对着李章木说："家里出事了，死了人，请你们去一下。"

李章木急忙应承下来，带着两个打扮着像神像的木偶跟着年轻人来到他家，道士们比他们提前一步赶到了这里摆开了"道场"。在当地，有钱的人家有丧事必须会请木偶戏班热闹一阵子，俗称"打亲辞"①，大概的意思是把亲人热热闹闹地打发去该去的地方，而田仲一成在华南的研究把葬礼时的演剧称为"葬戏"。② 它和在此之后的特殊"忌日"所举行的仪式、演剧活动以及和道士、法师们活动都是为了超度亡者。田仲一成详细描述了丧葬中的道教礼仪，依据不同的时辰道士们举行着各种科仪项目，他强调，外坛的戏剧与内坛的科仪相提并重的特征，并且在道士们念诵的"意文"中发现，科仪的"醮文"与戏剧的"戏文"被作为同等的事物来看待。③

显然，田仲一成描述的是"人大戏"，而非木偶戏的葬戏活动，在李章木所主持的葬戏中，遗族每祭拜一下亡者，他都要唱一段戏文，戏文非常短、精炼，诸如："今供香浮宝箓、赐福延禧、请福消灾、皈依真仙……"这些戏文所要表达的意思是承情天宫玉帝派下

---

① 吴应学：《川北大木偶艺术》，重庆出版社1989年版，第59页。
② ［日］田仲一成：《中国的宗族与戏剧》，钱杭、任余白译，上海古籍出版社1992年版，第385页。
③ 同上书，第397—398页。

仙官指引亡灵前往"仙境"。在道家学说中，这些仙境大多是在帝国版图的边缘地区，如：海外的岛屿、峡谷和无人企及的山脉、洞府等，成为道教心中遥远的幸福边地，① 即"洞天福地"。不仅这一个案例，华生（James Watson）在中国香港地区的田野经验表明，"醮"这种象征着重生的道教仪式，与过去村落共同体之间的械斗有着密切的联系，似乎要重新扮演历史中的现实争斗，如：宗教的节日再次实现了神与半神圣性的生物创造神圣历史的远古事件，他们模仿神，生活在时间的原点，即神话的时间当中，那是一种"永恒的回归"。② 它们代表着地方社会的文化与想象，以文化的方式进行神圣与事件的时间追溯，无论是镇抚亡灵，还是回到"起点"，都是人们使用的智慧在理想与现实之间架起的可以通行的桥梁。笔者一直纳闷的是，在川北、陕南或华南地区，为什么用以超度或是镇抚亡灵的非是木偶戏不可？其中是否涉及人类学所关心的意义转化的旨趣？

中国人比较熟悉真假美猴王的故事，孙悟空从大闹天宫到取经成佛即是文化转化的成功案例，他从一个具有革命性和反叛性质的人物转变成为一个符合、稳定中国官僚体系和佛家道德要求的真神。而假的美猴王则不符合由反叛角色向正统文化转化的符号，在文化中给予了死亡的处理。

真假在此形成了一个互为关系与对反的结构，那么以此继续推理亡者的分类，我们会发现：在中国传统社会里，刚死去的人是不好进行文化之归类的，即亡者的魂魄③有可能暂时还附在身体上，或是被阴间的差官带走变成厉鬼，这时通常会出现两种情景，第一种是亡者的魂魄被带入阴曹地府交由阎王爷审判后发落；第二种是阎王觉得此人阳寿未尽，让"差官"在他身体还没有腐蚀之前，带着

---

① ［德］鲍吾刚：《中国人的幸福观》，严蓓雯、韩雪临译，江苏人民出版社2006年版，第113页。

② Lehmann, Arthur and Myers, James eds., *Magic*, *Witchcraft*, *and Religion*: *An Anthropological Study of the Supernatural*, Mountain View: Mayfield Publishing Company, 1993, p. 40.

③ ［德］鲍吾刚：《中国人的幸福观》，严蓓雯、韩雪临译，江苏人民出版社2006年版，第107页。

魂魄速速还阳,这一类故事最典型的可能要算是"游地府太宗还魂",讲述的是唐太宗李世民被摄了魂魄到了幽冥地府,遇见磁州令、礼部侍郎崔珏,被其增了二十年的阳寿,遂还阳。

所以,新亡之人在结构上正处于非人非鬼非阴非阳的一个尴尬和模糊的位置,一方面,他已经魂魄出体;另一方面,他还未直接受地府管辖,需要阎王爷对其公正判决之后才能下定论——而地府也未必是清正廉明,道教《鬼律》专门制定了法律条文用以控制阴间的官僚主义陋习,[1] 所以人们要散发纸钱用于打发阴间的衙役。韩森(Valerie Hansen)教授的著作更进一步地表明:官府、百姓和神鬼之间错综复杂的关系以及三者之间相互协商、讨价还价,并在这个角力场中民间信仰体系发挥自身的智慧求得共生的社会过程。赫兹(R. Hertz)的观点也与此十分类似,他说:"在死之后,灵魂不能马上抵达阴间,[2] 他必须经历一个类似于缓刑的阶段。"[3]

木偶本身和阴阳两界有着某种密切的联系,所以在传统中国的祭祀仪式中非用木偶戏不可。在川北大木偶的新、奇、真的特点中,前两个都是为了吸引观众而煞费苦心的表演特技与机关的制作,而最后一个特点"真"则表明,大木偶要做得和人一样大,一样真才行,仿真的意义指向了迷惑性、引诱性和不确定性,同时有可能也是为了处理要避开人或普通人不能做的事儿。

根据大木偶的这个特点来推断,情况就比较明朗了,木偶也正好处于非人非偶、非神非鬼、非假非真的位置上,而这个位置对于赫兹来说,它表现的特质是既模糊又难以确定,[4] 既怜悯又危险,是怜悯与恐惧混合的不均衡阶段。如果从这种亲缘性的视角来看民间的民俗与仪式,那么木偶正好与新亡之人有着类似的特点和处于文化中的共同位置。同样,在《猞猁的故事》中,列维-斯特劳斯

---

[1] [美]韩森:《传统中国日常生活中的协商》,鲁西奇译,江苏人民出版社2009年版,第203页。

[2] Hertz, Robert, *Death and Right Hand*, London and New York: Routledge, 2004, p. 35.

[3] Ibid., p. 34.

[4] Ibid..

(Lévi-Strauss)分析了北美西北海岸神话里对于雾的自然与文化逻辑,在文化的意义范畴里,雾与蒸气浴、土灶所对应的三角关系;另外,又与尿、胡须构成了一个自然的范畴。① 雾是一种将天地融为一体的独特现象;② 木偶也是将阴阳、人物、文质融为一体的文化载体与处理方式。印第安人如在莎士比亚的戏剧里描述的那样:最智慧的疯狂、光明的烟雾、寒冷的火焰、吵吵闹闹的相爱、永远觉醒的睡眠等,③ 混乱而又真实。同时,这种对木偶模棱两可的态度或多或少地沾染到演员们身上,人们对待演剧人员也表达出那么含糊与复杂的语言和心态。

虽然我们把木偶戏的戏目演出和仪式部分都可视为艺术,但为了避免一些不必要的障碍,偶尔的分离也不失为好的策略,最为娱乐的木偶戏从对观众的吸引力来说,它的新、奇、真的特点会随着演出时间的递增而减弱,即"边际递减效率",可作为对地方社会的民俗、服务、仪式来说,它可以"无限"地实现其功能,其逻辑暗含着:它的内部的前后一致性和它的实际上无限扩展的可能性。④

三 文化的媒介:以"锁韩林"为例

仪陇县的自然环境情况虽然也可以称得上是河流交错,但或许是特殊的山地构造使得水资源得不到及时和较好的保存,所以干旱的次数与频率还是很多的,古时人们对于地区气候史的感慨是"十年九旱"。在笔者查阅古代地方的史料和县志中却有证据支持当地灾情严重之实情;加之在最近几年地方政府和文人编撰的县志中也记载了频发的灾情,从中我们可以看到最近二三十年的灾害天气,可对历史进行侧面的了解。

从清代皇帝的诏书中可知:清康熙二十五年、三十三年、四十

---

① [法]列维-斯特劳斯:《猞猁的故事》,庄存燕、刘存孝译,中国人民大学出版社2006年版,第8—9页。
② 同上书,第10、90页。
③ 高宣扬:《弗洛伊德传》,作家出版社1986年版,第46页。
④ [法]列维-斯特劳斯:《野性的思维》,李幼蒸译,中国人民大学出版社2006年版,第237页。

三年、五十年，总计 4 次朝廷颁布特招蠲免仪陇县的钱粮。仅以康熙二十五年为例：仪陇县遵照特诏，应征地丁各项钱粮全行蠲免。① 雍正六年也颁布过类似的旨意，但略有不同，仪陇县遵照恩诏，将庚戌年额征地丁银两悉行蠲免。② 之后，皇帝又于乾隆十年、三十五年、四十一年、四十二年、四十五年、五十五年和六十年，总计 7 次免除仪陇县的火耗地丁银。此外，嘉庆帝在位 25 年中也曾 4 次蠲免仪陇的火耗地丁银，其在第五年的诏书中曾这样说：特招，应征本年地丁银正闰火耗银米全行蠲免。③ 由此看来，在"康乾盛世"的大清帝国最繁盛的时期，朝廷总计 12 次全免了当地的钱粮或银两（除了嘉庆朝的 4 次），由此可知，当地的自然灾害还是比较频繁的，而对于当地而言，最有可能导致庄家全面减产甚至绝收的是旱灾。

然近况何如？前两年地方政府编撰的县志中有更加确切的记载，自 1986 年到 2003 年间，当地发生各类旱情 31 次，其中春旱 8 次，夏旱 9 次，伏旱 8 次，冬旱 6 次。1990 年 12 月到 1991 年 5 月，冬、春、夏连旱，全县共有 2743 个农业社缺水，人数达 42.4 万人，占到全县人口的 47.7%。全县秧田缺水 25.2 万亩，秧母田缺水 3.7 万亩，无法栽秧的社、户占 40% 以上。当年，水稻严重减产，小麦 7000 亩和油菜 8000 亩绝收，玉米死苗率高达 30%。④ 1994 年，县政府成立了抗旱服务队，由县水电局管辖，其人员在水电局内部调剂解决。抗旱服务队以防旱、抗旱为宗旨，坚持以抗旱服务为主，积极开展综合经营，实施有偿服务。水电局为抗旱服务队配置了价值十万元的抗旱机具。至 2003 年，抗旱服务队先后出动人力 5000 多次，启动抗旱机具 300 多台次，为农民挽回经济损失 1500 多万元。⑤

仪陇的旱灾对农作物的种植与收获造成了严重的影响，以至于现有的水利工程还不足以解决这个棘手的问题，县里要特别成立抗旱队来应付此事。在过去，木偶戏班子也扮演着如同当下抗旱服务

---

① 光绪《仪陇县志》卷 2，第 57 页。
② 同上。
③ 同上书，第 58 页。
④ 同上书，第 106 页。
⑤ 同上书，第 400 页。

队的角色，他们游走于不同的村落，给当地人提供演剧和仪式服务。

"锁韩林"正是处理这一问题的典型案例。有一次，"李木脑壳"翻山越岭赶往秦岭深处的一个叫作秦村的地方，根据他们几年前的经验，近日那里将要举办庙会，李章木不想错过这个演戏的黄金时间，赶路的这几天天公不作美，烈日炎炎烧烤着秦巴大地。

在李家班赶路的这几日滴雨未下，李章木看到天边的麦子已经直不起腰，农田也已经干涸得开了口子，就预感到此地已经旱了一段日子了，而且到了秦村定会有"大活儿"要办。果然不出其所料，李家班刚找了一个庙子安顿下来，就有人找上门来，一个会首上前向李章木说道："班主，这里已经有近一个月没有下雨了，一定是鬼王作怪，要请班主唱上七七四十九天的大戏为本村驱灾辟邪。"李章木急忙答应，遂一面安排班子成员速速搭建舞台，准备纸人，一面向会首耳语。

不久之后，"雨戏"① 开始，会首带领着村民坐在台下，一些演员则在村落的街道上开始打锣敲鼓，把热闹的氛围烘托出来。李章木一副道士打扮，把发髻竖起，手持拂尘、身着八卦图，另一些演员则戴着面具蹲在台上，李章木喝道："秦村连日干旱、民不聊生是何缘故？定有鬼神作怪，五猖听令，令尔等下界捉妖不得有误。"五猖听到"教主"的吩咐之后，急忙跑下舞台敲锣打鼓的在街上寻找由当地人扮演的鬼王——韩林。

据说，"韩林"是一个武举子，生前没能求得功名，便在川北的三台县落了户，成为当地水陆码头的舵爷。他为人仗义、爱打抱不平，因而受到当地人的敬重，他死后成为鬼王，与镇江王爷一道享受人间香火。②

今天的绵阳市三台县就是鬼王韩林发迹和丧身之地。据杜建华讲述，她曾亲自去三台县寻找过韩林的庙宇：三台县城边有个牛头山，过去称作官山，山下有一块空地，清代是一个养马的地方，当地人称其为"马壕"，马壕的一边就有一座韩林庙，过去听说庙子里

---

① 川北、陕南地区用以解决旱象的方法，演剧内容多以精忠传为主，辅之以"药王成圣""观音得道""灵官得道"等。
② 杜建华：《巴蜀目连戏文化概论》，文化艺术出版社1993年版，第8页。

有一个"韩林"的塑像,香火不断,但是"文化大革命"时期被捣毁了,1992年笔者去找过韩林庙,发现当地人又在原址上搭建起一个小棚子,里面供着"韩林"的牌位,棚外堆满了厚厚的纸灰,一些老人还遵照着过去的旧俗在秋冬之交给"韩大爷"送纸衣。

按照习俗,"韩林"一般由当地人扮演,扮演者必须是一个运气十分不好的人,或死了老婆,或是生意赔本,或是赌输了钱,家财散尽,总之是运气特别背。这样的人也十分愿意扮"韩林",因为扮演者可以在街上随意地吃饭店里的食物,可以拿摊位上的东西不要钱,吃了、拿了就跑,店主也拿他没办法。[1] 戏班子里诸位报道人的话与杜建华老师的意思也基本一致,他们说,那些装"韩林"的人是被村落里讨厌的人,他们讨厌这些人而又希望不要威胁到社群(community)的秩序和自己的生活,所以一旦有戏班子来唱"雨戏",会首就会找这些人来假扮"韩林",通过仪式来转化这些人的命运和社群的命运,让他们从新回归到正常的生活当中。

演剧的开始不是在戏里而是在戏外。"道士"(李章木扮演)放出的"五猖"发现"韩林"在一个饭馆吃饭,他们便敲锣打鼓地来捉拿他,生怕"韩林"不知道这突如其来的"危险",围观的百姓也跟随着"五猖",像是一场发动了人民群众的抓捕活动。"韩林"见状不妙,紧忙起身丢下还没吃完的美食,撒腿就跑。在"人民战争"的包围中,"韩林"无处可逃,只好束手就擒,被"五猖"敲锣打鼓地押解回戏台。扮演"韩林"者在这个"剧场社会"中,与社会的其他人之间之互动关系时而表现为他可以随意地吃喝,即过分亲昵,但又被"五猖"追赶而十分疏远。

此时的戏台子俨然像是个临时的法庭,作为审判长的道士形象威仪、不苟言笑,五猖则各个面目狰狞,"韩林"面带畏惧之情,他们几个凑到一起真像是一场活脱脱的司法审判——阴阳庭——表示了传统艺术的威慑力量,其艺术表现形式必须与神灵有关才算正确。[2]

---

[1] 杜建华口述,张猷猷整理,未出版。
[2] 王铭铭:《艺术威慑:形象、仪式与"法"》,载朱晓阳、侯猛编《法律与人类学:中国读本》,北京大学出版社2008年版,第171—188页。

李章木扮演道士早已在台上等待多时，一会儿他将把这台仪式推向高潮。"五猖"把"韩林"押到台上之后，将他捆绑在早已准备好的木板上。李氏口中念念有词儿，在"韩林"的额头上贴上降妖灵符，此时"韩林"一动不动。李章木拿出打神鞭对着"韩林"一顿抽打，制造出惊天的声响以吸引观众和神的注意，当人们已经注意到他的祈求和表演时，他顿然一声喝道："鬼王在此祸乱人间，被我法术降服，今日制服韩林，保佑秦村风调雨顺，太平安康。"接着，更加惊险的一幕发生了，李章木从袖口抽出飞刀对着"韩林"飞来，双眼被灵符盖住的"鬼王"不知发生了什么，五把飞刀分别钉在"韩林"的手臂、腰部的两侧和两腿之间，刀刀惊心，他将刀一边飞出一边念念有词，一刀定乾坤、二刀定阴阳、三刀定鬼神……被法术定住的"韩林"又被"五猖"放了下来，压到"二十八曲"的下面，戏班子的演员早已将纸质的"韩林"替身放在那里，他们举着这个纸质的替身穿过人群，放入戏台对面的庙子[①]里，随即李章木也亲自进入庙宇，在"韩林"面前点上香，再点上一盏"长明灯"，并且告诉会首："这盏灯在唱戏的这段时间不能灭，也不能让其他人靠近这里，特别是女子，要不然会犯煞。"会首点点头，完全明白李章木所说的意思，他知道仪式和演剧将会给村落的运气带来戏剧性的改变，正如华英德所言，戏曲的展演不仅仅是象征层面的意义而且实际上会带来好的运气和繁荣。[②]

"韩林"是鬼王，他被锁在戏台对面的庙子里，"长明灯"和"鬼王"都由专人看管，会首给看管庙子的人管饭。据报道人讲，除了戏班子里掌阴教的人之外，其他人，特别是妇女和儿童不敢接近这个庙子，如果惊动了鬼神就会生病或是带来不好的运气。

扮演"韩林"的人从此可能会改变人生的命运，村落里的所谓"熟人们"会就此改变对他的观念和看法，至此时来运转。扮演者也十分乐意此事，一来可以改变自己落魄的命运，使生活更有希望；

---

① 据笔者的田野考察情况来讲，这个庙子一般都是临时搭建的，并不是上文中所提到的道观和寺庙，它专为韩林所置，并非永久性建筑。

② Ward, Barbara, "Not Merely Players: Drama, Art and Ritual in Traditional China", Man, London: Royal Anthropological Institute of Great Britain and Ireland, 1979, p. 29.

二来其长期生活的孤寂和无助使他慢慢地脱离了原有的生活，也产生了人们对他的疏离，更可怕的是这种疏离之情会变成一种双向的，因此，重建"熟人社会"的相互依赖关系和情感是处于社会结构中心和边缘的人都愿意看见的结果。

列维－斯特劳斯笔下的猞猁和"韩林"一样，也是通过文化的净化程序而改变了自己的运气。"在一个动物村庄里，猞猁老态龙钟，身上长满了疥疮，但他会控制浓雾，用蒸气浴治好了自己的皮肤，使他变得年轻英俊。但是由于他的妻子不知道其中的原委，所以在治疗的过程中把门打开，于是猞猁脸上，特别是眼睛周围的皱纹没有消散。在不同的神话版本中，猞猁几次被它的对手郊狼打死，但是通过'整体即部分'[1]的原理，它复活康复，外形方面，猞猁变成了英俊的小伙子；经济方面，他成了狩猎能手；社会地位方面，他当上了村长。"[2]

李德三[3]告诉我一个略微不同的故事，可能会反映当时社会生活的另一面。

> 过去，生活条件非常不好，我们戏班子在冬天都只穿着草鞋，大部分人身上就只有单衣。我在1954年和幺爸[4]去北京怀仁堂小礼堂演出的时候，省里给我发了西装和皮鞋，但是我不舍得穿，我还是穿的草鞋。到了北京，很多外国人都对我的草鞋很好奇，不知道这是什么。原来演戏很苦，扮韩林会首会和扮演的人商量好价钱，因为打叉的时候很危险，说不定就会被飞刀打死，价钱基本上就是棺材本的钱。我为了挣那点钱也扮演过韩林，被打死了就挣个棺材钱，没有死你就得了那些钱。

老人说得很动情，讲完之后，把左手伸出来让我看，在他的手

---

[1] ［美］萨林斯：《整体即部分：秩序与变迁的跨文化政治学》，刘永华译，载王铭铭主编《中国人类学评论》（第9辑），世界图书出版公司2009年版，第127—139页。
[2] ［法］列维－斯特劳斯：《猞猁的故事》，庄存燕、刘存孝译，中国人民大学出版社2006年版，第8页。
[3] 李章木的大儿子。
[4] 指的是李章祥。

背上有一个白色的十字伤疤,老人说这就是当年他扮演韩林,班主师傅失手打上去的,当时流了很多的血。

"韩林"被锁在庙子里,仪式基本上就算结束了,接下来,是以"精忠传"为主的演剧的内容,还有就是观音和地方神灵得道成仙的传说故事,以及像孔明这象征着智慧化身的人物,均要悉数亮相,有限数量的木偶轮番扮演着神仙和古代大贤们,他们不仅仅是在特殊的时间、空间中单纯的起到娱乐效果,而且也是感召天和演神灵的"替身"。

这些演剧包含着儒家的忠、孝、节、义的伦理道德和礼法思想,以此来感动上苍降下甘霖。在川北、陕南以及甘南的高地地区,由于山势地形造成的特殊地理与政治环境一直被认为处于中华帝国的边界,[①] 加之连年旱灾和其他自然灾害的多发,世俗的政治权力已经无法消除这些灾难造成的社会混乱和无序。在象征层面上,权力出现了让渡状态,会首、乡长、保长等社会精英要按照班主的安排与吩咐来行事,确保仪式和演剧能够正常的顺利进行,舞台和庙宇变成了比以往更加神圣的空间,除了以上谈到的阴阳五行的象征意义之外,在权力维度方面,它也暂时凌驾于世俗社会的权力至上,达至社会精英与戏班子的合谋,以满足愚人、娱人、娱神和请神的多种目的。

有必要在此澄清一下"让渡",并不是说国家或地方的政治权力出现了减损或真空的状态,而是这些权力的发挥和实施被转化到了象征维度,如:在醮仪中对庙宇的控制权力从世人转向了道士,然后再回归。[②] 这种权力发挥渠道的变通性和灵活性需要借助于世俗权力之外的媒介来展现和落实,在不同的地方这些媒介有所不同,比如:萨满巫师、占卜师、道士以及其他一些物品等,而笔者所研究的川北木偶戏正是处在这个媒介意义的位置上。通过地方精英与戏班子的协商、合谋,展演了整个仪式过程,而演剧的内容则正好为

---

① McMahon, Daniel, "Qing Reconstruction in The Southern Shanxi Highlands: State Perceptions and Plans, 1799 – 1820", *Late Imperial China*, Vol. 30, No. 1, 2009, pp. 86 – 88.

② [美] 韩明士:《道与庶道:宋代以来的道教、民间信仰和神灵模式》,皮庆生译,江苏人民出版社 2007 年版,第 298 页。

观众重现了古代社会精英的道德力和法力。在社会秩序正常的状态中，看似关联不那么紧密的老百姓、社会演剧机构（木偶戏班）、地方社会精英、道士和神像（神偶、庙里的鬼王）形成了一个"横式"的文化饱满的"象征空间"，武雅士的分析可以说明，官僚机构和权力的象征力量，在中国社会的穿透能力必然会发生在"纵式"的分析角度里，而空间安排、仪式过程与演剧内容也体现了社会等级的秩序，根据阴阳观念的空间安排，戏台、庙宇、观众被象征性的等级化，祈禳的参与者既是国家性的也是地方性的；既是现实的也是想象的，天下即宇宙、地方即国家、个人即群体。

唱戏的时间没有硬性的规定，一般是在 10 天到 49 天，在这期间唱到哪一天下雨了就算演出结束。

当笔者忧虑地问道："如果唱了 49 天之后还是不下雨怎么办？"

李泗元[①]笑着对我说："不可能，哪有唱了 49 天还不下雨的，不可能那么长时间不下雨。"

笔者恍然大悟，这就是一条"脱刀计"。如同赫兹所言，新亡者有一个被称为缓刑的时段，在仪式过程中，这个"新王者"既可以是一个个体，也可以是一个群体或社会，在不同的社会需求、文化、仪式和历史语境中，它处于一个变化的状态。笔者十分钦佩戏班子的智慧，同时也感慨他们当年谋生的辛酸。

"雨戏"中"锁韩林"的仪式在 1950 年之后被贴上了"封建迷信活动"的标签，大概从土改时期开始就很少再表演了，演剧改成了适应革命和土改宣传活动为主题的表演艺术，但干旱的问题却直到现在也没有得到很好的解决。仪式虽然没有再复演，但木偶的象征意义却并没有因为社会思想观念的变革和政治运动的影响而消减。1976 年，戏班子曾在陕南一带演出，受到了当地观众的热烈欢迎，反响极大。当地人之所以如此欢迎木偶戏，并不只是因为他们的演剧十分的精彩，而是另有隐情。

1975 年年底，全国上下掀起了"反击右倾翻案风"的政治运动，由于社会秩序的混乱文艺市场也跟着遭了殃，1976 年 5 月底，

---

① 李章木的小儿子，李德三的胞弟。

李章祥①带着戏班子游走在陕南的勉县、西城、西乡、汉中等地，演出收益十分可观，在汉中，连当地的革委会主任都喜爱大木偶，当然是作为娱乐的大木偶而言的，但到了陕西城固则有所不同。以下是剧团团长赵德成先生的回忆：

> 7月初，我们到达城固，据说这里是汉中的故城，应该反着说，由于战乱等原因后来搬离了这里。我们到达的当日正好城固的剧团放假，没有人看戏，却给我们留出了演出的舞台，所以我就开始卖票，第一天就卖了900张，还送给了当地的县革委、公安局一些票，演到第二天就不行了，几乎是全县轰动，这是我觉得我们剧团最辉煌的时候，最辉煌的时候还有一次是去莫斯科。县城周围的农民纷纷涌入城固要看木偶戏，为了满足观众的需要，县革委决定剧团一天演5场，每场1个小时，两场之间休息半个小时。当时把剧团里的演员们都搞得很辛苦，每天7点就要起床去卖票，8点要到舞台上去布置，9点就开始演，演到晚上10点才能回招待所。中午和晚上，招待所的人都是把饭送到剧院里面来，演员们有的时候都是一边吃饭一边准备节目。我在街上听到行人打招呼第一句话就是问："你今天搞到票了没得？"县革委的人没办法办公，大量的农民都往县城里涌，他们到后台来找我们要票，因为他们的亲戚也都进城了。我们招待所旁边住了一个教师，她晚上过来找我们要票，说她的13个亲戚在她家已经住了3天了，她父亲说："你今天再搞不到票就不要回家了。"没有办法，最后我们给她解决了2张坐票2张站票。
>
> 早上7点起来，我们的人根本不敢去票房里卖票。人早就在门口排满了，连屋顶上都站着人，县革委派了一个民兵排的人在那维持秩序，在票房门口打木桩子，把农民隔开，但由于人太多，第二天就把木桩子都挤坏了。一天晚上演出回来，我们就商量卖票的事情，大家都不敢再去卖票了，把票都拿给招

---

① 李约之的四儿子。

待所的人算了。龙从志提意见：我们都把票拿给招待所的人去卖不好，搞得票房里一张票都没有，让大家在门口排队白等。于是龙从志就早早地带着包去票房，还没等走进票房，他就被围起来了，开始时伸手要票后来就是抢票、打人，他没办法丢下包就跑，后来演员们和民兵把他从人群里救了出来。剧团在城固受到了特殊的待遇，陕西的特产是金丝猴香烟、木耳和冰糖，平时这些都是要靠票来标准供给的东西现在都是超量送给剧团为的就是换到门票。

剧场外面是人山人海，里面更是没办法动，中途散场的时候时间只有半个小时，一个老头带着一家5口人买了2天的票才搞到手，看完戏出门的时候外面的观众向里面挤，把铁门给挤坏了，正好就压在这个老头子身上，人群就踩着铁门进来了。他被送到医院里不治身亡。为什么我们在陕西那么受欢迎呢？我后来才知道，第一，陕西没有"木脑壳"，我们演的这些"板眼"他们都没看过；第二，当地有一个谣传，说是看了木偶之后今年的庄稼不生虫子。

田仲一成讲述了在"外神系演剧"中，明代江南存在着"安苗"的演剧，人们认为，孤魂野鬼是禾苗受灾害的根源，作为镇抚演剧与道教的仪式受到特别的重视，它们被用于在每年的六月二十日在地方社会迎接农作物成熟的时期求神保佑作物安全的措施。[①] 在川北地区，木偶戏演出一种叫作"秧苗戏"的演剧类型，一般是在春夏之交，庄稼遭了虫害，几家或几十家农民就会联合起来，筹集资金请木偶戏班子唱上几台，求得菩萨的保佑。[②] 在演剧的过程中，农民会摸一摸木偶以求带来好运，不仅如此，女人们会抱着孩子过来，让孩子们摸摸大木偶，据说这样一来孩子就不会生病，以后的日子会平平安安和他们的庄稼一样。在明清的江南宗族社会里，人们筹钱请戏和道士的法式请来"周王"于祭祀场所，通过奉演戏剧

---

① ［日］田仲一成：《明清的戏曲：江南宗族社会的表象》，云贵彬、王文勋译，北京广播学院出版社2004年版，第52—53页。

② 吴应学：《川北大木偶艺术》，重庆出版社1989年版，第60页。

的形式来愉悦神灵，使他保佑庄稼丰收，据说十分的灵验，禾苗顺利成长。① 而在川北，神的化身或是神本身就变成了大木偶，通过唱戏和触摸来保佑自己的庄稼和子女平安和顺利。

李德三说：

> 有人家生了病就找我父亲去治病、驱鬼。他在屋里头要"敬老爷"、烧纸，还要给灶王爷烧纸。点上香、灯，舀一瓢水，把米丢在水里面，可以分出 72 煞。然后，要敬祖师爷，口里念："某某人，姓氏名谁，犯了啥子煞，路边一口池，池里九条龙，九龙十八尾，不分金银铜铁锡，万物化成水，舀了一瓢九龙水，来给某人治病，太上老君，急急如律令。"

李章木可以清楚地区分 72 煞，再弄清病因或是鬼神的凶险程度。在诸多降魔驱鬼的法器中，木偶自然少不了，在最后的关键时刻，李章木在木偶的手中放入一些大米，操纵着木偶将"手里"的大米打在病人的身上，口中念叨："妖魔鬼怪，退完退尽，退完退尽。"

在一般的汉人社会对神灵的信仰结构和想象中，神灵、仙官一般居住在天宫或道教所指的洞天福地之中，他们的化身一般也被供奉在单神庙和多神庙之内，这些庙宇的意义为何？"定居"的神灵与"游走"的神偶之间的关系究竟如何？汉人社会神灵模式的内部逻辑是怎样的？社会文化变迁对文化逻辑究竟产生了怎样的影响？

四 三个民族志故事

在笔者阐发理论之前，还有三个民族志细节需要向大家交代。第一个是"愿戏"，所谓的"愿戏"就是当地人认为，人生的吉凶祸福都受上天神灵的主宰，要是家里的成员一旦发生了不幸的事，

---

① ［日］田仲一成：《明清的戏曲：江南宗族社会的表象》，云贵彬、王文勋译，北京广播学院出版社 2004 年版，第 53 页。

结构与情感

最主要的是疾病和意外事故，都要到庙宇里去烧香祈愿，以求神灵的保佑和眷顾，为他们解除灾祸，永保平安。如果她们在祈愿之后，一旦事情有了好的转机就要还愿，还愿不仅是到庙子里跪在地上，烧香烧纸向菩萨祷告还愿，而且还要请木偶戏班唱上几天的戏，以表示对神灵之恩德的回报。

一次，李章木带着戏班子在何家唱了三天三夜的"愿戏"，在最后一场戏目结束之后，他拖着疲惫的身体走到台前手持一个小丑模样的木偶——愿神或了愿菩萨——口中念念有词道："一出门来笑呵呵，你不笑我笑谁个？一来笑我人才丑，二来笑我衣服破，衣服破了缝一件，人才丑了没奈何，没奈何啊，没奈何，了愿离不得木脑壳。"①

遗憾的是，笔者并没有弄明白为什么"愿神"或"了愿菩萨"非得要小丑的木偶来扮演？它们之间的关系究竟如何？但笔者相信，在它们之间肯定存在着文化逻辑上的直接关联。笔者可以推测，愿神在地方历史的文化中应该是一个"丑角"，就像八仙中的铁拐李、韩湘子或是济公那样的人物，他们要么是酒鬼、色鬼或赌徒。

第二个故事发生在节庆活动中，这和汉人社会的习俗也有着直接的关联。在川北地区，每年新年的正月初一到十五家家户户都要迎接财神，人们把发财的希望寄托在神灵的身上。

今年已经是李家班第三个春秋没有回仪陇老家过年了，他们指望着在春节期间能够举行更多的仪式，参加更多的节庆，好维持戏班子的生计。李章木带着戏班子停停走走来到木门县，他们打算去一户有钱的人家要点钱过年。

李章祥已经把自己打扮成武财神——关公，他身穿绿色蟒靠，把脸上涂成大红色，右手持演出时使用的青龙偃月刀，左手持鞭；李章木则手里举着木偶扮演的文财神——赵公明——头戴金相刁，身穿大红蟒靠，腰系玉带，手持朝笏。然后顺着村间的小路走去，他们的打扮像是穿过了时空从历史的角落里走来的古代队伍，李章

---

① 吴应学：《川北大木偶艺术》，重庆出版社1989年版，第60页。

木在前领着这队人马来到一个大门前，敲开了门之后主家走了出来，他并没有问他直接要钱，只是嘴里念到："一进门来喜洋洋，主家修座好华堂，金作柱来银作碌，栋梁用的广沉香，前面一对石狮子，进门一堵屏风墙，珍珠玉器摆堂上，俨然一座五府堂。"还有其他的吉祥话，李章木根据自己对主家的判断可以临时编出很多应景的吉祥语，直到把主家唱到高兴为止，之后主家就拿出喜钱赠送给戏班子，然后，李章木、李章祥谢过之后会再去别的人家。这个行术叫作"打财神"。

笔者好奇地问李德三：为什么用"打"呢？

他回答道："打就是打发嘛，就是主家用钱把财神打发走。我以前跟父亲他们去过大户人家'打财神'，我们一般都去大户人家，他们有钱，有时候主家高兴了还可以在那吃一顿，吃得很好。有时候也去普通的家庭，那就没那么多钱了，有时候主家会给你一些米作为喜钱。"

"打财神"主要是木偶装扮财神，也可以这几天装扮文财神；过几日，等走到其他地方了又装扮武财神，没有固定的讲究，唯一注意的要看当地更喜欢文财神还是武财神，随机应变。通过扮演神灵角色这一特殊的方式我们可以试想，神灵不仅仅是地居在庙宇中，而是可以通过戏班子或许还有其他方式使神灵"走动"起来，成为连接地域、文化和宇宙观图式的方式。如此看来，对于这些居住在天宫、洞天福地中的仙官、老爷们来说，庙宇只是他们在凡世间的临时住所或行宫，等有人给他们发出帮助的信号时，各路神祇才会下凡相助。

最后一个案例也与扮演有关，但和前两个故事有所不同。笔者的报道人之一刘勇医生说，他没有见过木偶戏，但是听人说过，镇子上或村里要是有戏台子建成、桥梁落成或是修路等公共建筑工程的完成都要请戏班子来镇邪和演出。

现在被称为"封建迷信活动"的"跳灵官"仪式中的扮演神灵这一话题，对笔者很有启发性。据说，灵官是道教的护法天神，道教里有五百护法灵官,[①] 其中最有名的可能算是"王灵官"。在许多道教的宫观里第一殿多供奉"王灵官",他是镇守道观山门的护法神,还有一些曾经是道观后来变成寺院的地方,山门的护法神仍然是灵官,在金人元好问所著的《续夷坚志》中就有故事是讲述灵官的;另一种说法是,灵官的地位十分高,他是玉皇大帝面前的大将,专司天宫和人间的纠察之职,属于玉帝身边的猛将。在明代宣德年间,皇帝下诏加封王灵官为"隆恩真君",后又加封为"玉枢火府天将",所以灵官又是一副火神的模样,在有些火神殿里也供奉灵官。在湖南省祁东县南部,也有一个叫作灵官的地名,或许也与"灵官"有关。

在斗门的戏台子建成之后,当地会首请李家班来驱鬼镇邪,李章木事先在野外化妆,扮成灵官来到戏台前,有金童玉女立于两侧,戏台旁边摆放着一个灵官的轿子,他开始焚香念咒,请比他的等级更高的神灵来坐镇于此。李德三扮成马童,跪倒在父亲面前,灵官对着马童道:"你去前方打探,看看天宫的大神已到何处?"李德三不敢怠慢,急忙起身沿着戏台前的乡间土路跑去,不一会消失在人们的视线中。又过了一会,马童(李德三)来报:"大神已在南天门起驾。"灵官环视了一番指着马童言道:"再探。"不一会,马童再次跑到灵官面前,单膝跪下说道:"大神离此地只有十里路程。"灵官继续焚香烧纸说道:"再去探来。"过了一会,马童急匆匆地跑过来说:"大神已到花台。"李章木走向轿子,稳稳地坐在里面,几个人将轿子抬起来放入戏台的中央(如果是桥梁落成则放在桥梁的中央),李章木走出轿子唱道:"头戴八宝紫金冠,身穿梭子连环扣,双脚踏着风火轮,手中拿着打神鞭,[②] 三十三天都尉司,斗口星君下凡来,香烟渺渺锣声阵阵,吾大开慧眼一观,今有斗门众信士,演唱神戏迎接吾的金身来此镇守花台,永保此方清泰平安。"唱罢之后,李章木退场,李章祥把早已准备好的大木偶拿上台前,开始了演剧的部分。

---

① 五百灵官像在湖北武当山南岩宫。
② 在有些唱词中是:左手持风火轮,右手持钢鞭。

五 汉人社会的神灵信仰模式：模仿与扮演

人类学有两个关注点：第一，关于亲属制度的研究；第二，是对宗教的解释。① 在这两方面里，对汉人社会的亲属关系贡献最大的要算弗里德曼（M. Freedman），人们一提到他的名字就会想起中国东南地区之宗族研究，但在弗里德曼晚些时候发表的文章里却表明了他对这一偏见的驳斥，他强调对中国继嗣体系的研究不能简单地归于亲属关系的研究，家庭虽然与继嗣有着高度的相关性，但也存在内部的多样性以及这个模型和其他继嗣体系之间的关联。② 而在中国汉人社会民间信仰与仪式的研究领域与弗里德曼具有同等地位的，学界公推美国人类学家武雅士，他的经典论文《神，鬼与祖先》集中阐发了其对汉人民间信仰之类型的文化解释。

在这篇文章里，武雅士明确地指出："传统中国政府和宗教之间都与帝国的官僚体系有着密切的联系。"③ 神是官员；鬼是土匪、乞丐和其他危险的陌生人；④ 祖先是自己的父母、祖父母。他主要研究的神灵是灶神、土地公和城隍老爷，在中国汉人社会里，灶是家的象征，家是社会的基本单位，而灶神是超自然体系中职位最低的官员，一般人们把灶神当作告密者或秘密警察；在社会的村落或社区（community）范畴与层面上，土地公是超自然官僚体系的代表，他负责对社区内鬼的管理以及记录人们的行为定期向上级官员汇报，他的职责和角色像警察；土地公的上级官员是城隍，他被认为是士大夫或学者—官员（scholar-official），⑤ 穿着官服，旁边站着秘书与

---

① 威廉·亚当斯把人类学的两大主题"亲属制度"和"宗教与仪式"归结到摩尔根和泰勒及其他的作品，《古代社会》开创了对与非西方世界的亲属制度研究；《原始文化》则开创了以宗教为代表性的文化研究之路。

② Freedman, Maurice, *Chinese Lineage and Society: Fukien and Kwangtung*, Oxford and N. Y. : The Athlone Press, 2004, p. 43.

③ Wolf, Arthur, ed., *Studies in Chinese Society*, Stanford: Stanford University Press, 1978, Introduction.

④ Wolf, Arthur, "Gods, Ghosts and Ancestors", Wolf Arthur, ed., *Studies in Chinese Society*, Stanford: Stanford University Press, 1978, p. 134.

⑤ Ibid., p. 139.

扈从，他的庙宇（the Temple of the City God）[1] 通常与衙门、孔庙在同一条线上，红墙绿瓦，门口立着旗杆。

城隍在一年中要举行三次"过境"仪式，巡视他的政治与信仰疆界。尽管有些神起源的传说故事会给他一定的特性，但是大多数人还是认为城隍是一个职位而不是一个人。[2]

在武雅士的影响下，海外人类学家关于汉人社会关系与信仰是对于官僚体系模式的模仿研究比较有影响力的还有：马芮丽（Emily Martin Ahern）关于符纸和公文在仪式过程中的运用和意义，民众通过对仪式过程的操演与观察，从而熟悉现实的政治过程[3]；王斯福关于帝国权威和地方性崇拜之间的联系之研究。[4] 此外，戴瑙玛（Norma Diamond）[5] 在台南一个村庄的研究发现，这个渔村有巡官神灵（inspectors gods），他被玉皇大帝周期性地派到这里巡视，人们认为他对应着古代社会的巡吏，要是不祭祀他就会回去向他的上级报告，给当地带来疾苦和灾祸。[6]

这些不同的论述有一个共同的旨趣，即认为在汉人社会的宗教模式里，不论是对神灵的偶像崇拜，还是仪式过程都是对现实社会官僚体系和政治过程的模仿，或许，人类生命的职责可以被总结为对"kosmon"的模仿。[7] 在面对中国问题时，武雅士曾一再强调，所有的神都是官员，他们是超自然社会的管理者，一些非正统的神

---

[1] Henriot, Christian, *Prostitution and Sexuality in Shanghai: A Social History*, 1849 – 1949, Edinburgh: Cambridge University Press, 2001, p. 204.

[2] Wolf, Arthur, "Gods, Ghosts and Ancestors", Wolf, Arthur, ed., *Studies in Chinese Society*, Stanford: Stanford University Press, 1978, p. 140.

[3] Ahern, Emily Martin, *Chinses Ritual and Politics*, Cambridge: Cambridge University Press, 1981.

[4] ［英］王斯福：《帝国的隐喻：中国民间宗教》，赵旭东译，江苏人民出版社 2008 年版。

[5] 王建民、张海洋、胡鸿保：《中国民族学史》（下卷），云南教育出版社 1998 年版，第 282 页。

[6] Wolf, Arthur, "Gods, Ghosts and Ancestors", Wolf Arthur, ed., *Studies in Chinese Society*, Stanford: Stanford University Press, 1978, p. 143.

[7] ［法］布拉格：《世界的智慧：西方思想中人类宇宙观的演化》，梁卿等译，上海人民出版社 2008 年版。

被帝国官僚体系中的掌权者所鄙视。①

那么，官僚模式是不是解释汉人社会神灵信仰的唯一解释模式呢？汉人信仰的神祇世界是不是对世俗官僚制度的模仿呢？在武雅士之后，人们开始对这一论点提出了不同的看法。

哥伦比亚大学教授韩明士（Robert Hymes）对宋元时代江西抚州地区的华盖山天心派和三仙信仰之研究为笔者打开了观察汉人社会神灵信仰模式的另一扇大门。韩明士的研究表明：三位仙人的关系本质不是对应着中国社会的官僚系统，是以师生和血缘关系为纽带联系起来，其中的两名弟子是堂兄弟或者亲兄弟，他们的法术和权威不是来自他们的上级，而是依靠自身的修行。在韩明士看来，这显然是一种"个人模式"，而不是之前的学者所得出的结论，他把这一模式的特点表述为：一是，神祇是"异人"；二是，他们纵式的等级关系和横式的社会关系表现为：师傅、弟子、宗族、亲属等；三是，他的能量和法术不是依靠他的上级或外部；四是，世人与神祇直接不需要中介、是直接性的；五是，神祇与地区、居民之间的关系是内在的。人们会发现，作为神明崇拜的大木偶，特别是神话传达的文化意义与功能，与韩明士所总结的"个人模式"之观点十分的相似，但事情并没有那么简单。

笔者所欣赏韩教授的地方在于：他并没有把目光仅仅停留在神灵模式的内部逻辑，而是把视线转向了对抚州社会关系的考察与思索层面上，即庄孔韶所表明的，中国传统文化中，人事是中国人关注的重心。② 相当多的证据表明，南宋抚州的地方精英越来越多地将注意力转向共同的血缘纽带，以及推动宗族组织和制定族规，这就使成年兄弟、堂兄弟和从兄弟之间的联系纽带变成身份认同和行动的基础。③ 总之，将三仙、三仙与国家、三仙与悠久的国家传统联系起来的纽带，也正是南宋抚州人越来越乐意用来界定或称赞自己的

---

① Wolf, Arthur, ed., *Studies in Chinese Society*, Stanford: Stanford University Press, 1978, Introduction.

② 庄孔韶：《银翅：中国的地方社会与文化变迁：1920~1990》，生活·读书·新知三联书店2004年版，第492页。

③ [美]韩明士：《道与庶道：宋代以来的道教、民间信仰和神灵模式》，皮庆生译，江苏人民出版社2007年版，第140页。

那些纽带。① 最重要的是：韩明士指出了，"官僚模式"和"个人模式"并不是发生矛盾，两种类型赋予中国文化之上，使其富有弹性，我们可以在一位神祇那里看到两种模式的并用或重叠，中国人根本不必把个人和官员分开。

那么除了"官僚模式"和"个人模式"之外，还有其他模式可以解释汉人社会的神灵信仰吗？

不论是"官僚模式"还是"个人模式"只能是对中国神祇多样性特征地部分解释，中国道教、佛教、国家崇拜与民间宗教之间可以互相借用和共同分享同一个神灵的资源，以及这些借用背后的复杂社会权力关系。一般认为，道教神灵具有官僚属性，但一些逍遥自在、无忧无虑的神仙，他们的权力（灵力）并不是来源于"官僚系统"，即可被视为"异端模式"。他们的幸福状态恰恰是因为逃离了世俗的政治舞台，如：八仙和济公等。在民间宗教中，有些神仙的反常行为常常被强调，如：灶神、玉皇大帝等，这说明，正统文化秩序的边缘正创造出自己的对立力量，即汉人信仰的超自然界一方面反映了现实的政治结构，另一方面也颠覆了基本的社会秩序。

在武雅士那里，神作为祖先和官员得到了崇拜；而鬼作为外人和陌生人遭到了驱赶和打发，但有些神既被崇拜也被驱赶、打压。我们在台湾看见，"十八王爷"② 就处于这个地位模糊的文化位置上，人们在祈求一些与正统的道德无关的心愿③时，经常找这位王爷神；而当心愿被满足时，人们又必须超过对正统神灵的回报规制，比如：在他的庙宇之外奉献演剧、木偶戏、脱衣舞表演或电影，④ 而并非按照马芮丽的观点，神祇更像是自己的父母、朋友或主人，不

---

① ［美］韩明士：《道与庶道：宋代以来的道教、民间信仰和神灵模式》，皮庆生译，江苏人民出版社2007年版，第140—141页。

② 类似的个案还有很多，可以参见石峰《汉人民间"神灵"的解释模式及其与中国社会的复杂关联》，载《中国宗教与社会高峰论坛暨第五届宗教社会科学国际研讨会》（下卷），2008年，第379—384页。

③ 比如：在赌博中赢得更多的赌金，或者是可以顺利地进行偷盗等。

④ Weller, Robert, *Resistance, Chaos and Control in China：Taiping Rebels, Taiwanese Ghosts and Tiananmen*, Seattle：University of Washington Press, 1994, pp. 141 – 142.

必享用太多的祭品就会帮助人们。①

不管是"官僚模式""个人模式"还是"异端模式"它们均可被视为宗教与民间信仰维度对于汉人社会关系和权力运作的模仿，这些神祇的关系和力量来源恰好象征了社会关系的结构及其不稳定性的特征。

从武雅士、马芮丽、戴瑙玛、王斯福、韩明士、魏乐博等人的研究来看，不管是哪一种神祇模式，它的内部逻辑必定是包含着另外一种模式的可能性，就像列维-斯特劳斯神话学中的"俄罗斯套娃"，一层套着一层，一种模式配合着另一种模式，一种观念配合着另一种观念，一种实践配合着另一种实践。而模仿本身如同天地之间的火、雨等在天地之间适度沟通两种模式，对白昼、黑夜的调和而反映到社会学层面的意义在于近亲和疏远的两种婚姻类型之对立与转化，以及不同语系民族之间的冲突与重叠。②

我们再次把信仰模式的类型抽象出来审视发现：这些模式可以被称为模仿类型，那些被模仿的神灵经过设计、造型、雕刻、装藏、开光等其他仪式被高高地供奉在庙宇里或者是房屋的神龛之内，他们作为中华帝国的象征等级体系依据不同的权力与关系模式被建构出来，作为象征的等级，他们可能依据地域的等级和高低被安排在不同的地理位置上，而作为文化秩序及其实践，他们也被应用在不同的参与者、信仰者和变动的历史语境中，但这个象征的等级只是一个结构（structure），对于笔者所研究的扮演神灵的大木偶而言，他更是一个"游走"的文化秩序和象征体系，从而激活了整个僵硬的文化体系，正如列维-斯特劳斯所言，仅有逻辑的确定性是不够的，机器必须能够开动才行。③

---

① ［美］韩明士：《道与庶道：宋代以来的道教、民间信仰和神灵模式》，皮庆生译，江苏人民出版社 2007 年版，第 294 页。

② ［法］列维-斯特劳斯：《神话学：餐桌礼仪的起源》，周昌忠译，中国人民大学出版社 2007 年版，第 196—204 页。

③ ［法］列维-斯特劳斯：《结构人类学》（2），张祖建译，中国人民大学出版社 2006 年版，第 472—473 页。

六 结语

"官僚模式""个人模式"与"异端模式"这三个模式的归纳与概括历经了半个世纪的理路，代表着海外汉学人类学对神祇信仰模式研究的结晶。从时间上来说，南宋的三仙信仰到当代的社会文化观察跨越了八百年左右；从地域视角出发，也辐射了中国东南地区。海外学人对汉人社会神灵信仰的研究的兴趣之广、跨度之大、探究之深、理论之精细，已将成为我们可以学习与使用的学术资源。

本文所展现的有关木偶文化及其演剧仪式，涵盖了海外学者对这三种模式总结与归纳。笔者将这三种模式统称为"模仿模式"，因为，他们所观察到的这些神祇大多居于庙宇之内，享受着香火供奉。但理论模式的弊病在于过于"结构化"，并没有形成一个游动式"信仰之网"，且时间与空间的跨越也使得人们很难观察到这三种模式的集中展现。

而在川北地区所观察到的木偶所扮演的神祇中，"打财神"的故事表明：木偶是作为汉人信仰之"正统模式"；"愿神"的故事很可能是一个"异端模式"的扮演；最后，"跳加官"仪式和"锁韩林"仪式则更具有普遍性。更依据其神圣性、灵活性、适应性与游动性的生计与文化特征，笔者将之统称为"扮演模式"。

所以，"模仿模式"与"扮演模式"同时兼具中国汉人神灵信仰模式的三个模式，即"官僚模式""个人模式"和"异端模式"，同时在地域上也涵盖了中国东南地区和西南地区。由于木偶数量和制作的结构性限制，它不能像"模仿模式"那样具有众多的神祇，以及他们居住的"行宫"——庙宇，但作为以上三种模式的游动型特征，其强调的正是"他们"的行为性、变通性、灵活性的一面，这种模式所衍生出来的反映社会伦理道德、法律、艺术、地理等方面的力量凌驾于社会之上，又存在于个体之中，个人即社会、地方即世界、部分即整体。

木偶表演之所以能展示出这样的包容性与木偶艺人的组织结构以及对木偶本身的情感有着直接的关系。李家班常年漂泊在外，所以戏班子的团结十分重要，李姓和非李姓成员之间在长期的表演与日常生活中形成了十分紧密的联系。师徒、父子、父女、兄弟和师兄弟之间的关系比较融洽，长期的漂泊生活使得戏班子成员以及人偶之间守望相助，在表演仪式与演剧之前，老艺人常常要给木偶梳头、上香和进贡。这不仅是程序性的工作，也是艺人对于木偶的情感流露，超越了人与物的边界，生与死的界限。情感注入如同社会角色与信仰结构之间的黏合剂与润滑剂，使艺人、木偶依据不同的情感表述和社会语境自然地转化各自的角色与结构，从而关注生命与保持人偶艺术、信仰的延续。

其通过具体的人的智慧、实践、情感与信仰结构分享着同一文化价值体系。需要指出的是：同一的文化价值体系之分享并不是政治地理学意义上的行省制区域划分，或者是施坚雅所强调的地理经济学的区域模式之归属，而是以文化为区分标准所构建的文化区域地理概念，从大木偶戏的演出区域来看，至少涵盖了：四川北部、陕西南部、甘肃南部和湖北西北部地区。

反之，作为其行为性的一面又激活了整个汉人神灵模式信仰之结构，指向了活态"社会生命"与"信仰生命"。在此，笔者之所以抛弃"功能""后现代"之类的概念，是因为西方人类学易于将文化之固态化、单位化和功利化，从而违背了笔者对汉人神灵结构信仰"静"与"动"以及社会、文化、组织、情感的整体性强调，以及对生命本真之探索精神。

"同姓同宗"与"同姓不同宗"之华北村落政治

——满铁调查村落侯家营的个案研究

兰林友[*]

  侯家营村位于河北省昌黎县城关镇南部，在行政区划上属于昌黎县泥井镇管辖范围内，离城区仅有九公里，大约二十分钟的车程，交通较为便利。与《中国农村惯行调查》记载的侯家营资料相比，现今侯家营村的规模并没有扩大多少。"根据民国30年的保甲册记载，侯家营有114户，约680人（其中男性约350人），女约330人。次年春调查显示，达到117户，704人。正如侯家营的名称所示，侯姓最多，84户（占73.7%），刘姓10户[①]，王姓6户，陈姓5户，孔、齐、萧、傅、池、李、方、费、叶姓各有一户[②]。与其他调查村落相比，侯家营同姓村色彩浓厚，侯姓分三门，同族聚族而居。"[③] 根据泥井镇政府统计站资料，截至2007年11月，侯家营共有常住人口303户，非农户22户，农户281户；总人数798人，非农人口24人，农业人口774人；其中，男392人，女406人。村中

---

[*] 兰林友，中央民族大学民族学与社会学学院教授。

[①] 这里的刘姓未做区分，事实上，查阅中国农村惯行调查刊行会《中国农村惯行调查》第5卷，岩波书店1958年版，第104、109、113页，除了他宗刘树凯，在10户刘姓中，老刘家的刘子馨、刘会、刘和、刘斌选、刘斌奎五股为同宗，来自槐各庄；他宗刘树凯一家来自刘家坨。其中，刘会三子刘万喜、刘万臣、刘万年已分家。又据田野调查，刘家坨分前刘坨、后刘坨，经刘树凯的孙子刘ZF本人证实，该刘姓来自后刘坨。

[②] 同上书，第33页。

[③] 同上书，第5页。

姓氏主要有：侯（159）、刘（25）、王（16）、陈（11）、齐（4）、孔（1）、池（3）、叶（5）、田（2）、耿（2）、张（4）、葛（5）、郭（2）、韦、秦、曹、卢、于各一户。其中，侯姓占52%。据2009年该村选民名单统计，全村共有居民312户，村内有侯、刘、王、陈、齐、郭、耿、叶、葛、张等十个姓氏。① 如村名所示，侯姓是该村的主要姓氏，侯姓户数为174户，占全村总户数的55.77%，居民以汉族为主，由于通婚、移民等因素，目前村内还有三户从青龙县移居该村的满族居民。田野工作表明，村中刘姓、陈姓、王姓存在"同姓不同宗"的现象。② 笔者1998年国庆节初次考察侯家营，十年后的2008年暑假带领研究生杨乾、师云蕊进行了为期两个月的田野调查，次年又利用暑假时间指导研究生赖雪芳做了一个月的调研。

从宗族组织与村落政治来看，从清末民初到当下，侯姓作为人口最多的姓氏，在侯家营社会生活各方面都表现出一定的优势，因为侯姓村民原先基本上占据着侯家营的村落领袖地位。然而，随着国家政权进一步渗透和社会经济变迁，其他小姓中的强人逐渐在村落中掌握实权，打破血缘空间与政治空间基本重合的状态。此外，如今村民对昔日村落领袖的个人风采依旧津津乐道，因为在村民的眼中，那些村落领袖往往是维护一方百姓的英雄，他们的人生掌故被村民反复地传颂，这种对往昔的回忆从一个侧面反映了村民对当今村落某些现实的极度不满。本文主要依据满铁调查材料和几次田野调查素材，重点考察宗族组织在村落政治中所起的作用是什么，谁能够当选村落领袖？当选的逻辑是什么？参选的动机与目的是什么？任职的行为与表现具有什么样的特点？国家与地方具有什么关系？从古今关联的意义上，对于当下村落政治又有什么体悟与洞察？

---

① 有关村落的户籍人口数据，无论是河北昌黎侯家营，还是山东后夏寨的田野调查都表明，因各种原因，如统计工作的马虎和力量限制，人口情况的复杂性，要想彻底精确掌握村落的户籍人口数据是相当困难的事情，所以，只能获得一个大概近似的数据而已，几组数据互相冲突在所难免，切不可太较真。

② 其中，刘姓中的刘ZF一支，其父辈是从后刘坨迁来；陈姓的陈锡珍一支从牛心庄迁来。这同时也印证了笔者在山东平原县的后夏寨田野工作中发现的"同姓不同宗"现象。

一 宗族组织的结构与功能

（一）宗族的空间分布与宗族类型

在侯家营侯姓的起源上，尽管流行不同的多种移民传说，但最主要的还是山东大柳树的传说。如村民所叙述："侯姓，传说是从山东大柳树那儿逃难过来的，具体是从哪里，什么时候就知不道了。来了哥仨，老大留这儿，老二去了离这有六七里远的魏官营，老三就去了抚宁石岭，这三个村子侯姓的人见面都会说一家子，已经传说多少年了，都知不道了。就老大留在这侯家营，有三个儿子，就分大一门、二一门、三一门。"

就村落的空间布局而言，在唐山大地震前，从南往北，侯家营有四条东西走向的街道，依次是青年街、一条街、二条街和三条街。其中，三条街又叫后庄。南边姓王的多，北边姓刘的多，中间姓侯的多。原先，除了侯姓和刘姓，一般情况下各姓住的都挺集中，都是一个姓氏一个院心。[①] 以前院心长，有两层正房，还有三层正房的，所以同一个院心内居住的都是家里人。当然，一个院心也有住好几家的，一个院心前后通行，分家分出去的，就别处住，也有一起住的，有厢房正房，但不在一起吃。其中，侯姓的空间分布是，大一门在东南山有5个大门，第二条街有8个大门，后庄有2个大门，共有15个院心。二一门居住在第二条街从西往东的第五大门，只有一个院心，现在只有一个10多岁的独苗儿子，几乎濒临绝户。三一门集居在第一条街（4个院心）和东南山（3个院心），共有7个院心。地震之后房子基本全塌了，就剩一两户，村子根据新规划重建，现在的房子都只有一层正房，按照"三六丈"的标准空间布局，长20米，宽10米，高度是8尺3，村里从南往北共有15排房子，从此同姓同一个院心的聚族而居村落空间格局被打乱。

除了口头传说，难以寻找更可靠的侯姓起源依据。有关是否有过侯氏族谱，村中有些老人认为没有族谱，有些则说曾经有过，只

[①] 即院子，当地习惯叫院心。

是后来遗失了，或者是被烧毁了。不过，有的老人对族谱上的辈分字还记忆犹新，侯氏的辈分字是"俊、治、振、永、元、大、增、守、向、云"。如侯姓村民所言，"现在没有家谱了，但庄里人都知道是啥辈的，都认识。比如，大字辈下边是增字，上边是元字，元字上边是永字，上边是振字，治字，再往上是俊字。凡是大一门的人都辈小，三一门的辈大，老三啊，生儿育女晚啊，我是三一门的，永字辈算第二辈，振字辈算最大，再往上就没有了。即使大一门守字辈最大，还管我叫太爷爷呢，因为辈小。"现今村中侯姓最长的辈分是振字辈，健在的只有屈指可数的几位老人，从云字辈以下，都已经不再按照辈分字来取名了，用村民的话说，"现在已经没人讲究这个了，再说云字下面也没字排了，断了"。关于各门侯氏的关系，《中国农村惯行调查》中提供了较为系统但并不完整的谱系分支图，而今村民之间关系又较为纷繁复杂，我们也重新绘制了详尽的侯姓谱系图。

在侯家营，尽管侯姓以外的刘姓与王姓也同样颇具渊源，具有一定的内部分支、坟地祭祀等，原先侯姓占73.7%，与如今52%或55.77%的比例相比，原先占绝对优势，侯家营看似一姓独大的色彩非常浓厚。然而，侯家营的情况说明，因经济实力的差异，单纯的人数优势，并在宗族竞争中占据绝对优势，因此，并不完全符合芮马丁（Emily Martin Ahern）的村落宗族类型划分。芮马丁在台湾北部三峡的溪南进行田野研究，将宗族组织区分为三种类型：第一种类型就是单姓村，这种社区以单一宗族占主导地位，宗族内部关系复杂，裂变程度高，房分之间的利益冲突严重。第二种类型为多姓村，宗族之间既竞争，又合作，在对外行动中保持一致。第三种类型还是多姓村，在这种村落中存在着强势和弱势宗族，强势宗族与弱势宗族之间的竞争较为激烈，在强势宗族试图控制弱势宗族时，几个弱势宗族会联合对抗强势宗族。[1] 这就表明，宗族可以以不同的方式存在于不同的地方和社会场景，而这正是弗里德曼所忽视的。

---

[1] Ahern, Emily Martin, *The Cult of the Dead in a Chinese Village*, Stanford: Stanford University Press, 1973, pp. 108 – 112, 250 – 263.

(二) 一家子、同宗同族与门股

侯家营村民在提及侯氏的时候，通常都认为所有侯姓都是"一家子"，均由同一个老祖宗传承下来的。不过，"一家子"的概念通常包含两重意义，泛指侯氏来源时，"一家子"指的是他们拥有同一个祖宗，源自相同的血脉。论到具体的亲属关系时，"一家子"又指的是较为亲近的血缘关系，是对分支以内的亲属界定。在乡民的心目中，广义的"一家子"即是同宗、同族，① 狭义的"一家子"则可以理解为五服以内的亲属，即同一门的亲戚。人们相互之间是否属于一家子，在红白喜事等重要场合可见分晓，如村民所言：

> 过去办红白喜事，你是这一股子人都得吃饭去，你就知道你是这一门的，这很简单。红白喜事有来往，血脉上亲，白事都得帮忙去，红事都得吃饭去，这就分出来了。不是同一门的人平常也有走动，就发请柬请，不请是不能去的。那时一股子人一家子就不用请了，那大喜事都吃饭去。不是同一门的，关系好，那就请呗。

然而，如今在红白喜事的场合，即使同是大一门的也不一定上礼，因为平日关系处得不好，吵架分裂，平时就不来往了，红白喜事的场合自然也就不来往了。甚至，有的亲哥俩儿还不上礼，像刘XF和刘小春兄弟俩，他们妯娌之间有矛盾，导致兄弟关系也不和，他们也不认亲戚。刘XF之子结婚，刘小春就没参加。

如果一家子是指宽泛的门的范畴，那么中华人民共和国成立前比较讲究"门"的作用。最初，侯氏祖先三兄弟从山东逃荒到侯家营，留居本地的老大生有三子，后来三子分家，逐渐形成了"三大门"，分别称为大一门、二一门和三一门，这与满铁调查中所记载的

---

① 事实上，满铁调查表明，当时村民就将庄稼人说成一家子，就是指同宗或同姓。参阅中国农村惯行调查刊行会《中国农村惯行调查》第 5 卷，岩波书店 1958 年版，第 67 页。

侯姓情况也相同。[①] 在满铁调查期间，每一族各有一位族长，族长称谓只在婚礼、葬礼等特殊场合才使用。[②] 当时大一门（也是全侯姓）辈分最高的为侯恩荣，三一门为侯俊良，二一门是侯凤昌、侯凤成兄弟。[③] 因为侯恩荣辈分最高、年龄最大，所以他自然就是全体侯氏的族长。[④] 这就是说，族长的产生机制在于人伦秩序的文化设定与自然的生物年龄因素。其中，根据报道人的说法，大一门可能[⑤]又进而细分为小一门、小二门。不过，二一门、三一门肯定没分化，因为人口稀少，尤其是二一门现在只有三户人家，仅有一个男性后裔，几近绝后。

就宗族结构的层级而言，门之下还有股，股通常是出了五服的族人。正如学者对五服概念存在歧见一样，[⑥] 村民对于"股"的概念也有不同的理解。按照一些老人的解释，同一父母的兄弟分成各小股，起源于分家，是"门"之下的进一步分支。假设一位父亲有三个儿子，分家之后就形成三小股，每一个儿子就是一股。如村民所分析：随着家庭人口的增多，小股的范围也会越来越大，五服以内的祖父—父亲—自己—儿子—孙子成为一个"小股"，与此相当的人也同样包括在内。

---

① 中国农村惯行调查刊行会：《中国农村惯行调查》第5卷，岩波书店1958年版，第69页。

② 同上书，第67页。

③ 同上书，第69—70页。

④ 同上书，第70页。另：林耀华论及族房长的产生机制时说，房长的产生，并非由于选举或委任，乃由于时代递嬗自然演成的结果，那就是说，房内的男性子孙，谁的代数（辈分）最高，而且年龄最长者，那人就是房内当然的房长。房长先计代数，后计年龄；十五房长中，必有一人其代数和年龄冠于侪辈者，这人就是本族族长了。载林耀华《义序的宗族研究》，生活·读书·新知三联书店2000年版，第27页。

⑤ 不确切，表明报道人受到满铁调查资料的影响，因为报道人家中有南开大学所赠送的《中国农村惯行调查》复印本。

⑥ 五服，按照《辞海》的解释，旧时的丧服制度，以亲疏为差等，有斩衰、齐衰、大功、小功、缌麻五种名称，统称"五服"。林耀华言及五服为斩缞、齐缞、大功、小功、缌麻。最初记载为《仪礼》，历代言礼之家无不慎重分析，徐乾学之《读礼通考》尤为详尽，载林耀华《义序的宗族研究》，生活·读书·新知三联书店2000年版，第162页。弗里德曼在《中国东南的宗族组织》中专设一章讨论 Mourning grades（服表的等级）问题，并分别引述胡先缙、许烺光、费孝通、林耀华等对于五服概念的歧见进行探讨，参见 Maurice Freedman, *Lineage organization in Southeastern China*, London: The Athlone, 1966, pp. 41 – 445.

总的来说，当初的侯氏分成了三大门。其实，最初门与股是同一个概念，但当人口繁衍越来越多时，子孙后代就分支成了许多小股，小股中再进行更细的划分，从而原初的"三大股"变成了"三大门"①。此外，在日常生活的表达中，门里面五辈以内称为户，出五辈的，称"家里人"。关系处得好的，不管辈分离得多远，都称为"家里人"。在村里，出了五服，同姓之间也可以结婚的。

（三）祭祀仪式、集体表征与祭祀组织

在过去，侯家营各族大体上聚族而居，尤其是侯姓三大门，基本上院心相连。除去仅有一、两户的小姓之外，侯、刘、王、陈族于清明节时都在祖墓前集会祭祖，称为坟会。②就祭礼习俗来说，侯家营与冀东各地并无二致。清朝前期滦州的情况就说明冀东各地的一般图景，"州境无大村落，居民亦无大族姓，故立宗祠者甚少。其绅士家，各于所居宅内，构静室以安木主；若齐民辈，惟岁杪裁红笺，书某门宗亲神位，粘贴于堂前空处，以主拜献而已"（《滦州志》八卷，清嘉庆十五年）。即便入民国之后，在昌黎、迁安、遵化等地，大致的情况仍然是，"邑无世家大族，鲜有立祠置龛，守宗法四时享祭如礼者"（《迁安县志》二十二卷，中华民国八年）。总的来讲，翻检地方志就会发现，河北各地习见的大多是，"邑中鲜缙绅望族，皆祭其先于寝室。士作木主；民悬画轴；穷僻村落则裁红笺，书三代宗亲。其建有祠堂者寥寥也"（《沙河县志》十二卷，中华民国二十九年）。或"士民多无祠堂，岁时伏腊，或设主，或悬画像，具牲醴、果肴祭拜"（《深州风土记》二十七卷，清光绪二十六年）。③

---

① 在探讨宗族的衍分机制时，林耀华论述说，家庭是最小的单位，家有家长，积若干家而成户，户有户长；积若干户而成支，支有支长；积若干支而成房，房有房长；积若干房而成族，族有族长。作为聚族而居的血缘团体，实际上，宗族构造并非如此整齐划一，如支之上又有曾祖、高祖、先祖的支派，主要具备宗教祭祀功能。见林耀华《义序的宗族研究》，生活·读书·新知三联书店 2000 年版，第 73 页。

② 中国农村惯行调查刊行会：《中国农村惯行调查》第 5 卷，岩波书店 1958 年版，第 31 页。

③ 以上方志材料引自丁世良、赵放主编《中国地方志民俗资料汇编·华北卷》，书目文献出版社 1989 年版。

因为从祭祀场所来说，冀东罕有宗祠之设，所以最主要的祭祀空间就是祖坟，侯家营的情形更是如此。根据满铁调查，自19世纪60年代起，侯氏家族会在清明时杀3头猪祭祖，礼毕后会餐。但是，1921年之后，这种仪式渐渐消歇。据村民讲，这是因为该村经济情况今不如昔。① 进一步调查发现，由合族各家凑钱举办的祭祀仪式大约是在1920年突然中止的，因为那年摊款和军队勒索过重，农户无余钱可出②。

中华人民共和国成立之前，侯姓清明祭祖活动并没完全消失。全体族人聚集在祖坟前，为祖先烧纸上香，供上供品（猪头、水果、点心），并在坟头割除杂草，添上新土，称为"坟会"。③ 上完老祖坟，各户才会上各户的坟地。用来支持清明坟会祭祖活动的田地，就是坟会地，坟会地的产出就用作办会经费。如侯姓祖坟地租给姓侯的人种，由租种人一年上交固定的钱数，用于支付清明节上坟时办会的支出，谁走会，谁负责祭祖的各种祭品，购买猪肉，菜，准备全族男性的聚餐（但只限于男性，女性不能参加）都有安排。是谓一年一走会。如果没有吃完，那么各家会将剩余的钱、肉进行平分，这就是做会。村中的高龄老人至今都对做会有很深的印象。不过，按照村民的说法，坟地所得仅能支付每期做会时候的吃喝开销而已，远不能和中国南方宗族的族田、族产相提并论。

在侯家营，与门股的划分相应，祭祖时的坟会，各股都有自己的坟会，分成大会和小会。其中一种说法是，大会指清明节时，侯姓三大门的人都会聚；另一种说法是，侯氏大一门掌握了祖宗的坟地，坟茔地多，收入多，就能做大会。按辈分来排，越高就越能在大会。大会还有主持的会头，如村民所叙述：

> 会头就是大伙推选办事的主持人，过去称为会头。一次推

---

① ［美］杜赞奇：《文化、权力与国家：1900—1942年的华北农村》，王福明译，江苏人民出版社1996年版，第89页。
② 中国农村惯行调查刊行会：《中国农村惯行调查》第5卷，岩波书店1958年版，第56页。
③ 同上书，第31页。

两三个人。我知道那时候有侯凤成（二一门的）、侯凤义（三一门的），在（20世纪）40年代那时候，村里全体侯姓村民选的。侯家的事他们都参加管理。就是家族有啥事，就找他们管管。上坟、坟里的家产还不都是会头管？总有人管的。这个会头，就只管侯家的事。村里的保长、甲长是政府组织的，会头不参与村里的事务，他们不是干部。解放后就没有会头了，就散了。侯凤成还当那个甲长。刘姓、王姓都没有（会头）。他们家族小，人少没有会头。那侯大生当保长，交公粮、农业税，保长就分配给甲长，甲长就找各家各户，那会头就协助。这个会头，就是要办事有能力、群众信任的人，没有钱，都是中等户，有二三十亩地吧。在那个时候，地多人少，平均下来，人均有七八亩地。会头都是识字人，念过书，能写会算的。他们就是主要管坟上的家产，家族有啥事，就管管呗，他们也没啥事。就是清明节管那上坟的事，别的事不管，只管家产、钱财，到时候给张罗着花了。

根据《中国农村惯行调查》的记载，随着人口不断增长，祖坟地越变越小，侯姓家族开始另选地址迁坟，各门迁坟后，清明祭祖的大会逐渐衰落，各门开始在其内部做会，其形式和功能与以往的大会没有任何不同，各门内自己的聚会就称为小会，只祭祀与自己关系较近的祖先，一般一小股成员形成一个小会，但并不是股中所有成员都会加入到小会中。这就是说，小会有小会自己的祖坟，也有自己的坟地，祭祖的时候就各顾各的，这样大会、小会各弄各的；各股添各股祖坟的土，添土后当家的一起吃饭，这叫吃会。如三一门就另辟祖坟，因祖坟地少，收入少，只能做个小会。属于侯姓小会上的几股有：侯子贤一支、侯元勋[①]一支、侯定选一支、侯永云一支、侯元祥一支、侯增庆一支等。有的小会由于没有大会那样的坟会地，所以举行祭祖活动需要成员筹钱集资，如果集资不成，则那

---

① 注：此处侯元勋（三一门）与后文的侯元勋（大一门小三门）——侯老爷不是同一人。

一年就没有坟会。不过，并不是所有小股都能凑钱会餐，最后他们渐渐地放弃了这一宗族性活动仪式。①

祭祀组织的大会小会，显著体现了包容与排他逻辑：单元越大，越包容（如大会全部男性参与）；单元越小，越排他（如小会仅限本房支）。小会的设立，类似房份的投资、经济收益的分享内部分化。只是华北村落的宗族分化远不如南方宗族明显，如果将南北祭祀活动进行比较，就不难发现一些不同特点。第一，祭祀空间不同，冀东各地大多没有宗祠或祠堂。第二，族产规模与来源不同，侯家营或其他华北村落的宗族公共族业，仅限于少量祖坟地或个人临时捐助的基金。南方有些宗族族人经商，积累财富后，多愿为全族或本房分投入一些资金作为公共基金或开展公益活动。无疑，这一点支持了波特（Jack Potter）在香港新界屏山所做田野工作得出的论点，认为商业、资本主义也是宗族组织高度发达的条件。② 第三，祭祖频率差异很大。在昌黎，祭祖活动仅限于清明。在南方，则有春节祭祖、元宵灯会、清明、中元以及冬至等。第四，宗族祭祀内部分化原因略有差异。侯家营的情况说明，祭祀组织大会的衰落是因为经济力量不足，无法承担全族的聚会费用，所以分化出小股的小会祭祀组织。这的确证实了弗里德曼的推论，认为祖先的财产对决定宗族内部分支的性质影响极大。③ 南方宗族体现的是，在全族合祭仍在进行的前提下，内部社会分层导致有些房份单独设立房祖的祭田和祭祀活动，强调的是房份的荣耀和利益分享机制的排他原则，这也正是裴达礼（Hugh Baker）在香港新界的村落宗族研究所发现的。他的研究表明，一个以祭祀为基础的房份，假如没有财产，就不能存在。一个宗族的分支必须有财产的分割，祭祀房才能分开成

---

① 中国农村惯行调查刊行会：《中国农村惯行调查》第 5 卷，岩波书店 1958 年版，第 70、115 页。

② Potter, Jack, *Capitalism and the Chinese Peasant*, Berkeley: University of California Press, 1968, pp. 22 – 26. *Land and Lineage in Traditional China*, Maurice Freedman, ed., *Family and Kinship in Chinese Society*, Stanford: Stanford University Press, 1970, pp. 121 – 127.

③ Freedman, Maurice, *Lineage Organization in Southeast China*, London: Athlone, 1958.

立。但如果这个祭祀房支没有财产的支持，经过几代以后，这个祭祀房支的祖先就会被遗忘，而被编入子孙所供奉的"列祖列宗"的范围。他还指出，另外一种房并非以祭祀为基础，事实上这种房在祭礼上所表现的功能并不重要，但是在村落政治领域却扮演重要的角色，为了与祭祀房相区别，可称之为社区房。①

田野调查表明，侯家营真正停止祭祖活动是在中华人民共和国成立之后。1964 年开展平坟运动，老坟地都变成了耕地，平坟以后，就没有坟会集体祭祖活动了。根据村民的叙述，侯姓等的大小会坟会组织，在中华人民共和国成立后经受国家的三波打击之后就逐渐消失了。首先，在集体化的时候，村东分布着侯氏几十个老坟的坟茔地都被集体没收了，土地所有权的丧失，彻底摧毁了宗族聚集的经济手段，也可以说，土地改革基本上摧垮了村落原有的以宗族为首的社会组织。在没收的宗族坟地上，改建成为公社的集体公墓，称御地。另外，以增加耕地和增产为目标的平坟运动，将宗族的主要象征物再次毁灭。20 世纪 60 年代初，集体化后的公社采取一些措施保持稳产增收。如平整土地，起高垫低，要求耕地成方连片，以便增加耕地面积。因坟地影响土地划方，所以坟地被推土机推平了。同时，为了扩大水浇地面积，防止水涝，开挖台田。在种植方法上，耕垄换向，将原来东西方向的播种方式改换成南北方向耕种，这样便于采光，更适合农作物生长。侯家营的平坟进行了多次，主要是在 1963 年和 1965 年进行的。因为当时村民还有老观念，刚白天平完了坟，夜里就又偷偷把坟地筑起来了，公社再平。此外，1966 年开始的"破四旧"运动，② 在思想观念上压制了宗族意识形态。修建坟地和祭祖活动都被认为是迷信的旧习惯和旧习俗，自然都是"破四旧、立四新"的内容。尽管门股和大小会组织是侯姓宗族加强宗族凝聚力的重要手段和工具，但这几次平坟运动使得村内侯姓村民

---

① Baker, Hugh, *A Chinese Lineage Village: Sheung Shui*, Stanford: Stanford University Press, 1968, pp. 99, 117.
② "破四旧"是指在"文化大革命"初期，以大中学生红卫兵为主力的，以破除旧思想、旧文化、旧风俗、旧习惯相标榜的运动，1966 年 6 月 1 日，《人民日报》发表了陈伯达炮制的《横扫一切牛鬼蛇神》社论，第一次明确提出"要彻底破除几千年来一切剥削阶级所造成的毒害人民的旧思想、旧文化、旧风俗、旧习惯"。

的门股意识逐渐淡薄，做会传统衰落。

(四) 私塾教育与公共空间

过去，侯家营与一般华北村落的不同之处在于，侯氏宗族——更准确地说是侯老爷个人——还办有在华北并不多见的私塾，不过，并不限制外族学子参加。许多老年村民还津津乐道历史上有过的宗族辉煌：

> 那时候，村里开私塾的是侯元勋——侯老爷。据村民报道，侯元勋办的私塾是从小学到大学不同程度的学生都有，他家的院心宽，共五排，有十几间教室，学生各村、外县的都有，大学生要交钱，在他家吃住。大学生的水平都是可以直接去考状元的。庄里的是小学生，小学生不用（花）钱，不收费，过年送点心就行。在私塾里，侯元勋领着大学生教小学生，不然他哪能教得过来呢！知不道办了多少年，到他八十多岁的时候，就给推翻了，也是社会变了，老式学校不适应了，上的课都不一样了。

维新人物侯全武与侯老爷打官司打输了，地方一霸（甚至还是恶霸）齐老畅也不见得就能打赢，显而易见的是，权威的施展并不一定都拥有一定正式的职位。就文化资本、权威表达与村落政治而言，在布迪厄意义上的文化资本，如拥有很高的学历或具备雄辩的口才，无不让具有雄厚文化资本的人，在村落政治中获得了间接政治权威或另类权威表达。换言之，文化资本和社会资本在特定场景下可以转换为政治资本。侯老爷的掌故就经典阐释了这一文化逻辑。因为从侯老爷的身上可以看出，第一，就文化资本而言，他是村中最有学识的人，文化程度最高，会择日子，看风水，教过书，办过私塾——这在华北村落是极为少见的，学生多，号称恩进士——这无疑是最大的文化资本，还有帽疙瘩和许多匾额——这自然是极具象征意义的文化资本。第二，从社会资本与社会声望的视角看，因为个人名望高，学生又多为地方官员，所以侯老爷说话办事都吃香，在乡村世界的确无人可比。第三，根据政治资本分析，依靠他的权威，他那没有任何能力的过继儿子侯大生竟然也当了乡长，更少有人能与他打官司，无论是侯全武想阻止侯老爷继续办私塾，还是因侯大生的贪腐行为而状告乡长，或是与地方一霸齐老畅打官司，因他有学生后台——拥有间接正式权威，在乡村几乎没人能够挑战侯老爷的权威。第四，从宗族与村落政治而论，无论是侯姓大一门小一门的侯全武领头状告大一门小三门侯大生乡长的贪腐行为而与大一门小三门侯老爷打官司，还是侯全武和其他侯姓成员一起状告侯老爷不让他继续办私塾，无疑代表的是他个人的阶级利益，并没有体现出宗族内聚的原则，即根据自身的阶级利益，而不是宗族利益。

侯老爷死于1940年。他过继的儿子侯大生当乡长是在1932—1936年间。今侯家营村主任（村长）侯SX就是侯大生的孙子。换言之，侯老爷就是今村长侯SX的祖太爷。

（五）宗族组织的其他功能性表达

与华北其他文化表达性的宗族一样，侯家营的宗族功能并不突出，无非在祭祖仪式、族长权威、族内扶助以及经济协作等方面略有所表现而已。

不过，族长权威不强，只在分析家产、收养义子或土地买卖等场合需要族长同意画押。此外，当宗族成员被卷入官司，县官往往召唤族长询问情况。[①] 当然，那些富有并受过教育的族人在族中的威望很高。在同族扶助相济方面，宗族通常将族田（即祖坟地）租给同族中较贫者，由他置办坟会，为清明祭祖提供点心、祭品和香火，[②] 并办席供全族男子聚餐。然而，由于宗族坟地不多，所以宗族成员的救济受惠范围和程度极其有限。

在经济方面，宗族遵循族中成员要是出卖土地，需将土地首先卖给同族之人的习惯法，假如把土地卖给族外之人，那么买主需请

[①] 中国农村惯行调查刊行会：《中国农村惯行调查》第5卷，岩波书店1958年版，第44、70、76、88、208页。

[②] 同上书，第72、84、168页。

卖主、中人以及买主同族部分成员吃饭。在更早以前，则尽其所能，宴请更多的人，① 通过宴请见证交易，使其买卖得到公认，以免卖方宗族运用其习惯权力挑起争端。不过，这只是一般的情形，事实上，宗族强势成员出卖土地，普通族人自然也无缘购买，道理很简单，贫穷族人没有能力购买。当然，同族成员之间借贷一般不收利息，即使对一年或一年以上的借款收取利息，其利息率亦比向族外人借款低 10%。② 借贷范围较广，大多涉及全族，至于其他经济互助如共用大型农具之类，以门或股为协作单位。③ 当然，同门同股之间的互助合作并非是无条件的，经济协作的双方在人力物力上基本相当，否则，时间一久，一方就会觉得吃亏。无疑，这一条件导致许多同门同股之人被排斥在合作对象之外。

  根据这些宗族的功能性表达，杜赞奇推论说，尽管没有庞大的共同财产，族长权威较弱，但在侯家营村落生活中，宗族仍然起着重要的作用，同族成员之间在社会和经济活动中有不少协作。因此，在乡村社会中，以宗族为代表的继嗣群体占重要地位，不仅因为宗法思想更为符合官方的尊祖忠孝教义，而且宗族可以约束其成员，使其言行更为符合封建道德和行为规范。正因为如此，宗族成为村庄公务活动的合法组织者，在街坊规划和政权结构中起着重要的影响作用。所以，在杜赞奇看来，侯家营的宗族势力并没有完全衰落或者失势，④ 因此他将侯家营划归为宗族型村落。⑤

---

  ① 中国农村惯行调查刊行会：《中国农村惯行调查》第 5 卷，岩波书店 1958 年版，第 217—219 页。
  ② 同上书，第 25 页。
  ③ 同上书，第 143 页。
  ④ [美] 杜赞奇：《文化、权力与国家：1900—1942 年的华北农村》，王福明译，江苏人民出版社 1996 年版，第 90—92 页。
  ⑤ 将杜赞奇的宗族型村落概念与林耀华的宗族乡村概念进行比较，就会发现，林耀华主张义序是一个乡村，因为全体人民共同居住在一个地域上，构成一个地域群体。义序是一个宗族，因为全体人民都从一个祖宗传衍下来，形成一个血缘群体。义序地缘与血缘高度重叠，故说义序就是一个宗族乡村。参见林耀华《义序的宗族研究》，生活·读书·新知三联书店 2000 年版，第 1 页。杜赞奇的宗族型与宗教型村落划分，主要基于宗族和宗教在是否在乡村生活中起主要作用。参见 [美] 杜赞奇《文化、权力与国家：1900—1942 年的华北农村》，王福明译，江苏人民出版社 1996 年版，第 10 页。

二 村落、宗族与自我区隔

（一）在血缘与地缘之间

根据杜赞奇的村落政治解说，为了便于治理并从事其他公益活动，一个村庄一般分成数个居住相邻的地缘集团。在侯家营，人们往往聚族而居，故血缘团体与地缘团队基本重合，所以行政划分往往以宗族或门股为基础，由宗族中的"十家"（亦称"组"，即保甲中的"牌"）推出会头，每一"会头"代表一"十家"。当然，有时实际户数不止10家，它由一个宗族或宗族中一门组成，个别人户甚至居住于另一街巷。如果一个家族少于10家，则两、三个族姓联合起来。总之，人们尽量与同姓编入一组。[①] 每一宗族或每一门股推出的会头进入村公会。在1911年以前，村务由8名会头主持，会头中无"会长"，一切决定由集体做出。[②] 换言之，村公会成员的构成往往由宗族势力来决定，村落政体以宗族为基础，血缘划分与政治领域相重合。这一过程是随着19世纪国家控制乡村的保甲与里甲制组织日益涣散，宗族组织兴起而出现的。最终，保甲组织失去其"相邻连坐、互相监督之实"，而渐渐由宗族组织所代替，保甲首脑全为宗族首领所充任。于是，宗族首领利用官府赋予保甲组织的权力进一步巩固和扩大其对村庄的控制。可以说，血缘团体和行政区划是同一乡村社会实体的两个侧面，它使宗族组织更为"正统化、官方化"。尽管官方有时对宗族势力的膨胀持怀疑态度，但它更为赞赏宗族在农村中维持封建伦理道德及秩序的作用。[③]

不过，与杜赞奇的观点截然不同，黄宗智将侯家营归类为"分裂了的村庄"，认为虽然基本上这是一个单姓村（116户中84户姓侯），但因为村庄高度分化，缺乏强有力的宗族组织和村落组织，所

[①] 中国农村惯行调查刊行会：《中国农村惯行调查》第5卷，岩波书店1958年版，第9、18、44页。

[②] 按照满铁调查材料，9个会头中选1人为大会头或总会头。参见中国农村惯行调查刊行会《中国农村惯行调查》第5卷，岩波书店1958年版，第47页。

[③] ［美］杜赞奇：《文化、权力与国家：1900—1942年的华北农村》，王福明译，江苏人民出版社1996年版，第92—96页。

以宗族纽带关系在村落生活中所起的作用不大。①

然而，笔者的田野调查研究表明，在侯家营，以往宗族居住空间固然存在聚族而居的倾向，但也并非完全集聚，尤其难以实现南方那种血缘与地缘高度重叠的理想情形，所以宗族对村落政治的影响不像杜赞奇所夸大的那样大。因为杜赞奇的村落政治解释并没有洞察到，首先，血缘与地缘的基本重合，即使会头选举以门、股为基础，但如满铁材料所反映的，其不一定代表本族，最主要的是这种血缘与地缘的基本重合，并没有体现出南方那种高度重叠所呈现的绝对一姓独大的单姓村特征。另外，宗族组织替代国家正式体制的保甲制度，那只是形式改变而已，并无实质内容。此外，认为村落政治以宗族为基础——历史上或许有过这样的阶段，但事实表明——后文的个案分析将证明，民国之后并非如此。显然，相对而言，黄宗智的判断更接近村落社会事实。

（二）老侯家与老候家之分：宗族认同的内部差异

与坟会组织（大会小会）相关联的似乎还有老侯家与老候家的区分。尽管几乎所有的侯姓村民都一口断定他们源自同一祖先，熟知侯姓祖先哥仨从山东大柳树移民迁徙的传说，但在侯姓之中还流行着大同小异的不同版本的老侯家与老候家之分的传言。

这一过去流行的传说叙述的是，侯家营的侯姓都是一个祖坟的，但三一门的村老支书侯立国（爷爷侯庆春，父亲侯文相）那几家/一股子，与其他侯姓并不是一家子。属于侯姓小会上的几股有10来家，听说原先姓候，是老候家，不是老侯家。虽然算三一门，但传说他们不是侯家营人，不是一个祖宗，不是同一个祖坟，因为他们是后搬来的，姓候。② 满铁调查也有记载说，侯文炳（其父侯庆昌）这个侯姓是从它村来本村的侯姓。③ 不过，不知道

---

① ［美］黄宗智：《华北小农经济与社会变迁》，中华书局2000年版，第280—283页。
② 侯与候姓之分，颇类似山东后夏寨的王姓与汪姓之分。最后，汪姓也是改姓王。
③ 中国农村惯行调查刊行会：《中国农村惯行调查》第5卷，"村落篇"，岩波书店1958年版，第42页。

他们是打哪来的，什么时候来的。过去，上祖坟时，老侯家祖坟没有他们的坟，他们自己的坟也有一二十个坟顶，所以，在清明上坟的时候，那阵侯姓村民都说，他们不是老侯家人，说他们是"候"（水塘南边），清明节上坟那天不让他们去参加，不许他们从老坟坑（即祖坟）拉土填坟，叫他们到老候家拉去。就是平日里，有侯姓村民同侯立国打架时也会说："你不是老侯家人。"有时，发生吵架，姓侯的人就会说，"你们姓候的人，跟着我们姓侯！"此外，这些被称为老候家的人，似乎也没有按照老侯家辈分字取名。而且，老候家的那几户与三一门的侯姓之间也不通婚，认为是三一门[1]的，但那几户在红白喜事场合也都参加。当然，如果关系不好，就不上礼。

虽然存在老侯家与老候家的自我分类与区隔，但究竟他们是姓侯，还是候，其实村民们也说不清楚，甚至并没有确凿的证据说相互之间是同姓不同宗，因为如今并不是所有侯姓都严格按照辈分取名字的。显然，宗族认同的内部差异表达主要体现在：姓氏不同，祖坟不同以及辈分字差异。究其产生老侯家与老候家之分的根由，根据侯姓村民的叙述，主要有两种说法：其一，只是听说那几户人家心眼不好。[2] 其二，侯立国之父是屠夫，据说为人吝啬，与庄里关系处得不太好。因此，由于侯家枝叶弥散，出现分化，个别小股独立各上各坟也在情理之中，加上人品与邻里关系不和谐，家里一直又穷，不是一家的说法缘于此也说不定。村民反映，搞集体化之后，就没有这个说法了，多少年了，这几户也都写姓侯了，现在这几家过得很好，经营买卖，比以前更发达了。

事实上，在其他满铁调查村落也同样存在类似这种老侯家与老候家之分的自我分类与区隔现象。山东后夏寨的田野调查表明，该村姓王的村民分为四支，源于四个不同的祖先。满铁调查人员的访谈说明，全村47户王姓分为四个王，分别有9户、16户、17户、5

---

[1] 即，自认为与三一门并无二致。
[2] 显然，心眼不好的说法，是导致其被排斥的原因之一。

户，四个王各自声称"同姓不同宗""一姓不一家"。① 其中，有一支王姓原传说姓汪。根据传说姓汪的王姓口头传说，这一支王姓从山西洪洞迁来，具体年代不详，大概迁来后夏寨已有十一二辈，只有家堂，没有谱书。又传说原先姓汪，只是传说，并不清楚是否如此。这一支王姓与村里其他王姓都不近，不相往来，只有乡亲关系。满铁调查已经报导这一支王姓原初姓汪。② 一种比较合理的推断，这一支王姓是一个依附性的宗族。所谓依附就是为了某种目的，如寻求保护、获得资源，一个群体主动向另一个群体靠拢、接近、融合，但又保持相对独立性。换言之，在移民之初，这支王姓看见紧邻的前夏寨和后夏寨都是王姓较多，况且两村都流行王寡妇和王春元从山西洪桐移民来此的传说，在地方已经占据较为重要的地位。因此，姓汪的这一支王姓为了便于在此扎根，干脆改姓为王姓，毕竟王、汪音同声不同调而已。当然，正是因为王、汪同音，也可能误写汪为王而成为王姓，终究村民们识字程度不高，容易写白字别字，并且根本不在意。不过，到底为何会流传起初姓汪的这种说法，实在是难以，甚至无法考证清楚。但是，显然更存在依附的可能性，即为了依附王姓，而将汪姓改成了王姓。不管怎样，这一支王姓具有比较完整的宗族外在构造。③

（三）同姓不同宗

刘姓除了刘 ZF 一家，其余刘姓皆为同一祖宗，这一事实得到了双方的确认。④ 根据刘氏中辈分最大的刘斌相老人的回忆，中华人民共和国成立前老刘家是打铁的，沿袭到他本人，在生产队期间还在

---

① 中国农村惯行调查刊行会：《中国农村惯行调查》第 4 卷，岩波书店 1957 年版，第 442—453 页。
② 同上书，第 443 页。
③ 更详尽的描述与分析，参见兰林友《庙无寻处——华北满铁调查村落的人类学再研究》，黑龙江人民出版社 2007 年版。
④ 事实上，查阅中国农村惯行调查刊行会《中国农村惯行调查》第 5 卷，岩波书店 1958 年版，第 104、109、113 页，又据田野调查，刘家坨分前刘坨、后刘坨，经刘树凯的孙子刘 ZF 本人证实，该刘姓来自后刘坨。此外，且不论出于什么动机和意图，翻检满铁材料不得不感叹日本人调查的精细和准确，竟然连一户刘姓与其他刘姓之间的细小区分都曾注意到了。同样，当年满铁在山东后夏寨的调查也表明，该村四个王姓同姓不同宗的事实。

打铁，打铁之外附带种地。爷爷刘会从山东携带子女逃荒而来，刘会有子三：刘万臣、刘万年、刘万喜。其中，刘万臣有子四：刘斌本（老大是哑巴）、刘斌选、刘斌相、刘斌卿；刘万年有四子：刘斌成、刘斌功、刘斌东、刘斌忠；刘万喜无子，刘斌功被过继给他。刘斌相与历史上有名的保长刘子馨（刘万德，在中华人民共和国成立前当过县教育局委员）是亲叔伯，属一家子。按照刘斌相的解释，所谓一家子就是姓刘的人死后都埋葬在一个大坟的，就是一家子，老刘家的大（祖）坟位于村西北角。从户主、出生年月以及楼牌号，就可清楚看出相互之间的关联。但老刘家与村中另一刘姓（村支书刘ZF）不是一家子，刘ZF的爷爷是几十年前从后刘坨迁移来的，不仅刘ZF家的祖坟不同，而且一个外显的不同宗标志在于，刘ZF一家并没有按照老刘家的辈分字排名。此外，选举名册上没有反映的还有一户刘姓——从乐亭迁徙来侯家营。

按照村民的报道，村中刘姓、王姓、陈姓、田姓、郭姓、张姓都存在同姓不同宗的事实。中华人民共和国成立前，满铁调查时有两个姓王的，他们的祖坟都不在一起。[1] 其中，王树忠系绕弯儿村人，是该村的上门女婿，但也已繁衍了四代。近年，还有一户王小宝系泥井来的上门女婿。这样，侯家营就有三个同姓不同宗的王姓。陈姓也有三家陈。首先是久居的陈姓大家族，在内部又可分三股。目前，人数虽不多，但非常强势。其次，滦南县干部陈锡珍从牛心庄携家迁居在此。此外，还有一户近年从青龙移民来的陈姓满族。

事实上，其他地方的人类学研究同样表明，中国各地普遍存在着同姓不同宗现象。尤为值得赞赏的是，老一辈学者均注意到了这一现象。如许烺光（Francis Hsu L. K.）在云南西镇（即今大理喜洲）的研究中早已指出，"由于家姓与宗姓相同，所以用前者之数作为后者之数的指示物，应该看似可行的。然而，不幸的是，几个没

---

[1] 参见中国农村惯行调查刊行会《中国农村惯行调查》第5卷，"村落篇"，岩波书店1958年版，第130—131、135页。除了村中尚在五服之内以王金升为代表的老王家，王树忠在满铁调查时才来村十几年时间，就一户。

有亲缘关系的宗族可能会拥有相同的姓氏"[①]。至于同姓不同宗现象，除了许烺光在《祖荫下》有所涉及外，费孝通在《江村经济》中也关注到这一现象，"在父系社会中，姓是由父亲传给儿子的。但这并不是说，同姓的人都可溯源到同一个祖先。例如，周某告诉我，该村姓周的人属于两个完全不同的血统"[②]。满铁调查的其他村落大多存在同姓不同宗现象。

三　历史情境中的华北宗族组织与村落政治

（一）村落领袖的当选条件及其参政动机

1. 村公会的选举机制

从会头的选举机制来看，会头既是村中的精英，又代表了各家族门派。不过，政治代表并不是由全族选举，而是由各族精英选定。会头的选择通常有两条标准：第一条标准就是富有。按百姓的说法，硬条件就是地多，有钱有势。侯大生的个案就清楚地表明了这一点，原本侯大生是扛活的大老粗，因过继给侯元勋侯老爷，所以也就有了经济资本和社会资本，当了大乡长。

从会头们的经济状况反映出，那就是有地才能当会头。在中华民国十七八年间担任会头的 8 个会头之中，刘万举、侯显扬有地百亩以上，侯长赞、侯宝臣分别有 80 亩和 50—60 亩，其余 4 位各约有 20 亩土地。当然，地多（数量）只是一个方面，更重要的是，这些会头拥有好地（品质），而一般百姓只有劣地。还有一点，当时地多人少，人均至少 7、8 亩，所以，就量而言，即使拥有 20 亩地，也并不显得富裕。其中，侯永宽（绰然）、王子升、侯心一 3 人是第一次充当会头，约半数会头财产一般，且不是出自"会头世家"，这是一种新现象。侯家营的长者侯荫堂说，在中华民国初年他任村长

[①] L. K. Francis Hsu, *Under the Ancestor's Shadow*: *Chinese Culture and Personality*, London: Routledge & Kegan Paul, 1949, p. 122.

[②] 费孝通：《江村农民生活及其变迁》，敦煌文艺出版社 1997 年版，第 74 页。

时，非富有之人是不堪充作会头的。①

根据田野调查，村民认为会头不属于正式（即国家承认的）村落管理者，而是协助村里正规领袖做好村落日常事务的协办者，主要负责村落的一些传统仪式，如做会等活动。按照村民的解释，在老社会村委就是会头。当选会头的资格：第一，家庭经济条件比较好，有钱有地。第二，有一定的文化基础，能写会算，能说会道。第三，有责任心，在村里有一定的威信或者影响力。根据满铁调查，会头的人员构成小乡一般4会头，大乡8会头，会头代表15户至20户，不一定代表本家族。② 会头的职责主要有安排看青、打更、差役、集资、摊款、处罚、庙会等事务③。然而，现今访谈村民，对于会头的准确理解出现了歧义，有的认为会头涉及村落公共事务的公领域，还有的认为会头与家族祭祖活动的私领域有关，即会头主要负责宗族祭祖坟会事务，平时协助村落领袖处理与家族相关的事情。

作为村落精英，会头控制着乡村政治，还把持着村长副的职位。1911年之后，根据政府命令才设置了村长副，第一任村长副由会头中人担任。其后，村长副不由会头中产生，但都是村中的财主，④ 5个村长副中有3个人也拥有相当的土地。所以，尽管在1928年时，8个会头中有4个较贫困，但在民国时大部分精英以会头或村长副身份参加村政。之后，无论村落管理制度如何演变，占据村落领袖地位的始终还是这些村落精英。

选择会头的第二条标准，还要考虑会头的宗族出身，即他必须能代表某一宗族或门股。不过，新会头不是由宗族选举，而是由其余会头在相应宗族中提名，会头一职往往是父死子继，形成"会头世家"，但儿子必须仍为富人并具备起码的才能。此外，还需关注，

---

① 中国农村惯行调查刊行会：《中国农村惯行调查》第5卷，岩波书店1958年版，第14、42、149页。
② 同上书，"村落篇"，岩波书店1958年版，第38页。
③ 同上书，第44页。
④ 当时的财主有侯庆昌、侯宝廉、刘斌奎、刘子馨、侯全武。参阅中国农村惯行调查刊行会《中国农村惯行调查》第5卷，岩波书店1958年版，第151页。据今村民回忆，原先村中地主为侯全武、侯元来、刘子馨、刘斌相、侯大孝、侯宝贵、侯宝廉。

即使在宗族内部，也存在相当大的权力差异，从关键谱系的分布就可看到，村落权力主要掌握在侯姓大一门，特别是大一门中小三门、小一门以及小二门的侯姓成员之手。

中华民国二十二年实行邻闾制，闾长取代会头，"二十家出一闾长"，任期三年，第一批闾长有：侯瑞墀、萧惠升、侯永正、刘斌奎、侯振山。1936年，第二批闾长有：侯凤成、侯瑞文、侯长赞、侯恩荣、侯长勇，还有监察委员侯永和、侯树范。[①] 1932—1936年，正副乡长为侯大生（乡长，担任四年）、侯瑞池（副乡长）。1936—1939年，正副乡长为侯全武（乡长，担任三年）、孔子明（副乡长）。中华民国二十八年实施保甲制，三年任期，正副保长为刘子馨（万德，57岁，保长）、孔子明（43岁，副保长）。1942年，两人都在七里海经营水田，且孔子明任期已满。1942年，正副保长为侯元广（38岁，保长）、萧惠升（48岁，副保长），二者都是在五月份选举，六月份上任的。

值得关注的是，尽管侯姓在村落政治中看似占据绝对优势，但仅仅依据宗族组织并不能完全解释村落的领导结构和权力分配，还必须根据阶级背景、威信、才能、际遇等重要标准或偶然因素考察在选择村落领袖中的作用。历史上，因为完全依靠个人的能力、威望等条件当选的村落会头，仅有5个来自小姓氏家族，即王子升、李恩[②]、刘万举、王兴邦、孔进禄。此外，根据村民的看法，在当时，如百姓所言，"以前当保长的，都是有钱人。侯元广当保长，除了有钱，就不知道还有啥了。那时没钱人当不了保长，没有钱在官场上也混不了啊。那时候，没有跑票的，家族因素不重要。除了那有钱的，也没几个人愿意当的。"不过，最本质的问题还是谁掌握村落的实权——正如后文傀儡型保长分析所证明的。

2. 参与村落政治的动机与目的

从村落精英参与村落政治的动机来看，首先，政治荣誉与村落实权属于第一大动机，因护庄所带来的荣誉感，并拥有实权、在村

[①] 中国农村惯行调查刊行会：《中国农村惯行调查》第5卷，"村落篇"，岩波书店1958年版，第42页。

[②] 在田野调查时，侯家营村的李姓、孔姓已经绝户。

里说了算，对村民有一定的吸引力。其次，经济上有实实在在的好处，如有工资，有吃喝机会，摊款可以少交并乘机可以捞钱。根据满铁调查，事实上，当捐税较轻或比较合理之时，在村落担任公职时是有某种好处的。其中，好处之一是在摊款或集资时可以减少自己应交的份额。概言之，参与村落政治的动机还是为了名利权钱。如：侯元广保长的个案，就可以清晰透视出那一时代出任村落领袖的动机与目的。平庸如侯元广，为什么还要当保长呢？除了被人操控之外，从动机与机遇来看，如村民所分析，首先，出于政治上的荣耀，当保长护庄的荣誉感。其次，实质的好处是经济方面的机会，保长、乡丁、先生都有工资收入，村里需要的开销，都管老百姓要，按土地亩数摊派费用。这样，有钱人当保长，摊款的时候，既可以让自己少摊些，而且交粮纳税跟老百姓齐钱齐财的时候，又能捞钱。老百姓说侯元广贪污，吃公款，但当保长没有不"吃喝"的。

这一田野调查结果与黄宗智的看法大为不同：从侯家营村长们的经历来看，他们一般都没有因职获利。其中，没有一个人因担任村长而得以增置土地，甚至7个健在的前村长中，还有4人失去了部分土地。但在这之前，资料说明，充任村长显然并没有很大的利益可得。[①] 不过，黄宗智的解释并没注意到乡村世界的复杂性，如刘子馨、萧惠升、孔子明在七里海霸占海地与黑地事实，还有土地多少与土地好坏的本质区别。

（二）宗族与政治：阶级分化后的宗族关系

本来，侯家营如村名所示，该村以侯姓为主，原先侯姓在村落生活中占据主导地位，但数量上的优势并不能保证其永远控制村政权。在民国时期，侯家营经历类似原子分裂的过程。这里耕地中有一半是贫瘠的沙地或低洼易涝的土地，主要种植粮食，绝少经济作物，高粱、小麦或大麦的平均亩产量只约2斗。[②] 因此，在田亩低产的压力下，村民向开发中的东北去寻找其他收入，外出就业而经历

---

① 黄宗智：《华北小农经济与社会变迁》，中华书局2000年版，第253页。
② 中国农村惯行调查刊行会：《中国农村惯行调查》第5卷，岩波书店1958年版，第144—145、147—148、180页。

阶级分化的过程。

　　1931 年日本占领东三省之后，占领军当局严令禁止外人踏入东三省。这是他们有意把东北经济与中国本土切断，而与日本连接起来的政策的阴险一招。日本当局基本上只准许苦力入境，其他人几乎没有可能获得入境证。侯家营的村民被迫几乎完全停止了出关去找工作。1942 年，侯家营全村只有 8 个老东北和 7 个苦力，仍在东三省工作，同时禁止汇款回家乡。这个村庄因而损失了一个主要的收入来源，到 1942 年，村中户口共有 47% 要租入土地。对一个以生产口粮为主的村庄来说，这样程度的阶级分化是高得异乎寻常的。根据黄宗智的看法，村庄的半无产化和移徙年间频繁的进出流动，导致村庄的高度分裂，全村性的共同组织荡然无存。尽管基本上是个单姓村，但宗族纽带关系在村庄生活中所起的作用不大，像土地买卖和租赁，一般都只取决于市场条件。①

　　不过，外出东北经商和务工，也使侯家营村一些非侯姓人家成为暴发户，他们皆出身弱小宗族，其中像萧氏在村中为孤姓。随着其他姓氏之人在东北发财归村的增多，他们开始向侯姓挑战，力图在非宗族性组织及活动中建立自己的权威和地位，争夺村落领导权。因为尽管侯姓人数最多，也占有全村土地的绝大部分，但其户均土地面积尚不及刘姓户均土地面积的一半，所以刘姓虽然人户不多，但较为富有，经济实力壮大，户均耕地面积是村平均数的二倍，且占有的多为好地，在村务中起着较为重要的作用。

　　历史上，侯氏人多势众，而刘氏财大气粗，宗族争斗从一块匾额上可以反映出来。此匾是 1880 年前后人们送给一位侯氏绅士的，以表彰他在处理公务方面的杰出贡献。这些公务包括调解争端、赈济贫民、协助村民打官司等。值得注意的是，在那份 45 个送匾人名单中，有 4 位为村会头（两姓侯的，一位姓孔，另一位姓陈），5 位是外村人，27 位姓侯，其余 9 位来自村中除刘氏以外的各姓。据村

---

① 中国农村惯行调查刊行会：《中国农村惯行调查》第 5 卷，岩波书店 1958 年版，第 67、144、199 页。亦可参见黄宗智《华北小农经济与社会变迁》，中华书局 2000 年版，第 280—282 页。

民讲，囤上无刘姓之人，是因为刘氏与侯氏素不相好。① 1900年之后，侯氏与刘氏的争斗日趋激烈。由于村落土地划分问题引发了侯刘两姓的矛盾，侯宝田和侯长占任村正和村副的时候，没有刘姓会头。1921年，摊款比率大幅度提高，土地贫瘠者无力交款，为此侯家营重新丈量全村耕地面积，其目的是要划分土地等级。但在丈量中发现许多未登记入薄从而不缴纳税款的"黑地"，隐地者之一刘子馨，时任村长。刘子馨在20年代初和30年代末两次担任村长，他上过师范学校并在县城小学中任过老师，家有170亩田地，是全村最富有者之一。

第一，刘子馨家庭的先赋地位优越，号称"胎里红"。在经济资本方面，有四百多亩地，且都是好地，各种农具多，列为侯家营第一财主。第二，个人的后赋地位突出，文化资本雄厚，系清末秀才，当过县小学教员，村小学校长，人称"四先生"。第三，从社会资本来看，做过保长，在县城教书，拥有广泛的社会关系网络，个人调解能力强。第四，就政治资本而论，有钱就有势力，势力之大，可以废庙会，人数不多的刘姓可以统治人数众多的侯姓及侯家营，其可谓人多不如钱多。第五，从任职动机来说，有钱的人都争着当保长，为的就是有权有势，在地方说了算。第六，就人品而论，为人刻薄，剥削沉重，绰号"干巴黄油"。

20世纪30年代初，侯大生任乡长，他蔑视村会头们的决定，滥用村款。结果，到30年代中期，村中10个有影响力的人联名到县衙告他，侯大生被迫辞职。满铁调查记录了这一事件。

侯全武、刘子馨、王福春等是策划、告倒侯大生的主要人物之一。② 1939年，刘子馨重任保长，他担任此职直到1942年。③ 显然，很有可能是刘子馨将在县城的关系转化为政治资本，带入乡村社会

---

① 中国农村惯行调查刊行会：《中国农村惯行调查》第5卷，岩波书店1958年版，第67、144、199页。亦可参见黄宗智《华北小农经济与社会变迁》，中华书局2000年版，第38页。
② 不过，刘子馨的孙女刘小霞嫁给了侯大生的幼子侯增庆，侯增庆之子为今村长侯SX，尽管不乏吃庄害庄行为，但至少目前尚无被扳倒的迹象。此乃后话。
③ 中国农村惯行调查刊行会：《中国农村惯行调查》第5卷，"家族篇"，岩波书店1958年版，第100页。

的精英政治之中。不难看出，在国家政权深入乡村的初始阶段，公务范围的扩大引起公款增加，从而加深了各宗族之间的竞争，而这一竞争又促进了宗族组织向既竞争又合作阶段过渡。在这一转变中，弱小宗族可能借助国家权力深入的机会来提高自己的竞争力。有时，竞争的激化可能会动摇暂时达成的政治妥协，有时共同防卫的需要等因素可能会缓解宗族争斗，但对公款及政权的争夺无法使宗族之间完全和解。① 当然，从状告侯大生的事件中，我们完全可以解读到，在高度分化和分裂的侯家营，村落政治依据的并非是宗族内聚——因为状告的主要人物有不同姓氏的侯姓、刘姓、王姓等——的原则，而是遵循阶级利益的原则。

（三）村落领袖类型

1. 保护型村落领袖

在侯家营，村落领袖作为保护人的作用十分明显，村民们向有的保护人送块匾额，表达对他调解争端、救济贫民、代理官司等善举的感激。如有一块匾额是在 1937 年村民赠送给保护型村落领袖的典型人物萧惠升的，匾上刻着"热心公益"四字。此匾是由侯家营发起，以 38 村联合名义送给他的，主要是表彰他成功地调解了一场可能发展为诉讼的争端。

萧惠升精通法律，朋友众多，联系也广，常常乐于借此为村民办事。例如，他能为村民找到不需要担保物的贷款，并且经常亲自充任契约中人。在 20 世纪 40 年代，他是村中最有影响力的领袖，他也可能是地痞式人物——泥井大乡乡长齐老畅唯一畏惧的人。尽管我们已经关注到宗族关系或多或少地影响着村落的政体结构，但萧惠升在村中并无同族，因此完全是凭借自己的威望，而无须依赖宗族的支持在村落政治格局中施展权威。

与萧会升相似，保村护庄的代表人物还有侯全武。可以说，他是中华民国年间侯家营最具魄力的侯姓权威人物。第一，在经济上，

---

① ［美］杜赞奇：《文化、权力与国家：1900—1942 年的华北农村》，王福明译，江苏人民出版社 1996 年版，第 10—101 页。

家里有钱，他本人也很有经济资本，经营粮站有钱后，买地200多亩，是有钱的地主。第二，从文化（象征）资本来看，有文化，教过书，见过世面，能说会道，口才极好。从象征意义上看，讲究派头，拄一个文明棍，更是维新人物的象征符号。因此，从知识与权力的关系上说，自然比单纯的有钱财主更具有权力。但与侯老爷相比，则文化资本稍逊，所以与文化资本超强的侯老爷打官司还是输了。第三，从政治资本分析，当过乡长，任过"日伪联庄会"会长，如村民所言，在庄里说话算数，也是抖一抖的人物。第四，就社会资本而言，因有在日本宪兵队当翻译的同学，所以借助侵略者的外在力量，与莫各庄宪兵队队长打官司，他能扳倒对手，打赢官司。第五，在乡村治理和维新行为上，因年轻气盛，敢作敢为，保民护庄，既与旧学作斗争，又废庙兴学，村中东坑、西坑的莲花和淤泥没人敢动，令村民至今极为怀念——自然反衬出对今日村干部的不作为与吃庄害庄行为的极度不满。第六，从宗族与村落公共空间的关系而论，无论侯姓大一门小一门的侯全武领头状告大一门小三门侯大生乡长的贪腐行为，还是与大一门小三门侯老爷的私塾（旧式）教育作争斗，无疑代表的是他个人的阶级利益，呈现的是新思想，表达的是新潮流，而不是考虑侯姓内聚与宗族利益。

在华北乡村的经济活动中，乡村社会中经济权威与政治领导之间的关系，是值得深入考察的一对关系。在华北乡村中，中人、保护人以及村庄领袖之间存在着复杂的联系。

在乡村政治中，保护人仍在发挥作用。不过，随着国家政权的深入，精英们的影响力已不如从前，他们无法完全阻止政体的转变。1939年之后，各保甲长已失去了昔日作为领袖的权威，而只是保甲代表而已。据时任保长的刘子馨讲，甲长中无人能靠自己的能力和威信充当乡村契约中人，他们太年轻，未受过教育，而且无财力负担任何经济责任。刘的继任者侯元广也非常富有，但在老会头们看来，他只是泥井大乡乡长齐老畅的"走狗"而已。[1] 旧式乡村领袖

---

① 中国农村惯行调查刊行会：《中国农村惯行调查》第5卷，岩波书店1958年版，第47—48、209页。

的隐退与新政权中心（大乡政权）的出现有关。

2. 赢利型村落领袖

从村民的观点来看，日伪时期推行大乡制只能使基层政权运行状况进一步恶化。首先，各村不得不为新一层领薪人员筹集款项。另外，乡公所装置了更为先进的通信设施——电话，村民们认为这只是为了更有效地控制乡村而已。若村民拖欠税款，乡政府通过电话告知警察，他们便迅速来到村中强力征取。①

作为一个较大的基层单位，人们预想乡公所应举办一些公共事业，但事实刚好相反。在日军占领下，侯家营村本身的政治结构崩溃瓦解了。侯家营所属之镇的镇公所在泥井，这里是集市和区政府所在地，该镇长是一个臭名昭著的大恶棍——齐老畅，他出身于一个自相残害的家庭：父亲当过兵，曾为军队采办粮草，通过这层关系，使他成为泥井镇中的强人，并因此积累了一些钱财，据传，此人曾杀死自己的长子。齐老畅步其父之后尘，成为地方一霸，抽大烟，又嗜赌，他不仅富有，而且与县长有交情。成立镇公所之后，于1940年，齐某贿赂一些保长推举他自己为镇长，在泥井镇办公，管辖侯家营。任职之后，齐对下属各村实行恐怖统治。他将全部公有财产攫为己有，并取消各种合理的摊款分配方式。他对各村保长进行威胁，从而向他们无限勒索款项。1942年，齐某把泥井镇的寺庙改为饭馆，损公肥己。他在县衙里有权要给他撑腰，大家无法和他抗衡。②

据前保长刘子馨讲，像齐某那样的乡（镇）长并不少见，将政治权力集于镇长一身，加之管辖范围扩大，且乡（镇）公所所在地又是集市中心，这使得乡（镇）长一职对地方恶棍更具有吸引力，

---

① 中国农村惯行调查刊行会：《中国农村惯行调查》第5卷，岩波书店1958年版，第52、610页。

② 中国农村惯行调查刊行会：《中国农村惯行调查》第5卷，岩波书店1958年版，第48—51、273页。可参见［美］黄宗智《华北小农经济与社会变迁》，中华书局2000年版，第280—283页。黄宗智等误以为齐老畅是侯家营村民，但田野调查表明，齐老畅是中华人民共和国成立前泥井乡的乡长，他是泥井一大队的，泥井一大队也有部分齐姓人口，但与侯家营的齐姓没有关系。据村民反映，齐老畅很有威望（权势），在当地是说了算的。

他们与上级官员勾结，甚至与县长亦有关系，而后者（县长）则依靠前者的进贡以饱私囊。① 这些恶霸有钱有势有后台，这使他们不同于过去的营利性经济，他们将旧有乡村领袖挤出村政权，即使在地方领袖根基较深的侯家营亦是如此。

作为入侵者，日本统治者在建立乡制的过程中，可以毫不留情地摧毁传统的乡村权威结构。大乡乡长直接受上级官僚控制，而很少受旧有乡村领袖制约的。乡长的权威并不是来自自身的声望、地位或技能（如掌握的税收知识），他的权力来自县、区政府的"赐予"。但不可忘记的是，在国家政权继续内卷和高赋税的压力下，促使乡长服从于国家目标的根本条件——与乡村社会利益完全分离——也迫使乡长成为最残酷的国家经纪人，它比以往的经济人更有权威、更具压迫性。②

因此，如黄宗智所言，在侯家营村半无产化的过程，与战祸和出关佣工结合而松弛了村落与宗族的纽带关系。在村中，外来权力没有遭遇内部抗拒，遂形成没有拘束的权力滥用，这必然导致村落分裂严重。这样，地方豪霸和村级恶棍的出现，当然只是当时整个社会政治结构所面临的危机的一个表象而已。由于地方政权、农民和村庄在20世纪的变化，使原先的国家、士绅和村落的三角关系经受新的压力，最终导致一套完全不同的国家—社会关系与一种全新的社会政治结构。③

3. 傀儡型村落领袖

在侯家营的历史上，最著名的傀儡型保长当属侯元广，他很有点"冤大头"的味道。1942年，侯元广开始当保长，虽说他是农民出身，又是一个老实人，个人能力并不行，但家庭条件不错。因为他父亲侯永勤是买卖人，驻地方④，当大掌柜，挣钱多，就置办土地，有上百亩地，地多了，所以就当得起保长了（因为那时有钱的

---

① 中国农村惯行调查刊行会：《中国农村惯行调查》第5卷，岩波书店1958年版，第52页。
② [美] 杜赞奇：《文化、权力与国家：1900—1942年的华北农村》，王福明译，江苏人民出版社1996年版，第218—219页。
③ [美] 黄宗智：《华北小农经济与社会变迁》，中华书局2000年版，第300页。
④ 驻地方，在当地有打工、做买卖的意思。

人才能当保长)。村民选他当保长的原因,按照百姓的说法,主要是家庭经济条件好,个人人品好,"条件不劣,人好,大伙就选他当。当保长,啥也不是,闹个庄里人老实,在庄里不劣,中农户,地多,房子好,人老实,大伙就选他"。与侯大生当乡长类似,侯元广当上保长,也与村落政治格局的变化有关,几乎完全是由村落强势人物操控的结果,而非主动竞争获得的位置,如村民所追忆:

当时刘子馨①当保长,那时候,敌我双方拉锯,不好干,日本人要钱要人难办,天天上这来要粮草军需。刘子馨觉得费力不讨好,又夹在日本人与共产党之间,就退出了,他鼓励10个甲长,让侯元广甲长来当保长。因为侯元广甲长有钱还老实,当保长是有条件的,得有钱,他当了两三年,萧惠升当副保长。因此,尽管侯元广当了保长,但他完全不管事儿,不过是萧惠升的傀儡而已,由萧惠升说了算。如百姓所评,"侯元广就是一个傀儡。他啥也不管,就是有个名。官场上的大事还是都由萧惠升来办,庄里的小事他就自个办。他没威信,也不伤人,村里的人也不恨他,他就是应个名的勾当,就应个保长的名,办不了啥事,好事劣事都办不了。"② 就这样,侯元广很快就从保长位置下来了,颇具戏剧性:侯元广当保长的时候,日本人管村里要劳力,18岁到60岁的男子要去挖战壕,摊劳役,村里人多,这个村里有100个男子,要的有数,比如说他管要20个,就抓阄呗。当时孔子明59岁,他抓上了,他就给推翻了,说无效。侯元广说,为啥?孔子明说,你爹59岁,和我同岁,你没放你爹在里头,不算,这阄无效,得重新抓。第二次抓阄的时候,孔子明就没抓上,保长的爹给抓上了。之后,侯元广就召开甲长会,说不当这个保长了,论水平,让

---

① 有的村民说是孔子明看侯元广有钱,就让他当了。按满铁调查材料,应该是刘子馨的推举更合理一些,当时,孔子明是副保长,从后面的孔子明接班侯元广也可看出这一点。

② 笔者在山东后夏寨的田野调查中,发现也有这种傀儡型保长,王金鉴与人抬杠,在他人怂恿之下,当了一个月的傀儡保长。参见兰林友《庙无寻处:华北满铁调查村落的人类学再研究》,黑龙江人民出版社2007年版,第136—144页。

给孔子明了。孔子明就当上了。实际上，侯元广还真没孔子明有能耐，那时候当保长穷人也是当不起的。侯元广家族不大，就一个儿子和一个闺女。如今，儿子不在了，他这股子在村里就没人了。

从侯元广出任保长的经历可以解读出，第一，就家庭出身而言，当保长的前提条件就是地多有钱，如百姓所言，当保长是有条件的，"得有钱"，穷人是当不起保长的。第二，从个人人品来看，他是一个老实人，能力不行，但不伤人。第三，从选举策略和当选因素分析，不必跑票（拉票），家族因素不重要，即侯姓人多，并不一定自然当选。第四，从候选人和动机考察，有钱人愿意当，出任村落领袖，既是政治荣誉，又是获得经济回报的机会。老百姓说他贪污、吃公款，可"当保长没有不吃喝的"。可见，基层组织贪污、公款吃喝无疑是一个痼疾。第五，从血缘空间与政治空间判断，刘子馨小姓出任保长，自动退出后，将位置甩给大姓的侯元广，但被独姓外来户的副保长萧惠升控制，沦为他的傀儡——也是齐老畅镇长的傀儡，且很快又被小姓的孔子明赶下台，在机遇性的事件中，并没有宗族的影子。当然，这种傀儡型保长，在同时期的山东后夏寨也有过王金鉴之类的人物。从古今关联的意义上说，当下村落政治中同样存在傀儡型的村长（主任）或支书，并将再次领略到小姓当选的场景。第六，从外力或国家与地方关系的视野剖析，的确发现，在家族宗族之外，战乱年代多种更强大的力量在起交错作用，在错综复杂的政治生态格局中，仅凭一种因素或特质要想在村落政治中站稳脚跟无异于痴人说梦。

4. 吃庄护庄型村落领袖

在自然村落生活中，原本一般村落领袖认同于自然村的利益多于外界的政权。进入20世纪，县政府为改革村落政权所采取的第一项措施，就是推行村长、村副制度。在理论上，村长副要由县政府指派，他们应是官僚机构在村落中的代理人，负责税收、治安、学校和道路修建等公共事务。然而，实际上，这个措施并没有能够真正改变旧制，把村落政权官僚化。如，侯家营的9个会头，过去习惯上从他们中间选出一个大总会头为村领袖。在县政府命令实行村长制时，他们只是更改了大总会头的称呼而已。在执行任务时，村长在重要事项上仍得征询其他会头的意见，与过去并无两样。① 这种状况一直持续到1939年。1940年，县政府任命了一个赌徒和吸鸦片的齐老畅为乡长，而此人则把自己的代理人侯元广任命为侯家营的保长。此后，各种势力交错分布，作为村落领袖的保长游离在国家与地方之间，显著呈现出在敌我夹缝中求生存的表征，在这种政治生态中，并不能完全依据一种政治权威或权力，而必须施展多种权术和手腕。

从萧惠升的身上可以看到，第一，从宗族视角看，作为一个外乡人，他父辈才定居于侯家营，在战乱年代，他本人经常躲在县城，与村里联系较少。在村落政治施展权威时，绝对不存在宗族因素。第二，就文化（象征）资本而言，由于受过高等教育，经历复杂，精通法律，所以能说会道，口才极佳，特别能打官司，号称"刀笔邪神""萧疯狗"。第三，从经济资本来看，在庄里的住房、土地并没有显示出他有多么富裕，只有40多亩地，还不是什么好地，但最主要的是他在七里海霸占土地几百亩，并负有人命案——这才是问题的实质，更是村落政治复杂性的体现。因为单纯从数量上看，他本人在村里的土地都是自己购买的，而且还是普通的土地。第四，从政治资本分析，当过国民党县党部秘书、电话局局长、副保长、大乡长（镇长），如村民所言，村里的小事不入他眼，他是在外面做大事的，绝对是个人物，最有权势。村中就他家有电话，拥有乡丁30多人。这就是说，有人有枪。第五，从出任村落领袖的动机和目的考察，一方面，在经济上，有工资，有人供养，在摊款时可以本人少交，还可以从中捞一些（在山东是搂钱）；另一方面，在政治上有权，说了算，不是有30多乡丁吗？不是在七里海霸占土地还打死过人吗？此外，在社会地位上，在村落里有地位，受人尊敬，没人敢惹，还得巴结他。第六，从村落治理与保长类型解读，吃庄固然

---

① 中国农村惯行调查刊行会：《中国农村惯行调查》第5卷，"村落篇"，岩波书店1958年版，第47页。

是一个方面，但也有许多护庄行为，特别是担当保护人的角色，甚至在自己的田地里修建了作为公共设施的最好水井。因此，他的这一外乡人的护庄行为与当今有些村干部吃庄害庄行为构成鲜明比照。第七，从多种权力之间的夹缝视角来看，在国民党、八路军、日军等多种势力之间游离的乡保长，自然并非仅仅拥有一个大宗族的背景就可以的，更需要的是个人超群的能力、手腕、权术、变通，即使如此，有时还不得不躲避在县城。由此可见，当时的乡保长之政治生态。

同样，在孔子明的经历中可以看出他在国家与地方、敌我之间生存的夹缝现象，第一，就家庭和宗族关系而言，孔姓乃是外来小姓，独户，又是穷人，人称"清党子"，甚至村民说他家穷的都没有耗子，完全不具备任职村落领袖的先赋地位。第二，从社会资本、文化资本、政治资本视角分析，因原先驻地方，任过银行经理，因东三省被日军所占，无奈返乡，先后任职乡长、保长、维持会会长，所以是一个文明人或文人，有过历练，能说会道，能写会算。第三，从任职条件来看，按理通常应该要有钱，或有强大宗族为奥援，才能充任村落领袖，但孔子明是个例外，完全凭借个人能力。第四，在治理乡村和护庄保庄行为上，人品好，威望高，办事公道，深得村民拥戴。第五，从出任村落领袖的动机和目的看，如村民所议，他不吃亏，"摊款啥的有道，心尖"。不过，即使吃庄，但至少能做到吃庄护庄保庄。更重要的是，利用任职机会，他还在七里海经营了自己的田产。第六，在多种势力夹缝中的生存策略，先后能够在日军、八路军、国民党、共产党之间周旋，当大乡长的萧惠升与当保长的孔子明两个外乡人，借助外力，在村落政治中似乎游刃有余，左右逢源。更明显的是，这两个外乡人在自己躲避到县城的情况下，都能操控侯姓成员为村落的代理人——上述现象无不说明，侯姓人数多，但并未掌握村落政治的实权。

从这两个保长人物的表现来看，充分体现了庄孔韶在闽东探讨的"汉堡包"结构中的夹层现象：在军、政、绅、乡族、农人上下交叉的链条细部，还有在链条夹缝中工作的基层保甲人员。在频繁的战争期间，保长的夹缝地位是不好干的。在面对复杂的上下左右关系时，保长本身的地位背景和人格决定了他的社会态度，或不能自保、无可奈何，或相机渔利。这时期的保长常常不得不违心地或乖巧地实施人际关系的艺术与权术，在不同势力集团之间寻求平衡，成为一类极难为各层面人信任又不可或缺的中介人物。① 这一夹层现象更说明了村落政治的复杂性——其实，有时村落政治的水很深，更是当下村落政治的一种历史映照。

四　当下情境中的宗族组织与村落政治
——以村落选举为例

自从 2003 年开始，地方财政给村支书和村长每年 3000 元工资和某些通讯费等补贴后，在侯家营村，每次村委会换届选举，村民对村干部选举都会投入更多的关注和热情，全村上下都会参与其中，像村主任、支书、会计这样的关键位置成为一些村民热衷追逐的职位。从基层民主发展的角度来说，这无疑表明村民的政治参与程度明显提高，对于我国推行农村基层民主自治来说的确是一个积极的回应，也无疑是一种应当给予肯定的现象。但是透过侯家营政治生活这一表层，我们可以发现其中存在着许多值得思考的问题。在表面上，侯姓仍旧以人口众多的优势，延续着侯家人掌权的历史。然而，深度田野调查表明，情况并非如此简单。2006 年当选村长的侯 ShX，在 2009 年的选举继续胜出，继任村长一职，而原村支书侯 DH 却没有能够顺利当选连任——尽管他的得票数要比竞争对手多。这就是说，侯姓的人数众多并不能确保侯姓候选人一定当选，所以我们关切当下村落选举中的当选逻辑是什么？谁能当选？为什么能够当选？宗族组织是竞选动员的恰当工具和机制吗？当选之后就一定能够掌握村落实权吗？显然，深入考察村落选举过程，可以为我们透视当下华北宗族组织与村落政治提供了极好的近观切片。

---

① 庄孔韶：《银翅：中国的地方社会与文化变迁：1920~1990》，生活·读书·新知三联书店 2004 年版，第 47—49 页。

(一) 村支书选举及其成败得失

1. 村支书选举的竞选动员机制

2006年，村委进行换届选举，2003年选为村主任的侯DH这次当选村支部书记，侯ShX当选村长。村民对侯DH这个书记的评价是"好人，不伤人，软，做不了主"，但是与以往的村干部比较而言，他对村落事务还是负责的，能把村民、村里的事情放在心上。侯DH能当上书记，除了靠自己在村里赢得的信任，另外一个关键因素是他与村里刘XF以弟兄相称，刘XF与陈家兄弟又是一派。这就是说，侯DH在侯家营村原本是有靠山的。因此，在2009年的换届选举中，本有根基，也自以为笃定能够当选连任的大姓侯DH出乎意料地落选，竟然败在竞争对手独姓小姓的刘ZF之手，令许多村民始料不及，他这才感到对选举的惨烈程度严重估计不足。按照村民的说法，"在2009年的选举过程中，为了选票，候选人卖祖宗，卖良心，不择手段，即使同姓同宗，照样争夺得你死我活，采取恐吓、威胁、打击、吃吃喝喝、横向串通、上下沟通等手段进行竞选"。

一位报道人详尽叙述了村支书的选举过程及其竞选手段和策略：

> 在2009年4月21日宣布选举结果之前，大队支部从党员中投票选举村支书的候选人人选。支部在产生候选人人选的过程中，还有一个活动空间，利用各种手段拉票。具体采取的最重要的拉票手段无非是，通过个人关系，动用物质和经济手段，进行拉票活动，每个参加竞选的候选人都有活动，侯卫华（大一门，其父原先支书侯大义）、侯DH（大一门，原书记）、刘ZF三人互相展开竞争。其中，侯DH的竞选活动，送酒和一箱水果，据说没给钱，具体花没花不清楚。刘ZF选举之前的晚上到党员家串票、买票，还许愿，如果当选，许给村民什么好处。刘ZF给31位党员送100元钱和一壶酒，这是确切的，但不是全部，只给能选他的人送散酒8斤一桶的蚂蚁酒，10多元一桶，有的给100元，有的光给蚂蚁酒。侯卫华没有利用物质和经济

手段，而靠自己的实力拉关系，拉关系就是凭自己的威望，在党员面前阐述他的施政纲领。选书记比村长好选，党员就只有28人，① 即使一人送100元，总共2800元就行。支书选举目前还没用上黑势力，恐怕下届选举要用上了。

村支书选举在2009年2月19日上午10点开始进行。

不过，对侯家营村支书参选党员名单进行姓氏解读，就会发现，侯姓19人，陈姓3人，刘、王、叶各2人，郭、尹各1人。其中，侯姓占绝对多数，占比63%，他姓占比37%，但村中第二大姓，强势宗族刘姓（老刘家）却没有一个党员，刘ZF为后刘坨后迁独门独户的刘姓，而刘风军为镇下派驻村干部。陈姓中的陈用、陈BS为老陈家，而陈英是后迁的陈姓，刘姓和陈姓明显存在同姓不同宗现象。从辈分字不难看出，王兴巨、王兴贵、叶盛奎、叶盛忠各为同宗，郭姓为上门女婿，尹姓乃外来媳妇。事实上，即使在侯姓内部，尚有老侯家与老候家的区隔。

理论上，假如能够利用宗族动员机制，那么侯姓党员占总人数的63%的情况下，本应该可以轻松战胜竞选对手的。事实上，在支部选举中，第二次支部选举侯DH比刘ZF多2票，第三次支部选举侯卫华落选。

最终，一无家族背景，二无经济实力的刘ZF被镇里任命为书记，尽管刘ZF的票数不如侯DH的票数多。

2. 小姓当选逻辑

那么，何以小姓刘ZF能够争夺到支书的职位呢？一位在村中颇有威望的老党员翔实解释了刘ZF之所以能够当选，主要是由几个因素决定的：

> 现在选举光靠家族不行，现在的书记刘ZF，他这个刘姓与

---

① 显然，因为报道人并非党员，因而具体党员人数前后报道不一致。根据侯家营党员名册，应该是34名，包括镇下派驻村干部刘风军。

会计刘 XL 家的刘姓不同，同姓不同宗，① 是从侯家营以南 6 里地的后刘坨迁来的。他有钱，到饭馆吃吃喝喝，向上面镇长、书记、各部门的头头都打点了。总共大概花费 1 万元，1 万块钱是他二儿子出的，还请附近村庄的书记到饭店吃饭，请客的钱是由侯 CH 资助的，请客之后，邻村支书到镇里帮刘 ZF 说好话。尽管侯 CH（其祖父就是侯家营历史上有名的侯全武乡长）也是大一门小一门的，但帮刘 ZF 跑票，利用他掌握的关系资源，与镇书记接上关系。为什么侯 CH 与镇书记有关系呢？侯 CH 在黄金海岸团林乡办有两个甜玉米罐头厂，② 原先与团林乡书记素有交情，选举时，该乡书记刚调任泥井镇当书记不久，所以，侯 CH 与镇书记的这一层交情确保了刘 ZF 当选。所以，刘 ZF 就当了村书记。

那么侯 CH 为什么不帮助同姓同宗的侯 DH（大一门小三门，历史上傀儡型保长侯元广之堂侄）而竭力助选异姓独姓的刘 ZF 呢？原来，在选举之前，据说侯 CH 承包村里的 78 亩机动地，刚好刘 ZF 当村支委，刘 ZF 与刘 XL 合谋私自将这 78 亩机动地承包给侯 CH 种植甜玉米。因为刘 ZF 帮侯 CH 承包到种植甜玉米的土地，存在利益交换，所以，在选举过程中，侯 CH 会拼命帮助刘 ZF，互相利用。有趣的是，村里侯姓人多，但没有刘姓（老刘家）团结，结果刘姓（与老刘家不同宗）当书记。刘 ZF 心眼多，胆子大，不想干事，整天就想着搂钱整人。③

另一位村民也陈述了候成为什么不帮同宗同门的侯 DH，而不遗余力辅选刘 ZF 的具体根由以及利益勾结：

---

① 事实上，查阅中国农村惯行调查刊行会《中国农村惯行调查》第 5 卷，岩波书店 1958 年版，第 104、109、113 页，除了他宗刘树凯，在 10 户刘姓中，老刘家的刘子馨、刘会、刘和、刘斌选、刘斌奎五股为同宗，来自侯各庄。其中，刘会三子刘万喜、刘万臣、刘万年已分家。据田野调查，刘家坨分前刘坨、后刘坨，经刘树凯的孙子刘 ZF 本人证实，该刘姓来自后刘坨。

② 但据村主任侯 SX 说，侯 CH 在团林与人合伙办的是冷冻厂，并非罐头厂。

③ 报道人因当初在办花生油加工厂的过程中，因用地以及小学用电被刘 ZF 拉闸停电，有过恩怨，报道时对刘多负面评价。事实上，刘为人耿直，有魄力，这些是村民公认的。

原先刘 ZF 与侯 DH（大一门）不和，工作有摩擦，刘 ZF 背着支书侯 DH 办事，与会计刘 XL 合谋共计，包给侯 CH（大一门）大坑里的土地，用来种植甜玉米，大概有 50 多亩，① 他们俩把协议形成之后，让侯 DH 签字。之前，侯 DH 向侯 CH 包几亩地种树苗，侯 CH 也没给，所以，侯 DH 憎恨侯 CH，没给协议签字，但他没法阻止，等于默认了。侯 DH 太软弱了，干什么事情都没有策略，没有什么智谋。侯 CH 办成后，在签订协议的仪式上，侯 CH 找侯 DH 吃饭，侯 DH 去了，但到现在都没有正式的协议，实际上土地是侯 CH 种着，但侯 DH 又在大喇叭上广播让村民包地，村民一听说支书让包地，都愿意包地，交了 2 万多元承包款，但结果村民到地头，发现侯 CH 一家正在浇地，不让村民包。侯 CH 一家人就质问侯 DH 说："村民能包，我为什么不能包？我都交了承包款了，你这不是欺负人吗？"侯 DH 无言以对，最后不了了之。可见，支书窝囊，侯 DH 没有魄力，只能当傀儡。村民等于被侯 DH 耍了。

还有一位村民从村落选举、助选团队、竞选手段、竞选策略、当选条件等全面分析了刘 ZF 当选、侯 DH 败选的深层原因：

2009 年选举，侯 DH 穷，钱没花。侯 DH 送给上面领导两条中华烟，也没管事。刘 ZhF 也不富，但刘 ZhF 一心想要当书记，投入一万元跑票，买通上面了，就把书记给当上了。从全村来说，他肯定也不中。刘 ZhF 去年当支委，跟党员走得近乎，还给党员送桶酒什么的。刘还认识镇上的领导干部，有关系。刘 ZhF 与老成（侯 Ch）交好，老成跟这镇里的书记也特别好。这不，今年侯 DH 票多，党委还任命刘 ZF 当书记。书记好当！书记为啥好当？村里就 30 多个党员，就拉拢这几十个，就可以

---

① 不同报道人对于具体的承包土地亩数并不完全清楚，所以提供冲突性数据也是可以理解的，毕竟不是村落当家人或当事人。

了。当上书记，不仅要自己有钱，还要上面有关系。

根据几位报道人的相关叙事，如果对当选支书在选举过程中的选举手段进行分析，那么就明显可以看出，他所采用的主要策略或手段有：一是拉票（跑票、串票）；二是贿选（物质和经济手段）；三是许诺——利益勾结；四是吃吃喝喝——联络感情；五是横向精英结盟；六是派性——代理助选；七是"上面有人"，上下打通。

3. 小姓当选的主位解释——支书刘ZF的访谈纪要

为了探究小姓在与强大或强势宗族竞争中村干部的当选逻辑，笔者专门访谈过现任村书刘ZF，试图从主位的视角对他本人的成功当选进行一番解读。访谈内容概述如下，从中可以窥视新体制下的权力营造与村落政治的本质。

就家族而言，本支刘姓与老刘家无涉，同姓不同宗，乃独门独院，迁自后刘坨，即满铁调查记载之刘树凯这一支。[①] 育有二子，长子在西宁当运输兵，跑西藏方向，现任代理排长；次子在附近打工。就个人阅历而言，他曾在外（在天津等地）打工，当过生产队长、大队长，在村有20多年大小村干部的经历，加上掌握木匠手艺，对村民有求必应，有时帮忙做木工不收费，累积了广泛的人脉关系。

更重要的是，他亲友关系网络广，在村中占有一定的户数比例，能够动员一些人员。尽管从家族/宗族而论，该刘姓人丁不旺，但就亲友关系网络而言，在村中盘根错节，编织成一张巨大的支撑网：刘ZF娶妻齐姓，村中老齐家10来户，40多口人，悉数支持他。他大舅子是王兴巨，王姓党员自然选他；其子娶媳妇为侯姓（老村长侯增才之女），那部分侯姓自然又选他；其虹桥[②]外甥女嫁本村侯姓，这部分侯姓自然又向着他。此外，在村中经营多年，各种关系包括与侯CH的经济利益关系结成的小群体，也是获得选举胜利的

---

① 满铁调查记载，《中国农村惯行调查》第5卷，第104、109、113页皆有涉及，如对刘斌奎（老刘家）的多次访谈中，谈及该支刘姓来自本县槐各庄，300多年前迁居来此，但村中刘姓并非全部迁自槐各庄，其中刘树凯支刘姓迁自刘家坨（104页）。并进而具体论及老刘家当时分5股，具体为刘斌奎、刘子馨、刘合、刘会、刘斌选5股。明确指出，这5股之外的刘姓并非同一个祖先，刘树凯之外的刘姓才是同宗（109页）。

② 地名，在昌黎城关，侯家营北边。当地人念虹为降音。

重要力量，至于与镇党委的利益输送，与邻村支书的结交也对他大有助益。

就个人性格而言，为人耿直，有魄力，精于计算，① 敢说敢做，但易伤人，报复心强。如有些群众所言，"刘 ZF 手长，心狠"。他本人坦言，10 年前处事很冲，当初与 BG（陈 BT）发生争吵，他准备用双管猎枪打 BG，争吵才得以平息，此后，BG 没再惹过他。由此可见其强硬的一面。当然，如今他瘦弱多病，闯劲大不如从前，面对具有黑社会性质背景的搭档侯姓村主任侯 SX，虽说强调团结，商量着办事，但在决策上恐已占下风，何况与副书记侯 DH 又心存芥蒂呢？直面两侯一刘的困境，所以肯定难以有效施展村政。

就施政计划而言，他与村主任侯 SX 一样的考虑——为确保下届再当选，自然也想有所作为，做出政绩，并从中捞取选举资本。在有过利益输送的镇党委书记的支持下，本来已经得到一个在本村引进县水泥厂在此租地建水泥制品厂的机会，外包村自留地 58 亩，按照每亩租金 700 元，租期 50 年计算，分三年分期付清，可得出租土地款 200 多万元，协议都已谈妥，只等签字了。正在踌躇满志，心想即可为村里修建村道（水泥路），筹建自来水（每户接入户收费 300 元），并安装村道路灯（年费 7、8 千元），又有从中捞取个人好处的美梦之时，偏偏杀出村中四霸中的陈 BT。原本住在县城的陈 BT 不知如何拿到了土地转包合同，此时他要求承包那准备出租的 58 亩地，并要求马上盖章签字，正在刘 ZF、侯 SX 在商看协议书的时候，"溜冰"后的陈 BT 不耐烦了，② 开始怒骂侯 SX，并将侯 SX 的一只胳膊卡在车窗玻璃上，几乎拧折了。被人劝开后，晚上陈 BT 到侯 SX 家登门道歉，侯 SX 只得盖章同意转包合同。这就是说，刘 ZF、侯 SX 的如意算盘就此落空了！因为村里的公共资金积累主要就靠这些土地承包款——也是当村官的最佳捞钱机会，但陈 BT 的转包承包款不仅少很多——几乎只有 20 多万元，而且只能在承包期满两年之

---

① 与刘 ZF 有交情的一位村民说，刘 ZF 有力度，该管的敢管；有魄力，有威信，人耿直。赞成他的人还是大多数；但也会伤人，如在盖房问题上，不让超标，超出一点都不行，六亲不认，伤了不少人；他脑瓜好使，会算计。

② 溜冰，指吸食冰毒的吸毒行为。后文同。

后才能兑现。因此，不仅村中原先透支的（前任村委超前支付的）款项无着落，在今后两年内也很难开展村落公共事务，如年后打井款就不能及时支付施工队。就个人而言，刘ZF的选举投资暂时难以有机会收回，落得他本人所言，"为这个事儿夜不能寐"。即使村支书刘ZF将此事向引来项目的镇书记汇报，镇书记也淡然地回答："BG他想办，就让他办呗！"①

客位与主位视角的村支书当选原因比较

客位原因	主位原因
拉票（跑票、串票）	亲属网络
贿选（物质和经济手段）	干部历练
许诺——利益勾结	（村）庄情人脉
吃吃喝喝——联络感情	利益结盟
横向精英结盟	上级交情
派性——代理助选	横向精英结盟
"上面有人"，上下打通	能力魄力
威望与政绩	政绩

总之，刘ZF本人的叙述如此，而村民的普遍评价是："刘ZF能力强些，人耿直，个人利益少。"或者"现在书记刘ZF报复心强，比侯DH硬，有力度"。因此，就村落选举与外部决定因素而言，有村民就总结说："刘ZF能当上书记，说明侯DH各个方面没有超过刘ZF，显然就是这个问题。这几年侯DH没有任何成绩，镇里对他也不满意，让刘ZF当书记，镇里是抱着试试看的态度。要想当书记，第一步，不论采取什么手段，在党员中得到足够的票数。第二步，在党员、群众中的威望。另外，在镇里打点好了，即使有点问题，镇里不受理，就没事儿。"

---

① 邪乎的黑势力卷入土地承包合同是驻村田野期间最大的村落公共话题和重大事件，相关内容版本多样，谣言纷繁，这里以村支书的叙事为基准，概述如上。

4. 村民眼里的村支书：刘 ZF

2003 年，侯立国再次当书记，侯立国看刘 ZF 当过生产小队长，有工作经验，他们两人关系不错，又是一个队的，他就提拔刘 ZF 当了村长。当初，政治蜜月期的表现如村民所述：

> 侯立国捧他当村长，那时好得不得了。就因为侯立国选他当村长，他还入了党。庄里的下放户龙国安包工程，盖学校，让我去找书记侯立国要钱，不给，后来龙国安就去找侯立国，刘 ZF 就拿着斧子要砍他，帮这个侯立国出气，就那时的关系好着呢。刘 ZF 入党后，就不惦记着侯立国了，还惦记着当书记了。

有些村民（包括刘 ZF 的亲戚）评论说，刘 ZF 有点工作能力，至少组织村里的能力是有的，果断、管事、敢做敢为敢想。刘 ZF 又有木匠手艺，他做木工活都不要钱的，能够拉拢部分村民。不过，群众普遍认为，"刘 ZF 太有个性，他不团结人，啥事都自个说了算，村里搞不好"。他搞不好村落建设，主要表现在：

村落规划没搞好；

村机动地的处置问题造成极大民怨；

贪腐问题（如私卖变压器）；

心胸狭窄，报复心强，甚至打击报复的举动连其大舅子都看不下去。

堵死发展党员的机会——这是村干部相互拆台的最致命一招，此事尤令村民愤愤不平；

以及光顾自己挣钱，不管村务。

因此，如刘 ZF 的大舅子所言，刘 ZF 绝对是一个充满争议的村支书，"拥护他的也挺多，反对他的也不少"。一个如此是非恩怨缠身的人之所以能够当选村支书，自然也是多年经营的结果，并且有着非常复杂的因素。概括起来，在外人看来，主要体现在以下五个层面。

（1）从选举机制考察，如百姓所断言："书记好当，书记为啥好当,村里就 30 多个党员,就拉拢这几十个,就可以了。"这就是说,因为党员人数是明确的,比较容易锁定拉拢对象,利用物质和经济手段各个击破。

(2) 跑票。有关跑票的情况,群众反映,"亲戚朋友拉票呗,挨家蹲,不拉哪能选上喽。选举的时候,和他不劣的一拨人帮他跑票"。在跑票过程中,显然有几个要素是非常关键的,首先是家族因素,因为这支刘姓并非是老落的户,所以人丁稀少,好在党员选举不像村主任选举,党员人数的有限性,相对容易搞定。其次,呈现同姓不同宗的事实,刘 ZF 与刘 XF 并非同宗,故刘 XF 支持侯 DH,而刘 XF 的同宗刘 XL 被刘 ZF 拉拢,同样,侯姓的侯永云、侯元勤、侯 CH 均支持刘 ZF,而反对同姓同宗的侯 DH。最后,在村落选举中,具有黑恶色彩的黑势力频频插手村落选举,增加了村落选举过程中的复杂性和不安全因素——参选人刘 ZF 都准备着双管猎枪,颇让人感受到激烈选战所弥漫的硝烟味,造成许多选民的现实顾虑。

(3) 贿选。随着村落选举的激烈程度不断加剧,贿选自然成为一种常用的选举策略和手段,如村民所揭露:"刘 ZF 也不富,但是他一心想要当书记,党员换届选举,他投进了一万元跑票,就把书记给当上了。刘 ZF 选举前给村里的老党员送钱酒,尹英那没送,头一个就给侯永云送了,也给侯立国送,人家没要。侯元祥和刘 ZF 不交好,收买党员投他的票,花钱买票一张票就 100 元,他把村里党员都给收买了。"这里明显可以看出村落政治生态的分化现象,有些老党员还是耿直的,不吃送礼贿选这一套,如,侯永深、尹英;有的因日常关系相处不好,如,侯 ZC、侯元祥;有的本身经济条件不错,并不稀罕这点贿选的礼物和金钱,又是原先的政治导师,如,侯立国。

(4) 结盟。根据实际利益站队结盟,就是和他关系不劣的一拨人帮他跑票。在血缘关系的观念越来越淡薄的华北村落,村民在村落选举中更容易根据自身的利益甄选候选人,"村里也有一部分拥护他的,对他个人有利,肯定就说他好的了。他跟侯元勤就比较好,刘 ZF 用这个手腕来打自己的基础啊。和刘 XL 原来一般,现在特别好。刘 XL 这回当会计,也是用钱买的"。因此,在运用物质和经济手段贿选的同时，政治利益的结盟站队，既反映出同姓不同宗的社会事实（但不同宗而同盟，如刘 ZF 与刘 XL），还体现同姓不同盟的残酷现实，如侯 DH 与侯永云、侯元勤、侯 CH 之间的关系，甚至后文也将看到兄弟在村落选举中尚且分道扬镳。

（5）"上面有人"。在特定的体制下与特殊的国情中，当下村落政治（尤其是村支书选举）始终无法回避的症结就是上级的干预和插手，并不可能完全由差额选举票数决定最终人选，如平民所议论的："刘还认识镇上的领导干部，有关系。刘 ZF 与侯 CH 不劣，侯 CH 赊貉子给他养。都说侯 CH 上面有人，老成跟这镇里的书记特别好，帮了刘 ZF，这都是听说的，具体的不清楚。刘 ZF 给镇里也送礼了，都跟他搞关系，就买通上面了。我觉得镇里的党委也够呛，咋还接受贿赂。刘 ZF 也干不好，票没有侯 DH 多，镇里还让他当书记，那我们还选举干啥，镇里让谁当，就谁当好了。从全村来说，他肯定也不中。定书记的时候，镇里也不跟村长商量，不听村长的意见。村长后来还和镇里说了要侯 DH 连任，镇里最后还是选了刘 ZF。刘 ZF 在庄里没有威信，他就是党员咋的。"

因此，有的村民总结说，"要当上书记，自己要有钱，上面还要有关系。现在当这个书记，就是为享有权，就有势、有利"。

5. 落选者侯 DH 的败选原因——选票，还是权力决定最终人选。

一位报道人生动地描述了侯 DH 落选的经过及其反应，一些为侯 DH 败选而感到愤愤不平的村民——当然是在某些高人指使下——到镇里反映情况，一方面检举已任命为村支书的刘 ZF 的贪渎行为；另一方面具体列举了村两委班子所存在的问题，期望借此施压，能够让镇里收回成命，选择侯 DH 当村支书。原检举信与所列 12 条意见内容如下：

尊敬的纪律检查委员会的领导：

我怀着很愤怒的心情写这封信的。希望领导给予侯家营村民一个答复，请给解决。我们村民强烈要求纪检领导关心一下我们村，不然我们村就完了，什么也没有变化，我们村也前进不了。贪官挡路，横行霸道，最后村民遭殃，收入不多，村民敢怒不敢言，怕干部刘ZF打击报复。在八届村子换届选举的时候，希望给彻底解决，以免村民有后顾之忧。如果刘ZF再干下去，我们村债务要欠多了，坑了全村农民，因此再次要求给解决，不要误时，希望给村民们一个欢喜，笑逐颜开。

我作为一位村民怕打击报复的情况下，才写信反映情况，最后附件一页，共计拾贰条意见，请过目。

敬礼

侯家营村民
二〇〇九年二月二十七日

侯家营村群众关于两委班子财务混乱、制度不全，收入支出不平衡，广大群众敢怒不敢言，群众非常有意见。意见如下：

1. 选举换届当中，进行美酒金钱贿赂，收买人心；
2. 村委班子支委刘ZF乱开奖金；
3. 奥运会期间执勤，刘ZF多开补助500元；
4. 村干部乱开乱报，一次性就报泥井饭店、虹桥饭店的餐费柒仟元；
5. 白条子报销冰棍款，一次性就报壹仟伍佰元；
6. 群众反映建房户乱批乱建，侵街占道，干部谁批，谁收钱，不按政策批，优亲厚友，不平等待人；
7. 广大群众反映村支刘ZF常年不干工作，经常在外庄做木工活，一年工资照常开，并且多开奖金，有私分公钱现象；
8. 两委班子钩心斗角，各行其是，不干实事，村里治安没有安全感；
9. 地里拉土，乱拉乱挖，有的道路坑坑洼洼，不像样子，羊啃庄稼成灾，刘ZF抓治保的，不闻不问，群众怨声载道；
10. 干部刘ZF玩花招，把亲属户口迁到别村，多要地，投机取巧；
11. 村里2008年有十万多元，几天后用完，群众要求公布账目；

　　12. 刘 ZF 在 1998 年换届选举中，知道自己没有选上，他就在这个期间向他自己的亲朋好友要农业税款和提留款，自己装在兜里，不上账。

　　显然，如果对上访申诉的检举内容进行归纳，那么大概可以粗略分为三大问题。第一，换届选举中的贿选行为。第二，经济问题。如多开补贴、乱开奖金；白条子报账；利用各种机会捞钱。第三，村落治理问题。村庄规划乱，未加整治；房地基乱批乱收费；职位占坑，未尽职责；社会治安差；村落财务不透明；损公肥私或因私废公，谋私利。

　　事实上，这些上访和检举内容已经多次成为 2006 年村党员村民代表会议所议论的"老大难"话题。

　　6. 村民心目中的侯 DH

　　当初，侯 DH 当兵退伍回来，原本在镇派出所上班（有的说是在保安大队当保安），侯 DH 参与村落事务，始于侯立国把他找回村当民兵连长——显然是作为未来的接班人来培养的。不过，专权独断的侯立国要成立支部，让提拔为搭档的刘 ZF 村长入党，这等于为侯 DH 树立了一个潜在的强有力的竞争对手。无论是非功过，成败得失，干过村长，任过支书的侯 DH，在村民看来，确实有点像是一块鸡肋——不由得让人想起他那历史上有些冤大头的堂叔侯元广保长，两人多少有些相像，如村民所评，"就是顶个名"：

　　（1）有的人认为他工作有能力，水平高点，威信不低。甚至，有的老党员宣称："我就选两人，一个侯 DH，一个侯立国，他们俩在村里威望还高点呗，别的都不行。"

　　（2）就人品而论，村民公认他是老好人，"老实正派，不花钱，歪道事没有，人倒不错"。

　　（3）在干群关系上，因人随和，所以"侯 DH 和人处得来，挂着香人儿，人随和，办事有啥的，都办去"。

　　（4）就性格而言，村民普遍反映，侯 DH 软弱，没有魄力：

　　侯 DH 当面说中中，事后不兑现，光说不练；

侯DH说话不利落，人太软弱；

侯DH毛病多，老好人，啥事说了不算。侯DH忒软，没力度；[①]

侯DH干的时间长了，他办事软，说了不算，啥也解决不了，说了也不办；

侯DH软，怕人家，当书记也说不算，就顶个名，人家拿钱也不给他信，就流氓（侯SX）说了算；

有些事太软，没魄力，有些事总想着大事化小，小事化无，现在的人啊，都不爱得罪人，都愿意安定，一得罪人就惹事啊；

（5）在家庭生活上，可谓人穷志短，公私皆输，如群众所言："侯DH穷，就是过得不好，家庭比较困难。他去年考公务员，没考上，没当书记就不让考，因为他没有政绩。"

（6）在选举过程中，没有采取明显的贿选手段，按照村民的说法："侯DH没跑。这次选举，他没花钱。其实，侯××的选票是比刘××多的，但是刘和上面有关系，侯就没被选上了。"

7. 败选者沉浮的主位解释——侯DH访谈纪要

关于败选问题，从票数分析，党员选举和支部选举都超对手2票，自以为稳操胜券，结果镇党委书记却以侯DH没有魄力，没有政绩为由，任命刘ZF为支书，可谓"大意失荆州"，等到再上访已于事无补，已经造成既定事实。只是侯DH对于选举结果颇感不公，实在难以咽下这口恶气，在访谈过程，他脸上始终写满失意的表情，以致眼睛里充满杀气。他宣称，准备一直上告，先告到县书记、纪委，后告到秦皇岛市。

就落选原因分析，侯DH认为根本原因并不在于没有打点镇书记，如他本人所言，即使打点花费10万元也难以改变局面。据他自身叙述，他自己非常了解镇书记的为人，该书记非常讲哥们义气，总进行暗箱操作。在他看来，其实，镇党委选定刘ZF为村支书的决定性原因是侯CH的背后活动。首先，当初侯DH与侯CH因邻居卖旧房而引发矛盾，本有个人恩怨。其次，在选举之前，侯CH与刘

[①] 据报道人叙述，在家中很是辛苦，忙完外面农活，还得回家做饭，尽管他有媳妇，但在家不干农活，似乎由此可见其性格的一面。

ZF、刘 XL（二刘不同宗）有过利益交换，即刘 ZF、刘 XL 未经侯 DH 签字同意，就将 78 亩村机动地承包给侯 CH 种植甜玉米，所以，侯 CH 动用一切资源（包括经济资源、关系资源）全力帮助刘 ZF，而反对侯 DH。再次，因个人仇怨、利益交换，侯 CH 利用与镇书记的特殊交情，竭尽各种能事扶助刘 ZF。其中，最起关键作用的是，现任镇书记刚刚从团林乡书记调任泥井镇书记才 10 个多月。而侯 CH 在团林乡办有两个罐头厂，镇书记在团林乡任职期间，有时需要增加各项开支，均由这些小企业提供经费，并形成错综复杂的利益关系，故有特别交往，侯 CH 等人因此使用这一特定情谊在宴请过程中，确定操作程序和人选。最后，与刘 ZF 的个人打点/行贿行为不同——村民认为起了关键作用——镇书记决定人选时的依据极富讽喻意义，利用周边临近村落的村支书对侯 DH 的评价作为民意的参照，并以侯 DH 处事软弱、任职期间无政绩为由，将他任命为副书记，但为平息他的怨愤之气，又许愿酬以正职待遇，年薪仍然为 3000 元，但这显然断送了侯 DH 只要连任三届，即可获得公务员待遇的机会。

　　从任职条件考察，侯 DH 强调自身有利的一面，年轻化（39 岁）、知识化（高中毕业）、道德操守、经济行为层面，较多攻击对手刘 ZF 的年龄大（59 岁）、没文化（初中毕业）、道德水平低、手长（有机会狠捞）。根据这些任职条件而言，侯 DH 认为自己是当之无愧的不二人选。然而，他却忽略了另外一些考察指标，如他与刘 XF、陈 BJ 等具有黑势力色彩的人物交往，给他带来的伤害。当然，就个人情谊而论，当初在他个人贫困穷顿之日，刘 XF 对他有诸多提携帮助，所以侯 DH 任书记后，自然对刘 XF 有倾斜性的关照和依赖，以致外人认为侯 DH 是刘 XF 等人的傀儡。然而，侯 DH 本人并不以为意。至于与电工陈 BJ 的关系，他说是自"光屁股"就交往的少年玩伴，虽然陈 BJ 多有不端行为，在村中为村民所公愤，但侯 DH 认为那是陈 BJ 个人行为，并不觉得对他有什么影响。对于其他考核指标，如政绩，侯 DH 尽管承认乏善可陈，但他依然自我辩护说，他最大的功劳在于维持村庄原貌，没有使侯家营的家底败光。言下之意，竞争对手——新任命的支书手长，狠捞，会将侯家营的家底败光。

就宗族与村落政治视角而言，作为基本上一姓独大的——从侯家营名称所反映的——多姓杂居村落，在现阶段的村落选举中，血缘原则并不是具有决定性作用，正如侯 DH 所悲叹的，侯 CH 在选举中帮助刘 ZF——并非老刘家，而是独门独股的刘姓——那不是老侯家的人。事实上，对与侯 DH 同为侯姓大一门——从辈分字即可看出——侯大儒的访谈中，他就明确表示力挺刘 ZF，而非侯姓的同宗同门的侯 DH。因为侯大儒依据的是政治立场、经济利益以及道德评判标准等。当然，在复杂的村落政治选举中，拥有简单的相同姓氏符号并不表明就一定在投票过程中会采取同样的行动，单纯的血缘关系并非是决定投票意愿的唯一标准与原则。不过，我们也承认，的确存在刘 XF 夫妻那种情况，出现根据家族宗族归属而各自依据刘、侯进行投票的情况。如有的村民就大胆预测，今后支书的选举中，除了宗族、亲戚朋友、经济实力之外，恐怕还会涉及恐吓、暴力，自然还有黑势力的卷入——这一趋势，在今年的村长——习惯称村主任为村长——选举中已经非常明显。显然，在冀东的许多村落——如村民所反映，附近村落大多如此——当选的国家代理人为清一色的黑势力、黑社会成员。实际上，我们在石家庄栾城县寺北柴村的田野调查遭遇同样的情况，村民多有反映："现在是黑道上的当干部，好人不能干，怎么好人不能干？村里有黑道，打架、抢夺，人们都怕。他们想当干部，直接要求你选他们，你就得选，你不选，别人知道就不行。再一个，人家给钱，老百姓没觉悟，你选我一票，给你多少钱，给了钱，你就不得不选。现在村里的干部大多数换成黑道的了。"

这些黑道干部掌握着村落实权，肆意捞钱。当然，有的黑成员正在"漂白"，如村长是入党积极分子，一位原黑社会成员见在本村入党无望，[①] 利用个人关系，将户口暂时迁至邻村，已经与人谈妥，等入党后（曲线入党），再将户口迁回本村，谋求下一步的发展。

[①] 侯 DH 当支书时，考虑发展几名党员，但支委刘 ZF 觉得侯 DH 发展的党员对自己不利，坚决不予发展。如今，刘 ZF 当书记，他要发展新党员，副书记侯 DH 自然也会阻挠。据村民反映，该村已经多年没有发展党员了。

（二）村主任选举：同宗同门竞争，鹿死谁手？

1. 村落当家人白描式自画像——侯 SX 自述：

2009 年选举，在支委选举时，镇里说，侯 DH 没有能力，说话是村长说了算，村长又由高人管着，所以，没有任命侯 DH 为书记，而是由刘 ZF 当，但实际上刘 ZF 送礼了，在选定人选时，我觉得送钱、送礼很重要。自己能选上，主要靠庄里的实力、人情。实力具体是指亲戚多，亲连亲，靠家族是一部分。有些靠跑票，如城关的一个村，花了一二百万，结果被上面知道了，都没让当。都是花钱买的，镇长花 30 万元就能买。

我兄弟（二弟）的媳妇①就是老刘家，她父亲是刘斌功，她大哥就是刘 XF。主要是刘 XF 保我当村长，主要靠亲戚，亲戚套亲戚，我姥姥家也是老刘家——刘子馨，也有实力。凡是老刘家跟刘 XF 关系好的，都帮我。

我媳妇是陈 BS，与陈 BT 是一爷之孙，亲戚关系主要靠这两家。再就是自己老侯家，其实还是老侯家的多，人多嘛！主要靠平时关系，不靠临时找的，没有用其他办法。

2009 年 4 月 17、21 日村委会选举结果分析

选举日期	候选人	竞选职位	得票数/张
4 月 17 日初选	侯 SX	村主任	306
	侯卫东		246
	刘 XH	妇女主任	362
	韩艳华		218
	刘 XL	会计	294
	侯来彬		293
4 月 22 日正式选举	侯 SX	村主任	386
	侯卫东		212
	刘 XL	会计	317
	侯来彬		289

注：2009 年 4 月 17 日第一次选举票数 625 张；2009 年 4 月 21 日选举票数 641 张。

---

① 即刘 XH，村妇女主任。

我与刘ZF的关系还不错，实权把着。凡大事我都要签字，如土地承包、房地基审批手续，还有啥大事？对，修路、打井。本来有计划修村道，准备修油漆路，但计划赶不上变化快。本来，准备卖地，① 与开发商县水泥厂都谈好了，抽出一部分资金用来修村道，都准备签协议了，但陈BT他一插手，这个事就黄了。陈BT按270元/亩承包，60亩，30年承包期，他还要写50年，30年的话，50万；50年的话，90万，假如给开发商的话，200多万，没办法，修路只能等几年再说了。选后，我新打10多眼井，② 不管怎么说，只要收到承包款，将来还是要准备修村道的，再装个路灯。还有个计划，在村里准备装自来水，③ 如果按照原来的200万规划，修路、装自来水的钱都够。

当村主任主要得有人，有实力。有人是指庄里有亲戚朋友，我与刘XF个人关系不错，20多年的交情，哥俩投缘，办事不计较。我与陈家四兄弟关系不错，个人当然希望侯DH当书记。下届村委选举他肯定全力以赴，基本上没问题，我不让，没人敢上，但也没有100%的把握，就看竞争对手有没有实力，至少目前没有。因为村主任选举不像支书选举，不用镇党委决定人选，由选票说了算。不管采取什么手段，只要拿到选票，就能当选村主任。要是干满三届，按河北省地方性政策，就可以领国家工资，每年8000元。

如果对村落当家人的白描自述进行归纳，那么可以粗略得出在村落政治中站稳脚跟的主要几点根由：第一，必须具有实力和势力。第二，要有众多亲戚朋友。第三，还要有哥们，甚至具有黑社会性质的团队。第四，政治结盟，借用村长的话，就是一伙或一拨。从主位视角不难看出当下的当选逻辑，概言之，在村长看来，需具备如下条件：第一，实力构成要素，具体由亲戚与家族构成。其中，

---

① 即陈BT所承包的村机动地。
② 支书说，9眼井。
③ 支书说，按设想，装自来水，每户收取接入户费300元。

亲戚多，亲连亲，或亲戚套亲戚，弟媳为老刘家，姥姥亦为老刘家（即历史上侯家营第一财主刘子馨）；妻为村中强势宗族老陈家，陈家四兄弟又是黑社会性质团伙的主要成员。而就家族而言，老侯家是第一大族，人口众多。第二，人情、庄情，实指日常生活中结成的各种错综复杂的利害关系。第三，帮派（哥们、黑势力成员）与黑道势力。如侯 DH、刘 XF、陈 BT 等。第四，跑票。作为最主要的选举动员机制，候选人直言跑票的重要性。第五，贿选。在村落选举中，送礼送钱是一种非常普遍的社会现象。第六，暴力抢票。如村长坦承，不管采取什么手段，只要拿到选票，就能当选。

2. 他者眼里的村主任

首先，侯 SX 没能力，本来就够不上当村长，所以当村长不合格，对他有意见的人不少。有的村民就埋怨："侯 SX 上来也没办多少出奇的事，钱倒是花不少，今年打了几眼井，九口吧，打井也就是在自家地跟前，当干部是有好处的，优先呗。当了这么久，也没广播过一回。去年倒腾羊，把羊都赶到大队里去了，把学校（原侯家营小学，现为村委办公地点）里的花草都吃了个精光。侯 SX 更败家，盖的房子，都占了两趟街。他有私心，西坑要包出去，不让别人承包，他就包给他爹了。用 50 元钱①承包西坑鱼塘，外地人来钓鱼，不管钓着钓不着，30 元/天/人，钓的人还不少。"

此外，侯 SX 人不正派，作风不好，个人比较小气。村民对他人品和作风方面的极度不满，突出表现在经济行为方面："他个人经济脑瓜行，那是为个人。他要钱，赌钱拿钱，就知道捞钱呗，吃庄害民。村长是村里的混混，不让他人进村收购甜玉米，别人价钱高，给现钱，都不让进车；而他价钱低，还不给现钱，垄断甜玉米收购。他收购的甜玉米送黄金海岸的罐头厂，最主要的收入是收购甜玉米。书记是单枪匹马，村长掌握着财政大权，他说了算，签单招待费一年一万多，有时求冰棍厂的冰棍，求吉祥饭店的盒饭什么的，都签村里的账，而实际上是他家盖房、剥甜玉米招待人用的。有时，侯 SX 腻应这个会计，说是会计越权，论说他几把手里应该占第四，但

---

① 村长曾亲口告诉笔者，承包费就是 50 元一年。

他也把了财权，仗着家族和人员也不错。他跟侯 SX 不和，但也不敢得罪他。"当然，有的村民说："会计听他的，否则会计就站不住。"

既然现任村长的能力、人品、作风等诸多层面，都让村民失望或极度怨恨，那为什么他还能如愿连任呢？这个问题的实质在于现今基层民主选举的机制，也就是说由选票——与支书的综合考察任命不同——决定最后人选，而不问获得选票的来源途径是否正当或合法。根据村民的亲身体验与判断，村长在有 600 多人投票的选举中胜出，主要依靠家族、亲戚朋友、跑票，外加黑势力的卷入。

第一，家族势力大。现任村长与历史上过继给侯老爷的他爷爷侯大生乡长在任时的人丁稀少不同，侯 SX 是老侯家，家族大，他父亲侯增庆兄弟四个，子孙众多，二三十口人，侯 SX 本人兄弟都在村里，三弟的媳妇也是老侯家的（侯孟春的闺女）。作为侯家营第一大姓的成员，侯 SX 绝对拥有庞大的家族势力。

第二，亲戚多，关系盘根错节。村长侯 SX 的媳妇是陈 BS，属老陈家（陈兴），陈家是强户——陈 BS 的堂哥就是村中四霸陈 BG、陈 BQ、陈 BT、陈 BJ（排行老四，小名陈 BJ 儿）。仅仅提及陈家四兄弟，就颇让村民畏惧，谁人敢惹？陈家人也不少，侯 SX 媳妇陈 BS 原先当过村妇女主任，人缘势力依然存在。

侯 SX 的姥姥刘小霞为侯家营历史上第一财主刘子馨的孙女，老刘家过去是财大气粗，为村中大户。刘 XL 是现任村会计。侯 SX 的二弟媳刘 XH（刘斌功之女）为村妇女主任，又是村中老大刘 XF 的妹妹，刘 XH 又与陈 BJ 关系颇特殊。

正因为老刘家的势力及其刘 XF 所具有的选举能量，所以，有的村民认为："侯 SX 能当上村长，主要靠刘 XF。因为刘 XF 都能弄到老刘家的票[①]，他两个姑、两个姨都在庄里，朋友、不错的也不少。如果没有亲戚，就靠侯 SX 那一派，他也当不上。"

第三，运用各种拉票手段。根据村民的叙述，现在当村长都得

[①] 其实，并非都能弄到票，如村民反映，在村里，也有亲兄弟两家有矛盾的，不来往，不认亲戚了。像刘 XF 和刘 XC 兄弟俩，他们妯娌有矛盾，兄弟关系也不和。刘 XF 的儿子是军人，7 月 1 日结婚，报道人说，"我在他家帮记礼，刘 XC 都不来的。他们也不认亲戚"。

拉票，不拉票，根本就不可能当上村长。如在 2006 年村民选举中，现任村长侯 SX 与张 GH 竞选村委会主任一职，二人均跑票，双方几乎动用了所有的亲友关系。当然，一般主要还是倚仗跑票者所拥有的亲属关系网络。在侯家营，跑票的方式主要是托亲戚朋友串户，即挨家挨户上门劝说拉拢。显然，一个人拥有的关系网覆盖范围越大，亲戚熟人越多，其可依赖的关系就越多，这些关系同时可以再生产出更多的子关系，自然就会增加其当选的几率，甚至胜负不选自明。侯姓是侯家营的主要姓氏，而张姓是新落的外来户，张桂合之父张秀海是孔庄人，幼时投奔其姥爷陈老五，靠亲戚关系落户在侯家营，陈姓虽是村中老姓，但其也只能和陈兴攀上远亲。妻系村中另一久居姓叶姓之女，叶姓在村中也只有六户，远不能与侯姓相抗衡，在村中除了哥仨是直系亲属之外，可动用的人脉少之又少。相比之下，如前所述，侯的亲属网则要大得多，各种势力强。

我们已经看出，经常是侯姓同宗同门之候选人相互竞争，近年来，侯 SX 与侯卫东同宗同门，侯增军与侯 SX 都是大一门，竞争同一职位，你死我活、同宗同门争夺选票，狼烟四起，不知鹿死谁手。

如果对近年来侯家营的村落选举过程中所运用的策略进行概括，那么不难发现村主任选举中所采取的竞选手段主要有：一是设立助选团队，甚至在刘 XF 家形成事实上的选举中心；二是跑票（串票）；三是恐吓威胁（言语的、行为的、事实的威胁）；四是吃吃喝喝——感情联络与情感投入；五是贿选；六是许诺——潜在的物质和经济利益；七是利用黑势力。

（三）村长与村支书的权力博弈

1. 村支书选举与村长选举的选举策略差异及其竞选动机

显然，村支书与村主任选举的实质差异在于：一是，支书选举尚无公开的助选团队，尽管也有代理人在跑票沟通。二是，至少本次支书选举还没有暴力和黑势力的卷入，但群众已经大胆预言，下次选举将出现在村主任选举中已存在的暴力和黑势力的情况，可见选举白热化的程度。三是，村主任选举不存在横向精英结盟的需求，但竞选过程中有联手结盟之事实。四是，村主任选举无须上面的首肯，即无须打点镇党委，目前由选票决定人选，而支书事实上则最后由权力决定人选，如责以政绩、道德操守、群众反映，甚至邻村同僚的评价。

然而，许多村民感慨，如今在村落选举中，贿选是一种不可逆转的趋势，如群众所议论的："不管选谁，不买票是不行了，老百姓也实在，一张票得个50元、100元的，这个世道，没有了王法，不然怎么都争着当村官呢？"所以，村民说，选村主任比选村支书还激烈！

因此，要考察村落的政治运行，首先得弄清楚村民为何热衷于"当村干部"的竞选动机。为什么要竞选？为什么要拉票，甚至要拼死竞争争当村干部呢？根据村民的说法，当村干部一为"名"，二为"利"。其实，自古如此。但是，并非人人都可以参与竞选并当选。

第一，掌握实权，有地位。争当村支书的目的无非是，如果当权了，就自己说了算，能够自己制定政策。在村里当权，想干什么就干什么。因此，在庄里自然都受到尊敬。

第二，获得经济利益。还是老百姓说得透彻："当上干部，明的是明，暗的是暗，都是挣钱，名利双收。除了镇里的固定工资3000元外，镇里补贴村长、书记一年电话费500元，还有国家财政补贴每月200元。一年下来也有个五千多块钱。"

第三，有机会捞钱。有些村民愤慨怒骂："现在当干部就是为了捞，就是有好处，有机会捞钱，但村庄没有变化。村干部都是为了个人捞好处，没有什么好东西。"从华北村落的现实情境考察和判断，能够衍生贪腐机会的事项很多。

一些村干部占位不干事，一心想索取，导致民怨沸腾，如侯家营村民34条意见所列举如下。

侯家营村群众关于村委班子财务混乱、收入支出不均有些意见：

1. 班子支委乱开奖金；
2. 奥运执勤多开补助；
3. 给陈百国一万多元或许借一万六千元；

4. 饭店费用较多（泥井饭店、虹桥饭店等）；

5. 包地老板请两委班子逛小姐；

6. 一千多元的冰棍费用；

7. 板厂款给四队干部是否私分；

8. 村委会地包给别人，签了几年？给了几年钱？

9. 两委班子是否合理开支？

10. 造房户给的钱是否是我们村委会的收入？还是私分了？

11. 请详细公布村里收入支出账目；

12. 国家给村里每年多少钱？

13. 刘晓练借钱，守先5000元、小利3000元、他爹2000元，是否有村里的钱？

14. 有人反映承包地一亩300元，咱村是按270元一亩，是否有此事？

15. 有群众反映去年盖房户上交的款到年底干部私分了？

16. 请镇里向群众公布每个农村干部一年的工资，有人反映多开工资；

17. 新班子修路填道究竟花了多少钱？

18. 村干部执行公务，对侵街占道你们制止了几家？

19. 两委班子会议你们开不？

20. 为了村民，你们村委班子对养羊户怎样管的？

21. 村里重大问题是否经过全体党员讨论？

22. 群众反映有的干部不干工作，一年照常拿工资？

23. 下派干部待遇问题我们村对刘风军怎样执行的？

24. 我们村究竟是谁说了算？

25. 侯永国在我们村里是最困难户，干部们是怎样关心他的？

26. 咱村有党员侵街占道，你们是否阻止？

27. 东南山批的房基地，钱是否收齐？

28. 你们是怎样帮贫致富的？

29. 别的村发展新党员，我们村怎么没有发展？

30. 干部对低保、五保优亲厚友；

31. 外村骂咱村是劫道村，主要是因为干部争要水泥引起的，有这事吗？

32. 这届村委两班子都有侵街占道现象（村书记、村长、支委和会计）；

33. 村干部玩花招，把亲属户口乱迁要村地，有这种事吗？

34. 有的村干部作风不正派，群众有意见。

假如对村民所提的34条意见，按照经济问题、村落治理、工作作风以及生活作风进行分类分析，那么就可清晰地解读出村落政治社会生活中所存在的主要问题。

2. 村落政治中的实权：是村支书，还是村长说了算？

如果仅凭姓氏符号分析，那就容易得出结论，误以为在村委会组成中，四刘二侯，显然是刘姓主导村落政治。然而，事实上，除了侯姓两人同为大一门外，四刘非一家。如村民所分析的，"刘XL、刘XH是老刘家，为一爷之孙，但刘ZF是前刘坨①迁来的，西南8里迁来的，从爷爷辈迁来的，就一户人家。刘ZF有二子一女，二儿子在部队当运输兵，现已转业，在东北工作。② 二儿子身体膀大腰圆，听说有功夫。当年，结婚醉酒后，还打过派出所的人。"确实，从外显姓氏符号，很容易以为支委刘风军是与支书刘ZF同为刘姓，应是一家，但此刘姓非村中刘姓，乃泥井镇下派的驻村干部。然而，无论如何，与历史上的情形几乎一样，村落政治仍然把持在村中最大、最强的两大（侯、刘）宗族手中，这是不争的事实。只不过，这并非是由亲属空间决定的，而是由村落现实情境决定的。更重要的是，与山东调查的后夏寨、冷水沟不同，那里绝对是由村支书说了算，而这里显然是由村长掌握实权。

在入户访谈的过程中，几乎每一位访谈者都会抱怨侯家营的村委会领导，村民对新领导班子可谓失望之极："这回上来的俩人，一

---

① 经与其他报道人核实，并经支书本人核对，该刘姓来自后刘坨。前刘坨与后刘坨，两村联体。

② 支书本人确认，他二儿子在西宁当运输兵，往西藏的运输线，十几年了，现为代理排长。

个是软弱无能，一个是啥都敢干，胆子大，什么都不懂，也不懂得政策，一个整一个的，谁也不跟谁商量。我们庄任何人上来，都干不好，找个包老爷那样一心为公的，准能干好。现在让我干，我能一心把这个班子整好了，可是我跟他搭伙，我是书记，他是村长，不往一块堆使嘛，问题是，他不是一心为大家。当书记、当村长，一个为名，一个为挣钱，你捞吧，你得为庄里做点贡献，问题是，你没这个基础，你整不了，你当书记，我当村长，心一点都不齐。侯家营村特别不好整，四川地震捐了四千多块，也不少，我们庄多少户啊，那阵我教学的时候，喊捐资助学，我们庄捐了三千多，你说村民落后？我总觉得是班子问题。"甚至有的百姓痛骂村干部败家："这届领导没好干部，净是王八犊子。你看侯家营好不好啊？挺好的？他们败家啊！各干各的，谁也不跟谁商量，你看我的笑话，我看你的笑话，没一个负责的，班子不行。"

  1978 年之前，村子管得比较严，按照村规民约进行有效处罚，不许在外放羊，否则要处罚。现在村干部根本不管，结果经常出现羊啃庄稼造成的矛盾。如，韦长青放羊把侯增锤的粮食啃了，他们俩就因为放羊的事情打架了。不过，最后因村干部不出面处理，此事竟不了了之了。又如，如今不再实行护秋举措了，村长的兄弟养羊，糟蹋庄稼，随便吃庄稼，以致百姓都不敢种小麦，就是怕被羊吃。① 甚至，在村长选举中，候选人还对放羊户许诺，如果选他，可以随便放羊。还有，村务不公开。如村民所反映，村里出入多了，有的时候县里或上级拨款了，拨款多少，怎么用，用在哪里，百姓都无法悉知，因为"村务不公开，你也没啥法，镇里都是稀里糊涂的，没人管，谁管啊，也不查"。贪腐行为。一是，办理房基地审批手续。实际上，现在这批房基地还是村里说了算，村里说归谁，就归谁。起初，侯百顺批房基地，村民一般送两瓶酒、一条烟。不过，如今因好多人都争着要地，除了送礼，还得塞点钱，侯百顺、侯立国、刘 ZF 无不如此，如村民感叹的，村里"就这个现象，呵呵。私

---

  ① 历史上实行的护秋工作如今已经不再施行了，更致命的是村长家要是养羊，百姓都不敢种小麦。

批乱盖，多着呢"。二是，决定机动地承包人。大队有机动地二百亩，年年需要讨论由谁承包。大家都愿意承包，因地段好坏，亩数多少，经常发生争吵，甚至因承包机动地动手打架。所以，在决定由谁来承包的过程中，自然就存在许多利益交换行为和机会。三是，公共积累财物被村干部私自处置。原本，因南开大学从侯家营获得一批中华人民共和国成立后的各种村藏档案，所以为了酬谢，给原村小学捐助了二十台旧电脑，购买了价值三千多元的图书，但最后这些电脑和图书竟然不知去向，甚至村小学因并入泥井中心小学，原有的桌子凳子也都流失殆尽。

3. 刘 XF 之家，不是村委会的村委会：村长、书记是当家人，还是傀儡？

尽管说要想当选村干部必须具备一定的能力与相当的实力，至少必备财力、势力、黑势力，但即使这样，有时村干部还是沦为了黑势力的傀儡。正如村长自述所说的："镇里说，侯 DH 没有能力，说村长说了算，村长又由高人管着。"又如村民所评说的："在村中，刘 XF 扶持侯 SX，侯 SX 听从刘 XF 的。"因此，村干部的幕后高人、黑势力成员与村落政治形成错综复杂的关系，不仅影响了村落政治生态，而且直接为害百姓，社会治安日下，如陈 BT 搅局包地（霸占生产要素与公共资源）事件，导致侯家营更难以有发展机会。

只要涉及村落政治话题，村民无不谈及与村落神秘人物刘 XF 的关联。许多村民反映，侯家营已经形成以刘 XF（今年 50 多岁）为核心的黑势力，主要成员有陈家四兄弟：陈 BG、陈 BQ、陈 BT、陈 BJ 以及村长侯 SX 等。

在追溯刘 XF 的"老大"地位——确立非体制权威和势力——的根源时，村民和黑势力成员均承认有几个关键要素。第一，刘 XF 能够成为老大，主要是人属性好，人缘好，心态好，庄情好，又豪气，行侠仗义，对兄弟肯帮忙，又能帮忙。如村民所论："家族邪乎，家族大（强），家族力量多，老刘家都听他的，又亲连亲。他还能帮家族解决问题。"选举时，他家成了选举指挥中心，他扶持谁，基本上那个人就能上，因为刘姓人多又抱团，利用各种亲戚朋友关系和社会势力支持某一位候选人。第二，影响，甚至左右村落政治生态。这在侯家营并非什么秘密，群众就尖锐地指出："村干部是他傀儡，镇里也知道。刘 XF 就是吃香，要是不听他的，村干部就干不长，准被弄下台去。因为他对村里的事儿特熟悉，掌握村干部的经济问题，有把柄在手。刘 XF 不当干部，村干部都还得听他的。侯大成、侯 DH 都软弱无能，他们说啥也不算，流氓才说了算。"

就黑势力其他核心成员而言，最具有恐吓力的自然是陈家四兄弟，占地（公共资源与生产要素）、霸妻、寻衅滋事、敲诈勒索、霸海（欺行霸市）、骗贷、滥用暴力、吸毒，可谓劣迹斑斑。这里转述村民的叙事如下：

> 陈 BG 霸占了许多村机动地（像东坑以及其他荒地）。陈 BG 占东坑鱼塘，说是承包，承包 20 多年，当初可能给过钱，实际上就没给钱，后来就一直霸着，没给村里交任何承包费。他在东坑四周种植树木，坑里富营养化严重。他在村北柏油路边，占用村地种树，还有在南窑山沟占 6、7 亩村土地，没有任何承包手续，不交钱，种着树。村里人人皆知，但无人敢惹。
>
> 陈 BT（小名 BG），人家那个媳妇多，不停地换女人，连镇委书记都有交情，从银行能够贷到款，但陈 BT 不还款，因为是镇委书记担保贷款的，书记就让全镇 36 个村摊派分担还款 10 万元。有一次，BG 见到镇书记就说："你怎么还活着，怎么没让车轧死？"，书记回答说，"要是我被车压死了，还怎么保护你呀？"可见，铁哥们的交情，方圆几十里都知道 BG。
>
> 像陈 BT 女儿结婚，按照户口本发请柬，村民不敢不去，用 6 辆大公交车拉到县城宴请，大部分村民上礼 200 元，有些上礼 100 元，但这种主意显然是刘 XL、侯 SX、刘 XF 等人出的，要是不去上礼，就怕邪摸脚（注：怕报复），因为陈 BT 能打人、能干架，完全是亡命之徒，还吸毒[①]敲诈，到邻村打人。
>
> 当时，过年时一个做买卖的东北人住在本村，请我们大家

[①] 村中吸毒人员有陈 BT、侯忠旺（已戒）、刘 XF。

吃饭。同时，还请了派出所的小赵，但没请 BG，因为他吃喜酒去了，等他吃完喜酒，又不请自来了。BG 见了小赵，让小赵立正，小赵说："你让我立正干啥？"BG 说："你他妈的不办人事儿，我大哥打架挨罚，不给面子。"小赵不服，毕竟公安警校毕业，武警出身，那小子挺能打，就薅住 BG 的衣服领子，用膝盖顶撞 BG，BG 反过来将小赵按倒在地，小赵就想掏手枪，BG 随手抓住啤酒瓶，说道："你掏枪试试，你欺负老百姓，我今天就钉死你，明年今天就是你的忌日！"当时，我就在场，小赵就不敢动，BG 将他按倒在地，还威胁说："晚上看看你去！"

陈家四兄弟中的陈 BJ 在村中当电工，村民对他亦多怨恨。当初，村里百姓嫌电费贵，电费难以按时上缴。陈 BJ 当电工后，就采取强硬的停电措施，百姓不得不按时交费。还有，陈 BJ 嫌管理费事，将原有的灌溉用公共设施，如电线、电线杆拆除变卖，堂而皇之的理由竟然是实行个体承包责任制后，村民不爱惜公共设施，无法管理。至于村民盖新房，需要临时照明用电，陈 BJ 要收费 50 元，有时还得送蓝钻石香烟一条，甚至，有时推托说不在村，在昌黎、秦皇岛。[①] 对于陈家四兄弟的所作所为，为祸一村，村民愤然慨叹："如今，温饱问题解决了，但现在的社会黑暗啊！村中四霸陈 BG、陈 BQ、陈 BT、陈 BJ，谁人敢惹？！老陈家不除，庄里的工作就不好做。"

五 结论：宗族组织与村落政治——同姓不同宗的视角

（一）村落、宗族与国家：历史人类学的考察结论

1. 村落领袖的任职资格与当选条件

第一，最重要的当然是具有雄厚的经济资本，借用百姓之言，"当保长要地多钱多"，刘子馨、侯全武、侯大生、侯元广的个案无不说明这一点。第二，必须拥有相当的文化资本，从侯元勋的身上，

[①] 借口不在村里，是为了寻租机会敲诈勒索。可见，这么点公权力都敢寻租，百姓的日子要如何过？

就可以深切体会到超强文化资本所带来的几乎无人可以撼动的权威地位。至于人称"四先生"的刘子馨、拄一根文明棍的侯全武、号称"刀笔邪神"的萧会升，以及被称为"清党子"的孔子明，都是一些具有深厚文化资本的人，其中很显著的一种特质就是能说会道，极具雄辩力；即使没有文化资本的侯大生、侯大明也都是能说会道之辈。第三，出任村落领袖的一个主要条件就是拥有一定的社会资本，侯元勋、刘子馨、侯全武的个案都表明，社会资本所起的重要作用。因此，只要具有一定的经济资本、文化资本和社会资本，在大多数情况下无疑是可以转换为政治资本的。这也就是说，基本具备了村落领袖的当选条件和任职资格，宗族/家族因素并非是一个根本当选要素，小姓独姓的萧会升、孔子明的个案更是完全凭借个人能力的例证。第四，有时出任村落领袖纯粹是偶然性的机遇，如侯元广、侯大明的个案所表明的。第五，从性别与政治的视角来看，在该村历史上，无一女性人物出任村落领袖，权力绝对是男人世界的"玩物"。

2. 参选动机和目的

有钱人出任村落领袖，首先为的是有权有势，在地方掌握实力，谋取更多经济利益，如刘子馨、侯全武就是如此。另外，也是为了更多的营利机会，获得社会地位，如萧会升、孔子明即是例证。无论原因是什么，但至少存在明显的一种从政治荣誉到营利机会的转变轨迹和趋势。

3. 村落领袖的人品评价和村落治理行为

大致可以区分为三种类型：首先，以刘子馨、侯全武为代表的大地主，为人刻薄，敢作敢为，能够做到护庄。其次，以侯大生、侯大明、侯元广为典型，个人能力不行，但大多奉行不伤人的处事原则，这一处事原则成为在村落政治中站稳脚跟的重要条件。最后，以外来小姓的萧会升、孔子明为典范，护庄保庄，至少能够做到吃庄保庄，充当村落保护人，其中最突出的是孔子明，人品好，威望高。

4. 保长类型

固然存在像刘子馨、侯全武那样保护型保长、乡长，自然也有如侯元广那种营利型保长，还有处在两者之间的类型，如萧会升、孔子明，吃庄护庄，呈现典型的双面性特征。甚至，还存在傀儡型保长，如侯元广、侯大明。因此，就权威的施展而言，并不能完全以西方的权力概念加以解释，而应该寻求本土解说。

5. 宗族组织与村落政治

首先，1914—1942年历任村落首领的有13人，单纯的统计数据似乎可以得出侯姓绝对占优，占据10人，小姓只有3人（刘、萧、孔），且只有刘子馨是正职，但这里反映了几个实质问题，总体趋势是侯姓逐渐失势，只有侯全武掌握实权，侯姓多傀儡型人物，如侯元广、侯大明，随着日本入侵中国和推行保甲制，村落实权逐步落入小姓之手，造成小姓当权的事实。其次，侯姓内斗激烈，在侯大生发生贪腐行为时，正是侯姓成员财主侯全武和小姓刘子馨等领头将他赶下台的。侯宝田、侯宝善、侯全武、侯长水与侯老爷的私塾教育作争斗，并没有考虑侯姓内聚与宗族利益，而是根据自身的阶级利益。

6. 国家与社会

从多种权力之间的夹缝视角来看，在日军、国民党、共产党等多种势力之间周旋游离的乡保长，自然并非仅仅拥有一个大宗族的背景就可以在这种夹缝中生存，更需要的是个人超群的能力、手腕、权术、变通。萧惠升与孔子明两个外乡人，借助外力，在村落政治中似乎游刃有余。更明显的是，这两个外乡人在自己躲避在县城的情况下，都能操控侯姓成员为村落的代理人——的确说明，尽管侯姓人数多，但并未掌握村落政治的实权。

7. 古今关联

从古今关联的视角看，可以洞察当下的村落政治。首先，老刘家在历史上有钱有势，无疑是今日刘姓势大的根源，我们看到，这是当今侯家营村落选举中村干部当选逻辑的起点。其次，从陈老八的作为不难看出，今日村落社会政治生活中体现的老陈家霸气和痞气的历史起源。最后，从傀儡型侯姓保长人物自然也反衬出，当下村落中侯姓村干部沦落为某些小姓傀儡的历史影子。

（二）当下情境中的宗族组织与村落政治

1. 国家代理人的任职资格与当选条件

第一，在强调阶级出身的年代，划定的阶级出身自然是任职村干部的先决条件，如河北栾城县寺北柴村民所言："刚解放的时候，穷人、老实人和傻人当干部，生产队的时候，老实人当队长。"这一先决条件与历史上乡保长选择标准为经济富有与宗族因素相比，在侯永志身上得到了有力验证，他能够当上中华人民共和国成立后该村的第一任村长和书记，就在于他是村中的第一个党员，不难得出，与党的连结、阶级出身、政治觉悟和忠诚度是成为村干部的最原初条件。在他之后掌握村落实权的王永会则证明，小姓掌权的关键在于阶级出身、个人能力，运动中主动积极，会来事，人缘好。同样，"文化大革命"期间任村支书的侯大义能够被公社看中，主要是因为他年轻、积极、思想单纯。因此，在阶级成分决定村干部人选的时代，显然，历史上财大气粗的老刘家没有一个人选任正职。家庭背景当然是出任村落领袖的一个重要因素，但在历史上，曾经的会头世家，在如今也有多少政治世袭的味道，如侯大成、侯立国，当然，还有积极竞争职位的侯卫华、侯卫东。

第二，村支书与主任的选举异同。到底是选票还是权力决定最终人选？显然，在村支书的选举中，政党因素最重要。首先，如想当选村支书，入党机会是先决条件，目前，在侯家营村入党是一件非常困难的事情，当下掌权者互相牵制，控制党员选举局面，甚至有的村民不得不曲线（迁移户口去邻村）入党。另外，必须上面有人——这是小姓能够当选的主要原因之一。在特定的体制下与特殊的国情中，当下村落政治（尤其是村支书选举）始终无法回避的症结就是上级的干预和插手，并不可能完全由差额选举票数决定最终人选，有的村民总结说："要当上书记，自己要有钱，上面还要有关系。"这是始终影响村落政治的一个重要因素，有时甚至是最关键的因素。

第三，通过政治结盟，获取权威。就资源与权力的关系而论，人力资源指任何政治人物要成为领袖所需的同盟者和支持者，而支持者又可分为追随者、受益者和忠诚者。如，侯永志与侯永瑞联手，侯大成与同姓侯元真、异姓陈百双结盟，侯 DH 与侯卫华携手，侯 SX 与侯 DH 为一拨，刘 ZF 与张卫华是一伙，这些都是一些具体例子。这些政治结盟实际上就是在研究低层次政治时经常涉及的主题——帮派（factionalism）。与有固定结构特征的法人团体（如世系群）不同，帮派是一种非正式的、自发的领导者—追随者团体，帮派的最大特性是指正式的政治团体内部的暂时性冲突。

第四，拥有实在资源，经济实力自然是一个重要条件，如侯立国的当选，就是因为上级看中他有经济头脑，希望起领头羊作用，搞好村落经济；再来就是能人型资源，即选择一个能人，但这明显不可能是唯一的条件。最后，是既有家庭背景，又与上级干部关系好的关键资源，如，刘 ZF 竭尽全力利用经济物质手段贿选、情感投入、邻村结盟、利益输送等。

第五，就当选条件而论，村中侯姓人多，侯姓候选人是否就一定能够自然当选？答案显然是否定的。首先，考察村支书的选举，侯姓党员在村党支部中占绝对多数，但并不能确保侯姓自动当选。而村中第二大姓，强势宗族刘姓（老刘家）却没有一个党员，刘 ZF 为后刘坨迁居此地的独门独户的刘姓，而刘凤军为镇下派驻村干部。陈姓中的陈用、陈 BS 为老陈家，而陈英是后迁的陈姓，刘姓和陈姓明显存在同姓不同宗现象。从辈分字不难看出，王兴巨、王兴贵，叶盛奎、叶盛忠各为同宗，郭姓为上门女婿，尹姓乃外来媳妇。事实上，即使在侯姓内部，尚有老侯家与老候家之间的内部自我区隔。

第六，充分利用亲缘关系。与村支书的综合考察任命不同——村主任主要是由选票决定的，虽然侯姓人多，但并不能说明侯姓竞选人员就能够自然当选，毕竟存在同姓同宗，甚至同宗同门族人的激烈竞争。然而，若想在激烈的村落选举中胜出，根据黑道人物刘 XF 的选举经验总结，胜选主要取决于人情与庄情，跑票的情形是亲连亲，人托人，"狗尾巴连着狗筋骨"——各种亲戚关系都相连。因而，充分利用亲缘关系，自然是最主要的选举动员机制。

2. 国家代理人类型

与历史上乡保长类型划分相应，不妨将当下的村干部区分为四种类型。第一种是公正廉洁型，典型人物是侯永深，为人正直，务实，特别实干，即有一心为公的特质。当然，这是时代使然。然而，即使这样的耿直刚正之人，也有因贫困导致的爱小行为。评价最为正面的是侯元强，人正派正直，安贫不贪。不过，利用社会资源，他也曾为子女谋私利，如安排家属入厂工作。大概侯立国因家庭经济条件好，口碑较好，经济上不贪。但仍然与侯元强一样，利用人脉关系，将子女安排进入教育系统。第二种是营利型村落代理人，典型人物是侯百顺，极端谋私利，不择手段，利用一切机会专权爱小。与之相似的还有刘ZF，可归入营利强人型，在他身上既有贪婪的营利特性，又有体现魄力的强人特征。第三种是吃庄害庄类型。"四清"时，拔白旗下台的侯永瑞，吃喝嫖赌，其害庄行为主要呈现在生活方式上，以及打击报复的迫害行为上。在村民眼里，当前的村长侯SX是最典型的吃庄害庄型人物，其最明显的害庄行为表现在放羊和甜玉米交易的强买强卖上。不过，需要指出的是，目前的吃庄害庄型国家代理人大多具有黑社会背景，呈现多种面孔，所谓走黑白两道，否则难以在村落政治中占据主导地位。当然，更复杂的是，也可将他看成是吃庄害庄—傀儡型，毕竟他还由幕后高人（黑势力）管着。第四种是傀儡型。历史上，最著名的代表人物有侯元广、侯大生、侯大明等，新体制下有过短暂的傀儡型人物赵秀琴。但进入基层民主选举之后，村落干部日渐沦为黑社会的傀儡工具，如侯大成、侯DH、侯SX，仿佛就是侯大明似人物的隔世再现。从古今关联的视角来看，将历史人物刘子馨、侯全武、萧会升、孔子明、侯元勋与当今村落领袖或非体制精英侯大义、侯元强、侯DH、侯SX、刘ZF、刘XF、侯CH等进行比较，就会有一些共有特征，如侯大生、侯永瑞、侯SX均好赌，多有贪腐行为，侯元广、侯百顺好贪，侯元广、侯大明、侯大成、侯DH、侯SX具有傀儡特性，萧会升、孔子明虽为外姓独姓，反而护庄，即使吃庄但也至少能够做到护庄，以获取村民的认同与感激，从而提升社会地位。而当今的刘ZF等则完全站在对立面进行村落治理，有时可以毫不顾及乡情与道德。至于非体制精英在村落政治中施展权威，如历史上侯元勋（侯老爷），依靠超强的文化资本，如今的刘XF依赖黑道势力。

3. 宗族组织与村落政治：同姓不同宗的解说

在传统上，政治人类学关注政治变迁过程以及社会文化因素在政治活动中所起的作用，即将政治现象置于广泛的社会文化系统中进行整体洞察，探讨社会文化制度对政治活动的影响。宗族文化是否对村落政治，尤其是对村落选举构成影响？这是一个值得关注的话题。

（1）一姓独大与村落政治

前文已经探讨过，中华民国时期（1914—1942 年），侯姓任职（村正、乡长、保长）的比例，在历任村落首领 13 人中，侯姓占据 10 人，小姓只有 3 人（刘、萧、孔），且只有刘子馨是正职，萧会升、孔子明均为副职，从单纯的统计数据判断，似乎侯姓在村落政治中占据绝对主导地位。然而，如前所述，村落政治绝没有这么简单，即以中华人民共和国成立后的国家代理人来看，村长：王永会、赵秀琴（傀儡）、侯永深、侯文相、侯大祥、侯振兴、侯振义、刘 ZF（非老刘家）、侯大成、侯 DH、侯 SX；书记：侯永志、侯永瑞、侯振兴、王永会、侯元强、侯大义、侯百顺、侯立国、侯大成、侯 DH、刘 ZF。除了王永会、赵秀琴、刘 ZF 当过村长和书记，其他历届书记和村长均为侯姓充当，且没有一个强势宗族老刘家的人进入村干部核心之中，这确乎又让人感到侯姓主导村落政治的表象。但事实果真如此吗？

第一，侯姓内部存在认同差异与自我内部区隔，实为同姓不同宗的变异。其中，三一门中的侯立国等十几户为老候家，属于小会，被认为与老侯家不同，其余任职的侯姓均为大一门。自我内部区隔的意义在于选择政治搭档、政治行为以及村落选举中所具有的特殊作用，因为如何选择政治盟友，在村落政治中始终占据重要的决策位置。如，侯大义当初想找侯立国为搭档，但侯立国不愿意；侯立国当支书后，选择小姓独姓的刘 ZF 为搭档，又借势陈姓，黑势力开始初现。然而，侯立国选择异姓小姓的刘 ZF 为村长——事实证明，最后搭档关系破裂，终究还是政治经济利益的竞争，而非邻里庄情以及个人交情，似乎并无永恒的朋友，只有现实的各种利益。自我内部区隔还明显体现在村落选举时投票意愿的差异上。在复杂的村落政治选举中，拥有简单的相同姓氏符号并不表明就一定在投票过程中会采取同样的行动，如侯姓村民所反映："在选举时，老候家不像我们振字辈的，那几家不投我们的票。"这里显然还存在同姓不同宗——侯姓内部分化（老候家与老侯家的分野）与村落选举之间的内在关联或逻辑，似乎可以运用政治人类学的称为过程或行动取向的路径，关注在政治背景中的个体和群体行为，强调稀缺资源的得失。"行为论"是韦伯首先提出的一个概念，而科恩将它运用到了政治人类学中。

第二，还需关注，即使在宗族内部，也存在相当大的权力差异，从历史的关键谱系分布就可看到，村落权力主要掌握在侯姓大一门，特别是大一门中小三门、小一门以及小二门的侯姓成员之手。其中，大一门小一门主要有：侯廷文—侯连昆—侯永志，侯恩荣（廷武）—侯连仲—侯全武—侯 CH，侯廷相—侯宝臣—侯永力—侯百顺。大一门小三门有：侯元强与侯元广同辈，侯大成为侯元强之子，侯 DH 为侯元广之堂侄，侯 SX 为侯大生之侄，当下比较有发展潜力的侯卫华是侯大义之子。如果说历史上有会头世家，那么如今也存在政治世家现象。总体而言，当下政治基因遗传历史轨迹明显存在着由大一门小一门转向大一门小三门，二一门、三一门几乎无人能够参与村落政治竞争。

侯姓村落领袖名单及其所属门股

侯永志	大一门小一门	侯百顺	大一门小一门
侯永瑞	大一门小三门	侯增才	大一门小三门
侯永深	三一门	侯立国	三一门
侯振兴	三一门	侯振义	三一门
侯文相	三一门	侯大成	大一门小三门
侯大祥	大一门小三门	侯 DH	大一门小三门
侯元强	大一门小三门	侯 SX	大一门小三门
侯大义	大一门小三门		

第三，最具本质的问题则是掌握实权问题。从侯大成当村支书

和村长开始借势黑社会，侯DH、侯SX无不如此，社会治安日趋恶化，最终老刘家、老陈家说了算，这些侯姓村干部几乎沦落为傀儡型国家代理人。

（2）同姓不同宗与村落选举

首先，理论上假如能够利用宗族动员机制，那么在侯姓党员占总人数的63%的情况下，侯姓候选人在村支书的选举中本应该可以轻松战胜竞选对手的。但事实上，对侯家营一份34名党员名单进行姓氏解读，就会发现，在诸多现实利益面前，或在日常村落生活中存在各种是非恩怨，同姓不同盟也是必然的事情。如，侯DH与侯成的个案，侯DH、侯CH恩怨。当初侯DH与侯CH因邻居卖旧房而引发矛盾，本有个人恩怨。政治利益的结盟站队，呈现出同姓不同宗的事实，刘ZF与刘XF并非同宗，故刘XF支持侯DH，而刘XF的同宗刘XL被刘ZF拉拢，不同宗而同盟；同样，侯姓的侯永云、侯元勤、侯CH均支持刘ZF，而反对同姓同宗的侯DH，折射出同姓不同盟的残酷现实。

其次，就宗族与村落政治视角而言，作为基本上一姓独大的——从侯家营名称所反映的——多姓杂居村落，在现阶段的村落选举中血缘原则并不具有决定性作用，正如侯DH所悲叹的，侯CH在选举中帮助刘ZF——并非老刘家，而是独门独股的刘姓——那不是老侯家的人。事实上，对与侯DH同为侯姓大一门——从辈分字即可看出——侯大儒的访谈中，他就明确表示了力挺刘ZF，而非侯姓的同宗同门的侯DH，因为侯大儒依据的是政治立场、经济利益以及道德评判标准等。因此，在复杂的村落政治选举中，拥有简单的相同姓氏符号，并不表明就一定在投票过程中会采取同样的行动。投票主要取决于平常关系相处好坏，选举时的物质利益。也就是说，在村落选举政治中，单纯的血缘关系并非是决定投票意愿的唯一标准与原则；在实际生活中，特别是在干部的选举上，村民更偏向于能给自己带来实际利益的候选人。在访谈中，侯家营村民也谈到了干部的选举应该是有能力、能带领全村致富的能手，而不应该被姓氏、家族为标准的老思想影响。不过，我们也承认，的确存在刘XF夫妻那种情况，出现根据家族宗族归属而各自依据刘、侯进行投票的情况。

(3) 宗族组织与村落政治

如果仅凭姓氏符号分析，那就容易得出结论，误以为在目前村两委（村支部：刘 ZF、侯 DH、刘风军；村委：侯 SX、刘小利、刘小红）组成中，四刘二侯，均呈现二比一的局面，显然是刘姓主导村落政治。然而，事实上，除了侯姓两人同为大一门外，四刘非一家。如村民所分析的，"刘 XL、刘 XH 是老刘家，为一爷之孙，但刘 ZF 是前刘坨迁来的，西南 8 里迁来的，从爷爷辈迁来的，就一户人家。"确实，从外显姓氏符号，很容易以为支委刘风军是与支书刘 ZF 同为刘姓，应是一家，但此刘姓非村中刘姓，乃泥井镇下派的驻村干部。然而，无论如何，与历史上的情形几乎一样，村落政治仍然把持在村中最大最强两大（侯、刘）宗族手中，则是不争的事实。只不过，并非是由亲属空间决定的，而是由村落现实情境决定的。最本质的问题是，如前多次申述的——后文还将论及，具有黑社会性质的老陈家在村落政治生态和事务中所起的搅局性作用。

历史上，刘姓财大气粗，能够左右村落政治，现在还有这种能力吗？这是一个非常值得关注的话题。前文已经谈过，在历年村干部中，除了王永会、赵秀琴（外来媳妇，傀儡型人物）、刘 ZF（非老刘家）担任过村长书记，老刘家、老陈家并无一人任过正职。其中，老刘家因财大气粗，历史上与侯姓争夺村落领导权，民国时期一度集体缺席。从当选条件来看，在强调阶级出身的年代，老刘家在村落政治中几乎又被限定性出局。然而，从 2000 年开始的基层民主选举，似乎又给老刘家带来卷土重来的机会，当选村主任和书记的侯大成选择会计一职人选，弃同姓同宗的侯永成，选用异姓强姓的刘小利——表明开始凸显老刘家历史性强势作用的回归，如刘 XF 为村民代表，并形成以他为核心的具有黑社会性质的一股社会势力，刘 XF、刘 XL、刘 XH 等纷纷现身，侯大成虽一身二任，但实权旁落——老刘家、老陈家——异姓强姓开始把权，左右村落政治生态和事务。如群众所明言，"老刘家、老陈家说了算"，以致村长书记沦落为他们的傀儡——傀儡型乡保长历史性现象重现。因社会环境恶化，侯大成出于安全考虑，借势老陈家——陈百双（妇女主任）、陈百军（村长助理，既是派头，又是保镖），更有党员陈用，群众代表陈百刚，结果导致村落更不安全，乱象丛生，导致日后难以收拾乱局。这正是为什么村民谈及历史上的乡保长总是充满赞许的口吻，极为怀念侯家营曾经有过的村落秩序井然的时代。当然，这种怀旧并不意味着过去真的那么美好，而只意味着今天存在种种问题，而这些问题恰好跟过往的某些优点形成强烈反差，以致畸形地形成鲜明对照。

（4）同宗、异姓与政治

侯永志、王永会、侯永深等之间的相互关系最能说明这个问题。"文化大革命"时，正是同姓同宗的侯大祥告密，侯永志一度被定为叛徒。起初，王永会依附和借势侯永志，后来，王永会当书记很强势，按照百姓的话说，"当书记狠"。侯永志不得不和侯永瑞结盟，共同对付王永会。从本质上说，侯永志与侯永瑞联手，并不是出于宗族利益，而仍然是个人的阶级利益，因为侯永志既与同姓同宗的侯永瑞结盟，又与异姓的亲戚王永会争权，说明了村落错综复杂的亲属网络。同样，王永会培养侯永深入党，显然没有体现宗族原则，培养异姓的接班人完全出于阶级和个人的考虑。大队长侯永深因日常生活的矛盾（如邻居之间的房地基纠纷）导致与同姓书记侯元强不和，即使是同姓同宗，最终仍被侯元强撤职。因日常生活的矛盾造成不睦，乃是村落世界的常态。这正是侯成在村落选举中不帮助同姓同宗的侯DH，而全力支持异姓独姓的刘ZF的根本原因。

4. 国家与社会

（1）国家与社会之间？

中华人民共和国成立后，国家强力渗透，使村落国家代理人敢于和村民完全对立，侯元强教条主义执行政策，还有侯振兴、侯永深皆如此，僵化执行上面的政策、指令、命令，而不顾及乡情乡谊——与历史上处在夹缝中的乡保长截然不同，不在国家与社会夹缝中游离——历史经验证明——那是行不通的，选择与国家完全同步，成为典型的传声筒，塑造成没有思想的大老粗形象，这也表明村落共同体正在崩溃，培育的是另一种集体主义。

（2）村落共同体的失落，还是"原子化"状态的宿命轮回？

目前的冀东乡村似乎正在重返19世纪三四十年代曾经经历过的原子分裂时期，随着公共空间的消失，集体财产流失，公共事业日渐衰落，历史上进行祈雨活动的侯家营村民，建立过比较完善的公共水利灌溉设施，如今全被拆除变现，即使新打的灌溉水井，普通村民也不能充分共享，村道雨天泥泞，侵街占道现象严重，集体化时期筹建的基层医疗合作荡然无存，公共卫生事业成为历史记忆，社会治安状况日益恶化，过去常态实行的看青护秋，早已退出历史舞台，所以，如今只要村中有人放羊，其他百姓都不敢种植小麦，农村原有的秩序维持和调解机制丧失，人与人之间纠纷增加，农村熟人社会机制瓦解，新型的法治化机制尚未建立，村落世界开始重现原子化状态。其中，最为明显的是从2003年开始，村落治安状况越来越差，当然，这与整个社会环境存在密切关联，村民普遍感到没有安全感。

（3）黑势力坐大的社会根源：原子裂变时期

整个冀东农村治安形势恶化，黑势力逐渐坐大，自然存在各种复杂的原因。第一，公安力量有限，无力顾及广大农村的每个触角，甚至在某种程度上说，连警察都自身不保，如小赵与黑势力交手的表现、县公安局副局长的言语所证明的。第二，传统文化断裂，原先维持社会秩序基础的熟人社会机制几近荡然无存。第三，村落世界历经多次运动，特别是"四清"运动，奉行斗争学说，村民邻里之间播下仇恨的种子，造成人人是敌人。第四，没有宗教信仰，更没有共同的价值观可以维系村落世界的日常平衡。第五，乡镇领导监管缺位，反而寻求利益腐败共同体之间的勾结，是谓"大虾小虾论"，坐视不理，或充当保护伞，如陈BT与镇长的交情、银行贷款行为所明证的。第六，怕树叶砸脑袋——村级干部普遍奉行不伤人原则，不敢管，老道圆滑，但却难以摆平村落事务，所以具有黑社会性质的黑势力将应运而生。甚至许多村干部本身已经黑化，如现任侯家营村主任、栾城县寺北柴村长——其实，冀东各地或附近皆如此。又如，山东后夏寨的现任村主任就是"因人孬，村民害怕"，于是当了村主任。所以，平民百姓哀叹，村干部"一茬不如一茬"。最后，村民最怕邪摸脚（遭受打击报复），没有合力，忍气吞声，不敢惹事，如惧怕村中四霸。

（4）黑社会壮大的内部因素：流氓说了算

村民——某种程度上有些县镇干部也一样，害怕黑社会，当然他们有着惧怕的根由。第一，拳头粗，力气大。如陈BT，虽说不是力敌万人之辈，但的确具有蛮力。第二，出手狠，敢玩命。他们不计后果地出手，还具备血腥、凶狠、残暴等要素。第三，有战绩，极具威慑力，构成江湖神话与传说。别说一般老百姓，就是警察又如何？第四，有团伙，势力大。运用财力、人力，作为村落选举的动员机制，已然组成一个契约型的政治团队（political team），积极参与政治博弈。第五，在黑白两道有靠山与保护伞。如，黑道人物陈BT与县镇级领导的各种交情无疑证明了这一点。第六，有智囊，有策略，懂法律，有勇有谋。既有刘XF等策划，又利用灰色权力的施展，如敲诈勒索从来都是以借钱名义，黑社会成员之女在县城结婚宴请，还按照户口薄给每个乡亲发请柬。第七，村里村外内外联手，引入生人机制。村民反映，在历史上，即使村里出混混，通常在村外横行，不会在本村作恶，但如今根本不顾及乡情邻里，特别是村落选举时，实施抢票或恐吓行为的都是外来的黑社会成员。像侯家营这样一个普通的北方农村，也出现了众多在全国农村普遍存在的问题。栾城县寺北柴也如此，山东后夏寨也早已出现了具有黑社会性质的团伙。① 就村落与外部世界的关系而言，绝非是一个自闭的世界，其实，村落就是一个社会的缩影，如村民所言，附近村落皆如此。

小结："势"的政治学

在侯家营历史而今的政治舞台上，各类势力纷纷登场。村民们面对这些势力集团，虽在夹缝中生存，艰难度日，却借势而为，采

---

① 参见兰林友《庙无寻处：华北满铁调查村落的人类学再研究》，黑龙江人民出版社2007年版，第204—205页。不过，济南冷水沟并未出现黑社会势力，至少在调研期间尚未出现，与当地乡镇企业发达，能有经济和人力资源投入安保有关，如建村中警务室。

用各种策略，目的是达到自身利益的最大化。如民国时期，从多种权力之间的夹缝视角来看，在日军、国民党、共产党等多种势力之间周旋游离的乡保长，自然并非仅仅拥有一个大宗族的背景就可以，更需要的是个人超群的能力、手腕、权术、变通。而在当今田野调查之时的地方政治生态中，黑势力当道，村民选举不得不借助其势力进行拉票活动。在中国，国家力量无处不在，但在基层乡村其他势力有时会大于国家力量，因此，来自西方的"国家—社会"理论和权力模式并不是有效的解释工具。中国本土"势"的思想无疑可以做出较为恰当的解释。

法国汉学家余莲经过考证，认为势即执，表示一只手执着某个东西，象征力量。他引用许慎的说法，认为这只手握着一块泥土，因此象征将某个事物放在某个位置上，放在一种"情势"里。势在空间上和势在时间上是相互呼应的，表示了时机和机会。他进一步认为，势在中文里有"位置"和"情势"之意，也可解释为"权力"和"趋势、潜能"。① 总之，势的具体含义端看语境而定。

在余莲看来，中国人在面对残酷的政治环境和战争之时，顺势而为是制胜的法宝。他说"对任何懂得在策略上利用情势所提供的可能性的人而言，敌对的状态可以因为人们完美地掌握了局势的内在逻辑而自行消解"。相反，看不清情势或出于道义等因素而抗拒情势之人，无疑最终会成为失败者，因为"悲剧性的人以不可挽回的姿态抗拒比他强大的势力，绝不让不投降"。兵家或深谙此道的普通人"总是懂得事先窥测出事情运行当中的形势，因此可以随其意而加以利用"②。

在中国文化中，儒家推崇道德价值的至高无上性，而法家则推崇功利的现实主义。显然，顺势而为主要是法家的观点。过去我们过于以儒家来解释中国社会，而忽视了法家思想的重要表现。"时势造英雄"，在这里个人的成败以顺势与否作为评判的标准，而不是超

---

① [法]余莲：《势：中国人的效力观》，卓立译，北京大学出版社2009年版，第2页注释1。

② 同上书，第13页。

越性的"道"。因此,侯家营村民历史而今的政治表演,不论是保护型经纪人,还是营利型经纪人,抑或是依赖亲属势力、各种政党和黑势力,皆是基层民众面对各种势力集团而作出的顺势而为的选择。在此,我们只是借助势的思想来理解和解释复杂的历史,而非评判历史。

五服与姻亲
——山东闵村亲属交往的民族志报告以及
关于汉人社会性质的一个推想

杜 靖[*]

一 引言

(一) 问题的提出

就百余年来汉人社会研究的实践而言,宗族[①]一直是一个极为重要的观察单位。特别是莫里斯·弗里德曼(Maurice Freedman)在第二次世界大战后提出"中国宗族范式"[②]以后,视中国社会为宗族社会的看法在国际学术界更日趋取得支配性地位。[③] Hugh Baker[④],

---

[*] 杜靖,青岛大学法学院教授。

[①] 本文所说的"宗族"是指通常意义上的大规模世系群;钱杭把"九族"与"五服"也视作一种父系世系群,即中国特色的"宗族",在某种意义上是成立的(参见钱杭《中国宗族史研究入门》,复旦大学出版社2009年版)。但本文将用相当篇幅证明,"九族"与"五服"并不等于"宗族"。

[②] M. Freedman, *Lineage Organization in Southern China*, London: Athlone, 1958; *Chinese Lineage and Society: Fukien and Kwangtung*, New York: Humaniies Press, 1966.

[③] Claes Hallgern, "The Code of Chinese Kinship: A Critique of the Work of Maurice Freedman", *Ethos*, (1-2): 7, 1979.

[④] Hugh Baker, "The Five Great Clans of the New Territories", *Journal of the Hong Kang Branch of the Royal Asiatic Society*, 6: 25-48, 1966; *A Chinese Lineage Village: Sheung Shui*, Stanford: Stanford University Press, 1968; Marriage and Mediation: Relations between Lineage, Hugh Baker and Stephan Feuchtwang eds., *An Old State in New Settings*, Oxford: JASO, 1991.

Emile Martin Ahern、[1] M. J. Potter、[2] James Watson、[3] Rubie Watson[4]沿用弗氏的宗族概念来讨论中国社会，而 Burton Pasternak[5]、David Fuare[6]、Helen Siu[7]、庄英章[8]、陈其南（部分研究）[9]、许倬云[10]等人以质疑的方式，证明了以宗族范式（the lineage paradigm）分析中

---

[1] 马丁把宗族村落分成单姓宗族村落和多性宗族村落。可见 Emile Martin Ahern, *The Cult of the Dead in a Chinese Village*, Stanford: Stanford University Press, 1973.

[2] 波特的研究发现，在东南中国单姓宗族村落和多姓宗族村落并存的事实。参阅 Jack Portter, *Capitalism and the Chinese Peasant*, Berkeley: University of California Press, 1968; *Land and Lineage in Traditional China*, *Family and Kinship in Chinese Society*（Maurice Freedman ed.）, Stanford: Stanford University Press, 1970.

[3] James Watson, *Emaigration and the Chinese Lineage: The Mans in Hong Kong and London*, Berkeley: University of California Press, 1975.

[4] S. Rubie Watson, "Class Differences and Affinal Relatins in South China", *Man* (n.s.) 16: 593–615, 1981a; "The Greation of a Chinese Lineage: The Teng of Ha Tsuen, 1669–1751", *Modern Asin Studies* 16 (I): 69–100, 1981b.

[5] Pasternak 认为，早期移民社会并没产生宗族，而是产生了处于防卫目的地域性联庄组织，之后才在第二阶段产生宗族架构，而水利开发和稻作经济的存在也不一定意味着宗族的产生，相反却更多地涌现出地域化组织（可参阅 Burton Pasternak, *Kinship and Community in Two Chinese Village*, California: Stanford University Press, 1972）。Pasternak 又根据台南一个客家村落的资料，试图表明 nonkin association 和地域性群体取代了亲族群血缘群体（可参阅庄英章《南村的宗族与地方自治》，《"中央研究院"民族学研究所集刊》1971年总第31期）。

[6] 科大卫认为，宗族是明清社会变迁过程中的一种文化创造。参见 David Faure, "The Lineage as a Cultural Invention: the Case of the Peard River Delta", *Modern China*, 15, 1989, No. 1.

[7] 萧凤霞的研究表明，汉人社会研究不应该抛弃弗里德曼德宗族模式，应该将之与施坚雅的区域理论和武雅士的民间信仰理论结合起来；另外，她又通过历史过程的分析阐明地方社会里的人民借助国家的修辞积极创造了宗族。可参阅 Helen Siu, *Agents and Victims in South China*, Yale: Yale university Press, 1989; "Lineage on the sands: The Case of Shawan", David Faure & Helen Siu eds., *Down to Earth: The Territorial Bond in South China*, Stanford University Press, 1995;《廿载华南研究之旅》，《清华社会学评论》2001年第1期; "Lineage, Market, Pirate, and Dan: Ethnicity in the Pearl River Delta of South China" (Helen F. Siu and Liu Zhiwei), *Empire at the Margins: Culture, Ethnicity, and Frontier in Early Modern China*, Berkely: University of Clifornia Press, 2006.

[8] 庄英章通过台湾竹山汉人社会研究认为，宗族的出现并非发生在移民边疆的第一阶段，而是出现在第二阶段，其原因是血亲群的扩大和人口压力，同时跟谱系和公共财产也有密切关系。参见庄英章《台湾汉人宗族发展的若干问题》，《"中央研究院"民族学研究所集刊》1974年总第36期。

[9] 陈其南强调宗族的谱系原则。参阅陈其南《汉人宗族制度的研究——博立曼宗族理论的批判》，《考古人类学刊》1991年总第47期；又如，"房与传统中国家族制度"，载《汉学研究》1985年卷3第1期。

[10] Hsu Cho-yun, *I-Lan in the First Half of the 19th Century*, BIEAS33: 51–70, 1970.

国社会的有效性,① 虽然他们证明了宗族面相或者过程的多样性,但并没有从根本上舍弃宗族这一架构。无疑,这些围绕弗氏的讨论(正面的也好,侧面的也好,反面的也好)都起到了推波助澜的作用,以致造成了国际学术界以偏概全的误识,对此戴瑙玛(Norma Diamond)和葛伯纳(Bernard Gallin)早已指出。②

弗里德曼的宗族范式在汉人社会研究中实际上是一个单系男性血缘继嗣群体(Patrilineal descent groups)视角,在这样的框架下,姻亲群体被遮掩了,充其量被视作宗族的对外功能来予以论述,很难取得跟男性继嗣群体同等重要的被估价的学术地位;同时,女性的地位也被淹没了或处于从属父系结构的地步,③ 以为中国的文明都是男人们的杰作。至少可以说,他们过分注重了宗族的父系性质,而忽略了宗族作为姻亲的所具有的意义。当然,这样一种学术取向同样也表现在中国社会思想制度史研究等领域,比如瞿同祖④、滋贺秀三⑤和丁凌华⑥等人的中国古代家族法研究,就把姻亲纳入家族的架构下面论述,使姻亲依附于家族,女性依附于男性,而不是置于双方对等的体系结构中予以考察。尽管看上去,这三位学者已经概括出中国人过去实际的亲属规模和范围,但由于主要侧重于经济和法律的角度,仍难以全面地把握汉人的亲属制度及其实践。中国历史人类学家钱杭近年来结合《尔雅·释亲》等文献分析了今文经学派"九族"的理论框架,⑦ 该框架包含了部分姻亲,但仍然没有摆脱以男性继嗣体系来分析中国社会的基本格局和立场,因为他认为母党、妻党、姻亲等皆是一个个的"父之党",即"宗族"(这无疑是对的,但是他却忽视了将这些亲属群体放在跟父之党相并列的框

---

① Allen Chun (forthcoming), "The Lineage-Village Complex in Southeastern China", *Current Anthropology*, 37 (3), 1966.
② 参见杨春宇、胡鸿保《弗里德曼及其汉人社会的研究——兼评〈中国东南的宗族组织〉》,《开放时代》2001 年第 1 期。
③ M. Freedman, *Lineage Organization in Southern China*, London: Athlone, 1958, p. 32.
④ 瞿同祖:《中国法律与中国社会》,中华书局 1981 年版。
⑤ [日] 滋贺秀三:《中国家族法原理》,张建国、李力译,法律出版社 2003 年版。
⑥ 丁凌华:《中国丧服制度史》,上海人民出版社 2000 年版。
⑦ 钱杭:《论"九族"今、古文说》,《华东师范大学学报》1987 年第 2 期;《再论"九族"今、古文说》,《史林》1993 年第 1 期。

架里的"姻亲"意义,即不应该单独从两面性中抽出来理解母党、妻党等,而应置于整体亲属结构里来释读)。不过,这说明他已经意识到宗族范式在一定程度上存在片面性。①

与之相对照,费孝通对汉人社会宗族研究倾向采取怀疑的态度。② 其对汉人亲属制度研究贡献有二。第一,他从马林诺夫斯基的"需要"论出发,具体是受到弗思家庭内"永恒三角"关系理论的影响,③ 提出了"生育制度"模式。其主要内容是,"父母和亲子"是亲属结构的基本三角,由于抚育互助的需要由此而引发出去,扩展而形成双系亲属。④ 第二,他将中国社会理解为以"己"为中心的社会,并围绕自己而形成人际关系的一种结构——"差序格局"。⑤ 其实,这两个理论发展方向是一个钱币的两个方面,属于同一问题,都建基于对中国文化中的"自我主义"的理解上。从表面上看,费的理论模型完全是双系性的研究,但他认为中国社会也存在着男系偏重现象。⑥ 他又认为,亲属制度之设是为了社会的继替,⑦ 事实上,在《乡土社会》中,费孝通把"差序格局"解释为一种以父子关系为核心而逐步外推的人伦差序关系的同心圆结构。⑧ 据此可以推知,姻亲对于生育的辅助作用不过在于帮助男系的延续而已。⑨ 能够发现父系集团从自我中心出发,利用姻亲来助推自己,这是费孝通对汉人社会研究所做出的一个重要理论贡献。这一点虽

---

① 钱杭:《从中国汉人关于血缘关系的理念与实践——对几个关键问题的再认识》,见《人类学国际演讲会暨影视展播·中国汉人社会专题》(演讲会上的发言),中国人民大学人类学研究中心,2005 年 11 月。

② Fei Hsiao-tung, "Peasantry and Gentry: An Interpretation of Chinese Social Structure and Changes", *American Journal of Sociology*, Vol. 52, 1946.

③ [英]雷蒙德·弗思:《人文类型》,费孝通译,商务印书馆 1991 年版,第 82—83 页。

④ 费孝通:《生育制度》,商务印书馆 1999 年版,第 219—235 页。

⑤ 费孝通:《乡土中国》,生活·读书·新知三联书店 1985 年版,第 23—24 页。

⑥ 费孝通:《生育制度》,商务印书馆 1999 年版,第 192—198 页。

⑦ 同上书,第 174—185 页。

⑧ 同上书,第 24—30、33 页。

⑨ 可参见费孝通《生育制度》第十五章"续绝",商务印书馆 1999 年版,第 210—218 页;赵旭东则干脆认为"差序格局通常是以父亲这一支为主轴来计算关系的远近",见赵旭东《权力与公正——乡土社会的纠纷解决与权威多元》,天津古籍出版社 2003 年版,第 33 页。

然与继嗣体系研究的"姻亲起辅助作用"解说模型之内涵有些重叠，但其本质上仍有偏重父系之嫌。当然，也存在相当大的区别：一种在于强调世系继嗣，另一种在于强调现实中的养育。

不过，费孝通的亲属理论在今天看来仍至少存在两个问题。第一，难道汉人亲属制度仅仅因抚育需要而设吗？假定费氏的理论成立，那么，比如参加亲属葬礼的活动并赠送礼物又是为了什么？第二，费孝通在讨论"差序格局"理论时说："一个社会里的人可以用同一个体系来记认他们的亲属"，而这个体系是抽象的格局或是范畴性的概念，每个人都面对它。① 这个亲属格局具有怎样的边界？费并没有给出具体的答案，只是无限地外推。

对汉人社会的研究为什么忽视了母系和姻亲呢（上述除费孝通之外）？葛伯纳和丽塔认为，第一，以往学术研究过于凸显亲属关系的类型，并急于试图对中国社会进行概化，结果以某些特殊中国人群代替了整个中国人口；第二，长期以来的汉学训练一直强调父系亲属制度在中国具有优先性，并被认为是汉人生活的支配性组织原则，从而导致了对汉人宗族制度的偏好并产生偏见。西方人类学家的关于汉人亲属制度的主要知识来源于弗里德曼，弗氏的中国宗族知识观不仅影响了西方学人对研究对象的选择，也影响了对所收集数据的解释。② 对此，葛伯纳和丽塔开始强调姻亲关系的重要性。郝瑞（Stevan Harrell）在台湾一个宗族组织失却的村落里（Ploughshare）也发现，双系亲属关系很重要，姻亲关系比较紧密。③ 葛希芝（Margery Wolf）一反父系分析维度，提出了"子宫家庭"（uterine family）概念④。马丁（Emily M. Ahern）在台湾的溪南村发现姻亲

---

① 费孝通：《乡土中国》，生活·读书·新知三联书店 1985 年版，第 23—24 页。

② Bernard Gallin and Rita S. Gallin, "Matrilateral and Affinal Relationships in Changing Chinese Society", Hsieh Jih-chang and Chuang Ying-chang Edited., *The Chinese Family and Its Ritual Behavior*, Taipei: Institute of Ethnology, Academia Sinica, 1992, pp. 102–116.

③ Stevan Harrell, *Ploughshare Village: Culture and Context in Taiwan*, Seattle: University of Washington Press, 1982.

④ Margery Wolf, *Women and the Family in Rural Taiwan*, Stanford: Stanford University Press, 1972, pp. 32–41.

不单纯具有象征性意义，而且具有实际的功能。[①] 20 世纪 80 年代，朱爱岚（Ellen R. Judd）选择了山东的三个村落，从权力和性别的视角考察了女性在当代社会变迁语境下的状况。[②]这些研究都给予姻亲和女性以重要的考虑。

　　葛伯纳和丽塔主要谈的是国际学术界的情况，以至于中国知识界也难免受其影响。具体而言我以为有三点。第一，早期中国人类学的亲属制度研究深受英国结构—功能学派影响（尤其是拉德克利夫－布朗的继嗣体系理论[③]），秉承英国人类学的传统，故而侧重于血缘继嗣群体的研究。这个影响主要是通过燕京学派及其后学们来发扬的，以林耀华为主；20 世纪 90 年代以后，中国大陆部分学者一方面秉承了自己的学术传统，另一方面也受到上述国际背景的影响。第二，自 19 世纪晚期开始（从严复始），中国知识界主流一直认为中国社会是宗法社会，宗法制度是实现民族国家现代化的障碍，他们采取了批判的态度来研究宗法制度。[④] 以历史学界为例，对他们的研究进行统计分类，就会发现存在两种倾向性：一，历史学界所讨论的依据大多来自传统精英文化的作品，而且侧重历史上的望族，以至于中国社会实际的情况怎样并没有证据可依；二，在地域上所及大多偏于华南，而广大中国的其他地方则涉及较少，难免发生以偏概全的问题。第三，在近现代史上，改造中国社会的现代化力量多起源于南方，他们根据南方的地方文化经验可能会把宗族问题过于放大而又失去对自我认识的反思。布朗在提继嗣原则的时候同时也提出了"同胞群体一致性原则"，但这一原则被中国学术界集体忘记了。放在这一背景下来理解是比较容易的。

　　20 世纪最后十年间阎云翔突破了中国宗族范式，试图用一个姻

---

① Emily M. Ahern, "Affines and the Rituals of Kinship", Arthur P. Wolf ed., *Religion and Ritual in Chinese Society*, Stanford, Califonia: Stanford University, 1974, pp. 280-307.

② ［加］朱爱岚：《中国北方村落的社会性别与权力》，胡玉坤译，江苏人民出版社 2004 年版。

③ ［英］A. R. 拉德克利夫·布朗：《原始社会的结构与功能》，潘蛟等译，中央民族大学出版社 1999 年版，第 32—50 页。

④ 常建华：《20 世纪的中国宗族研究》，《历史研究》1999 年第 5 期；冯尔康：《18 世纪以来中国家族的现代转向》，上海人民出版社 2005 年版，第 274—277、424—428 页。

亲和乡亲网络来替代宗族分析框架。① 以往制度的研究显然已经遮掩了个体的能动性，将个体视作制度下行动的傀儡，约束了个体的意志和选择，而网络分析模式则充分尊重个体选择及其人际交往中的积极性。无疑，这是阎云翔对以往的超越。然而他的田野地点——东北的下岬村——才一百多年的历史，是一个移民性村落，在这样的村落里尚没有生成宗族体系，因而姻亲和乡亲体系可能格外发达。② 这就意味着，下岬的模式难以具有普遍的解释力，它尤其不能解释具有数百年聚族定居历史的、宗族组织和功能薄弱的，甚至没有宗族组织和其功能近乎为零的村落。③

此外，近年来大陆部分青年民俗学者也开始尝试采用姻亲视角来理解北方汉人社会。刁统菊等从婚姻圈、姻亲交往、姻亲关系的维护/建立与重组、亲属阶序性等角度，与庄孔韶在同时代进入山东某些村落进行调查，取得了一些重要成果。④ 吉国秀⑤以辽东Q镇的婚姻支付为分析对象，进一步拓宽了阎云翔⑥的分析路径。

但总体来看，姻亲模式由于过分强调与宗族范式的区别与对话，因而又走向了另外一个极端的分析路径，严重忽视了父系的继嗣视角，放大了姻亲的作用。或许姻亲研究者所选取的田野地点宗族表象不明显，比如祠堂、族产、宗族组织等外显符号不存在，但是我们不能否认乡民在内心深处蕴藏着宗族理念或意识。这些理念或意

---

① ［美］阎云翔：《礼物的流动——一个中国村庄的互惠原则与社会网络》，李放春、刘瑜译，上海人民出版社2000年版，第95—118页。
② ［美］阎云翔：《私人生活的变革：一个中国村庄里的爱情、家庭与亲密关系：1949—1999》，龚小夏译，上海书店出版社2006年版，第43（注释2）、45页。
③ 杜靖：《阎云翔下岬的意义在哪里——从〈礼物的流动〉到〈私人生活的变革〉》，《创新》2009年第4期。
④ 刁统菊、冯欣：《从民间礼簿看姻亲往来》，《民间文化论坛》2006年第6期；刁统菊：《吊簿：姻亲交往秩序的文化图像》，《西北民族研究》2007年第1期；刁统菊、赵丙祥、刘晓琳：《宗族村落中姻亲关系的建立、维护与重组》，《民俗研究》2008年第3期；熊凤水、幕良泽：《婚姻偿付·婚姻资助·姻亲互惠——对农村婚姻支付实践的尝试性解读》，《新疆社会科学》2009年第1期；刁统菊：《亲属制度研究的另一路径——姻亲关系研究述评》，《西北民族研究》2009年第2期。
⑤ 吉国秀：《婚姻支付变迁与姻亲秩序谋划——辽东Q镇的个案研究》，《社会研究》2000年第1期。
⑥ ［美］阎云翔：《礼物的流动——一个中国村庄的互惠原则与社会网络》，李放春、刘瑜译，上海人民出版社2000年版，第170—200页。

识很可能在根本上左右着现有的亲属交往体系,构成了姻亲活动的文化底色。而且我也坚信,这些田野地点不可能不存在小宗宗法所约束的男系亲属范围。从某种意义上说,姻亲研究者的立场——理论的自我预设——框定了自己的观念,并塑造了一个合乎目的的文本,从而绘制出另一幅对汉人亲属问题想象的图景。

在汉人亲属制度研究新的进展中,台湾学者林玮嫔借助 20 世纪 90 年代以来国际亲属制度研究的新取向,主要是 J. Castern 的兰卡威马来人的亲属制度分析视角(Castern 主要从当地人的 cultural special idioms 说明地方人民对亲属身份的理解),[1] 探讨了父系继嗣与母方姻亲的关系问题。林玮嫔的亲属制度研究模式从实际出发,能够比较全面地关注到宗亲与姻亲两个方面。但是,这两个方面在实际的亲属互动中究竟涉及多大的规模,她并没有给予明晰说明。[2]

针对弗里德曼将社会分化与国家力量作为其分析中国宗族社会结构的倾向性,具体而言,视中国宗族为政治性和地方性团体的意见,继葛伯纳、马丁之后,一些本土人类学家也主张应该回归亲属制度研究,如台湾的陈其南[3]、林玮嫔和大陆的阮云星[4]等。因而必须对汉人亲属制度作出新的评估,必须找出一个新的分析框架,以试图解释介于宗族范式和非宗族范式之间的乡村社会在亲属层面上的运转(自然也包括这两个端点),解释当制度层面的宗族被社会主义中国的文化实践解构之后,乡村世界的亲属实践。这个框架我以为就是"五服宗亲及其姻亲的互动"。需要说明,我在《五服姻亲与宗族——来自山东闵村的亲属实践报告》一文中,对这一问题虽

---

[1] J. Castern, "The Substance of Kinship and the Het of the Hearth: Feeding, Personhood, and Relatedness among in Pulan LangKawi", *American Ethnologist* 22 (2), 1995, pp. 223 – 241; *The Heat of Hearth: The Process of Kinship in a Malay Fishing Community*, Oxford: Clarendon Press, 1997.

[2] 林玮嫔:《汉人"亲属"概念重探:以一个台湾西南农村为例》,《"中央研究院"民族研究所集刊》2000 年总第 90 期。

[3] 陈其南:《家族与社会——台湾与中国社会研究的基础理念》,联经出版事业公司 1990 年版,第 150—151、195—196 页。

[4] 阮云星:《宗族研究中的"义序"与"义序研究"中的宗族》,载《福建论坛》(人文社会科学版)2001 年第 3 期。

然进行过分析，但限于篇幅只提出了一个框架。①本文是在自己以往研究基础上的一个深化，重在描述一个村落内部的亲属实践活动。我以为，资料比理论观点更为重要，因为资料可以构筑一个大家讨论的起点。

（二）田野地点

闵村在山东省费县东北角（现已归属兰山区），东南30公里可抵达临沂市，西南25公里可到达费县城，西北120公里为曲阜，位于山东省第二高峰蒙山之前。全村耕地2697亩，村落占地200多亩，闵氏族人的茔地——闵林有98亩，整个村落拥有土地3000余亩，基本上属于一个传统农业耕作村落。2000年第五次全国人口普查显示，总人口2313人，其中男性1175人，女性1138人，总户数747户②。闵村是一个强单主性村落，闵姓人口2025人，他们自称是孔子弟子先贤闵子骞的后人。其次是邵、杨、武、孟、李、刘、卓、陈等几个小姓家族，共计218人。

《论语·雍也》篇记载，季氏曾请闵子骞做费宰，为闵子骞所拒绝。而《孔子家语·执辔第二十五》却云，闵子骞接受费宰一职。费的都城（当时叫作"鄪"）遗址在今闵村西10公里。如果《孔子家语》所记确实，那么闵氏宗族聚居于此地的历史也就很长了。后来国家话语系统对费县闵子祠的表述，也越来越认同《家语》的观点。唐玄宗开元二十七年，闵子骞被追赠为费侯。宋真宗大中祥符二年进封琅琊公，并遣尚书陈尧叟到沂州祭祀，特荫裔孙守祀。宋度宗咸淳三年改封费公。③早在宋代闵村就有闵子骞的祠堂，今闵子祠中存有宋代王旦关于闵子骞的赞辞碑碣④。金代资政殿大学士张万

---

① 杜靖：《五服姻亲与宗族——来自山东闵村的亲属实践报告》，载上海社会科学院《传统中国研究集刊》编辑委员会编《传统中国研究集刊》第六辑，上海人民出版社2009年版，第485—501页。

② 由费县统计局提供，提供时间是2004年6月9日。

③ 世袭翰林闵祥麟主编：《滕阳闵氏支谱》（石印本），滕县集文石印局印，中华民国廿五年（1936），第53页；文庆、李宗昉等纂修：《钦定国子监志》（上册）卷三，北京古籍出版社2003年版，第53页。

④ 费县地方史志编纂委员会办公室：《费县旧志资料汇编》（内部资料），山东省新闻出版局准印证号：（1993）2—007，第315页。

公、元代费县县尹邵显祖都留下过碑碣。张万公的碑说："览《费志》，知费为闵侯恭桑之乡。"邵显祖的碑说："详览《费志》，邑之东北六十里许有其故宅，乃于桓魋之乱，长子沃盈迁于此而卜居焉。"①《沂州府志》卷首绘有"费县图"，图中标有"闵子祠"②。今闵林中有闵子骞长子闵沃盈之墓，由此可见，闵氏族人世居此地不知有多少年了。李景星《费县乡土志》"本境氏族"部分列有闵氏宗族："先贤闵子之后，现传六十八代。"③而今已有 77 代。该村闵氏族人在清代早期曾经乱宗，他们只知自己为多少世，而不知自己为什么辈分。清代中后期，族中有一庠生前往曲阜抄袭孔府行辈，此后，闵村闵氏族人始步孟氏、颜氏、曾氏之后尘，以孔姓行辈字为自己命名的行辈字，并且也采取他们的婚姻制度：不仅同姓同宗不婚，而且也不跟孔、孟、颜、曾四姓缔结婚约。不过，部分村民又听老一辈人讲述，祖先是从山西喜鹊窝迁来的。如果迁移说成立，那么闵氏宗族是明朝以来所建立的。不论哪一种情况成立，都表明这是一个具有浓厚宗族文化氛围的村落。2002 年，闵姓族人在原址基础上重建了他们的祠堂，并成立了祠堂重建委员会这种组织。

这份田野地点特征决定了我所考察的五服—姻亲架构是在有宗族状态下的一种情形。

二 闵村的亲属认知范围：五服—姻亲

确定一个地方社会亲属群体的大小和规模，其途径有二：一是从主位的角度考察其亲属认知范围，二是从实际行动中观察亲属间的交往互动。事实上，这两个范围是彼此生成的。也就是说，认知范围可能决定了互动范围，而互动范围又型塑了乡民的亲属认同与认知。通过亲属间的互动来探察亲属群体规模的任务留待下文阐述，

---

① 费县地方史志编纂委员会办公室：《费县旧志资料汇编》（内部资料），山东省新闻出版局准印证号：(1993) 2—007，第 111、112、366 页。

② （清）李希贤修、蕡迁莘纂：《沂州府志》(36 卷)，卷之首，乾隆二十五年刻本，见临沂档案馆，档案编号 J.68。

③ 同上。

本部分着重第一个层面。

闽人的亲属分类系统把亲属分成宗亲和姻亲两大类别，他们分别称之为"本家"和亲戚，前者他们有时又叫"自己"或"自家"；后者则被称为"客"。可见，宗亲本家与姻亲之间的关系是"主"与"客"的关系。本家用"里"这个概念来表示，亲戚则用"外"来指称，故有"外亲"一说。如，祖父叫作"里老爷"，外祖父则被称为"外老爷"；子之子叫"孙子"，女之子叫"外孙"。不过，这是在向别人叙述时用的概念，若当面称呼亲属则没有里外之分，称谓一样。本家基本上是村子内的亲属（除少数外迁者），姻亲多是外村的亲属（除少数几个跟本村武姓联姻者外）。

本家的范围涵盖了自某一对夫妇（高祖父母）以下的所有子孙及其配偶和未出嫁的女性。具体说来，若以某一男性为参照点，这个群体在直系上可以上至高祖父母下至玄孙夫妇，在旁系上可以远至三从兄弟（即族兄弟）及其配偶和未出嫁的三从姊妹（即族姊妹）。在旁系上遵循逐代递减一从的规则，沿直系上下各经过三个亲等递减后，便只剩下顶端的高祖父母和底端的玄孙夫妇了，最终成为一个不对称菱形构造。《礼记·丧服小记》规定了五服的范围："亲亲以三为五，以五为九，上杀，下杀，旁杀，而亲亲毕矣。"具体说来，以己身为中心，上至父母，下至子女，就是"三"；然后由父母而上推至祖父母，下推至孙子女，就是"五"；然后再由祖父母上推至曾祖父母、高祖父母，由孙子女而下推至曾孙、玄孙，就是"九"。"杀"即止，即上至高祖而止，下至玄孙而止。这样上杀、下杀共计九代。所谓"旁杀"，即旁系亲属的范围。以己身为中心，右至兄弟，左至姊妹，就是"三"；然后由兄弟旁推至从父兄弟（堂兄弟），由姊妹而旁推至从父姊妹（堂姊妹），就是"五"；再由从父兄弟而旁推至再从父兄弟（从祖兄弟）、三从兄弟（族兄弟），由从父姊妹而旁推至再从姊妹（从祖姊妹）、三从姊妹（祖姊妹），就括为"九"。右至三从兄弟，左至三从姊妹，左右为"九"就是"旁杀"。闽人的"本家"概念在直系和旁系代际范围上，跟古代五服群体规模大致是一样的。

这个"杀"字反映了古人关于亲属制度的建构观念，而不是基于简单的血缘认识。施耐德（D. Schneider）认为亲属制度是一种存在于人们观念中的文化假设，并不是所有血缘关系都可以建立出亲属制度；亲属制度中各种关系的互动规则实质上是基于文化逻辑的一种推衍。[①] 闽人"本家"的范围符合施奈德的建构论。

但是，跟林耀华所描写的义序的"父族"（the father's clan）进行比较，就会发现闽人本家的概念排斥了跟高祖父母具有血缘关系的已出嫁的女性，以及她们的配偶和子孙[②]，同样也不包含古代九族五服群中的出嫁女性及其配偶和她们的子孙（《明会典》）。参之《尔雅·释亲》，也不包括《尔雅》宗族系列中的姑、王姑、曾祖王姑、高祖王姑、诸姊妹等女性群体，以及玄孙以下的来孙、昆孙、仍孙和云孙，且《尔雅·释亲》体系在直系上涉及13代，而闽人本家只有9代纵深。[③] 因而我们说"本家"并不是一个完全意义上的"五服"群体，也不是完全的《尔雅·释亲》体系的"父之党"，但同时都有它们的影子。谢维扬、钱杭认为，《尔雅·释亲》中的"父之党"体系"特别重视己身父系世系中的直系关系，尤其是列出了己身以上四世至高祖、己身以下至八世云孙的13个时代，反映了通过世系向下延伸以展现宗族主干'百世不迁'的需要。但是这一经由理论推衍而成的'世系'，已超出了日常生活所能亦所应涉及的世系范围，'建构'色彩太过浓烈，不能获得一般生活经验的支撑，而不得不停留在难以普及的书本知识层面上"[④]。也就是说，"玄孙以下的来孙、昆孙、仍孙、云孙战国时代就已经没有实际意义了"[⑤]。从闽人的亲属认知和实践情况来看，谢维扬和钱杭的结论可以获得验证。

同时，也不能得出它是一个血缘群体的结论，因为该群体中所

[①] D. M. Schneider, *American Kinship : A Cultural Account*, Englewood Cliffs, N. J. : Prentice Hall, 1968, p. 1.
[②] 林耀华：《义序的宗族研究》第5章第1表"父族"，生活·读书·新知三联书店2000年版，第99页。
[③] 徐朝华：《〈尔雅·释亲〉宗族称谓表》，载《尔雅今注》，南开大学出版社1987年版，第164页。
[④] 谢维扬：《周代家庭形态》，中国社会科学出版社1990年版，第88页；钱杭：《宗族建构过程中的血缘与世系》，《历史研究》2009年第4期。
[⑤] 钱杭：《中国宗族史研究入门》，复旦大学出版社2009年版，第61页。

有男性的配偶跟其配偶所来自的那个地方的人没有血缘关系（尽管她可以跟她的子孙具有血缘脉络），只存在姻亲关系。单纯的血缘继嗣群体概念不适应于闵村"本家"这一亲属范围。如果拿弗里德曼的宗族概念来比较，就会发现"本家"跟它的区别在于，宗族是一个没有代数局限的群体，而本家只限于以己为中心的不完型九族范围（排除外嫁女子及其配偶、子女）。

闵人亲戚的范围包括两大类：一类是从各自五服群体中嫁出去的女性的丈夫所在的不完全五服群体；另一类是男性的配偶所来自的不完全五服群体，以及母之父族的出嫁姊妹的丈夫所在的不完全五服群体。每一个不完全五服群体的规模和性质跟自我的父族是一样的。所以拿母之父族来说，其范围也跟林耀华描写的义序的母之父族不吻合，因为它排斥了姨之夫族。[1] 第一类指的是所有代数的姑之夫族，从某一男子而言，这一范围向上包括自己的姑之夫族、父亲的姑之夫族、祖父的姑之夫族、曾祖父的姑之夫族，向下包括儿子的姑之夫族、孙子的姑之夫族、曾孙的姑之夫族和玄孙的姑之夫族，还应该包括五服群体内涉及的旁系的各代姑之夫族；这一范围皆因父亲而发生。第二类包括母之父族和姨之夫族，母之父族的范围若以舅父为参照点，其实也是一个不完全五服群体；姨之夫族的范围若以姨父为参照点，却并不是一个完全五服群体，仅仅涉及一个核心家庭而已；母之父族应该包括五服代际内的每一代母之父族，比如向上有母之父族、父亲的母之父族、祖父的母之父族、曾祖父的母之父族、高祖父的母之父族，向下有儿子的母之父族、孙子的母之父族、曾孙的母之父族和玄孙的母之父族；但姨之夫族却涉及的代际要少，主要包括姨之夫族、父亲的姨之夫族和儿子的姨之夫族三个群体；这一群体并不像上一范围那样皆可因父亲一人关系而联结，它只能因每一代母亲而联结，这样就整体而言，就因所有代的母亲而发生。

在实际的观念中，除了母之父族的所有成员被称为亲戚外，其

---

[1] 林耀华：《义序的宗族研究》第 5 章第 4 表"母之父族"，生活·读书·新知三联书店 2000 年版，第 101 页。

余姻亲诸族的亲戚多指某一家庭范围的成员，而不是涵盖整个不完全五服群体。比如亲戚意义上的姑之夫族成员，包括姑父、姑母、姑表兄弟及其配偶和子女、姑表姊妹及其配偶和子女，有时会加上姑父的父母，其余就不再列入亲戚范围，只是被称为亲戚的本家或仪式中的"陪情"；又比如姨之夫族，其亲戚主要指姨母的家庭成员，包括姨父、姨母、姨表兄弟及其配偶和子女、姨表姊妹及其配偶和子女，余者也不在亲戚之列。

在许多仪式中，姨母家会和舅父家一起行动，表现出作为一个单位的母之父族或葛希芝意义上的子宫家庭；同样，姑母也会跟自己的五服群体一起行动，构成一个完型的父族，这一点又跟林耀华所描写的义序黄氏宗族以及中国古代五服制度所规定的亲属范围相吻合。尤其在丧葬仪式上，已出嫁的女性要提前回到娘家跟娘家五服群体内的亲属一起行动，而自己的丈夫和儿女则像自己娘家的其他姻亲（加入娘家五服集团的外来女性的娘家亲属）一样在仪式上出现。致使两种亲属框架相交错，随场景而变动。如果不考虑无限制的世代数，这种情况又跟弗里德曼的汉人宗族界定不符，因为他排斥了外嫁女子及其配偶和子女。

"本家"与"亲戚"又是一个相对概念。在本家范围内，会根据裂变规则称相邻的家庭或房支为"人家"（即"他人"的意思），称自己为"自己"；相对于本家而言，一切亲戚都是"人家"；但相对于亲属群体之外的范围而言，本家也称亲戚为"自己"。因而，闵人的亲属称谓分类反映了一种场景性的变动。

尽管每一个五服群体跟大传统的规定和义序情况不尽一致，具体场景中的分类也不一致，但就整体而言，亲属的范围仍然不脱五服—姻亲群体这个范围。考虑到讨论上的方便，故本文仍沿用习惯的界定。

从闵人的亲属认知范围和下文即将展开的亲属互动范围来判断，闵人无疑生活在一个双边亲属结构里面（但根据"father-child links"来判断，闵人社会应归属父系结构，即，存在祖先信仰的亲属构造，因而，我以为亲属结构实际上是一个场景性的东西）。习惯上，学术界称继嗣群体的研究为纵向亲属制度研究，称姻亲关系研究或双系考察为横向亲属制度研究。其实，关于社会亲属制度横向研究的灵感则来源于中国社会经验。西方汉学家最早关注中国文化中的结构，当首推高延（J. J. M. de Groot）。高延的贡献在于发现了中国文化中的"阴阳结构"，而后，他的研究影响到涂尔干（Emile Durkheim）的学生——葛兰言（Marcel Granet）。再后，葛兰言又把结构理论传给了他的学生列维-斯特劳斯。需要指出，莫斯（M. Mauss）和葛兰言同为涂尔干的学生，且日后成为同事和朋友。[①] 莫斯和葛兰言两位学者对列维-斯特劳斯的具体影响是：1. 斯特劳斯不满意莫斯《论馈赠》中的婚姻意见，想对婚姻做出新的解释；2. 斯特劳斯在蒙彼利埃中学被解聘时阅读了葛兰言的《古代中国的婚姻种类与近亲关系》一书，他说："我对亲属关系的所有思考都来自这本书。"（指《古代中国的婚姻种类与近亲关系》）然后他就利用巴西当地的民族志资料撰写了《亲属关系的基本结构》这部巨著。[②]

应该说，斯特劳斯从对立结构中去思考交换问题，进而探讨亲属制度，是更可能接近中国乡村的本来面目，但可惜斯特劳斯的亲属理论却对中国的实际研究影响甚微，尽管杨堃（葛兰言的学生）曾经介绍过包括列维-斯特劳斯在内的法国人类学的传统。[③] 而莫斯的学生凌纯声因为兴趣点的不同，也没有把莫斯的交换理论引进中国亲属制度研究领域里来。另一位来自法国学术传统的卫惠林后来飘零至中国台湾，且基本上是做少数民族的亲属制度研究。卫惠林放弃了法国的亲属研究学术传统，接受了 lineage theory，并将之运用于台湾山地原著民的研究，注重考察台湾土著社会的世系制度，将泰雅、雅美族列为父系社会，把阿美、卑南族列为母系社会，鲁凯

---

① Kristofer Schipper（施舟人）"The European Anthropology of China"见《人类学国际演讲会暨影视展播：中国汉人社会专题会议手册》，中国人民大学社会与人口学院人类学研究所编印（打印稿）2005 年第 1 期；又参见 P. Steven Sanggren, *History and Magical Power in a Chinese Community*, California Stanford: Stanford University Press, 1987, p. 10.

② ［法］迪迪埃·埃里蓬：《今昔纵横谈——克劳德·列维-施特劳斯传》（该书是一部访谈录），袁文强译，北京大学出版社 1997 年版，第 127—128 页。

③ 陈永龄、王晓义：《20 世纪前期的中国民族学》，载中国民族学研究会编《民族学研究》第 1 辑，民族出版社 1981 年版，第 261—299 页。

和排湾族归属两性家系世系社会。① 叶春荣称之为是对 lineage theory 的一个"完全翻版"②，而在国际上，英国亲属制度研究，特别是第二次世界大战后的非洲学范式压倒了法国结构主义的亲属制度研究，致使中国亲属制度的这种双边性也没有引起足够的重视，除了上述提到的 Bernard Gallind③ 和马丁等人的少数反思性研究例外。

三 场景里的五服宗亲与姻亲的互动

上面介绍的亲属认知范围只是一个总体情况的说明罢了，它并不能展示出席具体仪式和场景里的亲属规模和情形，因为并不是每一个仪式或场景都需要所有的亲属成员参加，每一个仪式或场景只是选取部分亲属成员介入。这表现出地方社会亲属制度的灵活性来。

（一）生育中的亲属

费孝通说，亲属是从生育发生出来的社会关系。④ 闽人人生的第一个仪式是"铰头"（又叫"送月米"或者"送祝米"）。通常男孩满12天，女孩满9天方可举行这个仪式。参加铰头仪式的主要成员有父族、母之父族等亲属。母之父族成员有舅舅、舅母、姥姥、姨，以及舅舅家五服以内的所有家庭的称呼姥姥和舅母的人。原则上不通知婴儿的堂姨等，但是婴儿的堂外祖母等往往会传信给自己的女儿，有时候婴儿的堂姨住在附近村落里，只要她听说了"铰头"就会自动前来，姨奶奶也同样会加入。

父族主要有下列人员参加：奶奶、姑姑、伯母、婶子和五服以内的姑姑、伯母、婶婶和堂祖母等人。如果婴儿还有高祖母和曾祖

---

① 卫惠林：《台湾土著社会的世系制度》，《"中央研究院"民族学所集刊》1958年总第5卷，第1—44页。
② 叶春荣：《再思考 Lineage theory：一个土著论述的批评》，《考古人类学学刊》1995年第50期。
③ 葛伯纳在台湾的研究表明，母方亲属和姻亲关系对村民来说与父系同等重要，参见 Bernad Gallin, "Matrilateral and Affinal Relationships of a Taiwanese Village", *American Anthropology*, 62（4）：632 - 42, 1960；Hsin Hsing, *Taiwan：A Chinese Village in Change*, Berkeley：University of California Press, 1966.
④ 费孝通：《生育制度》，商务印书馆1999年版，第219—222页。

母,她们肯定也会参加。如果婴儿的姑奶奶嫁到不远的村落里,她一旦知道也会自觉前来,尽管她没有受到主人家的邀请。当她来到的时候,主人家同样会很高兴。当然,她们也可以像婴儿的堂姨等人那样装作不知道,事后却埋怨主人不通知,同样会得到道歉。

从参加人员的成分来看,除了突出舅舅身份外,其余全是女性,她们来自围绕他(她)的高祖父和外高祖父而形成的两个血亲团体。需要说明,由于多是女性参加,女性会带来自己的孩子,这些孩子往往跟新生婴儿是等辈的,因而他们是叔伯兄弟、叔伯姊妹和表兄弟、表兄妹等关系。

新生婴儿在接种牛痘后,每年阴历六月六前后亲戚们就要给他(她)"褪盘子"。"褪盘子"过去一般由外祖父、舅舅等人参加这个仪式,现在父族和母之父族女性也参加,主要范围是父母、祖父母、叔伯及其配偶、姑母,以及外祖母、舅舅和姨母等。在这个仪式上,母之父族是主要的客人,婴儿的本家是主人。

闵村流行还愿习俗,其中一种就是"还人"。多是在幼小时期不易养活,或者遇有什么病灾,孩子的父母通常要对神灵许愿。当孩子长大成人,就要"还愿"以酬谢神灵。

还愿仪式由神婆主持,参加仪式的亲属成员有父族和母之父族两部分:父族包括祖父母、父母、诸叔伯、诸叔伯母、姑父母和自己的兄弟姐妹;母之父族成员有外祖母、舅父母、姨母和姨夫。同时,两族中死去的祖先也被请到现场。他们被写在一张文书上,分"里家亲"和"外家亲"。前者包括本宗高祖以下的列祖列宗,后者包括外祖父、曾外祖父和高外祖父。仪式前,男性亲属准备食物与菜肴,女性亲属制作仪式所需要的各种纸钱。舅舅和叔叔两个人前往附近扎彩铺买来"纸俑"(共同承担)。纸俑用红布蒙着,参加仪式的人必须揭开红布观看,其顺序是:母亲、父亲、祖父母、外祖父母、舅父母、叔伯、叔伯母、姑父母、姨父母和兄弟姊们。在每一个人看时,神婆揭一揭红布复又盖上。最后让孩子本人揭看。晚饭后的仪式过程有闯关、开锁、封顶、扎根、拔香根等环节,每一环节都需要被还愿者的亲属往一个簸箕里放红包(里面裹着钱)。其顺序同看纸俑。仪式的最后一道程序是在午夜后,由神婆带领、舅舅和叔父要到本村土地庙前焚烧纸俑。在这个仪式中，花钱最多的是四个人：父亲、母亲、舅舅和叔叔。

（二）婚姻过程中的亲属

通过媒人的介绍，如果两个家庭愿意缔结婚姻，在一个约定的时间和地点，男女青年会在双方家庭的主要女成员陪同下前往相看对方。这个过程叫作"相亲"。陪同男女青年的亲属通常是自己的母亲、嫂子、叔伯母、出嫁的姐姐，甚至再远一些层的叔伯婶子等。这个范围一般限定在曾祖父下的各房支，如果这个曾祖父房支人口不多，就会扩大一层至一个高祖下的各房支。

该仪式完成后，双方就要缔结婚姻契约。婚契包括男方家写的喜柬和女方家接到男方家的喜柬而写的答复性文书。婚契以男女青年各自家庭中活着的最高辈分的男性身份来书写，如父亲、祖父、曾祖父和高祖父，如果祖父在就不能以父亲的名义；若曾祖父在就不能以祖父的名义；同样，若高祖父在，就不能以曾祖父名义。父亲以上的男性都不在，那就以母亲的名义书写，双方皆以姻亲相称。

缔结婚约数年（一般是2—3年）以后，双方会择一个日子举行婚礼。在结婚前几天，男女双方的各自家庭要在家中摆酒宴，招待前来贺喜的亲朋好友。男方的宴席叫"送饭"，女方的宴席叫"填箱"。男方的父母大约在这个宴会举行的前10天就试图通过各种联系方式告诉自己的亲朋好友在一个确定的时间来赴宴。参加宴会的人主要是男青年的叔伯、堂叔伯、再远一层的族叔伯、舅舅家、姑姑家、姨家、表叔伯家（父亲的）、姐姐家、妹妹家、叔伯姐妹家、父亲的朋友、自己的朋友以及邻居等。这个结构主要是按照父母的关系来确定的，因为男青年此时的社会关系还没有太多的展开（除了自己的少数朋友外），基本上是由父族、妻党、母党、邻居和朋友五部分构成，但亲属占据绝大多数。亲属中最主要的是姑、舅、姨、姐、妹和叔伯。一般一个家庭只出一个代表。女方"填箱"的亲属跟男青年"送饭"的亲属范围和规模是一致的。

出嫁前一天的下午4点半左右，女青年在父兄、叔伯和堂兄弟们的陪同下，去闵林给祖先上坟。祭祀旨在告别自己的祖先，告别另一个世界中的以往家族成员。通过这个仪式，她宣告了自己脱离了生育她的家族，即父族。

出嫁的前夜，女青年的母亲等要把自己家和亲戚们赠送的一些礼物，如衣服、线毯、毛毯一类的东西放在陪送女青年的箱子和柜子里面。姑、姨、舅母等给她一定数目的压腰钱。"压腰"一词意思是带着钱过去的，将来会富贵。如果女孩没有钱压腰，民间就认为，女孩未来到婆家会受穷。

出嫁这一天，新娘家要派人把新娘送到婆家。送亲的人员除了舅舅外，还包括叔叔、伯父（堂叔伯父和祖叔伯父）、自己的兄弟、侄子、堂兄弟、再远一层的堂兄弟、从侄子，如果人手不够还可以让房份再远一些的人去，或者邻居，或者比较要好的人家。另外，新娘的嫂子和婶子作为"送女客"必须前往，但新娘的父母、姊妹、侄女不能参加。

婚宴最能典型地体现夫族、父族，以及双方母之父族的亲属互动。闽人宴席的座次颇有讲究。一般来说，一张八仙桌的北面和东面为"上首"，即指比较尊贵的位子。桌子的北面位子最尊贵，其次是东面，再次是西面，最后是南面。每一个方面又有位置的高低，北面的东位比西位高，东面的北位比南位高，西面的北位比南位高，南面的西面比东面高。其中又有所变通，如西面的北位要比东面的南位高。总体来说，如果给这一座次排一个自上而下的顺序，则是：北面东位—北面西位—东面北位—西面北位—东面南位—西面南位—南面西位—南面东位。相对应的位置上应坐的人是：新娘的娘舅—新娘的伯叔—新郎的舅舅—新郎的伯父（或叔父或者大队干部）—司仪—媒婆的男人—新郎的叔父—新郎的叔父。如果新郎的叔父人数不够，可以在新郎的近支中寻觅跟新娘舅舅相等辈分的人，只要凑够八位即可。除了新娘那边的两位大客和新郎的舅舅以及大队干部（这可以看到地方政治领袖对民间私人关系的"入侵"）外，其他人可以按照年龄大小来排座次。在北面的两位最尊贵的客人——新娘的舅舅和伯叔——的位置一定不能错乱。即便新娘的舅舅年龄比新娘的伯叔年龄小，也要坐在最尊贵的位置上。在这种情况下，新娘的舅舅会让新娘的伯、叔坐在最高位置上，但是新娘的伯叔也谦虚地表达拒绝。在众人尤其陪客的劝说下，经过几次谦让，新娘的舅舅最终落座他的位置。其次是安排北面西位的人员，新娘的伯、叔会让新郎的舅舅或者伯父来坐，新郎的伯父通常也会礼貌性地拒绝。一旦这两个位置确定以后，东西两面的位置虽然也存在谦让，但很快就会坐下来。南面的位置没有人谦让，那是两位陪大客的位置。他们通常是新郎的叔叔（20年前新郎的伯、叔还不行，他们仍然被看作"喜主"，应该尽量找再远一层的伯、叔来陪客）或者堂叔等人。他们一个负责斟酒、倒茶，一个负责接菜等活动。劝客人喝酒是他们二人的职责。如果客人喝不足，新郎的父母（即他们的哥哥们会责怪他们）；如果客人喝多了，他们俩也常常会受到责备。他们必须具有很好的酒量，否则难以完成这项"光荣"而"艰巨"的任务。也有少数人家会找村中有威望和身份的人，比如大队书记来陪大客，但尽量不要邀请有身份和威望的人，因为这样做的结果，一是最近的本家会生气；二是村中舆论会说喜主家巴结领导。通常做大客和陪大客是件很荣耀的事情，如果新娘没有亲舅，通常会让她的堂舅来当大客。如果新郎的堂叔、伯过多，也不是要让所有的人都来陪伴大客，因为不能超过八个人。这件事情叫新郎的父母犯愁，如果安排不适当，日后会招致弟兄们关系不和。如果日后有什么事情麻烦他的这位叔叔，且他本人很在意这种事情，他就会拒绝说："干活了想着我了，陪大客的时候怎么没有想起我？"——这桌客人的身份告诉我们，婚姻确实和二姓之好。这里凸显了娘舅权利，它包括了新郎的亲党、母党和妻党，另外还有媒妁、司仪等社会文化的公共因素。同样，在女席上，新郎的伯母、婶子、姑姑和嫂嫂、姐姐等人也要陪新娘家的"送女客"。不同宗族的出席和社会媒介因素的到场，显然是再一次论证这桩婚姻的合法性。

在婚宴上，新郎要给客人们敬酒。敬酒的目的在于让彼此认识，将新郎建构进整个亲属网络之中。

结婚的第二天，新娘在嫂嫂或者婶母的陪同下去村中近门长者那里磕头。这些长者多是新郎的爷爷奶奶（如果高曾祖母、高曾祖父在，要先去他们那里）、叔伯爷爷奶奶、伯母伯父、叔叔婶子、叔伯父叔伯母、堂叔堂婶等。磕头按照辈分和年龄的高低进行，先从辈分高的人家开始。这个仪式的目的在于建构起跟新郎五服之内的关系，尽管事实上因父母的原因而早就存在。

婚后第二天或第三天早上，新郎、新娘要去祖坟上祭拜。新娘多由小叔子用独轮车推着。新娘磕头时，要跪在红毡等物品上。这叫"上喜坟"。闵人说，"上喜坟"就是告知地下的祖宗，我们又添了一口人。实际上，通过这个仪式，新娘从新郎的已故祖先那里获得了合法的家族身份。

婚后第三天新娘和新郎到新娘的娘家"回门"。对于新郎来说，一辈子在岳父家只有这一次才能坐宴席的上首。尽管岳父家有长辈人，他们一般要避开，让新娘的亲兄弟们和五服以内的兄弟们陪新郎喝酒。即使新娘的兄弟年龄大，今天也没有资格坐最尊贵的位置。一般来说，岳父会弄一桌酒席来招待新郎，人数自然不能坐得太多。如果亲弟兄们人数够了，就不用叔伯兄弟；如果人数不够就按照"差序格局"的原则向外扩展。但是要注意，相同行辈里的人尽量要他们来陪客，如果不请他们来，他们事后就会生气，觉着"眼里没有他们"。所以，新娘的父母一定要斟酌好。

结婚后一个月，实际上总是要提前一两天，娘家要派人去接女儿回娘家住上一段时间，多是由新郎的父亲和兄弟去完成这个任务。到了那里，婆家要认真款待，他们会做上一桌子菜肴来招待新娘的父亲和兄弟。此前虽然双方的母亲见过面，但是两位亲家翁一直未曾谋面。新郎的父亲会把自己五服以内的男性请过来，包括新郎的祖父或叔祖父，一齐接待亲家。

（三）丧葬仪式中的亲属交往

当将亡者在生命弥留之际，亲人们常常要来到他的身边守候并告别。守候者多是他（她）的儿女；告别者多是他（她）的兄弟姊妹及其配偶和子女，以及他（她）的至要姻亲（包括姻亲的子女）。例如，对于一个男性而言，这些人是哥哥与嫂子、弟弟与弟妹、侄子与侄女、姐姐与姐夫、妹妹与妹夫、外甥与外甥女、孙子与孙女、外孙与外孙女、表兄弟与他们的配偶、内兄弟与配偶、两乔与配偶等。

给亡者"泼汤"① 的仪式可以初步观察到跟死者有关的亲属圈子及其亲等距离。"泼汤"队伍的顺序是：鼓手—执客—汤罐子—哭丧队伍，可以大抵分成男女两大部分。男性"泼汤"（盘缠汤，男女都参加，宗亲、姻亲都参加）的顺序是：孝子—侄子—孙子—从侄—再远一层的侄子—男性姻亲；女性"泼汤"的顺序是：儿媳—侄媳—闺女—孙媳妇—孙女—姻亲女眷（外甥媳妇等在后边）。在"泼汤"的同时，另一个执客要负责封门。所谓"封门"就是把死者五服以内的宗亲家的大门上贴上草纸或黄表纸。人们一看这些标志就知道，这一家正逢丧事。由此可以看出，一个人的死亡并不是单个家庭的事情，而是整个五服的事情。

死后的第二天早上，主人把至要亲戚都提供给执客，执客就安排人去送信儿。送信儿范围：老亲、老娘（包括老姥娘家）家、姑、舅、姨、两乔、姊妹家、闺女家、侄女家、自己丈人家、亲家以及朋情等。弟兄们的岳父家没有信儿。目前两乔是比较重要的亲戚。对于各种姻亲的外甥女家和侄女家，一般不会给信儿，但是她们的父母通常会通知，因而也会如期吊纸。一般这样的亲戚只给方巾和带子，哪怕是普孝。送信者多是丧主五服内的本家，过去姨家是不给信儿的，而今姨家是门重要的亲戚。

有一种特殊情况需要说明。一个世系群内凡是外嫁的女子，其夫家五服内发生丧事，比如公婆、丈夫的服内叔伯和叔伯母、丈夫的服内兄弟及其配偶，甚至更下一辈及其配偶，只要已经建立家庭，就会送信至女子娘家的世系群，以女子的父母或者兄弟为主受信人，其余服内家庭为副受信人，一个五服为凭吊单位前往女方。女子的父母或兄弟去的礼金要重，还有一挂青幛和一刀纸，余者作为陪情。主受信人家如果去有比死者辈分低的人，还要领一袭孝褂。但是，第一，不会把信儿送给该女子的姊妹、侄女、外甥女家等，也就是

---

① 披头戴孝又叫"破孝"。"破孝"完毕，接下来就要给亡魂"泼汤"。所谓"泼汤"，就是孝子贤孙给亡魂祭奠。祭奠的次数是一日三餐，早、中、晚在吃饭的时辰各一次。"泼汤"的地点是本村的土地庙。如果死者在早上去世，第一次"泼汤"在中午；如果死者在过午去世，则在晚上第一次"泼汤"；如果死者是夜间死了，那就在明晨第一次"泼汤"。不可能在死者圆寂的瞬间"泼汤"，因为要有时间准备上述事情。

说娘家的姻亲系列内不再送信儿；第二，除了丧葬，女子夫家服内其他家庭贺生不邀请该女子娘家人参加，至于该女子的大小姑子和伯叔子结婚而举行添箱或送饭仪式，除了娘家爹娘前去贺喜外（儿子可以代之），娘家五服的余者不再陪同，而且婚姻只涉及亲家，远者不再来往。

告别亡灵的仪式叫"辞灵"。"辞灵"在灵棚内举行，灵棚的两边有"跪棚"的孝子，多是死者的侄子、远房的侄子和孙子等。如果五服内跪棚的人数不够，那么最近的房支内的晚辈要主动来跪棚。对于女性死者来说，这些辞灵的亲戚主要是指娘家的兄弟、侄子、自己姐妹家的外甥和姐夫、妹夫，以及自己丈夫的姐妹家的外甥和丈夫的姐夫和妹夫，以及自己女儿家的亲家和贵客。对于一个男性死者而言，前来辞灵的姻亲主要是：舅家的表兄弟和表侄，姑家的表兄弟和表侄，姨家的表兄弟，自己妻子的兄弟和妻侄，自己的姐夫、妹夫和外甥，自己的亲家、女婿和外孙等。辞灵有一定的顺序。第一个辞灵的是姥姥家或者舅家，即所谓的老亲，多由表兄弟和表侄们进行；第二个辞灵的是姑姑家；第三个是自己的姨家；第四个是自己的姐妹家；第五是自己的亲家和贵客（闺女婿）；第六是自己两乔家。等所有的姻亲辞灵完毕，他们本村的宗亲和乡邻才会辞灵。最后是孝子们行礼。行礼的人退场时，丧主家的本家，多是死者的兄弟或小叔子、大伯以及堂叔伯兄弟站在行礼的入口处要拱手还礼。

"卡戏"是民间丧葬仪式中比较重要的内容，由民间吹鼓手表演。点戏者一般是死者的亲属，即包括本家的人，也包括外来的吊客，其中多为小辈、孝子、女婿、外甥、侄子为主。不过，第一个点戏的是孝子，其余人在孝子后才可以点。

一般说来，接到"信儿"的人家都会事先通知五服以内的近支，主要包括：自己的兄弟家、叔伯兄弟家、堂叔伯兄弟家和族兄弟家，他们一般每一家要去两个人，通常是他的兄弟及其配偶，但是如果他的兄弟和配偶有事情，可以只去一个人，当然如果实在两人都抽不开身，那就叫自己的老人或小孩去，或者干脆不去人，但要把礼钱捎去就可以了。这些近支叫作"陪情"。

"送盘缠",即给死者送路费并打发亡灵离开人世的意思。送盘缠不同于此前的任何一次"泼汤",之前的"泼汤"只是死者的儿女和五服以内的小辈人参加。这一次凡是前来吊丧的客人（接到信儿的人家的陪客除外）都要参加,比死者辈分小的客人要加入哭丧队伍;跟死者等辈分的客人,只是跟着队伍在旁边走就可以了。队伍的顺序是比较讲究的,最前边（吹鼓手后面）是执客头儿挎着筐子,筐子放有纸;次之跟着两个本家的小孩（多是死者的孙子辈,有时候也可以是死者的远房侄子们）抬汤罐子;汤罐子后面紧跟着哭丧队伍,哭丧队伍又分成男女两部分。前边是男的,男的顺序是儿子们、侄子们、孙子、本家的男性、姻亲男性（内部顺序是：死者舅家表侄、死者姑家表侄、死者姨家表侄,再后面就是配偶的姻亲男性）。长子在前,一手执幡,如果长子早亡,长子又有子,谓之承重孙,那么次男等不得排在前,应由承重孙在前执幡。女孝子的顺序是：儿媳、女儿、侄媳、侄女、孙女、本家女性、姻亲女性（其顺序同男性姻亲）。送盘缠时,长子或承重孙、大儿媳、闺女要有亲戚架着。一般男子要有表弟、表侄等架,叫"架孝子";儿媳、女儿要有各自的闺女架着,叫"扶丧"。设计"架孝子"和"扶丧"的目的在于防止他们（她们）哀伤过度。

送完盘缠,大约下午4点"出棺"。"出棺"前孝子和女儿必须拜祭"丧木架子",而后由长子领棺出灵屋。孝子的舅舅或者舅家表兄弟一人手持"三盆子"（死者棺前焚烧香纸的盆子）在长子或承重孙头上一落,"啪"一声摔碎了,这就叫"摔老盆",实际上是父母的财产通过这种象征方式转交给儿子们。娘舅权具有多方面的表现,体现在丧葬仪式中的"摔老盆"上,如果是女的死亡,应该由娘家兄弟或者侄子"摔老盆";如果死者是男子,则由男子的舅家表兄弟或者表侄"摔老盆"。

路祭时诸孝子跪在棺材前,其顺序跟"泼汤"的顺序没有什么区别。前来吊纸的客人们并不像送盘缠一样也加入在哭丧队伍的行列,他们此刻要在桌子前行礼,向死者作最后的告别。行礼的客人在西边,面向东方的棺材行礼、拈香。行礼要有一定的顺序：老姥娘家—老姑奶奶家—姥娘家—姑家—姨家—丈人家—姊妹家—闺女家—侄女家—孙女婿家—庄邻—抬棺的（抬棺者）—孝子们，这是对一个男性而言的。对于一个女性来说，这个行礼的顺序就是：老姥娘家—老姑奶奶家—姥娘家—娘家—姑家—姨家—姊妹家—闺女家—侄女家—孙女婿家—庄邻—抬棺的（抬棺者）—孝子们。但不论哪一种都要遵循老亲先行的道理。一个女执客告诉我，有时候辞灵也许不用太讲究，但路祭时的顺序则非常重要，如果乱了顺序，客人会不满意，甚至动手跟执客打架。为了避免这个情况的出现，执客手里拿着一张事先写好的纸条，上面早已排好了顺序。执客也担心顺序错乱或者漏掉客人问题，因为在这样的场合很容易产生矛盾。执客看着纸条上的名单高声说："某某村的客上前行礼！"

"五七"是继殡葬之后的一个极为重要的祭祀仪式，其规模仅次于殡葬。"五七"所下丧贴范围，主要是死者"至近"亲戚：死者舅家、姑家、姨家、亲家（既包括儿女亲家，也包括孙子辈的亲家）、娘家（或岳父家），以及亲朋等。有些更远的老亲也会参加，如老姥娘家等。亡人这一边涉及的人员还是五服以内的近支。

比较起婚姻仪式来说，丧葬仪式所波及的姻亲范围更为广泛，这可以看出闵人重视厚葬。亡者的本家父系宗族，以及各种姻亲关系所连接起来的乡亲宗族都要介入这个文化活动。

（四）祭祀中的亲属互动

岁时祭祀是展示闵人本家亲属活动的又一场景。"庶人祭于寝"，是中国古代国家所规定的民间家礼。"祭于寝"就是在家中祭祀祖先。在家中祭祀祖先有两种方式，一种是"挂神主楼子"；另一种是"请家堂"。所谓神主又叫木主，木主就是死者的牌位。一个神主代表一个亡故的家庭成员，不论男女都有，一个个神主要放置于神主楼子里。神主楼子是一个方形木匣，分上下数档，一般是3至4档，也有少数家庭做成5档或6档。以家庭中最年长者为基点，木匣内的祖先是其高祖父母、曾祖父母、曾叔伯父母、祖父母、祖叔伯父母、堂祖叔伯父母、父母、叔伯父母以及死去的兄弟，少数人家的神主楼子里也有其下一代死亡者的木主。一般情形下，一个行辈的神主占据一排，以右为上，自右往左根据年龄排行安放，而不是根据昭穆之规则。长辈的神主在上一格，小辈人的神主在下一格，一代代往下排列。当然有些家庭的神主楼子由于档数不够，只好按照行辈大小和同一行辈之年龄大小的规则，先长辈次晚辈，先兄长后兄弟的顺序来陈放。从摆放死者牌位的情况来看，神主楼子完全是一个五服房支死去的祖先。神主楼子通常放置于堂屋（即三间屋的中间一间，闵人又叫"明间"）里北面墙的上部，即东北角，贴近东山墙的地方。如果家庭里挂有中堂，那就在中堂的东部。神主楼子一般由该房支的长支保管，并负责祭祀。在清明节和过年的时候，五服里的男性成员会前来祭拜。"四清"运动以前，每一个房支都会拥有一个神主楼子，但是"破除四旧"以后，全部被毁掉，目前整个闵村没有一份。不过，有些族人表示，他们还会再做一个神主楼子。

家堂轴子是用白洋布做成的，通常有 2 米长，1.2 米宽。一端粘于一根木轴上，可以像卷轴画一样卷起来。上部绘有飞檐庙宇，在庙宇下方用毛笔竖着写一系列死去的人的名字。同一个行辈的人占据一行，低一辈就要往下挨一格，同一行辈里的死者根据房次自右往左排列。男性在右，配偶居左，设若有妾，或者续弦，那就在男子的两边各一个。一行分成若干格，每一个名字占据一格。通常第一行是高祖父母，第二行是曾祖父母、曾叔伯父母，第三行是祖父母、叔伯祖父母、堂叔伯祖父母，第四行是父母、叔伯父母、堂叔伯父母、三从叔伯父母，第五行是自己的弟兄、叔伯弟兄、堂叔伯弟兄及其配偶等。每死去一个人，家人就会把死者的名字添进家堂轴子里。整个家堂轴子上祖先的排列呈金字塔结构，越往上越少，最顶一行只有两个名字，越往下越多。这不像"欧苏谱图"，而是像现在通用的五服亲属图，[①] 不过五服图的下半部分要去掉，因为它不包括生者。过去每一个五服房支都拥有一幅家堂，目前整个闵村只有我的房东家有，其他人家还没有恢复。

---

① 参见林耀华《义序的宗族研究》，生活·读书·新知三联书店 2000 年版，第 99 页；林耀华主编《民族学通论》（修订本）第 13 章所附"亲属称谓表"，中央民族大学出版社 1997 年版；丁凌华：《中国丧葬制度史》，第 2 章所附第 4 表"九族五服图"，上海人民出版社 2000 年版；也可参见《明会典》相关部分。

每家轮流"请家堂",或者三年,或者一年。这里"家"的概念并不是每一个具体的生计意义的家庭,请家堂的人家多是在50岁以上。如果年轻的弟兄三个都建立各自的小家庭,但父母还在,这个家堂就轮不到弟兄三个的家庭来请,而是由他们的父母来请。除非他们的父母去世,这时长子会接过来,但是次子、三子还不能请家堂,因为他们的叔父还在。长子只是等于替父亲行使祭祀义务。等到父辈的人都已去世了,才会在弟兄们的家庭之间轮流请,不过这时弟兄们也已经成为祖父了。平日家堂轴子会被卷放在一个地方,只有每一年的除夕下午才请下来。这天傍晚,五服内的男丁往往是祖孙几代人前往祖先的坟地,他们带着一系列写好的纸牌位(也有的人家不写)。在墓地,他们给祖先烧纸、上供品、磕头(四揖四首),然后一个长者说:"老老爷,老爷,过年了,你们老人家回家跟我们一块过年吧!"上完坟,端着牌位回家,把家堂轴子悬挂在堂屋北面墙的正中间,把牌位放在家堂轴子的下面,然后摆上供品。摆好后,所有男丁再向家堂轴子磕头,也是四揖四首。第二天大年初一拜年的时候,本房支的男丁再次来到家堂轴子跟前,集体祭拜。到了大年初二的早上,五服男丁在家中祭拜完家堂后,就将其卷起来重新放好,然后集体再端着牌位把祖先送回茔地并把牌位烧掉。通过祭拜神主楼子和请家堂,我们能够看出,五服是一个实际的祖先祭祀单位,神主楼子和家堂轴子实际上是五服的"集体表象"。

死去的祖先和活着的子孙是什么关系呢?第一种意见认为,祖先是仁慈的或威严的;[1] 第二种意见认为,祖先把遗产赠送给子孙,

---

[1] Hsu, Francis L. K., *Clan, Caste and Club*, New York: Van Nostrand, 1963, pp. 45 – 46; Hsu, Francis L. K., "The Cultural Problem of the Cultural Anthropologist", *American Anthropologist*, 81 (3): 1979, pp. 517 – 532; Maurice Freedman, *Chinese Lineage and Society: Fukien and Kwangtung*, New York: Humanities Press Inc., 1966, pp. 143 – 154; Maurice Freedman, "Ancestor Worship: Two Facts of the Chinese Case", Maurice Freedman, ed., *Social Organization: Essays Presented to Raymond Firth*, London: Frank Cass and Company Limited., 1967, pp. 85 – 104; Arthur P. Wolf, "Gods, Ghosts and Ancestors", Aythur Wolf, ed., *Religion and Rirual in Chinese Society*, Stanford: Stanford Univerity Press, 1974, pp. 131 – 182; Emily M. Ahern, *The Cult of the Dead in a Chinese Village*, Stanford: Stanford University Press, 1973, pp. 199 – 203.

祖先和子孙的关系是一种交换关系;[1] 第三种意见坚持,子孙可以操纵祖先的骨骸为自己所用。[2] 这些都是从活着的子孙个体经验的角度来理解的。如若从一个社会整体结构来看,我以为死去的祖先在现实世界里存在的目的,就是把一定范围内的子孙凝结成一个五服群体。

闵人给祖先或死去的父母于坟前立碑,多是死后三年在寒食或清明前几天进行。过去给祖先树碑只是限于五服宗族成员之间。2004年3月30日,一乡民邀请我参加给其祖父的树碑仪式。树碑的成员有他的父亲、叔兄弟、儿子和侄子们,以及他的姑父和闺女婿、侄女婿等人,当然也包括女性成员。立碑的成员包括家族和姻亲的所有成员,都被刻写于墓碑之上。立碑者上至墓主的儿女,下至墓主的玄孙,凡四代人,其中两男两女,四孙五孙女,曾孙四,曾孙女五,玄孙一人。墓主的女婿以及孙女婿亦被勒于石。回到家中以后,他们做了三桌酒席。堂屋的最西边一桌是男席,坐着长者以及家族和姻亲中最尊贵的人物;堂屋的东面是一桌女席,坐着家族已经出嫁的女儿和家族中的女性长辈,另外还有两个年轻的夫妇;另外一桌,则坐在东屋里,这一桌则是小一辈的家庭主妇。宴席的摆设进一步加强了宗亲和姻亲之间的凝聚。

(五) 其他场景中的亲属交往

中华人民共和国成立以前,扩大家庭是闵村家庭基本形态。这是一个介于核心家庭和五服群体之间的一个结构。1949年实行小家庭制度以后,年轻的夫妇一般在度过蜜月后,就会被父母分出去单过。分家这一天,父母会给儿子家烙一个油饼,油饼放在一个锅里,

---

[1] Emily M. Ahern, *The Cult of the Dead in a Chinese Village*, Stanford: Stanford University Press, 1973, p. 212ff.; Stevan Harrell, "The Ancestors at Home: Domestic Worship in a Land-poor Taiwaness Village", William Newell, ed., *Ancestors*, The Hague: Mouton Publishers, 1976, pp. 373 – 386;陈祥水:《"公妈牌"的祭祀——承继财富与祖先地位之确定》,《"中央研究院"民族学研究所集刊》1975年总第36期。

[2] Maurice Freedman, "Ancestor Worship: Two Facts of the Chinese Case", Maurice Freedman, ed., *Social Organization: Essays Presented to Raymond Firth*, London: Frank Cass and Company Limited, 1967, pp. 85 – 104; Li, Yih-yuan, "Chinese Geomancy and Ancestor Worship: A Further Discussion", William Newell, ed., *Ancestor*, The Hague: Mouton Publishers, 1976, pp. 329 – 338.

油饼连同锅一块端给儿子家；也有的人家并不烙油饼，而是把铝锅里盛满大米给儿子端过去。——这里充满了浓厚的象征意义。原先共用一个灶做饭，即闵人所说的"一个锅里摸勺子"，现在则要分开吃饭了，这就是古人所说的"分灶"或"分爨"。这里并不惊动本家五服内其他亲属。分家之后会举行一个"温锅"仪式，一般是在20天左右。"温锅"的人多是新娘娘家母亲、娘家姊子、嫂子和自己已经成家的姐妹。需要说明的是，女方的姨、男方的姑不来温锅。新郎的父母这一天会过来帮忙招待客人，但是招待客人的费用多出在小家庭里边了，男方的父母不再承担（当然也有个别人会掏钱替儿子负担）。自此以后，女方娘家来人就在这个新家里招待了，而不是到婆婆的屋里去。这意味着经过"分家"和"温锅"两个仪式，小家庭独立承担起了人情往来方面的责任，一个文化意义上的家庭就此宣告成立了。

　　一般理论认为，分家就是财产分配出去并为儿子们各自所具有，同时意味着最近的亲属之间的关系再也没有像从前那样紧密了。但是近年来的研究却否定了这一看法。麻国庆认为，分家是"分中有继，继中有养，养中有合"。① 庄孔韶的"中国式准—组合家族"概念指出，分家并没有把儿子的责任去掉，而是以轮值、反哺、联邦等形式仍然存在。② 赵旭东则提出，"分家分的不仅是老人的财产，同时也要分对老人的赡养义务"的观点。③ 在闵村，如果父母一方还在，即使儿子们早已分家且到达六七十岁的年龄，在丧葬仪式上还要以父母的名义去，且各家分摊礼物和礼金，这证明了以上三家结论的可靠性。

　　岁时节日姻亲间的走动。在每年的中秋节和春节前的15天内，亲戚之间要带着礼品互相看望。从男性角度看，所走的亲戚有舅家、姑家和姨家；从女性角度看，主要有娘家和姊妹家，偶尔有些妇女也走自己的舅家和姨家，但不像男性那么普遍。年轻的妇女会和丈

---

① 麻国庆：《家与中国社会》，文物出版社1999年版，第218页。
② 庄孔韶：《银翅：中国的地方社会与文化变迁：1920～1990》，生活·读书·新知三联书店2004年版，第320—336页。
③ 赵旭东：《权力与公正——乡土社会的纠纷解决与权威多元》，天津人民出版社2003年版，第62—82页。

夫以及孩子们一块走娘家。近些年，她的其他已出嫁姊妹也会带着丈夫和孩子在同一天约好走娘家。娘家兄弟，包括服内的堂兄弟等会出面陪宴。随着年龄的增加，这个妇女和她的丈夫逐渐不再回娘家，而是打发孩子（多是男孩）走姥姥家或者舅家。等到儿子成家立业，儿子们会相约看望外祖父母和舅舅。同样，年轻时兄弟会带着孩子每年节日去看望已出嫁的姊妹，随着年龄增长也会渐渐让给儿子们去，这时就变成男性走姑家。近些年，年轻人忙各种事情，又似乎慢慢变成老弟兄们去看望老姐老妹了。当然，姊妹家或姑家同样会邀请本家陪宴。就一个男子来说，逢年过节除了给他父母（也有些会看望祖父母）送点礼物外，自己服内的叔伯等并不走动，父母的走动多是抽空送去，并不是像走亲戚那样正式。由此可见，岁时节日亲戚间的互动主要是至亲，是家庭之间的交往。

当服内某个成员或亲戚发生特殊意外事件后，亲属们多半会带着礼物看望。这些意外的事件包括患重病、做手术或家庭遭受突然的灾害等，而且不分男女老幼。

另一种亲属间的交往就是日常的生产互助。尽管家庭作为一个基本的生计单位，[①]但是许多工程并不是一个家庭所能够完成的，常常需要同胞兄弟的家庭、叔伯兄弟的家庭，乃至堂叔兄弟家庭的卷入，以及出嫁姊妹家庭的参与。就我的观察而言，这个范围基本上圈定在五服亲属之内。当然，这样的工程又不是联合家庭共同面对的，更不是整个五服圈内所有家庭的共同任务，它必须建立在作为经济单位的单个家庭力量的基础上，其他家庭只是进行一定程度的帮工而已。

1984年，闵村实行家庭联产承包责任制，生产队这个共同体解体后，家庭又一次被"解救"出来。但是由于大部分家庭劳动力不足，难以独立耕种和收获，于是闵人不得不再度转而依靠自己的父母、弟兄、堂叔兄弟和已经出嫁的姊妹们等来帮助。当然，并不是说每一件活儿都要所有五服成员的家庭和姻亲家庭参加，更通常的情况是弟兄们或姊妹们的两到三个家庭在一起劳作。这种

[①] 林耀华：《义序的宗族研究》，生活·读书·新知三联书店2000年版，第73页。

合作与互助并不是贯穿整个农业耕作的全过程，日常的田间管理，比如除草、施肥、浇灌等还是单个家庭完成的。只是有些家庭没有灌溉工具，不得不请弟兄或者姻亲带着抽水机来给帮忙。所以，在收割麦子、给小麦脱粒、播种小麦、玉米等农业劳作的场景，是最容易观察五服家庭和姻亲家庭的劳动力互助情形的。这种换工方式一般是先干完一家再去另一家，当然也要根据活的轻重缓急来适度安排。

一个新家庭的建立必须具备起码的居住条件。盖房对于农人而言是一件大事，他们全家人需要积贮数十年的财富才能够建筑起一座满意的房屋。在生产队时期，一个家庭的建房是由生产队施工的。通常建房户的五服内的弟兄们家庭参加这种劳动不会索要报酬，即不会从生产队那里获得工分（因为这最终要从盖房户的全年工分中扣除）。20世纪80年代中期以后，生产队不复存在，村民会把建房承包给一些建筑小组，这样的建筑小组在砌墙时劳动力是充裕的，但到最后房屋封顶却显然不足。于是，房主往往在封顶的前几天就会告诉自己的五服以内的家庭和姊妹的姻亲家庭在建房的那一天要前来帮忙。当然也包括一些村中其他关系要好的人员。事实上，有相当一部分五服成员会主动前来帮助。五服和姻亲家庭提供的义务性劳动帮助，会将建房的成本压缩至最低。

上述关于闵人亲属间交往的描述大致获得结论如下。

第一，许烺光提出中国文化偏重父子轴的解说模式①，认为夫妻关系因父子关系才发生。林耀华也有类似的表述，坚持夫妻关系附属于父子关系。② 若从闵村从父（夫）居、男性继嗣、男性财产继承、祭祀父系祖先、世系群外婚制等来看，这样的认识无疑是对的。如果从亲属互动角度分析，就可以看出，闵村亲属制度的基本出发点是"父—母—子"结构。列维-斯特劳斯提出了包含4对亲属关系原子论（兄弟姐妹、夫妻、父子、甥舅）。③ 闵村经验认为，"父—

---

① 李亦园：《文化与修养》，广西师范大学出版社2004年版，第85—86页。
② 林耀华：《义序的宗族研究》，生活·读书·新知三联书店2000年版，第96页。
③ ［法］克劳德·列维-斯特劳斯：《结构人类学》（2），张祖建译，中国人民大学出版社2006年版，第555—587页。

母—子"结构才是亲属关系的原子。一个人由于父母的关系,才引发出父系亲属和母系亲属,由于父母的原因才产生出兄弟姊妹关系,由兄弟姊妹关系然后再引发出甥舅或叔侄关系等,而个体的亲属交往活动也是由这个基本结构向外联结、引发而成。这一点倒是验证了弗思（Raymond Firth）[①]和费孝通[②]的"基本三角"解说模式。因而,在此不妨把闵人亲属制度归属是父系还是归属双系这个问题理解为场景性的东西。

第二,这份考察表明,闵村的亲属互动是双系的。一切单系或单系偏重理论都似乎失去了田野资料的依据和支持,尽管自己的父母、家庭或本家以"主人"的身份招待姻亲这个"客人"。但如果从生命个体角度着眼,就会发现本家和姻亲这两个亲属系统都是在围绕着他（她）旋转,且都是十分重要的。瞿同祖和滋贺秀三等人据文献所重构的中国古代亲属制度,在许多方面跟闵村的实践有着较大距离和出入。我深切地感受到,对于个体的生存而言,双系都很重要。斯蒂芬·郝瑞在谈论彝人的时候讲过,父系单边关系不重要的地方,姻亲双边关系就重要。从亲属互助角度看,双边关系并不处于互相排斥的状况。显然,斯蒂芬·郝瑞的理论难以得到闵村经验的支持。

需要说明,我这里所说的双系是指一种抚育状态。其实,就实际的情形而言,个体所在的"五服本家"往往以自己为立场或主人与姻亲互动。每个五服行动的基点以自己的利益为核心。造成这个认识差异的原因在于研究者的主客位视角的选择。说其是双系,是从客位着眼;说其是父系,是从行动者（五服本家集团）的每次行为立场角度来说的。

从客位而言,五服与姻亲可以被视作两股力量,与其说两股力量互相排斥,毋宁说互相环绕与补充,双方共处于一个统一体中;环绕与补充的中心点在于个体及其家庭,它们因个体及其家庭的需要而存在,当然也出于自身的需要。这两股力量及其围绕的中心点

---

① ［英］雷蒙德·弗思:《人文类型》,费孝通译,商务印书馆1991年版,第82—83页。
② 费孝通:《生育制度》,商务印书馆1999年版,第107—119页。

构成了中国文化的"太极图"。假定五服是那条"阳鱼",那么,姻亲便是那条"阴鱼"。阴阳有序,相互依存(有时也相互激荡),而后构成一个统一的太极世界。宗族范式跟斯蒂芬·郝瑞的观念一样,实际上是一种排斥模式,不足以说明中国文化的特征。

第三,然而围绕个体的双系并不是无限制扩展,各自只达到五服群体结构和规模便自动滑落了。而该结构的生成是现实闵人亲属互动的一个结果。五服家庭虽然大部分住在一个村落里(除少数外迁外),但它并不是一个地域组织;如果联系姻亲,那么五服—姻亲结构就更不能说成是地域性组织了,实际上它是一种亲属关系系统构成的族群。弗里德曼的宗族解说理论显然在此没有适宜的空间。

第四,尽管"五服与姻亲"框架构成闵人亲属实践的特征,但它是一个场景性的存在物,而非铁板一块。由亲属关系的基本三角,然后扩至一个家庭,里面包含了兄弟姊妹和祖父母的互动。闵人在日常的生活和生产中,亲属间的互动主要体现在家庭内的亲属互动。后毛泽东时代随着生产队的解体,生产性互助在以家庭基础上向家庭之间联合过渡,当然这主要反映在农忙季节,因而生产性互动可以在个别家庭间实现亲属互动,扩大了亲属互动范围。建房这样的事情,亲属互动范围要稍稍大于农田生产,涉及本家和部分亲戚。分家仪式主要波及由分家者的父母那里所衍分出来的家庭,多是父母以及成家立业的兄弟姊妹,其规模可以说是一个"扩大家庭"。从分家后对待父母的情况,以及吊唁时以父母名义参加,都表明是"分中有合"。岁时节日祖先祭祀往往只涉及五服本家,而现在也会稍稍扩及部分姻亲范围,但主要是以男性为主。生育仪式里,主要涉及一个人五服本家和母之父族的范围,此外还包括其他的姻亲。婚姻诸仪式中波涉的亲属范围又大于生育诸仪式,但这两个仪式都是至亲参与。亲属范围波及范围面最大的当属丧葬仪式。我们看到,围绕一个人的死亡,一个个乡村五服群体都被卷入进来,进行他们的文化表演。因而我们说的"五服—姻亲"框架是有场景性差异的一种亲属组织。

总之,亲属互动缔造了"五服与姻亲"这样的亲属实践框架,当然,闵人也在这样的框架里行动。可以看出,传统的单纯的继嗣群体的宗族解说范式对于闵村是多么不合时宜。

在这份描述中我们看到，几乎每一种亲属互动都是以家庭为出发点。这一点无须我做出更多说明，因为此前的大量研究都已经揭示出中国社会里家庭研究的重要意义。但是，除此之外，我们又感觉到另一个单位是这个"五服—姻亲"框架的基础，这个单位就是五服群体。生育、婚姻、丧葬以及节日祭祀都是以五服为行动单位的。接下来，让我们从总体上来看看整个村落宗族的五服群体的情况。

四 五服与姻亲分立的原则

对于闵氏宗族来说，整个村落有多少五服群体？五服群体是怎样分裂的？

（一）五服群体的认知

在闵村调查期间，闵人央求我帮助修谱。我因此顺利地摸清了闵人内部的亲属结构和规模大小。叫我奇怪的是，我的线人并不是领着我逐户进行统计，而是有选择地领进一些家户中，每一个这样的调查户所呈现的人名并不止于他们自己的家庭范围，还包括他们血缘联系上最近的家庭成员，而这些家庭多半可以系在某一个过世人的名下，这些家庭往往是这个过世人儿子、孙子甚至重孙所建立的。有时候线人建议被调查者把另一部分人也说说。他们就会反对说："他是另一支，你应该找某某某，我弄不清楚。"最后，统计的结果表明，这样的房支全村共计41个。

在续修族谱时，他们尽可能追忆自己的祖先，这样所追忆的最高辈分到现在人口出生的最低辈分进行累计就获得了每支的亲等范围。从总体上看，闵村10世支系2个，9世支系5个，8世支系11个，7世支系13个，6世支系5个，5世支系5个。显然，8世支系和7世支系构成分布的众数。目前闵人健在的最高辈分是"广"字辈，最低辈分是"维"字辈，上下共9代人，但没有一个房支可以达到包含九代的范围。实际上，就任何单支活着的成员而言，除了村子西南角一户百岁老人的家支"五世同支"外，其余不是"三世同支",就是"四世同支",而以"三世同支"占据多数,亲属称谓结构表现为"祖父—伯、叔、父—己身—儿子、侄—孙"。亲等越大的,越可能将各个小支追溯到一个祖先;亲等越小的,往往是几个小支并列,在记忆里"系"不到一处。事实上,判断不同的房支有没有出离五服有着不同的标准。如果以某人作为参照点就可能出离了五服,如果以某人活着的父亲或祖父作参照点就可能还没有出离五服。这个参照点并不是人类学家随意选择的,而必须遵循传统五服制所规定的以"己身"为参照。不过这个"己身"必须最起码是一个"当家人",即从父辈那里接过了执掌家庭的权力,独立决断一切家庭事务的男人。这个男人还必须担当起对他的宗族和一切姻亲具有的责任和义务。即便有时候"己身"执掌了家庭,但父亲健在,仍然要以父亲作为参照点。那么,自己的儿子或者十几岁的孙子则更没有资格作参照点了,因为就文化意义而言,他们还不是一个健全的人。有时候维系五服结构的一代人全已过世了,这并不意味着马上就要分支出服,而是有一段继续运行的时间,直到有一天大家都觉得有分支的必要了,就坐下来商定出离五服,这就是五服的文化惯性。所以,闵村的41个支系实际上是41个五服单位而已。

闵村41个五服房支各自有着不同的记忆内容,或者服内有名的人物,或者居住环境中的某个地理标志,或者一个神主楼子、一幅家堂轴子,或者一个祖先,或者一片祖先的坟墓,或者一个共同的故事。这些东西常常成为五服记忆的附着物,他们只要一想起它们或者一看到他们,就会想起自己是一个群体,或者跟某某家是一群人。正是这些内容凝聚了一个五服,从而导致五服成为一个实际的认同体。

我把续谱中所得的41支五服父系群体跟上面所描述的各种场景中亲属互动范围进行对照调查,发现全村只有三个房支例外。其一是有两支实际上已出离了五服范围,但他们的生育、婚姻、丧葬等事情仍在一起;其二是有一个五服房支裂变为两个行动单位。而其他38支续谱的亲属范围跟生育、婚姻、丧葬等场景里的亲属互动范围是一致的。也就说,五服群体既是一个他们的本家亲属的认知单位,也是实际的亲属互动范围。

那么，为什么闵人的绝大多数房支到达五服亲等范围就不再像义序黄氏宗族那样继续向上生长，而变成更大的亲属单位？为什么有两个房支超越五服范围而构成一个互动单位？为什么有一个五服房支却要裂变为二？

（二）五服的分立

随着人口的繁衍、代数的递增，任何一个支系都会形成一个庞大的结构。但是前述的大量考察告诉我们，闵人实际运作群体单位并不很大，全村族人分成几十个五服单位，那其中分立的原则又是什么呢？

闵村弹工家一支在69代"继"字辈上是亲弟兄两个，70代"广"字辈上两支都是单传，71代"昭"字辈上长支仍然单传，但二支有了两个儿子，这样在"昭"字辈上堂叔兄弟是三个，他们今天各自繁衍了一个分支。其中长支一系和二支的次级分支一系人数单薄，唯有二支的长支由于在"庆"字辈上叔伯兄弟达到10个，蔚成大支。从69代"继"字辈到73代"庆"字辈就已经出离了五服。长支一系觉得，二支的长支家族繁衍比较旺盛，人丁众多，而他们自己人数少。人数众多的支系其婚丧嫁娶和相应人情世事的机会就多，而人数少的支系其婚丧嫁娶和相应人情世事的机会就少。人数少的支系和人数多的支系在一起行使人情世事就觉得老是自己往里赔东西。同样，二支的次支也跟长支存在一样的感觉，因为他们的人数也比较少，他们也觉得继续在一起的话也划不来，尽管二支的次支同二支的长支还没有出离五服。同时，二支的长支也有意见。他们认为，其余的两支人数少，如果有事情，他们这边就去很多家庭，赠出很多东西，而当他们这边有事时，他们人数少，赠过来的东西也少。因而也觉得吃亏。其实他们并没有放在一个长时段里通盘来考虑礼物和礼金的流动，礼物和礼金的流动是一个对等性的交流体系。其中人数少的一个分支告诉我："跟儿子多的那支一块行人情时感觉到很不方便，因为不是今天这家有事，就是明天另一家有事，特别是亲戚间的白事，如果一家来信，其余的家庭都要陪着去。他们每个月总要有几起这样的事情，哪有那么多经济能力？"他们对此烦厌的第二个理由是没有那么多的功夫去应酬，他们说："谁家没有生孩子、结婚、死人的事情？自己本家，加上各自的亲戚，一年到头得有多少人情世事？还干活么？"他们反对的第三个理由是："一齐去人家行人情，人家就得办二桌或三桌酒席，人家招待也不方便。"鉴于这种情况，1981年，当"庆"字辈里还剩下闵庆普和另一个堂叔兄弟闵庆维时，他们决定分支。分支的结果是，拥有叔兄弟10个的二支的长支独立成为一个礼仪单位，长支和二支的次支合伙成为一个礼仪单位。成为独立的礼仪单位后，各自就行各自的人情了。只是彼此分在一支里的人家，彼此的亲戚家有事才有去的义务，而不属于自己一支里的亲戚虽然距离上也很近，但却不能去了。分支主要体现在白事上。在这里我们看到，一个本该不出五服的支系却裂变为两个分支，另外，两个已经出离了五服的支系却由于人数的单薄又合并成一个支系，而这又包含在一个老五服房支的裂变中。不过，需要指出的是，这个支系裂变，最初是由长支提出来的，二支的两个亚分支考虑到这样一个事实："繁"字辈就要出离五服了，而"庆"字辈的人即将消失，而且"庆"字辈的人已经不再"当家"，"繁"字辈的人已经接替死去的或已经"退休"父亲的大权，承担起各种人情交往的责任；早晚都要分，那不如现在就提前分吧！事实上，这个家支的裂变也是由"繁"字辈的人酝酿的，只不过是通过唯一剩下的两个最高辈分的人出面拆开而已。从长支和"繁"字辈提出要求来看，分支的原则仍然是遵循五服制度的。然而分支以后，近年来又有所反弹。拥有10个叔伯弟兄1的支系虽然跟二支的二支分开了，但是二支的二支中的"庆"字辈就撇下一人，加之这个人是本支中一个吃公家饭的人，而且会写婚联，能处理本支外的事务，拥有10个叔伯弟兄的分支有事总要请他去陪大客，因为他在本家族里有很高的威望。但是，长支却并没有这么做，这说明了什么呢？未有出离五服的二支分成两个分支是不妥当的，不论从成员的感情，还是从现实利益考虑，都有必要再结合起来。所以，除了跟长支分开外，二支的两个亚支并没有真正分开。当然，两个小支的联合又一次印证了先前的那个案例。

　　我们再看从闵村外迁到他村的宗支裂变情况。小石牛栏村的分支发生在 2001 年。"毓"字辈 1 人,"传"字辈 1 人,"继"字辈 1 人,"广"字辈弟兄 4 个,但到"昭"字辈时第四支乏嗣,这样就剩下了其余三支。今天所分三支就是从"广"字辈上而言的。今天该村"宪"字辈的人已经所存无几,"庆"字辈的人从父辈手里接过了一切,并承担起责任与义务。但是从"庆"字辈这个参照点来判断,并没有出离五服(若从"繁"字辈上判断,已经出离)。有一天,有两支的亲戚同时分别来了一个"信儿":赴丧。第三支只陪着其中的一支前去了,没有人陪着另一支前往。结果,事后没有人陪着去的那一支与第三支发生了争吵,争吵的结果是彼此分开。没有人陪着去的那一支人当时质问的问题是:"你们为什么陪着他们去,不陪着我们去,我们都是一样远近?"他们说:"既然你们这样,那咱就分开吧!"结果如前所述。细细地从他们的人口数量去推断,他们在一起行动的确已经显得很庞大了,除了长支人口略显淡薄外,其他人口数量完全可以应对乡村世界的一切问题。也许他们早就想分开,只是没有一个合适的借口或机会而已。

闵村有一支系从血缘、辈分上来说,已经是一个独立的五服支系,但是从文化意义上而言,它还不能构成一个文化意义的五服单位,因为它的力量太小、人数太少。闵庆涛是这个支系"庆"字辈中的五个成员之一,现年 30 岁,结婚并已经有一个女儿。他只记得自己的曾祖父,而他的曾祖父又跟其他的支系连结不上。当然,自小他也知道父辈们经常跟村中另一支人在一起行人情,其支系自"广"字辈以来,已经有四世,但人烟不旺,目前只有十多口人。他们的白事跟已经出离了五服的人在一起。他们说:"这是没有办法的。因为如果自家遇到亡人时人手不够用,也不体面。"他们这样就跟最近的支系合在一起办丧事。他们说:"这叫彼此帮忙。"29 年前,现在他们所依附那一支死了一个人(闵宪才的妻子),闵庆涛家的这支族人过去当孝子(即磕头跪炉子),结果被闵宪才说了一顿:"你们分不清远近吗?"他们只好回来了。显然,在另一支看来,两支已经出了五服分支了,没有必要再来参加丧葬,可是近年来他们又合在了一起。据说是闵宪才死的时候,闵宪才支系又让他们过去跟着一块"泼汤"。他们考虑到自己一支人口太少,于是决定过去了。显然，在闵村对于人丁单薄的支系来说，他们必须依附一些大的支系，以便于应付突如其来的丧事。当然，彼此的亲戚家有丧事，也有陪着去的义务。尽管他们合在了一起，但在过年或者清明节上坟时，他们两家还是各自上各自的坟，扫自己的墓，这又可看出并不是完全意义上的合并——这实在是文化的一种权宜之计。由此可见，对于小房支而言，各种内外在的挑战实在太大，他们的人口资源无法单独应对生存的压力，就近联合他者，或者依附他者就是十分必要的文化选择。

一个家支经过上下9代的发育，足可以繁衍出足够数量的人口资源，以应对各种生存压力。到了五服边缘人口数量就会过剩，运作起来不灵便，所以需要及时分立五服。这是一种理想状态，但是联系上文所呈现的资料，我们看到五服制度是有摇摆的。一方面到五服临界点时，有的支系人口就超出了实际需要；另一方面有些支系过了五服边界线，而人口资源仍然不足。对于前一种情况，接近满服时就要提前一代人分开，对于后一种情况，则需要采取联合或依附措施来推迟五服的分化。当然，若以死去的某位亲人作为参照点来判断房支之间的关系，这样仍能把自己圈定在一个五服层面内。应该说，五服亲属群是一个动态的制衡点，两种相反方向的例外，不仅没有否定五服亲属群体存在的合理性，反而帮证了其存在的理由。

（三）姻亲的滑落

生育、婚姻、生产互助等场景中都是至亲参加活动，远房亲戚向来就不介入，因而难以观察远房姻亲从某个家庭和五服群体的关系中脱落的现象。

上文已经介绍在丧葬仪式的最后，死者的远房亲戚未等埋葬就已离开的事实，这种不参加埋葬而提前返回他们家的现象就是姻亲跟死者家庭和五服群体相脱离的标志。他们也许下一次还来这个五服群体参加葬礼，但等到死者的配偶、死者的亲兄弟及其配偶相继过世，他们送走这一范围（亲属等级）的最后一个就再也不会参加该群体的丧葬了。也就是说，有些亲戚只参加死者及其配偶，以及死者的兄弟及其配偶的丧葬，不再参加其儿子和侄子们的丧葬。这样的亲戚多是老亲，比如曾姑奶奶家、曾外祖母家。细细推敲这样的老亲，实际已经脱离了五服，所以他们也就不再往来。如果是旁系的从曾姑奶奶、从曾外祖母家，他们就会根据死者所在宗族里的至亲是否跟死者脱离了五服来判断，如果脱离了，这样的从曾姑奶奶和从曾外祖母家也就不来往了。

从经济负担和生产、生活的角度理解，远房姻亲脱落的原因同五服的分立原因也是一致的。这样在一定区域里，五服—姻亲结构也就维持了大体相当的规模与范围。

五 妇女的双系身份及对过渡仪式理论的批判

汉人宗族模式注重纵向的父子关系，辅之以旁系的兄弟关系，由此结构成一个家族或者宗族共同体。如果两个这样的血缘继嗣群体联合起来构成一个姻亲共同体往往通过甥舅关系。拉德克利夫－布朗[1]和列维－斯特劳斯[2]都是非常注重甥舅关系的学者，人类学学术史上以前者的讨论最为著名。不过，在布朗的观念里甥舅关系是理解母权社会的关键，与之对立面是父子关系被看作理解父系社会的关键。中国汉人社会不同于布朗讨论的母权社会，但是我们看到甥舅关系依然很重要。就闵人而言，一生对其造成显著影响的男性亲属有两位：一是父亲，一是舅舅。父亲是第一位的，舅舅是第二位的。在一个人的心目中，除了父亲外，叔伯等任何男性亲属都没有舅舅重要，许多仪式上舅舅都是缺席的。舅舅构成了仅次于父亲的男性权威。这里说的是一般情况。

在铰头仪式上舅舅要为一个人剪下一生中的第一缕头发，并且要把这缕头发用红布包裹起来，束之高阁。在还愿仪式上，舅舅承担的责任同叔叔一样重要。在婚礼宴席上娘舅则坐第一把交椅的位

---

[1] ［英］A. R. 拉德克利夫－布朗：《原始社会的结构与功能》，潘蛟等译，中央民族大学出版社1999年版，第16—128页。
[2] ［法］列维－斯特劳斯：《结构人类学》（2），第七章"关于亲属关系的原子思考"，张组建译，中国人民大学出版社2006年版，第555—587页。

置。在丧葬仪式上，舅舅要摔老盆。如果母亲的丧仪和棺材做得不好，舅舅说一句"暂不准下葬"，外甥则不敢违令。在年节里，一个男性成员不去看望姑、姨和叔伯，没有人会议论，但不去看望舅舅则说不过去。即使不给自己的父母送节礼，也要给舅舅送去。在传统的分家仪式上，往往由舅舅来主持，舅舅说出话外甥不会有异议。那么，闽人为什么崇拜舅舅的权威呢？从个体的利益角度而言，男性的财产继承往往要假舅舅的手而得以传递。现实中的分家和丧仪中的摔老盆象征都说明了这一点。目前的资料还未能说明为什么要通过舅舅来转交财产，尽管闽人认为父母有偏心，而舅舅没有。如果从社会整体着眼，娘舅权的确能够加固本家和姻亲联结。甥舅关系是五服—姻亲结构存在的一个重要焊接点。我推测，如果不突出娘舅的权力，有可能在母亲去世后，五服—姻亲结构会断裂。

不过，我以为就一个人跟母党的关系而言，甥舅关系并不是优先的。其实甥舅关系是因母亲而发生，母亲的作用非常重要。可是在以往的研究中，人们过分突出父子关系的作用而忽视了母子关系，将母子关系附属于父子关系。费孝通（总体上论）、林耀华、许烺光、弗里德曼等人的观念莫不如此。我以为，正是由于妇女身兼夫家与娘家两个宗族或家族成员的特点，决定了五服与姻亲二团体的链接。

就妇女的社会身份而言，学术界一直认为，未出嫁属于父兄家族的成员，出嫁后属于丈夫家族的成员。比如，陈中民先生坚持，女儿对其父母和自然家庭（nature family）的义务在她跨上轿子离开娘家的时候就终结了。[①] 而民间也认为，"闺女终究是人家的人""嫁出去的闺女泼出去的水"。但中国五服制度却又造成一个极其矛盾的规定：妻为夫以及翁姑服三年斩衰，而为娘家父母服齐衰。尽管有差别，但无疑确立了女性的双系身份及义务。闽村的丧葬习俗也验证了古代的五服制度，这说明妇女处于"骑墙"状态。

范·吉内普（Arnold van Gernep）的过渡仪式（rites of transi-

---

① Cgen chung-min, "Dowry and Inheritance", *The Chinese family and its ritual behavior* (Edited by Hsieh jih-chang and Chuang ying-chang), *Institute of Ethnology*, Academia Sinica, 1992（1985），pp. 117 – 126.

tion）理论①认为，人生身份的转变通过一个仪式就可以完成，但闵村妇女的婚姻过渡仪式推翻了吉内普的结论，闵人的婚姻仪式只是实现了妇女部分身份的转变。如果从女性自己角度而言，婚姻仪式实际上是给妇女又安装了一个身份，仪式前是独立的女儿身份；仪式后是夫家媳妇的身份加女儿的身份。不过，婚姻仪式后，夫家媳妇的身份是主要身份，娘家女儿的角色则退居其次。随着年龄的增加，从媳妇到婆婆，直到进入老年，娘家女儿身份会逐渐变淡，夫家宗族身份会逐渐加强，直至彻底变成夫家宗族的一名成员。所以，婚典虽然已过，我们仍然看到女儿的义务依然存在，回娘家的各种互助、对生身父母的孝道和各种礼仪中的馈赠都可以看成女儿身份的存续。

闵人婚姻习俗从另一个方面也质疑了吉内普，即身份过渡并非只通过一个仪式就可完成。假定婚典能实现妇女身份的转换，我们发现闵人实际上要经过一系列仪式。这一系列仪式包括相亲、传启、递柬子、要年命、离开父家前的上祖坟、婚典、磕头、祭祀丈夫祖先的坟墓等。吉内普②及其之后的研究者，比如特纳（W. Victor Turner）③等认为，仪式转换关键在于中间环节，中间环节容易遭受考验、痛苦和焦虑④，但闵村的漫长的婚姻仪式表明，可充分让女性有个思想准备，这就降低了女性的焦虑。可见，中国婚姻仪礼是一种文化设计，它迥然不同于西方和非洲的仪式，应该视作另一种文化体系，西方人类学的仪式理论没有涵盖中国文化的经验。

其实，女性的真正焦虑来自婚后。妇女的身份是双重的，这造成了中国已婚妇女一生的一个身份困惑问题，她摇摆于两种身份之间（是做个好女儿呢，还是做个好媳妇呢），身兼双重身份所赋予的义务，当然可能以媳妇的身份为主。在这种摇摆中，很少妇女能够应付自如，她们往往一生痛苦，婆媳矛盾、姑嫂矛盾就是这种痛苦

---

① Arnold van Gernep, *The Rites of Passage* (Trans. By Monika B. Vizedom and Gabrielle L. Caffee), London: Routledge and Kegan Paul, 1960 (1909).

② Ibid., pp. 65 – 116.

③ ［苏格兰］维克多·特纳：《仪式过程——结构与反结构》，黄剑波译，中国人民大学出版社2006年版，第171—172页。

④ 同上书，第98—109页。

的来源。传统社会学的解释一直以为，这些矛盾是新娘不适应新的家庭环境带来的，或娘家与婆家的文化冲突带来的，其实不是这个样子，是文化设计自身带来的结果。但是我们必须意识到，正是因为她兼有双重的身份，才能把两个家族结合在一起，整合社会。在这个意义上，中国妇女是一个关键，她将社会大机器中的两个部件栓结在一起。如果她的责任义务完成得靠近娘家这个部件，她就会遭受来自夫家的压力；如果太投入夫家的事情而轻视或忽略娘家，就会招致娘家的怨情。而这种体验在理论上则由两个方面决定：一方是现存的社会结构，另一方是自己的认同。

由此我们想到，不应该仅着眼于个体来理解个体过渡仪式，而应该从社会整体来理解个体的过渡仪式。过渡仪式的目的在于社会的连接，在于社会整体结构的缔造。贺生和婚姻仪式实际上是形成姻亲—五服共同体结构的一种策略：贺生是双系亲属跟新生婴儿建立亲属关系；婚姻乃合二姓之好也。但是，吉内普没有看到，过渡仪式也有拆散社会结构的作用，这主要体现在丧仪中。丧仪过后，一些老亲团体可能就不再来往，从原来的五服—姻亲结构上脱离出去，维持一个均衡的五服—姻亲结构。当然，这样可以理解为一种维持适度结构的策略。这个脱离的范围也基本上可以从礼金的轻重上看出，亲等距离小的亲属礼物重，亲等距离远的亲属礼物轻，基本上都遵循差序格局规则。滑落出去的亲属多半是亲等距离远而礼物轻的远方亲属或老亲，这在丧葬的礼仪上也可以看出，行轻礼的人多半要滑落。所以，过渡仪式与其说是为了个体而举行，不如说是为了社会整体举行的。

六　五服—姻亲共同体的功能

费孝通认为，种族的绵续是发生生育制度的基础，生育是为了社会的继替；[1] 而抚育又是亲属的基础，赋予抚育作用推到家庭之

---

[1] 费孝通：《生育制度》，商务印书馆1999年版，第43—79、174—185页。

外，沿着生育及婚姻关系的路线形成亲属。[①] 在费孝通看来，亲属制度是人类为了生育才发明的一种文化设施。闵人的经验表明，亲属群体的功能不止于生育，也不单纯是因生育而设；在不同的场景里具有不同的作用。现重点分成劳动互助和礼物馈赠两部分来考察五服—姻亲共同体的功能。

（一）劳动互助

男方在结婚的前一两天要准备好一切，包括开设宴席所需要的酒、肉、菜和馒头以及餐具和仪式上所用的一切物品。男青年的叔伯和堂兄弟们都主动介入，并且有分工。通常男孩的见过世面的叔叔或哥哥会成为除司仪（民间专门的仪式专家）之外的整个活动的一小头目，他的权力有时比司仪还大，实际上他是男青年家庭的代表，接受了男青年家的委托。在结婚的前一天，他往往就开始行使权力，因为这一天大量准备工作都要做，比如租赁餐具，事先安排开宴的地方（先到东邻西舍家打一个招呼，明天准备在他们家安客，当然尽可能在自己的家里，包括五服以内的本家），搓红尚绳等。这些事情他都要安排人员去做。更重要的是，他要安排明天的活动，这些工作是烧火、挑水、做饭、给厨师打下手、燃放鞭炮、迎客、陪酒，以及事后送客人等，他都要安排专门人员负责。

出嫁前一天下午，女青年父母家的五服本家多会来做各种准备，比如搓红尚绳和把嫁妆搬到院子里。

在丧葬活动中，丧主本家的近支近门组成了采购、服务客人工作的组织，这些人员主要是由五服以内的成员组成的。这个组织的领导通常是由孝子的叔叔或者叔伯兄弟中一个来充任，他通常是本房支内的"明白人"，多次代表本房支对外处理事情，是本房支内的主要决策人。这个"明白人"通常和执客头儿（两个男执客）以及孝子商量行事，比如丧事花费多少钱等。他负责调遣本房支五服以内的成员，给他们分工。这些分工有负责采办肉类、蔬菜、粉类、鱼类、香烟、酒类、馒头、大米、白布、麻尚和各种扎彩等，负责

[①] 费孝通：《生育制度》，商务印书馆1999年版，第219—235页。

烧火、挑水、给厨师（他是专门被请来的，多是两人）做帮手、负责端大盘给客人上菜上饭、负责租赁家什等。而服内的女性则在女执客的带领和指导下为自己和前来的吊客缝制孝服。另外，在仪式上他（她）们又是孝子贤孙，跟在死者的儿子后边，是哭丧队伍中的重要组成部分。

（二）生育、婚姻和丧葬中的礼物馈赠

在得知孩子出生了，外祖母会尽快赶过来看望，并携带一两只老母鸡和猪蹄等礼物。在"铰头"仪式上亲属既送礼物又送礼金。每一个家庭通常会带来一筐子的礼物，具体包括12斤或16斤白面或者小米（12斤是一小升，16斤是一大升），这个叫"米面子"。米面上边放置16个、20个、30个……甚至200个鸡蛋（这要根据行情和两家从前的来往确定）。鸡蛋上边放两包红糖。最后是婴儿穿的一身或两身衣裳。姥姥家通常要多来一个筐子，因为姥姥给的东西多。除了上边的礼物外，姥姥通常还要给婴儿套一床小包被（婴儿用的小被子），还有一床小毛毯，也是婴儿用的。礼金的数目不定，这个也要根据时代的变迁、社会的行情以及每一个家庭的富有状况和从前的往来而定。20世纪80年代中期以前，舅舅给5元钱就可以了，不至于丢面子，现在恐怕要至少100元，有的则给1000元。当然，舅舅给的钱要分房份的远近，一般亲舅要多，余者数量基本看齐。姥姥、舅母、姨、姑姑会仅次于舅舅，其他人则相对较少。这些钱是给婴儿的，爷爷奶奶不能花。婴儿的伯叔父和堂伯叔父等不用给钱，他们也不能出面"铰头"。至于婴儿的祖母、姑姑、伯母、婶子和五服以内的姑姑、伯母、婶婶等同样要给这些礼物，不论婴儿的父母与祖父母分家与否，如果母婴需要，婆婆会尽量拿来，而且婆婆要伺候儿媳坐月子。不过除了嫁到外村的姑姑外，其余的父族家庭并不是在"铰头"这一天赠送礼物。她们往往在婴儿出生到"铰头"的这段时间内送去，而且也不是一块去送。她们大多是抽晚间或闲暇像串门一样送过去。这样从赠送东西的先后来看，又区分成了自己村落的本宗团体和外村的姻亲团体。

从两个团体的赠送礼物的时间和内容分析，这是一个极为科学

的生育文化安排。首先，从内容上来看，老母鸡、鸡蛋、肉类、米面、红糖等是产妇需要的非常重要的营养。产后妇女需要摄食大量热量和营养，以调整虚弱的身体，和产出充足的奶水供应婴儿。在时间上来看，婴儿下生以后，他（她）的本家近房支很快就把各种营养送来以接替自己家的不足，毕竟一个家庭的能力在旧时是有限的（即便今天也并非每一个家庭都能保证母婴的及时需求）。这正是司格特（J C. Scott）指出的道义经济存在的理由。[①] 当本家的营养消耗差不多的时候，村落之外的姻亲团体就通过"送祝米"这个仪式及时把营养补充进来。由于鸡蛋在常温下能够贮存15天左右，这样亲戚们赠送的鸡蛋不会在短时间内变质。等到变质的时候，也已经吃得差不多了。这两段时间加起来，差不多就是一个月的样子。经过一个月的调整，产妇的身体基本上恢复，而婴儿也得到了合理而充足的营养，这种礼物的安排和"坐月子"基本上是吻合的。显然，赠送礼物的目的就在于帮助一个家庭的生育。那么，她们是以宗亲和姻亲关系来赠送，同样通过赠送而再生产了这种社会关系。

母婴在外祖母家"过满月"回家时，姥姥家要买只公鸡、勺子和锅给她们母子俩带上，同时还要给婴儿买一张小床以及席子。"过百日"时，姥姥要送给婴儿"百天裤子"和小袄，姑母提供鞋子，姨母赠送袜子。在"褪盘子"习俗中，一般每一个家庭会携带着馍馍、粉条、肉、点心、烧饼之类送给新生婴儿家庭。馍馍需要去双数，如36（一般不会低于这个数字）；油条需要2斤；粉条需要4斤或6斤；肉需要4斤或6斤；烧饼需要4斤或6斤；点心需要2包或4包。在还愿仪式上，凡是来的客人都要以家庭为单位带一定的礼物：四包点心和一刀纸。还愿仪式的每一个环节，参与的亲属都要赠送一个红包放到一个簸箕里，红包里放2元到20元不等的人民币。除了"扎根"这一环节给的钱归被还愿者外，余者最后都被神婆拿走了，但神婆是以神的名义取走的。也就是说，神取走了亲属们赠送的礼金、礼物后，就会把"命"还给了被还愿人——生育过

[①] James C. Scott, *The Moral Economy of the Peasant*, Yale University Press, 1976, pp. 1–11.

程各种礼物、礼金的赠送证明了费孝通的生育理论。

在定亲仪式里，男青年家以彩礼的形式赠给女青年各种礼物，包括衣服、首饰、交通工具等，具体会随着时代有所变化。除了礼物外，男方父母还要给钱，叫"见面礼"或"递手布子"。其数目也随着时代变动，当今一般家庭在400—1000元之间，少数富户会给9999元或10001元。除了跟男青年平辈的嫂子、姐妹等外，男方其他来喝喜酒的人也不是白来，他们也会给女孩以见面礼。20世纪80年代初期，这些亲戚也就几块钱，20世纪90年代初期发展到十元，现在发展到二十元至几百元不等，这也要看各自的家庭经济情况，看亲戚们大方不大方。不过有一个原则，不能超过主家。衣服、首饰、交通工具等多为女青年使用，女孩所收到的各种钱，则由女孩决定是否交给父母使用。在这一点上，新娘价格等理论似乎不大适合闵村。在女方客人退席时，男青年家要赠送女方前来的亲属每人一个包裹，里面放着4个或6个馒头、2包或4包点心、4个染红的鸡蛋（喜蛋）、两包香烟、两盒火柴、一小包糖块。

在结婚前，每年大年初二女青年都会被婆家叫去过上一两天，每一次婆家也多半会赠送一两套时行的服装和零花钱。结婚前，在男青年家举办的"送饭"仪式上，客人们以实物和礼金两种形式赠送主人。主要的亲戚多半会带来一刀8斤或10斤的猪肉、一条毛巾被或线毯或者一块可以做一身衣服的布料，也有的人会带一扎酒。除此之外，他们还要付一定的礼金，礼金的数目是随着时代而发生变化的，比如20世纪70年代以前一般是3—5块钱，20世纪80年代则是5—20块钱不等，20世纪90年代则是二十元至几百不等，现在最低也要装50元。第二种，本家的人主要赠礼金，他们赠送实物主要是毛巾被或线毯一类的东西，没有酒肉；礼金的数目也大体如上述亲戚们的情况。在女青年家的"填箱"仪式里，亲属们所赠礼金的多少等跟男青年家的"送饭"基本没有什么区别，唯有所送礼物有所不同。一般说来，客人不会送酒、烟、肉等食物，他们所赠送的东西主要是毛毯、线毯、毛巾被、布料等，这些东西的数量基本上就是一件或一块。而且他们大多要带点点心，或4包，或6包。第一类礼物也许母亲会留下一些，但大部分都给女儿放在了箱柜之中。第二类礼物基本上都给女儿放在了出嫁的箱柜里面,当然第一类也会拿出一部分放到新娘的箱柜里。所以,这个宴会的名称真是名副其实。当客人给主人家礼金的时候说法不同于男方:"这两毛钱给小孩压腰!"① 婚姻仪式通过后,新娘要去拜见本家的所有长辈,新娘会赠送每个长辈一双鞋子,而每个长辈的家庭会赠送一个红包给新娘,里面包着数目不等的钱,从前多是 2—10 元不等,现在是10—100 元。

婚姻过程中最大的赠礼是男方父母给儿子的新房,以及女方父母提供给新娘的嫁妆。阎云翔把它们视作家庭财产的提前传递与继承。②

丧葬仪式中的吹鼓手是被雇来的,丧事完毕需要付给服务费,一般在七八百元左右。"卡戏"中点戏的亲属付给吹鼓手的钱可以充抵丧主家的花费。点戏的亲属一般付给 10 元、20 元,偶尔也有给 50 元的,加起来一般也会有五六百元之多。所以,丧主家再添一点就够了服务费。如果多余就撇给丧主家,用于丧事的花费。

本族外嫁妇女的家庭以及服内近支在丧礼上会赠送礼金、礼物给丧主家,叫作"下账",也叫"上账",或"付账",就是在礼簿上登记礼物和礼金。至近的亲戚,通常要有礼钱、一挂帐子、一个锅饼(或馒头)桌、一刀纸。这叫"全了"。也有送上一扎酒的(10 瓶)。女儿家要付最重的礼金,不同时代女儿家所付的礼金数目不同,现在通常是每个女婿要付 1000 元,如果有四五个女儿,仅女儿家的付礼就可以收入四五千元。其次是至亲,至亲也一般在二三百元不等。现在一个丧葬一般花费在七八千元左右,通常用客人的礼金来支付。如果礼金不够,儿子们再均摊;如果有剩余,儿子们就会均分剩余的礼金。目前的礼金一般都会有剩余,但村民回忆,"从前殡送父母需要卖地,我的房东在民国时期埋葬父亲就卖掉了 2

---

① 在出嫁的晚间,女孩的母亲在给她往箱柜中添置东西的时候,嫂子、出嫁的姐姐、婶子、伯母以及村中的好伙伴也会来几十块钱不等,也叫"压腰钱"。这样的钱,不用女孩的父母来还,而由女孩将来找适当地机会赠还。

② [美]阎云翔:《礼物的流动——一个中国村庄的互惠原则与社会网络》,李放春、刘瑜译,上海人民出版社 2000 年版,第 170—202 页。

亩地，那时亲戚们的礼金较少"。

"五七"灵前专门设奠，主要来的礼品有：祭性一桌（鸡鱼肉三性）、馍馍桌一个（亲戚多是35个馒头，女儿家要45个，现在多流行锅饼桌，一般是5个、6个或8个）、酒一箱、果桌一个（点心桌子，多是10斤或12斤）、一刀纸和一定数目的钱。礼金的数目可以稍低于丧葬时所付数目，这些礼品也要写在一个本字上，闵人叫"礼簿子"，以便将来还礼。

丧礼中的亲戚们赠送的食品一般都让帮忙的执客、孝子族内成员和吊客们消费了。

（三）建房中的礼物馈赠与互助

五服兄弟们的家庭和部分姻亲家庭（主要是姊妹家庭）除了提供劳动外，还提供一部分资金和实物性帮助。提供资金有两种方式，一种是主动送给建房家庭，介于100—2000元不等；另一种是借钱，借钱的数目通常会比较大，几千到1万不等，没有利息。建房时要每天给建筑工一包烟，在封顶完工时需要招待所有参加劳动的人，也有的家庭在开工之初就招待建筑人员一场，叫"喝上场酒"（当然最后的酒宴就是"下场酒"），这样就需要大量的白酒和茶叶之类的东西。五服内的弟兄家庭和主要姻亲，如自己的姊妹家，就会主动送来烟酒等物。下面举一个例子说明。此外，生产、贸易等劳动性互助在此就不再论述。

从亲属礼物馈赠来看，有一个特殊现象，即五服内本家在丧葬上不随礼，在其他场合可以随礼，而姻亲则没有这个讲究。联系前面讨论的旧时流行扩大家庭一事，五服内部家庭之间并不存在礼物的交换，因为他们是一个单位，但是随着大家庭的解体，互惠性的交换也就进入了五服群体内部，但仍旧在丧葬仪式上没有变化。

归纳上述资料，可以发现，对于个人及其家庭来说，母方亲属跟父方亲属同等重要。林玮嫔在台湾通过对"骨与肉"的象征性研究指出，一个人的身体是由父亲的"骨"和母亲的"肉"组成的；父系亲属具有传承的文化内涵；母系亲属在于扩展繁衍；母方因素嫁接并注入父系，具有繁衍更新父系群体的意蕴。[1] 虽然在闵村没有完全找到这种"骨与肉"的象征符号，但就双方亲属的互助来看，林的结论是可以得到验证的。五服—姻亲群体的主要功能在于互助，并不止于生育一事。亲属制度之设，目的在于帮助当事人及其家庭完成个人或者单个家庭无法办到的事情。他们或提供礼物，或提供礼金，或提供服务。不过，并不是亲属群体全部给包办了，必须以当事人及其家庭为主。我常常听闵人说："你自己得准备个差不多，然后亲戚本家再伸伸手帮助一下，就可以了。"信然！

以往人类学亲属交换制度研究，多把生育、婚姻、丧葬等各视作一个自主的单位来观察。比如费孝通就把"生育"作为一个独立的东西来研究，所以才得出亲属制度为生育而设的结论。但是，我觉得应该把它们看成一个系列。

斯科特的农民道义经济学认为，小农的经济行为主要考虑生存安全、避免风险，在共同体内部，尊重人人都有维持生计的基本权利的道德观念，以及互惠关系。因此农民的行动逻辑是为了对抗外来的生存压力。[2] 这样的思想跟儒家的伦理观念是相通的，包含在它的仁爱思想之中。帝国时期历代都加以推行，即所谓"教化"。庄孔韶在《银翅：中国的地方社会与文化变迁：1920～1990》中对此多有研究。具体到闵氏宗族而言，除了运用私塾教育、国家的宣讲教育使风俗淳化外，每一代不断向下一代讲述祖先的孝故事——"闵子骞鞭打芦花"。在斯科特的笔下，互助或互惠制度是小农社会内生的，上述闵村经验已经证明了这种内生性，但同时也应看到，这是帝国制度化的一个结果：一方面积极推动儒学的传播，另一方面建立五服制度。

七 闵氏宗族的组织及其功能

整个闵村给我留下了深刻印象。个体因为婚姻组成一个核心家

---

[1] 林玮嫔：《汉人"亲属"概念重探：以一个台湾西南农村为例》，《"中央研究院"民族研究所集刊》2000年总第90期。

[2] Scott, James C., *The Economy of the Peasant: Rebellion and Subsistence in Southeast Asia*, New Haven, Conn: Yale University Press, 1976.

庭或基础家族，绝大部分核心家庭或基础家族皆能向上生长为一个五服九族，但是到达五服群边缘时，迫于生存压力，五服九族就不再往上继续生长发育了，相反，多余的房支就会自动从这个结构上滑落下去，又裂变或回归为若干个五服群。而另外少数核心家庭或基础家族则在发育过程中超越了五服边界，但这些房支如果上移参考点的话，仍旧是一个五服群。还有少数核心家庭或基础家族在向上生长的过程中，尚未到达五服边界就分裂了。在第一种情形里，五服九族亲属的实践理念与其文化功能是相吻合的；但在第二、第三两种情形下，由于现实的人口压力（要么偏大，要么偏小）及其带来的生存压力，无法实现理念中的五服九族，我称之为"准五服九族"。从准五服九族结构中的人们不能实现五服九族制度而产生的痛苦和焦虑可以感觉出，五服九族是一个理想类型或文化的常数，是闵人内心所渴望而追求的东西。

  每个五服九族或准五服九族是平等的，并不存在弗里德曼所说的内部分化现象。如果把每一个五服九族群体或准五服九族群体比喻成一股喷泉，那么，每股喷泉喷涌到一定高度就会自动脱落，而闵村就是一个大水池。数年来，我在闵村周围的地方社会中予以验证，发现这些村落除了没有祠堂，没有雄厚的族产外，更没有一点宗族组织的迹象，但他们无一例外地拥有同闵村闵氏宗族一样发达而均衡的五服九族结构和少数准五服九族结构。① 于是，整个区域社会看上去是由若干的村子组成，每个村子里分布着若干本宗五服九族和少数准五服九族，这些本宗五服九族和少数准五服九族又通过个体的婚姻而连接在一起。我称这样的社会为"喷泉社会"（spring-pool society）。

  就平等性而言，这种五服群体裂变平衡的现象非常类似非洲的努尔人社会。② 但是在中国东南，根据弗里德曼的宗族范式（他完

---

  ① 当然，这里也提出一个问题，即何以解释为什么周围的村落没有宗族组织也有发达的五服—姻亲结构，在周围村落由谁来强化这一结构？我想，上文所展现的生存互助的需要是一个最好的说明。同时，我们也不排除帝国通过长期教化（如教谕和乡约等）所达到的效果。

  ② ［英］埃文思－普理查德：《努尔人——对尼罗河畔一个人群的生活方式和政治制度的描述》，褚建芳等译，华夏出版社2002年版，第161—288页。

全采用了林耀华所描述的福建义序村的宗族组织）似乎不是这样：

"家庭是宗族中最小的单位，每一个家庭都有家长。积若干家庭组成一个家户（compound），每个家户有户长。积若干家户组成一个支（branch），每个支有支长。积若干支组成一个房，每个房有房长。积若干房组成一个宗族，宗族有族长。"①

由此可见，中国东南的宗族是经由"家庭—户—支—房—宗族"这样"上下而推，有条不紊"的顺序自内部逐步生成的。同时，有些支系大多是长支往往拥有祭祀权，政治权力集中在少数人手里。地处华北的闵村闵氏也有宗族，而且其产生的年代并不晚于（按其一说）义序，甚至整个中国东南。可是，他们的亲属组织却只能自内部抵达五服的纵向高度，而不能继续上升或成长，而且房支的分化基本上也是均衡的。在探讨原因之前，让我们先考察闵氏的祠堂、族谱、族产、宗族组织及其功能。

（一）祖先灵魂的安置

大量的民族志作品告诉我们，东南社会里的祠堂摆放着所有已经故去的列祖列宗的牌位，其灵魂将在祠堂里被安放。起初他们是被祭祀于家庭的神龛里面，其范围属于五服范围。但随着人口的繁衍，那些最初死亡的祖先已经慢慢出离了五服范围，于是就被子孙移入公共祠堂内部。

但在闵村，祠堂内部只供奉天下所有闵氏都追认的一个祖先——孔子弟子闵子骞——的塑像，另外他的两旁各立着一个书童和仆人。闵子骞神像前的条几上摆放着他的牌位，余者全无。祠堂的匾额题为"笃圣祠"（因闵子"笃于圣道"而来），亦不是"闵氏宗祠"。前文曾描述过，对于五服内死去的列祖列宗只以神主楼子和请家堂的方式"祭于寝"。那些超出五服范围的死去的远祖牌位，通常是被拿到墓地上焚烧了，并不会被移入祠堂内。

可见，闵子祠里并没有先祖之祭祀，即始祖以下高祖以上的

---

① Maurice Freedman, *Lineage Organization in Southeastern China*, London: The Athlone Press, 1965 (1958), p. 34；林耀华：《义序的宗族研究》，生活·读书·新知三联书 2000 年版，第 73 页。

祖先。

笃圣祠的墙壁上绘有闵子事迹图，特别是载入《二十四孝》里的"鞭打芦花"的孝行故事。联系到这一层，我以为笃圣祠更像一个崇拜文化英雄的庙宇，而不是一个家族的公共祠堂。或者名叫名人特庙或专祠。关于这方面的讨论可以参见拙著《汉人祖先信仰的虫草模式——山东济南闵子骞墓及墓祠的历史人类学考察》。①

（二）族谱

闵村闵氏宗族（包括散布在周围 26 个村落里的各分支）目前并没有族谱，有两说：一是，村中八九十岁的老人均没有听说有过族谱，他们都承认"很早就乱宗了"，因而闵人在外相见只能以多少世论；二是，20 世纪 40 年代有人见过该村族谱，后来被传丢了。联系到清代中期该村一秀才到曲阜请来孔氏谱辈和鲁、苏、皖我所调查的其他闵氏宗族（他们均有）来看，闵村当曾有过族谱，很可能后来丢失了。由于没有族谱更无从知道闵氏族人是否有过族规，征之耆老，皆云"没有"。

鉴于这种情况，闵氏族人强烈要求我把族谱给整修出来。但是，我只修好了一个个五服小支系的谱系（除少数几个大的房外，那是根据墓地谱碑确立的），却不能把现有整个村落，包括周围 26 个村落里的全部成员系在一起。他们为此很困惑并有苦恼。根据学术界通行的做法似乎应该把他们定义为氏族（clan），因为他们无法说清楚跟祖先之间的系谱关系了。

但是，我对居住于鱼台县的闵氏大宗族谱的考察发现，其遵循的是欧苏谱法，即五个世代为一图的族谱撰写规则。这种五世世系图撰写一方面可以理解成是五服观念或小宗宗法的体现，另一方面也可以解读成五世世系图，反过来也模塑现实中的亲属结构为五服群体。

---

① 杜靖：《汉人祖先信仰的虫草模式——山东济南闵子骞墓及墓祠的历史人类学考察》，见庄孔韶主编《人类学研究》第七卷，浙江大学出版社 2015 年版，第 1—61 页。

(三) 族产

我的 84 岁的房东讲述：

从前笃圣祠有 8 顷祭田地，其中包括 80 亩学田。这些田地是祖先留下来的，还是富户捐献的，我们并不清楚。由于缺钱用，当时的当家人闵欣、闵秀暂时抵押（当钱）给附近村庄小岭赵家。小岭赵家缺钱以后又抵押给诸满邵家。后来全族人一直要求闵欣、闵秀把土地赎回来，可是诸满邵家不同意。闵欣、闵秀给诸满邵家做活，管理这些土地。这两个人看见东家整天愁眉苦脸，便问其中的原因。诸满邵家说："现在你们闵家想把地再赎回去。要是赎回去，咱就没有地种了。"闵欣、闵秀考虑到今后没活干了，就说："不给他们行不行？"诸满邵家说："不行！你们大宗家也不同意。真要打官司，我们也得输，因为你们还有鱼台大宗。"闵欣、闵秀说："大宗说了算不错，但是谁有钱谁说了算！咱带着钱去鱼台面见大宗。他只要收了钱，从中调停一下，咱这地也就不用给了。"于是，邵家备好马匹，驮着银子去了鱼台。于是，鱼台大宗来费县调解。大宗向着钱替邵家说话，并建议邵家买通县官。县官把 8 顷土地判给了邵家，同时判道："闵子自古无学田，草沟是学田。"大宗也承认这一事实。不过，还是把 80 亩学田给了闵人。后来由于闵村一个成员制作假世袭五经博士印，到处招摇撞骗，被人告发，又因此赔偿丢失了 40 亩地，后来还有丢失的，一来二去，最后只撇下 24 亩 6 分地。每一年要救济一些穷汉，给他们一家一亩地耕种，除交一少部分祭祀外，余者用于贴补家计。大约到了 20 世纪 40 年代，24 亩 6 分地也不知不觉没有了，不知流落到谁家手里。老年人估计，这些祭田地最终还是在办公人员（村长）手里弄没的。那意思是被村里的当时领导自己耕种了。附近草沟村的土地税收由县官判给闵家，也就说草沟的老百姓不用去县上交纳钱粮，交给闵人就可以了。闵家把收入作为学校和祭祀祖先使用。草沟拥有三千多亩地，每年收的钱粮不少的。

过去我们每年都去附近草沟收取"钱粮"。草沟的这份钱粮截至日本鬼子来沂蒙山区，此后八路军来了，我们再也不能去人家村庄收他们的钱粮了。

此外，闵氏宗族的财产还包括家庙和宗族墓地——闵林。闵子祠及其周围的广场占地约有 3 亩，从前植满了柏树、松树和银杏，有 400 余棵。银杏树共计 4 棵，其中 3 棵皆有成年人三四搂粗，最细的一棵也有成年人的两搂粗。其中一棵在树杈上又长出一棵榆树，榆树也有成年人的对捐粗。柏树和松树粗者也须二三个成年人合抱才能围过来，细的也有筲桶粗细，高者达四十余米。

闵林有 98 亩，号称百亩闵林，从前里面全是树木。89 岁的一族人讲述：小时候他们放牛，曾经每一棵树下放一棵高粱秸，然后把高粱秸收回来查点，每一次数目都不一样。在墓地的北端，当时有 4 排大杨树。族人说，当时瞎子"搂八搂了才搂过"一棵树。其实杨树也就跟碾台那么粗。其中一截树根可以用来玩牌，周围可以围坐四个人。橡树也长得很粗，后来树木全被伐光。

应该说，这是一个有着一定财产的宗族。

（四）组织

闵村历史上没有族长，但是有一个奉祠生，这个奉祠生管理家庙的祭祀和一些族务，可以看成是一个"族长"，闵人叫"家长"。同时，有一专门看守家庙的人员，他主要负责看护家庙、每年置办祭祀品和族内有事情时临时去通知族人。据村民回忆，家庙管理员并不是逐户通知，他只是通知部分家庭，这些家庭再各自通知并组织自己五服内家庭。

这里没有东南社会各房支支长构成的宗族组织，恰跟上文所提及的祠堂内没有先祖祭祀现象相对应。因而，可以基本断定闵村闵氏宗祠是一个早期的名人文化特庙，然而又向近世宗祠演变的一个类型，具有了若干近世宗族的功能等特征。详细的考证尚待专文进行。

从现在遗留下来的过去的碑碣看，奉祠生也并不是独自一个人管理家庙，至少分成了前村和后村，也就说前村一个人，后村一个人。如果前村的人是奉祠生，那么后村的人就是个副手，反之亦然。在这两人手下还有一些族人，共同构成了一个家庙管理委员会的组织。这个组织是一个固定性的单位，尽管每一届都在更换人员。民国九年家庙树立了一块碑，碑尾说："……委派家长奉祠生昭乾、昭乐率族人广恩、广平、广宝、昭文、昭新、宪彝、庆锡敬立。"这就是说，存在一个实际的宗族组织单位，但这个单位并非由各房长构成。族人说，如果一旦遇到特殊的大事，奉祠生和家庙管理会的人员就会集合在家庙里开会，商量事情。家庙管理会成员有时也会各自负责通知并组织一些五服家庭。家庙管理会的成员亦不是根据年龄和辈分来确定的，他们多半是些会办事的"能人"，村民称之为"明白人"。不过，跟马克斯·韦伯所讲的宗族组织的选举原则不完全一致。①

从原则上看，奉祠生应该由长支担任，有几届确实如此，但后来的情况表明，闵人并不严格遵循这一规则，有些奉祠生就是花钱捐的（对民国年间的几个奉祠生的家产进行调查发现，他们是村中最富裕的农户）。原来奉祠生并不是族内公推的，而是要报经鱼台闵氏大宗批准，然后再经孔府衍圣公批准才得以确立的。

鱼台闵子骞的第 77 代嫡长孙闵德运回忆说："解放前我们全天下的闵氏有三个官：执事官、奉祠官和家长官。我的祖父闵祥麟是世袭翰林五经博士兼奉祠官，是总头。"

《阙里文献考》卷十八记载，清朝帝国规定，凡有闵子庙的地方都应该设一个奉祠生来负责祭祀。雍正四年全国共有 12 个奉祠生。②

由此我们基本可以得出结论：国家设立世袭衍圣公府，衍圣公府再在孔子及诸圣裔的宗族内部设立一个世袭翰林院五经博士或奉祠官，而以世袭翰林院五经博士或奉祠官为主各自又成立自己姓氏的宗族组织，其中由执事官、奉祠官和家长官三名构成，具体到闵氏而言，闵氏大宗奉祠官又在有闵子庙的族人居住地设立奉祠生，

---

① ［德］马克斯·韦伯：《儒教与道教》，王容芬译，商务印书馆 2004 年版，第 144 页。
② （清）孔继汾：《阙里文献考》卷 18，乾隆二十七年刻本。

由各地的奉祠生管理各地闵子的每年祭祀以及族人。这显然形成了一个全国性的宗族联盟或更大氏族组织。

从 Maurice Freedman 讲的上位宗族（high-order linage）①或钱杭讲的地缘同姓联宗组织②来判断，甚至 clan，闵氏宗族在超越 local lineage 水平上都是比较发达的。但在 local lineage，即村落宗族这一水平上其组织远没有林耀华所描述的义序③以及 Maurice Freedman 所确定的 Z 型那么完备。就上位宗族这个层面而言，山东闵村闵氏宗族在某种意义上并不是完全由下至上逐步生成的，而是来自外部——国家——力量的干预造就的一个结果。当然，我们不排除地方社会人民主动迎合大传统的可能（事实也正如此），并存在一定的内生性，但与林耀华、弗里德曼所描述的东南宗族范式相比较，我宁愿说闵村闵氏宗族组织具有外生倾向，部分原因来自国家力量的形塑，而不是根据亲属组织的原则逐级而生成的，即由家族到宗族的逻辑。④ 相反，可以验证张小军的观点，即宗族不是由家族发育而来的看法。⑤ 这个宗族组织主要担负国家在地方上的责任，并非完全出自亲属意义上的宗族群体的需要。当然，也不排除具有为宗族而争取生存空间的功能。

（五）功能

闵氏宗族组织的主要功能是负责闵子祠祭祀，每年有春秋两次

---

① Maurice Freedman, *Chinese Lineage and Society: Fukien and Kwangtung*, London: Athlone Press, 1966, p. 21.
② 钱杭:《关于同姓联宗组织的地缘性质》,《史林》1998 年第 3 期。
③ 林耀华:《义序的宗族研究》, 生活·读书·新知三联书店 2000 年版, 第 73—74 页。
④ 芮逸夫:《中国家制的演变》, 载《中国民族及其文化论稿》, 艺文印书馆 1972 年版, 第 747 页; 陈礼颂:《1949 年前潮州宗族村落社区的研究》, 上海古籍出版社 1995 年版, 第 25 页; 冯尔康:《中国宗族社会》, 浙江人民出版社 1994 年版, 第 10 页; 费孝通:《乡土中国》, 生活·读书·新知三联书店 1991 年版, 第 43—45 页; 吴燕和:《中国宗族之发展与其兴衰的条件》,《"中央研究院"民族研究所集刊》1985 年总第 59 期; 王崧兴:《汉人的家族制——试论"有关系, 无组织"的社会》, 载《"中央研究院"第二届汉学会议论文集》, 1989 年, 第 271—271 页。
⑤ 张小军:《家与宗族结构关系的再思考》, 载汉学研究中心编印《中国家庭及其伦理》（研讨会论文集）, 1992 年, 第 152—175 页。

（在农历二月十四和八月十四，传为老祖闵子骞的祭辰）。这种对祖先的崇拜正如马克斯·韦伯所言，是团结和维系宗族的力量。①

其次，处理族内事务。鱼台大宗家（天下闵氏嫡长系统）有时会来闵村住上一段时间，奉祠生要负责安排他的吃住，均由族产中所出。20世纪20年代，山东军阀来闵村剿匪，乘机勒索军需。闵氏宗族不得已议以族产充抵。在奉祠生主持下，家庙管理会的成员参加，每一房支出了一个"明白人"来讨论，决定砍伐变卖祠堂内和闵林中的部分树木。

至于族人作奸犯科之类的事情，并没有发生奉祠生和祠堂会在家庙里处理的例子，因为这类严重的事情多由官府处理。小的纠纷则有各五服房支或者娘舅来解决，多根据日常的民间惯习来调控，亦无须专门的祠堂法规为依据。在交纳钱粮方面，也不是奉祠生下达命令，近现代以来而是由庄长通知各街长，街长再通知各户。交纳钱粮多由一个联合家庭的家长前往县上完课，亦不需要更大的房支长类首领代交。上文的生育、婚姻、丧葬习俗业经展示，这些事情都不需要在祠堂内完成。在中国东南，举凡迎会、社交、娱乐、教育、裁判、外交等事宜，均归于祠堂行使职权。由此可见，就整个宗族组织及其功能比较起义序及中国东南的其他地方来说是微弱的。

弗里德曼把东南宗族分成Z型和A型两种。② 若从南北比较框架着眼，闵氏宗族既不属于Z型，也不属于A型，因为它兼具两个类型所拥有的一部分特征，但也不是他所提出的介于两者之间的过渡与折中模式——M型。但就总体特征来说，应该倾向于Z型。具体来说，就人口规模和分化结构（2000—3000人）、共同拥有财产、宗族领导成员的社会身份、祭祀祖先的精细仪式、部分功能看，它符合Z型；但从它没有族谱、没有宗族裂变分支及其裂变分支有无支配与被支配关系、更精致的家祭和墓祭、宗族领导人不是族内辈

---

① ［德］马克斯·韦伯：《儒教与道教》，王容芬译，商务印书馆2004年版，第141页。

② Maurice Freedman, *Lineage Organization in Southeastern China*, London: The Athlone Press, 1965, pp. 131–132.

分最高的最年长的要素看，则又属于 A 型。

（六）五服为什么不能生长成宗族

从宗族组织的各种集体表象判断，闵村闵氏宗族并不同于弗里德曼所描述的中国东南社会里的宗族图像。弗里德曼曾经提出一个"边陲理论"的解说模型，尽管这一模式不断受到挑战，但我认为其依然适合某种类型的宗族。如果这一假设成立，那么，又何以解释闵村的五服群体为什么没有生成宗族组织呢？从另一方面看，山东闵村闵氏宗族不论就族产，还是就其国家给予的特殊条件，都应该建立起一个组织严密的宗族实体，但事实并不如此，这不能不令人深思。

对于东南宗族的特点和成因，莫里斯·弗里德曼提出了他那著名的解释。他认为，东南的宗族组织之所以这样完备和发达，是由四个变量促成的。第一，水利灌溉系统；第二，稻米种植；第三，边疆社会；第四，宗族内部社会地位分化。弗里德曼认为，种植稻米而有农业盈余，容许稠密人口的生长，而水利灌溉系统的建立需要更多的劳力合作，因此促成土地的共作与宗族的团结；在边疆社会移民者为了防御外来的威胁，很容易促成宗族的团结；社会地位的分化有利于调控宗族内部的排列，分化得越严重，运行得越好，也就说异质性强化了这一体系。[1]

从根本原因说，是因为闵村有着发达的五服—姻亲体系。虽然闵村的五服群体没有能沿着纵向继续延伸和发育，但却沿着横向勾连起一个个乡村五服共同体。

我们看到，东南社会里的人们面对的生存压力确乎比闵村要大得多。在那样一个社会里面，不论是开垦荒地、兴修水利，甚至在国家力量有所不及的情况下抵御另外一个宗族侵犯，单个家庭和五服组织都难以动员起足够的力量。黄宗智说："在长江和珠江三角洲地区，典型的治水工程的规模，介于华北的大型堤坝和小水井之间。三角洲地区有渠道排灌系统贯通江、湖，湖边、低地四周常有堤、

---

[1] Maurice Freedman, *Lineage Organization in Southeastern China*, 1958, p. 9、pp. 156－159, London: The Athlone Press; *Chinese Lineage and Society: Fukien and Kwangtung*, New York: Humanities Press, 1966, pp. 159－164.

圩，为防洪、围田之用。这类水利工程需要数十、数百乃至数千人的劳力，是一个宗族的组织所可能应付的。"① 而在闵村，日常生活中一个五服组织及其由婚姻所连接起来的姻亲共同体的能力，就足以应付现实中的一切。

华北平原的降雨量少，多集中在每年夏季的7、8月份，春天是作物点播、生长季节，秋季多产生干旱或缺水，而普遍采用井灌技术。闵村的井灌情况跟黄宗智的描述非常相像：大部分家庭的土地介于5—20亩，浇灌这些土地约需要一口7—10米深的井（用石砌不是用砖）。打一口这样的井约需要5、6个工人一周的时间。② 闵村的耕作也基本需要4—5人的劳动组合：牵牲口一人、掌犁一人、撒种一人、施肥一人、埋沟垄一人。这样的情况也见于黄宗智的描述。③ 如果不用牲口，多用人力，那么在耙地和耧播时至少也需要4—5人。如果男人们在田间劳动，女人则会在家做饭。从生态人类学角度看，五服的规模完全可以从事生产。

建房这样的事情，有一个五服和姻亲圈也就足够了；生育、婚姻和丧葬，不论是本家和姻亲之间的互助，还是需要的文化角色，在五服和姻亲圈内就能够找到所有的资源。这一切表明，没有必要动员整个村落和全宗族的力量来应对现实的压力。相反，在五服分立的案例中，我们看到，因为人口的增加、房支的派衍，给他们的经济带来压力，生活带来不便，他们不得不回归五服规模。潘守永对山东抬头村的重访表明："至今人们仍在遵守并实践的是自古以来的'五服制'，虽然各姓氏的家谱长期不传，甚至毁灭，但老人总能记住自己的'五服圈子'。"目前，"五服制"的实践主要表现在婚礼和丧礼的场合。④ 华北社会里确实比较重视姻亲（其实华南也是如此）。黄宗智曾经利用满贯调查指出了"投奔姻亲"的事实。⑤ 闵人外迁之所以散布在周围村落，主要是在危难之际投奔了亲戚，这

---

① [美] 黄宗智：《华北的小农经济与社会变迁》，中华书局2000年版，第55—56页。
② 同上书，第54页。
③ 同上书，第167、244—245页。
④ 潘守永：《重访抬头：中国基层社会文化变迁的田野研究》，博士学位论文，中央民族大学，2001年。
⑤ [美] 黄宗智：《长江三角洲小农家庭与乡村发展》，中华书局2000年版，第163页。

些亲戚主要是姥姥家或姑家。这表明，当同族不能成为一种生存依靠时，可以依赖亲戚。这突出了姻亲的重要性。

这里表现了一种生产方式，即五服—姻亲式的生产方式（当然，他们并不是公有财产）。虽然它也是一种亲属生产方式（kin-ordered production），但既不是弗里德曼笔下的东南社会宗族生产方式，也不是人类学家在非洲社会所发现的"世系群生产方式"（lineage mode of production）。①

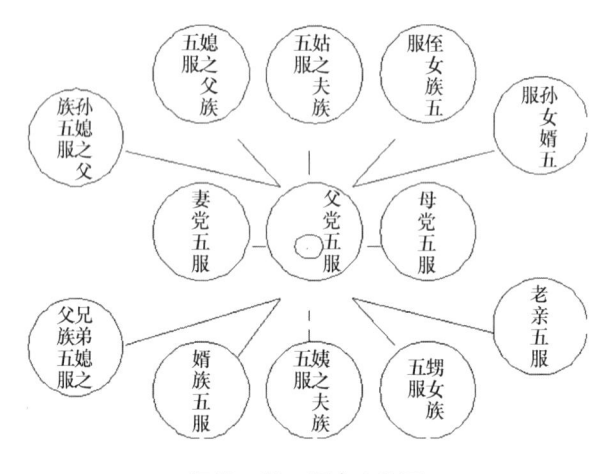

闵村五服—姻亲交往图

（闵村五服—姻亲交往图，中心圆圈代表"家庭"，中心圆圈中的黑点代表"己"）

验之于周围的村落，我们发现他们除了没有祠堂，没有雄厚的族产外，更没有一点宗族组织的迹象，但他们无一例外拥有同闵村闵氏宗族一样发达的五服—姻亲结构。

八 宗族组织与五服—姻亲结构的关系

上文说，闵氏宗族组织并非由内部五服结构或五服—姻亲结构

---

① Robert H. Lavenda and Emily A. Schultz, *Core Concepts in Cultural Anthropology*, California: Mayfield Publishing Company Mountain View, 2000, p. 128.

生成，但这并不排除宗族组织对五服—姻亲结构的存在产生影响。对闵氏宗族历史及其现状的考察表明，宗族组织强化了五服—姻亲结构。强化的机制是宗族组织向族人灌输传统的孝道，而孝道是五服—姻亲结构存在真正的原因，因为孝道规定了亲属间的权利和义务，也由此影响了彼此间的互动。①

传承孝道是所有汉人宗族组织存在的第一理由，但闵氏宗族组织却不能视为普通汉人宗族，因为闵氏先祖闵子骞在中国文化里以"孝行"著称，可以说他是中华孝文化的重要创造者之一。

> 相传闵子骞幼年丧母，父亲续娶了一位后妻，并给闵子骞生下两个弟弟。后娘疼爱亲生儿子，虐待子骞。但闵子骞心怀孝道，忍让侍母，毫无怨言。有一年临近年关，父亲驱车外出访友（另一个民间版本说是"赶集"），命三个儿子随从，并由子骞赶车。行到途中，天气变冷，寒风刺骨，子骞冻得打哆嗦，牛缰绳和鞭子都失手滑落到地上，牛车也翻倒在雪地里。父亲见他穿的棉衣比两个弟弟的厚，以为他故意发抖，气急之下，拾起鞭子就抽他。不料鞭子落下来，棉袄破了，芦花从中飞扬出来。闵子骞晕倒在地上。父亲非常吃惊，当即撕开另两个小孩的棉衣，里面尽是棉絮，这才知道闵子骞受到后娘虐待，便赶忙脱下自己的棉衣裹在子骞身上。父亲连友也不访了，调头回家，要将后妻赶出家门。苏醒后的子骞见状却哭着给父亲跪下，说："母在一子单，母去三人寒。"② 恳求父亲不要赶走后娘。父亲听了闵子骞的话，遂罢了休妻的念头。后娘也被闵子骞的话打动，自此后待三个儿

---

① 庄孔韶教授在批阅此文时，曾留有一段文字："从孝谈到生物性—文化性整合的问题，只到孝的问题不够，生物性和乱伦禁忌的限定，五服的重点之一——庄思考。"由于本文把五服看作一个文化性结构，暂未考虑生物性因素。再者，从研究过程来看，我并未对闵氏各房支进行体质人类学测量，即便存在生物性的基础，亦不敢置论。

② 同一母体的异文版本是：1）母在一子寒，母去三子单（《太平御览》卷三十四）；2）母在一子单，母去二子寒（流传费县的另一民间说法）；3）《辞源》说：母在一子寒，母去四子单；4）作者的故乡距离闵村9公里，有"宁叫一人单，不叫二人寒"之谚语，想必亦是源于子骞故事。

子一视同仁。①

这则"鞭打芦花"的传说体现了孔子儒学的孝道伦理,是孔子思想的一个"具体而微"②的实践。孔子称赞他:"孝哉闵子骞!人不间于父母昆弟之言。"③

闵子的孝行孝道实际上是人类生存所需要的一种文化资源,关涉世道人心,因而历代知识精英阶层对其不断肯定、强化,乃至重构。

孔子以下首赞闵子者为孟子。司马迁援引《论语》称赞闵损的孝行。④王充在《论衡·知实》篇里认为闵子的德才已达到了"称圣"的程度。⑤东汉陈群作《孝经旧注》⑥,三国时期魏王肃注《孔子家语》⑦都给予闵子孝行以评价。山东嘉祥县孝堂山武氏祠汉画像石中有"闵子骞失棰"图,记载了"鞭打芦花"的故事,这是迄今为止见到的最早的"鞭打芦花"的资料。内蒙古和林格尔汉墓壁画也有闵子骞父子的画面。⑧晋代广济、师觉、徐广分别撰有《孝子传》,其中都收有闵损。唐代《初学记》说:"闵损与曾参门徒之中最有孝称,今言孝莫不本之曾闵。"《贞观政要》中唐太宗与魏征谈话多次提及闵子,称之为"孝子""德者""贤人",并引以为学

---

① 闵氏族人的讲述。
② 《孟子·公孙丑》:"冉牛、闵子、颜渊则具体而微。"见(南宋)朱熹注《〈孟子〉章句集注》,宋元人注《四书五经》(上册),天津市古籍书店1988年版,第22页。
③ (南宋)朱熹注:《〈论语〉章句集注》"先进"篇,见宋元人注《四书五经》(上册),天津市古籍书店1988年版,第44页。
④ (西汉)司马迁《史记·仲尼弟子列传》:"闵损,字子骞,少孔子十五岁。孔子曰:'孝哉,闵子骞,人不间于父母昆弟之言!不仕于大夫,不食污君之禄,如有复我者,必在汶上矣。'"
⑤ (东汉)王充:《论衡·知实》,见《诸子集成》第七册,中华书局股份有限公司1954年版,第259页。
⑥ 陈群《孝经旧注》:"子骞上事父母,下顺兄弟。"
⑦ (北魏)王肃《孔子家语·七十二弟子解第三十八》:"闵损,鲁人,字子骞,少孔子五十岁,以德行著名,夫子称其孝焉。"又,《孔子家语·六本第十五》:"闵子三年之丧毕,见于孔子。孔子与之琴,使之弦。切切而悲,作而曰:'先王制礼,弗敢违也。'子曰:'君子也。'"子贡曰:'闵子哀未尽,夫子曰"君子也。"'孔子曰:"闵子哀而未尽,能断之以礼。"以上分别见《孔子家语注释》,三秦出版社1998年版,第392、173页。
⑧ 盖山林:《和林格尔汉墓壁画》,转引自肖群忠《孝与中国文化》,人民出版社2001年版,第64页。

习的榜样。《太平御览》中多次介绍闵子。宋真德秀《性理论赞》中将闵子与曾子并提。① 元代郭居敬辑录的《二十四孝》列入了闵子骞,从此加速了"鞭打芦花"故事在民间社会的广泛播布。此后围绕《二十四孝》又出现了《二十四孝图》《二十四孝图诗》《二十四孝图说》《百孝图》《百孝图说》《二百四十孝》,这些书籍都收录了闵子骞"鞭打芦花"故事。从中不难推测闵子孝行故事的影响。

此外,闵子的孝道伦理实践也更为国家所重视,这主要体现在他们给闵子骞写的"赞辞"方面。② 唐开元七年司业褚无量、宋大中祥符二年大学士王旦、元朝大学士虞集、明代山东巡抚陈凤梧等奉命撰写赞辞。甚至有些帝王也要亲自御制赞辞,如宋理宗绍定三年的赞辞、明太祖洪武元年的赞辞。雍正三年八月初五,皇帝亲自为闵子庙御书匾额"躬行至孝",又御书赠闵氏后裔匾额"门宗孝行"。③ 另外闵氏大宗世系在撰修族谱时也曾邀请一些中央和地方官员撰写过闵子赞颂之辞,如清初内秘书院大学士吏部尚书孙廷铨、南旺泉闸使邵于道、山西督学使张四教等人。④

国家除了用赞辞的方式歌颂闵子外,还将其列入孔庙从祀之中。在孔庙从祀制度中历代封建帝王将闵子骞供于孔庙大成殿,侍奉于

---

① (南宋)真德秀《性理论赞》:"闵子言行见于论语者唯四章。合而言之,见其躬至孝之行,辞不义之禄,气和而正,言谨而确,此其所以亚于颜子而与曾子并称也欤。"
② 以下赞辞见闵祥麟《藤阳闵氏支谱》卷1,藤县集文石印局民国廿五年,第55—58页。
③ 《清实录·高宗》卷35,第4页。
④ 它们分别是:褚无量:闵子具体,怀珍处晦,乡党称孝,宗族称弟。汶水清流,长府旧贯,有德有言,尔父攸贤;王旦:子骞达者,闾闾成性,德高四科,学先百行。人无间言,道亦稀圣,公袞增封,均乃天庆;虞集:孝哉子骞,孔门醲粹,不仕大夫,不居危地,斯文兴丧,与道终始,俎豆是新,昭忠曷已;陈凤梧:维彼先哲,道德范围。百行首善,四科增辉。抗节不仕,具体而微。云言笃圣,万代依归;宋理宗:天经地义,孝哉闵骞,父母昆弟,莫间其言,污君不仕。志气轩轩,复我汶上,出处休焉;朱元璋:闵氏有贤郎,何曾怨晚娘。尊前留母在,三子免风霜;孙廷铨:运丁春秋,道废不行,圣则风衰,贤斯鸿冥。倬彼闵子,如天丽星,墓奠齐域,三事蒸蒸。祠崇沂洙,万松棱棱,至德潜耀,塞渊莫名。览鄹敦簿,树以风声,躬行之教,百世以兴。驱车式墓,眷焉先型,爰咨哲胤,树此刻铭;邵于道:系彼先贤,道宗尼父。具体而微,与圣今古。孝感庭萱,清流泣洢。历代褒封,奕世樽俎。振振云仍,聿光东鲁;张四教:德至惟孝,被文寝深。雏鹥之色,兼葭廖琳,龙旂不视,污禄不食。其音切切,断之与琴,亦既磋止,亦既进止。于惟夫子之字之也,非君子莫谁与钦?

孔子左右，为佩享从祀的"十哲"或"十二哲"之一。① 东汉永平十五年三月，明帝东巡狩，"征琅琊王京会良成，征东平王苍会阳都，又征广陵侯及其三弟会鲁，祠东海恭王陵。还，幸孔子宅，祠仲尼及七十二弟子，亲御讲堂"。注云："七十二弟子，颜闵之徒。"② 章帝于元和二年、安帝延兴三年，兴阙里，除祀孔子，亦及七十二弟子。③ 兴和元年，灵帝置"鸿都门学"，即画孔子及七十二弟子像。④ 兴平元年，高朕复修的"周公礼殿"，梁上亦曾画仲尼及七十二弟子。晋魏五代皆释奠于太学。东晋太元十年，国子学西边的"夫子堂"，即画有夫子及十弟子像，中有闵子骞。齐永明十年，成都刺史刘悛复修的"玉堂礼殿"，其上亦画有"四科十哲像"。东魏兴和三年，兖州刺史李颐的《修孔子庙碑》，亦有"既缮孔像，复立十贤"⑤。唐开元八年国子司业李元瓘上奏："京国子监庙堂，先圣孔宣父，配坐先师颜子。……又四科弟子闵子骞等并伏膺儒术，亲承圣教，虽复列像堂庙，不参享祀。谨按祠令：何休等二十二贤犹占从祀。岂有升堂入室之子，独不沾配享之余？望请春秋释奠，列享在二十二贤之上。七十子者，则文翁之壁，尚不阙如，岂有国痒遂无图绘？请令有司图形于壁，兼为立赞。"结果诏下："颜回等十哲，宜为坐像，悉令从祀曾参大孝，德冠同列，特为塑像，坐于十哲之次。因图画七十弟子及二十二贤于庙壁上。"⑥ 唐开元八年诏

---

① "十哲"之说当起源于《论语·先进》。《论语·先进》："孔门四科：德行：颜渊、闵子骞、冉伯牛、仲弓；言语：宰我、子贡；政事：冉有、季路；文学：子游、子夏。"（朱熹注：《论语章句集注》，天津古籍书店，第44页，宋元人注《四书五经》上册，1988年7月版）。后人因而称"十哲"。以后，颜回进入四配，升曾参为十哲之一；曾子配享后，又子张为十哲之一。清朝康熙年间又升朱熹为十哲之一。乾隆年间再升有若，虽有"十二哲"之称。

② （南朝）范晔著，唐章怀太子贤注：《后汉书·卷二·明帝记》，上海古籍出版社、上海书店，第14页，《二十五史》第2册《后汉书》《三国志》《晋书》，1986年12月影印版。

③ （南朝）范晔著，唐章怀太子贤注：《后汉书》卷3第17页、卷5第23页，上海古籍出版社、上海书店，《二十五史》第2册《后汉书》《三国志》《晋书》，1986年12月影印版。

④ （南朝）范晔著，唐章怀太子贤注：《后汉书》卷60，上海古籍出版社、上海书店，《二十五史》第2册《后汉书》《三国志》《晋书》，1986年12月影印版。

⑤ 转引自黄进兴《优入圣域》，陕西师范大学出版社1998年版，第266页。

⑥ （北宋）王溥：《唐会要》中册卷35，中华书局1955年版，第637页。

书中的"十哲",即指孔门"四科"之后秀,包括"德行":颜渊、闵子骞、冉伯牛、仲弓;"言语":宰我、子贡;"政事":冉有、季路;"文学":子游、子夏。① 欧阳修《新唐书》卷十五《礼乐志第五》云:"先时孔庙以周公南面而夫子坐西墉下,贞观中,废周公祭,而夫子位未改。至是,二京国子监、天下州县夫子始皆南向,以颜渊配,增诸弟子爵、公、侯。子渊兖公,子骞费侯,伯牛郓侯,……"② 晚唐之时,藩镇割据、外族入侵,中州烽火弥天;五代十国,诸姓起落,发动干戈。二百年间,孔子祀礼废绝。长兴三年,国子博士蔡同文奏:"伏见每年春秋二仲月上丁,释奠于文宣。以兖国公颜子配坐、以闵子骞等为十哲,排祭奠,其有七十二贤图形于四壁,面前皆无酒脯。自今后乞准本朝旧规。"③ 至此,从祀乃复行于世。宋代建隆元年国家塑先圣、亚圣、十哲像、画七十二贤及先儒二十一人像于东西庑木壁。太祖亲撰《孔子赞》《颜子赞》,十哲以下命文臣分撰余赞。④ 大中祥符一年,宋真宗诏文追封十哲为公⑤。除此之外,国家还用封号予以表彰闵子,这在上文已经论及。

国家对闵子的崇祀,必然造成一种反影响:闵氏后裔对闵子更加崇拜以致模仿。访谈中我发现,闵子祠的墙壁上绘有大量闵子"鞭打芦花"的孝行图。日常生活中老人们也以讲故事的方式来传播闵子的孝行。在这种氛围中,闵氏宗族必然格外突出孝文化的内涵,以此规范族人的亲属交往行为。

针对只把姻亲做象征性意义理解的汉学研究传统,闵村的经验也有话要说。葛伯纳(Bernard Gallin)通过对台湾新星(Hsin Hsing)村的考察,于1960年说:"娘家亲戚不仅可提供夫家社会及政

---

① (南宋)朱熹注:《〈论语〉章句集注》卷6"先进"篇,见宋元人注:《四书五经》上册,天津古籍书店1988年版,第44页。
② 《二十五史·新唐书·旧五代史·新五代史》第6册,上海古籍出版社、上海书店1986年影印版,第44页。
③ (北宋)王溥:《五代会要》卷8,中华书局1998年版。
④ (清)潘相:《曲阜县志》卷24,清乾隆三九年圣化堂刻本。
⑤ (元)脱脱:《二十五史·宋史·上》第7册,卷105,"礼志第五十八·礼八",上海古籍出版社、上海书店1986年影印版,第351页。

治资源的帮助，甚至财政经济上的支援。"① 但同时他指出，20 世纪 50 年代的 Hsin Hsing 村，宗族组织依然强大，宗族在祖先崇拜仪式、生命危急仪式和村落政治控制方面扮演着非常重要的作用。但该村落经过 20 年的现代化社会变迁，宗族对人们生活的影响日益衰落，而姻亲却成为越来越重要的亲属群体，因为外向型的谋生方式使得人们对族的依赖转向对姻亲的求助。② 这个解说实际是蕴含着这样的理论：宗族强大时，姻亲衰弱；宗族微弱时，姻亲强大。孔迈隆（Myron L. Cohen）从个人和家庭对宗族的忠诚关系入手认为，在 Z 型宗族社会里，人们更忠诚宗族的利益，因而五服—姻亲受到削弱；在 A 型宗族社会里，由于宗族组织暗弱，宗族的利益让位给五服—姻亲，致使五服—姻亲结构发达。③ 显然，Myron L. Cohen 坚持宗族与五服—姻亲结构之间具有反相关关系。但是，在山东闵村这个接近 Z 型的宗族社会里，我们看到宗族和五服—姻组织和功能上确是具有彼此争夺空间的趋势，但同时，宗族却非常支持五服—姻亲结构，因为在五服—姻亲结构里，人们行动所遵循的孝道就是宗族向下灌输的结果。闵人忠实于五服—姻亲集团利益的程度高于宗族的利益。

从现有的民族志作品及其讨论中发现，东南社会的宗族组织似乎比五服—姻亲结构强大。对比之下，山东闵村闵氏宗族组织成立以后并没有像东南社会那样强化自己，其"工作的重点"反而落在五服—姻亲结构上。宗族组织为五服—姻亲结构而存在，而不是相反。因而，从这个意义上说，宗族组织的产生又具有某种内在需求。

当然，这里也提出一个问题，即何以解释为什么周围的村落没有宗族组织也有发达的五服—姻亲结构，在周围村落由谁来强化这

---

① Bernard Gallin, "Matrilateral and Affinal Relationships of a Taiwanese Village", AA62, No. 4, 1960, pp. 641–642.

② Bernard Gallin and Rita S. Gallin, "Matrilateral and Affinal Relationships in Changing Chinese Society", Hsieh Jih-chang and Chuang Ying-chang Edited, *The Chinese Family and Its Ritual Behavior*, Taipei: Institute of Ethnology, Academia Sinica, 1992, pp. 102–116.

③ Myron L. Cohen, "Lineage Development and the Family in China", Hsieh Jin-chang and Chuang Ying-chang Edited, *The Chinese Family and Its Ritual Behavior*, Institute of Ethnology, Academia Sinica, 1992, pp. 210–218.

一结构？我想，上文所展现的生存互助的需要是一个最好的说明。同时，我们也不排除帝国通过长期教化（如教谕和乡约等）所达到的效果。

九　结论与讨论：回归"五服与姻亲" 交往的亲属关系研究

（一）结语

本文考察了山东闵村亲属间的交往，发现了"五服—姻亲"双系亲属结构。该结构实际上是现实闵人亲属互动的结果，并非作者刻意寻找出来的。从交往的视角出发，自然就不会单纯按照系谱、血缘的远近或亲属的差序格局来研究亲属组织和结构，而是根据实际发生的事情来评价，把生育、婚姻和丧葬等事件看作一个文化系列，注重环节与环节的关联。

五服—姻亲是一个包含本家宗亲和姻亲相互动的亲属范围。基本上说，五服本家是居住在一个村子的亲属（除少数外迁家庭外），而姻亲则是村外的亲属（除村内少数几户跟武姓通婚者外）。所谓五服，本指古代的丧服制度，这里用来指称一个亲属群体，这个群体的规模假如以己为中心，纵向上下各至四代的直系，横向以自己等辈论包括三从以内的旁系结构。然而，它又是一个情境性的存在，在丧葬仪式上，其跟古代的五服规模是相吻合的；在其他场合它仅指不包含本族外嫁女子的一个亲属范围（即把一部分血缘女性排除出去），但可以包括来自外族的男性成员的配偶，因而五服群体并不是一个严格意义上的血缘继嗣群体，它实际上，结合了血缘与姻亲两种关系。钱杭称之为中国宗族之典型"父系单系世系集团"，[1] 并声称是"国际民族志报道中闻所未闻、绝无仅有的奇观"。[2] 在文化标识上，除了共同的亲属交往外，五服拥有一个共同的神主楼子和家堂轴子，还有一小片家族墓地。五服在自家为本宗或本家，而当

---

[1]　钱杭：《血缘与地缘之间——中国历史上的联宗与联宗组织》，上海社会科学院出版社2001年版，第194—205页。

[2]　钱杭：《中国宗族史研究入门》，复旦大学出版社2009年版，第15页。

参加村外另一个五服的仪式活动时，它就变成了姻亲，因为此时它以姻亲的身份介入。所以，五服与姻亲的关系实际上是一而二，二而一的问题，一个钱币的两面罢了。单就五服本家这个结构而言，其本身既是一个继嗣体系，又是一个姻亲交换体系，因而本文并不主张：本家五服群体或九族是单纯的父系"宗族"的说法。五服—姻亲结构并不意味着只有一个五服加一个姻亲五服就可以构成，实际上，若以一个五服群体为参照点，就会发现它的周围有若干个五服姻亲群体在旋转，也就是说，一个五服群体同时跟多个姻亲五服群体相互动。如果说继嗣群、世系群、汉人宗族（这三者既有隶属，又有包含，不可并述，在此只是根据习惯叫法的罗列而已）是因一个祖先而发生的，且不论这个祖先是真实的还是想象的，那么五服—姻亲结构实际上是倒置过来围绕某一个个体而发生的亲属关系交往系统。

如果说父子关系和手足之情是五服群结构在一起的一个主导因素，那么甥舅关系和母子关系将是五服与姻亲两个五服群体结合在一起的关键。婚姻乃合二姓之好，特别是妇女的社会身份，以往的研究过于忽视了。从前人们多注重血缘继嗣群研究，因而男系社会看重父子关系的作用，母系社会看重甥舅关系价值。如果从交往角度研究，就会发现妇女作用非常关键。范吉普的过渡仪式理论认为，通过仪式的目的在于转换人的身份，其实中国的五服制度以及闵村的五服实践都规定：已婚妇女既是娘家女儿，也是夫家的媳妇、婆婆，她兼有两个宗族成员的身份。当代社会主义中国的法律规定，妇女对于公婆和亲生父母都有赡养的权力与义务，这在某种意义上延续了传统的规定，认可了民俗实践。因而任何一个妇女一生就在这两个群体之间摇摆，并产生痛苦。这就像机器上两个部件之间的联结部分一样，必然备受磨折。

每个五服均是从自我的立场上与亲属互动，彼此在心里都以自己的利益为核心而采取行动。以五服为立场的家族观念是一种对自我的坚守，在双系交往中我们发现，个体和家族总是从自我出发去对待客人，或者为了自我的利益去跟姻亲群体发生互动，然而这并不妨碍交流。交流或交换是一种互动模式，是自我主动让出某些权利跟对方分享。如果说交换缔造了这个世界，同样也应该说五服本家立场的坚守同样是在缔造这个世界。没有坚守也就没有交换，没有交换也将最终失去自我的坚守。所以，必须从这一实际的状态来理解闵人的社会。以往汉人亲属研究侧重家族或宗族这个自我（corporate group①、corporate property②、"系谱观念"的③、理念的④），侧重于坚守，严重忽视了交往。固然，家族或宗族制度可以结构一个内在的世界，但失去了交往或交换的角度，将无法理解整个中国社会的横向联结。应该说，家族或宗族的自我坚守在逻辑上造成中国社会的一个个分立，是交换或交往将其结构在一体。当然诚如刚才所论证的，没有一个个家族或宗族的自我，将失去交往或交换的基础。既放弃又保留，是在放弃与保留之间做一个动态摇摆和均衡。

但是闵人的五服—姻亲结构并非铁板一块，而是有场景性变动。不同的场景里，其互动的规模和范围不一样。丧葬最大，婚姻其次，生育复次，而后则是盖房、分家、生产互助等场景，最后也是最基本的是在一个家庭内部，而在家庭内部则又以基本的社会三角"父—母—子"为最小。因而，闵人的五服—姻亲亲属圈子实际上是由基本三角而引申出来的。但不能如费孝通所说，亲属制度仅起源于生育和婚姻，否则就没法解释其他场景中亲属互助问题。五服—姻亲规模的大小还因个体的差异以及时代的变迁而存在变异，但不论呈现怎样，五服—姻亲这个总体框架是存在的，并以丧葬场景为其理想类型，或较为完美的集体表象。

山东闵村闵氏宗族具有一套独特的宗族组织，这套宗族组织并不是完全自生的和互动的，而是帝国直接关怀的结果，也是精英的文化设计和模塑的结果。国家设立世袭衍圣公府管理天下诸圣裔，

---

① ［德］马克斯·韦伯：《儒教与道教》，王容芬译，商务印书馆1995年版，第138—142页。

② ［美］弗里德曼：《中国东南的宗族组织》（是书存在一些翻译质量问题），刘晓春译，上海人民出版社2000年版，第161—164页；陈其南：《汉人宗族制度的研究——傅里曼宗族理论的批判》，载台湾《考古人类学刊》1991年第47期。

③ 陈其南：《汉人宗族制度的研究——傅里曼宗族理论的批判》，《考古人类学刊》1991年第47期。

④ 庄孔韶：《银翅：中国的地方社会与文化变迁：1920～1990》"导言"，生活·读书·新知三联书店2004年版，第4、246—352页。

具体在闵氏则设立世袭翰林院五经博士一人管理天下闵氏族务。以世袭翰林院五经博士为核心，组成管理天下闵氏宗族的大宗组织，包括家长官、奉祠官和举事官三人。然后，大宗组织又在全国凡有闵子庙的地方各设立一个奉祠生以祭祀闵子并管理当地的族务，有些士绅和富裕户充当了祠堂会成员，祠堂会并不是由家到户、到支、到房，最后到宗族这样逐级升上去的组织机构。这一点深不同于弗里德曼宗族范式所概括的中国东南社会。论族产，论帝国给予的特殊条件，论人口，山东闵村闵氏宗族凭哪一条都应该建立一个严密的宗族组织，可是他们并没有做出这样的文化选择。假定弗里德曼的模式适应中国某些类型宗族的话，也就说假定他的模式是成立的话（我们不要求具有普遍意义），那么闵氏宗族五服房支为什么没有发育为东南社会那样的宗族组织呢？原因是：闵氏亲属组织沿着纵向发育到五服就停止向上引申了，转而沿横向扩展，成为五服—姻亲结构，即闵人的五服—姻亲结构发达。五服—姻亲结构足可以应付闵人生存的一切压力，在这个范围里他们基本上可以动员出生产、生活所需要的基本资源。因而，他们没有理由发展一个义序那样的宗族。相反，我们看到，如果超越了五服边界，会给他们带来巨大的交往负担，他们自动会分化本家群体。这样五服群体到达五服边缘时，多余的就会自动从这个结构上滑落下去，裂变为若干个五服。每个五服结构是平等的，也不存在弗里德曼所说的内部分化。因而，我们说五服—姻亲结构既是一个功能性的单位，也是一个文化礼仪性的单位。在此，我们看到，五服房支并非闵氏宗族的裂变支。

如果把每一个五服群体比喻成一个喷泉，这个喷泉喷涌到一定高度就会自动脱落，而闵村就是一个大水池，里面是由一个个喷泉构成的。同样，随着五服群体的自动调整，姻亲也相应跟着调整。最后，整个区域就会变成一个大水池，而一个个五服—姻亲共同体构成一个个喷泉，而喷泉与喷泉之间又彼此勾连，于是就形成了一定区域内乡村共同体。每个大喷泉的中心一点是个体，围绕个体的一小圈是以基本三角为核心的家庭，围绕家庭这个小圈的是五服，围绕五服这个圈层的是若干个姻亲五服。这个由己生发出去的扩展过程可以较好地理解"宗亲—姻亲—乡亲"这个人际关系序列。

在世界范围来讲，五服结构既不同于非洲努尔人的世系群裂变制，① 也不同于帕坦人的联盟制，② 它是另外一种制度。世系群根据自然的代数繁衍裂变为不同的分支，然而它们之间既是平等的，又是不平等的。在经济意义上言，闵村所有的五服结构都是平等的；在祭祀意义上讲，长支可能优先获得奉祠生资格而在象征意义上具有祭祀权，但现实中在经济意义上它对任何一个五服房支都不能发号施令。在五服房支内部，同样所有家庭在经济意义上是平等的，但在象征意义上，可能长支具有某些支配意义，但多数现实情况下，表现为一种建议而不是命令。弟兄们、叔伯弟兄们甚至更远的关系之内，如果产生了裂痕，虽然在最近的家庭之间可能会有所偏向和亲近，但只是体现在心理上，很少在现实中表现出以暂时的结合来对付外部压力的倾向，他们不存在摇摆性。这时候充其量是两个家庭之间的纷争，很少导致各自相近家庭的卷入从而形成两个对立的集团。但是，如果有来自五服以外的压力存在时，他们则可能会一致共同对外，即便先前两个对立的家庭也会暂时放弃对立而走到一起。所以我们发现，家庭之间的矛盾并不会阻碍他们作为一个共同礼仪单位去参加外村的共同姻亲的活动，比如婚姻和丧葬。所以，分化与整合模式、联盟模式均不适应闵村的解释。

一个人只要是或承认是来自某个祖先的后裔，那么，他或她就可以获得继嗣体系资格，从而获得地位、权利和义务。与继嗣体系比较起来说，一个人的五服—姻亲圈层资格的获得并不是这样的。它源于中国古代的服制规定，又取决于现实的亲属互动；它既受小规模继嗣群规则（小宗宗法制度）影响，又受联姻规则影响。

五服—姻亲结构应该属于费孝通所说的一种差序格局，即，绝大部分情形下，人们会根据亲属差序原则进行互动。但是，这并不意味着这个结构内部人与人之间都遵循差序原则，有些情形下人们会根据布尔迪厄的亲属实践原则进行互动。然而，从上面的论述中

---

① ［英］埃文思·普理查德：《努尔人——对尼罗河畔一个人群的生活方式和政治制度的描述》，褚建芳等译，华夏出版社2002年版，第161—288页。
② ［美］弗雷德里克·巴特：《斯瓦特巴坦人的政治过程——一个社会人类学研究的范例》，黄建生译，上海人民出版社2005年版。

可以了解到，在乡土社会的形成上却又并不符合差序格局原理：个体偶然的随机的联姻将一个个五服结构联系在一起，最后编织成一个地域乡土社会网络，哪里像一枚枚石子一圈圈荡漾开来的呢？①

（二）回归"五服与姻亲"交往的汉人乡村社会研究

福建的义序、广东的凤凰是典型的宗族村落，而黑龙江的下岬村则是典型的以屯亲和姻亲为主的移民村落。那么如何界定作为汉人社会村落的山东闵村呢？

从人口的构成，从世代闵氏族人聚族而居，从祠堂、族产以及宗族组织判断，都应该理解为一个宗族村落。但是，从本文所获得的基本数据看，我们又很难做出这样的结论，更难以说它是一个宗法社会，除非说这是一个不同于东南社会的另类宗族村落，以中国宗族村落的多样性和变通性来处置。可是这样处理仍然有不能令人满意的地方，因为我们言说"local lineage"这一概念的背后，大多是指宗族作为村落运作的一个独立的"实体"，可是闵氏宗族却就相形见绌了，它实际上是一个介于 Z 型和 A 型之间的宗族（在此并不否认宗族作为实体运作的意义），而在村落内部真正运作的主要实体却是"五服—姻亲"。同时，这个村落的悠久历史以及发达的聚族而居又迥非东北的下岬村可比。因而我们说，弗里德曼的宗族理论模型和阎云翔的礼物交换网络都难以适应闵村的经验。

我在研究闵村同时也考察了闵氏族人的姻亲所在的村落，这些周围的村落（平均不到 2 公里就有一个村子）除了没有闵氏宗族那样的祠堂、宗族组织和族产外，其他跟闵村没有什么不同，不论是强单主姓村落，还是杂姓村落。在亲属意义范围内，他们运作的实体单位也是"五服—姻亲"。1945 年杨懋春对其故乡山东台头所做的社区研究，其涉及的亲属范围也大致符合这一结构（主要限于至亲）。② 王铭铭研究的闽南溪村（可能即《村落视野中的文化与权力》中的美法村）是一个有着 600 余年历史的宗族村落，但在经过

---

① 费孝通：《乡土中国》，生活·读书·新知三联书店 1985 年版，第 23—25 页。
② 杨懋春：《一个中国的村庄——山东台头》"附录二：〈亲属称谓的使用〉"，张雄等译，江苏人民出版社 2001 年版，第 249—255 页。

了社会主义中国的文化洗礼以后，目前村落中的亲属互动也基本上表现为"五服—姻亲"的范围。① 同样的情况亦见诸王铭铭的另一个研究案例晋江的塘东村。② 从长时段历史结构看，闵村跟《红楼梦》所展示的结构也基本一致。在汉人之外的中国其他族群里也存在大致的亲属结构，比如褚建芳研究的云南那目寨傣族。③ 我在山东闵村所发现的"五服—姻亲"结构绝不是一个孤立的现象。

甚至远在13—14世纪的法国南部的蒙塔尤村也有着相似的情形。④ 其实，即使今天欧洲和北美社会的双系亲属结构（bilateral kindred）也有着可以比较的空间。⑤ 由此可以反思葛伯纳和丽塔所说的目前关于亲属制度研究中"概化"倾向：人们为什么要通过亲属制度研究去区分不同的社会，特别是通过亲属制度研究将欧美社会跟其他社会加以区别？如果联系沃尔斯坦的世界体系理论和萨伊德的东方主义理论，那么我们就会继续追问：区分欧美社会与世界其他地方的内在动机是什么？难道真的仅仅停留于更好地认识人类自身这种纯学术动机吗？对于本土人类学家而言，从本土经验和自我社会脉络出发做出亲属制度上的"边缘"跟"中心"的区别，究竟是一种学术合谋，还是一种全球化背景下保护本土文化的集体潜意识之流露（防止渗透、肢解和碎片化）？

从另一个角度说，建立一个宗族需要时间、足够的人口以及相当的财富，只有这些条件具备，表征一个宗族的理念才有可能实现。因而，对于大部分汉人而言更愿意以一个小规模的亲属群体来运作，我想这是合乎事实的。对于帝国来说，它对地方宗族的发展持有矛盾的心理，一方面希望乡村宗族发展起来实行自治，以节省国家控

---

① 王铭铭：《社区的历程——溪村汉人家族的个案研究》，天津人民出版社1996年版，第130—141页。

② 王铭铭：《村落视野中的文化与权力：闽台三村五论》，生活·读书·新知三联书店1997年版，第161—223页。

③ 褚建芳：《人神之间——云南芒市一个傣族村寨的仪式生活、经济伦理与等级秩序》，社会科学文献出版社2005年版，第72—76、138—314页。

④ ［法］埃马纽埃尔·勒华拉杜里：《蒙塔尤——1294—1324年奥克西坦尼的一个山村》，商务印书馆1997年版，第72页。

⑤ Robert H. Lavenda and Emily A. Schultz, *Core Concepts in Cultural Anthropology*, California: Mayfield Publishing Company Mountain View, 2000, pp. 140-141.

制地方社会的资本（费正清的观点，见《剑桥中国晚清史》），① 另一方面，它又担心宗族强大了会与之抗衡。② 尽管它在后期准允宗族制度走向民间，但我们看到帝国更宁愿把五服制度写入法律来加以推行。

五服制度最早产生于西周时期，但那时存在于贵族的生活里面。直到泰始三年晋武帝司马炎始将五服制度引入于律中。自《晋律》以后历代法典都保留了五服制度，并做出了详细的规定与说明。同样，汉代《尔雅》"释亲"也提供了一个包括宗族、母党、妻党和婚姻在内的双系亲属结构。③ 由此可见，以帝国为首的大传统强调的是"五服—姻亲"。

调查期间，我明确感到某种历史的在场以及本土经验的延续性，但目前的资料尚不足以说明历史何以进入闵人亲属互动的现场。虽然山东闵村的亲属结构跟传统的五服制度和《尔雅》释亲的框架及规模彼此之间存在出入，但大致具有相吻合的精神。因而，在此我尝试提出回归"五服与姻亲"交往的亲属研究模式。该模式中"交往"的意思是从我们文化中的个体主义出发，探索亲属的广泛互动；"五服—姻亲"的意思是：要从五服（本家）与姻亲双边亲属架构中理解汉人的亲属制度与实践。假定把弗里德曼所理解的宗族村落看作一端，把阎云翔所考察的下岬村（很可能还要包括那些市镇性村落）看作一端，介于这两个端点之间的村落大致可以运用这一分析框架。此外，对于那些在20世纪中后期被新国家的文化实践所改写的宗族村落，也大体可以参考。当然，这只是我的一个假设，单独的一个闵村尚难以确立这个模式。因而，我期待着更多的人类学工作者在广大中国的田野里进行验证。

其实，这样的提法更可能接近林耀华等人当年的学术愿望。仔细揣摩林氏等人的作品，我们发现，尽管以国家为首的大传统不可

---

① 转引自麻国庆《宗族结构与村落政治：集权、分权及自治》，见周大鸣等《当代华南的宗族与社会》，黑龙江人民出版社2003年版，第30页。

② [德] 马克斯·韦伯：《儒教与道教》，王容芬译，商务印书馆2004年版，第140—142页。

③ 徐朝华注：《〈尔雅〉今注》，南开大学出版社1987年版，第155—165页。

避免的渗透进乡村社会,但是林氏等人的初衷可能在于解释乡村社会的自足性。所以在《义序的宗族研究》这部书里,林耀华格外重视"亲属关系的系统与作用":全书除去"导言"共9章,亲属关系系统占去了6章半。这6章半内容跟作者本人在闽村的研究范围是相吻合的。[1] 如果说早年林耀华还以"宗族"为单位进行汉人社会思考,但到《金翼——中国家族制度的社会学研究》时,却以"家族"为研究的题目了。从《金翼——中国家族制度的社会学研究》之家涉及的亲属范围看,完全在五服—姻亲圈层内,因为从黄东林的祖父算起的话,到少台、少杨这一辈,也达到了5代人纵深度,而且也是典型的本家和姻亲互动。[2] 因而,我甚至怀疑林耀华解释汉人社会的基本单位可能跟本文是一致的。这种情况同样可以在葛学溥（Kulp II, D. H）的《华南乡村生活》中看到。[3] 但是,弗里德曼却选择性地强调了中国宗族的组织,强调宗族内部的分化以及跟国家之间的关联,[4] 并特别突出《金翼——中国家族制度的社会学研究》中的"宗族"意义。[5] 从而远离了林耀华等人的本初信念。其原因是弗氏想跟福忒斯（Meyer Fortes）和埃文思-普理查德（Evans-Pritchard）等人的"非洲学"范式对话,揭明有国家状态下宗族对乡村社会的支撑。[6]

山东闵氏宗族组织成立的目的重在传承孝道,而孝道是五服—姻亲结构存在的根本文化机制。因而,宗族组织强化的是五服—姻亲结构而不是自身。这就消除了帝国的疑虑。东南社会里的宗族组织之本心是否也如山东闵氏宗族组织一样呢？是不是弗里德曼夸大

---

[1] 林耀华：《义序的宗族研究》,生活·读书·新知三联书店2000年版,第71—186页。

[2] 林耀华：《金翼——中国家族制度的社会学研究》,见215页"附录"——"《金翼》"中张、黄两家系谱表,生活·读书·新知三联书店2000年版。

[3] Kulp II, D. H., *Country Life in South China*: *The Sociology of Familism*, Columbia: Columbia University Press, 1925.

[4] 阮云星：《宗族研究中的"义序"与"义序研究"中的宗族》,《福建论坛》（人文社会科学版）2001年第3期,第60—65页。

[5] [英]莫里斯·弗里德曼：《中国东南的宗族组织》,刘晓春译,上海人民出版社2000年版,第50页。

[6] 王铭铭：《社会人类学与中国研究》,生活·读书·新知三联书店1997年版,第65—88页。

了宗族组织及其功能,而忽略或轻视了宗族之设乃为了孝道人心,从而忽略了五服—姻亲这个结构?还是确如他所展现的,宗族为了自己而存在,并做出适应地域化的努力?

诚然,施坚雅的市场体系理论①、杜赞奇的"权力的文化网络"②、黄宗智形式主义与实体主义相结合的模型都突破了微观主义研究的局限性,在一个更大范围里阐述中国社会的运转,这是十分可取的。但现在假定,把国家、市场、宗族等因素抽调,试问乡村社会还能够运作吗?如果还能维持运作,那么这个底线是什么?我想,研究"五服—姻亲"的交往可能会给回答这一问题带来某些启示。如果这个底线能够找到,那么汉人社会是宗族社会,或者中国社会是宗法社会,这样的说法是否站得住脚?除了葛伯纳和丽塔指出的原因外,如果把中国放在一个现代化过程里加以思考,把汉人社会界定为宗族社会,或者把中国社会界定为宗法社会,其背后又潜藏着什么样的历史心性,以及谁的历史心性?

20世纪60年代世界人类学家围绕亲属制度爆发了一场大辩论。一派依据继嗣来考虑亲属关系,强调血统或世系的重要性;另一派认为婚姻是构成体系的因素,联姻是个关键的概念。弗里德曼说:"上述两种对立的观点是否分别适应于不同的体系或者它们在解释一切体系时是否真的相对立,这构成争论的一部分内容。"③尽管这场争论之后亲属制度研究出现了新的转向(思考生育问题),但我以为争论的问题依然没有解决,而且仍在继续。能够兼容继嗣与交换两种亲属模式的中国闵村的亲属实践若放置在世界百年人类学亲属理论讨论中,其学术意义恐怕不止于汉人社会的性质(从亲属角度说),甚而不止于中国研究。

---

① [美]施坚雅:《第一编:历史上的城市·十九世纪中国的地区城市化》,《第二编:空间的城市·导言:中国社会的城乡》,《第二编:空间的城市·城市与地方体系层级》,见施坚雅主编《中华帝国晚期的城市》,叶光庭等译,中华书局2000年版,第242—417页。

② [美]杜赞奇:《文化、权力与国家:1900—1942年的华北农村》,王福明译,江苏人民出版社2003年版。

③ [英]莫里斯·弗里德曼:《社会和文化人类学》,毛茂臣译,见联合国教科文组织编《社会科学和人文科学研究的主要趋势》第1章(人文科学卷上),上海人民出版社2004年版,第60页。

棠棣之花
——一项基于汉人村庄的兄弟关系研究

宋雷鸣[*]

一 引论

> 棠棣之华，鄂不韡韡。凡今之人，莫如兄弟。
> 死丧之威，兄弟孔怀。原隰裒矣，兄弟求矣。
> 脊令在原，兄弟急难。每有良朋，况也永叹。
> 兄弟阋墙，外御其务。每有良朋，烝也无戎。
> 丧乱既平，既安且宁。虽有兄弟，不如友生？
> 傧尔笾豆，饮酒之饫。兄弟既具，和乐且孺。
> 妻子好合，如鼓瑟琴。兄弟既翕，和乐且湛。
> 宜尔室家，乐尔妻帑。是究是图，亶其然乎？
> ——《诗经·小雅·棠棣》

古人云："兄弟者，分形连气之人也。方其幼也，父母左提右挈，前襟后裾，食则同案，衣则传服，学则连业，游则共方，虽有悖乱之人，不能不相爱也。"（《颜氏家训·兄弟第三》）兄弟们一起生活，一起学习，一起劳动，甚至一起战斗，这份醇厚的感情非有

---

[*] 宋雷鸣，厦门大学民族学与人类学系副教授。

同胞兄弟者不易体会。古人又云，"夫兄弟之情也，受之于天性，生之于自然，不假物以成亲，不因言而结爱，阋墙不妨于御侮"（《全隋文卷二十七·兄弟论》）。所以古人感慨，"虽曰安宁之日，不如友生；其实凡今之人，莫如兄弟"（《幼学琼林·兄弟》）。

由于兄弟之情如此深厚可贵，孔子的弟子司马牛因为自己是独生子而忧叹："人皆有兄弟，吾独亡！"他的同学子夏安慰说："君子敬而无失，与人恭而有礼，四海之内，皆兄弟也。君子何患乎无兄弟也！"（《论语·颜渊》）司马牛的另一个同学曾子也说："君子执仁立志，先行后言，千里之外，皆为兄弟。"（《曾子制言上》）按照儒家的理念，君子修身立德，真诚有礼，可以和很多志同道合的人结为类似兄弟的关系。《尔雅·释亲》："男子先生为兄，后生为弟。"兄弟本义指同父的哥哥和弟弟，但在社会生活中，"兄弟"成为一个不断延展的概念。

基于男系的脉络，兄弟可扩及同姓宗亲。《仪礼·丧服》："大夫之子于兄弟，降一等。"郑玄注："兄弟，犹言族亲也。"《诗·小雅·棠棣》序："常棣，燕兄弟也。"孔颖达疏："兄弟者，共父之亲，推而广之，同姓宗族皆是也。"即，一个祖父的"堂兄弟"，一个曾祖父的"再从兄弟"，一个高祖的"族兄弟"，以至更远的同辈的男性同姓宗亲，都可被称为"兄弟"。

按照母系和姻亲的联系，会产生异姓的"联兄弟"和"表兄弟"。《周礼·地官·大司徒》："三曰联兄弟。"郑玄注："兄弟，昏姻嫁娶也。"孙诒让正义："谓异姓兄弟也。"异姓的男子娶了某家的姐妹，他们之间可称"联兄弟"，也叫"连襟"或"一条杠"。姐妹的儿子间，以及姐妹和她们的兄弟们的儿子间，称作"姨表兄弟""姑表兄弟"和"舅表兄弟"。顺此线索扩展，这些表兄弟的儿子们甚至孙子们之间，也可互称"兄弟"。

另外，男系的兄弟和母系的兄弟又可连接起来共称兄弟。一个男子的宗亲兄弟和该男子的各类表兄弟之间在血缘上的联系可能已经很远，但他们见面时一旦攀起关系，自然也是"兄弟"。再扩而广之，姐妹、亲戚、朋友甚至国家都可"称兄道弟"。

"天下无不是底父母，世间最难得者兄弟。"（《幼学琼林·兄弟》）由于父母无有不是，所以子代和父代之间很少会发生激烈的矛盾和冲突。兄弟虽然难得，却常常因为平等亲近和利害攸关产生争端。历史上，兄弟之间分分合合的事情不绝于编。在现实生活中，此类的新闻也常见于媒体。

不同个人和组织间的分分合合岂不正是人类社会永恒的主题？在不同的社会或文化中，这一主题得以演绎的文化或伦理逻辑应有不同。在汉人社会，人常道"四海之内皆兄弟"，那么分分合合如兄弟的一些更广阔的社会主体，是否会受到兄弟伦理的影响呢？兄弟伦理是否和兄弟概念一样具有广阔的发散性呢？如果答案是肯定的，那么这会给中国社会带来哪些影响呢？我们能否在此基础上去思考中国社会（尤其是传统社会）的某些特征？

本文基于一个华北汉人村落的田野调查，从当下的日常生活出发，"反观"相关伦理文化与习俗实践，并结合区域历史，分析汉人的"兄弟"这一微小和基本的人际之维如何逐层往外扩展，影响和作用于更为广阔的社会关系或社会情境。

在崇尚多子多孙的汉人社会，兄弟关系是家庭关系中基本而重要的一维，但是在既有研究中却一直没有得到应有的重视。在这种情况下，研究汉人兄弟关系的基本特点，兄弟关系在中国传伦理文化中的地位，及其对更为宏大的社会关系的影响等，是理解中国传统社会时不能忽视的重要角度。

在父子和兄弟关系中，由于父子是传统社会家庭关系的主轴，所以以往的研究较多关注于纵向的父子之维，如家庭关系中关于代际关系的研究，伦理文化中关于"孝"和"忠"（孝的延伸）的研究等。相对而言，既有研究对横向的兄弟关系关注甚少。[1]

二 田野点概况

本书的田野点在豫皖之交的楼庄。楼庄今隶属于河南省沈丘县。

---

[1] 比如，若我们在中国期刊网上根据篇名搜索"悌"，则"悌"必与"孝"联用，即只有"孝悌"或"孝"，而无单独的"悌"。另外，学者们在论述"孝悌"时往往只对"悌"进行简单的解释，缺少深入的分析，或者仅仅把"悌"当作"孝"的生发，转而谈孝，实际上绝大多数情况是毫不理会"悌"，把"孝悌"直接简化为"孝"。

周代时，如今的县城西郊为项子国都，而县境的东南部为楚之夜丘邑。秦代时，县境内南属寝县，北属项县。汉代时，沈丘属固始县。隋代开皇三年始置沈丘县。唐初至五代，沈丘地属颍州。宋朝时属顺昌府汝阴郡。金、元时属颍州。明清时属陈州。民国时沈丘之归属地名称繁多，如开封道、豫东行政区、淮阳区等。今属河南省周口地区。

沈丘县位于今河南省东部边沿，行政归属变更频繁。楼庄又处于沈丘县与安徽省的交界处，楼庄行政归属之变化更为繁杂。比如明清时沈丘属陈州，但是当时楼庄属于颍州之太和县。民国时太和县归安徽，楼庄尚属太和县之界沟集。中华人民共和国成立后，随着省界的重新界定，楼庄又被划入河南省沈丘县。

楼庄北面靠着漯阜铁路和南洛高速，南面紧邻漯阜公路，西边有一条乡镇公路穿过，东面有一条大沟，所以从地图上看，楼庄被水和路形成的菱形包围。若细辨楼庄卫星图，楼庄民房分布的主体部分大体呈矩形，这是该区域村庄的常见形态，这一形态其实是历史上著名的"圩寨"遗痕。①

与华北很多田野点中的介绍相同，村民们认为自己的祖先是从山西洪洞县老槐树底下迁移来的。最初来到本地的是三位兄弟，他们的后代形成了三个村庄。楼庄是老二的村庄，老大和老三的村庄分别是大楼庄和小楼庄，都在楼庄周边的三公里内。楼庄目前人口有1500人左右，基本上是单姓，只是在最近几十年内有两家招赘的，增加了几户外姓。按家族支系的角度去划分，楼庄可分作不同的"门头"。② 楼庄在集体化时期成立了六个生产队，由于生产队往往是由较前一些的互助组、初级社和高级社等发展而来的，在这些

---

① 19世纪中叶，太平天国运动和捻军运动兴起，使得社会震荡，安徽、河南、山东、苏北等地农村纷纷修建圩寨，或御匪患，或抗官军，以求自保。圩寨，作为一种防御设施，一般以村庄或集市为中心，四周筑以寨垣，挖以壕沟。有关圩寨的资料，可参考如下几篇论文，马昌华：《捻军起义与淮北圩寨》，安徽人民出版社1992年，第98—140页；马俊亚：《近代淮北地主的势力与影响——以徐淮海圩寨为中心的考察》，《历史研究》2010年第1期；顾建娣：《咸同年间河南的圩寨》，《近代史研究》2004年第1期；牛贯杰：《十九世纪中期皖北的圩寨》，《清史研究》2001年第4期。

② 本地方言，类似于南方宗族之房支，具体含义后文专门有叙。

互助组织中，同一门的人较多，所以同一生产队的人也大多是同一门头或相近门头的人。

本地农业以粮食（小麦和玉米）生产为主，但由于楼庄耕地较少，人均耕地不足半亩，所以目前村民们的经济收入主要来自商业和服务业等第三产业。其中，年轻人初中或高中毕业后一般会外出打工，很多人打工几年之后，拥有一些资金和经验后，就开始在外地或在家做生意。

三 兄弟关系伦理

中国传统文化客观上存在着经典和民间的区别，所以对中国文化的研究，无论是宏观研究还是微观研究，我们都应当进行文化的层次分析。[①] 庄孔韶在大、小传统[②]概念的基础上，提出了"文化反观法"这一特别适用于以田野工作为重心的中国人类学的方法论和具体方法。文化反观法重视高层文化和基层文化的历史性传递与关联，强调应对在田野调查中"反向"发现的古代思想和礼制予以重视。[③] 文章借鉴以上理论和方法分别从大传统和小传统的角度论述兄弟关系的实况，并试图寻找两者联系的线索和轨迹。文章首先从大传统的角度对兄弟关系的理想模式和规范进行梳理。

（一）孝悌观念的演变

在传统儒家伦理中，对兄弟关系的规定或要求是所谓"悌道"。"悌"本作"弟"，按照《说文解字》的解释："弟，韦束之次弟也，从古字之象。"意绳锁束戈之形，辗转围绕，势如螺旋，寓兄弟之密也。[④]《说文解字》又对"悌"字进行解释说："悌，善兄弟也。"而

---

① 费孝通：《重读〈江村经济·序言〉》，《北京大学学报》1996年第4期。
② Redfield Robert, *Peasant Society and Culture*, Chicago: University of Chicago Press, 1956.
③ 庄孔韶：《银翅：中国的地方社会与文化变迁：1920~1990》，生活·读书·新知三联书店2004年版，第103—170页；宋雷鸣：《论大传统和小传统概念的时间意义》，《广西民族大学学报》2010年第2期。
④ （清）蔡振绅辑：《八德须知全集》初集卷2，《二十四悌》。

贾谊在《道术》中言："弟爱兄谓之悌。"《孟子·万章上》中提到："人之于弟也，不藏怒焉，不宿怨焉，亲爱之而已矣。"可见，"悌"的含义是指兄弟之间紧密团结，互敬互爱。由于兄弟们是由共同的父母所生，所以在文献典籍及人们的言语中，兄弟又被称作"同胞""骨肉""手足""同根""同气连枝"和"同气分形"等。针对子女对父母所应持有的行为和态度，儒家提出了"孝"这一基本伦理规范。父母作为兄弟们的血缘纽带，共同负有孝的责任和义务，这就要求兄弟们互爱互助以更好地行孝。从这一角度而言，悌道实际上是由孝道衍生而来的，因此在儒家学说中"悌"常常与"孝"放在一起来说，即所谓"孝悌"。

"仁"是孔子思想体系的核心，也是道德规范的最高原则，而儒家以孝悌作为仁的起点，如《论语·学而》说："君子务本，本立而道生。孝悌也者，其为仁之本欤！"《中庸》中讲："欲行仁道于天下，必先行孝悌以事父母兄长。"所以孝悌是仁的根本，修"仁"须以孝悌为发端。"克己复礼之为仁"，实际上是指从自身做起，从爱亲人开始，然后推己及人。在孔子的思想中，"仁"就像一个金字塔的顶尖，而孝悌处于金字塔的底层，可以说孝悌是儒家思想的基础。

按宗法制的规则，具体到一个家庭内，父亲是家庭的宗主，长子是宗主的唯一合法继承者，别的儿子只能降到天子、诸侯、卿大夫和士中的下一级别。[①] 周代的宗法制突出体现了父子关系和兄弟关系的基础地位，孝悌就建立在这两者之上。可见，周代的宗法制、分封制以及礼制原则体现了家庭关系、宗族关系和政治关系的同构，家权、族权和政权的统一对先秦儒学及后世儒学产生了很大的影响。作为儒学的创始人，孔子正是借鉴了上述宗法制重视父子和兄弟关系的特点，归纳出"孝悌"观念，并把"孝悌"作为其儒学思想的基础性概念。

根据周代的宗法制，长子具有特殊的权力，所以先秦儒家强调长幼有序，兄友弟恭，所谓的"序"其实是指长子对政治特权和祭祀权的优先地位。所谓"宗之道，兄道也……以兄统弟，而以弟事

---

① 周发增、陈隆涛、齐吉祥主编：《中国古代政治制度史辞典》，首都师范大学出版社1998年版，第71页。

兄之道也"（《宗法小记·宗法表》）。然而，随着宗法制的衰落，"序"逐渐失去了原初的意义，兄弟间的平等性逐渐增强。"孝"与"悌"的地位发生了变化，最后的结果是"孝"通过转移而得到强化，悌道相对衰弱。

正所谓"移忠为孝，臣子之通义，教孝求忠，君子之至仁。忠孝一原，并行不悖。故曰忠臣以事其君，孝子以事其亲，其本一也"（《宋史·列传第一百七十六》）。由于"事亲"和"事君"的这种"一本"和"一原"的关系，"孝"应乎"忠"的需要而被大大重视和宣传了。相对而言，"悌"就在"移忠入孝"的过程中被冷落了。虽然"孝悌"二字依旧在秦汉以后联用，强调兄弟之间应该互敬互爱的"兄友弟恭"，以及认为兄弟间应有所差别的"长幼有序"等还在儒者的著述中出现，但是与西周时相比，"悌"的地位显然已大大降低或衰落了。正如田兆元所说："孔子倡导的孝悌之道，孝存而悌亡，是在上层社会，或者普通民间社会中的大问题，我把它称为悌道的沦落。"[①]

综上，作为调节兄弟关系的"悌"，最初由于和血缘宗法以及嫡长子制度直接挂钩，它的适用范围可以从家庭扩展及天下，和"孝"一起受到统治者的重视和宣扬。实际上，西周时的意识形态宣传口号"亲亲尊尊"集中体现了"孝"和"悌"的伦理观念。但是随着西周分封制的衰落以及中央集权的国家制度的建立，复杂的官僚机构中臣子与君王的关系不再具有血缘的联系，再用规定父子和兄弟关系的"孝"和"悌"显然不足以控制整个国家，于是统治者吸取法家的思想，在"忠"字上大做文章。同时，由于隆君抑臣的"忠"和儒家的"孝"具有理论上的相似性和亲和性，"移忠入孝"或"移孝作忠"应运而生。随着宗主继承和爵位继承的衰落，兄弟们在政治上也日益平等，因此规定兄弟关系的"悌"的适用范围越来越萎缩，最后仅仅只能作为家庭内的伦理规范之一，而不像孝一样具有越来越强的政治内涵。虽然秦汉以后的儒者们依旧会宣扬"悌道"，但由于缺少政治内涵，往往只能流为一种空洞的说教。比

[①] 田兆元：《悌道与盟誓——〈水浒传〉兄弟问题研究》，中国民俗学网，http://www.chinesefolklore.org.cn/web/index.php？NewsID=6056。

如，"不孝"被视作万恶之首，并被列入各类法律中，自隋唐以来，不孝都是"十恶"之一，而兄弟不和却未被独立定位，往往只被当作"不孝"的表现之一。"悌道"观念的相对弱化显然可见。当然，这种弱化主要是相对于百善之本的"孝道"而言的，而且这一弱化主要表现在政治伦理层面或大传统层面，要求兄弟之间互敬互爱的"悌道"观念一直存留在广大民众的家庭实践中。

（二）诸子平均析产习俗

诸子均分是汉人家庭财产分配的习俗，该习俗历史悠久，难溯其源。自有文字可考的商周时代始，家产的分配就是在诸子之间进行的，且已蕴含着均分的因素。在商周的分封制下，贵族家庭内的继承主要体现为爵位或权力，由于权力的不可分割性，爵位世袭时只能采取整体性传继的方式，即由诸子中的嫡长子继承，余者无份。虽然嫡长子具有特殊地位，但嫡长子之外的其他儿子们却往往具有相等的地位和权利，只是一起下降一个级别，故诸子平等和平均的因素实已蕴含其中。上述所论只是社会的上层，在下层无爵位的民众中，兄弟们的继承主要是财产，他们之间的平等性也就体现得更为明显。李亚农根据甲骨文推论说："析财异居，这是殷人普遍实行的制度，而且实行得非常彻底。"① 他还认为，商周时期不仅王室贵族，而且，"在庶民的宗法中，长房、二房、三房、四房等继承财产的权力大致相同，地位也大致相等"②。而有些学者通过分析考古发掘的商周居室遗址后认为，当时的家庭多为一夫一妻制小家庭，间或有父子两代及兄弟同居的扩展型小家庭。若如此，则易于推论当时的家庭财产继承是在诸子间分配完成的。③

到了春秋战国时期，随着社会制度的剧变，传统的财产继承制度也随之发生变化。除了爵位和祭祀等仍维持嫡长子继承外，财产的继承已与身份继承相分离，这可由个体小家庭的逐渐增多见之。如有学者根据《左传》推论：在春秋后期贵族家庭以兄弟同居为主，

---

① 李亚农：《殷代社会生活》，上海人民出版社1955年版，第34页。
② 李亚农：《李亚农史论集》，上海人民出版社1962年版，第14页。
③ 邢铁：《家产继承史论》，云南大学出版社2000年版，第2页。

含"从兄弟"的较少，含"再从兄弟"的极为罕见；庶民阶层中也是以直系小家庭为主。① 另外，战国时期的李悝在魏国实行改革时谈到魏国的家庭状况"一夫挟五口，治田百亩"②，说明当时魏国已流行一对壮年夫妇为中心的三代同堂的小家庭了。但是，位于西部的秦国还是父子兄弟共居的大家庭形式，所以商鞅到秦国进行变法时认为"父子无别，同室而居"是一种陋习，颁布法令规定"父子兄弟同室内息者为禁"，并且要求"民有二男以上不分异者，倍其赋"③。通过以上手段，秦国取缔了父子兄弟同居的大家庭，使核心家庭成为较为普遍的家庭形式。可见，在春秋战国时期，小家庭形式已经较为流行。

小家庭的实现必然要以财产析分为前提，儿子们与父母分居时必然要带走家庭财产，诸子析产的方式就形成了。而每个儿子独立之后都要面临同样的生活、生产和赋税负担，加之血缘关系相同，所以从大家庭中分出去的财产也应该大致相同，这便在诸子析产中加进了"平均"的因素，由此形成了所谓的诸子平均析产方式。④

鉴于以上，学者们多认为，至迟从商鞅变法时期始，诸子平均析产已成为汉人的家产分配和继承的主要形式，到汉代时已普遍实施。⑤ 发展到唐代，诸子均分制已被写进法律之中。《唐律疏仪》卷十和后来的《宋刑统》卷十二的"析产令"条文中都明确规定："应分田地及财务者，兄弟均分。"⑥

---

① 参见谢维扬《周代家庭形态》第5章和第7章，中国社会科学出版社1992年版。
② 《汉书·食货志》。
③ 《史记·商君列传》。
④ 邢铁：《家产继承史论》，云南大学出版社2000年版，第5页。
⑤ 邢铁：《我国古代的诸子平均析产问题》，《中国史研究》1995年第4期；李淑媛：《争产竞财——唐宋的家产与法律》，北京大学出版社2007年版，第70页。
⑥ 在明清之际，家庭财产分配中除了诸子均分以外，长子和长孙常常获得额外的赠产，甚至是双倍的财产份额，以用于祖先的祭祀。这主要由于汉人传统礼制主要靠嫡长子继承，嫡长子有疾方由庶子代之。有学者认为，随着唐代以来财产均分法的普遍化，祭祀祖先之责不再强调由嫡嗣专责，而可由众子孙中推立代表，或由各房轮充之方式相承，甚至可由抽签的方式来决定祭祀人选。然而随着宗族意识的强化，象征"祭田"与"义庄"的祖产机构渐趋制度化，成为士大夫阶级中普遍奉行的规范。同时，由于理学的盛行，儒家传统的重嫡观念重新获得强化，并反映于民间。参见李淑媛《争产竞财——唐宋的家产与法律》，北京大学出版社2007年版，第101页。明清之际，长子或长孙获得多余的份额，并非是对诸子均分的否定，而是财产均分和祖先祭祀的双重考虑，二者并不矛盾。

汉人诸子均分之起源固然难以考证，但诸子均分得以流行的条件似可推知一二：其一，世袭的爵位或权位之不存在或衰落。如上所述，若无世袭的爵位或权位，有利于兄弟间的分割性和平等性继承。其二，汉人对血缘之重视。[1] 传统汉人社会是男系主义的，同时汉人又较注重血缘联系，而儿子们与父亲具有相等的血缘关系，所以在财产分配中无论嫡庶，无论正妻或妾婢所生，儿子们都具有相等的财产权利。其三，宗祧继承形式的流变。与宗法制衰落处于同一过程，"大宗祧制"逐渐转化为"小宗祧制"，无论大宗或小宗，皆可祭祀祖先。[2] 祭祖在古代具有特殊的意义，宗祧继承之变迁也是兄弟们趋向平等的表现之一，财产上的均分也应与之相应。

综合孝悌观念的变迁及诸子平均析产习俗，我们可以发现：在上层社会虽然曾出现"以兄统弟"的局面，但随着中国古代政治制度由血缘政治走向超血缘政治，皆无爵位可承的兄弟们日趋平等；同时，基层民间一直践行的诸子平均析产习俗，也渐越至法律层面。因此我们可以认为，汉人社会的兄弟关系在大、小传统中大体是一种平等和平均的关系。

四 财产分配中的兄弟关系

根据楼庄的情况，未成年之前，兄弟们在父母的庇护下尚不存在直接的财产关系；在成年之后和结婚之前这一短暂的时间内，兄弟之间常常共享财产，互相支援和帮助，极少在财产上的分化与争端。一般而言，兄弟之间的财产分化是从结婚时开始的。

（一）结婚

在有多个儿子的核心家庭中，儿子们的结婚带来了家庭结构的重要变化，在核心家庭转变为扩大家庭，或者变为多个核心家庭时，

---

[1] 由于受到古代宗法制的影响，汉人形成了重血缘关系的文化，血缘关系成为中国人的伦理道德基础。比如《国语·晋语》说"同姓则同德，同德则同心，同心则同志"，《左转·成公四年》说"非我族类，其心必异"等都体现了这一点。

[2] 丁凌华：《宗祧继承浅说》，《史学集刊》1992年第4期。

家庭关系也会随之发生变化。因此，结婚是家庭关系变化的分水岭，而这一变化在结婚过程中即已表现出来了。

随着人们经济水平的提高，房子、彩礼和嫁妆等婚姻花费在互相攀比中越来越高。在各项婚姻消费中，房子、彩礼和嫁妆是互相关联的，由于新居的流行，客观上需要嫁妆带来家具和家电等基本生活设施，而嫁妆的增多又促成了彩礼钱的增长。结婚后即住进新居，这又促成了家庭关系的变化。尤其在多子的家庭中，住进新居实际上是财产分配的重要内容之一。虽然住进新居的新婚夫妻有一段时间会与大家庭同灶吃饭，但是房子及其中的各项设施都已经是新的小家庭的财产了，而且分家作为必然的结果，新居和嫁妆都是家产分配的一项重要内容。也因为此，从结婚之时开始，兄弟间就可能会产生直接的经济上的竞争。

由于彩礼和新房都是新成立的小家庭的基本财产，它们是新家庭的经济基础，所以彩礼的多寡和新房的优劣对于小家庭非常重要。在独子的家庭中，新娘对彩礼的多寡及新房要求并不是太高，只要男方家庭条件不错，女方不会对彩礼提出过多的要求，甚至会不要彩礼，因为整个家庭的财产最终都要归属唯一的儿子。若是男方家庭有两个以上的儿子，女方家庭则会"狮子大张口"，因为这是兄弟间财产分配的第一步。访谈中大家对此都有共识，"如果男方家里只有一个儿子，女方不会咋要，随男方给，达到一般水平就行啦，要是男孩子弟们儿多，女方就会死命地要，非给你要干不可"。即使高额的彩礼钱已经给过，在新婚当天，女方也可能会突然提出新的要求。当男方接亲的车队到达女方家，新娘上车时男方要给"上车钱"，一般用红包封几百块钱就够了，但有时女方会趁此机会要出高额的上车钱，钱不到手就不愿上车。对于男方来说，婚礼的各项事宜都已经准备妥当，亲朋好友都已经在家等候，情况如同箭在弦上不得不发，只能答应女方提出的要求，赶快想办法凑钱给女方送去。这类事情并不鲜见，很多人家娶儿媳时都害怕出现这种情况，尽量在"会亲"时把一切事情说清楚。即便如此，这种事情有时还是难以避免，女方照样会找出新的借口。有时，女方给男方加价要钱可能是男孩和女孩事先商量好的，作为儿子在还未结婚时就已经和未过门的妻子联合起来攫取父母的财产。这种行为在表面上发生在儿子和父母之间，其实质是兄弟间的争财竞产，即，从父母那里多取一分则其他兄弟就少占一分。

上述情况为学界有关婚姻消费或彩礼的讨论提供了新的角度，学界关于彩礼的分析主要是从族际和代际两个角度入手的。①

无论是族际的角度还是代际的角度，其分析的落脚点或具体内容都是家庭和家族关系，这些关系都对彩礼的增长及其流动产生了影响。在上面的材料中，女方对单个兄弟的男方家庭很少提出彩礼上的要求，而常常会对多兄弟的家庭索要高额彩礼，不断加码，以致纠缠不清，这表明兄弟关系也是各种家庭关系中影响彩礼的重要一维。从楼庄的实际来看，据说也存在新郎和新娘合谋，通过高额彩礼攫取父母财产的情况，但只可能发生在多兄弟的家庭中。在多兄弟的家庭中，兄弟们终究要对父母的财产进行分割，所以趁结婚的时机争取高额彩礼，以求"先下手为强"，多分一杯羹。而在独子家庭中，父母的财产流向单一，早晚都要归儿子和儿媳所有，所以人们觉得没有必要如此心急。财产继承理论强调的是子辈主动和提前继承父辈财产，但根据楼庄的情况来看，在独子家庭中这种"主动和提前"显得多余可笑而极少有人这样去做。相反，多子家庭中才会发生这种"主动和提前"的行为，但是这种行为主要体现的是兄弟间的财产竞争，虽然这也算是财产继承的内容之一。

在多兄弟的家庭中，结婚所得的新居、嫁妆和彩礼等都属于新婚夫妇组成的小家庭，是兄弟间财产分配的第一步。因此，结婚是兄弟间财产分化的开始，结婚常常标志着兄弟关系进入了一个新的阶段。

（二）分家

笔者就"何为分家"的问题与村民们进行过讨论，他们认为目

---

① 针对彩礼的讨论，除了这两个角度以外，还有文化、传统和象征层面的解释，如杨善华等人认为，彩礼和嫁妆既有经济意义，又具有婚姻文化的意义，即它是作为一种婚姻行为规范，成为该地婚姻文化模式的组成部分而被农民所接受。参见杨善华《经济体制改革和中国农村的家庭和婚姻》，北京大学出版社1995年版，第148页。

前农村分家分为三个阶段或部分，即分居、分锅（灶）和父母去世后的分产。虽然分居也是分家的重要内容之一，但一般分锅才是分家的真正标志，因为分锅的同时，田地常常也随之分了。当然也有特例，田地没分但是分开锅吃饭，这种情况极少，目前在村中没找到案例。学界关于何为分家标志也有多种讨论，如有学者把家计的分裂作为最初的家庭分裂的主要变量，① 还有学者把分灶作为分家的重要指标。② 无论是家计、家产、分居或分灶，都是分家的表现和内容，它们在不同的条件下各自具有不同的重要性。

根据楼庄目前的情况，村民们把分锅作为分家的重要标志。但由于分家是家庭发展的必然结果，而且分锅常常在分居基础上进行，所以分居也就成了分家的重要内容之一。尤其在多子的家庭中，除了小儿子可能结婚后会与父母一起居住，前面的儿子一般结婚后很快就改变共居的形式，和妻子分离出去。

儿子们结婚多久后与母家庭分锅或分家呢？20 世纪 80 年代以前，尤其是 1949 年以前，传统伦理理想支配的社会舆论迫使儿子们尽量推迟分家的时间。一般而言，长子结婚后常常要等到弟弟也结婚才能提出分锅和分家，所以从结婚到分家常常要间隔三年左右的时间。当然，兄弟年龄差别较大时，长子可能等到自己有孩子后提出分锅，时间段大体差不多。20 世纪 80 年代以后，从结婚到分锅的时间越来越提前，现在一般是在结婚三个月内就分锅了，也即分家。

针对汉人分家的原因，很多学者认为平均继承的习俗和同居共财的日常生活之间的矛盾是兄弟分家的根本原因。③ 其实上述学者们的观点并不新鲜，古人早已从这一角度阐明了兄弟争财的特点，如清人曾言："谓父母之一椽一瓦一丝一粒兄弟各有分焉，一认为分内

---

① Myron. L. Cohen, *House United*, *House Divided*: *The Chinese Family In Taiwan*, New York: Columbia University Press, 1976.

② 胡台丽：《合与分之间：台湾农村家庭与工业化》，转引自麻国庆《家与中国社会结构》，文物出版社 1999 年版，第 50 页。

③ David Wakefield, *Fenjia*: *Household Division and Republican China*, University of Hawaii Press, 1998, p.38；[英] 弗里德曼：《中国东南的宗族组织》，刘晓春译，王铭铭校，上海人民出版社 2000 年版，第 29 页；王跃生：《20 世纪三四十年代冀南农村分家行为研究》，《近代史研究》2002 年第 4 期；张佩国：《制度与话语：近代江南乡村的分家析产》，《福建论坛》2002 年第 2 期。

之物便锱铢尺寸所必较。故从古兄弟之间或为家而争为国而争，皆各见其为分内耳。"①

以楼庄目前的情形来看，从长子结婚到新婚夫妇与父母兄弟分锅，常常只有几个月的时间，在这短暂的时间内，兄弟们称不上同居共财：一方面，新婚夫妇有自己的新居，兄弟们作为年轻的劳动力常常在外工作，一家人较少在一起生活；另一方面，兄弟们除了仅供口粮需求的耕地外，他们各有生计，结婚之后共财的程度很小。在短暂的同灶生活中，一般是由父母负责饮食消费，很难说在短短几个月内，兄弟们就会因为日常消费的不均衡而产生矛盾，并且矛盾已积累至要以分家来解决的程度。

财产或经济上的矛盾自然是促成分家的因素之一，但随着目前农村经济环境的变迁，兄弟间在经济方面存在的矛盾越来越小。在传统农业社会，农村的经济生产具有一种内向性，人们"不需要睁眼去看外面的精彩世界，只要不离开土地就能维持一种基本的生活"②。土地作为最重要的生产资料，其扩展的空间却极其有限，因此兄弟们的财产获取主要依靠于前几代人的缓慢积累。在这种情况下：一方面，父亲往往具有很高的权威，对家庭也具有较强的整合力，兄弟们一般要等到父亲去世后才能对家庭财产进行一次性析分；另一方面，"内向"的经济特点及有限的生存资料决定了资源分配方式的重要性，特别是艰苦的生存条件使穷困的农民们如同站在齐颈的深水里，稍有风浪便面临灭顶之灾，若多分得几分地，在艰苦的年头里对自己小家庭的生存可能起到非常关键的作用，因此兄弟们的财产关系显得较为敏感。而在市场经济发达的今天，农村的生计方式已经发生根本变化，农业及土地已经退居次要地位，人们的目光已由世代相传的固定和有限的土地转向广阔无限的市场，农业生产所得的收入在人们的总收入中所占的比例日益减小。并且，兄弟们常常各自外出打工或做生意，兄弟们在生计上的关联度已经微乎其微了。所以，财产或经济因素作为分家的原因，其重要性似乎越

---

① （清）沈兆：《篷窗续录续》，《修四库全书》1198 卷，第 60 页；转引自吴欣《清代"兄弟争产"诉讼中的法律与社会》，《聊城大学学报》2005 年第 4 期。
② 麻国庆：《家与中国社会结构》，文物出版社 1999 年版，第 70 页。

来越小了。

在问及村民们分家原因时，他们提出了各种具体的生活细节问题，包括饮食习惯、作息习惯、消费观念、个人隐私和家务推诿等。这些内容主要集中在代际间的生活习惯和观念的差别，经济上的因素所占比重较少。由于此类具体问题的存在，年青人和父母都想追求自己小家庭的独立性，从而避免一系列的生活问题。可以说，对核心家庭生活独立性的追求成为目前农村分家的重要原因。① 这种对核心家庭独立性的追求从根本上来说是源自社会的变迁，社会的变迁一方面使家庭代际间和兄弟间的生计关联度变小；另一方面促使年青人追求生活自主性和私密性的要求增强，而经济因素仅仅成为独立性要求的内容之一。

（三）日常争夺

自 20 世纪 80 年代以来，兄弟们结婚即分居，婚后又很快分灶的形式使兄弟们对家庭财产的继承过程分解了，相对于传统社会中较为流行的一次性析分，兄弟间存在的财产竞争的焦点转移或发散了。如果说结婚揭开了兄弟间财产分化的序幕，那么分锅后漫长的日常生活更为兄弟们提供了争财竞产的广阔舞台。

具体来说，分锅后的日常争夺主要表现为以下三种形式：一是，蹭吃。分灶后，儿子儿媳在父母家吃顿饭本来很正常，但是有些人去父母家吃饭的出发点是占便宜，这实际上是回去蹭饭。一位兄弟回去蹭饭，别的兄弟看不下去又不好说，于是也回去蹭饭，做父母的也不好意思赶他们走，只好忍气吞声。有一家兄弟三个，都已结婚，父母为他们操办完婚事后年近六十，分锅后父母与老三住在老宅上，同居不同灶。逢春节时，父母买了些年货，包括鸡鱼肉蛋和各种蔬菜，计划和老三合锅，一起过年。老大老二觉得老三占便宜了，都带着孩子回来蹭吃蹭喝，每到吃饭时间就赖着不走。父母没办法，有时说今天不饿不想吃饭了，两个儿子和儿媳就自己拿着菜

---

① 需要指出，核心家庭的独立性增强表现的是目前家庭组织的核心家庭化或核心家庭本位，这一过程或表现并不能说明个体独立性的增强，也不能当作中国社会个体化的证明。

做饭吃。本来父母准备和老三合灶过年,这样一来,父母必须要和老三分开吃,并且置办的年货早早就被吃完。老夫妻很郁闷却不敢明说,怕以后儿子儿媳们找到借口对他们不孝顺。二是,干活。楼庄的年轻人一般多在外面打工,父母必须为他们照看耕地。在一些多个儿子的家庭中,只要父母为一个儿子照看了庄稼,另外的儿子也会要求父母去他们的田地里干活,哪怕他们没有外出打工。父母为其中一个孩子干活了,有时就必须为另外的儿子干活,或者通过别的途径弥补回来,不然就会有人觉得自己吃亏,不满意,提意见。庄稼活沉重而枯燥,尤其是夏季天气炎热时,除草、施肥和收获都非常辛苦,很多年轻人怕吃苦,就把地里的责任尽量交给父母。有人说:"现在很多年轻媳妇娇生惯养,在娘家时就没下过地,出了门子你想让她给你下地干活?门儿都没有!"的确,现在的年轻人从小就在学校里,下学后外出打工,地里沉重的庄稼活不太能干,当父母的只好代劳了。在楼庄我们有时会看到这样的情景:儿子们外出打工了,年轻的儿媳们在家打麻将看电视,中老年的父母们成为他们免费的劳动力,顶着烈日在田地里辛苦地劳动。三是,照顾小孩。年轻人大多外出打工或做生意,孩子只好放在家里由父母照顾。儿子、儿媳们在外长年累月不回来,小孩的花销常常由父母先垫着。父母照顾了老大的孩子也得照顾老二的孩子,不然儿子和儿媳以后就可能会说闲话抱怨,并以之当作借口逃避赡养责任。[1]

以上所言针对的大体是 20 世纪 90 年代及以后的情况,在这一阶段,由于分锅后父母一般还较年轻,还有很多精力去干活和赚钱,这便给儿子们提供了较多的可供争夺的金钱、物品和劳务。对于单

---

[1] 王崧兴在龟山岛的汉人渔村调研时也发现类似的情况,年老父母"得留心利益公平分配的问题。最重要的是财产之均分,父母绝不能有所偏心,否则不只引起兄弟间之争纷,且也会遭人物议。弟弟因多结了一次婚,多花了一次父亲的钱,兄弟间产生了不公平的情形,故做父亲的就必须拿些现金和金饰贴补大媳妇,以弥补因小叔多结一次婚所受的损失",而且父母给老大家挑地瓜后,那么老二和老三家的也非去挑不可。给老三家生火做饭了,那么必须要去给老大老二家做饭,所以一大早起来要奔跑三个炉灶间生火。另外,"奉养父母之义务,跟承继父母之遗产或获取父母之利益是相对应的。义务之分摊,遗产或利益之分配,都如同分配渔获物一样,算的很精细而合理",可见汉人诸子要求平均之普遍性,并未因生计方式的改变而不同。参见王崧兴《龟山岛——汉人渔村社会之研究》,"中央研究院"民族学研究所,1967 年,第 134 页。

子的家庭来说，父母的财产和劳务具有单一的流向，儿子和儿媳不必急切地榨取；而对于多子的家庭，由于父母财产的多种流向，难免会出现不均衡，因此容易产生不满和抱怨，多个儿子的小家庭之间就会产生争夺。但是，目前农村兄弟们的小家庭对父母的争夺相对而言是隐性的，他们争夺的都指向父母，而兄弟们之间极少发生正面的对立和冲突。

以之与20世纪90年代以前的情况作对比，则可知兄弟关系的特点有所变化。在20世纪90年代以前，从结婚到分锅一般有两三年时间的大家庭生活，大家庭生活中的兄弟们以及儿媳们要共同面对生活中的各种琐事，在这一过程中兄弟间产生矛盾的可能性较高。而且一旦产生矛盾，这种矛盾就显得十分明显和直接，强度也较大。另外，在20世纪90年代以前，人们大多固守在村子里，主要靠农业生产维持生计，分家时有限的土地和其他生产和生活资料显得十分重要。尤其在农业生产水平较低的时代，土地的多少甚至直接关系到自己小家庭的生存。长时间大家庭内矛盾的积累，再加上分家过程中土地等各种财产关系生存的重要性，兄弟间产生激烈竞争和矛盾的几率相对较高。

自20世纪90年代以来，随着分家过程的分解以及分家的提前，兄弟间财产分配的过程相对比较缓和。一般在结婚之时，大部分的财产分配已经完成，分灶后父母所占的份额已经很小，一般只有少量的老屋和较少的耕地。随着市场经济的发展，人们的生计方式逐渐以农业为主转向以市场为主，外在的市场机会促使他们把关注点转移到农业和耕地以外，因此他们一般不会太耗精力去争夺"鸡肋"般的土地，甚至很多人主动把耕地转给别人，以更专注地从市场获取利润。

另外，随着农村劳动力的转移，兄弟们常常各自外出打工或做生意，他们可能常年见不到面，只有春节时才能相聚。较少的相聚时间也减少了兄弟们的小家庭间可能产生的各种摩擦，尤其是春节时共同祭祖，共同拜见长辈和亲戚等仪式性活动，反而会加深他们的感情。因此，相对而言，分家较早且常年在外工作的兄弟们关系较好。

（四）养老

楼庄的养老模式包括如下几种：一是，从子居。目前这种情况很少，一般见于独子家庭。二是，独居。即老人自己居住，自己做饭吃，儿子们平均提供粮食和钱等。由于当今生活是如此轻松方便，老人们只要身体还能行动，他们就能很好地照顾自己，也乐于和孩子们分开住。三是，分养。在两个儿子的家庭中，分别包养父母。四是，轮养。老人在儿子们家中轮流居住和吃饭。

在20世纪80年代以前，第一种养老方式最为普遍，即老人和老大或老小同居共食，别的儿子提供一定的粮食和财物。再往前推，传统社会的情况也大抵如此，那时老人一般有很高的权威，对家庭有着较高的整合能力，甚至父母在时儿子们不分家。自80年代以来，随着市场经济的发展以及父辈权威的下降，父亲对家庭的控制能力大大降低，儿子们早早分家，并且分家越来越体现在代际之间。因此，第二种养老方式变得日益普遍，目前占楼庄养老形式的绝大多数。第三种和第四种养老方式往往发生在第二种养老的末期，即当老人衰老或患病至不能自我照顾时，人们不得不采取的养老方式。

在多子家庭中，由于赡养父母是兄弟们共同的责任，所以无论采用以上何种养老形式，其中必然贯穿着"平均"原则。在第一种养老方式中，老人与诸子中的一子同居共食，其他各子提供一定量的粮食或财物，而提供粮食和财物的多少，常常经过详细的计算。假若老人与小儿子同居共食，兄长们在提供粮食和钱物时则要考虑以下内容：父母的身体条件，父母在兄弟家能做什么事，亲戚们平时给老人礼物的多少等。在这种养老方式中，由于劳务和饮食等难以具体量化，很容易产生分歧，造成矛盾，这也是目前这种养老方式较少的原因之一。相对而言，在第二种方式则很容易操作。在第二种方式中，老人独居，兄弟们可以平均计算各人应付的粮食和钱数。轮养和分养也与之类似，兄弟们也较易平均计算出各自的责任。

有些人逃避赡养父母的责任，这在表面上看来似乎是代际关系。但是，若我们把独子家庭和多子家庭做一比较就可发现，寻找种种借口逃避赡养老人责任的事情全部发生于多子家庭。在独子家庭中，代际关系一般都较好，没有不赡养老人的案例。在赡养老人问题上，多子家庭和独子家庭的不同可能有两种解释：其一，不赡养老人的行为看起来是代际矛盾，但实质上兄弟之间的竞争和不和，老人成了兄弟不和的牺牲品；其二，不赡养老人的行为终究还是代际问题，只是由于独子无法把责任推卸给别人。笔者把这两种解释与人们进行讨论时，他们一致支持第一种解释，认为赡养老人中出现的问题主要体现的是兄弟间的矛盾。他们的解释是：父母无论如何偏心，终究把孩子养大成人，做孩子的应当报答父母的恩情，所以不至于完全推卸掉责任。多子家庭之所以出现养老问题，主要是由于兄弟间斗气，认为"我不养难道你也不养"。无论兄弟间如何闹，矛盾的发起人心中都有个前提——老人终究是有人养活的，我不养活你就必须养活。所以，无论兄弟间如何闹，他们的行动表现得如何对父亲不敬，一般在内心深处却认同老人理应得到赡养，只是把责任推卸给自己的兄弟罢了，老人因此成了兄弟们斗气的牺牲品。

除了养老，老人去世后的丧葬仪式以及周年祭也需要兄弟们进行合作，这一过程也突出表现了兄弟们对平均原则的追求。在这些仪式中，亲戚朋友带着礼品和礼金前来悼念，这就涉及兄弟们在经济上的合作与分配。各种仪式的举行都要以经济作为基础，在仪式举办之前，兄弟们常常请来族内德高望重或有能力的人在一起商量事情该如何办，每家出多少钱，收到的礼钱和礼品如何分配等。在仪式之前要准备好足够的烟酒和菜肴等招待客人的物品，这需要事先根据客人的多少进行预算，根据预算共同出资采购。在这一过程中一般没什么争议，兄弟间平均出资即可。收到的礼金也较易分配，对于共同的亲戚和朋友，收到的礼金平均分配，各自的亲戚和朋友则分别交给各自的手中。

有时，由于兄弟们不和，他们不同意在一起办事。有一家兄弟三个，因为赡养父亲的事三家发生不和，甚至大打出手，兄弟形同路人。在父亲的葬礼上勉强在一起合作办事，而后来的三次周年祭上，三个兄弟每人负责一年，互不合作，这样既达到了平均的要求，也避免了可能会产生的矛盾。为了达到平均，楼庄有一家兄弟做到了极致。该家有弟兄五个，他们办完父母的后事之后，把父母留下的极少的财产进行分配。父母的一切财物都被分成等额的五份，其中居然包括砖瓦以及烧剩的纸钱。当兄弟们一张张清点廉价的冥币或纸钱时，他们并非是在乎物品的价值，而是要通过这种仪式似的行为表明兄弟间是公平和平均的，杜绝以后可能以某处不均为借口而发生的矛盾。

    实际上，葬礼以及周年祭仪式常常是兄弟们最后一次经济合作。此后，兄弟间的经济交往一般体现在各种仪式所拿的礼钱上，比如侄子和侄女结婚和生子等，兄弟们会参加仪式并拿出较高的礼钱。但是，在仪式以外，兄弟间的行为一般大致和普通邻居一样，除了长相较为相似外，仅仅靠外在的观察看不出他们的兄弟关系。常常是在一些仪式性的场合，才能发现某某两人原来是兄弟关系。对于关系不好的兄弟来说，三周年祭以后，兄弟间的经济往来就和普通人一样了。

    另外，笔者在访谈中询问人们的借钱对象时，得到的答案主要是向亲戚和朋友借钱。人们大都认为，兄弟之间很少有相互借钱的，因为"弟们之间容易赖账，赖账后还能找到很多理由"。由于兄弟间在财产分割过程中常常出现一些竞争或矛盾，所以他们的经济关系就较敏感，在分家以后往往尽量少地牵涉金钱上的关系。

（五）小结

    本部分的分析侧重于关注于兄弟关系的反面，即兄弟间的竞争、矛盾和冲突。据调研情况，兄弟不和只是少数，而且兄弟间的纷争又易消弭。笔者认为，通过对矛盾或冲突的分析，更易发现本文化中指导兄弟关系的规范或原则，其中"平等"和"平均"的理念最显而易见。甚至可以说，兄弟纷争正是兄弟合作的某种表现形式，强调兄弟友爱的悌道理念也因之产生。毕竟，作为理想类型的理念其实是在对不完美的客观实践的某种规范、指导或冀望。有学者认为："在人类关系中，冲突是自然的、不可避免的，与其强调秩序、平衡，或功能主义式的系统存在，不如把注意力集中到冲突的调理上；与其把冲突看成是'坏事'，看成是对社会制度、人类关系的破坏，不如说冲突是一切制度和关系，包括家庭制度和婚姻关系存在的条件。"① 当然，这一逻辑也和常人方法学的所谓"打破常规来揭示常规；违反共同的理解来表明这些理解"② 的思路相似。

  回顾兄弟间经济关系的整个过程，结婚常常是兄弟间经济分割与争夺的起点。大体而言，在20世纪90年代以前，以至在传统社会期间，结婚后普遍流行的较长时间的同灶共食生活，给兄弟们在直接的日常消费上可能产生的各种矛盾提供了较大空间，平均的财产权和不易均衡的日常消费间的矛盾，往往直接促成了分家的实践。而自20世纪90年代以来，随着分家的提前及分家过程的分解，兄弟间的财产关系更多地以代际关系表现出来，即在结婚过程中通过新房和彩礼等手段无声无息地完成了兄弟间的财产分割，兄弟间的经济关系变得日益间接与缓和。同样，分家后不同的兄弟家庭对父母劳动力和财力的日常争夺，也体现了兄弟财产关系的间接化，如通过蹭吃、让父母帮忙照顾小孩以及照顾庄稼等这些表面上看起来合理而委婉的方法继续获取利益。在以上各种过程中，平均主义是利益获取的重要手段，兄弟们习惯于以平均为借口从父母和兄弟那里获取权利。同样，等到父母年老体衰后，兄弟们在赡养父母的过程中亦遵循平均主义思想。从权利的平均到义务的平均伴随着较长的人生历程，其中包含着结婚和分家等重要家庭事件，以及分家后对父母的日常计较和争夺等。在这一连串的生活事件中，兄弟们处处追求平等，一旦某一环节出现问题，则后面的环节亦不好解决。所以，在多子家庭中，养老出现的问题常常与结婚和分家时的陈年往事分不开。平均思想从汉人家庭财产的诸子均分习俗开始，并由之扩大至兄弟们围绕父母所产生的各项权利、责任、行动和事件中。

  另外，兄弟间的经济关系随着经济环境的变迁发生着变化。由于生计方式的变迁，一方面兄弟们生计的关联度大大降低；另一方面兄弟们在一起的机会减少，这客观上促使兄弟们产生矛盾的各种因素越来越薄弱。

---

  ① ［美］J. 罗斯·埃什尔曼：《家庭导论》，马志军等译，中国社会科学出版社1991年版，第58—59页。
  ② ［美］伊恩·罗伯逊：《社会学》，黄育馥译，商务印书馆1990年版，第184页。

五 家庭关系系统中的兄弟关系

在一个大家庭内，妯娌关系、夫妻关系和代际关系等都会直接或间接地影响到兄弟关系，兄弟关系的不和甚至会影响到下一代——堂兄弟的关系。家庭关系就像一个复杂的系统，其中的各种关系是相互影响的。

（一）代际关系与兄弟关系

在变迁缓慢的传统农耕社会，老人的权威具有坚实的经济、政治和文化基础。第一，父母是家庭财产的所有者，并且具有丰富的生产和生活经验；第二，国家宣扬的道德伦理强化着家长的特权，以尊老和敬老为核心的孝道伦理像法律一样具有强制性的力量；第三，汉人社会具有祖先崇拜的信仰，老人逝去后，其灵魂也将会庇佑整个家族的繁衍和兴旺。针对老人在传统汉人社会中的地位特点，费孝通总结出"长老统治"。[1] 近代以来，随着剧烈的社会变革，上述的情况发生了变化。当晚辈的资源财富、知识结构和权力声望等都超过长辈时，且尊重和崇拜老人的信仰基础也不复存在时，老人的权威也就随之衰落了。

老人权威的衰落在家庭中的突出体现是老人对家庭的整合力和控制力大大降低，控制力和整合力的降低对于兄弟关系具有直接的影响。比如在传统社会，父亲在世往往能延迟兄弟分家，分家行为发生的早晚与父母去世时间有很大的关系。因为即便兄弟们已经结婚，但若父亲仍有很大的精力和较强的控制能力，那么他也就能更长时间地控制家庭的财产，维持大家庭的生活。老人们告诉笔者，从前兄弟分家大多发生在父亲去世后，因为那时老人"说话算话"。

随着老人权威的衰落，他们对儿子的控制能力下降，上述的代际关系对兄弟关系之正面整合也就弱化了。但即便如此，老年父母毕竟是兄弟连接之血缘纽带，共同孝道的考虑毕竟有利于兄弟间的

---

[1] 费孝通：《乡土中国 生育制度》，北京大学出版社1998年版，第68页。

合作。以上是基于正面的考虑,但若代际关系处理不好,也容易激起兄弟间的矛盾。在多子家庭中,父母不是一人之父母,而是众兄弟之父母,其中某一兄弟虐待父母或与父母关系失和,显然会影响兄弟间的关系。代际之间发生直接冲突的例子毕竟少见,较多的是子辈在赡养老人中逃避责任。同样,兄弟关系也会反过来影响代际关系,实际上二者之间是互相影响的。兄弟们会因为赡养老人而产生争端,也会因为兄弟之间产生矛盾而互相推诿赡养老人的责任。

在土改以前及更久远的传统社会,由于老人们一般还具有较高的权威和较强的整合力,兄弟间的矛盾常常隐而未发。在20世纪七八十年代,老人权威趋于下降而市场经济的影响尚不够深入,兄弟们一方面重视对父母财产的竞争;另一方面由于老人权威的衰落而缺少了控制力,在这一过渡性的间隙中,兄弟之间纷争迭起。

(二) 夫妻关系与兄弟关系

在传统汉人社会,妇女地位较为卑下。尤其是到了宋代,理学家们更把"男尊女卑"和"三从四德"等提高到"天理"的高度。因此,在汉人亲属制度的研究中,多以男性为谱系和重心,在一定程度上忽视了女性在汉人家庭关系中的作用。自20世纪80年代中后期以来,随着实践理论和女性主义的兴起,人类学者开始从妇女的视角关注汉人的家庭关系和亲属制度。另外,在现代化的过程中,传统中国家庭的主轴正由"父子之轴"向"夫妻之轴"转变。[①] 这一转变与女人地位的日益提升有关。

在访谈中,人们也普遍认为妇女在家庭中的地位获得了提高,绝大多数夫妻关系都是平等的,在有些家庭女人的地位甚至超过了男人。

女人地位的提升,客观上给家庭关系带来了一系列变化。老人们回忆说,中华人民共和国成立前儿媳地位很低,结婚后要非常小心地看丈夫和婆婆的脸色做事,干着繁重的家务和农活。以做饭为

---

① 李银河、郑宏霞:《一爷之孙——中国家庭关系的个案研究》,上海文化出版社2001年版,前言。

例，儿媳做好饭后必须先给家里的长辈盛饭，然后再为家里的其他人盛饭，最后才能轮到自己。做饭量的控制也很重要，做的少了，自己只有饿着不吃；做的多了，做饭的撑着也要把剩饭全部吃完，不然老人就会生气责备。老人们说："现在的儿媳就像从前的婆婆，从前是儿媳伺候婆婆，现在婆婆伺候儿媳。"儿媳地位提高之后，她们敢于直接按照自己的意愿组织家庭生活，具体到兄弟关系上，儿媳们能够通过各种手段影响或控制丈夫进行家庭利益的争夺。实际上，兄弟之间本来就存在利益上的竞争，而妻子们作为没有血缘关系的"外人"，她们进行利益争夺的要求也就更为强烈。随着女人地位的提升以及夫妻关系的平等化，女人们更多地参与家庭的决策行为，就易于加强兄弟间竞争的强度。在访谈中人们常说："兄弟之间关系一般都没啥，主要是女人在后面捣鼓的。"随着夫妻关系的平等，以及夫妻成为家庭的主轴，妻子对于兄弟关系的影响显然也随之增强了。

（三）妯娌关系与兄弟关系

具体到家庭关系中，妯娌之间的行为和表现也体现着自己男人的立场和利益。但是，这些表面上的观察和推理并不能否定女人们内心的自我考虑，甚至我们可以反过来说，她们的这些行为可能只是从自我利益出发而生的一些必要策略，是对男权文化以柔克刚般的巧妙利用。

在访谈中问及人们村子里妯娌关系怎么样时，人们大多回答说"没有几个好哩"，虽然很多妯娌之间没有公开闹过，但是暗地里钩心斗角，互相说坏话的比较常见。总体而言，妯娌之间的关系趋向于互斥或分裂。妯娌来自不同的家庭，她们具有不同的生活环境和生活经历，成年后因为自己的男人及其兄弟而走到了一起。这就使妯娌关系至少具有以下两个特点：其一，她们不像兄弟姐妹一样从小生活在一起，彼此间缺少深厚的感情基础。其二，由于彼此之间了解较少，容易抱有戒心，产生猜疑。以上两点是直接从妯娌本身进行的分析，而在家庭关系系统内，妯娌关系是通过丈夫及其兄弟实现的，因此一定程度上可以说妯娌之间的感情是间接的，妯娌关系直接受到兄弟关系的影响。关于传统社会兄弟之间在经济上存在的竞争和分裂关系，前文已论。妯娌受到兄弟们这一特征的影响，她们首先考虑的往往不是如何维持和发展大家庭，而是自己与丈夫所组成的小家庭，更具体来说，分家单过是绝大多数儿媳的愿望。又由于分家是汉人家庭发展的潜在趋势和必然结果，妯娌们自然容易产生所谓"反正要分家，不能当傻瓜"的念头。

由于此类心理的存在，妯娌们就会倾向于在日常生活中斤斤计较，唯恐自己吃亏受气。大家庭的东西能多拿就多拿，干活时能推卸就推卸。由于现在农村普遍结婚即分家，传统的大家庭生活很少见了，但是分家后，兄弟们及其小家庭如果仍然留在村庄里工作和生活，妯娌同样会有机会和较大的可能性在一些生活琐事上竞争和计较。比如一起在父母家里蹭吃蹭喝或者拿东西，借口老人偏心而推卸一些应尽的责任等。在访谈中，人们认为妯娌之间关系不好大多是因为"争东西"。妯娌都以平均为口号，尽量多占父母的"东西"，并由此产生矛盾和纷争，妯娌的这种行为显然和兄弟争财同途同归。兄弟之间的竞争性情境，以及妯娌之间的非血缘特点，一起造成了妯娌多争的现实。对此，古人有精炼的总结，"娣姒者[1]，多争之地也。使骨肉居之，亦不若各归四海，感霜露而相思，伫日月之相望也。况以行路之人，处多争之地，能无间者，鲜矣"（《颜氏家训·兄弟第三》）。

当然，妯娌矛盾的最初起因并不一定是财产，性格上的差异及由之产生的些微误会等都可能扩大成妯娌以至兄弟间的矛盾或不和。外人的看法往往是妯娌因为争东西而产生矛盾，但是在访谈一些闹矛盾的妯娌时，她们的回答往往可以归结到个性的差异上，比如说对方"不讲理"等。然而，从个性差异到矛盾的形成总会有一个具体的生活过程，其中兄弟之间的平等地位和平均习俗，以及由之而产生的妯娌之间的互相攀比和竞争，并不止于家庭财产，这也正是家庭关系复杂性的表现之一。

---

[1] 兄妻为姒，弟妻为娣。《尔雅·释亲》："长妇谓稚妇为娣妇，娣妇谓长妇为姒妇。"

由于在外在表现上，妯娌之间常常在家庭财产的分配上斤斤计较，纷争不已，而且兄弟之间的矛盾很少直接地显现出来，所以人们往往认为妯娌是兄弟不和的"罪魁祸首"。在访谈中，问及"妯娌关系对兄弟关系有什么影响"的问题时，人们所持的基本上是"女人误国"的论调："弟们之间关系一般都没啥，主要是女的在后面拽的"；"还是弟儿们之间知道亲，只是被女的在后面捣坏了"。

可见，在妯娌之间的矛盾关系中，妯娌间个性上的矛盾和源于兄弟竞财的利益争夺往往杂糅到一起，很难进行剥离和辨认。妯娌之间不仅仅会因为兄弟竞财而产生矛盾，也会因妯娌本身产生的一些矛盾而激起兄弟争财。这即是说，妯娌矛盾既可能源于兄弟间的竞财，也可能源于她们自身的个性等其他原因而祸及兄弟关系。显见，妯娌关系和兄弟关系是相互影响的，且不管孰先孰后的问题，结合上述妯娌间易发生不和的情况，我们在此可以推论：在本地农村的现实生活中，偏向于不和的妯娌关系实际上成为兄弟关系的离心力。这让人想起古语所说："兄弟一块肉，妇人是刀锥；兄弟一釜羹，妇人是盐梅。"（《颜氏家训·兄弟第三》）

（四）小结

本文分别从代际关系、夫妻关系以及妯娌关系这三个方面分析了它们对兄弟关系的影响，这里可以综合林耀华和费孝通的家庭关系理论进行总结分析。

首先，费孝通提出了著名的"家庭三角形理论"，该理论把丈夫、妻子以及子女视作家庭的三大要素，把其中的每两个要素之间用一条线连接起来，就形成一个家庭三角形，三角形的每一边都代表一种家庭关系。相对于没有子女的夫妻所组成的仅有一条线的家庭关系，拥有子女的三角形架构的家庭更为稳固。[①] 费先生借鉴几何学的基本原理，意图说明由于家庭关系的互相牵制和影响，具体来说，亲子关系有利于夫妻关系的稳固和持久。当然，三角形理论对家庭关系之概括尚限于核心家庭内，而在汉人社会中大家庭的理想

---

① 参见费孝通《乡土中国　生育制度》，北京大学出版社1998年版。

及其实践表现着更为复杂的家庭关系，尚需进一步提炼。林先生在《金翼：中国家族制度的社会学研究》中用动态平衡理论分析了黄家与张家的人际关系或家庭关系，他勾画了一个由竹竿和橡皮带所组成的框架结构，认为："任何时候任何一个有弹性的皮带和一个竹竿的变化都可以使整个框架瓦解。人类行为的平衡，也是由类似这种人际关系的网络所组成。每一点都代表着单一的个体，而每个个体的变动都在这个体系中发生影响，反之他也受其他个体变动的影响。"[①] 林先生对动态平衡理论的应用并非止于家庭关系，他在更为广阔的人际关系和社会环境中阐述了动态平衡思想。按照林耀华的竹竿和橡皮带框架结构，竹竿代表各个家庭成员，弹性的橡皮带代表家庭成员之间的关系，其中的任何一点或任何一种关系的变化都会影响到其他关系以至家庭全部。与三角形理论相比，竹竿和橡皮带的结构更为复杂，它不但设置了更多的点，论及了各点的变化对整个结构的影响，另外还突出了各点之间连接线的强度变化及其对整个结构造成的影响。

结合上述两位前辈的理论，我们在此可以根据文章的论述，画出整个家庭系统的节点及其关系的示意图。

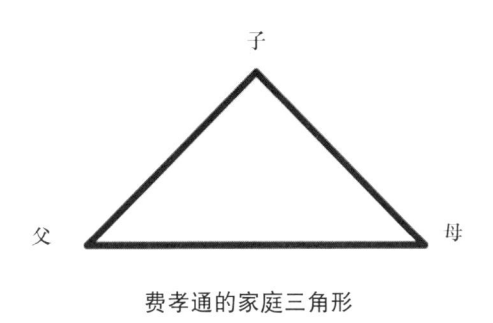

费孝通的家庭三角形

上图是费孝通的家庭三角形，分别以夫、妻和子代为点形成一个简单的三角形。根据文章探讨兄弟关系的主题，我们可以把父母合在一起当作一个点；把兄弟们分别作点，以简单的两个兄弟为例，

[①] 林耀华：《金翼：中国家族制度的社会学研究》，生活·读书·新知三联书店1989年版，第221页。

可以以"父母""子一""子二"为点，形成一个新的三角形，参见下图。

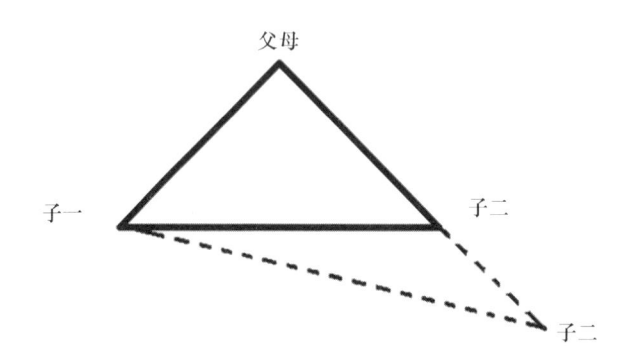

突出兄弟关系的家庭三角形

在上图中，兄弟们以父母为中心而相互连接。首先，从三角形结构各点的角度来分析：兄弟之所以为兄弟，源于他们共同的父母，所以在强调孝道的汉人社会里，兄弟们如手足一般互敬互爱即是孝道的题中之义。从这一角度而言，父母显然是兄弟间的合心力。另外，从三角形各边的强弱程度来分析：把三角形的各边当作橡皮筋，若"父母"之点对"子一"和"子二"两线之间的强度不同，则整个框架结构就会发生变动，只有当力度达到平衡之后，三角形结构才能够稳定。比如，当"父母"点和"子一"点之间的强度更大，那么这两点之间的距离就会逐渐变短，而其他两条线的距离就会相对显得较长（虚线分别表示变化后的距离）。在上文中，有些兄弟极端地追求平均，并常常以父母不平均为借口逃避和推卸赡养父母的责任，淡漠了代际关系，这便是图中上面一条虚线的表现。同时，兄弟一方若对父母不够孝敬，而使代际关系淡漠，兄弟之间往往就会产生矛盾以至距离越来越远，这便是图中下一条虚线所表现的内容。但是，作为兄弟的两点是由父母之点产生出来的，由于其血缘的先天性及文化的象征性，三点之间的线永不能断裂。因此，代际关系和兄弟关系虽然在相互影响中不断发生着各种变化，但是从根本上来说，父母始终是兄弟关系的向心力，即便父母去世了也依旧如此。

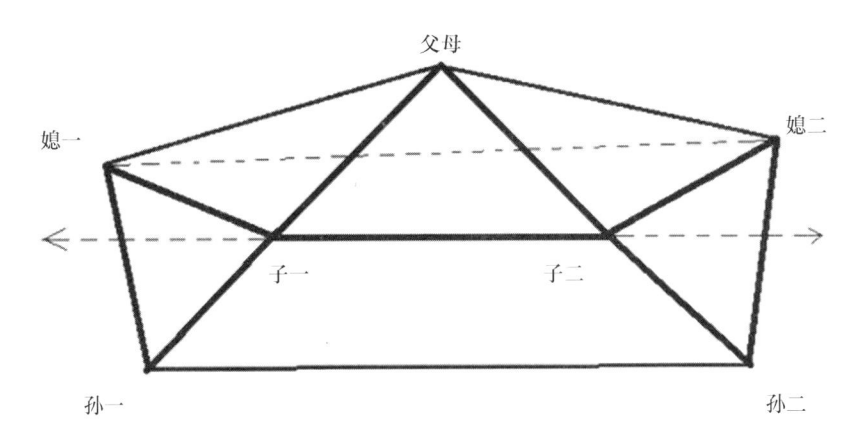

扩大的家庭三角形

　　除了代际关系，文章更牵涉夫妻关系和妯娌关系，因此还可以把它们纳入到家庭关系中，从而形成更为复杂的图示。在上图中，随着儿子们成家生子，以他们为点又分别形成了新的三角形。这样一来，大家庭中的关系结构就变得非常复杂。根据前文所述：其一，夫妻关系趋向于平等，妻子在家庭生活中的力量越来越大；其二，在农村的现实生活中，妯娌关系往往趋向于矛盾和分离。把这两个方面表现在图上，我们可以清晰地看到整个结构的变化。由于第一个方面的情况，"媳一"和"媳二"往往具备了较强的牵引力；由于第二个方面的情况，"媳一"和"媳二"拉力的方向往往朝外。在这种情况下，"媳一"和"媳二"分别有较强的力量把"子一"和"子二"往外牵引。这一共同牵引的后果很明显，会直接拉长"子一"和"子二"之间的距离。更进一步，"子一"和"子二"与"父母"之间的线也会随之受到影响。最为极端的变现是"媳一""子一""子二"和"媳二"在一条直线上拉扯，"媳一"和"媳二"对"子一"和"子二"的拉力完全成为"子一"和"子二"之间的张力。可见，这种分析也与前文所论的"妯娌关系往往倾向于成为兄弟关系的离心力"相吻合。

　　根据图形，我们还可以从更下一代进行分析，比如子代和孙代之间的关系对子代兄弟关系的影响，以及孙代内部（即堂兄弟）的关系特征等。可以直观地看出，子一、子二、孙一、孙二形成了一个上紧下松的梯形，其稳定性和紧密性显然不及各类三角形。由于笔者在田野调查中对这方面的关注不多，且这些关系对兄弟关系的影响不是特别明显，所以希望以后有机会再做进一步的探讨。

总而言之，代际关系、夫妻关系和妯娌关系都是影响兄弟关系的重要因素。首先，代际关系从根本上来说是兄弟关系的合心力，但是在具体的生活中合力和张力往往相伴而生，代际关系处理不当反而可能造成兄弟不和；其次，随着夫妻关系越来越成为家庭关系的主轴，对兄弟关系的影响越来越大；最后，妯娌关系作为汉人社会家庭关系中的宿病，往往成为兄弟关系的离心力。

六 扩大的兄弟关系

（一）分分合合的兄弟

前文论述了兄弟间追求平等和平均的要求，和在这一过程中所产生的各种矛盾和争斗，可以说是兄弟间"分"的一面。当然，兄弟之间也存在着"合"的一面，尤其是受到外力压迫的时候，兄弟们常常能够暂时压抑矛盾而实现联合对外。"古人有言曰：'兄弟谗阋，侮人百里。'周文公之诗曰：'兄弟阋于墙，外御其侮。'若是则阋乃内侮，而虽阋不败亲也。"（《国语·周语中》）在兄弟们心中有非常清晰的内和外的界线，而维持这种界线的显然是兄弟间的直系血缘。

无论兄弟之间如何争斗，他们的天然的血缘关系是无法改变的，更何况他们还有以父母为中心而在长期的生活中形成的亲情。直系血缘的人们之间是否存在着某种先天的神秘情感或情感的倾向性，我们不得而知。因为即使存在着所谓的先天情感，我们也难以把它和后天的生活经历以及所处的文化环境相剥离。但无疑的是，具有直系血缘的兄弟之间客观存在的很多相似性有利于兄弟间相互爱护之心的产生。比如，很多兄弟之间都有很多相似之处，他们或者是长相相似，或者是神态和气质接近，所谓"同声相应，同气相求"，他们之间的相似性应该有利于互相的认同或珍惜，进而产生互相爱护的感情。

同样，由于血缘上的原因，兄弟之间发生矛盾时，易于产生一种爱恨交织的复杂感情。因矛盾而产生的不满和怨恨与原初的手足之情相互碰撞，个人的情感没有中间的道路可走，只能在爱和恨的两点之间徘徊游荡，难以停留在任何一处。把这种情感和对外人的情感作对比则较为清楚：假若一个人与没有血缘的外人发生矛盾和冲突，则情感易于走向一个固定的端点，即是单纯的恨意，他可以把对方变成单纯的敌人或仇人，而不必反复和纠结。兄弟之间可以打得头破血流，转眼却和好如初，甚至关系好过从前，所谓"望深则易怨，地亲则易弭"。而非兄弟之间若发生激烈的冲突，冲突双方的关系常常就此破裂，很难再复。兄弟之间的这种特点是由于兄弟间处于一种张力和合力并存的状态。

无论是张力还是合力，它们都是内生的，都是以不能割断的血缘关系、由此形成的亲情以及长久的共同生活为基础而产生的。对于兄弟间的合力较易理解，即是人们所常说的"手足之情"和"同气连枝"等。兄弟间的张力与兄弟间的合力分不开，由于兄弟间的长久相处及对共同利益的关注，他们之间难免会产生各种竞争、矛盾和分裂。可以说，兄弟间的张力其实是由他们之间的亲近性和共同利益促生的。由于亲近性的存在，兄弟之间存在各种相对较高的期待性，由此易于互相批评和要求，从而产生矛盾和分歧。另外，经济利益上的争夺看似与共同的利益相矛盾，却也是以曾经的共同利益为前提的。

总而言之，兄弟们由于在利益上密切相关，他们在利益分配的过程中常常因为追求理想中的"平等"和"平均"而产生矛盾和分裂。同时，由于兄弟们在血缘和情感上的亲近性，他们在产生张力和矛盾的同时亦存在着一定的合力，这种合力往往能够促使兄弟间的矛盾和争斗维持在一定的限度。当然，自古至今兄弟父子反目成仇，甚至互相残杀的事情也时有发生，但终归较为罕见，或可算作例外。从实际的普遍情况来看，兄弟之间张力与合力并存，所谓的张力更多的是因合力而生，因此合力是兄弟之间的首要力量。

(二)"门头"之间

1."院"与"门头"

家族形态作为汉人社会的基本组织之一,无论其呈现出何种复杂或简单的形态,无论学者们把它命名为何种术语,人类学对它的研究最终都是要指向"文化"。只有从"文化"这一核心概念进行洞察和把握,才能真正理解各种千变万化的人类组织,这也是庄孔韶教授强调的"作为文化的组织"思想和"理念先在"思想的要义之一。[①] 由于南北汉人具有相通的家族文化,在多元的家族组织中可以寻找到相通的血缘和亲缘伦理,因此下文对本地家族内各种关系的论述中,会间或引入南方宗族的研究。

楼庄人言语中的"院"最初源于几位兄弟的不同居住方位。比如,三位兄弟分家后分开居住,分别住在村北、村南和村中间,那么他们便会被分别称作:"北院""南院"和"当中院"[②]。兄弟们既然分家分居,一般是各自都已结婚甚至是有了孩子。所以,"院"在本地的最小范围应是一核心家庭,而且可以在此基础上不断扩展。但是"院"一般只能从起源开始扩展到三至四代,再往下就会出现新的"院",算作是"院"的更替。当然,院的更替受到人口情况的影响,若以某几位兄弟作为源头的院,其各自的后代人口较少和缺少发散,则"院"的叫法可能会延续得久一些。为了研究的方便,可区分不同类型的院,笔者把核心家庭组成的院称作"小院",由小院生长发展而形成的延续多代并包括众多核心家庭的较大的院为"大院"。

比"院"大一级的单位称作"门",一般是由上述的几个"大院"组成。为什么"门"比"院"大呢?笔者推测,可能是因为组成不同的"院"的兄弟们是从同一个大门——父母居住的老宅里走

[①] 庄孔韶、李飞:《人类学对现代组织及其文化的研究》,《民族研究》2008 年第 3 期;杜靖:《"理念先在"与汉人社会研究——庄孔韶人类学实践中的"理念观"》,《民族论坛》2011 年第 12 期。

[②] 在本地方言中,"当中院"发音为"dang-chun-yuan-er",未能问询出"chun"应如何写,只好根据意思写作"中"字,人们同意这一写法。

出来的，所以不同的"院"可以组成较大的一个"门"。同一门的人因关系较近，互称"近门的"。对于这一概念，笔者与一位报道人有过热烈讨论。即同一门的人，应写作"近门的"？还是写作"进门的"？笔者最初认为，因为是一个"门"的人，"进"入同一个门，可称"进门"。但该报道人认为：因为关系或血缘"近"才可称作"近门"，且重点强调的不是大家要进入一个门，而是说大家是从同一个"门"出来的，同一个门"出"来的，自然较"近"。笔者比较后，深以为然，肃然佩服对方的智慧。由同一门"出"，即已包含门内有门，不止一门，族系延续的动态性内涵。

基于日常的生活实践，人们倾向于认为"五服的算作一门"，"一个老祖爷的算作一门"[1]。这样算来，门头的范围似乎和五服的范围基本一致。在华北地区，五服不仅是文化性的单位，还是实际的功能单位。杜靖在山东地区的调研发现，乡村基层的日常生活和仪式活动往往以五服为基本运作单位，人们依靠范围较小的五服和姻亲框架便足以处理好生活中的各种问题，从而不必形成华南那样支系庞大的宗族组织。基于此，杜靖把每一个五服群体比喻成一个喷射到一定高度便自行脱落的喷泉，并把五服概念和亲属组织及地方社会相结合，提炼出颇具新意的"喷泉社会"理论[2]。如果说五服是一个具有清晰范围，且由于功能性考量而自然脱落的喷泉单位的话，那么"门"的范围在理念上并无清晰的界线。汉人的一些亲属用语，如家、族、家族和房等，在不同的时期和情境下具有不同的指涉范围[3]，"门"这一概念的实际使用范围也可根据具体情况延伸或缩小，虽然在访谈中人们大体认为五服和门头范围相符，因为人们承认，门头由"老祖爷"及其兄弟们分别繁衍而来，但若已分的门头各自继续繁衍，则门之划分已不止于"老祖爷"辈。陈其南在论述汉人的房支概念时，认为兄弟相对于他们的父亲才称为房，

---

[1] 在本地的亲属称谓中，"老祖爷"指高祖父。
[2] 杜靖：《九族与乡土——一个汉人世界里的喷泉社会》，知识产权出版社2012年版。
[3] 陈其南：《房与中国家族制度——兼论西方人类学的中国家族研究》，《汉学研究》1985年第1期。

强调的是族系划分时自下而上的内涵。① 而本地人族系之划分似乎更多强调的是自上而下的内涵，即兄弟们并不自然地构成"门"，而只有在他们各自繁衍到一定的世代时才形成"门"。而且，现有的族内各门，并无固定和清晰的兄弟节点，门不是因为上溯到某同胞兄弟或共同的父亲而得以划分，而是基于多种脉络并相对分离的族属端簇。调研发现，一些人能说清楚和自己门头较近的门头之间的关系，但对于自己门头和村内其他门头之间的关系却已不能追溯。从这一角度而言，似乎华南宗族支派之划分更重谱系。实际上，相对而言，华南宗族支系划分之所以要追溯清晰的谱系，可能源于其相对华北宗族更加迫切的功能性需求。在现实生活中，为了组织起更多的族众，久远却清晰的谱系就成为重要的整合性力量。

2. 门头内外

如前所述，本地的"院"可能只是小的核心家庭，院之间可能是兄弟关系或堂兄弟关系，而不同的院组合到一起形成门头。因此，我们要论述扩大的兄弟关系时，可把研究视野放置到包含着一些"大院"的"门头"这一概念上。在门头内外，不仅包含着兄弟关系，而且包含着堂兄弟、再从兄弟以及族兄弟等相对扩大的兄弟关系。

（1）门头内外的合作

A. 门头内

门头内的各院在血缘和伦理上是一种平等互助的关系，互相帮助的责任及其实践体现着平均主义原则，而且门内门外也具有一定的界线，这体现在各种利益的分配及对内对外的各种行为和态度上。

首先，门头内各院在血缘和伦理上处于平等的地位。门内各院是由兄弟关系发散和扩展而成的，其中横向的相同辈分间具有平等的地位，互相以兄弟称呼。在某一平辈的兄弟间还较为年轻时，他们称呼兄长时还以各自家庭内的排行称呼。待到这一辈分的人都当了父亲和爷爷时，他们的儿辈和孙辈们便会按照他们的年龄给一个

---

① 陈其南：《房与中国家族制度——兼论西方人类学的中国家族研究》，《汉学研究》1985 年第 1 期。

总的排行，以孙辈的称呼为例，可以从大爷、二爷、三爷等一直排下去。这时，他们的兄弟关系表现得更为明显了。

其次，门头内各院承担相同的义务。根据伦理习俗或规范，无论各院在人口、财富、声望和权势上有多大差异，各院之间彼此承担着相同的责任和义务，这些责任和义务主要是"红白典事"时的帮忙。门内各院的关系在平时很少体现，大家可能彼此联系很少，但是逢到某一家"办事"时，门内的关系便体现出来了。"近门的"办事，各家都要有人去参与帮忙，即便在干活或工作，也得暂时放一下，虽然这可能会带来一些收入损失。

在帮"近门的"做事时，大家一般都很尽心，因为今天你为他家帮忙，明天他家也会来你家帮忙。而帮忙时是否用心，一门的人都看着呢。况且，事情办的如何也是本门力量的一次展示。相反，若是"近门的"办事不去帮忙，那么大家都会不满，轮到自家办事时大家可能也不过来帮忙了。在某家办事的时候，不止是"近门的"来帮忙，往往不是"近门的"也会因为关系较好而来帮忙，另外房屋挨着的邻居也可能会来帮忙。若不是近门的，来不来帮忙无所谓，因为他们不存在帮忙的义务，但是"近门的"不来帮忙就说不过去了，很容易"得罪人"。

最后，门头内的优先考虑。门头内的合作关系当然不止于仪式或礼仪，若有实际的利益上的分配时，门内的人也具有优先权。比如，当上级政府发放一定的好处时，村干部就获得了利益的分配权，在利益的分配上便会优先考虑与自己关系最近的人，其中自然包括"近门的"。不少村庄的村干部在利益分配中优先考虑自己及自己近门的，这在本地是一个较为普遍的现象。

B. 门头之间

一般而言，村民很少以门头为单位进行各种联系，各个家庭、院以及门根据需要进行自我组织。把各个门头合并到一起自然就是整个村庄了，所以门之间的合作实际上就是村庄的整体性行动。

近些年，村庄组织各种活动时，往往以集体化时期的生产队为单位进行组织。楼庄的生产队当时大体上是按片划分的，因为居住靠近的家庭便于组织，在往田里去做工时生产队长喊一声大家都能听到。同时，居住较近的家庭同一门的也较多，且同一门的家庭也更倾向于加入同一个生产队。所以，楼庄以生产队为单位的各种行动，也可以在一定程度上表现出门之间的合作关系。

村庄组织的整体性行动往往源于共同的利益或外部的压力。比如，在20世纪90年代，本地农村治安不好，尤其是秋收之后或春节之前，农村失盗事件严重。为了防止失盗，楼庄会以生产队为单位派青壮年男子在夜里巡逻，各个生产队又会根据户头每家轮流出人巡逻。又如，雨季里连下暴雨时，由于村内和田地里水渠不畅（往往是一些人贪图方便，除草时把田地里的草直接扔弃到路边的沟渠中），常常会有大量的积水排不出去，村干部也会按生产队组织人员进行疏通。当然，有时事情紧急，村内的合作行动可能就来不及进行计划和组织了。在日常的合作中，村庄的行动具有较强的计划性，其组织方式较为明显地体现着平均的特点。而在紧急的情况下，虽然来不及组织，但大家依旧会很自觉地积极参与，这实际上是平时生活中的习惯使然。因为在村庄面临压力和危险时，个人或家庭的消极逃避会在事后遭到邻居的议论和不满。从这一角度来说，在紧急的情况下，村庄内的合作依旧暗含着平均的思想。

相较于南方的宗族房支，本地宗族的各"门"之间缺少合作的明显表现。在村庄的一些实务合作中，门与门在界线上变得模糊或褪隐了，但是这些合作中所体现的平均思想依旧可以在"兄弟—院—门或村"这一脉络找到发展轨迹。

（2）门头内外的矛盾

一般而言，村内的矛盾主要是家庭与家庭之间的矛盾，而家庭之间的矛盾很少能扩大为家庭组合的"院"之间的矛盾，更不会发展成"门"之间的矛盾。

小院内的矛盾相对较多，一般是亲兄弟间的矛盾或者由兄弟间的矛盾促成的下一代的堂兄弟间的不和。大院之间的矛盾很罕见，因为"院"与"院"除了在红白事中合作，以及互相赠送礼钱外，很少发生利益上的联系，更不易产生经济上的争端。

实际的经济利益矛盾往往是家庭矛盾的直接原因，思想上的东西只要不违背家庭伦理便无关紧要。院与院之间的关系虽然由兄弟关系延展而来，但是与同胞兄弟相比，他们的联系主要体现在血缘和伦理上，经济联系相对很小，所以造成矛盾的因素也因之减弱了。同样，门头之间发生矛盾的也很罕见，因为它们之间同样缺少经济利益上的紧密联系。相对而言，南方宗族组织发达，不同的房或支之间存在着更为密切的经济或利益联系，南方宗族支派间的竞争和矛盾就显得比较激烈，很多文献多有论及。[①]

楼庄的各门之间缺少相互联系的经济纽带，他们之间的连接主要体现在各种节日庆典及人生礼仪上，也即是说，门与门之间的连接几乎主要是伦理规范和道德原则。这些内容在实际生活中几乎只是"抽象之物"和"生活的幌子"，不必斤斤计较，因此它们之间也就很少发生矛盾了。本地家族内门之间的合作和竞争，虽然与南方宗族房支间的合作和竞争在具体表现形式上存在着很大的差异，但是它们之间的内在组织逻辑是相同的。本地各门之间由于在实际物质联系上的薄弱性，造成它们之间的竞争和合作关系也就相对很弱，但在这种较为弱化和模糊的关系中，我们依旧可以探寻到各门之间对平均的要求以及由之产生的竞争状态。

（三）村庄之际

本地的宗族虽然没有形成发达的宗族组织，但是在村庄的形成过程中，血缘关系也发挥了极其重要的作用。可以说，本地的村庄往往是一个个血缘的结合体，尤其在传统社会，村庄之间的关系常常体现为不同姓氏或宗族间的关系。

随着近代以来国家对乡村的渗透与控制，基层村庄之间发生的直接的合作和冲突日益减少，它们更多地与上层发生联系，村庄之间的关系往往是间接地通过上层政府得以实现的。在这种情况下，除了与行政上级的联系以外，村庄作为一个整体与别的村庄直接发

[①] 如林耀华在在《义序的宗族研究》中曾针对族内的诉讼提到："子弟犯法，大率以各支派争占产业，或分产不均而酿成争斗者居多。"参见林耀华《义序的宗族研究》，生活·读书·新知三联书店2000年版，第57页。另外，关于宗族支派间利益竞争的生动案例可见郑秦、赵雄主编《清代"服制"命案———刑科题本档案选编》，中国政法大学出版社1999年版，第416页；中共无锡县委编：《无锡县荡口镇义庄田情况调查》，载华东军政委员会土地改革委员会编《江苏省农村调查》。

生横向关系情况比较罕见。而在传统社会，具有较强自主性的村庄之间往往直接发生各种关系。鉴于此，在介绍和分析了较近时期的村庄关系后，可以更进一步地回溯到传统社会时的村庄关系，以求对村庄关系有更深入细致的探讨。而且，由于传统时代的村庄常常是更为集中的主体，文章对传统社会中村庄或宗族关系的探讨将花费较多的笔墨。

村庄权力及其组织形式的变化是一个渐进的连续性过程，其中既有行政制度的直接影响，也有经济环境的缓慢制约，所以在介绍村庄之间的关系时并没有必要做非常明确的时间分期，而只需大致截取两个有代表性的时间段进行分析即可，即分别介绍"较近时期的村庄关系"和"传统时代的村庄关系"。所谓"较近时期"，并无明确的时间界限，大致以田野访谈可及为限。至于"传统时代"，本研究选取晚清时捻军起义的相关史料做表述。

1. 较近时期的村庄关系

2009 年 11 月底，在弟弟婚宴后，笔者和一位长辈坐在家中的老屋里聊天。笔者问了些有关村庄历史的问题，然后提及村庄之间的关系。

"以前村之间的关系怎么样？"
"怎么样？跟弟们儿一样。"

这位长辈居然直接把村庄之间的关系和笔者的论文主题相连接。笔者回去调查时，只是说要写一篇关于农村社会关系的论文，大家并不知道笔者的论文主题是什么。

庄孔韶在《银翅：中国的地方社会与文化变迁：1920～1990》中解释"文化直觉主义"时谈道：

人们习惯于以一种径直的主客融合的整体思维方式体认和顿悟周围的世界（自然界的、社会的和人事的）。由于中国道德传统之稳固性，故人民的直觉认知在相似的场合具有类同性反应，即传统的、恒定的道德体系（在不同意识形态下，传统道德哲学均变通地存在）旨在敦促人们在个人修养实践中确立人生意义，不断地融会贯通不同时代众多的道德知识和说教的涵义，以致不断衍生出思维与言行上的意识、无意识、"觉悟"和直觉。①

这位长辈的无心之语其实正是这种类似的直觉思维的表现，这让笔者很兴奋——可见笔者的研究推论和本地民众的直觉思维达到了一致，即在本地人们的直觉思维中，村庄之间的关系类同于家庭内的兄弟关系，这两种关系实践在现实生活中构成了"相似的场合"，因此也具有共通的文化和伦理逻辑。

"为啥说跟弟们儿一样？"
"肩膀头一般高，有时在一起打架，不像弟们儿像啥？"他的意思是村庄之间相互平等，且像兄弟一样容易闹矛盾。
"为什么说肩膀头一般高？"
"像咱们村和大楼庄还有小楼庄，就是弟们儿。"这三个村庄最初是由山西来的三位兄弟发展而来。
"那外姓之间呢？"
"通过结婚不就成弟们儿了吗？你跟明磊不就是弟们儿吗？"

明磊是笔者姑姑家的孩子，是笔者的表弟。他的意思是说，通婚的村子之间形成了类似兄弟的关系。20世纪90年代以前，本地的通婚半径小，邻近的村庄间通婚频率高。两个村庄一旦通婚，两个通婚家族就会有频繁的走动，各类"兄弟关系"便由之产生。除了通婚，不同村庄的同龄人因其他各种情境密切交往时，都会形成兄弟一般的关系。如果两个村庄不同年龄段的村民之间多有互称"兄弟"的关系，那么这两个村庄在整体性的层面上便可能体现出同一种关系特性。

---

① 庄孔韶：《银翅：中国的地方社会与文化变迁：1920~1990》，生活·读书·新知三联书店2004年版，第498页。

"从前的时候，咱们这一带村与村之间打架的事多吗？"

"多得很。"

"为什么打架？"

"没啥大事，都是小事，因为地边子，因为小孩，因为婚姻上的事……"

笔者听说过中华人民共和国成立前楼庄的一位女子出嫁后受男方的气，致使两个村发生械斗。

"打到什么程度？"

"打死人也是常有的事。即使是现在，农村里打架不也有打死人的？"

"咱们村与哪些村打过架？"

"都打过。咱们村是英雄村，没受过欺负，一般是咱们打别人。"

"这么厉害？是因为人多吗？"

"人多是一方面，主要是咱村的人抱团，而且咱村出人才。民国时咱村有人是太和县（当时楼庄属于太和县）县武装的头。纸店（沈丘县纸店镇，位于楼庄以西，距楼庄六公里左右）那边的土匪头子唐二很厉害，手下有上千人，自任总司令，势力强大，经常带兵到处抢劫。① 可是唐二带兵从咱村经过时头都不回。主要是咱们村上面有人，再往前推咱们村也都有人在上面……"

"当时与外村打架时是怎么组织的？"

"不需要咋组织，一吆喝大家就都带着家伙出来了。"

"村跟村之间打架后会不会结成仇，一直打下去？"

"村跟村之间打架跟弟们打架一样，打完之后会有人调节，

---

① 沈丘县中共党史资料载："唐二，名唐立斋，是沈丘县罪恶昭著，独霸一方的大匪首。曾率匪徒血洗过毛营，多次杀害我地下党员，袭击我地方政权。他集结了沙河两岸土匪二百多人，组织所谓沙北剿共支队，自封支队司令。"中共沈丘县委党史办公室编：《中共沈丘县党史资料汇编》第 1 辑，1990 年。

调节好就没事了。"

"这种事什么人能调节呢？"

"上面的人。"

……

通过这次访谈，我们大致可以获得这样的信息：村庄之间是一种平等的关系；村庄之间因通婚等各种交往形成类似于兄弟的关系；村庄之间常常发生矛盾。

目前，村庄之间人们的交往很普遍，但是村庄作为整体而发生利益关系的情况较少。在20世纪80年代，乡政府计划征用耕地建设"二中"，但是附近的三个村庄都不愿意自己的耕地被占，最后乡领导和三个村庄的干部在一起协调后决定，先把校址划出来，然后根据学校的占地面积进行分配，再把土地进行协调，从而实现了从三个村庄征用相同数量耕地的结果。在上述案例中，村庄之间通过国家的行政力量而间接地发生关系，这种间接的关系同样体现着平均的逻辑。可见，村庄之间的平均主义原则并不因国家力量的介入而发生改变，它会通过形式的变化而获得新的实现。

上述所论是村庄之间的利益竞争，若利益一致时它们自然会联合起来。2002年南漯高速建设期间，公路工程队征用了附近两个村庄的田地当作营地。但是，工程队时常破坏非征用土地范围内的庄稼。一次一位农民看到自家的庄稼被大面积破坏，就对工程队的人员表示不满，可能有骂人的言语，结果被打了一顿。这两个村庄的人知道消息后，压抑已久的情绪爆发了，一起包围了工程队的营地，要求惩办打人的凶手，赔偿被毁的庄稼……可见，当两个村庄的利益共同受到侵害时，村庄之间会联合行动。相对于本地人而言，高速公路的施工人员全部是外地的，他们在本地的一些破坏行动给本地人们造成了共同的压力，因此受到侵害的村庄就会联合起来一致对外。

总而言之，从田野调查可及的情况可推想：不同村庄的人们通过各种途径结成兄弟式关系；村庄之间是一种平等和竞争的关系，尤其在市场经济发达以前，村庄之间容易发生械斗；当村庄之间发生利益关系时，平均就成为处理关系的重要原则或目标；当利益受到共同的威胁或破坏时，不同的村庄联合起来一致对外就成了必选之策。

近些年，极少听说村庄之间再发生纠纷，村庄之间也很少再作为一个整体而发生矛盾了。目前，村庄之间的联系和交流越来越表现为个人或家庭之间的互动，家庭和个人之间的矛盾很难再上升为村庄之间的矛盾了。村庄关系的这一变化，实际上源于村庄自身的变化。在20世纪七八十年代以前，市场经济的影响尚不深入，人们主要还以农业作为主要的生计方式，劳动力大多集中在村子里。这时，村庄作为一个整体，其关注的视野主要在村庄内部及其周边，村庄较易形成一个整体。在这种情况下，村庄之间互相作为整体而发生关系的情况还较多。随着市场经济的发展，农村的劳动力大量往外转移，人们的目光主要集中在外界的广阔世界，而且人们的各种观念也发生了巨大的变化，村庄本身的整合力量大大降低，村庄很难再以整体的形式获得联合。在这种情况下，村庄之间的关系也就随之发生变迁。

2. 传统社会中的宗族关系：以捻军组织为例

关于传统社会时本地村庄或宗族间的关系，笔者阅读了一些相关史料，如关于联庄会、红枪会以及捻军起义等。通过比较，笔者认为以捻军运动的材料分析传统社会时的村庄和宗族关系最为合适。一方面，在捻军运动的过程中，村庄和宗族之间的关系得到了非常集中的体现；另一方面，史学界关于捻军的材料非常丰富。另外，楼庄在地图上正处于捻军运动的中央区域，① 因此捻军运动中体现的宗族或村庄关系其实就是楼庄周边的情况。

捻党的活动尚处于零星和秘密状态时，就已经"以宗族即所谓'血缘'和村庄即所谓'地缘'等作为滋长的场所",② 而捻

---

① 捻军运动普遍发生于淮河以北的安徽、河南、江苏、山东等省，但它的主要地区却在安徽北部的亳县、蒙城、宿县、阜阳、太和、颍上、灵璧、怀远一带，在地图上楼庄正处于捻军运动的中央区域（参见安徽省科学分院历史研究室近代史组编《捻军产生的社会背景》，《安徽史学》1959年第6期）。

② 郭豫明：《捻军史》，上海人民出版社2001年版，第64页。

党的进一步发展客观上也是依托于血缘和地缘这两种天然的关系。

由于捻党的出掠活动能够给生存艰难的亲朋带来很多实际利益，容易得到他们的拥护和支持。曾被捻军掳获的柳堂在《蒙难追笔》中描述过捻军领袖出掠后回到家的情形："闻出门回，亲戚均来探望。"① 很多人来探望，很可能是想分些好处，因为当时有民谣，"三月三，四月半，打捎得来粮和盐，朋友拿，亲戚搬，三天三夜未分完"②。可能一些村庄或宗族最初只有部分人入捻，未入捻的亲友看到入捻的好处，便纷纷入捻。时谣曰："一家入了捻，有吃又有穿，一庄入了捻，骑马穿绸缎"；③ "庄庄在捻庄庄富，老少动手杀财主，穷人汉子有吃穿，不住草房住瓦楼"；④ "大庄小庄都在捻，杀猪宰羊过肥年"。⑤

入捻不仅可以带来粮食和钱财等物，更重要的是可以使宗族或村庄获得安全上的保障。民谣说："一方在捻一方安，十方在捻能抗天。"⑥

由于众多实际利益的考量，很多宗族或村庄整体性地结伙入捻。有学者把这种行动概括为一种"掠夺性策略"，是地方农民在艰难的生存环境下采取的理性选择，"是一种持久的、有组织的合理的集体行动"。⑦ 同时，这种"有组织的集体行动"不是简单的"以众人聚集的方式来采取集体策略，而是以家庭的、宗族的、村庄的等形式

---

① （清）柳堂：《蒙难追笔》，载《中国近代史资料丛刊·捻军》（一），上海人民出版社1957年版，第350页。
② 李东山：《捻军歌谣》，上海文艺出版社1960年版，第94页。
③ 阜阳专区文学艺术工作者联合会编：《捻军歌谣》，安徽人民出版社1961年版，第19页。
④ 同上书，第15页。
⑤ 同上书，第17页。
⑥ 同上书，第16页。
⑦ 裴宜理论述说，这种"掠夺性策略"和另外的一种"防御性策略"一样，"都是获得和占有稀缺资源的合适的办法。在其他可选择的条件极度被限制的情况下，这些方法是能被村民用来最大化获取利益同时又最小化避免风险的合理方式"。参见［美］裴宜理《华北的叛乱者与革命者1845—1945》，池子华、刘平译，商务印书馆2007年版，第10—12页。

采取"。① 捻军是采取何种方式聚集或组织呢？

捻军各旗的首领即是以自己的强大的宗族为后盾而建立起在众多捻军中的领导地位。

> 张乐行的黄旗士兵都是姓张的，有18个村庄的居民都是他的同族，号称"九里十八张"②。据老年人的回忆：仅张老家一村，共回忆出62家，参加捻军的有50人，其中有36人是张乐行一族。担任趟主或重要领袖人物的有他的二哥张敏行，族侄张宗禹、张宗道、张振江、张榜，胞侄张珊（后来捻军失败后，投降了清军）、张琢（五孩），同族平头王等。③

可见，捻军首领背后是他们庞大的家族队伍，④ "捻军中各旗核心力量，就是共族居地方的宗族、亲戚、乡里。同族、亲戚、乡里成员愈多，则势力愈大"。⑤

由于捻党和捻军是以宗族或村庄为基础发展起来的，农民和捻军就基本上处于重合的状态，即是官方所说的"民贼不分"。捻军组员多是本地农民，"一遇事起，呼之即至"，很快组成编队进行战斗，作战失利后又"各归各家，冒为良民"。⑥ 在捻军的控制区内，农民即捻军，捻军即农民，按照官书的说法："出则焚掠，归则耕种，民

---

① ［美］裴宜理：《华北的叛乱者与革命者1845—1945》，池子华、刘平译，商务印书馆2007年版，第12页。
② 张氏始祖张桂原籍山西省洪洞县人，因战乱流落到雉河集（今涡阳县）西北的张老家，定居下来。张桂作为涡阳始祖，生有二子，为第二世。第二世又生八子，为第三世。后世张氏族人统称"老八门"，后因子孙日繁，张氏族人散居到散居到张老家、张双庄、张小庙、张大庄、张单楼、张暗楼、张土楼、张瓦房、麻窝张、洼张庄、擂鼓张、胡庄、小梁庄、马套楼、上肘庄、申庄、尹沟和梁园18个村庄，故有"十八门张"或"九里十八张"之称。参见池子华《宗族"裂变"与近代中国流民的产生》，《江苏社会科学》2006年第6期；尹正昌、张汉三：《张乐行氏族墓碑略记》，《历史教学》1984年第11期。
③ 张珊：《关于捻军的组织问题》，《安徽史学通讯》1959年第6期。
④ 毛立平：《十九世纪中期安徽基层社会的宗族势力——以捻军、淮军为中心》，《清史研究》2001年第4期。
⑤ 政协安徽省涡阳县委员会文史资料委员会编：《涡阳史话》第3辑，1986年版，第121页。
⑥ （清）袁甲三：《端敏公集》（奏议）第3卷，第11页。

贼相安。"① "据蒙城地区的调查，当时入捻的农户极多，参加者占总户数的90%以上。男的加入队伍去打仗，女的组织起来保卫家乡，连小孩也有许多是在捻的，如红孩军尽是10多岁的少年儿童，他们身穿大红衣，骑马射箭，战斗力颇强。"② 到了捻军后期，随着捻军伤亡的增加，捻军中"妇女甚众，皆青布扎头，足穿控云布鞋，骑健马，如壮士结束，不知者误为美秀滑贼"③。整族和全民皆兵的状况，从当时的民谣中也可见一斑："小孩睡，小孩乖，小孩不睡眼睁开，毛头毛头你别闹，娘到东庄就回来。小孩睡，小孩安，娘上东庄去入捻，小麦子尖尖吃白面，宝宝穿上花衣衫。"④ "月老娘，黄巴巴，爹娘把俺撇在家，俺爹去打捎，俺娘顶木枷，拿起红缨枪，俺把清兵杀。"⑤ "海螺吹，土号响，褂子一脱光脊梁，小孩子拎着粪扒子，专扒清妖的脑瓜子。"⑥ "爷爷六十八，耳不聋，眼不花，骑黑马，不披鞍，手执大刀撵清官。"⑦ 由于"捻民一体"的特点，一些负责剿捻的官员采取了屠杀的政策。如曾国藩主张凡属倡乱者，"宜戮其家，屠其家，并及坟墓"⑧。河北总兵崇安曾在雉河集把几十个村庄的男女老幼集合到一起进行屠杀，酿成捻军历史上著名的"杨园子屠杀事件"。⑨

当然，同一宗族的人有穷有富，虽然也有一些穷人聚集起来反抗本族富人的事情，但多数情况下族内的穷人和富人是一体的，还是以族为单位结捻。捻军的不少首领家境富裕⑩，但在遭遇沉重的外

---

① 江地：《捻军史论丛》，人民出版社1981年版，第89页。
② 张畏三：《蒙城地区捻军起义调查报告》，《光明日报》1961年4月12日。
③ 邹钟：《书商河两民妇》，《志远堂文集》卷3，光绪十二年山东刊本，转引自江地《捻军史论丛》，人民出版社1981年版，第71页。
④ 阜阳专区文学艺术工作者联合会：《捻军歌谣》，安徽人民出版社1961年版，第31页。
⑤ 同上书，第75页。
⑥ 同上书，第38页。
⑦ 同上书，第40页。
⑧ 董蔡时：《略论曾国藩镇压捻军及其失败》，《苏州大学学报》1990年第1期。
⑨ 江地：《捻军史论丛》，人民出版社1981年版，第94页。
⑩ 捻首们如韩老万家有180亩地；江老台家有200多亩地；张朝阶家有300亩地；张宗禹家有1000多亩地。参见马昌华《捻军调查与研究》，载《捻军调查记》，安徽人民出版社1992年版。

在压力的情况下，宗族内的血缘伦理超越了阶层上的差别，他们与本族的贫穷成员形成了共同的利益，带领族人一起寻找生计。由此，同族结捻就往往成为危机情境下的一种选择，捻军便以宗族的形式表现出来。

当时的文献说捻党"子弟父兄相率为盗"①，即说明了捻军根植于家庭和宗族的事实，也因为捻党大多是以宗族的形式表现出来，一"捻"往往就是"族"，所以《涡阳县志》称捻党为"宗贼"。对于宗族或村庄结捻的情况，史家概括道："捻党逐渐成长壮大并转向公开活动，从皖北等地的情况可见，基本上是按照宗族或村庄组织起来。"②

在扩大和联合的过程中，除了本宗本族外，捻首们首先选择的对象常常是自己的姻亲之族。以盟主张乐行为例，很多其他旗的首领与张乐行多有直接或间接的姻亲关系。

可见，不同宗族或村庄间的姻亲关系或表兄弟关系，带动了整个宗族或村庄间的联合，尤其当这些兄弟式的捻首作为村庄或宗族的代表开展合作行动时，兄弟式的关系便随之影响到村庄之间的关系，或者说村庄之间的关系染上了兄弟关系的色彩。村庄或宗族间的合作纽带当然不止于亲缘，地缘关系和朋友关系也是捻军发展壮大的重要方式，而地缘和朋友关系也常常以拟血缘的兄弟式关系表现出来。

捻军扎根于宗族或村庄，捻军内部的组织关系便常常表现为宗族和村庄之间的互动。而捻军的各级组织是以"旗"的形式表现出来的，通过分析各旗之间的关系，可以获得传统社会本地村庄或宗族关系的重要信息。

捻军的旗与旗之间相互平等、互不统属，虽然捻军共推了盟主，但是盟主或领袖之下的各路捻军完全是各自为政的，他们常常"各自为战，各显其能，拉山头，闹宗派"③。捻军内部的旗表现为或大

---

① 《山东军兴纪略》，载《中国近代史资料丛刊·捻军》（四），上海人民出版社1957年版，第28页。
② 郭豫明：《捻军史》，上海人民出版社2001年版，第73页。
③ 捻军研究学会编：《捻军研究》，涡阳1998年，第146页。

或小的一路捻军，每一旗都具有极大的独立性，可以单独地出发到各地去远征而不必获得盟主的同意。盟主张乐行除了调动自己的黄旗族众外，却无法用军事命令调动其他各旗。各旗之间的联合是由于受到共同外力的压迫而做出的反应措施，如江地所述："以张乐行为首的各路起义捻军，在长期与清军残酷的斗争中，感觉到有联合起来的必要。"① 这种联合针对的是清政府派来的正规军队和各级团练等带来的各种外在压力，其出发点是自身的利益考虑。出于同样的考虑，这种联合也必然存在着各种竞争和斗争。清代剿捻官员论曰："贼数虽多，乌合蚁聚，不相统属，急则相合，缓则相图。"② 正是各旗之间客观存在的分分合合特征的表现。

捻首之间的矛盾和斗争往往源于利益的争夺，具体体现为"争光棍、争权位，扩充势力和地盘"③。由于捻首之间在起义时只是喝酒盟誓，互称兄弟，互相平等，互不统属，所以他们之间在利益上自然追求公平或平均。地位和名声上的平等容易实现，但是与之对应的，具体利益分配上的平均主义，却只能是一种理想状态。这正是捻首之间争权夺利，斗争不断，甚至互相杀戮的根本原因。从这一角度来说，捻首之间及捻军各旗之间的利益争夺和分裂斗争实质上是农民们"平均主义"思想的表现。

总而言之，由于捻党或捻军具有很强的宗族性和地域性，捻军内部的关系便常常表现为宗族或村庄之间的关系。在共同的外力的压迫下，不同的宗族或村庄由分散走向联合，采取武力手段进行共同抗争。在组织形式上，捻军内部的各旗基本上是一种平等的关系，它们相对独立，互不统属，互不命令，实际上各捻首之间往往以"兄弟"互相称呼。根据上文所述，捻军各旗之间联合的形式包括宗族、姻亲和朋友等，宗族内部自然体现出血缘的兄弟关系，而姻亲体现出表兄弟关系，朋友，尤其是"拜把子"体现出拟血缘的兄弟

---

① 江地：《捻军史论丛》，人民出版社1981年版，第82页。
② 葛士达：《剿捻十议》，载《中国近代史资料丛刊·捻军》（一），上海人民出版社1957年版，第400页。
③ 徐松荣：《捻军领袖人物的先天不足与捻军的失败》，《长沙电力学院学报》2001年第3期。

关系，由此可见，捻首及捻军各旗之间常常表现为一种血缘和拟血缘的兄弟式关系。而捻军各级捻首在公告、檄文及通信中往往互称对方为"兄弟"，正是这种兄弟关系的表现形式。这种平等的兄弟式的关系，自然而然地影响到捻军内部各旗之间的行动特点。而在联合行动的过程中，宗族或村庄之间为了获取各种利益，产生了一系列的竞争和争夺。源于组织和地位上的相对平等，捻军各旗在实际的行动中亦倡导一种理想的平均状态。在"平均"理想的诱惑下，捻军各旗之间忽而联合起来共同行动，忽而产生内讧互相争斗，一如兄弟间的分分合合。虽然捻军的组织及其运行只是宗族或村庄在极端情况下的一种关系表现，却揭示了宗族或村庄之间关系的实质，即村庄或宗族之间也是由兄弟关系延展而来的，虽然范围和规模有所扩大，但同样是在分分合合中展演着"平等"和"平均"的主题。①

（四）村庄之外

在村里，人们见到长辈一般都会按辈分称呼，尤其是血缘较近的（比如同一门的），必须严格按辈分称呼，中老年人见到未成年的长辈，也须喊叔或爷等尊称。关系远一些时，人们对长辈的称呼就不会太严格。如果关系较远的长辈还没成年或结婚，晚辈的会省去称呼，直接打招呼说话，甚至直呼其名。但是当长辈成年或结婚后，即便关系远，年龄更长的晚辈一般也会按辈分称呼尊称。在村里，老年人喊小年轻"叔""爷"或"老太爷"等，是很普通的情形。最近村里建了个微信群，微信群里有人开玩笑，长一辈的自称爹，当长辈的甚至用脏话骂晚辈，晚辈的不敢回骂，这也是村里辈分观

---

① 有学者在论及邻近或同一地区的一些团体（包括家族、村庄和地区的村民等）关系时，也发现这些团体之间存在着分裂性的冲突，同时又可以团结一致抵制外来侵略，甚至包括来自政府的镇压，形成一种所谓"分裂和斗争以及团结一致对外的二元分离观"特色。这一特色的内在原因其实和捻军活动逻辑一致。参见［德］狄德满《华北的暴力和恐慌——义和团运动前夕基督教传播和社会冲突》，崔华杰译，江苏人民出版社 2011 年版，第 7、79 页。

念强的表现。①

　　例外的情况是，血缘较远的、年龄相差不远的小伙伴倾向于不喊尊称。因为年龄相仿的小伙伴们一起去学校读书，这其实已超出村庄而结成同学关系，他们在班级或学校中一般不会称呼尊称。有此关系，常在一起玩耍的小伙伴们成年后会保持互相呼叫名字的平等关系。

　　笔者的另外一位同村的小伙伴，按照辈分他是笔者的爷爷辈。他父亲20世纪70年代时移民新疆，因此他在新疆出生和长大，初中时才回老家读书。我们同一年考上高中，一起去县城读书。县城离村庄不足三十公里，但我们在学校住宿，三周才回家一次。在紧张却又颇有些小故事的高中生活里，两位纯真的少年互诉理想和迷惘，一起欢笑和流泪，结下了深挚的兄弟般的情谊。十几年之后的某年秋季，朋友带着妻子回老家探亲，他与亲人们喝了一场酒后，带着醺醺的醉意又赶来笔者家喝酒。多年不见的朋友喊我父母为"叔叔""阿姨"，呼我为"兄弟"，全然不顾村中的辈分了。

　　离开村庄之后，同侪伙伴易于结成兄弟式的关系。这种兄弟式的关系，在他们还没有真正离开村庄，进入村庄里的学校时就已经开始了。笔者儿时的伙伴阿城回顾了他在小学四年级时（20世纪90年代初）与两位同学"拜把子"的往事：

　　　　当时我们玩得好，想把我们的感情升华一下，但是想升华又找不到更好的载体。这是现在总结的啊。当时我们所能理解的，结拜算是一种最好的诠释吧。这可能跟个性也有关系，既然想结拜，就是想把这种感情无所保留、淋漓尽致地表达出来……用鸽子血、鸡血，喝酒，然后每个人划了一刀，把自己的血滴进去。就是一种相溶性嘛。其实这就是一种仪式，不过这种仪式也是挺虔诚的……

　　同学之间相处投缘，情同手足，于是烧香、磕头拜把子，就成为

---

① 固然，本地并无中国东南那样完善的宗族组织，但是本地汉人的家族或宗族文化理念，却以诸如人们见面时颇为严格的宗族辈分称呼礼仪等体现出来。礼节或礼仪，是汉人宗族等文化理念得以传承的重要形式，颇值得研究者进一步重视。

表达兄弟式情感的重要方式。阿城和另外两位同学在村中分属三个辈分，但这不影响他们结义为兄弟。三位同学买了香和鞭炮，跪拜天地，共饮血酒，誓曰："不求同年同月同日生，但求同年同月同日死。"上初中后，阿城又与人结拜过两次，也采用类似的结拜仪式。

笔者的一位长辈也回顾了他在初中时（20世纪80年代初）与朋友们结拜的情形：

> 初一的时候，有11位同学，关系比较好。当时有人组织出去吃饭。吃饭时谈到刘、关、张，谈到桃园结义，大家决定拜把子。按年龄，由大到小挨着排。当时买了一大挂子香，放在一个大斗里，烧这个香，放一盘炮，（大家一起）磕三个头，说着"不求同年同月同日生，但求同年同月同日死"，"有难同当，有福同享"。还说，"不管谁的爹，见爹叫爹，见娘叫娘"……根据都是看小说上来的。

结拜，是兄弟式同学或朋友关系的仪式性表现，基于这一仪式形式，朋友关系有所深化。阿城说："拜把子之后，觉得关系好像是一种突飞猛进，感觉到好像处处想体现出来，刻意地想体现出来这种关系的存在。"比如兄弟受到委屈，帮着出头打架就成为表现兄弟情感的最佳时机。阿城与结拜兄弟们并肩战斗的次数早已经记不清了。

拜把子，当然只是同学或朋友间兄弟式关系的突出表现，兄弟式的同学和朋友关系未必经由拜把子的形式。笔者虽未参与结拜，却与众多同学、朋友，情同兄弟。同学少年，或许幼稚冲动，但他们兄弟般的相处却非儿戏，很多人的兄弟式关系终生保持。而且，在人们成年后，少时的友谊和情感尤显得纯粹和珍贵。

工作之后，人们似乎趋于理性，然而工作岗位上的人们依旧乐于与朋友结成兄弟式的关系，这种兄弟式的关系也常常会以结拜的形式表现出来。

20世纪80年代，笔者一位长辈大学毕业后分配到本地工作，他在工作过程中结识了一些朋友，包括公务员和事业单位员工。朋友们常聚在一起饮酒畅谈，情谊日深，于是烧香磕头，结拜为兄弟。

结拜时的誓词同样包括"不求同年同月同日生,但求同年同月同日死"和"有难同当,有福同享"等语。

结拜的例子不胜枚举[1],而与结拜类似的结干亲的情况更加普遍。结成儿女干亲,是磕头拜把子之外提升朋友间关系的又一种方式。如果说结拜基于神灵或信仰,那么结干亲则主要基于子女或人事。本地结干亲并无复杂的仪式,比如两个关系很好的朋友或家庭,当其中一个有孩子要出生或已出生时,另外一个可能会说"过年时我去抱",意思是想要过来作干儿子或干女儿。好朋友之间一般不会拒绝。于是,大年初一早上,干爸、干妈会去朋友家把孩子抱到自己家里,孩子的父母会备着"四色礼"一起送过去。若是离得较远,孩子的父母会自己带着孩子和礼物到对方家,一般还会携亲人一起前来。干爸、干妈为孩子准备现金、新衣服、新的碗筷等见面礼,并且请村里关系较近的、有面子的人帮忙陪客。干亲关系在简单的礼物交换中达成,并在年节时持续走动。

认干亲,表面上是代际关系,即为自己的孩子找干爸、干妈,实际上常常是以兄弟式关系为基础的,是兄弟式关系之延伸。普遍的情况是,一个孩子刚出生不久,甚至还没出生时,其干爸、干妈就已经确定了。在楼庄,不易找到完全无干亲关系的家庭。[2] 村庄内同辈分的人们之间也多结成干亲关系,当人们离开村庄与外面的人交往时,结干亲更是深化朋友关系的一种常见方式,因为"俩人在一起关系好,结成亲家显得更亲"。

"干亲",和所谓"湿亲"对应而生。湿亲,即因子女婚姻而结成的关系。干亲和湿亲双方都互称"亲家",他们都成为孩子共同的

---

[1] 在中国历史上,兄弟结拜的故事不绝于编,从周代的诸侯盟誓,到晚近的秘密社会,兄弟结拜的潮流滔滔不绝。近代以来,影响中国的政治人物多有兄弟结拜的经历,包括袁世凯、冯国璋、段祺瑞、张作霖、孙中山、蒋介石、冯玉祥、张学良、阎锡山、毛泽东、周恩来、朱德、刘伯承、贺龙……这些结拜兄弟间的恩恩怨怨、分分合合,对中国近现代历史的影响不可低估。

[2] 结干亲,在汉人社会中应具有一定的普遍性。比如,据20世纪90年代的某项调查,农村结干亲的比例非常高。"据对川、黔、湘、鄂四省相邻的10余县20多个边远村的调查,结拜干亲户多达90%以上,其中有11个村子竟高达100%,85%以上20岁以下的青少年、儿童都有'干爹''干妈',甚至有些未婚的男女青年已认下干儿女。"见于《新农业》1994年第8期。

父母，他们之间自然以兄弟、姐妹相称。在传统时代，不少婚姻为"父母之命"，甚至是"指腹为婚"，有些婚姻在一定程度上也是由父代关系延展而来。

人们与村庄之外的人结拜为兄弟，或者结为干亲后，他们会比一般朋友间有更为明确的责任和义务。比如，对方家有红白喜事时，结拜兄弟或亲家们必须参与，给予礼物和其他支持。他们之间互称兄弟，平等相处，礼尚往来，具有相对平衡的权利和义务。当然，即便人们不结拜、不结干亲，朋友之间的关系特点依然如此。结拜和结干亲等只是朋友间兄弟式关系的仪式化表达方式。

同胞兄弟会因为经济等方面的原因产生矛盾、分分合合，那么兄弟式的朋友之间，包括把兄弟和干亲家之间，是否也会呈现类似的局面呢？

比较起结拜兄弟与同胞兄弟的区别时，人们认为结拜兄弟之间经济等方面"缠绕少"，一般不会产生前文所述的争产竞财等矛盾。"缠绕少"，责任和义务也就相对较少或弱，且由于没有先天性的血缘联系，以及共同的父母纽带等，结拜者或干亲之间不易达到同胞兄弟间的紧密和坚固。两千多年前诗经中的说法至今能在某种程度上说明现实的情况。《诗经·棠棣》曰："死丧之威，兄弟孔怀，原隰裒矣，兄弟求矣。脊令在原，兄弟急难，每有良朋，况也永叹。兄弟阋于墙，外御其务，每有良朋，烝也无戎。丧乱既平，既安且宁，虽有兄弟，不如友生。"在日常状态下，朋友或结拜兄弟之间似乎关系更加融洽，但是在危难时刻亲兄弟却更为可靠。亲兄弟闹矛盾可以打得头破血流，但是又可以转身和好如初，甚至更胜从前，以及在危急时刻挺身而出、共赴患难等，如此种种情形在没有血缘联系的朋友间并不容易达到。

正因为兄弟关系之难得，以至人们认为"凡今之人，莫如兄弟"，所以朋友们乐于结拜或结亲为兄弟。即便未结拜或结亲，好朋友之间依旧互称兄弟，希望按照兄弟式关系来相处。

（五）小结

家庭、宗族、村庄、企业以及更庞大的民族、国家等都属于纷繁复杂的人类组织的形态之一，而对其中体现的家庭关系、宗族关系、经济关系和政治关系等的研究都离不开对具体组织所蕴含的文化的分析。文化是组织在长期的发展过程中形成的，是一切组织得以运行的观念、原则和规范等内容的总和。[1] 在人类学研究中，只有透过千变万化的组织形式及其运行，把握其中共同或共通的观念、原则和规范等文化性内容，才能获得具体组织或社会的要义，从而能够更为深刻和系统地了解该组织或社会中的众多具体现象。

本文由汉人家庭内的兄弟关系逐步往外扩展的脉络中，虽然具体组织的形式和规模已经大大不同，但是却与兄弟关系具有类同的运行模式，而对这种类同运行模式的把握正是进行文化分析的关键线索。按照上述逻辑，家庭内的文化实际上逐步扩展到宗族支系、宗族或村庄之间以至更大的军事和政治组织中。这一逻辑自然不是原创，学者们常以家庭和家族作为研究宏观社会文化的基本角度。

文章逐层分析各类组织关系，由同胞兄弟延展至宗族内的各门头（宗族支系），再延展至不同的宗族或村庄，以及村庄外各类零散的人际关系。在这一延展性分析中发现，作为起点的兄弟关系，其各种特征同样表现于不同的组织中。虽然兄弟之间亲近的血缘关系在延展的过程中越来越淡——门头或宗族支系间还存在着明确的血缘关系，不同宗族之间由于姻亲的存在也具有一定的血缘联系，再往外扩展时，朋友之间便只能体现为拟血缘关系，但是在这些不同的血缘联系或拟血缘联系中却存在着相同的关系特征，即相对平等，而且合力与张力并存，在或大或小的分分合合中体现着共同的平均主义思想。

七 基于文化直觉主义的思想旅行

（一）兄弟关系的特征

1. 平等和平均的理念

通过对传统伦理文化的梳理，以及对现实生活的田野考察，我们可以发现，平等及其基础上的平均是汉人兄弟关系的基本特征或

---

[1] 庄孔韶、李飞：《人类学对现代组织及其文化的研究》，《民族研究》2008年第3期。

基本原则。这种平等的兄弟关系在历史上有一个发展的过程。文章第三部分从大传统的角度分析了孝悌观念的历史,论述了兄弟关系在其中发生的变化。在西周的宗法制时期,嫡长子垄断了政治特权和祭祀权,兄弟之间处于一种"以兄统弟"的非平等状态。随着宗法制的衰落以及新的政治制度的实行,政治权位作为一种世袭制度的范围越来越窄,长子的特权在政治和社会生活中也就逐渐没落了,兄弟之间越来越趋向于平等。这一转变反映在儒家思想的发展脉络中,便表现为"悌道"之地位在儒家学说中相对于"孝道"的弱化。另外,汉人社会诸子平均析产的历史更反映了兄弟间的平等关系和平均主义原则。在战国时期,诸子平均析产已经开始流行,到唐代时被写进了法律,社会生活中普遍流行的分家实践最终上升为大传统的一部分。悌道的衰落与诸子均分的流行大体上处于同一历史过程,二者理应互有影响。

虽然儒家经典中依旧存在着"长幼有序"的说教,但是所谓的"序"与宗法制时代相比,基本上已经柔和为一种态度或礼节了。排行上的"序"虽然还有一定的文化意义,而且"年龄大些的兄长较之年龄轻的弟弟,在共同处理某一事务时,更易于贯彻他的意志"[1],但是这些礼节上的尊重或某些优先并不能否定兄弟间的平等地位。兄弟间的平等关系最直接地体现在平等的继承权上,"没有任何原则赋予某个兄弟凌驾于其他兄弟之上的合法权力"[2]。长子在礼节或仪式中常常具有一定的优先地位,这主要体现为中国古代宗法精神之遗留。由于西周在中国史上的特殊地位,宗法制度虽然衰落了,但宗法精神却在很多方面浸染了中国文化。与之类似,在兄弟关系中,宗法精神(之嫡长子制)在礼仪中对长子之偏好和现实生活中兄弟之平等是并行不悖的两个方面。正如汉人吃饭安排座位时会请长者坐正位,但不同位次的人吃起饭来并无不同。现实生活中大家对长子或兄长之尊敬,并不能否定兄弟间的平等地位,更不能抹杀兄弟们对平均的要求。

---

[1] 麻国庆:《家与中国社会结构》,文物出版社1999年版,第93页。
[2] [美]鲁比·沃森:《兄弟并不平等》,时丽娜译,上海译文出版社2008年版,第53页。

再从前文的田野分析来看，兄弟们在结婚、分家以及赡养父母等一连串的家庭事件中，处处体现着平均主义原则。结婚和分家都属于家庭财产继承的重要环节，汉人社会诸子平均析产的习俗便在这一过程中体现出来。除了财产继承权利上的均平，赡养父母的义务也要求兄弟们平均承担。在兄弟关系的家庭实践中，平均主义原则引导着兄弟们的各种行动。但是，"平均"作为一种理想，在现实生活中往往难以完美实现，这就造成了现实与理想（或规范）的差距，一些兄弟因此处于矛盾或冲突状态。但反过来说，矛盾和冲突也是兄弟们要求实现平均的表现形式。

另外，我们还须辨别"差别"和"平等"之间的关系。差别有时并不否定平等，相反还可能成为平等的表现。兄弟之间的权威不以年龄为基础，而常常依托个人的能力，也即是说每个人都有机会获得权威和优先。从这一角度而言，兄弟之间有些差别以及分化并非是不平等的表现，而恰恰是平等基础上必然产生的差别。[①]

2. 分分合合的现实

由于先天的血缘联系，以及后天的日常生活中的朝夕相处和伦理文化的熏陶，兄弟间存在着较强的"合力"，所谓的"同气连枝"和"手足之情"即是兄弟一体关系的表达。但是，在从"同居共财"走向"分割继承"的过程中，兄弟间存在着潜在的竞争关系，这种竞争关系即是所谓的"张力"。因为家庭财产总是一定的，在家产分配的过程中你多一分则我少一分，同时兄弟们需要共同承担的义务和责任也是一定的，在义务履行过程中你少一分则我多一分，这种潜在的竞争关系若未能很好地处理，则容易表面化和矛盾化。扩大到家庭系统内，兄弟关系的这种"合力"和"张力"会在其他家庭关系之上得到反映。一般而言，父母是兄弟关系的向心力，而夫妻和妯娌关系是兄弟关系的离心力。另外，外在的力量常常会影响兄弟间的合力和张力，一旦外部出现压力时，兄弟们会暂时压抑张力一致对外，从而表现出空前的合力。所以，兄弟间常常会因内

[①] 当然，这又涉及机会平等和结果平等的问题。笔者认为，结果上的平等是乌托邦式的想象，所以在此偏向于机会上的平等。

外环境的变化而表现出分分合合的局面。

(二) 兄弟关系的变迁

在持续而剧烈的社会变迁过程中，农村的兄弟关系也发生了较大的变化。对此，本文第四部分在论述兄弟矛盾多寡的变化时有所揭示。如上文所述，在传统社会里，由于当时老人们的权威较高，虽然兄弟们在财产上存在着竞争和争夺，但是兄弟关系在老人的掌控下一般还能获得较好的维持。而到了20世纪的八九十年代，兄弟间的争夺比较激烈，兄弟关系恶化的情况相对较多。在这一阶段，虽然经济上已经开始变化，但对人们的生活影响尚不深入，兄弟间经济上的联系还比较紧密，而老人们的权威却已经迅速衰落。因此，失去制约力的兄弟们容易公开争斗。自2000年以后，虽然老人权威已经不在，但是兄弟们在经济上的联系却也大大降低了，这时兄弟们在财产上的竞争和争夺也相应减少了，兄弟相争的局面得到缓和。

分析上述过程，虽然文化或传统的嬗变也影响到兄弟间的互动特点，但经济上的变化无疑也是影响兄弟关系变迁的重要原因。在传统社会中，由于小农经济的限制，兄弟们安土重迁，扎根于世代生活的土地上，很大程度上依靠祖辈的留传下来的家产过活。这种情境下的兄弟们就像树枝一样，不但同居共处，还一起从树干和树根汲取营养。所谓"树干"和"树根"，分别代表着父辈以及祖先。由于营养有限，兄弟之间难免互相竞争，以致不和。在当今时代，发达的市场经济促使农村劳动力往外转移，兄弟们已不能固守土地和祖先的遗产，必须去远方创造新的生活。在这种情境下，原有家产的重要性大大降低，兄弟们甚至常常天各一方，就像被风吹散的蒲公英，要分别从不同的地方汲取生存的营养，他们之间的经济竞争也就随之降低了。在此，我们可以总结社会变迁过程中农村兄弟关系的变化情况——传统的兄弟关系由"树枝型"逐渐过渡到"蒲公英型"。①

---

① 这一变迁特点主要是针对田野点邻近地区的情况而言，本地农村劳动力大多往外转移，兄弟们的生计方式关联性较弱。在一些乡镇企业或家族企业发达的地区，不少兄弟具有共同的生计，则这种情况可能会更多地延续传统的兄弟关系特点。我们可以更简单地总结：不论在何种生计环境下，生计关联程度强的汉人兄弟，更易于延续传统的兄弟关系特征。

（三）兄弟关系与平均主义

通过前文的考察，我们发现上述的兄弟关系特征随着血缘或拟血缘的关系逐层往外扩展，以至于宗族支系和宗族之间都体现出这种平等和平均的特点，并且上演着分分合合的生活历史。若我们把这种推论继续扩大，则可以得到这样的推论：家庭内的兄弟关系及其所体现的平均主义伦理特征，亦对中国的社会和历史产生了某种程度的影响。

若把兄弟关系沿着"同胞兄弟—宗族支系—宗族之间"的脉络，推向广阔的社会历史，则需有一个基本前提，即在较大的社会范围内，人们的身份已经获得了相对的平等。而在历史上，较大范围地实现这一条件的时代是在唐朝的中后期。[1] 基于土地制度或租佃制度的变化，不少史学家认为唐代中后期是中国封建社会的一个过渡阶段[2]，而伴随这一变化，农民的身份也获得了较大的解放，唐代以前数量众多的依附农"父子低首，奴事富人，躬率妻孥，为之服役"[3]的局面得以改变。身份上获得一定的平等后，有利于人们进一步追求利益上的平均。因此，每逢天灾人祸，生存难以为继时，人们不会再像从前一样纷纷投靠地方豪族，甘心成为他们的奴婢、佃客和部曲等依附民，低首奴事之。相反，与富者均财富就成为他们的强烈追求。因此，中国的农民起义自唐末开始就一直把"平均"思想表现在起义的口号中。如唐代的王仙芝起义自称"天补平均大将军"；北宋的王小波起义提出"吾疾贫富不均，今为汝均之"的口号；钟相、杨幺明确提出"我行法，当等贵贱、均贫富"；李自成提出"均田免粮"；太平天国提倡"有田同耕，有饭同食，有衣同穿，

---

[1] 参见金宝祥《论唐代的两税法》，《西北师大学报》1962年第3期；唐任伍：《论唐代的土地租佃关系》，《史学月刊》1996年第4期；曹端波：《唐代土地制度的转型与农民身份地位的变化》，《贵州大学学报》2007年第2期。

[2] 参见孔经纬《关于唐朝土地所有制形式的发展变化问题》，载《新史学通讯》1955年第7期；金宝祥：《论唐代的土地所有制》，《甘肃师大学报》1959年第3期；贺昌群：《汉唐间封建土地所有制形式研究》，上海人民出版社1964年版；胡如雷：《中国封建社会经济形态研究》，生活·读书·新知三联书店1979年版。

[3] （东汉）崔定：《政论》。

有钱同使,无处不均匀,无人不饱暖",等等。① 在前文列举的捻军起义的例子中,贫苦农民首先是组织起来吃大户,在受到政府镇压的时候走向更大规模的联合,最后举起了起义的大旗,以至于震荡全国。

起义的农民往往来自社会的底层,文化水平较低,但他们能够提出"平均主义"这一重要口号,且得到广大下层民众的积极响应,如有学者说:"唯有'均平'的口号和旗帜最能打动农民的心扉,最能引起农民对现实的不满,最能鼓动起农民的革命热情和革命斗志,最能成为农民革命的合理性根据。"② 由上述的农民起义口号来看,至迟自唐末以来,平均主义观念已经流行于下层民众中了。这种平均主义观念来自何处呢?

在传统社会,上层的统治思想以强调等级和差别的儒家政治伦理为主导,习惯于以"纲常"和"礼"来表现贵贱和尊卑,即便有"不患寡而患不均"的言辞,也是以等级和差别为前提的。孔子在《论语》中说:"丘也闻有国家者,不患寡而患不均,不患贫而患不安。盖均无贫,和无寡,安无倾。"对此,朱熹对《论语》注曰:"均,谓各得其分;安,谓上下相安。"即按照各自等级地位的不同来获取不同收入份额,从而避免"王室衰微,诸侯争霸,公室卑弱,大夫兼并"的混乱局面。孔子思想及大传统中的均平理想实际上是建立在对现实的等级差别、社会不平等认同的"不均"基础上的。因此,我们对平均主义观念形成的具体原因的思考,很大程度上需要把目光放到民间的小传统中。

在相对封闭的传统社会,人们往往聚族而居,家庭及宗族生活就成了人们获得濡化的基本环境。因此,家庭内的兄弟关系,由兄弟关系直接发展而来的宗族支系之间的关系,以及通过联姻而结成兄弟式的宗族关系等,可能对于人们平均主义思想的获得有着最直接的关系。对此,陈支平也曾谈道:"对于传统中国人脑子中根深蒂固的平均主义思想,我们可以从中国的家族制度,特别是家族与家

---

① 郭德宏:《论我国历史上的平均主义思想》,《东疆学刊》1986 年第 2 期。
② 袁银传:《小农意识与中国现代化》,武汉出版社 2000 年版,第 122 页。

庭的关系中,去寻找其最基本的原因。"① 当然,陈支平在原文中侧重的是家庭的裂变和家族扩大化之间的关系,以及在这一过程中平均主义思想的作用或表现。这其实是从另外一个角度更加验证了平均主义伦理存在一个由家庭逐层往外扩展的过程。② 至此,笔者可以不再隐晦地推论,汉人家庭内的兄弟关系伦理及其生活实践应是汉人社会平均主义思想的重要源头。

(四) 作为家庭和社会不稳定因素的兄弟关系

相对于父子关系而言,兄弟关系往往成为家庭动荡和分裂的不稳定因素。基于前文的考察可知,兄弟关系会沿着血缘和拟血缘的关系逐层往外扩展,以至于宗族支系、宗族之间等都存在类似的竞争、分裂和合作的复杂关系。相近地域宗族间的争斗和合作关系根据不同的内外环境而发生变化,一如家庭内的兄弟关系。同时,由于传统社会国家对社会的控制常常止于县,县以下主要依靠各种民间组织的力量。在各种民间组织中,家族和宗族无疑占有非常重要的地位,可以说国家基层是由无数的家族或宗族组成的。③ 前文在讨论捻军活动时,邻近地区基层社会宗族力量之强显见。因此,若作为国家基层的家族或宗族内发生动乱,甚至宗族和家族之间发生动乱,则整个国家亦将处于动乱。震荡全国的捻军运动,从其内部的构成及其互动来分析,实际上就表现为宗族间的斗争及其联合。

宗族组织欠发达的北方尚且如此,在宗族组织发达的南方,宗族之间发生纷争的情况似乎更常出现。陈支平根据东南沿海的情况认为,由于封建官府对地方乡族的统治能力非常微弱,基层家族或

---

① 陈支平:《近500年来福建的家族社会与文化》,生活·读书·新知三联书店1991年版,第146—147页。
② 同上书,第129—147页。
③ 比如麻国庆把中国传统社会分作三个层次:"社会的表层是权力结构,即国家的层次;中层分布着由各种利益、职业及宗教等群体结合而成的各种社会集团如行会和秘密社会;基层是基于血缘和地缘关系的基础集团,如宗族组织等。"他还认为,宗族组织还具有通过控制其他宗族或与其他宗族组织相联合,进而控制地方事务的外部功能。参见麻国庆《家与中国社会结构》,文物出版社1999年版,第213页。

宗族几乎成了地方上的独立王国。① 这些宗族之间的械斗之风很强盛，而宗族械斗又易于造成宗族之间的分裂或联合。

弗里德曼在《中国东南的宗族组织》中也关注过宗族械斗的情况：一方面，中国东南的宗族械斗之风非常强盛；另一方面，"械斗可能导致遍及整个冲突区域的联盟"，比如，"在福建和广东两省交界的地方经常发生冲突，以致产生两省之间的对抗"。②

同时，南方之宗族关系还曾和农民起义产生直接的联系。比如，1864 年太平军的一支进入福建永福时，当地的一些宗族加入太平军，利用太平军的力量来打击自己的仇族。③ 另外，秦宝琦在《中国地下社会》中分析天地会产生的根源时，也归因到了宗族之间的关系。他认为："宗族械斗中大族大姓欺压小族小姓，小族小姓为了与之相抗，便采取结拜兄弟的办法，'化异姓为同姓'，以增强其间的凝聚力。所以，宗族械斗的存在与加剧，也是造成秘密会党发展的重要原因。"④

近代以来，以游民为主要来源的秘密会党普遍是"以异姓结拜弟兄的形式出现，以歃血为盟，焚表结拜弟兄的方式结成"。⑤ 清嘉庆六年，天地会的陈礼南等在东莞结会时，"均愿姓洪，拜天为父，拜地为母"⑥。秘密会党常以兄弟结拜的形式达成，而秘密会党在中国近代以来的社会动荡中具有不容忽视的重要地位。因此，政府对民间兄弟结拜有专门的禁令，且日渐严厉，如雍正《大清会典》卷一九四"国初定，凡异姓结拜兄弟者，鞭一百"；顺治《大清会典》卷一九四"凡歃血盟誓，焚表结拜兄弟者，着即正法"。⑦ 清代对兄

---

① 陈支平：《近 500 年来福建的家族社会与文化》，生活·读书·新知三联书店 1991 年版，第 93—94 页。
② ［英］莫里斯·弗里德曼：《中国东南的宗族组织》，刘晓春译，上海人民出版社 2000 年版，第 135 页。
③ 陈支平：《近 500 年来福建的家族社会与文化》，生活·读书·新知三联书店 1991 年版，第 125—126 页。
④ 秦宝琦：《中国地下社会》，学苑出版社 1993 年版，第 57 页。
⑤ 同上书，第 1 页。
⑥ 秦宝琦：《中国洪门史》，福建人民出版社 2012 年版，第 563 页。
⑦ 秦宝琦、谭松林：《中国秘密社会》第 1 卷，福建人民出版社 2002 年版，第 49—50 页。

弟结拜的案件，在法律上由最初的"杂犯"，逐渐归入政治性的"谋叛"之列。①

（五）作为社会"黏合剂"的兄弟关系

在宗族联合、异姓结拜和秘密会党形成的过程中，兄弟关系作为人们互相连接的基本方式，在其中充当了一种类似黏合剂的重要作用。即，基于兄弟关系，原来相互分割的个体或组织得以凝结起来，形成新的社会关系和社会组织。

当然，按照"类家族主义"或"泛家族主义"的逻辑，家庭内的组织关系和伦理文化会渗透到广阔社会生活过程中，发挥作用的自然不止兄弟关系及其伦理一种。相对而言，纵向的父子关系及其孝道伦理，对于人们的黏合作用远不如横向的兄弟关系强大。

传统社会，儒家强调的"父父子子"就像"君君臣臣"一样是不平等的，父子之间要刻意保持距离，不能有所狎昵，以防影响父亲威严。古人说，"父子之严，不可以狎；骨肉之爱，不可以简"（《颜氏家训·教子第二》），父子之间不但要严肃，还要特别注重礼节。更甚者，"君子不亲教其子也。《诗》有讽刺之辞，《礼》有嫌疑之诫，《书》有悖乱之事，《春秋》有邪僻之讥，《易》有备物之象，皆非父子之可通言，故不亲授耳"（《颜氏家训·教子第二》）。所以，古人讲究"君子远其子"，父亲在儿子面前要摆出威严的样貌，儿子在父亲面前也只能毕恭毕敬，甚至惶恐不安。这种"相对无言"的父子关系形态，在相对平等的社会情形下一般难以作为一种扩大社会联系的模式。

传统社会，虽然王权对基层的统治伦理一定程度上是基于父子关系的"孝"及其延伸而来的"忠"，但这种黏合并不紧密，官僚体系和基层组织之间具有明显的距离，只有靠士绅在中间做弥合。这种相互分离的情况被费孝通称为"双轨政治"。②

社会范围内的类家族模式中自然也会有"家长"，但其中的家长

---

① 秦宝琦、谭松林：《中国秘密社会》第 1 卷，福建人民出版社 2002 年版，第 51 页。
② 费孝通：《乡土中国》，上海人民出版社 2007 年版，第 275—293 页。

往往是由相互结合的兄弟们的"大哥"充当，或者在兄弟联结基础上的代际更替中产生，所以"类家族"组织的最初缘起应是以兄弟结合的形式多见。① 毕竟，横向的兄弟关系有利于社会关系的联结和扩大，纵向的父子关系有利于既有关系的维持和稳定。②

在汉人社会，若我们承认"类家族"主义具有普遍性的社会影响，表现于纷繁多样的社会组织。那么在这一过程中，兄弟关系的黏合作用也将随之渗透到汉人社会的各类组织。由兄弟分家及其时代繁衍而形成宗族组织，宗族之间联姻而产生的姻亲组织，跨越宗族和姻亲的五服九族组织，不同地域中由众多宗族参与或组合而成的宗教组织、商业组织、水利组织和青苗会组织等人类学所关注的组织形态，其中都可能贯穿着兄弟关系及其伦理。

---

① 这似乎和家庭内的情况相反：家庭内是有父子而后有兄弟，社会范围内是有兄弟而后有家长。
② 由于相对平等的兄弟关系可分可合、分分合合，所以在社会范围内按照兄弟关系的逻辑扩展社会关系，具有自由灵活的便利性。

商域宗族：绅商商绅与商镇圈层
——市镇研究与圈层格局[*]

周　泓[**]

施坚雅关心小地方如何被整合入较大的地方，认为"核心地点"作为贸易、网络和城市化之客观历史后果而出现，它们排列于由经济功能界定的级序中，基于理性的经济重要性而成为踞于其他地点之上的"高层地点"，因而区域的核心往往是资源、生产、投资和商业化相对集中的地区。其将地方的形成归于市场力量、经济的理性选择和区域的组织功能。那么，政治力量及其主观行动者又扮演了什么样的角色？

一　市镇研究与绅商商绅

（一）关于市镇研究

镇域尤其是商镇市镇，作为中国社会的研究对象，一直被关注得不够。一是历史上官僚建制只到县，乡镇所在地未设行政机构，

---

[*] 本文材料系笔者自2001—2007年于天津西青区、杨柳青镇、新疆乌鲁木齐、伊犁、奇台、喀什等地调查、访谈，以及对《大清法规大全·实业部》（直隶）、《实业杂志》《左文襄公全集·奏稿》《工商史料》《天津通志·商业志》《天津商会档案汇编》《天津文史资料选辑》《西青文史》《杨柳青镇志》《杨柳青小志》《西域图志》《新疆通志·商业志》《新疆文史资料选辑》《新编新疆文史资料选辑》《新疆地方志》《奇台文史》等梳理；参见拙著《圈团与圈层——杨柳青：绅商与绅神的社会》（上海人民出版社2008年版）诸章节重新梳理。

[**] 周泓，中国社会科学院民族学与人类学研究所研究员。

以往的史家多以府、州、县为研究对象；二是镇往往设墟市，而人类学家大都考察村落。日本学者较早关注华北定期市研究①，然实属乡村集市或市集研究。早期人类学集镇与乡村市场研究主要是杨懋春的博士论文《中国的集镇制度与乡村生活》和《中国的集镇区域乡村社区》② 及杨庆堃《华北地方市场经济》③，费正清（John King Fairbank）和西达·斯科波尔（Theda Skocpol）亦肯定传统中国共同体的基本单位并非个体村庄，而是包含一组村庄的市场共同体。④ 20世纪60年代初，弗里德曼在"新加坡华人社区"调查中提出，村庄无法说明中国社会的整体性，不能以村庄为模式理解中国，⑤ 但其主要综观表述文明史与中国社会。同期施坚雅提出，中国社会的"网结"不在村庄而在集市；要真正了解乡村社会结构，必须研究集市及其内间交换关系，指出"农民实际社会区域的边界不是由他所住村庄的狭窄的范围决定，而是由他的基层市场区域的边界决定"。⑥ 但此均未超出乡村研究。

费孝通的集镇研究区分了村庄集市、驻军之镇和有市场的镇。认为集市不代表一个社区，而有市场的镇则是一个永久的社区。军镇是政治中心，是官僚当局和绅士驻地，而市场镇是农民和商业、手工业的联系环节。⑦ 诚然，费先生的划分有偏颇，因为行政中心（县镇、军镇）往往兼具商业功能，抑或县镇、军镇、市镇合一，杨柳青即由金、元兵镇转为明清商镇、市镇而今县镇。然则，费先生已不限于乡村集市，而关注到连接城乡的市镇。傅衣凌将市镇经济

---

① ［日］加藤繁：《清代村镇的定期市》，《中国经济史考证》第3卷，商务印书馆1973年版。

② 杨懋春：《中国的集镇区域乡村社区》，《社会学刊》第1卷，1963年12月。

③ Yang C. K., *A North China Local Market Economy*, 纽约：太平洋关系学会（油印），1944；［美］施坚雅：《中国农村的市场与社会结构》，史建云、徐秀丽译，中国社会科学出版社1998年版，第56页。

④ ［美］费正清：《美国与中国》，张理京译，哈佛大学出版社1948年版；［美］黄宗智：《华北的小农经济与社会变迁》，中华书局1968年版。

⑤ Maurice Freedman, *Lineage Organization in Southeastern China*, London: The Athlone Press, 1958, p. 9, pp. 156–159.

⑥ ［美］施坚雅：《中国农村的市场与社会结构》，史建云、徐秀丽译，中国社会科学出版社1998年版，第9页。

⑦ 费孝通：《论小城镇及其他》，天津人民出版社1986年版。

作为地主经济的一个组成部分①，这里除去意识形态色彩，则意味着两种经济并存。

施坚雅注意到军事、行政中心之城镇具备商业职能②，认为研究不应限于村庄边界，经济引导的区系空间组织使国家与社会兼容相连，是二者关系的相遇点和透视点，可同时观察非正式制度和行政体系。③ 然施坚雅的集镇研究，侧重村庄对市场的依赖，而弱及反向路径或镇—乡共力；其以集市解析乡土社会，与其他中层理论（布迪厄，杜赞奇）同样，忽略了商镇商绅（商域宗族）场域。日本学界村落共同体的学术传统，将江南市镇研究具体到基层社会，小岛淑男以城居地主、商人与在乡农民阶层，论述清末江南市镇与周围农村的关系，④ 然未作商与绅的联结。

20 世纪 90 年代中期乡村研究中出现了市镇认同因素，如科大卫对明清资本机制的研究⑤，庄孔韶家族商业研究⑥和郝瑞的乡镇商业企业考察（Stevan Harrell 2000）。萧凤霞研究地方社会的"结构过程"，提及"市场系统的层级怎样为商人提供了文化空间，让商人以自己的方式去作士大夫"⑦，触及商绅，然未将市镇、绅商、商域宗族作联结研究。杜赞奇《文化、权力与国家：1900—1942 年的华北农村》⑧ 认为，国家直接削损华北豪绅及其文化联系，传统农村豪

---

① 《明清社会经济史论文集》，人民出版社 1982 年版，第 235 页；参见傅衣凌《关于中国封建社会后期经济发展的若干问题的考察》，《历史研究》1963 年第 4 期。

② W. Skinner, *Leadership and Power in the Chinese Community of Thailand*, Ithaca, N. Y.: Cornell Univercity Press；［美］施坚雅：《中国农村的市场与社会结构》，史建云、徐秀丽译，中国社会科学出版社 1998 年版，第 9 页。

③ William Skinner, "Cities and the Hierarchy of Local Systems", W. Skinner, "Marketing and Social Structure in Rural China", *Journal of Asian Studies* 24 (1) - (3), 1964 - 1965a - c.

④ ［日］小岛淑男：《清朝末期の都市七农村—江南地方む中心に一》，《史潮》新 8 号 1980 年。

⑤ David Faure, "China and Capitalism: Business Enterprise in Modern China", *Division of Humanities*, University of Hong Kong Science and Technology, 1994.

⑥ 庄孔韶：《银翅：中国的地方社会与文化变迁：1920～1990》，生活·读书·新知三联书店 2004 年版。

⑦ ［美］萧凤霞：《二十载华南研究之旅》，载华南研究会编辑委员会编《学步与超越》，文化创造出版社 2004 年版，第 35 页。

⑧ ［美］杜赞奇：《文化、权力与国家：1900—1942 年的华北农村》，王福明译，江苏人民出版社 2003 年版。

绅已经衰败，新的豪绅无法使自己习俗化。其未意识到适应新政权的绅商与商绅之于新兴乡镇（商镇、县镇、市镇），带动乡村和市民及其文化力量（如绅商作为土改开明绅士），杨柳青绅商和商绅的意义正是在于此。

华琛（James Watson）、华德英（Barbara Ward）、丁荷生（Kenneth Dean）研究乡村以国家正祀神明或里甲制而结构化的过程，① 笔者认为商镇结构化的主干渠径，即国家建构商会与商农、商绅之主体能动。吉登斯、科大卫、萧凤霞区域过程研究，未研及一地域内不同社群形态。杨柳青商性乡镇、绅型商镇可为地域新类型。社会史关于明清市镇的研究，形成了一个专门的学术分支，但以往的成果较少注意市镇与农村的联结，常以二分论或统属论规避城乡互动。近年，赵世瑜以湖州双林镇权力关系的历时变化，论释权力资源的组合和市镇与乡村权力的实际运作，② 然未研及绅商、商绅。吴滔考察清代吴江、震泽二县士绅的耕读与服贾职业选择及乡村公益活动组织者身份变化，③ 然非绅商、商绅研究。

（二）绅阶主导类型引导地方社会模式

1. 杨柳青的绅具有商的特性

杨柳青八大家亦皆以财富声望而论，是对家族实力地位的认同。顾颉刚认为"士无恒产"，趋重于知识，"取尊荣为目标"④，而杨柳青的绅"取尊荣为目标"，然有"恒产"，即使其家族曾具科名或功名，但其绅阶地位终以财富而获得或得到社会的确认。杨柳青第一绅商家族石氏，自武举做粮商兼营典当，本地和镇外田地千顷，在周县固安、大城、武清、静海诸地开当铺十八处，店宅五百余间；

---

① ［美］丁荷生：《道教和华南民间宗教：历史和复兴》，博士学位论文，美国斯坦福大学，1988年；参见《神明的正统性与地方性——关于珠江三角洲地区北帝崇拜的一个解释》，《中山大学史学集刊》第2辑，广东人民出版社1994年版。
② 赵世瑜、孙冰：《市镇权力关系与江南社会变迁——以近世浙江湖州双林镇为例》，《近代史研究》2003年第2期。
③ 吴滔：《在城与在乡：清代江南士绅的生活空间及对乡村的影响》，载［美］黄宗智主编《中国乡村研究》第2辑，商务印书馆2003年版。
④ 顾颉刚：《武士与文士之蜕化》，载《史林杂识初编》，中华书局1963年版。

同时经营银号、灰厂、酱园、布庄等。道光年间析产为四房，每股分地百余顷，公产立万兴公号，多资助地方公益。董家，自明代为富豪，其祖辈独资建青镇药王庙，佃典大量土地，磨栈商号聚德、裕盛，光绪初年入天津粮界、钱业。裕盛钱贴声誉久系。民国其子弟董绍良、董绍康由天津捐学故里。同盛和周家，于左宗棠西征募民殖边，其族兄周乾义、乾吉、乾玉、乾凤随军供应商品，入新疆经营。[1] 新疆建省，子辈恒德、恒正达首府迪化，立字号同盛和。清廷以新省初建，每年拨给辅助库帑四十八万两，周乾义为首杨柳青座商八户承办协饷，至清末商号、分庄遍布天山南北，资产冠新省汉帮之首，资助援乡万字会。其孙周耀廷还乡，在津投资银钱业，置地近百顷。明盛周家，为明永清典史代理县知事周缙后裔。燕王朱棣起兵，周缙独自组织抵抗，燕王称帝后遂以罪臣入狱，其家眷迁入杨柳青。以运输为生，于涿县座商和涞水、易县设店，货物由子牙、大清河运至白沟河设庄。至光绪年间购置院落数所，置地百余顷。久家，先祖为满人，道光年落于杨柳青，至四世久连甫租地并代地主管地（外籍二地东），于庚子前已有地二十余顷，称"久家胡同"。继以一千元捐二品顶戴封衔，将七十余顷土地交予外姓经营，迁至天津，为不在乡地主。鼎兴张家，同族两支，东大街一支土地近百顷，房产十余所，独资经营德兴米面铺，合资兼营怡生堂与翔兴和药铺及津市隆顺里药材批发商栈；崔家胡同内鼎兴家张宾阳，光绪年间以监生为吉林省双城厅通判，长安、长岭县知县约十年，卸职后由地方公议局聘为局董，作为官绅参与公益事业。张宾阳二子捐资改天齐庙建学堂，成为新绅。成兴号韩家，自曾祖做董家承佃庄头，民国后韩澄甫兄弟分立成兴平记与德记，做粮商。韩澄甫之子韩渭川，曾为镇长（士绅），侄韩萝符于津攻读法政，行医镇乡。文丰泰安家，安文忠随左湘军赶西大营致富，得封功名（商绅），清光绪末返乡，兴办镇私立商业学校及企业。购置庭院四所，

---

[1] 据笔者 2004 年 10 月和 2005 年 2 月访谈同盛和周氏周乾义长门元孙周永奎所述，周乾义于咸丰年既去新疆，其子周恒德和安文忠同辈，于同治年间同去新疆。后结亲，周恒德子辈一女嫁于安文忠侄。因而周氏早于安氏入新疆，在迪化、古城、南疆等地经营规模较安氏早而广。

第一所为安氏家祠，第二、第三所妻妾各一宅，第四所为同善社施医局。

民国初，地方组织公议局，沿清末公议局之旧，斟选局董，确定杨柳青殷商富户：万兴公记族长石元仕，裕盛号经理董兆荣，明盛号周家周敬熙，文丰泰的安文忠，同盛和的周恒德，成兴平记韩澄甫，以及运河南岸的鼎兴张宾阳等，称为"新八大家"。同时原豪门房仆补录杨柳青人"赶白沟河"形成的实力商号，操选民间新八大家："东双盛、西汉升、中间夹着石万兴，裕盛、聚德一家董，同盛、明盛不相同，王家人称恒字号，赶大营的安文忠，西头财主头一份，牌坊底下是成兴。"双盛杜家、汉升韩家、万兴石韩家都是大粮商、大地主。王家恒字号有百货店四处以及恒通、恒泰粮店，恒义源杂货栈，恒兴、恒茂盛经营土地数百顷。

同样，津帮主要是杨柳青人在西营地迪化，亦形成以商业实力著称的新老"八大家"。老"津帮八大家"，即代办协饷的"八大商"，开业于建省时期，以同盛和、复泉涌、永裕德声名最负。同盛和京货店，营销津沪百货、京广杂货、俄英洋货、绸缎布匹、海味水产等，以批发为主并经营吐鲁番葡萄园、坎儿井，分庄达伊犁、古城子、吐鲁番、喀什噶尔、和阗、阿克苏及内地津京沪、香港等25处。复泉涌酱园，经营酱菜山珍、京式糕点、洋广杂货等，天津、伊犁、绥定等地设分店。永裕德京货店，经营绸缎布匹、京广杂货、名特产品兼营货栈，天津、伊犁、喀什等地有分店。此外有经营绸缎呢绒、京广百货和俄货的德恒泰绸缎庄、广兴和、公聚成、升聚永、聚兴永京货店等。民国后，津青商帮又形成新的八大家：怡和永、裕昌厚、福泰成、德兴和、德聚和、同泰兴、宝聚成、庆春和商号，流动资金皆两万至三万纹银，主要经营津沪绸缎、针纺织品、食品烟酒、文具乐器、钟表眼镜、五金百货以及苏联的布匹、西装、皮鞋、搪瓷、铁制品、罐头、糖酒等。

即杨柳青"八大家"以财势获得确认而非以教育地位显示其绅性。元至正十四年高居宝在镇内创办高氏书房，杨柳青始有教学记载，然青镇八大家中没有创学者高氏。周姓于清末民国多西营，现仅八百余人，① 然仍称大姓，列八大家前茅。绅商石、周、安氏在"八大家"中延续。由于能够保证时间读书的人需有他人劳动的扶助，其家庭或有田地或是富商，因而财富成为取得名誉的必要条件。"买地盖房""开当铺"成为杨柳青绅民的家教传统。

2. 杨柳青豪商具有绅的属性

教育和财富对于绅的身份都起着主要作用。绅阶充当社区的知识领袖，是乡镇社会享有发言权的群体，学识一向被认为其阶层的重要标志，科举制度使其阶层意识延续。民国商人已有地位，不少捐纳科名，绅商更易成为地方政治组织的领袖，商绅多兼官绅。同时，在军阀和战争年月，军队成为重要的社会阶梯，军校免费，训练授任较快，因而，无地或为商者，不少采取从武晋升之途（如石氏），此为传统绅阶来源及新绅构成之一。科名予家族以社会威望，个人成就伴随着荣宗耀祖，成为绅阶维持的一种途径，这益于其后辈改善机会与传袭，即行商而为绅的商绅亦不可能脱离绅性。

富商多大家族。周氏是杨柳青早于石家的大族，至少有两大支：明代的明盛周，清民时期的同盛和周及复泉涌周（西帮）。石家自第四代设福善堂、恩绥堂、天锡堂、尊美堂。以四门尊美堂财势最厚；长门福善堂咸丰年间又分七小门：敦厚堂、聿修堂、燕怀堂、元吉堂、尚纲堂、九思堂和裴元堂；次门恩绥堂分为六小门：承德堂、锡福堂、三德堂、润德堂、裕德堂、怀德堂。在十三个较小的堂名下，各户又立更小的堂名如厚德常、伴鹤堂、燕庆堂、正立堂、三镜堂及万发堂等。可知，绅商往往与豪门联结。

绅的地位经由教育和经济铺垫，最终的确立是其获得公认的社会声望权威。商绅、豪商由于经济和社交能力，比士绅更易承担绅的善举和赢得绅的威望，履行公义是绅家构成或具备的要素之一。

乔凡尼·列维（Giovanni Levi）曾言：农民世界，决定性因素是

---

① 据《杨柳青镇志》（蓝本），20世纪90年代杨柳青王、李两姓氏均逾7000人，张姓逾6000人，刘姓逾5000人，高、杨两姓均逾2000人。达千人姓氏12个，为赵、韩、陈、孙、任、于、宋、徐、杜、吴、安、郭。900人以上姓氏为马、董二姓氏。周姓则876人。

"对难以捉摸的象征性财富（权力和威望）的保持和接受"[1]。在地缘观念下，杨柳青的市民感谢大商主，农民感谢大地主，绅阶与平民及贫民的阶级界限较弱。绅商在此赢得和拥有着当地的民心。

（三）绅商主体类型引导和沿袭市镇类型

1. 绅商与地缘会社

（1）倡办社区公益

绅商是国家与社会的中介，公领域也是绅商功能发挥的空间，故地方绅商的公益范围为交通（桥梁，津渡，水利，道路），义举（义学，义仓，社仓），善行（临孤，养老，赈济，掩骸），治安（保甲，里甲，水勇）等。绅商、商绅引导着商镇属性，借贷、善施成为杨柳青商营和公益社会的文化底色。

即有官方督促监督的地方公益，传统上主要由民间士绅、商绅经营。因而传统"公"领域——绅商之功能空间，其本质并非官民割裂、分立或纯粹对峙，而存在以绅为纽带的协作。在此，官、绅、商、农人相谐与共，国家权力与民间社会互渗，然以绅为代表的民间成分居主导。绅商的功能空间，位于国家政权和民间私领域的公领域社会，国家与社会力量均嵌入其中，其范围随二者关系而演变。当政权强化对社会的控制，其可向下伸入民间腹地；当社会力量居优势，其可向上渗入国家权力范围。绅商群体由此整合了内聚力与凝聚力，使之势力延伸于诸多国家和社会权限兼有、空缺或不确的场域。在此，不同于西方的是，国家与社会关系呈现为一种基于或符合儒家理念教化的协调和协作的取向，亦即绅商的功能在于民间与政府之协作。

杜赞奇（Prejinet Duara）华北乡村研究，注意到乡村领袖在文化网络中权力支配的特征[2]，而忽略了平衡协作的一面，亦忽视了绅商的多重性。萧凤霞针对施坚雅市场结构解析认为区域"分析的中

---

[1] ［美］伊格尔斯：《20世纪的历史学》，何兆武译，辽宁教育出版社2003年版，序言。

[2] ［美］杜赞奇：《文化、权力与国家：1900—1942年的华北农村》，王福明译，江苏人民出版社1995年版，第20—21页。

心是人的因素,这种人既是经济人,又是政治人和文化人。区域体系的发展包含这种人的因素积极地创造传统的活动。在这一过程中,文化的个性和历史的意识一再地起着重要的作用"。杨柳青绅商正是以经济人、政治人和文化人予以这一社区过程与意义。

(2) 与商帮会社

与帮会。明末青帮于雍正四年投清朝,为清政府组织船夫办理漕运。漕运大部分停止后,大批失业青帮入沿海码头。中华民国十五年,驻津军阀褚玉璞部(直鲁联军督办)军警督查处长历大森,以帮会控制部下,地方豪绅及工商业主为不受滋扰而依附帮会,形成天津一大网络。

与理教。理教又称理门、在理教。集会地点称"公所",规章制度称法包,只传到出家修行的领众一级。乾隆三十年其传人在天津梁家嘴邵公庄设立了第一个理教公所,传播方式由布道转变为以公所为中心向周边传教,并将反清复明主旨转换为"观世音菩萨"五字真言,使理教转化为民间宗教。乾隆三十二年六月,杨柳青设立正安堂公所,形成理教的六度派。鸦片战争后,理教虽以克己修身、戒烟忌酒准则为地方政府默许,但未被政府正式承认。然因石家与警察厅长杨以德关系密切,"天津市理教联合会"杨柳青分会设于正安堂老公所。以绅商保民间。

与拳民和洋教。19世纪60年代后,地方力量(家族、保甲、团练、会社)增加了民间拳民、教派和外来教会,当地秩序重新组合。地方势力组织同这些力量出现了不同的互动,一是,缉捕、阻抵拳首。二是,戴见军勇。三是,容纳教民。

绅商安绥地方。杨柳青保甲局对于反清帝的义和团持消极态度,而当后者直接抗击外国联军时,则予以积极援助,不难看出其安静地方的宗旨。继而,当地对教民的接纳不乏绅商绥靖方式的影响。御河北岸由于商镇和绅商之风气开化,易于包容外来文化,诚然它以反日为前提,这亦与绅商的民族性系连。

2. 绅商与业缘社团

(1) 延伸家族合作传统

绅商、商绅一般系属市镇、商域大家族。民国绅商经营商工仍多家族形式，维持具内聚力的家族小社会经济共同体，其特点是分家析产后仍有族内合作，一是以亲缘关系为纽带，多直系的父子、祖孙、兄弟与叔伯、堂侄兄弟及姻亲舅甥等一同经营；二是高级职位由本家任，重要职员自本族出；三是筹资、管理、运销、技术引进及培训，与官方及社会渠道疏通，多依靠内信力运作。这使绅商无须打破社会传统而能够适应现代经营方式之转型，与近现代业界及社会相衔接。它并非仅凭据于宗法制之立嗣资格的认定，即财产继承原则与宗祧继承结为一体，而更基于宗族主义伦理下，血缘与亲族信任构成的一种天然信任机制。对其纠纷，法官从族亲会议，立嗣资格，无论争讼当事人双方或地方司法官，均循宗法和习惯法之法源——"先应继，次爱继，再收养（异姓）"。

无疑，绅商延续了家族合作传统，并使其与近现代业界及社会相衔接。同一宗族内部的财产分界远较不同宗族间有模糊性，如土地交易没有绝产的时限，卖主及其子孙均可回赎；家族商营无论规模大小，生活和运购经销过程浑然一体。"经验的直接传授方式既体现在操持'家业'的日常生活的过程之中，同时也反映在他们言传身教的'家风'之中。"[①] 亦即，绅商以近现代商业的亲缘（亲族及地缘）经营，使家族传统及其合作得以延伸。于是，"集团与个人二者均包含在内的家族或地方社会的构成及其结合，以家政、家计等家族为主的社会经济活动，以及各行业的商业活动或经营哲学"，成为社会纽带的线索。[②]

（2）组织行会、商会

绅商倡导和创办商会，是各地商会的掌握者。商会实际为绅商之团体，以绅商为领，绅商为董，绅商为主体和主导。商会与地方社团，皆以绅商密切联系。行会组织仍是商会的主要成分，为绅商领导体制。天津商会自三十二个行会组成。行会加入商会后，其固有的功能仍在发挥，传统仍被保持，依然是独立的行业团体。因此

---

① 罗红光：《不等价交换——围绕财富的劳动与消费》，浙江人民出版社2000年版，第20—21页。
② ［日］滨下武志：《近代中国的国际契机——朝贡贸易体系与近代亚洲经济圈》，朱荫贵、欧阳菲译，中国社会科学出版社1999年版，第342—343页。

行会联结着同业小工商者和商会。商会整合手工业行会、同业公会、行业商会、同业商会、商业公会以及农会、水会诸业缘商团，统领商域实业圈团。杨柳青银钱业同业会社有典当业公会、钱业公会、银行业公会、保险业公会；民间老人会、攒钱会、寿缘会。管理业务为典当业务、票号业务、银号业务、存款放贷、汇兑结算、发币信用、代理拆借。

民国杨柳青社团组织的整合以商会为核心。商会成为事实上的领袖团体，在地方公益中享有权力、威望。商会与地方社团皆以绅商密切联系，绅商系结地方，代表商会和地方。地方议会、预备立案公会、资议局、工会、农会、教育会等会董颇多，工会、农会往往由绅商创办或直接由会董操办。因而，商会与地方的关系，亦是绅商与地方的关系，或是商会与绅商的关系。杨柳青镇水局十八家，系由绅商筹办募勇，会首以财产、品德、知识而举，故富商地主士绅轮任，其始由各村、诸村组织，进而为跨村和县镇社团。军阀时期乡绅富户多远迁外地，酬神赛会经费日紧，商绅联络本地驻兵应急，定期以仕善财力酬神赛会。1936 年正月，神轿老会请与本地驻军往来的乡绅出面，由驻防天齐庙的二十九军张自忠部下徐连长，派士兵维持赛会和戒备会所神轿老会。游神线路重心亦改三官庙、天齐庙、土地祠、药王庙和关帝庙，而为镇公所、商会和官斗局所在的大寺胡同。酬神由单个祭祀和乡民共祀而得到官方认可，也强化了官方权威在地方的影响地位。

3. 联结传统与近代

传统商界赋予了新的成分。首先，绅商字号和一些传统商号经营洋货业务。其次，以绅商为首，传统金融组织钱庄、票号、典当发生新的变化，20 世纪初钱庄转向生产领域，向与农产品、手工业相连的米厂、丝厂、榨油厂等扩贷，同时，这些企业也向典号"息借商款"，使典当贷款成为纯股本，典当商成为债权人加股东的大业主。杨柳青石家即投资纱庄和典当借贷；天津于清末和军阀时期为直隶总督、巡按使、省长等官僚驻地，一些候补官僚都麋集于此，借债攒礼以希任用；石元仕在津市设万源银号，专营买官者贷借业务。再次，商绅为首的新式商业，主要为与进口贸易关联的洋布、洋纱、洋百货、西药等购销和与出口贸易关联的毛、皮及其制造业，茶业、棉业、丝业加工行业。杨柳青西帮迪化新八大家大都经营新类商品。1906年津商会750家商号中，114家经营新式洋行、洋布、洋药、颜料、茶业、洋镜、皮货等行业，[①] 采用经销、代销、包销、拍卖、批零兼营等新的成交方式和雇用制度，代替旧式的自产自销和族亲帮工。复次，形成商绅为主体的新兴商界社会团体商会、商团。最后，商人，尤其是商绅（新绅）子女至西学堂。

4. 绅商兴学

新学疏离乡土而逐离了部分乡土精英，后者为求得新的社会资本，纷纷携资离乡，文昌阁失落；新绅（学绅、商绅）多不落叶归根或回归乡里；这种离土离乡，为绅阶的分化和绅商阶层的确立余留了拓展的空间。旧绅（乡绅—地绅、士绅）部分转为绅商，掌握乡里。

20世纪早期杨柳青部分富绅子弟离乡求学，赴京津学府深造，有的赴日本或欧美留学。时以新兴教育为目的的天津劝学所，是全县办学的总机构，设有视学员，指导、检查各处办教。杨柳青在劝学所的成员，第一位是著名年画世家齐健隆后裔齐鼎升（旭初），其家族子弟多受新潮教育，长子、次子持家，齐鼎恒、齐鼎颐等留学日本，其中齐鼎升维新兴教最突出。第二任是齐鼎升之弟齐鼎震，第三任是刘学瀛。杨柳青新学绅尚有安家子辈安桂藩，石家子辈石毓澍、石毓符、石毓涛，周氏、董氏、韩氏、吴氏后裔。杨柳青为镇（乡镇、商镇、县镇），具有商营的基础条件，当乡社精英子辈接连转至城里及其子辈精英西向经营，这些不在乡地主和学绅，正好为当地商性的扩展余留出空间，富商随即购地购衔成为商绅。城乡一体的社会亦变为城乡差别和协作的空间。

同时为兴乡学，绅商自筹资金办新学。洋务运动后开明之风达杨柳青。1901年8月绅商石元仕等与外交涉文语不通，以官斗局厢房作教室，建西文学堂，聘请通晓英文的安冠清，招收学生十数名。

---

① 参见《天津商会档案汇编（1903—1911）》，天津人民出版社1989年版，第63—78页。

次年夏，联络驻杨柳青的法国军官傅良臣代筹洋银五百元，聘请徐声甫做教习，成立了法文学堂。翌年聘齐鼎恒、于恩霖为教习讲经史、古文、舆地等。此西文学堂是天津镇县最早的外语学校。

清民之际，一些绅商与开明士绅子辈留学归故办新学。如年画家族齐健隆氏三子齐鼎升，翰林院刘家之刘学瀛，富绅鼎兴张家后辈，拆除天齐庙塑像，筹款1557银，[①] 向官府申请建洋学堂，1910年诞生了"杨柳青公立第一小学"，亦称天津县公立第一小学堂。刘学瀛之子刘毓珂接受新式教育，在药王庙戒烟公所成立县立第一女子小学，继由天津县立第一小学（女校）接替。

此外，部分商绅衣锦归故，倡办新学。20世纪20年代杨柳青八大家之商绅安文忠西营返乡建安氏小学，即杨柳青私立第八学校，使用各种新式课本，开设分校，由二百人扩至四百人。

同时，一些新学绅和士绅与商绅合力创办中学。于1944年成立了杨柳青第一所中等学校——私立育青商职学校，后为杨柳青育青中学（杨柳青一中）。留学巴黎的董绍良遂出任校董会董事长。

商镇学教与商绅兴欣时期基本是一致的。杨柳青御河北岸，绅商、商绅接替了旧乡绅（士绅、地绅）的教育功能，青镇学校多在御河岸北。而南岸旧绅分解后，替继缺失，于是接替文昌社学之绅神于伍爷信奉深厚。这一教育和人观的格局，恰与杨柳青社会商农和配置的空间相吻合。

5. 实施基层行政

民国基层行政组织主要有里社保甲和乡族宗族。里社保甲等是以国家影响力置于基层社会的政治形式。乡族组织有与里社保甲制有联系的乡约、堡团，社会救济性质的社仓、义田，共营水利、墟市码头的水局，共谋教育教化的书院、义学、文会、祀孔会、关帝会、香会等——此公领域亦是绅商的作用空间。清初，里社保甲宗族相并列，清中期，宗族与保甲相交错，清末，中央政权衰微，乡族宗族势力持续，团练兴起，形成"保甲—团练""团练—保甲""宗族—团练保甲"体系。基层社会结构中出现三种组织形态：一种

[①] 天津市西青区政协文史资料研究委员会编：《西青文史》第3册，第175页。

是胥吏与乡绅交错控制的保甲，一种是乡绅控制的团练，一种是乡绅控制的宗族。

在此，具有三个系列三重领导身份的人物是乡绅。清代多数宗族以"功名禄位定上下"取代传统的"以血统分尊卑"，里甲保甲明显依重于乡绅。而绅商之财势使之往往成为乡镇社会的实际组织者，其且以资财得功名，在法定社区中同样有举足轻重的地位。杨柳青八大家皆为财绅。甲午战争时，当局要求地方组织武装，石元仕以杨柳青首富和花翎捐道职员被推为公众领袖，承责组织保甲局。义和团运动、八国联军入侵，绅商石元仕联合乡绅豪绅以保绅、保乡、保民而相继成立团练、保甲和支应局，保甲局即设于石元仕的账房。

6. 绅商和商农文化的象征：年画

（1）地缘之业

由农人副业至市镇手工业。杨柳青地少而集中，男子行商外出普遍，女子寡居者多，家庭手工业发达。杨柳青年画源于明代乡民祭门神、灶王崇拜。青镇杜梨木和运河漕运提供了木版年画的优质材料。梨木适于雕刻、制纸，使刻版神像、天师、钟馗、行业祖师等代替陶瓷泥雕塑像并方便携售。年画以家庭为生产单位，自画、自雕、自印、自描、自销。万历年出现套色印版、手绘涂色。裱画行以姓氏为记，形成杨柳青年画的雏形。

乾隆年间，戴家画坊第九代传人戴廉增扩大营业，请画师、雇徒工绘、雕、印刷，培养一批家庭女性，以手工描绘，补敷点勾，经营畅销。立字号"戴廉增画店"，年画印"戴廉增"字样，随大清、子牙、南运、北运、蓟运河货船批发，运销河北、北京、内蒙古及关东。戴廉增为清宫特制门神"金贡笺"作为贡品入皇宫大内。嘉庆年间，是杨柳青年画的极盛期，画坊近百家，年画从业者三千余人。大作坊一般有五十多个画案，二百多名工人，每家一年印刷两千多件，每件合年画五百张。[①] 年画类型有历史典故、神话故事、娃娃、戏出等三千多种。南派画家钱吉生（惠安）居青镇河沿街南

[①] 《杨柳青镇志》（蓝本），第23编，第3页。

纸局，由皇室画院（如意馆）提供画稿，创绘了四联条屏"山居图""天仙送子图"等诸多留世画样。戴廉增在丰润县招募徒工，聘请画师，开设画坊十多家，形成杨柳青年画又一生产基地，产品覆盖华北和东三省。道光年间戴廉增和齐健隆画店，均因家族分炊和扩大竞争而析产立户。戴氏分出"美利""廉增利"，齐氏分出"惠隆""健惠隆"。清末民国，接连的战争阻滞了年画的营销投资市场，画业以小型家庭作坊印制门神、灶王、门童、缸鱼、钟馗等。然法人杜伯秋（J. P. Dubsc）于中法汉学研究所"民间新年神像图画展览会"所展门神、门童、天地神祃、神像皆由杨柳青和北京戴廉增画店购得。①

镇乡画店。施坚雅从经济交易行为着手，将家户、聚落、市场一层一层向上连贯，以构型一个社会。强调乡民如何向上透过不同层级市场网络及行政中心，获取利益再带回自己的村庄。南乡炒米店土地瘠薄，津市和青镇不少画店的绘工大都来自炒米店。又画艺返乡，年画的裱糊、加工业成为炒米店各家户的经济支柱，购销年画的画店亦纷纷成立。炒米店在津市开办永兴、元和、德盛祥画店，年画大多输往内地。薛庄子各家各户都以加工年画为生，村民从炒米店领来画坯，完成各道工序再交售给炒米店。津市多处有青镇南36村年画营业点，大沙窝村孙润森、孙润田、吕寿和、吕寿云，张家窝村的张朋饶、张洪生，炒米店村陈宝珍、陈宝章，多年为天津画店绘样、购销和批发。津青形成画业依存关系。

（2）族缘之业

家庭为主的生产模式。年画作坊的勾、刻、印、绘、裱分工明确，每家画店都有传统加工户，一位师傅通常带数名或十数名徒工，每道工序可由一至数名师傅分管。有的裱画也分散到各家。每年每户加工数千或数万张。故"家家能点染，户户善丹青"。南乡三十六村多为镇内百余年画作坊手绘加工年画，妇女在家绘画，以婆为师，授受绘画技法，代代相传。

家族手工业。小甸子村自清代至民国，家家都有版，人人做加

---

① 《汉学》第1辑，北京中法汉学研究所1944年版，第263页。

工。张家窝村年画裱糊规模最大、时间最长的张洪生作坊，子辈兄弟五人皆从事年画裱糊。王振邦于清光绪年间拜岳父为师裱糊年画，王振邦长子王春成接裱年画，次子王竹成、三子王桂成随舅父王润田、堂舅王润柏专画艺。张文柱、张天恒、张开亮祖孙三代加工年画、刻制画版、套版。大沙窝村杨柏光、杨柏起、杨万普、杨万桐家族自画自裱。

年画字号世家。一是，戴氏先人自明永乐年间携画艺由江南随漕船北上，定居杨柳青经营木刻年画，至民国戴廉增敬记画店停业，传十九代，历五百年。戴廉增是戴氏第九代传人，创"套印加手绘"技法，形成杨柳青年画的风格。乾隆中期首以姓名创办"戴廉增画店"，为杨柳青规模最大、品种最多的年画店。嘉庆年间，戴氏扩大经营，分居析产，分立"美利""廉增利"画店。戴廉增老店规模最大，画店作坊沿御河岸十一所大四合院，包括原料、成品库房，店堂门市和加工作坊等。乾隆至嘉庆年间，为戴氏画店经营盛期，有家传从业者近百人，兼有雇工二百余人，聘请名师专事创稿，驻店画师上百人，雕版、印刷、手绘、装裱，同时将大量的手绘工序分流到炒米店、张家窝、老君堂、古佛寺等村。乾隆后期画店于北京建分店（绒线胡同）、设作坊。嘉庆年间在丰润县东丰台设立分店，聘师招徒扩营，运抵奉天设店批发。光绪年间又在归化（呼和浩特）建分号，销往东三省和蒙绥等地。继分立"戴廉增公记""戴廉增敬记"画店。清末戴氏共建画店九处，占据了北方年画业的优势。

画业传师。年画业有固定的师承关系。阎氏画师，九岁入戴廉增画店从师，尤擅仕女、观音绘功。其子阎玉桐承父业并为官宦仕商画像；其孙为第三代传人，亦以绘仕女为著。康庄子村康文广、康文举兄弟专绘兰、草、竹、梅。房庄子村房荫枫祖孙三代以画佛像闻名。

（3）民间与应世质性

年画具有民间基础，灶王年画在乡镇自始至终购销稳定。民国前没有日历，只有历书，由各朝钦天监测算、刊印、颁发，不准民间私印传抄，故习称"皇历"。因每县分配有限，一般乡民很难见到。于是年画师和画坊业主遂将二十四节气表印于灶王年画，百姓有了历表，便于农耕又有神像。而每年节气日期不同，则年年更换。农家除夕，饺子和灶王像必不可少。因此，画坊每年印行百万张灶王像。民间艺术特征之一是以形象、谐音而寓意。年画《一品联封》，绘一只仙鹤，顶上飞舞三只蜜蜂。仙鹤红顶，象征官品；蜂与封同音，三只蜜蜂谓之"联封"。嘉庆年间的"春牛图"赋"天子耕种"："二月二、龙抬头，万岁扶犁臣赶牛，九卿四相前头走，八大朝臣跟后头，正宫娘娘来送饭，五谷丰登天下收。"这是最早见到的年画题词。阿列克谢耶夫的《1907中国纪游》，记一家小旅店火炉旁贴着一张性年画，伙计解释：阴阳之交则下雨，雨可灭火，这张画为避免火灾。这是杨柳青年画的《避火图》，也用于新婚男女的性教育。

年画尚有讥时应世之能。光绪年间讥弹官府的嘲讽画兴起。如王金甫的"裁缝做直线（知县）"印行五百多张[①]，齐健隆画店印刷同样体裁的"剃头做五（武）官"，讥讽投机官僚。光绪末年，齐健隆年画后裔齐鼎升、齐鼎震都是劝学所成员，遇到旧绅阻抵新学，齐鼎升绘年画"公立学堂"，题写"官无银钱乡绅有，乡绅为何不出首？"谴责士绅、乡绅不应时世。图文并茂的年画遂大兴其功。咸丰、同治年间，兵患接连，画业维艰，戴廉增等推出符合西营地穆斯林教义的无人物动物的洋林画、格锦画远销西域。

（4）农商和绅商文化的缩影

杨柳青地少而集中，农民兼副业者多，男子行商外出普遍，女子寡居者多，家庭手工业发达。葛希芝（Hill Gates）认为，中国乡社并非没有商业行为，许多村民的农余产品拿到市场上出售，工匠、艺术家也是如此，每个家庭都要考虑如何分配资源到那个体制中，通常有了积蓄便要打算，或供子求学，或开一个作坊店铺，女子一般不送去读书，而是留在家里作劳力。在商业市镇附近，每个农户都要开展自己的经济活动，每个家庭都要受到市场体制的影响。[②]

---

① 天津市西青区政协文史资料研究委员会编：《西青文史》第4册，第28页。
② 参见 Hill Gates《女人的手与足》，《人文社会学苑·SESA 学术通讯》2005年第1期。

中国阴阳哲学与道教信仰，使得杨柳青年画的构图造型呈现着对称、完满的特点，神创和武侠故事在年画艺术形象中流传，年画并承载着杨柳青底层社会的民俗心态。因而，杨柳青年画是对生命和生活追求，如寿星、三祝图、升官图、和合二圣图等。年画缸鱼、莲花、葫芦、石榴和胖娃娃等，隐喻着生殖意识与生生不息的观念，充满了对生命力的向往，体现着农人和绅阶大家族的理念。蝙蝠、磬、戟、瓶、柿、如意等，充满对幸福的渴望。钟馗、秦琼、敬德赋予驱恶避患、祈福迎祥的神力，成为传承悠久和最具特点的艺术形象与民间正义的象征。盘长、方胜、寿星，连（莲）年有余（鱼），平（瓶）升三级（戟），冠（官）戴（代）流长等，率真表达商绅、乡民的夙愿和入仕憧憬。

杨柳青年画特征求大之气派、求谐之完美、求活之进取、求亮之正义、求美之品鉴，皆渗透着商绅性。因而杨柳青年画的属性系以家族和商镇为依托，寓艺于农，商农结合，介于镇—乡、城—乡、商—农之间，雅—俗之间，官—民之间，是衔接新旧、内外、上下的媒体，既淳朴世俗，有消费性、休闲性，又有知识性、神奉性、欣赏性。因而赋有农商兼具的绅商属性。杨柳青年画的绅性见如，仕女游春、四美钓鱼、十美放风筝、琴棋书画、竹林七贤、东山丝竹、孟母择邻、文姬归汉、东吴招亲、六国封将、忠义堂等；杨柳青年画的市井性，见如庆赏元宵、俏皮话、高跷会、新年多吉庆、合家乐安然等。杨柳青民风如同年画格调，是和合二圣的，自然与人性的和人文的。商性—年画—绅商，是杨柳青镇社会文化的核心，寓农从艺的商业手工业年画与绅商石家，构成农商合一的杨柳青绅性商镇的文化底蕴和象征。

7. 绅商引领社风民气

（1）权威的证明和展示

士绅尤其是商绅有着优越于其他阶层群体的生活方式。对于赢得和保持他人对自己的尊重，仅有财富和权威是不够的，还需要证明。绅的收入足以维持合乎身份的衣着、营养、住宅和子女的教育，其生活方式有一种整体参照规准，彼此慷慨大方，热忱于善行，孝敬长辈，对晚辈和慈，不苛待妇女，神态自信，举止谈吐讲究风度，以示属于与众不同的绅阶。民国绅着长衫（传统）或洋装（新绅），子女多就西学，显示着没落贵族的尊傲或近代绅阶的优越，"不必亲身接触任何生产过程"①。其居镇乡最宏华的宅院，质料、结构、式样讲究。套院，花池，檐廊，客厅，书房，大都收藏古玩字画，新绅庭宅则中西合璧。身份证明的最重要途径是展示权威，社交礼仪排场是中心环节，它预示着社交层级的提升和扩展。奢豪周全的宴席，铺张的婚礼丧仪，皆显示其家庭的社会背景。客人的尊贵说明主人的权威受到尊敬。富绅则以馈赠突出在社区的地位，赢得声望收益。原本讲究节敛的品格让位于华贵的比拼。

（2）重女节

与绅商教化相关联，杨柳青注重女性，女俗突出。《天津杨柳青小志·风俗》载："杨柳青既往以商为归，男子趋骛而为客，年月不一旋里；妇人操家则女权重，女权重则传统在女，而夫妻反目之事少。女嫁而母家每日送食物以为常，家家之女各享母家之馈成定例不怪也。纳采持续月余，嫁妆、家具动辄百抬，或有赔嫁土地若干顷。新婚月内，娘家请来陪房奶奶料理新娘家务，教授礼节并支付酬金；新媳妇分娩时仍请陪房奶奶"侍候月子"，表明女方地位的重要和对亲家关系的重视。杨柳青重女亲（姻亲外戚），女嫁三日，送物者馈舅姑外私送于女者；女之姑姨外婆衿氏诸戚畹馈送茶食点心皆盘盛高矗。"

礼喻人格。馈赠重礼表达对对方的重视和自身的能力与地位。杨柳青婚嫁男女方互馈繁礼，表明女子人格的平等与尊严，维系了大家族道义性关系与平衡平和。有学者认为，"礼物的授受有助于缩小社会流动造成的分化，否则均衡与道义的人际可能同化于更大的社会而消逝；而关切给予、接受和回报，社会才进步"。②

同时，与男子纳妾并行不悖的是妇女守节杰出，不论因战事、出行而夫亡或因行商纳妾而寡居，大都善始从终。美国学者珍尼弗·豪姆格林（Jennifer Holmgren）曾言："守节和殉烈不是理学价

---

① Thorstein Veblen, *The Theory of the Leisure Class*: *An Economic Study of Institutions*, New York, The Modern Library, 1934, p. 37.

② ［法］马塞尔·莫斯：《礼物》，时丽娜译，上海人民出版社2002年版，第209页。

值的表现,而是继承习俗转变及经济发展的结果……,寡妇的公婆很可能因贪财逼迫寡妇再嫁,所以对抗逼婚的方式就是自杀,最符合经济的选择就是守节。"① 这不完全符合事实。在传统汉人社会,文化习俗和经济动机很难作二元化的界分。大部分农家和绅阶家庭,不论士绅、土绅、绅商、商绅、地绅或新绅,如果其女儿成为寡妇,必当守节,若夫家不接纳,那是非常失颜面和尊严之事。农妇若因生存而再嫁含经济动因,故守节并非是最符合经济的选择。这时女子代表的是娘家和夫家的门面,此为儒家伦理教化的典范。

另,绅商生活方式使青镇女红年画、剪纸、吊钱具市场规模。且津青与西帮理教均有女性公所。"在理一门因禁烟酒之益颇为昌大,妇女多入之,谓之'二众',此他处所不及。"②

(3)绅性赏味

堂会与剧场。杨柳青比较讲究的绅商乡耆宅院建有戏台,逢年节或红白寿喜即请戏班及京津名伶唱堂会。石家天锡堂、尊美堂均有戏楼,药王庙戏台可容纳四五百人。1934年脚行头姜树堂建天庆剧场,容纳近千人。乡长张俊喜建同乐剧场,规模与天庆剧场相近。

花会和庙会。杨柳青花会明嘉靖年已产生,康熙、乾隆年间增数十道,如武术、中幡、重阁、花坛、狮子、龙灯、法鼓、宝辇会(大宝座、小宝座)、三佛会、日罩老会、神轿老会、袍绨老会、香塔会、高跷、短跷(云龄、鹤龄)、旱船、蹓礓、小车会、小莲花落、大乐会、跨鼓会、秧歌、文武戏法等。各花会由扫垫会统领,由绅商、士绅筹募并联系官府。杨柳青至1948年有大小庙宇三十多座,每逢庙会,商号助资,乡里集资,施主捐资。万善会据众绅商建议,以捐助款举办药王庙会。商主筹措资金,广备货源,富绅在宅门或大街雇工设看台,饮食、糕点、茶铺、浴池等行业昼夜营业。正式出会"凡百俱废",商绅、乡绅制服顶戴或执旗伍步。各会茶食其担两端嵌铜龙凤,铜壶镀金,座则雕花金漆,厨阁玲珑,担者衣

---

① Jennifer Holmgren,"The Econmic Foundation of Virtiue:Widow-Remarrigge in Early and Mordern China",*The Auctralian Journal of Chinese Affairs*,1985;"Observations on Marriage and Inheritance Particalar Reference to the Levirate",*Journal of Asian History*,1986.

② 见《天津杨柳青小志》"民气"条。

绸衫，垂丝带。① 药王乘黄呢大轿、药圣乘绿呢大轿，皆彩塑木雕饰金，仪仗、顶马护卫压队启行。前大街石绅族宅南北端均设看台，天安会所宫灯锦簇香案香火辉映。杨柳青花会庙会得到富绅的支助，县衙轿夫食宿优厚，出会期间衙吏连日参加。民间会社成为地方绅商与百姓管理自己的方式和结果。

绅宅。杨柳青绅宅大都几层院落，阶石高墙，中西合璧，包括居室、客厅、书房、花厅、账房、配房、厨房、下房、更房。豪商绅宅如石家尊美堂，有私塾、花池、戏楼、影壁、串廊、车棚、马厩及护院。宅内陈设书橱、字画、药柜，收藏金石、古玩、鼎彝、珠宝、钻石、玉雕、翡翠。建筑采楠、樟、楸、柏诸种硬木和大青细石等，雕梁刻栋，南式风格。子弟常行猎、唱戏、养花鸟、兽宠、纳妾。同时在家族事务与经营中，女主人地位亦突出。赫勒认为，"日常生活的确为我们揭示了社会结构和一般发展的一些情况"，而"它是某种总体的人参与其中的东西"②。所以参与其中的个人都可反映其参与的事情。

二 绅型商镇延续的结构主体

（一）乡绅、士绅之转型：绅商、商绅对绅阶的延伸

杨柳青绅性商镇类型表明，乡绅、士绅的意义持续存在于其转化类型——绅商和商绅中。清末民初，当乡社精英接连转至城镇及子辈精英西向经营，乡村教化体系主体变化，呈现一种空前的失范状态。这些不在乡地主和新的学绅，正好为当地商性的扩展余留出空间，富商随即购地购衔成为商绅。绅商自办私塾、商绅私立商业职校于商镇。镇乡一体的社会亦变为镇乡差别而互补的空间。旧绅（地绅、财神、士绅、士绅）大部分转化或分化为新绅（绅商、商绅、官绅、学绅），小部分流入军绅。军伍并非"新"的社会格局构成，古代和中世纪不论东西方，政军如同政教合一为地方统治之

---

① 天津市西青区政协文史资料研究委员会编：《西青文史》第6册，第42页。
② ［匈］阿·赫勒：《日常生活》，衣俊卿译，重庆出版社1990年版，第60—62页。

首，例如"都护""都督""军府""藩镇""邦国"等。近代真正新的社会阶层位移，即商阶由"四民之末"而为"四民之纲"，形成绅商和商绅阶层，延伸、接续或替补了士绅、乡绅的位置，成为官府和乡民与市民新的依傍，使绅阶完成近代意义的转型。其所携带或载负的绅性道统由之持守、延续和传承。

（二）军绅未取代绅商占据杨柳青主导地位

八国联军入津，绅商石元仕结交八国都统衙门文案处丁甲立，请由都统衙门发予护照及布告，保护杨柳青和其善良绅士财产。随之以石元仕为首由文丰太、同盛和、久连普、成兴平、明盛、天锡堂、鼎兴等商家成立全盛保甲局，由丁甲立处购买枪支弹药，聘任靳武举领训。联军驻扎青镇，法国军官加立尔不准汛厅责守杨柳青。石元仕遂集当地绅商、商绅，于尊美堂院内成立杨柳青支应局，支应驻军粮饷以免劫难。拳民和教民摩擦敌视，石元仕请汛兵首领和曾任天津县衙的官员一同调停。天津失守，支应局取得李鸿章支持，商请各国领事发予保护杨柳青的护照，随即以杨柳青绅董名义请津官民至杨柳青避难，保证居食供应。1902年，军机处补赏支应局开销，石元仕坚辞不受，慈禧御批授其四品卿衔湖北试用道，石元仕遂被选为天津议董两会成员。袁世凯"壬子兵变"，石元仕赠予镇驻军千元犒赏，又求助日本领事馆兵力驻扎石家侧院。每当换防，石元仕遂赠予军官字画等，于是杨柳青安然无恙。石家联绅庇护杨柳青，以其财力抵替军方向百姓索要的税粮、草械、兵丁。这种财力的替支和保护使杨柳青减免军兵祸患，使绅阶赢得了百姓的信任和爱戴，亦使绅性道统维系，而未绅兵易位。

（三）绅型社会的变迁延续

地缘与亲缘是中国传统体制结构的支撑及其行政的根基，而将之联结一体的即绅阶和其代表的宗法制度。20世纪20年代的"乡村自治"延伸了乡镇社会原本的农—商、绅—商模式；20世纪30年代及日据时期的保甲制度与军国主义的结合，实际上强化了绅和商的作用；国民党政府的基层组织（新县制——区乡保甲）与党化教育及军国政治，一方面加固了乡镇社会中的绅阶地位和形态；另一方面对乡社的控制缺乏动员，未深入而使乡民接受，所以仍然是绅型或绅商社会，地方税收的来源离不开进入官制体系的地方权威。绅往往借助于官府所授而转"势"为"权"，中华民国行政体制建置给予基层传统权力以生存空间。

绅商是士绅和财绅（地绅与商人）的合一，20世纪20年代中期后的新绅（学绅、商绅、官绅及军绅）大多在城市，小部分在县镇（市镇或商镇）。杨柳青镇先后作为乡镇（先后所属武清县、静海县、天津县、天津市第三区）和县镇（天津特别市杨柳青市、天津市西郊区、天津市西青区），皆有商镇和市镇的特性，因之，其乡绅主要以绅商和商绅为代表，不论清末民初绅、商合一或联首的支应局、保甲局，或民国年间掌领各行各业各会的商会，以及其买办性，均使这一绅型商镇属性在共和国前没有切断。石元仕故后十数年其与日方领事馆间亲善关系仍然存在。日本军侵占天津胜芳镇，石元仕在此的当铺万巨当系金银仓库，是重要目标。该当经理人将庚子联军给石元仕的联合旗帜悬于院中，以示此处在外国势力保护之内，遂奏效。抗战时期的革命实践是在极大的文化归复氛围下，发挥了基层社会乡土方式和形式，在乡村创造了合乎民意的基层政权、地方自治及公益道德，"乡里议事"之风大多恢复，传统乡绅和商绅接受抗日政权，"绅"进一步分化出"开明绅士"，绅阶部分地成为新政权的基层依托。传统与开明接合的绅商和商绅风尚，敦促了国民党控制中共根据地的反控制。

二元对立的分析框架往往将中国宗族制度，作为社会对应于国家的存在方式。国家——社会模式视角容易认为，中国北方因近居国家政治中心，政权强而社会弱，不似南方社会力量强而国家力量弱。它突出了社会与国家的分离或分立状态，然这是相对的。国律政令经由宗法组织实施其效力，不仅见诸善堂、宗祠、寺庙，亦含于地缘（会馆、会所）及业缘（行会、公会、商会）机构中。前者作为宗族机构的物质形态（祠堂、公田、学田、义田）而凸显于南方，后者与亲缘组织（宗族商号、连庄等）联结存在于北方。即业缘的行会、公会、商会是宗族制度的转换形态，地缘与业缘组织（会馆、公所、行会、商会）实是宗族组织的扩展（如公地、神奉、慈善会等），仍属于宗法体系，应为施坚雅所称"控产机构"。亦即，杨柳青所在的北方与南方的宗族制度的表现形态虽然有方式和程度的差异，但其基础结构和体系的本质是同一的，其绅阶群体的类型转换、延续存在及其意义是相同的。

（四）商农商绅路径依赖

1. 街村一体与两半户

施坚雅研究的四川盆地农村聚落多为散居式①，不似一般华北农村内向封闭的聚居式村落。杨柳青镇介于四川盆地与华北平原农村之间，其格局是二重的村落+市镇——御河南岸的村落+御河北岸的市镇格局；是村民+市民的社会。聚落形态为沿河建街、村的鱼骨状。

不论是单一的二元对立或三元社会说，还是社会分层或流动理论，以及市民社会观，均无以解释杨柳青的街村一体形态，它是圈团与圈层的社会，即商团与乡民的社会，或说绅阶统领商民与农人的社会，是往日乡镇保甲制时代商镇地保与村社保甲均系绅兼的民间承衍。

杨柳青人口由乡民和商民组成。每街都有农民户和居民户，即社员和市民。中华民国时期，中心街多业主和商户，东、西边街多地主与农户；土改分地主的地后，各街都有了农户；"人民公社"时有农业社和城市人民公社社员及小买卖零工。合作化入公到生产队，联产承包后又分出，至今半农半商。现时商户增多，公社时期的农、工"两半户"，现在主要是农、商"两半户"。全镇几乎每街都有双重成分的家庭，一家中有市民和社员。御河南守护的地缘圈界观是地籍概念的显像，是乡绅性存在的依据。当地人多不转非农户口，每街有村民和"两半户"家庭。由"杨柳青街居民委员会居民统计"（2003年底），两半户占居民人口的1/8。于是，商业与土地的

---

① ［美］施坚雅：《中国农村的市场和社会结构》，史建云、徐秀丽译，中国社会科学出版社1998年版，第45页。

关系并非如以往的研究那样分化与对立，而有交叉和具态。

"杨柳青镇村调查基本情况"显示，村社中非农户已达绝大多数，不从事农业生产的农户和兼业户相当普遍。而在杨柳青镇居民中，其非农（市民）数量亦减少。可知，各村的纯农户和各街的纯非农户同时缩减，而各村的非农户和各街的非市民户在同时增加。即兼业户扩增，两半户持续、转型或扩展。它不完全意味着农转非（农）户口与之同步行进。而仍是双向互入互往的一种延伸，村民对市场的需求与市民（商民）对农业的需求紧紧相连。亦即，农与非农主要是农与商（兼业者）相互流动和渗透。杨柳青回归了自身农商交融的社会传统。

其实，在一个家庭中，几人有几分或几亩地，几人做点小商业，应该说这是极好的组合！

工、农、商并非三元对立，其置于社会，有功能的互相转换。从大的时代看，清及其前以农业为主轴，民国以商业为中心，新中国前期以工业为重心。杨柳青自明清即农、商并行，现今对于乡民，依然是商为助保，农为基保，工为劳保。清民时，杨柳青的镇民，尤其绅商、商绅皆以本兴末，农户、商户则以末守本。现在村委会的村办企业，可为个人承包或买断。

在此，二元互补与二元对立并行。有地能出租，保地为出租，社民任何人可以出租地给国家和任何企业与个人，村民与市民保持着两半户家庭，即农为商的基础。

2. 在野精英与绅姓复出

杨柳青在新政权建立前后，镇政府负责人多用当地老的大家族人，如1948—1949年杨柳青军管委副主任董氏，1949—1950年镇长梁氏，1950年各界人民代表会议副主席宋氏，1954—1956年镇长曹氏，1950年六街长周氏。而周、梁、宋、董、曹均是该镇最早的居民姓氏。同时，某一时期、某一姓氏在正、副职务中继任，如公社时期多由河南岸刘（1960—1962年）、张（1962—1963年）、于（1963—1965年）氏续任。另，改革开放后旧绅家族多复出，如公社（镇）革委会副主任杜尔泉（1976—1980年），杜子和（1979—1980年），副镇长、公社管委会副主任杜尔泉（1980—1983年，

1984—1986 年），杜雨辰（1985 年）；张仁喜（1980—1983 年），张作惠（1980—1983 年，1984—1987 年），副镇长张希华（1990—1994 年）；副镇长、公社管委会副主任韩树珩（1986—1992 年）；副镇长周玉臣（1994 年），王家禄、刘振海（1996 年）。三街长戴金铭（1970—1980 年），杜尔芳（1992—1994 年）；十街长戴增年（1980—1990 年），十二街长戴克义（1992—1996 年），十三街长戴宗年（1993—1996 年），五街长韩玉龙（1950 年，1980—1990 年），王作华（1950—1990 年），十一街长王祯秋（1970—1990 年），王学明（1992—1996 年）。

　　在行政层面，居民（市民）和农民分属于村委会和居委会分治的二元圈层。在街区权力结构中，街道办和居委会充当了地方经纪人的角色，它们在上传下达中，事实上也代表街区与上级政府和各单位为社区争取资源。政府与社区内单位之间是对话性权力，街区内政府组织不仅仅代表国家体系自上而下地传导权力，而且自身创造地方化权力。许多制度不是上级政府规定的，相反是由街区组织自身实践出来的。这种实践并未破坏整个国家的行政架构，又应对于地方需要，如创立社会企业、中介组织，新的社区规制，而这类改变行政生态从而对社区居民产生影响的权力最为根本。一般认为，街区权力中心是社区内占据主角地位的政府精英，而多元论认为，选民的选举并非与精英的决策无关，而起着制约作用（Waste，1989：117–137）。街区组织之间还存在大量不固定的甚至常常互不关联的关系，如一些单位与单位、家庭与家庭以及单位与家庭之间，往往没有固定的制度化联系，但却会在一些场合下互动。这种空间场域不仅为社会关系支持，亦生成社会关系。[1] 同时，村支委和村民委员会干部是村级日常公共事务的共同管理者，而老的姓氏和大家族往往被推为代言人，形成底层势力。居民和村民均非被动地接受精英的动员。

　　3. 文化复归与绅院建构

　　民间花会，多由地方有影响的民间人士操办，经费过去由富绅

---

[1] Henri Lefelvre, *Space: Social Products and Use Valve*, 1979, pp. 20–21.

业主捐助，现在则由基层组织村、街和区政府资助，即绅商功能由现时政府代替，亦绅商曾担负着官府的功能。

同样，杨柳青各街村防汛负责小组亦是绅性水会与水局的意义延伸。

青镇年画艺人仍然延续着春夏秋季农忙耕地务农，冬季农闲作画印画描画的传统。1953年，在青镇"德盛恒""新记""景记"年画作坊的基础上，成立了"杨柳青画业生产互助组"。1956年，扩大为"杨柳青和平画业生产合作社"，1958年归并天津荣宝斋、德裕公画店合为"杨柳青画店"。1960年5月，迁往天津市，名"天津杨柳青画店"。1978年7月，画店杨柳青分店恢复经营，由原戴氏画店世代画工、民国末玉堂画庄霍玉堂与其子霍庆顺、霍庆友收集数十种样版，霍玉堂亲授勾样、刻板、印刷、彩绘、装裱每道工序。1986年，霍氏父子绘制出四十多幅"贡尖"和大张的"三裁"，并恢复三十多家手绘加工户及裱画作坊。1990年，集资成立玉成号画庄，作品年达八千多幅。

镇区政府以兴建文化产业，修建了绅商、商绅祠堂、故居，作为地方或民间博物馆。石家大院没有如福州宏琳厝"祖屋"那样由族人主动参与市场经营，展示家族及各房收藏，而由政府作为西青区杨柳青镇博物馆，交与官方经营权，同时参与经营，是半独立性的，这与石绅之与官府联系相承。安家大院，亦非如宏琳厝族人自身经营，而由津市商家经营，这与其原来作为商绅的属性相衔续。董家和周家大院由地方政府作为文化保护古迹修复，绅商大院作为绅商象征延续，促动居民对地方文化资源的认同，政府借由规划文化产业复兴，实际亦是对绅商价值的认同。

三　商域宗族与商镇圈层

（一）宗族范式讨论

既往研究均未框论概括"商域宗族"范畴。本文经由杨柳青商镇家族商营的思考，强调商号是市镇空间记忆符号与基本组织形式，商绅是市镇的核心圈层与宗族类型，宗族及其意义延伸组织不仅为农人且为商人市民同有，其作为商人的自身与内层信任机构具有商营功能，并以"商域宗族"扩伸弗里德曼华南乡村中国宗族研究类型。商域即从商领域，商域宗族，系事商家族或以商兴业立族者，指城、镇（市镇、县镇、商镇、乡镇及军镇）经商家族，城乡间行商家族，绅商、商绅、官商、商官家族，及其诸业群和其总称，从而立足个体的差序格局扩伸至族缘业缘与地缘内部及其间的"圈层格局"，由之引发与差序格局的讨论。滨岛敦俊曾由民间信仰撰释城乡关系，注意到明清江南农民的生活空间扩大到了以市镇为核心之市场圈①，但未及圈层形态讨论。洪璞在稻田清一研究基础上，作清末至民国江南地主日常活动空间的后续研究，对比乡居、镇居和城居地主不同的生活与社会交往圈，归结为"单线"离乡过程②，未作"圈层形态"研究。

（二）族缘圈层

1. 家族商营与宗族伦理

（1）家族的商营功能

大家庭对家族营生的人力与财力支撑。家族宗族具有商营机制的根源在于，家是商人天然的自身信任和依靠体系。宗族伦理首先在家庭和小家族中得以培育和再生产，使血缘成为社会再生产的根基和最原初的忠诚。大家族各成员职业不同，有的务农，有的攻读，有的经商，可互为支持。大家庭从事诸种职业的选择和可能，亦是其能够达成势力和实力的原因。石家一门涉事军界，二门从政为官，三门务农经商，四门兼营商农和地方警政，幼子多受益于族内的支撑。

宗法家族式管理。津市与杨柳青"八大家"大都立家族或宗族字号，有宗族共同的资学、祭祀、酬神、婚丧、墓冢等设施规章和预算开支；资东、商董初多为族长、宗子（如杨柳青西帮最大老字号同盛和与文丰泰等皆由长门立），或因资财立祠收族而为族长（如

---

① ［日］滨岛敦俊：《总管信仰——近世江南农村社会民间信仰》，研文出版社 2001 年版。
② 洪璞：《乡居、镇居、城居——清末民国江南地主日常活动社会和空间范围的变迁》，《中国历史地理论丛》2002 年第 4 期。

石氏三门建祠、四门收族),掌柜多由族人,账房先由族人,店铺所聘同乡或外姓以忠于东家为前提和宗旨;各掌柜与伙计为师徒关系,业技不外传;店员、伙计大都族党乡党,对外封闭信息。家族商号的地位次序是财东,族人,掌柜,管家,账房,伙计,前者可以惩训后者,即权力的大小依与财东为核心的亲疏关系,族人的地位高于外聘经理、会计,以立业为要,然未改变向心型结构。持家的经验亦经营的经验。

家族商号和商营家族兴业与竞争的途径,皆借助于本号、本庄即血亲,外地分号、连庄多家族直系掌管,如安氏文丰泰迪化和伊犁总号由安文忠直责,古城分庄由胞弟安文发负责,天津连庄由胞弟安文庆掌责,形成各地联号和网络,以亲缘性经营向地缘性经营扩展。万兴公石家各号约20庄,西帮周氏(长门)同盛和号在诸省分庄26个。此亦弗里德曼所指的"宗族的控股机构"或"家族的控产功能"。

形成家族和地缘行业垄断,抵制外帮行业,尤其是同业。如杨柳青石家万兴公号的万顺当、万生当、万福当、万吉当、万聚当、永清当,天津长源号杨家在杨柳青的中兴典当和宝昌代当、宝和代当、德益代当、仁和当。西帮津商对晋商和陕甘商的压力与替代;在杨柳青因当地商人的制约,南帮闽粤、宁波和徽商无几立足。杨柳青年画业,民国时主要由齐家、戴家和南乡炒米店经营,继以原齐家店员霍氏家族为基地制作经销。即使画师来自外地,作者亦以杨柳青作品冠名。天津的年画店为杨柳青画坊分店,店员一律杨柳青人。在天津同业公会中,没有年画业和画业公会——由杨柳青镇乡揽据!

族学或捐学以资族人,从底层或内部促生或助发了商和绅的合一——绅商或商绅及其与官的衔接。它是家族宗族纵向与横向依赖的联结,大家族助部分成员赞学入仕,使部分人购衔捐绅,以行商界与仕途对家族的协力保护。[1] 如石家二门石宝庆、石元凯、石作械三代科试得功名,石作桢捐监生,石绍曾捐候补县;四门石元俊攻

---

[1] C. f., Wolfram Eberhard, *Conquerors and Rulers*, Leiden: E. J. Brill, 1952, pp. 13 – 16.

书中举任工部郎中，石元仕捐花翎二品顶戴。

商人各个层次的转型升阶（农商、商工、行商、座商、商绅、绅商、买办、侨商、官商），需要依托亲缘与地缘网结。津青买办的华账房大都是家族或宗族式的，买办的职位往往世袭，雇佣人员或为同族或为同乡，没有亲缘或地籍关系的人难以立足华账房。横滨正金银行华账房的成员都是魏氏家族及其亲友。怡和的华账房成为梁炎卿家族世袭产业。英商太古洋行买办由郑翼之及其子郑宗荫、郑慈荫继任。继华俄道胜银行任德国礼和洋行买办的王铭槐，其子孙长期掌控德华银行在天津和济南的华账房，成为买办世家。民国后，新泰洋行宁紫垣继承了父亲宁星普职位，仁记洋行李吉甫兄弟继承父亲李辅臣职位，横滨正金银行买办由魏信臣之子魏伯刚继承，宁波买办王铭槐的职位传到第三代。洋行雇佣买办看重亲族或同乡关系，或许基于一种观念：父传子继的方式与中国的宗法制度一致，血缘或亲族关系是最好的信用。杨柳青恩成号财东戴恩俊，以本家玉成号戴恩荣的姻亲李鸿焘做掌柜，引大批客户，遂开银号；少东兼经理戴景泉以此结交镇长和警察局长年鹤民等，存放款业务扩大。西帮周氏复泉涌商董周海东以同族之亲接替同盛和周耀庭任迪化商会会长。振丰恒号贾氏与其舅兄和姐夫合资经营，由典当至银业和造纸，成为继替安氏的杨柳青商号。

股东间多以家族、姻亲关系为纽带而结成同业之僚。杨柳青棚业主要是韩、郑二姓经营。西帮兴泰和商号股东韩功臣遗妻与夫堂弟韩润臣合作十余年，韩润臣遗妻承夫业维持二十余年，韩润臣族侄韩克勤继业，族人韩淇专营棚业，使彼此客源、工具、场地互享。郑贯一的叔父做棚业，交予族侄郑贯一继业；郑贯一的族叔郑晓江兼营棚行。同族同业形成一地的家族或姓氏行业。

族缘信任机制亦在于分家后族内仍然合作，维系家族和家产—族产概念。它基于家族自身的质性：宗族、家族对于异姓、外族而言均为"自家人"，故家产与族产之间不存在明确的组织和权利边界。分家析产后，小家庭的经济独立性有一定限度，耕作中劳动力及农具是共有的家产，从而，家计的独立并不能使分出的小家确立一个完全独立的财产边界。石献廷为避免聚财风险和子弟娇随，立遗嘱，四子分立家炊（存银、田地、房屋、家具、典当四门均分），然留祭田公产地80顷，名万兴公记，由四门尊美堂族长总管。规定每年所收地租等款用于常年修护祖茔；清明奠扫集会；一年四季祠堂祭祀；族中子孙遇灾等济难资贴；族中成员婚丧嫁娶；族中义塾就读；公益事项开支等。余款仍四门均分，不足亦四门均摊；另拨专银立修家祠（后由三门石宝苓独子石元熙独资建"石氏家祠"）。[1] 尊美堂长子石元俊遗言"兄终弟及"，弟石元杰早逝，石元仕定石元杰长子石做藩管业。因其初涉世事难以应付，合族商议改选长门敦厚堂石凤文为族长，接管万兴公事。在此，虽名分家而诸堂协作。笔者赞同孔麦隆（Myron Cohen）之分家对宗族形成的意义，[2] 认为析产分家也是家族财资积累的一种结果，是分余节流、保存实力、分散积聚、扩大势力的一种方式和过程环节。

家族使商营的资产和意义延伸与升华。商营的资产终多投入购地，置宅、修店、建厂、出租，这使资产不易流失；国家一般不轻易地毫无条件收占私人土地，因而成为可宗传的资本，赋载着家族（承袭）的意义。商营资产作为物质资料可为一代—三代族人享利；其中期和终期成果还体现于投资教育和仕途，作为社会资源，可为三代—四代族亲、姻亲享用；而作为一种精神资本，它可使五代—六代族人享有或永久享誉，它给予同宗后人的心灵积淀是，我的家族是成功的，或曾经成功过，颇为成功，这应是延传的血脉或族人的垂范和家风，后辈之所为应是维系门风或重振复兴。这与创业立族者的心理起点非同日而语。因为，成就能够产生连续的效力，它所造就的威望是具有活力的。当威望的基础消失，威望不一定消逝，其基础亦非轻易消失，成功者可使其家庭整体较之本人赢得更多扩展机会。世家精英是父辈已取得的社会地位的继承者，须证明自己能够同父辈一样优秀，使自己的子辈就读出仕，然可资借家庭重要

---

[1] 每门按土地好坏搭配均分100顷，剩余30余顷，作为族中公产，成立万兴公号管理，石氏各门婚丧嫁娶皆予以资助300元，其余则用于杨柳青地方公益。见来新夏主编《天津名门世家》，天津古籍出版社2004年版，第179页。然据宗法制度，文中所引应为正确。

[2] Cohen, Myron, *House United, House Divided: The Chinese Family in Taiwan*, New York: Columbia University Press, 1976.

成员的势力获得职位，比拓迹崛起者有环境、经验和教育的熏陶，较易升迁。

世家精英的完整上升过程需经六代人（如下图）。自贫农达到绅阶需有两大阶段：置田购地或开店营商——铺垫获得教育的条件；接受教育。而拓迹崛起者是在一、二代内到达社会上层或顶层，需历多种磨难与磨炼，当他位于社会上端时多近晚年，得绩者主要是其后辈，因为，社会提升对于任何个人都不可能一步登天。世家精英成功者往往未逾中年，其本人与家人一同得绩。在此，成功的传统或经验是重要的因素。"我父亲做过的""我祖父做过的"，这是选择职业的有力依据，包含着理智的思量和天然（遗传）的兴致。一个人若挑选其前辈或族亲未曾从事的职业，成功是缓慢的。可以说，有强大内心支持力的成功的传统，是社会成员上升流动的最重要因素。① 世家精英和突迹崛起者都拥有身居社会上层的归属感，而这种意识对于社会、社区和其本身而言，前者的身份更优厚。崛起者的意义在于启示征服阶级命运的经验和传统，然突迹上升者，虽总体过程迅捷，但拓业者个体过程不乏铤而走险，不可避免迂回。即使超出父辈即自身出身阶层，往往缺少较完整的正规教育，价值积淀不足，威望不巩固，地位根基不深厚。

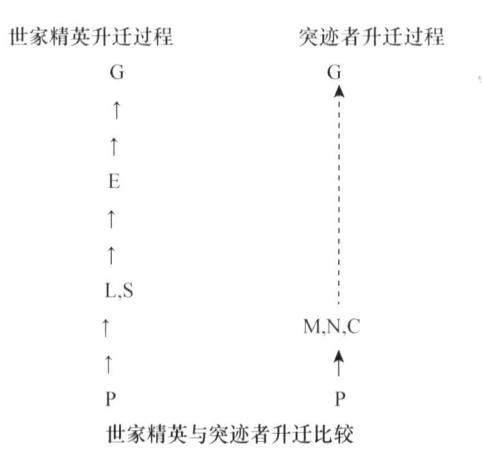

```
世家精英升迁过程        突迹者升迁过程
      G                      G
      ↑                      ↑
      ↑                      ↑
      E                      ↑
      ↑                      ↑
      ↑                      ↑
      L,S                    ↑
      ↑                    M,N,C
      ↑                      ↑
      P                      P
```

世家精英与突迹者升迁比较

---

① 参见 Louis wirth's lectures on *Social Organization* during 1950–1951 at the University of Chicago.

图中 P 表示无地农民，G 表示绅阶，L 表示有田者，S 表示商主，E 表示正式教育；M 为雇佣兵，N 为警察，C 为文书。每个实线箭头代表一代人，虚线箭头表示突迹上升过程。①

商缘官姻。石氏妻士绅之女，联官阶之姻。石万程无功名而有财产，夫人病故后，续娶本镇望族高居宝第十五世孙、进士高衍龄之女，亦道光甲辰举人高善观之姑母。高氏到石家后，意改变夫家船户兼粮商的门庭，经由娘家亲戚施以石万程影响，使之对仕途有所为。值白莲教起义，官府连年开科考取武童武举等武职。嘉庆十二年丁卯科石献廷次子石宝庆考取省试第一名，得"武魁匾"，翌年石献廷长子石宝善中武举，再年石宝庆于北京会试获武进士。石家由船户粮商步入绅阶。继之，石元仕妻张之洞族侄女，成为张之洞族婿。民国初，经天津警察厅长杨以德为媒，尊美堂与大总统曹锟之弟、直隶省长曹锐联姻为亲家。② 石元仕随之当选杨柳青镇公议局议长。

（2）商域宗族

家族字号。家族字号意味着弗里德曼宗族"控产机构"的延伸。津市与杨柳青均有"八大家"之说，非以科名士绅相称，却以经济实力而著。与明末清初天津的海运、粮业、盐务关联，津市"老八大家"天成号韩家、益德裕高家、杨柳青石家、土城刘家、正兴德穆家、振德黄家、长源杨家、益照临张家多以盐业、海运立族；民国始豪贾投资典当、粮食、银钱、百货诸业，代以"新八大家"李善人家、益德王家、乡祠卞家、高台华家、元隆孙家、敦庆隆纪家、同益兴范家、瑞兴益金家；行业内亦有"钱业八大家""棉布业八大家"等。杨柳青"八大家"亦以财富声望而论，为经营粮食、钱庄、典当的绅商石氏、聚德—裕盛董家、同

---

① 参见周荣德《中国社会的阶层与流动：一个乡村绅士的研究》，北京大学出版社 1987 年版。

② 一说，石宅之子与曹锐之女结亲，见来新夏编《天津的名门世家》；一说，石元仕为曹锐之子岳丈，见天津市西青区政协文史资料研究委员会编《西青文史》第 2 册《杨柳青石氏家庭兴衰录》，2002 年。

盛和周家、明盛周家、成兴号韩家、文丰泰安家、鼎兴张家、恒字号王家，民国后补进双盛杜家、汉升韩家。同样，津帮主要是杨柳青人赶西大营，在迪化形成建省初以商业实力著称的"老八大家"同盛和、复泉涌、永裕德、德恒泰、公聚成、升聚永、聚兴永、忠利祥，以及民国初的"新八大家"怡和永、福泰成、宝聚成、裕昌厚、广兴和、新盛和、同泰兴、德兴和—德生堂商号，皆是对家族实力地位的认同。杨柳青的建筑作多以家族而名，如清季贾家作、周家作、杨家作、白家作等，民国的赵家作、于家作、高家作、徐家作、何家作等。杨柳青年画业数百年以家族而传，如青镇戴氏、齐氏、霍氏。民国年杨柳青钱庄大安、玉成、恩成、祥盛、裕丰、万兴、庆瑞和、义胜、义兴、大康、锐生、永生、同益、永和在等银号，皆为家族钱庄。[①] 杨柳青人赶大船和赶白沟河的营运亦以家族字号而立，在白沟有明盛周家、恒义源王家、春毓永杜家等家族铺号约百。

家族买办。津青买办的华账房大都是家族或宗族式的，买办的职位往往世袭，雇用人员或为同族，或为同乡，没有亲缘或地籍关系的人难以立足华账房。横滨正金银行华账房的成员都是魏氏家族及其亲友。怡和的华账房成为梁炎卿家族世袭产业。英商太古洋行买办由郑翼之及其子郑宗荫、郑慈荫继任。继华俄道胜银行任德国礼和洋行买办的王铭槐，其子孙长期掌控德华银行在天津和济南的华账房，成为买办世家。民国后，新泰洋行宁紫垣继承了父亲宁星普，仁记洋行李吉甫兄弟继承父亲李辅臣，横滨正金银行买办由魏信臣之子魏伯刚继承，宁波买办王铭槐的职位传到第三代。洋行雇佣买办看重亲族或同乡关系，或许基于一种观念：父传子继的方式与中国的宗法制度一致，血缘或亲族关系是最好的信用。

家族"控产机构"的衍分：连庄分号。杨柳青人随左宗棠西征，做军兵生意，作商官、官商，经营边域军政重心古城子驻兵要镇、伊犁惠远将军府和宁远"汉人街"—"小天津"、迪化—"小杨柳

---

① 《杨柳青镇志》（蓝本），第12编，"财税金融"条。

青"、南疆喀什噶尔"汉城",使杨柳青商绅性西延。

布迪厄将家族视为文化传承的关键机构,它会传递其所谓的基本"习性"(habitus)。杨柳青商帮在西域经营家族商号数百家,亲族控产如伊犁安氏文丰泰,迪化津帮新、老"八大家",振丰恒号等家族商号,是控产机构的族缘延伸;西移了会馆、水局、商会、赈济会等商缘组织,是控产机构的扩伸;西植了戏曲、京剧、剪纸、吊钱、年画、书墨以及理门公所等文化信仰组织;以回货、连庄、经纪维系与津地业界的联结,与当地族商生成了支放、押当等区域性经营方式,与边域洋行内贸、外商贸易,构成了业缘网络。家族连庄字号如周氏同盛和号之迪化—伊宁—霍城—古城—吐鲁番—阿克苏—焉耆—喀什—和田—归化—武汉—天津—北京—上海—广州—香港分庄约20座;安氏文丰泰号之伊宁—惠远—额敏—塔城—阿山—布尔津—古城子—包头—天津分庄约10座;郑—杨氏永裕德号之迪化—伊犁—喀什—古城—天津分庄数座;周氏复泉涌号之迪化—伊宁—绥定—天津分庄数座。杨柳青津帮在新疆的实力,使其经营中心迪化、伊犁和奇台诸城的商会,历任会长几乎是杨柳青人。商会中的绅董几乎全由杨柳青人所领,使商会实际成为津帮商人为主体的社团,成为杨柳青商会的西延。在此,家族字号是弗里德曼地域宗族"控产机构"的延伸,连庄字号是其族缘意义的扩展;理教组织西移是社群跨地域信仰的乡缘联结;而杨柳青商会的西移是绅商字号地缘性业缘的扩伸。

(3) 商营、家产与宗族伦理

商营与宗族伦理。宗族是以血统为中轴的信任机构,镇乡绅民普遍地选择兼业,除了经济的考虑,更重要的是因家庭人口再生产之需和宗祧继承的家族观念。中国传统家族理念之要旨,在于宗祧传承和家业传递,是家族延续的基本动因,形成诸子均产、家族共财之经济伦理,即传统中国乡村和商民社会的家族是以伦理为本位的,家族为核心的伦理本位使得商营家族化。家族圈外的关系也表现为对家族关系的拟制、维护、延伸、扩升,个人与家族互为表征。梁漱溟认为"伦理本位,职业分立之交相为用……财产大小隐然若为其伦理关系,亲者、疏者、近者、远者所得而共享之",财产所有权不是与个人而是与家庭相连,与传统家族为核心之文化相应和。① 对于农民生活仅做单一的经济学解释远不够,市镇经济脱不了文化伦理。"家族间之买卖不动产……只写'推并'字样。其原因以一族之亲,田地移转,终属一姓,务避去买卖等字,以示亲善。"② 同宗族内部的土地交易没有绝产的时限,原卖主及其子孙均可回赎,财产分界远较不同宗族的土地交易具有模糊性。亲属、婚姻关系与家庭生计的内在联系,使市镇经济交换与文化伦理缠结。商人、手工业大家庭购销和生产浑然一体的劳动过程,如同农民家庭的劳动力合作,分工而合一。在帮工互助、借贷发生机制中,家族伦理和亲属取向甚至为其中的主要关系基准。"亲戚关系比较广的人,得到帮助的机会也比较多。"③ 亲族伦理也影响乡村教化,在农人、商民间,若绅、商以苛刻的租佃与私人借贷方式沉溺于扩大土地,意味着他将减少或失去乡土社会资源,甚至宗亲家族在道德上也不认同。符合亲族乡缘伦理之绅才被公认和支持,即经济交换行为中的文化力量不可小视,村籍制度与宗族成员对招婿、收养、行为的拒斥直接统一在一起,宗法强化宗族村庄内聚性。

家产继承意义之于宗祧继承。费孝通把分家解释为父母将财产传递给下一代的重要步骤;林耀华更多地把分家看作家产在兄弟间的平均分配,只不过父母在世多从父命,父亡则常立遗嘱或指定近亲长者为分家之主持者。④ 事实上,家业主要在父子间传递,家产主要在兄弟间分割,即分家是家的扩展和延续,纵向的家业传递,最后也在诸子间延伸。

有文章认为,兄弟争产显示宗法伦理关系松弛。⑤ 然却,分家析

---

① [美]居密:《从各省习惯法和土地契约看清代土地权的特质》,载叶显恩主编《清代区域社会经济研究》,中华书局1993年版,第901页。
② 南京国民政府司法行政部编:《民事习惯调查报告录》,第179—180页。
③ 费孝通:《江村经济》,江苏人民出版社1986年版,第189—190页。
④ 同上书,第47页;林耀华:《义序的宗族研究》,生活·读书·新知三联书店2000年版,第78页。
⑤ 李文治、江太新:《中国宗法宗族制度和族田义庄》,社会科学文献出版社2000年版,第164页。

产是宗族制的组成部分、过程和扩展方式之一及动力，是宗族再生产的基本环节。弗里德曼认为，宗族成立的根本原因是共同祖先的认定和共同财产的占有。① 而宗族内部的权力结构是不平衡的，财产分配在宗族内部是不平均的，这是大宗族得以成立、扩展的主要动力，"我的是你的，你的是我的"。家茔作为公产的意义对于诸房是一致的，宗族成员对祖堂所有权的追求，强烈表达了其祖业和家产观念。杨柳青穆氏即使西迁经营也存留祖家。

　　商业和战争造成的人口迁移，使宗族的原有形态弱化，招赘由已发生的历史空间增大，赘婿的财产权和妾的地位相对得到维护。笔者认为家业意义，在同宗内显于宗祧继承，不同宗姓则宗祧继承凸于家产。异姓赘婿的宗祧和家产继承权是残缺的。"日本人家庭的养子中，最多的当属婿养子⋯⋯，招婿的主要目的实际并不是只为了女儿的婚姻，更是为了让其继承家业⋯⋯女婿与养子可以合二而一，外姓人通过婚姻关系而改变姓氏成了家业继承人⋯⋯日本人把家业放在主要的位置，⋯⋯适合家族经济同共体的运作和维持。"② 然在血缘与家业双重的男系承继原则下，中国的赘婿则很难取得妻族正式成员的身份和财产权。而在杨柳青商营家族中，存在着与"本族过继"相悖的多妾之宗祧继承。有认为由于小农经济生产方式，华北男子早婚为最，然而，它的确可称为一种商界文化现象。中国重要传统价值观即生儿传宗接代。商人不定居——妻少子或无子；常外出居住，结妾—生子—纳妾——宗祧与家业传承。在绅商和商绅大家庭，延续血统是极其重要的事，而避免无后的方法即早婚和"讨小"，使纳妾成为以商营为途径、宗祧为目的的一种婚姻形式和结果。见下图示（"∽" "§"示"联系"；"→"示"作用"）③：

---

　　① ［英］莫里斯·弗里德曼：《中国东南的宗族组织》，刘晓春译，上海人民出版社2000年版，第164页。
　　② 李卓：《生命的传承与家业的传统——中日家的比较》，载《中国社会历史评论》第1卷，天津古籍出版社1999年版，第430页。
　　③ 周泓：《圈团与圈层——杨柳青：绅商与绅神的社会》，上海人民出版社2008年版，第207页。

```
宗族~商营，宗族~纳妾，即宗族→→商营→→纳妾，或商营~宗族~纳妾；

传统士绅乡绅时代：宗祧         宗族      杨柳青   宗族
                §  §   ——↓↑   ↓↑              |      |
                     经商⌒纳妾  营商→纳妾；        营商—纳妾


绅商与商绅时代：宗族·商营    宗祧—家业       家业—宗祧
         |  |  ——  |  |      或      |  |
              纳妾       纳妾             纳妾
```

宗族与商营、纳妾

在此商营、家产与宗族，职业分立、伦理本位，家产继承的意义在于宗祧继承。如绅商石氏家祠和各房龛供，供有石家历代宗亲牌位，下列石衷一、石万程、石献廷三神主。除宝字辈神位进入龛中奉祀外，只有天锡堂石元熙、石作云、石作瑞入祠堂，其余各堂元字辈以下大多存于自己家中设龛供奉。族长历代有：石宝善、石宝珩、石元勋、石元俊、石元仕、石凤文等。祠堂也是管理全族男女家规的统治机构，公举族中辈分长、年纪高，有威望者为族长。掌管祭田公产的全部财务收支。凡族人内部纠葛、立嗣继承，本族子弟损害全族声望辱没门第等行为，都可以族规在祠堂集族人行公断仲裁，或以族长名义送官究办。石家自分立四门始，其辈分排序是：宝、元、作、文、毓、年、惟；同时与"文"字同辈的，还有绍、承等字。据石元俊遗言："兄终弟及"，兄弟三人轮流管业。石元仕过世，应为石元杰继续当家，奈石元杰早死，石元仕遂指定石元杰长子石作藩继业。直奉交战，总统曹锟被囚禁，曹锐畏罪自杀，石作藩恐受牵连而迁居天津英租界。石氏合族商议改选长门之敦厚堂石凤文为族长，接办万兴公事。石家至石万程之子石献廷一辈几世单传，为此石万程鼓励石献廷多生子女。石献廷完婚后续了两个妾，原配病故后，又续娶高氏，后又收旗女入房。亦绅商纳妾循宗祧伦理。郑振满将宗族存在分为血缘继承式、地缘依附式、利益合同式三个阶段。① 笔者认为，其宗祧延承、聚族依托和族产互利为重叠互补而非分立。

2. 宗法附和习惯法

宗法重视父家长和长子的家产支配权，而杨柳青习惯法浓厚，收族立祠并非由长子，石家即非长门而是三门立祠，四门立族。关于立嗣资格的认定：先应继，后爱继，再收养（异姓），地方司法多引习惯法为民事法源。而杨柳青商绅纳妾兼祧过继表明，商镇宗族理念与乡村农人宗族理念之方式的些许不同与变更。另收养之父尽可能遵循宗族理念惯规，然族内收养易卷入分支间的权利纠纷，故不乏跳出本宗族到弱势外族中寻找继承人。中国传统收养原则是"宗族内近亲收养"。但对于养父而言，族外收养比族内收养要可靠得多。外姓养子能够保持在族内的成员资格，完全取决于养父是否一直把他留在家里；如果养父认为养子不孝顺或不合适，则可中止这种关系，而外姓人无权申诉，即养父对外族养子有绝对控制权，而若继承人选择为本族成员，养父在无此优势，且有可能会被养子离遗②。这比尊严更现实。收养在商绅家庭的增多，表面看似乎是宗族伦理在弱化，然而收养者毕竟作为子孙，依然为着家业传递的宗祧理念。异姓的赘婿无宗祧和家产继承权。立嗣、收养、招赘的本质在于宗祧伦理。族谱对于收养的记载往往有不确切的部分，因为族人总是美化祖先以提升自己的身份或威望。麦斯基的研究和James. L. Watson对香港新田文氏宗族研究③，皆表明族规对于收养行为的制约。虽然收养规定与养父对养子可靠性的寻求并非完全一致，然族内或非地域同宗收养被记载，族外收养实例则被掩去。族谱记载着宗族的理想。

---

① 郑振满：《明清封建家族组织与社会变迁》，湖南教育出版社1992年版，第270页。

② [美] 华琛：《族人与外人：一个中国宗族的收养》，《广西民族学院学报》2004年第1期。

③ 同上书，第104页。

(三) 业缘圈层

1. 绅商商号（典当、票号、银庄、银贷）：商镇符号

商号是商镇的构成元素，绅商大商号是市镇空间与记忆符号。杨柳青大商家大都兼做银庄、典当、抵押、土地经营，即钱业、典业和土地多为大商号并营，大商人、大地主、大银号往往合一，商主兼地东兼作银贷。绅商当铺如杨柳青绅商石家万兴公号的万顺当、万生当、万福当、万吉当、万聚当、永清当。天津长源号杨家在杨柳青的中兴典当、宝昌代当、宝和代当、德益代当、仁和当。杨柳青西帮八大家周氏同盛和、复泉涌号，贾家振丰恒号都经营典当与押借。

2. 民间私契交易圈

土地典当抵押属于地权转移方式，往往是土地转卖的先声。津青典当以不动产作抵押借贷普遍，表明商业契约关系发达。土地典当转售，典当的是已经出租的土地，转典契约是重叠的商业契约关系。华北一些地方当期内"租不拦典，典不拦卖"，是连环的商业契约行为。土地抵押是真正的信贷关系，最终形成地权转移。按清律，民间土地买卖成交后，买主应执白契（草契）至县政府办理田赋更名手续税契，在白契上加盖公章，粘贴契尾（官方刻印编号文书），地契遂成为具有完整法律效力的红契。清至民国，杨柳青私有土地所有权凭证，主要不是官府红契，而是私人或官私文书"卖契"（白契、推契）。白契是相当常见的无官方正式确认而为田主手书、民间公认的地权书。草契为白契的别称，天津县府亦印行草契。推契在华北大部分代表土地所有权的买卖，实际属于卖契。草契的广泛存在意味着土地买卖普遍，已不必到官府备案；政府关于土地交易的法令及其赋税征收方式，实际上不能限制地权的转移，而使地方法律附和民间习俗。在杨柳青档案局全宗号第81卷第377—387案中即有三份田房草契：380—382号民国二十六至民国二十七年"义德堂安、王汝平地买卖田房草契"；383—384号民国二十一至民国二十二年"王炳魁、存忍堂张买卖田房草契"；385—387号民国二十四年"张志英、张志朋、积庆堂潘买卖田房草契"。

3. 边缘商贩、行商圈层

摊贩一般作为群体经营者而存在。城镇中的摊贩往往在人口密集的街区、商业中心、河岸码头或庙宇前自发形成专门的露天市场（如杨柳青的席市、菜市、猪市）。小本经营的摊贩和拥有店面字号的铺商，构成了空间相对固定的市场和商业系统两个基本层面。许多摊贩从大商家进货，走街串巷的小贩又从摊贩那里趸货。因而商家与小贩间形成一个商业链条。另外一些行当如旧物业、估衣业等主要由摊贩经营，使摊贩与当铺之间形成了共生关系。小商贩是传统商业的代表和传统市镇的一种标志，它是镇乡家族商营的基层形态。杨柳青以元明清漕运码头、近津港与津浦铁路及地少而促发了商业和市场。赶大船的小本经营摊点和饭铺成为杨柳青小商业经济的先声。又水患频繁使失地农民借债或个体外出行商成为通常的选择，赶白沟与饮食服务性营销成为杨柳青商镇经济的传统本色；同时"赶大营"成为杨柳青的从业习俗。河船、灾荒与战乱，使杨柳青生成和传承着商贩圈层——非固定大型经营者。变动、动荡使中小商人易存，生成了行商群层。

4. 中介经纪

牙行，一指官府—牙行—商人的控制方式；二指地方某一政府部门特许的行业与交易；三指自由经纪人，津人称"跑合"的，专事中介业务，作不熟悉北方市场的南方商人的全权代理商。"津商会三类5822号卷"载："棉业粮商因苛扰而多处停市……前订牙税新章，每行设一总记，总记以下各设若干分，层层包办，分区征收，外县棉花商店甚至有每家坐一牙纪。"[1] 商会成立后，商人借助商会推举公正绅商充任总董，取代牙纪。[2] 买办，在津地主要是清中期由开阜通商的广东通事（翻译），随外国洋行、商团北上而承包华账房和商营，后来又有沿海浙江、福建商人随洋行北移，形成买办帮，家族—同乡网络，买办—官僚网络，成为外国商团、银行的代理人。

---

[1] 天津社会科学院编：《天津商会档案汇编（1912—1928年）》，天津人民出版社1992年版，第3761页。

[2] 参见罗澍伟主编《近代天津城市史》，中国社会科学出版社1993年版，第571—572页。

买办的职位虽由买办与洋行契约达成，但实际上许多买办职位往往世袭，形成家族买办，这种承袭方式大都得由洋行认可，使其成为中外商行的中介。杨柳青商绅安文忠之子亦作洋行买办，文丰泰号与俄商及德行贸易系连。

5. 行会与商会

在传统镇乡和市镇，行会与宗族和地域组织一同，在相当大的程度和范围左右着社会的生产和生活。行会规划同行的功能为其独有且与乡族系结，故行业或业缘性的增长意味着基于区域或家族的业技的提高。宗族、行会、乡亲相对于学校、工会、商会是一种首属群体，常以直接、亲密和个人的方式交往。行会赋有经营、祭祀、救助诸功能。民国杨柳青行会如银钱业、金店业、洋行业、绸缎业、广货业、粮商业、粮店业、磨坊业、大米业、姜商业、杂货业、颜料业、洋布业、木商业、茶叶业、洋药业、瓷商业、海货业、南纸业、书铺业、帽商业、皮货业、鲜货业、竹货业、洋镜业、铁商业、鞋货业、油商业、栈房业、药材业等。其中银钱业同业会社有：典当业公会、钱业公会、银行业公会、保险业公会、民间老人会、攒钱会、寿缘会。管理业务为典当业务、票号业务、银号业务，存款放贷、汇兑结算、发币信用、代理拆借。故行会是市镇的基础圈层，每个商会以当地行会为主要成员和基层组织。行会加入商会后，其固有的功能仍在发挥，传统仍被保持，依然是独立的行业团体。因此行会联结着同业小工商者和商会。商会整合手工业行会、同业公会、行业商会、同业商会、商业公会及农会、水会诸业缘商团，统领商域实业圈团。行会是商会的实体圈层。

（四）地缘圈层

1. 地缘行帮

行业组织的地缘性源于行业之地缘基础。津市本帮和客帮各工、商、手工业以及杨柳青年画、运营、建筑、服务业均显现出地缘与区域业缘结构。杨柳青年画实际地垄断了津市画业，使津地手工业行会中无画业公会。杨柳青脚夫行垄断车站和货场搬运，以此分化出码头脚行和铁路脚行。行内地盘按街道里巷划界，称为"口"，各口脚行头和脚夫都有本地绅耆作保,多为本区居民,不得承揽界外生意,界内商家铺户百姓搬运不能越界运货。官府并颁发"谕贴",民间称"龙票",以示承认脚行的"地盘"。划定后的"地盘"成为脚行头儿的产业以世袭和出租。脚行内凭"签"世袭制,代表着脚头控制脚行的正统性。持有祖上传下来的"签"可以占地段、揽生意、雇用工人,既是"股份",又象征着权力。杨柳青与外界以乡缘性业缘联结,白沟镇和新疆伊宁、迪化、绥定等地80%商家来自杨柳青。

2. 社区借贷结社

商民急需用钱又告贷无门时,为避免高利贷层剥,则就近求助同乡亲友,自愿结成互助互利的临时小团体,解决借贷困境,称"做会""合会""请会""行会"等。发起人称"会首",参与人称"会脚"。因以10人为最常见,又称"十子会""十贤会"。每月或季、年举会一次,每人交一定数量的会费。第一次由会首收取支用,以后轮流交由其中一人支用。至会脚都收回本金,会则自动结束。轮流收会费的方式,有一开始排定次序的,称"轮会";有按摇骰子方式确定次序的,称"摇会";有投标竞争的,称"标会";还有由会首收会费,按次序每年向各会脚偿还,各会脚之间没有收付关系,称"单刀会"。

3. 市镇地保

镇的商业区是行政管理松散的社会,某些利益与安全为成员共有,遂产生"地保制度"。地保非由官方委派,不同于保甲制以共同利害"联保"而形成对官方的承诺。地段保长可以是市民中的公众权威,也可以由公众推举,经官方认定赋予监察和调解权,其对官府只有联络而没有承诺意义。地保虽无族缘和行政联系,然在乡土社会,基于宗法制,族长和耆老往往成为仲裁人。地保制度和规则约定俗成而道义互助,当其义务、责任、利益被认同而获得某种皈依,生成"街坊"感,镇民遂成为一个地域群体。

镇保结社组织有公益写会制——修桥、铺路、安装街灯、筹神演戏而集资基金;义务互救制——救助市民火灾、遇盗及被劫之难;请令互助制——民间信用基础上的互助借贷;义务舍施制——商民慈善义举；写会公摊——建"保安局"等，这些即绅商、商绅的社区功能。市镇由地保管理，镇乡由保甲责辖；商镇兼市镇与乡村属性，设地保、保甲。杨柳青以镇治乡，绅商居优，常以绅商族裔作地保兼保甲。

4. 绅商学堂与社团

弗里德曼认为财富的积累促成祠堂的建设与宗族的形成。而杨柳青的绅具有商的属性，以财势论称；杨柳青的商具有绅的属性，捐科衔、功名、官职。杨柳青望族在获得大量财富之后，往往不只用于扩大家族势力，且用以建设当地公益事业（绅商石家仅三门立宗祠，其他则修书院，办学堂，兴保甲，集善社，捐水会，行义举）。杨柳青书院、新学多由绅商、商绅出资兴办。绅商石元俊修缮文昌阁；部分商绅资办新学如安氏小学、中学、商校；绅商石氏自立西学堂；新绅董绍良和董绍康与士绅、商绅合办中学；安氏、石氏、周氏子弟和年画绅商齐氏回乡劝学。

青镇绅商组织团练、保甲局、支应局。杨柳青在甲午战争、义和团、八国联军入京时，均由绅商石氏组织保甲局、全盛保甲局和支应局，安靖地方。绅商以各水会为基础建立"水团"，捐集建立"绅商保卫局"，卫城厢治安，建立联合治保"商团"[①]，维秩市面。商会以"绅商领导体制"维系着地方主权。商会与其他社会团体皆与集商、学、官于一身的绅商密切联系，如地方议会、预备立案公会、咨议局、工会、农会、教育会等；与商会平行的团体学务公所、教育会、农会、医学会、研究会、公安会实际由商会资助、代与官府交道，工会、农会往往由绅商创办；水会则直接由商董操办。绅商势力延伸于诸多国家和社会权限兼有、空缺或不确的活动空间。因而传统"公"领域——绅商功能空间，其本质并非官民割裂、分立或对峙，而存在以绅为纽带的协作。

萧公权认为，家族组织在黄河以北省份和经济拮据的乡村往往不存在；书院在乡村社区难以看到；行会只在商业中心运作，并只

[①] 天津社会科学院编：《天津商会档案汇编（1903—1911）》，天津人民出版社1992年版，第2395—2396页。

对会员提供服务，基层准行政人员，皆扮演着国家代理人的角色，似乎与乡村社会毫无关系。① 这些在北方县镇杨柳青，绝非如是。尤其是绅商和商绅是当地不可或缺的主体。② 显然，萧氏忽视了州县以下地方治理的实际操作过程和基层职能人员的多面角色。③。商镇家族字号，商帮会社，商营与宗祧，商贩与绅商，绅商与商会等为人类学研究新内容，可资补缺弗里德曼的乡村宗族范式和华北的商域研究，以及施坚雅镇市研究之遗漏。

（五）信仰圈层

1. 街区庙脚层

杨柳青御河北岸为商业集中的商域社会，又是善堂、庙宇集中地，表明寺庙并非只是乡农社民的聚合标志。善堂、宗祠的修建表明，商、绅并未脱离农人宗祧理念；商民的神灵祭拜甚或比农民更加为重，并且具有物化信仰形态的实力条件。同时市镇庙宇的业缘性、市民性，逐渐代替乡村寺庙的族缘性、地缘性。庙脚，指市民会在自己居住处附近，确定一个祀庙，通过某种仪式，皈依其门，成为这所祀庙的"庙脚"。小的祀庙有数十户庙脚，形成一定安全感和整体感。市民庙祭不同于村社祭祀或宗族祭奠的是，不止祭拜一个村神或祖灵，而是同时尊奉这一本尊神和与自己职业有关的行业神，依时季分祭财神、火神、药王、龙王、文昌君、土地诸神，其神祇或缺体系，但庙脚组织明确。

2. 理教信仰圈

山东即墨人杨泽（1621—1753年），于明朝覆亡后，易姓羊，名宰，隐居蓟州岐山澜水洞，潜心理学，创立理教。掌教人称"领众"，帮办教称"催众"，管理事务者称"承办"，催众最高为帮坐，

---

① Kung-chuan Hsiao, *Rural China: Imperial Control in the Nineteenth Century*, Seattle: University of Washington Press, 1960.

② 周泓：《圈团与圈层——杨柳青：绅商与绅神的社会》，上海人民出版社2008年版，第56—276页。

③ ［美］张仲礼：《绅士在19世纪中国社会中的作用》，李荣昌译，上海社会科学院出版社1991年版；［美］张仲礼：《中国绅士（续篇）》，费成康、王寅通译，上海社会科学院出版社2001年版。

其次为求师、引师、带道师等。康熙四十年羊宰传道，度化八处，传弟子十五人，称"羊祖八度"。① 以坐化为圆满。其晚年与弟子制定了专传领众的理门"羊祖大法"及建会、传教、过斋等规章，将大法和组织制度做成"法包"，交付最末弟子毛来迟以寻传扬理教的第二代祖师。乾隆二十八年二月，毛来迟在天津杨柳青找到接传羊祖法包的尹来凤。乾隆三十年四月，尹来凤依据法包在天津梁家嘴邵公庄设立第一个理教公所，历史性地将传播理教的方式由云游布道转为以公所为中心传教，并将反清复明宗旨转换为"观世音菩萨"五字真言，使理教转化为纯粹的民间信仰。乾隆三十二年六月，羊宰的六度弟子董来真在杨柳青设立正安堂公所，形成理教的六度派。嘉庆七年，尹来凤传杨静如领众法，以葫芦为证，派往天津河东建公所传理教，形成五度东派；天津梁家嘴公所由尹来凤弟子赵名山掌管，以法包为凭成立西老公所，称五度西根。至此理教三大派建成。清末天津理门公所九十处，女师传道的二众公所二十余处。② 杨柳青镇附近有公所九处。四大老公所为杨柳青大实胡同东二众公所，杨柳青镇运河南岸十六街同安堂老公所，杨柳青后大道正安堂西老公所，杨柳青镇后大道复善堂东公所，大都建于光绪年。1926年建公所五处：杨柳青姜店胡同同善堂中公所，杨柳青公议胡同永安堂公所，杨柳青经堂庙西二众公所，镇乡碾坨咀村公所和当城村公所。1928年天津理教人士成立"天津市理教联合会"，各分会领众、催众、承办都为会员，颁发证书。杨柳青分会设于后大道正安堂老公所。杨柳青镇6/9的理教公所在御河北岸，即商民信教不亚于乡社。中华民国二年，津县杨柳青、交河、武清等津商，至新疆古城子集资兴建了直隶会馆和津门理教公所，宗旨为"济困扶危"。继之在津帮所至的南北疆焉耆、阿克苏、吐鲁番、伊犁、迪化等地均有津门理教公所。津门理教成为联结津青商帮的重要文化基核，其教化联结着津帮乡亲的内心层面。

---

① 冯立：《在理教与杨柳青》，《世界宗教文化》2005年第3期。
② 杨平：《从地名看天津史地特点》，《天津师范大学学报》1982年第5期。

3. 内外圈界的地方神崇拜

（1）地籍、职官与圈界意识。首先，一田两主制对杨柳青镇乡地籍地界观念的形成具有基础意义。清末民初，不在乡大地主与佃户分居城乡，不再直接控制其土地和佃农，往往委托收租。地租形成了二地东和佃户村，形成了一田两主地权结构即大地主与租赁人（收租者）的关系。不在乡城居地主增加，商业资本成为乡镇资源的重要组成部分，使村民、镇民的借粮、借款、租赁主要来源于富商、富绅。而在乡二地东借助于前者的实力，直接与当地佃民交道，外人代替大地商承担管理土地和农民租佃、租贷、借赁之责，故成为佃农矛盾所指。杨柳青石家天锡堂、尊美堂均数百顷地，皆由外账房或二地东出租给各佃户村。故杨柳青异籍人、外地人成为乡民中作威者的代称，并因保护人关系改变，促使了乡人对土地的保持、掌握和抵制外业主控制的意识。地籍意识正与此衔连。居密（Mi Chu Wiens）考察江南商业化和城镇化显著改变了地主和佃农之间的关系，在"一田两主"制下，城居地主与佃农的关系日渐疏远，佃农从地主那里获得了更多的独立。[①] 兰金（Mary Backus Rankin）考察清末浙江省青镇士绅家族成员迁入上海后，非但没有割断反而加强了与乡土社会的联系。[②] 继而，地籍意味着村籍[③]，村籍依宗法以婚姻或继嗣关系（收养）取得[④]，限外姓立嗣和收养。最终，地方制度附和习惯法，国家承认并倚赖民间调处的主要角色亲族、地邻、保约、耆老及半官半民的族保、地保、乡约、甲长、保正、乡保[⑤]，习惯法构成民间秩序化和官府统治的基础。其次，历史上职官制度对杨柳青地籍地界观形成具有作用。在杨柳青历代官职中，巡检和驿丞均为外籍人；汛把总和南运河营守备职官均系津市人及其他籍

[①] ［日］滨岛敦俊：《农村社会——觉书》，载森正夫等编《明清时代史の基本问题》，秦兆雄译，汲古书院1997年版。

[②] 史明正：《西方学者对中国近代城市史的研究》，载《近代中国研究通讯》第13辑，"中央研究院"近代史研究所1992年版，第85—97页。

[③] 参见《中国农村惯行调查》第3卷，岩波书店1978年版，第39、56页；"满铁"北支经济调查所编：《北支惯行调查资料》第79辑之2，《第10号土地买卖篇——山东省恩县后夏寨庄》，《民商事习惯调查报告录》，进学书局1969年版。

[④] ［日］滋贺秀三：《中国家族法原理》，张建国、李力译，法律出版社2003年版。

[⑤] 梁治平：《清代习惯法：社会与国家》，中国政法大学出版社1996年版。

贯者；而清末和民国年间杨柳青地方政权组织乡镇长则均为当地人。①即县镇官府大多为外官，而地方基层权力掌于当地绅家，形成明显的内外圈界层级。又辛亥革命中绅商系支撑地方独立的主力，故农会归属商会后隶从商绅议董与官绅。而对于乡民，旧绅是圈内人，官绅则为圈外人。此外，帮会和会道门大多依附于当地有实力的豪绅而地域观念极强。

（2）绅神（真人）于伍爷崇拜。在乡村基层社会，尽管国家通过赐额、赐号以实现对民间诸神的控驭（如于伍爷前普亮宝塔），以区分国家正祀与民间杂祀，划定了神灵信仰圈界，把官方的意识灌输到民间，然民间信仰组织及其活动与地方官府之间仍有相当距离。赵世瑜注意到"城隍下乡"和城市庙会的乡村化对城乡统隶关系的挑战。②民间社会寻求以宗教方式，创造想象的权威来管理地方事务，一个地方主神通常都有"帝"或"爷"之类的头衔，将过往的权威转化成切近的象征性权威。地域及其庙宇崇拜的边界想象，强调保护地方自主性与一体性，超地方的政治支配和新的社区建筑，被认为有损于地方的风水，意味着对地方秩序的侵扰。杨柳青民间神灵信奉系结着浓厚的排外意识，当地人相传，天齐庙曾经"一外人蹴之，庙中鬼神活动，乡人遂惊吓死也"③。民间的驱鬼仪式实际上是社区边界的再确认。其中，"鬼"隐喻着社区外部的"陌生人"。驱鬼行为试图将这些"陌生人"排除出社区。祭祀活动有民间政治性，它以变通为统治者所禁止的方式表达出来。

于伍爷崇拜没有与其他庙宇间的连带关系，却是其地域社群的信仰象征。杨柳青有真人信奉的传统，如姜太公、关公、马五爷、于伍爷崇拜。于伍爷的传说赋予其不同的秉性人格，贯穿其中的是绅士之仁义和侠义，由乡绅（医生）济贫救人而保乡护民。进而对疾患和危害（剥夺、抢劫、兵乱、压迫）的恐惧，使得于伍爷崇拜产生和延续着意义，绅德品格逐渐被神话，外人（兵、官）、外盗等同于外鬼。而传播者相同的认知是故事传承中最稳定的因素。在杨

---

① 《杨柳青镇志》（蓝本），第15编。
② 赵世瑜：《庙会与明清以来的城乡关系》，《清史研究》1997年第4期。
③ 张次溪：《天津杨柳青小志》，载《双肇楼丛书》，双肇楼1938年版。

柳青只要知道于伍爷，就不会被视作外人受漠视和排斥。"文化大革命"前后杨柳青几乎所有庙宇被拆，仅于伍爷墓被保留。社群独特的一些生活性质只有通过亲密群体内人的相互关系才能被发现。[①] 现时外地人的涌入，首先是对当地人生存产业的竞争和冲击；且"近些年外地人当官，不建设杨柳青，赚了钱都投到他自己家乡。而于伍爷保护咱家乡自己的老百姓"（乡民）。于是，当地人先暗下、后变相借助传说神力，或公开与政府抵争，供起了真人于伍爷。政府对于百姓祭拜于伍爷予以认同和默许。祭拜者除青镇乡民市民，尚有津市居民、邻县镇民、外地流民，而政府职员、军武官兵也私下以个人身份祭祀于伍爷。香客还愿敬献的石碑、红帐围满塔墓四周，挂满围墙树枝，使土石变成了红墙和驱邪避恶的火焰。

（3）信仰认同与圈界象征。人们将清廷"御敕普亮宝塔"立于冢茔前，于是佛祖纪典日亦成为于伍爷墓冢祭奠日。这使得佛道合于民间，民间则有了官敕正祀的掩护。它实为汉人历史上尤其是尚佛时代，道民以寺庙掩道观、以正统掩民间之经验实践。[②] 杨柳青乡民置普亮宝塔于于伍爷祭地之建构，与政府委托佛教协会之管理相合。进香者先敬拜或跪扣普亮塔；再至塔后献香于伍爷墓。即燃香于于伍爷茔前，而非普亮塔前；供像、供桌在最里层。只有深入普亮塔后，才能见到、触摸到于伍爷。道士口念"阿弥陀佛"，居士宣讲国家建设，然始终极力申明的是，自己是于伍爷门徒传人。这已然是杨柳青社群内外相别之认同圈层的显然解说。民间神祇信仰在很重要的意义上表达的是社群认同圈界，"本地人"和"外来人"的差别。中国人的权力意识与中心和核心相联结，而中心和核心往往是在内层，能够深入内侧、深部则意味着关系的密切，权力与责任的重要。故本地人与外来人的关系即"局内人"与"局外人"的区别。

仪式是民间信仰的重要构成，具有权力象征意义。格尔茨

---

① Louis Wirth, *Community Life and Social Policy*, edited by Elizabeth Wirth Marvick and Albert J. Reiss, Jr. Chicago: The University of Chicago Press, 1956, p. 182.
② 参见周泓《北京魏公村史顾（续）》，《辽宁大学学报》2004 年第 2 期。

(Geertz)、卡纳丁（Cannadine）、布洛克（Bloch），均视仪式为"策略性的行为模式"，它且"产生了细致入微的权力关系：接受与抗拒"，① 即仪式不再是被表演的剧本，也意味着仪式原本是可以被修正的。故当地社会的权威体现于自身组织和象征符号构成的框架中，地缘圈团的内聚力得到确立。仪式亦通由阈限②能够达成一切信奉者之间的平等状态，使信仰圈层实际上解构了社会阶层。③

汉德尔曼（Don Handelman）认为仪式的元逻辑是"转化"，源于传统的宗教实践，包含对正统的冲击；展演的元逻辑是"表征"，与政治行为系连，多是官府组织方式。而于伍爷墓祭拜属于民祭仪式范畴，无商营运作及展演性。④ 于伍爷墓祭拜将陵祭（绅）和庙祭（神）结合——将医者与拯救者合一，将外来者与邪魔类置——将外人视作带来病患灾难的疾魔。现时政府修复塔身，然官、商二者皆没有触动于伍爷祭拜的乡土型。对乡绅墓地的祭拜与医神庙地的祭祀合一，使绅性延存于当地民间。于伍爷始终是"当地老百姓的保护人"，相对于更迭外来的、上派的、疏离百姓的掌权者，实质成为当地民意的象征。

于伍爷兼医（绅）、神、道、佛于一体，使于伍爷祭拜已近同宗教信奉。当地信众更多地视其为神灵而非真人崇拜，但对官方则言神医、绅士——真人祭奠。实际上，官府中弹疏百姓的官僚是被当地尤其是乡民视如病魔的外来物，是神力显法的对象。而政府以于氏第六代弟子兼职津市大悲院，使得祭地正纳入佛教协会管理。这又使得原信徒自行组织和祭地管理者，对于佛教大悲院形成认同对立，并促动当地信众的圈界意识，以维护原神（乡绅）及其保护的地缘的象征合法性，呈现着民间社会对于国家建构的张弛。

---

① 参见 Geertz 1980：pp. 122 – 136，Cannadire 1987：pp. 1 – 19，Bloch 1987：pp. 271 – 291 和贝尔 1992：pp. 193、196。

② Turner V., *Dramas, Fields, and Metaphors: Symbolic Acion in Human Society*, Cornell University Press, 1974.

③ 周泓：《主体个性还是文化象征：身心体验的信仰人类学研究》，《云南民族大学学报》2006 年第 1 期。

④ Don Handelman, "Rituals /Spectacles", *Internation Social Science Journal*, Vol. 153, No. 9, 1997, pp. 387 – 399.

（4）祭祀圈、信仰圈。沃伯纳（Richard Werbne）认为祭祀研究最好以一个信仰的分布来界定研究的区域范围，而不是以行政村庄来界定。桑格瑞（Steven Sangren）认为仅借由一个村庄的社区调查无法解说共同参与的进香活动和深层文化逻辑（Sangren 1987：204）。而祭祀联结不同层级的社会组织，联结绅、商与乡民的文化分际以及不同层级的文化单元，从而扩伸祭祀圈。杨柳青镇内外、御河南北居民都祭拜于伍爷墓，从而可知其彼此间终究是有共同的深层认同，即属于该地"本地人"或"当地人"的信念。于伍爷塔当地主持与市内主持存在正统纷争。当地主持系自民间，与杨柳青历史上道教信奉系连；市内主持属于佛教协会，这与佛道之道统争相延续。认同取向意味着正统性选择及其对区域祭祀圈和信仰圈之权力。不超出村庄范围或仅限于村庄社区，无法分析其深层联系。

在市镇、县镇，信仰圈、庙宇圈往往大于祭祀圈。[①] 庙会活动中宗教功能与交易功能统一，说明市场圈和祭祀圈在此场合是重合的。重商传统在杨柳青镇乡所产生的商农文化，使青镇市场交易密切于华北内地，民间敬香济事盛于官祀文昌阁拜谒，即对地方神的信仰普于教育之诉求，民间认同高于官府所认可的规定性。同时，商农文化特有的随机性使杨柳青信仰圈、庙宇圈和祭祀圈不一。民国杨柳青镇各街、村都有寺庙，镇中心即镇公所和商会所在的大寺胡同，是杨柳青商、农、衙府、绅商、神庙聚结中心。其两侧民户区分别以镇西药王庙和镇东天齐庙为中心。新政权后庙宇中心解构：御河北为商业、政治区，御河南为镇乡农社。即商绅性聚留岸北，岸北由绅商建构替置了神灵；岸南于伍爷塔与失落的文昌阁并列为民间文化中心，绅神延续及取代着绅商乡绅的地位。故御河南于伍爷崇拜的信仰圈和祭祀圈重叠同一；在镇北则信仰圈大于祭祀圈，许多干部内心敬奉于伍爷，然限于身份不前去祭拜。

信仰圈层的意义在于，当庙宇被拆除或未重建时，没有祭祀的

[①] 对林美容关于祭祀圈与信仰圈的界定（《台湾区域性宗教组织的社会文化基础》，"中央研究院"民族学研究所《东方宗教研究》第2期，1990年10月，第345—364页），笔者持保留看法（参见拙著《群团与圈层：杨柳青绅商与绅神的社会》，上海人民出版社2008年版，第308页）。

载体、仪式及组织，人们内心的信仰就消逝了吗？即祭祀与信仰、祭祀圈与信仰圈并非同时存在。信仰是根植内心的理念，是祭祀仪式的认知意义先导。应该承认，信徒的祭祀行为是源自有灵或神灵信仰的。

清季民国，杨柳青御河北与御河南两大圈团中，御河南圈团内，主要是佛教（官府御敕）、道教（真人信奉及民间理教）与外来教会三个圈层的道统之争。民间力量借以官敕维系其核心圈层的根据是地缘圈界观。御河北是绅商引导的商域圈团（商号、行帮、行会、商会、水局、地保、团练、商团），商会位于主导地位，其根基与核心圈层是商域家族与绅商大家族。

于伍爷墓和石绅大院实际是杨柳青御河南、北两个社群文化中心。绅商主体曾与旧官府相联，但保地济民，政府顺应民意而建构石绅大院；前者则为民间信重和建构，拆除或不修复意味着违背和蔑视民心。杨柳青乡民选择以历史真人作为神灵信仰，为官府认可，使得政治与文化妥协。石家从商民到绅商，处于民间与政府中介，成为镇民和官方的代表；于伍爷迄今是民间信仰象征，虽位于行政空间边缘，然却为当地民众寄托重心。

四 市镇基核与圈层格局

（一）关于施坚雅集市与市镇类型

首先，施坚雅《中国农村的市场和社会结构》（*Marketing and Social Structure in Rural China*），运用德国学者沃尔特·克里斯塔勒（Walter Christaller）和奥古斯特·罗西（August Losch）的中心地理论（Central Place Theory），将中国的中心地分为诸个层级，即小市、基层集镇、中间集镇、中心集镇、地方城市和地区城市；将城镇划分为基层市场（Standard market）、中介市场（Intermediate market）和中心市场（Central market）。然按行政建制，清季民国，杨柳青属于天津县，那么应该属于施氏的基层市场，即标准集镇。然，集镇以定期或隔日集市、乡村行商为标志，而杨柳青为座商商号逾百、日日开市营业的商镇，故其划分不为准确。现今杨柳青为津市西青区政府所在县级镇，属于施氏表格的中心市镇，而其商性是前代之沿袭，故民国杨柳青至少应是中间市镇。施氏的研究不能涵盖中国市镇类型。

其次，施坚雅的集镇、市场是基于乡村社会视点。其标准"集市"是指一般由6个村庄组成的基本共同体，① 实际是村庄的外延。而非对于商业市镇之研究。

再次，施氏认为，中国的经济实体是由标准集市联结的宏观经济区域，其内部皆一体化，对外相对独立，历史上不仅是经济区域，而且是文化区域，与行政区划重合（Skinner, 1977）。然而，这实际是自给自足的乡村社会，而非近代集市，是以中世纪欧洲城邦比拟中国。迪化和杨柳青均不是标准集市联结的经济区域，却是经济实体，其内部非一体化，对外非独立而外向贸易，亦非是历史上经济、文化、行政区之叠合。

复次，施氏认为中国社会的"网结"不在乡村，而在集市。笔者认为作为社会的"网结"，"市镇"更合宜。市镇是乡村与城市的链环，是草民社会与上层权力递接的路径和枢纽，是诸种因素和力量交聚的地方。内外贸易和关系中的"代理""商约""买办"多是在此。

最后，津青西帮商号所在迪化和南北疆（喀什、阿克苏、吐鲁番、伊犁等地）汉满回蒙俄连城，可以作为施坚雅中国市镇划分类型的缺失之补充。

（二）绅商商绅与市镇之政：中国式市民社会

镇是绅的居留地，绅与商难以分离："贵族追求王公的豪华，绅士则渴慕达到真正的贵族地位，生意人从他的柜台后爬出来去填补绅士的位置。"② 商和绅均属于传统社会文化。绅商、商绅一般系属

---

① ［美］施坚雅：《中国农村的市场和社会结构》，史建云、徐秀丽译，中国社会科学出版社1998年版，第10页；《中华帝国晚期的城市》，叶光庭、徐自立等译，中华书局2000年版，第340页。

② 参见伊丽莎白·沃特曼《工业革命中的欲求因素》，载R. M. 哈特韦尔《英国工业革命的原因》，伦敦，1967年，第135页。

市镇、商域大家族，大部分绅尤其绅商和商绅居于市镇或商镇。

中国式市民社会具绅商、商绅属性。民间公共组织从善堂、会社、会馆、公所到商会、商团、水局、保卫局、教育会、自治会，使社会公领域的空间上移，获得了部分商事讼裁权、地方治安权及管理权，其组织原则有会员制、选举制、议事制、自愿原则、选举原则、权利与义务原则等，形成了国家机构之外的社会权力体系，亦使县镇部分权利下移，绅商由此构成了在野势力。天津自治局由绅商发起成立"天津县自治期成会"，除自治局士绅六人，则天津商务总会绅商十二人：总理王贤宾（盐商，河南补用道），协理宁世福（买办，候选知府），议董纪联荣（绸缎商，同知衔）、王用勋（绸缎商，候选知县），李向辰（米商，生员），芮玉坤（洋布商，候选州同），刘锡保（银钱商，同知衔），徐诚（买办，广东补用道），刘承荫（粮商，举人及候选同知），胡维宪（银钱商，候选同知），曹永源（机器磨坊主，候选县丞），刘钟霖（举人）。[1] 绅商在地方自治中的地位和意义不言而喻，它正是同时相对于自然社会（家）和政治社会（国）的市民社会之主体。

黑格尔意义的市民社会包括三部分：市场经济（需求体系），同业公会自组织（多元体系），警司机构（司法体系），[2] 尤其强调同业公会、自治团体等中间组织，认为"合法的权力只有在各种特殊领域的有组织状态中才是存在的"[3]，个人只有作为各种等级社团的成员才能进入政治领域。天津及杨柳青具备市场经济需求体系，以商会为中枢；然不似托克维（De Tocqueville）所论西方市民社会必经自由结社而与国家相对视的紧张状态[4]，而旨在调谐民间与官府的关系，以民治辅助官治，"既称自治，究非离官治而独立。……自治者，专办地方公益，辅佐官治为主……是委任的自治"[5]。此间辅治推力即绅商。1906 年，天津县自治局"奉宫保（袁世凯）面谕，以

---

[1] 《天津商会档案汇编（1903—1911）》，第 2289—2290 页。
[2] 参见邓正来《市民社会与国家》，载《中国社会科学季刊》（香港）1993 年夏季卷。
[3] ［德］黑格尔：《法哲学原理》，商务印书馆 1961 年版，第 311 页。
[4] John Kean（约翰·金）, *Civil Society and State*（《市民社会与国家》）, London: Verso, 1988, pp. 55-62.
[5] 《自治名义之释明》，载《江苏自治公报》1909 年第 11 期。

地方自治，事关紧要，饬从天津一县先行试办议事会、董事会，以备实现地方自治，并限一个月内即行开办"①，即"官谕绅办"。此可谓中国式市民社会，其重心机构是为官方允准的法人社团商会，其总、协理均由商部（农工商部）"札委"，"归本部管辖，与地方他项公会不同"，商务总会对地方总督、巡抚文用"呈"，对布政使、按察使以下地方官文用"移"。自始蕴含着民与官二重身份，以寻求政治平衡，期得官方认可和保护，"虽立商会……而事事皆仰成于官"②。商会有商事理案、诉讼之司法权，但限于地方司法控制下。警政与警务公所视为"官绅势力强弱与消长范围"，多相疾视。然天津和杨柳青绅商保卫局与治安公所，均隶属于商会并由其职员兼领，以结民力、谋自治，故其绅性及市民性较强或浓厚。民国杨柳青市民阶层包括居城的士绅、商绅、地主、高利贷者、手工业者、商贩、自由职业者、移居人口等。

即中国式市民社会依属于国家体制，不同于西方纯民或纯自治社团，同时由于市镇之绅商性或商绅性，成为国家与社会的介体。绅商参政出发点在于调恰官商关系、赢得商人权利之商政，尤关注商会、商法、税政等政府商业决策，认为"官民不可分，而后有政治"，并周旋于政府与商民之间充当官商之桥。其参政方式基于"言商仍向儒"和非暴力理念，温和，稳健，拘谨，务实，限政治行为于合法、合理范围，以求稳定市面。因而中国式市民社会以绅商和商绅为主导，是绅商和商绅属性的复制或放大！此外，当军绅地位上升，部分绅商转入官绅，因之中国市民社会亦具有官绅及官商的色彩。

中层理论和行政空间理论大都忽视了商镇商号和绅商商绅场域。而绅商、商绅是士绅、地绅的转型延续，其功能空间与国家和民间场域交叠。绅商组织商镇社会，安靖地方；商绅延伸家族合作传统，赋予商界新的成分，联结传统与近代；绅商商绅作为士绅社会结构的主体延替，使得军绅未取代商绅占据市镇主导地位，乡绅、士绅

---

① 《天津商会档案汇编（1903—1911）》，第 2288 页。
② 《警钟报》1904 年 6 月 2 日。

的意义持续存在于绅商和商绅中。绅商调恰官商之政,使市镇公领域空间上移,县镇部分权利下移,具官绅色彩。商会以"绅商领导体制"维系着地方主权。杨柳青绅商、商绅引导其商镇属性。

(三) 圈层格局

"差序格局"是费孝通关于中国乡土社会关系结构的模式。《乡土中国》认为,中国传统社会奉行的是以"己"为中心的自我主义,有别于西方社会的个人主义,提出差序格局的概念:"我们社会中最重要的亲属关系就是这种丢石头形成同心圆波纹的性质……以亲属关系所联系成的社会关系的网络来说……每一个网络有个'己'作为中心,各个网络的中心都不同","家"的指称范围可小可大(小家庭、家户、家族、宗族)。[①] 即,每个人以自己为中心确立社会关系的亲疏,以差序方式来建构同其他人的关系,以血缘远近、辈分高低、地位尊卑、对自己的忠诚等相互分待和结交。亦即差序格局是"一根根私人联系所构成的网络",个体(自己、家人、家)是社会关系的类别基础。

然而,差序格局未涉及群体关系中的差序和社会中的团体身份,未略及在群体和公领域(地缘、业缘、政缘)中,以义、利分层圈界的利益、信任和认同圈层。费孝通认为凡团体皆非传统,是近代西方式的;而"中国社会结构的基本特性……是人伦"。如"保甲制度是团体格局性的,但是这和传统的结构却格格不相入";"团体里的人……对于团体的关系是相同的,如果同一团体中有组别或等级的分别,那也是先规定的";"在团体里的有一定的资格……是权利问题。……团体中的分子一般大家立在一个平面上"。[②] 即是西方团体论。

费孝通忽略了中国亲属关系之外的群体(圈团)结构,然则中国历来重视非亲属的圈子(团帮派别府系:政派、军阀、行会、商帮、乡党、师承、坊间等);且圈团、圈层内外权利、交往规则并非

---

① 费孝通:《乡土中国 生育制度》,北京大学出版社 1998 年版,第 24—30 页。
② 费孝通:《乡土中国 差序格局》,江苏人民出版社 1985 年版,第 21—28 页。

如西方，而如亲属关系，如地绅乡绅、富绅豪绅、绅商商绅、官绅军绅；况且亲属关系中亦非仅依人伦而差序，却往往以权利（社会地位、身份）、财富论高低轻重。因而"富于伸缩的社会圈子会因中心势力的变化而大小"①。王斯福以"社会自我主义（social egoism）"重释差序格局，强调建立在个人主义基础上的团体格局及其边界和成员资格，此格局上的每一个圈都是根据制造这些波纹的人的不同位置而有别。②

然而，后者没有涉及团体内部和之间行动的信任层级规则，即在每个圈团内和内外交往中，又有基于不同功用或利害关系而组合的各个"信任"圈层。即，在中国的每一个团体（圈团）里，仍都有以个人权力、私人利害确定的圈层，成员对于团体的关系并非是相同的！依宪法、法律，"同一团体中各分子的地位相等，个人不能侵犯大家的权利，……团体不能抹杀个人，只能在个人们所愿意突出的一分权利上控制个人"③，然实难相符。甚而，中心者牺牲成员利益，为小圈层争权利，也是为"团体"。阎云翔认为："通过与作为他者的团体格局的对比，费孝通实际上已经指出差序格局下……没有由平等的个人组成的大大小小的团体。"④ 笔者认为，费孝通基于西方团体模式而判断汉人群体形态。

亦即，费孝通、王斯福、阎云翔所言团体，皆为法团，而中国的团体，实则圈团。每一圈团内又有诸个圈子，可以拥有或分属不同圈层。在团体（法团）格局下个人是具有本体论意义之人格平等的实体，团体格局与权利平等相辅相成。而基于权益、信任和认同的圈层格局，不同于团体格局。

笔者以圈团圈层格局表征汉人社会愈益普遍的团体形态，解析群体、机构内部关系的结构。圈团以地缘、业缘、信仰、权益、认知等维系持久的机构、交往和身份认同。圈层是圈团的缩影，圈团

---

① 费孝通：《乡土中国 差序格局》，江苏人民出版社1985年版，第21—28页。
② ［英］王斯福：《社会自我主义与个体主义》，《开放时代》2009年第3期。
③ 费孝通：《乡土中国 差序格局》，江苏人民出版社1985年版，第21—28页。
④ ［美］阎云翔：《差序格局与中国文化的等级观》，载许纪霖、刘擎编《丽娃河畔论思想——华东师范大学思与文讲座演讲集》第2辑，华东师范大学出版社2006年版。

内通常有更直接、密切、亲近或以个人方式交往的核心圈层与次圈层。即一个团体大都有一个或几个、一层或诸层内部与内核组织或关系与权益网结。在古代血缘与地缘组织明显，近代业缘机构发展；至现代业界、圈界的分割、分层、分化扩大，如政界、业界、教界、学界的梯队、乡缘、宗派、师承关系，几乎替代古代宗族、父子关系，或以人际圈层充替组织、业务、教宗、地域、学术诸实力圈层，形成某领域或学科的内核权力网结或核心势力层围。它是中国人社会裙带关系的现实写照。每个圈层内亦有类似更近距离的小圈层。其主体不只以个人自我出发，而以小团体、派系、帮别权利交叠而结。圈界越小，成员的秉性越相似，交往越具私人性和认真，抵触新成员和新的规范，偏离者会受到核心圈的压力。这种归属感和信任度使秩序持续，并提供单独个人所不具备的联结社会的能力。费孝通晚年曾言，社会亦社会圈，进入圈子则不孤立，否则是隔离的。[①] 人观、阶层、权力资本、资源机制维系着差序格局，亦生成了圈层格局。圈层框架已充斥国家公领域。

  杨柳青御河南北分别以绅商石氏和于伍爷为代表的圈团圈层结构，是汉人社会生活的一个历史投影。岸南是镇乡社民圈团；岸北是与区域贸易体系联结的营商圈团。每个圈团内有不同的圈层。如清时岸北每个街区都有街庙，市民多为庙脚；岸南则多维护义和团的拳民。然而不论乡民、市民，不论职业阶层，均祭奉于伍爷，使阶层社会在此解构为社群圈层。商域与乡土的关系又非以往的研究那样分化对立。它是圈团与圈层的社会，是往昔市镇地保与村社保甲均系绅兼的民间承衍。二元对立或三元结构说，社会分层或流动理论，市民社会观，均无以解释杨柳青的商域、地缘和信仰形态。

  圈层构成中国社会群体关系的一种结构格局，是汉人群体内外分界差序格局和团体格局的写真。王铭铭认为其中国文化政治之核心、中间、外围"三圈说"，把费孝通个体意义上的差序格局用于整

---

  ① 费孝通：《我对中国农民生活的认识过程》，北京大学讲演，赵旭东整理，1999年4月17日。

体意义上的圈界观。① 而笔者的圈层说则力求关切各个圈界内亦分圈层之交阆架构。孙立平关于差序格局"公私、群己的相对性"和马戎借引"三维空间"的解说,张乐天"人民公社"的研究,均使之触及群体层面,然仍立足个体间性。而石瑞（Charlas Stafford）关于台湾、大陆的抚养/赡养圈与交往圈,亦属差序格局范围。庄孔韶以中心与边缘观区分国家政域的中心与边缘,地方县镇的中心与边缘,都城及其边缘,② 类团体格局。阎云翔《礼物的流动》之核心、可靠、有效、村内、村外五层,可属群体内圈层分类。③

差序格局基于伦理行为的框定,圈层格局基于认同、信任与权益交叠而分隔的架构。差序格局适于解释汉人宗族、乡族内及之间的交往关系,尤其在环境是较封闭的状态下,它可以作为其社会的格局诠释。而在已不封闭的环境,圈团与圈层可以是其内外关系及其所在社会的格局释说,尤其对于阶级框架解构的宗族、建构的国家与社会更难以差序伦理而释。因而,圈团与圈层可以是并行或接续于传统伦理性差序格局的社会关系的结构解析。结构与历史同为动态并相互塑造。汉人社会圈层格局可为差序格局之横向补充。

圈层格局对差序格局的延伸,亦是汉学人类学的宏观视角对社会人类学微观社区方法的补充。19世纪末荷兰学者德格鲁特与20世纪初法国人类学家葛兰言,既以基层社会与大传统并立讨论中国的宗教与文化;弗里德曼认知"研究中国的人类学者必须把自己的注意力放在社会整体之上"④;施坚雅则用空间结构和历史过程研讨中国社会内在结构;费孝通完成《江村经济》后,亦强调宏观方法的重要意义。⑤

---

① 王铭铭:《从弗思的"遗憾"到中国研究的"余地"》,载王铭铭《中间圈——"藏彝走廊"与人类学的再构思》,社会科学文献出版社2008年版。
② 庄孔韶教授访谈,2011年3月6日。
③ [美]阎云翔:《礼物的流动——一个中国村庄中的互惠原则与社会网络》,李放春、刘瑜译,上海人民出版社2000年版。
④ Freedman, Maurice, "Sociology in China: a Brief Survey", G. William Skinner (ed.), *The Study of Chinese Society*, Stanford University Press, 1978.
⑤ 王铭铭:《宗族、社会与国家——对弗里德曼理论的再思考》,《中国社会科学季刊》第16卷。

边界的对望与文化的采借
——内蒙古东部地区轮养制状况调查

马 威[*]

一 闽台地区轮养制家庭研究综述

研究汉人家庭方面较受人瞩目的社会学家奥尔长·朗（Olga Lang），把汉人的家庭分成三种主要类型：核心家庭、主干家庭和扩大家庭。[①] 学者们发现，这种分类方式无法将轮养而形成的家庭模式概括进去。有些调查者或者将"分随人食"的几个儿子算作核心家庭，他们的父母也算作核心家庭，或者就将老人与其中的一个儿子家庭归并为一个主干家庭，余下的几个儿子家庭为核心家庭。如1979 年，美国的人类学家与台湾学者联合做第五次 KAP（Knowledge，Attitude and Practice）调查，KAP-V 调查的重点是家族。然而，在调查搜集数据的过程中，他们始终都没管轮伙头的共同人口计算问题，不考虑老年父母在儿子间轮流吃饭的流动现象。[②] 这种分类方式既不能反映客观情况，也不能将几个家庭间既分又合的分合动态过程表达出来，出现了"西学中用"过程中的尴尬情况。

---

[*] 马威，华中农业大学文法学院副教授。
[①] 庄英章：《家族与婚姻：台湾北部两个闽客村落之研究》，"中央研究院"民族学研究所，1994 年。
[②] 谢继昌：《仰之村的家族组织》，《"中央研究院"民族学研究所专刊》乙种第十二号，1984 年，第 48 页。

于是，王崧兴、庄英章、谢继昌等人在核心家庭（nuclear family）、主干家庭（stem family）和联合家庭（joint family）三种类型[1]之外，按照轮养家庭的实际特点设计出了有条件的主干家庭[2]、轮吃型家庭[3]、吃伙头式家户群家族[4]等类型概念，来描述由轮养制度而产生的家庭形态。通过对轮养制度的讨论，学者们意识到，西方的家庭分类方式及其蕴涵的观念，确实很难准确地说明汉人家庭制度的独特性。概念的提出实际上体现着当时中国学者在研究中力图摆脱西方学术逻辑，创设本土化体系的努力。[5] 庄英章除了发明"轮吃型家庭"的概念外，还认为"随着社会经济的发展，特别是工业化和都市化的影响，许多来自农村的青年因工作之故不得不离开本家族，婚后他们自组成一个核心家庭，有独立的生计，然而与以父母为中心的本家并没有真正的脱离关系。换言之，这些核心家庭并未分割祖先留下的共同财产，他们在经济上仍与本家互通有无，在当地的社会、宗教活动上还是属于本家的一分子，甚至在情感上也自认为是本家的一个分子，因此，我们不能不承认他们是同属于一个大家庭，这种以核心家庭围绕着以父母为中心的非伙同性家计大家庭，称为'联邦式家庭'"。[6] 而谢继昌则将家族分为两个层次，低层次家族和高层次的"家户群家族"；在高层次家族中，根据老年父母的地位和经济能力，又分为联邦家族和轮伙头家族，这个类型都呈现多中心的特质，即其内之家户多多少少都有独立性。

由于中国传统文化中的"事亲奉养""合财共居""敬宗收族"等观念根深蒂固，父母与儿子一体不仅体现在分家之前，而且表现

---

[1] Olga Lang, *Chinese Family and Society*, New Haven: Yale University Press, 1946, p. 13.
[2] 王崧兴：《龟山岛：汉人渔村社会之研究》，《"中央研究院"民族学专刊》1967年第13期。
[3] 庄英章：《家族与婚姻：台湾北部两个闽客村落之研究》，"中央研究院"民族学研究所，1994年。
[4] 谢继昌：《仰之村的家族组织》，《"中央研究院"民族学研究所专刊》乙种第十二号，1984年。
[5] 李亦园：《近代中国家庭的变迁：一个人类学家的探讨》，《"中央研究院"民族学研究所集刊》1982年第54期。
[6] 庄英章：《家族与婚姻：台湾北部两个闽客村落之研究》，"中央研究院"民族学研究所，1994年。

在分家后的情感上。谢继昌认为：

> 家户群家族内的家户，由于老一辈父母的关系联系，仍维持着密切的互助、情感和宗教关系，这种家族由于儿子的条件所限或者外在因素的影响不能住在一起，可能已经分家了，或已经开始了分家的过程，这些家户可分成一个"本家"（父母所住之家）和数个"分家"，原则上这些家户都有独立的居住空间，也有独立的经济。①

他认为，轮养是汉人家庭生活理想与现实妥协的结果。理想的汉人家庭是主干家庭，父母和众多儿子共同合作、相互依靠经营家计。现实生活中，儿子婚后要求分家，并且对家庭财产拥有平均诉求的权利，而对家庭中集体责任的承担却要求兄弟在分家之后保持最低限度的合作，比如养老。

庄孔韶承继林耀华在1936年提出的"组合家族"概念之后，② 在其著作《银翅：中国的地方社会与文化变迁：1920~1990》中用"准—组合家族"定义高度概括了前几位学者的观点。他根据子代家庭与父母家庭的不同关系，将分称为"轮值家族"、"反哺家族"和"联邦家族"的家庭合并称为"准—组合家族"。他认为：

> 反哺、轮值和联邦家族在吃、住、耕种、财产、信仰和族群关系上的变通做法，并没有排除传统家族主义的基本原则，如男系传代继嗣，和睦孝道和均等分享（分担）乃至现代意义上的族姓认同与扩大家业。
>
> 这是中国人理想大家族理念与行为相互整合的产物。③

---

① 谢继昌：《仰之村的家族组织》，《"中央研究院"民族学研究所专刊》乙种第十二号，1984年。
② 林耀华：《从人类学的观点考察中国宗族乡村》，《社会学界》1936年第9期。
③ 庄孔韶：《银翅：中国的地方社会与文化变迁：1920~1990》，生活·读书·新知三联书店2004年版。

在实践中

> 家的结构仍存在时空差异,这有儒家宗姓理念传播的源头和扩散地区之差别,宗族组织和宗族、家法推行的地方性差异,中国政治文化的传统与变迁造成民众对家族、宗族观念的不同的受容性,交叉文化地区的文化理念变异"。① 另外,"区域农业生计特点和环境的不同,商业与经济开发程度以及与外界开放的多种状况。因此并不是保持不分化的扩大家族才被认为是唯一复合宗族主义的家族模式。
>
> 一部分人仍旧保持了大家族生活方式,虽然其制式远远小于方志上推崇的"五代同堂"、"六世同爨"的大家族;一部分人则寻求其他变通的家族形式。②

庄孔韶看到,在大家族理念的背景下,处于不同时空、不同条件的汉人家庭选择了既不违背宗族理念,又合适于减少大家庭共居矛盾的多种家庭模式:

> 如组合家族类别之外,尚有中国各地颇为流行的老年父母在诸子家轮流吃或住的轮值家族。这是以父母为一端,以诸子家为另一端的一类家族形式——轮值家族。这种生活方式在家族成员关系上仅比典型未分大家族稍稍松弛,但减少了多核组合家族共同生活中的矛盾因素。③

轮养是祖先崇拜、父系继嗣以及孝观念相互作用的结果,任凭财产上的关系出现什么样的变化,对儿子们来说,侍奉在父母身边,让父母享受到自己及妻子享受的同样程度以上的生活水平是终身不

---

① 李亦园:《近代中国家庭的变迁:一个人类学家的探讨》,《"中央研究院"民族学研究所集刊》1982 年第 54 期。
② 庄孔韶:《银翅:中国的地方社会与文化变迁:1920~1990》,生活·读书·新知三联书店 2004 年版。
③ 同上书,第 334 页。

变的义务。儿子们的这些负担还是根据兄弟平等的原则共同来承负担①，儿子们在分家后仍然合作奉养老人，保持了主干大家庭最低限度的合作；儿子也通过轮养老人来完成自己尽孝的义务。

  轮养方式保持的家族模式不但体现了许多汉人的传统观念，而且在诸子间"轮值"的形式也反映了汉人社会分家制度中需要遵循的某些原则，"轮值家族继续保持了中国家族文化的主要原则，如赡养与孝道、慈爱与养育、宗祧与房份。以往解决宗族内团结问题的一个原则是公平或均等，志书记载各房之间轮种祭田方式就是一例。小至宗族之下的家族中兄弟各房的土地财产继承亦恪守均平分割原则。家族生活中横向各房兄弟之间和纵向父子（媳）之间都崇尚礼之有序均等、温厚与协和的精神，古今大家族生活之成功实行应看作是一种悠久文化传统的杰作"。汉人社会孝道的含义包括"生事之以礼，死葬之以礼，祭之以礼"②。生、死、葬、祭的所有过程都和兄弟均承有关。父母去世后的葬礼是由几个兄弟合作，均平地承担费用和劳力完成；祭祖的活动尤其强调各房轮祭，包括民间习俗中的轮耕祭祀田等，汉人社会的各种生、养、死、葬仪式都围绕在各房房份间，体现均平的原则进行操作，"轮"则是对均平的最好保障，成为汉人社会家族生活的一个重要特征。

  庄孔韶在福建玉田地区采集了若干种轮养家庭的情况。第一种情况是，父母在世时，随儿辈成婚便陆续分家，但仍在一个房顶下生活，只不过变为轮吃家族，直至儿辈盖新房分出仍继续轮吃或轮住。如果父母年事已高，无劳动能力，那么儿辈还要轮流为父母耕田。③ 另外一种情况是，"长辈父母不到儿辈诸家过轮值生活，而是长辈父母单住。如果长子、次子分出后，父母先是与未婚幼子同吃同住，由长子、次子平均供奉钱粮的家庭生活方式。待最后的幼子成婚分出后，父母便享受所有儿辈家分担奉口粮、赡养费或附从为

---

  ① ［日］滋贺秀三：《中国的家族法规》，张建国、李力译，法律出版社2003年版，第222页。
  ② 《论语·为政》。
  ③ 庄孔韶：《银翅：中国的地方社会与文化变迁：1920～1990》，生活·读书·新知三联书店2004年版，第325页。

父母耕田地的家族形式。这样，前者轮吃（住）家族是老年父母以此到轮值的儿辈家生活；而后者，定量（钱粮）均等赡养父母的反哺家族则是儿辈上门供奉了"①。

按照准—组合家庭模式对当地家庭情况进行重新的调查，庄孔韶得出了与当地户籍簿上登记的情况截然不同的结论，"中国式准—组合家族"存在的相当广泛的地区，如果将其家族及其成员关系考虑进去，1986年的黄村山谷4个村的家族结构将会有重要的小结如下。

1. 在169个核心家庭中，有128个处于轮值、反哺或联邦家族类的中国式准—组合家族之中，仅41个是较为典型的术语界定意义上的、未卷入轮值、反哺或联邦家族关系之中的核心家族。

2. 43个主干家族中8个为轮值（轮住）时的统计分类，实卷入了准—组合家族类型，其余尚有11个与幼子同住，但仍属于多子反哺、固定奉养类家族，故只有24个为典型术语意义上的主干家族。

3. 扩大家族38个，形态尺寸较20世纪50—70年代增大。

4. 13个单身家族中有5个并非纯粹单身，而是卷入准—组合家族中，但形式上已单立户。②

于是，他建议，"如果在使用核心、主干、扩大家族术语的同时辅以准—组合家族成员关系结构的说明，则会使人们对中国人实践大家族理论及其变通性实践有一个逼真的认识"③。

研究台湾地区轮养制的学者注意到，虽然整体上，汉人社区几乎都有"轮伙头"家庭存在，由于台湾是个移民社会，受到各种文化因素的影响，不同社区的"轮伙头""吃伙头"或称为"轮伙阄""吃伙阄"的现象也不尽相同。谢继昌集中分析了四个汉人社区，来对"轮伙头"进行较为详细的阐释。这四个社区分别是：台北县深坑乡的仰之村、南投县埔里镇竹林村、屏东县九如乡凌泉村、台北市延平区德化街。

---

① 庄孔韶：《银翅：中国的地方社会与文化变迁：1920~1990》，生活·读书·新知三联书店2004年版，第325页。

② 同上。

③ 同上。

通过比较，谢继昌认为家庭中实现轮养需要以下四个条件：一是，最少有一个老人在世；二是，有两个以上的儿子；三是，大多数儿子已经结婚；四是，已经分家。

前两个条件是轮伙头存在的必要条件，有的未婚儿子也可以提供轮伙头的赡养。分家则是个很难用某个时间点去界定的概念，分家经常是一个过程，所以分家也并不是促动轮伙头开始的必要条件。传统上，分家包括经济、住处、祭祀。当前，分开经济对分家来说最为重要，分住处则次之，而分祭祀往往拖到最后。分家首先被看成包括消费、营生、财产等生计的分开。而轮伙头往往随着分生计就开始了，当然，因为分家所包括的内容复杂，过程较长，轮伙头的情况也就呈现出多种形态，比如有的家庭，前儿子已经结婚分出，幼子未婚，那么，父亲在前儿子家轮养，母亲和幼子生活，帮助幼子做饭、干家务，幼子结婚，独立生活后，父母两个再开始吃伙头。另外的情况是，父母和未婚的儿子居住，等所有的儿子都结婚分出后，一起轮伙头，母亲在已婚和未婚的儿子家之间轮流吃住。

20世纪70—80年代的台湾汉人家庭兄弟已经不是等待父母双亡后再进行分家了，而是多在父母都在世的情况下，就各自成立自己的家庭生计核算单位，假如父亲去世，母亲在世，几乎所有的家庭都选择分家，不分家的情况非常少见。

台湾地区本身是移民社会，社区构成比较复杂，对一个制度的采用与否差异很大。学者们通过对不同的小地域比较，分析差异的历史背景和现实原因。比如，庄英章在南投的一个汉人渔村调查发现，当地的轮伙头家族非常多，据1980年搜集的数据表明，在449个家庭中，有143个的家庭"轮伙"赡养老人。南投的渔民非常喜欢轮伙头，事实上，这种养老方式在当地已经形成了一个不成文的规定。

王崧兴对这种现象的解释很有意思，他说：

> 几个儿子公平分担对父母的赡养义务是汉人文化的一个重要概念。当地渔业发达，以家户为生产单位的人们按照各自的公平地分配年终收成，这促使了传统家庭范围的均平概念得以持续地影响着对家庭责任的分配。加强了人们对儿子均平地承

担赡养义务的观念。[1]

比起老人跟着某一个儿子生活比起来，轮流赡养老人要显得更加公平。

谢继昌比较了四个村庄的轮伙头比例，这四个村庄的轮养情况差别很大，多的占整个家族模式的31.85%，少的几乎可以忽略不计。谢继昌认为，轮养制与当地人们从事的职业有关，以农为主的村庄轮伙头家族就多，而外出做劳务人越多的村庄轮伙头的家庭比例就越小。城市化、工业化的发展给青年农民提供了外出发展的机会，外出定居的儿子距离家庭太远，失去了为父母提供食、住的机会，于是父母只能选择在留在身边的几个儿子家庭轮养。庄英章调查的社寮地区是客家聚居区，该地的轮伙头非常少见。庄英章分析其原因和土地有关，因为毕竟生活在联合家庭中的老年人权威要高于轮养的老人，拥有土地的老人不愿意因为轮养而丧失权威感。"在没有土地的家庭中，以核心家庭和主干家庭为主，包括主干家庭，其中前者又略多于后者，至于土地一甲以上的情形，则会有大家庭的出现，当地唯一的一个大家族即属此类。"[2] 庄英章还认为，由于农村经济发展，农业机械化程度提高，老年人可以不依靠儿子来耕种土地，老人的独立性增强，所以也更倾向于独立生活。而谢继昌则对这几种解释进行了质疑，他认为，不管老人是否留有养老田或者说"老本"，这都不会成为影响轮养的一个因素，老人即使有土地，也一样会选择轮伙头。他认为，随着社会变迁，人们观念的变化以及职业的流动，外出定居的人增多，是直接影响轮伙头减少的主要因素。

谢继昌从若干层面分析轮伙头家户群，如日期、居住、供养者、花销、劳动力等来研究影响轮养家户群构成与组织的要素。[3]

日期安排在轮伙头过程中显得非常重要，按固定的时间来奉养

---

[1] 王崧兴：《龟山岛：汉人渔村社会之研究》，《"中央研究院"民族学专刊》1967年第13期。

[2] 庄英章：《家族与婚姻：台湾北部两个闽客村落之研究》，"中央研究院"民族学研究所，1994年，第87页。

[3] ［日］滋贺秀三：《中国的家族法规》，张建国、李力译，法律出版社2003年版，第222、70—83页。

老人，是保障均平分担赡养义务的基本原则。庄孔韶提供的案例表明，选择 10 天左右一轮占据多数。他的报道人之一荣仙说："天数短则积累矛盾少，伙食还可以搞得好，因为兄弟间在比较。如果轮值时间过长，就随便了。""这可能是长久形成的最佳时间选择，有防止孝顺父母之懈怠的益处。"① 谢继昌对此也抱有同样的看法，他认为，由于轮伙头的老年人不用和某个儿媳长久相处，所以不会积累矛盾，有利于和谐家庭关系。②

在搜集的大多数案例中，老年人是轮流在各个儿子家居住，不过也有些轮伙头在实践中出现了变化，比如老人居住在自己的家中，却在各个儿子家轮流吃饭，或者老人有固定居住，儿子轮流给老人送饭等。

一般来说，轮流供养老人应该是所有成年儿子的义务，只是因为各种原因造成了某些儿子不能尽到日常奉养的义务。谢继昌收集的案例中，有的儿子尚未成婚，没有形成自己独立的家庭，所以不参加轮养；更多的孩子是因为外出工作、居住，没有办法轮养；还有少数儿子是因为和父母关系不好造成一个完整的轮养圈发生断裂。

除了轮流供养老人吃住，儿子们还要给老人一些钱，有些是定期给钱，有些就是当老人需要用钱时再给。儿子还有义务负担老人的医疗费用。然而，有些老人如果有独立收入的话，老人会在几个儿子家轮流吃住时，替儿子负担家庭的开支，或者参加亲属的婚丧嫁娶的仪式时代表整个家户群家族出礼。

当然，如果不是年纪非常大、体弱多病，老人通常会在儿子家住时干些家务活。原则上，"轮伙头"中的老人到各个儿子家应该被当作尊贵的客人，没有义务在儿子家干活。而事实上，许多儿子家非常需要父母的劳务帮助，尤其是儿媳妇需要外出工作的时候。

庄孔韶详细列出了他在福建搜集到的轮伙头家族资料，共有 42 个家族。有 13 个（对）老人轮住在各个儿子家，16 个（对）老人有自己的住处，13 个（对）老人固定和某一个儿子居住。其中，每

---

① 李亦园：《近代中国家庭的变迁：一个人类学家的探讨》，《"中央研究院"民族学研究所集刊》1982 年第 54 期。
② Hsieh Jih-chang, "Meal Rotation, The Chinese Family and its Ritual Behavior", edited by Hsieh Jih-chang and Chuang Ying-Chang, *IEAS*, 1985.

个儿子每年给父母供给口粮的有 23 个家族，7 个家族由某个孩子供给口粮。另外，19 个（对）老人明确表示儿子们或某个儿子会定期、不定期地给钱。① 这些老人中有 27 个（对）老人明确要承担儿子家户的家务活儿或者给带孙子。

在闽地汉人农村的研究中，庄孔韶承继并发扬了台湾汉人社会研究对家庭模式的关注，用历史、哲学、文化的视角来解读汉人社会家庭模式的诸多形态，注重对史料和实际调查材料的功能因素分析，注意将区域的材料向高层文化推进，抽绎出中国汉人社会一套家族观念、价值体系和文化实践逻辑，推动中国汉人社区的家族研究上升到理念层次：

> 中国宗族、家族及其谱系、称谓系统已经成了亲属关系生物性和人伦哲学与秩序的结晶。事实是在父子联系原则的族群扩展过程中，因理念的灌输、政治的压力、民俗的融合、思想的内化推动了宗族与家族（组织）的成长。由于环境的适应以及儒家与地方文化的整合才造成地方宗族、家族构成的多样性。以及能发现其存在的原生性与场景性要素的共同性与差异。②

20 世纪 80 年代中期，庄孔韶将汉人社会的家族制度讨论引入了课堂，尤其在与本科班讨论家族分类和轮伙头形态的地方性变体时，话题进一步引申，讨论周边少数民族社会在汉人社会文化的影响下的生活方式变化和文化涵化的具体状态。包括轮伙头制度在少数民族地区的实际影响，引人兴味。当时，庄孔韶详细地记录下了各地学生提供的发生变化的具体民族地点和变化原因。

> 一种观点认为"文化大革命"中，汉族知识青年落户少数民族村寨发生文化和习俗异化现象，异族通婚者首先尝试了轮值和固定奉养的汉族家族形式（根据哈尼族李玉梅）。一种观点

---

① 庄孔韶：《银翅：中国的地方社会与文化变迁：1920～1990》，生活·读书·新知三联书店 2004 年版，第 326—329 页。

② 同上书，第 282 页。

认为,如蒙古族是幼子继承传统,近年来由于一致的户口、土地(草场)政策,幼子难于有以往那般特别的地位,所以不少家族开始采纳轮值方式(蒙古族秦力一)。……新模仿轮值家族方式的那些少数民族,多近二三十年间,主要是平均主义思维、政策和行为方式之广泛传播。其中涉及人们直接的家族生活方式的就有:大体平均的口粮政策、公社生产队劳动体制和新的土地承包与分地原则,基本是未脱离传统的大家族大锅饭文化哲学,有汉文化的深刻烙印。因此对一些行幼子继承、长子继承制和少数民族地方习俗冲击很大。于是部分少数民族的部分地区已出现比例不一的准—组合家族形式。说明平均主义和家族主义精神作为一种汉文化传统在当代有了新的传播。[①]

2004年,在这次讨论的二十年后,导师庄孔韶指引我寻找当年学生们提供的北方汉族和少数民族蒙古族轮养制度的现状,希望在田野中考察汉蒙交界地区,蒙汉轮养制度今日究竟向何处变化的问题。接续该项研究主题,将南方场景下的轮养制或者更概括地说是"准—组合"家族研究移入北方蒙汉边际社会的场景中,通过南北的对比,来研究维系汉人社会家族、宗族延续发展的理念,与在此理念支撑下不同时空场景的差异性实践。

二 北方蒙汉交界地区的轮养制家庭的出现及其形态变迁

无论如何来定义汉人社会的"家",都无法穷尽汉人社会随着时间、环境和实践策略的改变而呈现出的家庭安排模式。可以肯定的是"古今中国的继嗣、孝悌和慎终追远的宗族、家族理念基本已构成中国人民族性的要旨。反映在家的结构上仍存在时空差异,这有儒家宗姓理念传播的源头和扩散地区之差别,宗族组织和宗法、家

---

① 庄孔韶:《银翅:中国的地方社会与文化变迁:1920~1990》,生活·读书·新知三联书店2004年版,第335—336页。

法推行的地方性差异，中国政治文化的传统与变迁造成民众对家族、宗族观念的不同的受容性，交叉文化地区的文化理念变异"①。

华北地区的宗族组织历来被学者认为是比较薄弱，缺少强宗大族和完备的宗族组织。然而，"中国传统文化的高层文化在千年间上下疏导，其间精神的儒学理念得以通俗化，渗于民众心理，甚至铸成民族性要素"②。历史上太多的灾乱人祸和政治势力的干扰，阻碍了北方汉人社会将宗族理念得以付诸形式的构建。而在蒙汉交界地区，当地的移民身份也造成了其文化缺少儒家高层次教化的熏染，当地的祖先崇拜观念与南方比起来，相对淡薄，也缺乏大规模的族产。而在日常家庭安排、家族继嗣群脉络的体认以及对"家"的表述与认知上，人们还是表达出了基本的"敬宗收族""仁爱孝悌"的儒家伦理观念。轮养制的家族形态十分常见，说明当地人看重家族功能的维系，注重分家后的兄弟合作以及以在世的父母为核心的"本家"对几个"分支家户"的凝聚力。

我选择北方汉人移民社会调查点，恰好与闽台汉人移民社会遥相呼应，可以展开一次时空的对话。当地的汉人社会与闽台汉人社会具有比较大的差异，当地汉人移民进入该地区比较晚，在移出地的身份多是失地农民、流民、灾民，这些人在原住地就很少接受儒家高层次文化的濡染和熏陶，又较少接触强宗大族的庇佑，所以他们携带的文化是"轻简易行""不谙教化"。人们虽然身处繁文缛节的仪礼教化之外，随着时间的推移，繁衍生息，渐渐组织起自己的家庭和亲属网络，并且很大程度上在生活中展演了其对汉人社会"家族""孝悌""继嗣"等观念的理解。虽然与闽台地区的家族、宗族组织所呈现出来的状态并不相同，却让我们能更好地理解汉人社会家族网络组织的强大韧性和调适性。

在调查之前，我与当年在庄孔韶的课堂上参与讨论的秦力一取得了联系，并进入了秦力一的家乡——赤峰。依照他提供的线索，我集中选择两个地方作为我的田野调查点，一个是典型的北方汉人

---

① 庄孔韶：《银翅：中国的地方社会与文化变迁：1920～1990》，生活·读书·新知三联书店 2004 年版，第 321 页。

② 同上书，第 252 页。

移民村落；另外一个是由牧转农的蒙古族聚居区。作为参照，我还进入了位于白音敖包草原的七户蒙古族牧区家庭，以之作参照。

第一个调查点——福镇大井子村，是汉人聚居村落。福镇位于内蒙古赤峰市西部偏北，距离市区行车要3个半小时。沿途伴流老哈河的支流，沿河开垦的田地里可以种植水稻。当时我下去时，正值春天，插秧时节，看农民挑着嫩绿的秧苗下田插秧，顿觉有塞外江南之感。快到福镇，老哈河支流不再北流，陡然南下，山峰多了起来，地表水流则稀见，水田也绝不再见了。

大井子村位于福镇北20分钟路程的地方，整个村被一群群不高的山峰合围，山峰的南北隘口被一条来自外界的路穿过，这条路东南通赤峰，西北联结着娘娘庙、东山等大大小小的乡镇直到蒙古族比较聚居的巴林左、巴林右旗、克什克腾等地。路穿行于整个村子（当地人称为营子），泥土路面，允许两辆面包车并行通过。村民沿路盖房，村子形成了狭长的一条，分东、西两部分。村子周围是耕地，平地几乎都被开垦了，山坡上也部分地开垦出了一些农用地。近几年封山造林，不让在山坡上开垦耕地，由于耕地稀缺，还是有人偷偷地开垦，春天要是降了雨，就赶紧播种些谷子等抗旱作物，要是一个春天都没有降雨也就荒废不种了。

村子当中有一棵大槐树，以它为界，整个村子被分为南、北两个部分，南边是三组、四组、五组，北边是六组、七组、八组（第一、第二村民小组在大井子村南头，与这几组聚居地相隔一片耕地），我住在八组，位于村子的最北端。

我调查的大井子村人口总数为3014人，重点调查的六组、七组、八组总人口数为936人，其中男性人口514人，女性人口422人，户数为252户，户均人口数量为3.75人。人均年收入有1903元。主要收入为农副业和外出打工，其中农副业收入占人均收入的22.3%，外出打工收入占家庭收入的72.6%。

我通过朋友的介绍进入田野，这位朋友是我读博士期间认识的一位校友，40岁左右，内蒙古赤峰人，老家在赤峰市郊的福镇，父母都居住在福镇的大井子村，是八组村民。进入田野后，我就住到她家里。我称呼朋友为"大姐"，按照当地的习惯，我围绕"大姐"

边界的对望与文化的采借

的亲属网络，建立了自己的"拟亲属"关系，我称呼大姐的父亲为"大爷"，称大姐的母亲为"大娘"。我的房东是大姐的堂哥，她称呼"二哥"，我也称呼"二哥"，他的妻子我称呼为"二嫂"。他们的母亲，我则也和大姐一样，称呼为"二娘"，他们的孩子——云琴，称呼大姐为"二姑"，称呼我为"老姑"（最小的姑姑）。而他们也用"小妹""侄女"之类的亲属称谓称呼我，一下子拉近了我们之间的距离，正文中，我将直接用这些称呼来指称他们。

在那里，我居住了将近2个月的时间（2004年3月5日至4月28日），之后我北上去到克什克腾旗达来诺日苏木，开始了在另外一个蒙汉杂居的牧区为主的田野点的调查。

17世纪以前，这里是纯粹的草原牧场，居住的全部是蒙古族的亲兵与蒙古族牧民，自18世纪开始，清政府推行"借地养民"，大量的汉族流入此地，到中华人民共和国成立初年，这里已经出现了三世以上的汉族常住人口。汉族移民的大量迁入改变了这里传统的土地利用方式，至少在近2个世纪里，开垦的土地大规模扩展，"大跃进"和人民公社时期更是变本加厉。1949—1979年，原来曾经是草场的大约300万亩土地被开垦为农田期间。

下面引用《克什克腾旗志》[①] 中的一段描述，介绍当地的地理人文状况。

> 克什克腾旗地处内蒙赤峰市西北部，东部林西县、翁牛特旗，南连赤峰市郊区，河北省围场县，西接锡林郭勒盟多伦县正蓝旗，北靠锡林浩特市西乌珠穆沁旗。总面积20473平方公里，呈梓叶状。全旗辖3个镇，5个苏木，20个乡，14个国营林木渔场，172个村（嘎查），1167个村民小组（独贵龙），62075户，蒙古族占9.7%，汉族占88.05%，回族1.51%，经棚镇位于镇境内腹地，距赤峰市286公里。

---

① 克什克腾旗地方志编纂委员会编：《克什克腾旗志》，内蒙古人民出版社1995年版。

我调查的田野点在达来诺日苏木，位于克什克腾旗西部，苏木政府所在地哈日洁舒（黑山头），距经棚镇60公里，境域长62公里，宽40公里，总面积1350平方公里。达来诺日为纯牧区，美丽的公格尔草原横亘其中，它的东南部深入善达克沙地中，柳、松、桦、榆、乔落丛生，景色十分秀丽。1990年牲畜存栏55117头，出售大小畜1.2万头，出售羊毛11万公斤，草原红牛打入国际市场，全苏木人工造林2700亩，人工种草5000亩。当地草原的土壤层非常薄，很多地方草下就是沙子，一旦没有沙子保护地表，很快就成沙漠。先进嘎查的聚居区由于居民密集，草不能生长，在院子与院子的围墙之间不是土地而是深及脚踝的沙子。有一天风并不是很大，我走在巷子里，沙粒平地卷起，入我的口鼻，当时的感觉有点像到了沙漠。所以在这里，草是人民生存赖以维系的底线。

塔古嘎查，位于达来诺日的东南部，是一个典型的经营农业为主的嘎查，总面积146.65平方公里。总人口2712人，793户，户均人口3.42人。其中男性1436人，女性1276人。其中60岁以上（包括60岁）的老年人口有93人，其中男性44人，女性49人。当地以蒙古族为主，蒙古族有1463人[①]，汉族人口524人，其余为满族、回族和朝鲜族等少数民族。

三 蒙汉交界地区的轮养制状况

在大井子大队，轮养老人的家庭很常见，这种方式在当地叫"轮班儿"。[②] 家里如果有几个儿子，儿子都会在村里，住得不远，

---

① 1982年，第三次人口普查，蒙古族人口激增，部分存在有更改民族成分的原因，汉族填报为蒙古族。第三次人口普查的增加部分，有半数左右是更改民族成分增加的，其中仅1982年一年即达31万多。塔古苏木后更改民族成分的蒙古族人口包括其后代有417人。

② 这种将轮养方式称为"轮班"的，在其他地方并不多见。因为通常意义上，在农村，养老的起点在兄弟分家，而分家的最重要标志在于分灶，在有些家庭，如果没有分家的条件，就先分灶，等有条件另建房屋后，再分家，所以轮养常被称为"轮灶"或"轮伙"等。"轮班"的称呼似乎使家庭养老与城市的工厂轮班制度有了些关联，在访谈中，我没有能找到两者直接关联的证据，但是这种称呼，形象地反映了当地人对待轮养的态度，兄弟之间严格遵循养老的均分原则，并给予轮养的制度性。

分了家后，基本上就会选择轮班养老。老人也愿意在各家走动，吃住也都方便。而且现在大队的壮劳力都外出打工去了，老人到各家吃住，帮助干家务，干农活，减轻了家中主妇的劳动负担。

（一）"轮班儿"中的"二娘"

房东家的母亲，我称呼为"二娘"，在她的三个儿子家轮流吃住，是典型的"轮伙头家庭"，我到二哥家时，是农历二月，二娘正好住二哥家里。

二娘娘家姓邢，今年已经83岁了，很喜欢笑，整天都是笑眯眯的，与人说话时，反应一点也不迟钝，还可以和人说说笑话。老人身体好，没什么毛病，可谓耳不聋、眼不花，一般的家务活儿都能干，平时也不经常看病吃药，就是前年在老三家摔了一跤，现在腰不太好，但也一点儿不耽误走路、干活儿，甚至能用木棍子打死在家里东窜西窜的老鼠，云琴（二哥的小女儿）发现老鼠，总是要叫奶奶出来打。

白天，二娘烧火做饭、洗衣服、浇院子，忙里忙外，闲不住。她每次在二哥家住时，都会做些平时二嫂很少有时间做的面食。这月快到初六（轮到下一个儿子家的日子）了，二娘日子记得清楚，初五这天，就拿出一袋子红小豆到院子里，叫我帮她挑石头子儿。把小豆洗好，上屉蒸上，之后，就开始和面，大概有六七斤的干面粉——自己家打的小麦粉和着玉米面——加上面起子，整整和了一大盆面。发面的功夫就把蒸好的红豆用擀面杖压成豆泥，放在大锅里，用荤油炒一炒，边炒，边加入糖。一切准备工作结束后，二娘坐在炕边儿上包豆包，我伸手帮了会儿忙，没多会儿豆包包好了，再生火、烧水、上屉。二娘从院子里拖了两抱玉米秆，烧火时，她盘着腿坐在地上的草垫子上，一边拉风箱，一边往灶坑里续玉米秸秆，火光映在她的脸上，她和这个灶台仿佛融为一体，满脸皱纹的脸上因为知足常乐的平和而显出很美的光芒。

初六那天还没大亮，我还没起床，三嫂就领着孩子来接婆婆，我赶忙起身，要送送二娘。按当时定下的规矩，每月初六，下月轮到谁家，谁就早早来接老太太，接的时间开始不拘，但要趁着家里有人。二哥、二嫂平时很忙，每天早上6点要赶去砖厂，所以三嫂得趁二哥、二嫂在家时，将老太太接走。三嫂来了后，和二嫂寒暄了几句，二嫂给三嫂的孩子盛上碗稀饭，拿个豆包，留孩子吃了早饭再走。妯娌两个帮着婆婆收拾了铺盖和日常用具。收拾停当后，二娘抱着她的小箱儿，拎着包袱卷，三嫂帮忙抱行李，婆媳两个就走了。

听云琴说，二娘昨天晚上躲在小屋里哭了。我问"为什么？""不愿意走呗，我奶还是和咱家好，爱在咱家住。在咱家，我爸不出去打工吧，我也在家里，家里热闹。我三叔在外面打工，就过年时回来，三婶那里，只有她加个孩子，她家老大去念书了，也住校，平时不回来，我奶嫌没有人和她唠嗑，寂寞的慌。"

二娘一辈子生了七个孩子，三个儿子，四个闺女。当年，三个儿子结婚后，没有立即分家，先在一起过。老人住正房，大儿子住老人隔壁，二儿子住在东厢房，三儿子住在新盖的门房里面。老头子活着时能干，经济搞活了以后就开始领着大儿子做水果生意，后来小儿子也加伙，一起做买卖。二儿子人笨，长得也不好，老头子一直不喜欢，做买卖也不带着。二哥的孩子相继出生，家里人口多了，老三就开始闹分伙。请来了表亲来主持分伙儿。各家新砌灶台，粮食和地分开，老两口和老三过，在老三的灶上伙着吃，后来老三和老头一起做生意，老三的地就由二娘种，二哥家两个孩子，二娘没时间带，都是二嫂自己带着，二嫂说起那个时候，真是难呐。"你二哥到外头打工了，我领着两个孩子在家里。云琴生下来还没几个月，有一次云山（云琴的哥哥）晚上发高烧。我也没法了，怕孩子死了。半夜，背上大的，抱着小的，摸黑走了半宿，到了医院。老大住了院，我就地里头、医院两头跑，还得顾着小的，就那次急的，奶都没了，云琴就吃了五个月的奶。"

后来老三和媳妇合计另盖新房，可大哥、二哥在一个院子里不方便，就建议父母分家。正式分家那年是1992年，请来亲戚主持这次正式的分家。家里所有的物件、家当都作数分成股，受蒙古族的影响，当地在以前分家时比较照顾长子和幼子的利益，长子和幼子都可以多分得家产，但现在分家照顾平均利益，再没有厚待长幼之说了。长子得了总数 6 股中的 2 股,老三因为和老人在一起分了 3 股。老二只得 1 股,包括两个炕柜,一口缸,三袋粮食和 300 块钱,后来因为要盖房子,从老屋买了一根木头梁子,花了 70 元。云琴总是很感慨地和我说,"你看我们家现在盖了新房,家里的家什啥的什么都不缺,两匹骡子,一头驴,还有小四轮,房子也是新起的,比谁家也不差了。可当时分家时,我们一家,就拿了 230 块钱,一口大缸,剩下啥也没有。我妈我爸他们挠(方言:努力奋斗)到现在真是不容易。老师那个时候讲'白手起家',我就心想我爸、我妈就算是白手起家了"。

和老儿子的时间过长了,老头开始和儿子、儿媳闹意见。老头脾气大,看儿媳妇不顺眼,想出去单过。又请来自己的表哥主持分家,这次是老两口搬出去,在别处借个院子单独过。结果住了没有多久就生病了,二娘照顾不了,几个儿子到医院轮流照顾。老头子说要和儿子一起过,几个儿子一商量开始轮班,一家一个月,每月初六轮,轮到谁家谁上门来接,管吃管住。从老三家开始轮,老三家—老大家—老二家,结果老头在老三家轮到老大家时,病情开始加重,送到镇医院输液,老头有积蓄,并没有花费儿子们的钱。后来病情并没有太大的好转,到了老二家后就去世了,在老二家发丧、出殡。对于这次丧事,大家都没有料到,因为在老头活着时总说,疼了老儿子一场,总要死在老儿子家里。老头去世后,他的那个表哥第三次主持分家,老头的积蓄就由各家均分了,老太太最后剩下点儿家具、铺盖和衣服。老太太的地由三个儿子轮流耕种,三家轮流管吃管住。以后老人的所有花销都由几个儿子平分,直到出完殡。

现在二娘的家当就是一小包衣服、一床铺盖和一个可以夹在腋下的小箱子,这个小箱子经常装一些老太太喜欢吃的零食,但大家也不知道她什么时候自己藏起来的,当然里面还会有一些值钱的东西,大家也不知道是些什么。

我询问二嫂几家的关系如何。二嫂说:"几家关系还可以,兄弟几个平时有什么事情都相互商量着,谁有事了就叫上自家兄弟出面帮忙说道。以前你二哥不是打工时,出事了吗,云琴大爷、三叔带着我去把事情办妥了,要不是有兄弟帮着,我一个人真得就'麻爪'

（不知所措）了。"云琴以前出去打工都是她三叔给介绍的地方，现在不干了，在家待着，跟着她大嫂子（大哥的儿媳妇）一起做服装批发的生意，开始，大哥、大嫂上货，匀给云琴，带云琴上各个集上卖。"现在云琴也行了，就和大哥大嫂一起上货，自己到集上卖。老三媳妇平时有点不着调，和大嫂、和我处不到一起，但她三叔人好，看他面子，我们也都不计较了。"

我问："如果老太太去世了，几家关系还能维持现在这个样子吗？""也行，毕竟是亲兄弟嘛。我们老孟家说是民国末年时，从良堡子那边迁过来的一支，刚到这村时候人少，受老张家欺负，后来还是靠兄弟相互帮忙，现在老孟家在这里也立起来了，从营子这头到那头，都有我们老孟家的人。而现在的情况也难说了，不是有句话叫'关起门来是一家'嘛，老人活着和死了还是不一样。活着时，兄弟几个就是分了家，也还是一家人，老太太没了，来往肯定就少多了，不过姑表亲辈辈亲，断了骨头连着筋，我们和小丫头（云琴的小名儿）的几个姑姑家亲，老太太没了，照样也还是亲。"

从二娘家的案例中，我们可以得到以下几点启示：

首先，北方汉人移民社会家庭中轮养制度的建立和规则与闽台地区极为相似。在具备轮养条件的家庭里，伴随着分家，儿子独立建立核心家庭，父母的赡养则由几个儿子轮流分担，由此建立轮养制家庭，延续了诸子均分的分家规则，在承担老人赡养方面，几个儿子也严格遵循均摊的原则，对于轮养的时间和经济付出有着书面的安排。参与的家庭限于儿子的子核心家庭，女儿则不包括在内。

其次，由于该地区汉人社会的建立较晚，地方性传统受到蒙地影响较深，体现在分家上与拥有悠久历史的南地汉人社会略有不同。蒙古族将幼子看作是整个家业的继承人，所以在分家时非常厚待幼子，受此影响，该地区的汉人家庭也在分家的过程中尽量照顾幼子利益，同时，从迁出地带来的"留长孙田"的传统记忆，又使其在分家时不得不照顾到长子的利益。移出地的传统规则与移入地的新规则在一定程度上造成了该家庭秩序的混乱。但是，如果我们深入了解某个家庭的分家故事，我们会发现，家长在面对分家问题时，并不是随意被外在的规则所支配，而是选取偏向于某个家庭成员的规则，来操纵分家过程。在以上的故事中，因为老人在情感上偏疼幼子，同时又照顾长年为家庭付出劳动的长子而做出了他们认为是合理的分家规则。

(二) 轮班老人的情况

谢继昌在《仰之村的家族组织》中将当地的家庭模式重新划分，发明了"家户群家族"的类别，"为父母（或双亲之一）尚存，但已婚儿子并不都住在一起的大家族单位，可能原来是一个同吃同住同收支的低层次家户单位，后来已婚儿子的诸'双亲家族'迁出形成独立之家户，这些分散家户和本家家户合起来，就是一个家户群家族。所以'家户群家户'不是一个同吃同住的单位，但包括数个同吃同住的家户，这种家户的重要特质之一就是包括几个不同灶的家户单位。另一重要特质是有老年的双亲作其内含家户之间的联系人，若没有老年的父母，则这些分散的家户就不能形成高层次的家户群家族"。[①] 谢继昌认为，因为台湾交通便利、电讯事业发达，一个家户群家族内的诸家户，无论距离多远，都可以有频繁的往来，就其在仰之村的田野体验而言，高层次家族具有相当大的功能意义存在。我调查到的情况与之相似，虽然一方面当地的祖先信仰习俗淡漠，清明扫墓时，都是各房拜各房的，兄弟分家之后，就各自去坟上给祖父、曾祖上香，而不是合在一起，也没有共同的祖产和宗族祠堂；但另一方面，在观念中，他们仍然将兄弟看作为自己人，即使分家多年，也并没有淡化"自家人"的意识。比如，当地人不称自己的兄弟及其子女为"亲戚"，包括对没有出五服的同姓亲属都不用亲戚，而是用"自家人"表述。他们用"亲戚"指和自己有姻亲关系的人群，如舅舅、姨亲；用"自家人"指和自己同宗关系的人群，如叔叔、大爷和堂兄弟等。

只要父母或一方在世，通过共同对父母"本家"的情感和经济等联系，兄弟之间就会构成家户群的一分子，强化着"自家"的观

[①] 谢继昌：《仰之村的家族组织》，《"中央研究院"民族学研究所专刊》乙种第十二号，1984年，第76—77页。

念。看来这种家户群意识同样存在于蒙汉边界地区的汉人社区，由于老人的存在，在各个家户中走动，使得兄弟彼此的情感得到了沟通，在经济上也能起到互帮互助的作用。

经调查，我搜集到了大井子大队部分轮养制家庭的资料，以下则利用表格提供一份当地轮养制家庭情况的概貌。

大井子大队轮养制家庭情况概览

NO.	老人年龄	子女情况	时间	居住	轮养方式	承担的劳动	老人对生活的自我评价
1	父：69岁	三个儿子，大儿子在镇上工作，日常生活由次子和幼子照顾	10天	独居	次子、幼子轮流送饭；另外一个儿子给老人现金	无	基本满意
2	母：83岁	三个儿子在本村务农	一个月	轮流居住	轮吃轮住，各家准备有老人居住的房间	家务	比较满意，喜欢在二儿子家
3	父：76岁 母：74岁	两个儿子在本村务农	半年	轮流居住	父母分开在两个儿子家轮吃住	家务，农活儿	不满意
4	父：56岁 母：55岁	三个儿子在本村务农	季度	轮流居住	夫妻俩按季度在三个儿子家中轮吃轮住	带孙子，家务	比较满意
5	父：77岁	两个儿子在本村务农，次子做基建维护工作，有工资	10天	独居	夫妻在次子家中居住，有单独的房间，按10天为周期在两个儿子家吃饭	家务	比较满意
6	父：79岁 母：63岁	两个儿子在本村务农	半月	轮流居住	自己生火做饭，日常生活不需要照顾	家务，部分的农活	没有回答
7	母：64岁	两个儿子长年外出打工	一个月	轮流居住	轮流吃住	家务，带孙子	一般

续表

NO.	老人年龄	子女情况	时间	居住	轮养方式	承担的劳动	老人对生活的自我评价
8	父：69岁 继母：58岁	四个儿子，两个在镇上居住，两个在本村	一个月左右	有独立居所	轮流走动、吃住；继母固定居住在家中	带孙子	很满意，喜欢在几个孩子家轮流走动
9	母：79岁	三个儿子各住在不同的地方	二个月左右	和长子居住	走动吃住	少量的家务	满意

和庄孔韶在福建调查的情况一样，轮养制在民间具体实践和操作时，在不违背均平原则的基础上，轮养可以表现出多种形态。十三位接受轮流赡养的老人分别采取了有差别，但在一定意义上都属于轮养的赡养方式。当地在分家之时，就会同时讨论老人赡养的问题，如果家里有两个以上的儿子，且都居住不远，则会考虑轮养，几个儿子会在一起与主持分家的长辈亲属商量，将轮班赡养的时间、提供膳食和居住条件以及日后的疾病、丧葬花销讲清楚，如有必要，则要立下字据，以备日后出现纷争时，有一个白纸黑字的证据，我称之为"制度化"的轮养。二娘家当年在"轮班"之前，是立了字据的。

不过，有些老人在几个孩子家轮流走动则出于自愿，居住时间比较随意，例如案例8中的老人，就是如此。老人在各个儿子家吃住走动的情况很多，之所以将他们列入表中，就是因为他们经常轮流走动，几乎成为定式，几个孩子也接受了时常要到家里吃住的父母。比如案例9中的老人，和大儿子一起生活，家住山区，其余的两个儿子，有一个定居在福镇上，还有一个在孙营子。老人在家里过了冬，就由孙子陪着，到其他两个儿子家住上一段时间，福镇—孙营子—大井子，一圈连走带住，回到了家中正好到了腊月，准备过年了。当我问老人这是不是轮班儿时，老人连忙摇头说，"不一样，这可不是'轮班儿'"，我追问为什么不算是轮班儿，她儿子在一旁解释说："老人这是串门，想来就来，不想来可以不来，不是按时吃住。兄弟们也没有商量，养老还是靠着在家里的大儿子。"在观念上，虽然他们不承认是轮班，以区别于制度化轮养，然而，其实质则具备了轮养的各种条件，老人比较平均地接受来自几个孩子的奉养，到了送终那天，也会由几个孩子平均分担费用，所以我还是将他们家算入了轮值家族之中。

根据表格显示，当地轮养方式以四种为主，如下。

第一种，严格意义上的轮养，老人按照一定的时间在各个儿子家轮流吃住，儿子家庭给老人提供食住的条件，这在当地叫作"轮班儿"；第二种，非严格意义上的轮养，老人有固定的住处，但自己不生火做饭，由儿子们按时间轮流管饭，或者轮流到儿子家去吃，但是不在儿子家住；第三种，老夫妻两个分开轮养，分开在儿子家轮流吃住，第四种，非制度化的轮养，老人随意地在各个儿子家走动、吃住；有时，轮养的范围超出了儿子家，还可以包括女儿家。以上就是当地轮流赡养老人的几种方式。当然，需要特别补充的是，在当地，女儿从来都不会以制度化的形式承担老人的赡养义务，立养老字据的时候不会写上女儿，分家也与女儿没有关系，即使老人会在女儿家居住，甚至有些老人长期居住在女儿家里，那也被认为是"客居"。在主观上，住在女儿家里的老人也认为自己是在"做客"，住在了"别人家里"，而不是"在自己家"。如果在一个家庭中，所有儿子都推脱对老人的赡养义务，无奈之下，老人会被女儿接去住下，但是，包括女儿在内，人们都将之认为是权宜之计，通过请亲戚说和等方式，解决养老中间存在的矛盾，而让老人"回家"，也就是回到儿子家中。

在一些材料中，我们还看到一些特别的轮养案例，比如老人在有三个儿子的前提下，固定居住在一个儿子家中，而吃饭在另外两个儿子家中。只要当事人认为在均平的框架内保障了自我和老人的利益，就并不必要遵守定时轮吃、住的规矩。其实，在其他赡养方式中，均平原则也得到了充分体现，比如老人单过，儿子每年固定交给父母钱和粮食，这笔赡养费用也一定是诸子均摊。采取某种养老方式并不固定，随着年龄的增大和情况的改变，整个家庭会不断调整自己的赡养安排。尤其面对老人生病、丧偶等特殊事件，赡养安排都会相应地发生改变。

除此之外，这些参加轮养，或者给老人提供经济、情感支持的小家庭围绕着年老的父母，形成"远距离"的"准—组合"家庭，由于现阶段国家还是严格实行户口壁垒政策，农村户口转为城市户口非常难，农民进城打工，而能定居在城市的毕竟是少数，即使定居在外的儿子也会经常通过各种方式与父母或其他兄弟联系，所以大井子的轮班与反哺家族类型依然很多，家户与家户之间的联系也非常密切。

然而，事情并不总向人们期望的方向发展，轮养中的老人也会遭遇到一些不好的待遇。有的儿子不尊重老人的意见，擅自"创造"轮养条件。为了在老人生前将财产分割彻底，儿子们占据老人的居所，让老人失去自己的"家"，被迫在各个儿子家居住。在轮到自己伺候老人时，有的家庭刻意地降低伙食标准。在某种程度上，轮班养老的方式确实会弱化老人的权威感，尤其对于年纪并不太大的老人来说，他们往往会维系一个反哺式家族，而不选择轮值家族。

我了解到家住大井子村第四村民小组的一对夫妻，本来在三个儿子家轮班，后来中止轮班，单过了。这对夫妻年纪不大，老头今年才59岁，老伴小他一岁。三个儿子相继结婚，老两口拿出了平生的积蓄5万多块钱分给三个儿子，长子、次子申请宅基地起了新房，幼子在原来的老房子基础上重新翻盖，老人没有了自己的房子，就暂时在几个孩子家轮班。当时孙子相继出世，需要老人帮忙照顾。后来，孙子也大一些了，老两口商量了一下，还是决定再找一处房子，出来单过。当我问到原因时，老人说，孙子也大了，觉得在儿子家轮班吃住，像个废物，自己老两口出来单过，吃啥弄啥都随便。李亦园、庄英章、景军等人的调查材料表明，轮伙头家庭中老人权威要小于独居的老人，有时在各个儿子家轮流走动，给老人的心理产生了一些压力。[①]

接受轮班安排后，因为晚辈不孝敬，有的老人还因此陷入了非

[①] 李亦园：《"吃伙头"与父亲权威》，载《人类的视野》，上海文艺出版社1996年版；景军：《移民、媒体与一位农村老年妇女的自杀》，载《中国乡村评论》第2辑，商务印书馆2003年版，第173—196页；庄英章：《林圯埔——一个台湾市镇的社会经济发展史》，《"中央研究院"民族学研究所专刊》乙种第8号。

常糟糕的生活状态。案例 3 中的老人姓张，处境非常可怜。在当初商量轮班时，儿子们因为考虑老人分开可以各自发挥他们的劳动价值，所以让两个老人分开"轮班儿"。在老二家居住的老太太，白天被儿子锁在家里不让出来，老人只能去老二家大门外和老伴隔着铁门相互看一眼。后来，老太太实在和儿媳妇处不到一起，被儿子撵了出来。万般无奈之下，投奔到镇上女儿那里，帮女儿带孩子，而老头则耕种自己和大儿子的地，老两口已经 5 年没有在一起生活了。前段时间老人在地里干活时晕倒，村里人帮忙找车抬到镇医院，联系到老人的女儿，由女儿出了 120 块钱打了几瓶吊针。回来后，休息没到两天，又下地干活了。几个老人在谈论他病情时，老泪纵横，哀叹着说，"要不是还想着老伴，就死了算了，这日子真没什么指望"。

每当老人说起自己的难处时，旁边的人都会纷纷谴责他那个不孝的儿子，社区舆论虽然没有像传统社会那样对不孝之子起到威慑力量，但起码的是，人们在精神上给老人以安慰。在当地，父母对子女的口头教育内容中，有很大一部分内容就是"孝道"教育。父母经常会讲一些谚语、民间故事或者是戏曲段子，用孝子的故事教育孩子。云琴可以给我讲出好几个孝子的故事，都是小时候听二娘或者是二嫂讲的，比如她知道董永和七仙女的故事，知道董永是卖身葬父，感动了七仙女下凡，还知道二十四孝中"老莱子"和"郭巨"的故事。庄孔韶认为，人们总是能够将"友爱孝悌""仁信礼仪"的儒家伦理道德，纳入到民间的传统文化中，并用非文字的手段代代相传。"显示出了强烈的文化持续性与协调性。"①

轮养制度是汉人独特的养老模式，汉人的轮养制绵延千年而依旧活跃于今日，必然有支撑其绵延不绝的逻辑。② 通过对当地"轮班儿"养老的几个案例的调查，我们可以发现，轮养老人的方式虽然还在当地不断实践，但其中很多内容发生着改变，其内容和运作模式的变化反映了当前农村的家庭制度、经济制度的变迁。轮养制

---

① 庄孔韶：《银翅：中国的地方社会与文化变迁：1920~1990》，生活·读书·新知三联书店 2004 年版，第 335 页。
② 同上。

可以透射出汉人社会变迁过程中汉人固守的一些文化观念。

（三）国家力量影响下的轮养制家庭的变迁

潘光旦利用了他"位育"理论阐释中国人的家庭养育关系，讲到了家庭问题是各个家人的"位育"问题。他看到"家庭之中人人能安所遂生，问题自然解决。易经家人卦的彖说，'女正位乎内，男正位乎外；男女正，天地之大义也；家人有严君焉，父母之谓也；父父、子子、兄兄、弟弟、夫夫、妇妇，而家道正，正家而天下定矣'。"① 费孝通在20世纪30年代时也指出，中国的传统家庭是个绵延的事业社群，绵延即体现在随着时间演替，人代代相续，作为家庭中的每一个人总是要扮演从童年到老年的各种角色，在家庭单位中负担或享受着家庭其他成员的责任或义务。② 许烺光则指出中国并不存在赡养老人的问题。③ 他的意思是说，在中国，老人是作为家庭（族）成员，处于代际的顶端，所以赡养家庭中的长辈和中国"尊老敬长"文化相叠合，老人作为长辈接受家庭其他成员的赡养，养老则不成为社会的一个负担。这句话的意思也指，在中国传统的文化中不存在以个体为本位的，清晰责权利益的关系，家庭成员可以看作是一个整体，抚育幼小对于父母来说不是一个孤立的"责任"，孝敬年老同样对于儿子也不算是"义务"，全都整合进家庭所要维系的意义体系内。

中国传统养老基本上是以家庭为单位，直到现在，老年人还是生活在亲属网络体系之中，接受来自家庭的物质照顾和精神抚慰。家庭养老就是亲情养老，传统的家庭养老实际上也就是建立在血缘关系基础上的亲情养老，是以血缘亲情为基础的养老模式。这种养老模式得到了法律上的保护和认可，《中华人民共和国老年人权益保障法》明确规定："老年人养老主要依靠家庭，家庭成员应当关心和

---

① 费孝通：《生育制度》，天津人民出版社1981年版。
② Francis L. K. Hsu, *Under the Ancestors Shadow: Chinese Culture and Personality*, London, 1949, p. 170.
③ 党国英：《农民问题系列谈之十一 农村住房为何蚕食耕地》，2004年6月，http://danggy.blogchina.com/35754.html。

照料老年人。""赡养人是指老年人的子女以及其他依法负有赡养义务的人。"亲情、家庭、互动养赡是家庭养老最主要的三个特征。

中国现行的法律政策给"家庭养老"提供了保障，所以轮养等以家庭养老为模式的亲情养老会继续在大陆存在。

1. 耕地政策和宅基地政策

台湾农村的土地家户所有，家长掌管着整个家庭的土地拥有所有权，台湾农村社会"分家"，包括了钱、家具、土地、公妈牌（或香灰）。所以分家时，土地不容易分割，往往要延迟到老人过世再在几兄弟之间划分。而大陆现行的土地政策实行土地集体所有，口粮田和责任田分到个人名下，具有使用权而没有所有权。所以家庭中，每个男性劳动力都平均地拥有一份自己名下的土地，不再存在分家时划分土地一项。虽然对某些人来说，属于家庭每个成员的土地也被家庭拥有。毕竟，分割土地的程序变得简单易行，儿子娶妻，分户另过，自然带走名下的土地。而且随着外出打工的机会增多，受国家教育的时间延长，青年人的自我意识也较前人增强，在分家时，他们明确地表示，自己只是分走了家里的财物，而没有"分"走家里的土地。

阎云翔在调查中发现，随着农村现行土地制度的调整，分田到户，其实质又是分田到人，所以分家时，儿子拒绝将本来属于自己名下的土地列入分家清单，而且理所当然地带着自己名下的土地另起炉灶。既然土地作为传统的分家内容没有了，那么房产就成为分家中最为重要的一部分了。结婚盖房同时是为了分门立户，多占有一份宅基地。房子就是儿子从家庭从分出时带走的最为重要的财产了。当地农村盖新房连工带料需要花费3万元左右，除了带走房子。儿子带走的还有结婚时候父母给的彩礼，虽然彩礼是交给女方，但是由女方带回一部分投入到新家庭中间。一般彩礼大概在1万—2万元，那么算上房子，一个儿子分家之后从母核心家庭带走大约3万—4万元，这笔钱在父母看来，既是给儿子结婚的费用，又是儿子分家析财出去单过带走的家产。

在集体化经济刚刚解体的时候，国家按照人头分配土地，凡是12周岁以上的人口都可以平均分得土地。然而，自1985年以来的土地政策是"增人不增地，减人不减地"，土地份额还是以家户为单位进行调整，外嫁女儿的土地要转让给家庭中娶进来的媳妇。而老人的土地可以转给新增人口。在形式上看，土地以家族为单位进行分割与整合。所以在这种既均平拥有土地，又以家族为单位进行转让的基础上的土地政策，使兄弟家户之间既可以轻松地分割家产，又必须要顾及家族整体的利益或者说要考虑到老人的利益。兄弟家户均平合作地赡养老人，又通过轮流赡养老人而轮流地分享老人的利益。

另外，中国的《土地管理法》规定，每一户农民可以划拨到一块宅基地。这个规定便是农民占地的一个法律依据。儿子长大后，娶了媳妇单独立户，盖一处房子，也就占有了一片土地。前些日子，美国三一学院的文贯中教授看中国的统计资料，提出一个问题，近些年来，为什么中国农户数量在增长，而农民人数在下降？从1999年到2002年，中国农村农户数量增加了1.1%，但农民数量下降了1.6%。分出一户，就能占一块宅基地，这便刺激农民的大家庭尽可能地分户。[①] 我国现行（1990年）的土地制度，实质上是一种绝对平均的生产资料分配与社会福利相结合的土地制度。从宅基地政策方面看，始终是鼓励人口增长的。农村家庭只要分家后，都可以无偿（或缴纳不多的土地占用费）取得一份宅基地，按人口多少确定宅基地的面积大小。

如果说60年代末70年代初农村的建房高潮是家庭人口压力推动的话，那么70年代末80年代初以后兴起的扩建住房高潮则是改善住房状况、多得宅基地的愿望使然。按照当时的地方性规定，村民只要有两个儿子，就有资格申请得到一块新的宅基地。这种现象的出现由以下几个因素促成：家庭人口的迅速增长客观上使原有宅院难以容纳，即时分家行为（结婚后短期内分家）又加重了居住的紧张局面，无偿获得宅基地的政策驱使村民追求对公共资源的占用。可见，对公共土地资源管理的放松减轻了社员的居住压力，进而直

---

① 党国英：《农民问题系列谈之十一 农村住房为何蚕食耕地》，2004年6月，http://danggy.blogchina.com/35754.html。

接降低了农民家庭生育人口多所产生的生存压力。

  H. 登姆塞茨对公共资源的分析对我们观察农村集体经济时代的住房建设颇有启示：当稀缺资源的所有制是共有的时候，排他性和可让渡性都是不存在的。没有人会节约使用一种公共资源，也没有人有权将资源的所有权安排给其他的人。①就集体土地资源而言，它实际上是一种集体公共资源，集体中的每个社员都有使用的权利。虽然它不具有可让渡性，但一旦拥有就具有永久使用权，因而有条件获得资源的人们就想尽一切办法要获得这种使用权。②自2001年开始，我所在的大井子村虽然在宅基地审批上规定了一些限制条件，但是村民为这片有相当长使用权的土地付出的费用还是相当低廉，所以在分家驱动和利益驱动的刺激下，农民的分户建房的势头越来越猛。三口之家一个院子的情况越来越多，甚至出现了未婚的单身男性住单院儿的情况。

  罗红光在陕北杨家沟村调查时也发现了，在土地政策刺激下农民积极分户以获得宅基地使用权，但他分三个层次探讨"分"对于一个家庭的意义，"在生产资料相对不足的状况下，'分灶'（为获得宅基地的分户）不是严格意义上的家庭义务以及家庭经济中劳动关系的'分家'。也就是说，'灶'、'家'、'户'之间的关系是，分灶意味着分户但并不意味分家"。这样的"分家"导致的结果是，分户意味着大型不动产，如窑洞、院子、墓地等在绝对值上的积累。③

  将视角关注男性继嗣群体整个的财富累积时，罗红光的观察是正确的，然而，当分家的离心力大于向心力，也就是说，当分灶后，兄弟或者两代人都围绕着以自己的继承人来独立经营房份而并没有整体宗族意识时，分灶也就意味着分家，也就是家庭义务和家庭经济关系的分割。

---

  ①　[美] H. 登姆塞茨：《一个研究所有制的框架》，载 R. 科斯等《财产权利与制度变迁——产权学派与新制度学派译集》，上海人民出版社1994年版，第192页。
  ②　王跃生：《集体经济时代农民生存条件分析》，《中国农村观察》2002年第5期，第53页。
  ③　罗红光：《不等价交换——围绕财富的劳动与消费》，浙江人民出版社2000年版，第79页。

> 在以家庭为单位的生产责任制之后，我们看到无论传统上宗族是否发达的地区，从经济、礼俗和意识上，家族主义精神均得到强化，一般来讲，当今大陆中国人的基层社区重心是家族，而不是宗族，这样，以家族形态为中心的 descent group（含宗族、房等）研究十分重要。①

我在当地调查的情况表明，一个家族的建房、结婚、财富转移和分家是连带在一起不可分割的整体过程。在当地人们观念中间，婚后仍有兄弟同家共财，休戚与共的观念。农村社会的分灶，形式上表明了对家庭的离心力的让步，可共财的观念却时时显现，尤其老人在世的话，各个家户在经济上、情感上、利益上仍然不能完全的独立。

2. 家庭成员外出流动的影响

谢继昌、庄英章等人认为，随着城市化的发展，外出打工或在外定居的儿子越来越多，老人不方便在乡村和城市来回走动，"轮伙头"老人可获得的供养者减少。谢继昌甚至认为，是否采取轮伙头和儿子从事的职业有关。

中国大陆现在也在面临着城市化的问题，农民外出打工的情况非常普遍。由于中国的户籍管理仍然比较严格，限制农村人口在城市定居，所以农民们还只是在农村和城市之间如候鸟般往返，在农村的家不会轻易地放弃。同时，进入农村打工的以男性为主，女性留下来照料家务、干农活，活多、缺人手，需要老人帮忙。所以很多家庭主动安排老人在各家轮流吃住，也是为了满足劳动力的需求。

3. 计划生育的影响

计划生育作为中国政府的基本国策，实行了 20 多年。可以明显地看到，20 世纪 80 年代后出生的孩子数量锐减。当地每家一般有两个孩子，一男一女。有的家庭如果第一个就是男孩的话，就不再生

---

① 庄孔韶：《银翅：中国的地方社会与文化变迁：1920~1990》，生活·读书·新知三联书店 2004 年版，第 274 页。

了，两个男孩的家庭非常少见。所以，80年代结婚的这批父母，将没有条件轮班儿养老了。

　　国家政策对汉人社区家庭安排起到很大的干预作用，呈现了和台湾社会大为不同的轮养发展趋势。综合以上几点，可以预测，在大陆农村，轮养制家庭还是要持续若干年，今后也许会随着国家政策的调整而经历一个逐渐调适的过程。随着孩子数量的减少，打破户籍制度后，城市化进程加速，汉人家庭又会选择另外一种方式来实践他们的大家族理念。

　　以上，我集中探讨了东蒙轮养制家庭组织，探讨不同的时空背景下轮养制家庭的实践场景、影响其变迁的各种因素以及支持其运作的汉人观念。

　　20世纪60年代，台湾学者在调查过程中发现了轮养制的家族形式，而却无法用西方的定义很好地概括。针对轮养制家庭研究，学者们展开了为期二十多年的持续讨论。李亦园、庄英章、王崧兴、谢继昌等人都是在该项研究中发出了主要的声音。正如庄孔韶围绕着他提出的"准—组合家族"定义而进行的阐发一样，"'准—组合家族'成员关系结构的说明，则会使人们对中国人实践大家族理论及其变通性实践有一个逼真的认识，同时也说明适用社会科学通行术语时，在保持其分类价值及其泛文化意义之外，有时还有必要做文化上的修订"①。除了概念本身的探讨具有一定的学术意义之外，重要的是，通过对"轮（吃）伙头"这种家族制度研究，学者们发现汉人社会宗族、大家族理想和现实实践的制度化妥协，"家族共同体的认同和大家族理念作为中国人先在的文化条件依然如故"，该制度最恰当地表现出汉人社会中广泛存在的变通特性，为建立表达本土知识体系的学术话语找到突破点。

　　轮伙头家庭模式既满足了人们追求大家族的理念，又解决了兄弟因为析分房份而具有的天然矛盾。而进入蒙汉杂居地区，由于历史和文化的原因，大宗族势力比较薄弱，人们散居杂处，"轻简易

---

　　①　庄孔韶：《银翅：中国的地方社会与文化变迁：1920～1990》，生活·读书·新知三联书店2004年版，第330—332页。

行"。然而，随着时间的推移，汉人逐渐按照渗透于民间的儒家观念维系家族的运作，建立起了"孝悌礼义""敬宗收族"的儒家伦理。通过分析父子关系、兄弟关系，可以深刻认识到，在被抹去了繁文缛节的高层次儒家覆盖的移民社区人们是如何遵行基本的汉人观念逻辑重组家族、亲属制度、宗亲网络。

陈其南特别把方志资料与人类学相结合，关注历史上"父系继嗣原则及其具体化的宗族组织透过新儒家的教化普及于宗族聚居的地区"的社会濡化过程。[1] 一旦联系史料，关注整体的中国精英文化对地方的整合和渗透，就很容易看出，南北地理分界却没有阻挡得了汉人文化自创机制的互为吻合。轮养制的"准—组合家族"不但在南方多见，而且存在于北方汉人社会，用变通的方法保持了中国家族文化的主要原则，如赡养与孝道、慈爱与养育、宗祧与房份。

其实"轮"这个词在汉人家族、宗族仪式运作过程中非常重要，传统社会，如果宗族有祭田的话，或者家族有养老田的话，兄弟们就要轮流耕种，并且按照房份轮流筹办、主持祭祀祖先的活动。许多资料表明，宗族世家也要按照各房轮流原则主持和处理宗族事务。"轮流坐庄"进而成为中国人分配某种牵头权力时习惯采用的一种模式，所以轮养制家庭的南北对比研究可以更明晰地勾勒出汉人家族组织的哲学内核。

通过轮养制度，我对比了南方和北方的汉人移民社会的宗族、家族理念、传统文化的适应性变迁和汉人社会基本的家族逻辑概念，如果从区域的历史看，处于不同时空的汉人社会家庭总是呈现出了差异性变迁，这些差异与社会形成的周边环境、移民的身份、移入地的传统等都有着直接的关系。

中国人古往今来创造了一套独立的亲属制度及其结构，而中国文化哲学的实践又发展了这一套亲属制度。人口再生产和宗祧理念相辅相成，成了中国继嗣群（descent groups）过程的一个永动的根源。事实是，在父子联系原则的族群扩展过程中，因理念的灌输、

---

[1] 陈其南：《房与传统中国家族制度——兼论西方人类学的中国家族研究》，《汉学研究》1985年第3期。

政治的压力、民俗的融合、思想的内化推动了宗族与家族（组织）的成长。由于环境的适应以及儒学与地方文化的整合才造成地方宗族、家族构成的多样性，以及能发现其存在的原生性与场景性要素的共同性与差异。

四　蒙古族轮养制家庭的出现及其形态

（一）边界的对望

历史上，中原的农耕文化、草原的游牧文化结交和认识并不是通过和平的方式，他们在冲突和战争中认知对方，在"华夷之辨"思想支配下，汉文历史书写下了对草原游牧生活方式的印象，即野蛮而落后，商周人对北方人群的称谓有鬼方、混夷、犬戎、獯鬻、戎狄等。这些有"非人类"含义的称号，也表现出在南方人群心目中他们是"非我族类"。①

在谋生方式上，北方部落族群赖牲畜生存，与中原的农耕文化截然不同，并且他们"逐水草而居"的生活方式造就了与中原不同的风俗。

> 其俗，宽则随畜田猎禽兽为生业，急则人习战攻以侵伐，其天性也。其长兵则弓矢，短兵则刀铤。利则进，不利则退，不羞遁走。苟利所在，不知礼义。自君王以下咸食畜肉，衣其皮革。壮者食肥美，老者饮食其余。贵壮健，贱老弱。父死，妻其后母，兄弟死，皆娶其妻妻之。其俗有名不讳而无字。②

对游牧社会文化生活的描述，凸显了其居无常处、重利轻义、贵壮贱老等特征。

值得注意的是，正史中记载的这些"奇风异俗"并不是完全客观的描述，撰写历史的人刻意对异族文化材料进行了一番筛选，突

---

① 王明珂：《华夏边缘》，允晨文化出版公司1996年版，第144页。
② 《汉书·匈奴传》第64卷。

出了"非我族类"的野蛮特征，尤其对于"他族"文化特征的描述反映记载者的自我意象与"非我族类"的意象。对应中原文化定居务农，来强调对方的"居无常处"；对应于中原文化强调"重义轻利"，来强调对方"苟利所在，不知礼义"；对应中原文化讲求的"平和仁义"，来强调对方的"习战攻以侵伐"；对应中原文化恪守辈分差序，而强调了对方的"妻其后母"；等等。史书对差异性关注充满了对"他者"道德层面上的贬损。这种差异在日后长年累月争夺资源的战乱中被不断地强化，敌对双方的"自我"与"他者"无论是在政治上还是文化上的不可通约性被固定了下来。近现代中国进化论思想随着马克思理论的普及而大行其道，摩尔根《古代社会》中的人类进化的几个步骤被广泛地认可和采用，"游牧文化落后于农耕文化"的观点与传统对他者的排斥不谋而合，"许多学者认为，人类文明的演进曾经历渔猎、畜牧、农耕三个阶段。因此，畜牧或游牧是人类文明发展序列中，介于原始的渔猎与进步的农耕中间的阶段，这是农业定居人群的偏见"。

事实上，考古资料显示，"在全球主要游牧地区中人类都曾由农耕，或以农为主的混合经济，转入游牧经济之中"①。直到现在，前一种观念普遍地存在于绝大多数人心中，虽然，中华人民共和国成立后，"民族国家一体化"的构建使得以游牧为生的人不用背负"不仁不义"，处于教化之外的恶名，而在日常生活中遭遇族群边界的人们还是不能很好地站在"他者"的角度上理解对方。

发掘历史，史书所记载的也并不完全是对他者的排斥。司马迁记载了一位任"中行"之职的人，他本来是中原人士，在汉孝文帝时随和亲的公主来到匈奴部落，并生活在了单于身边，他不仅没有感到匈奴生活习俗的古怪难以适应，而且还与一脑子"非我族类，其心必异"的汉使争辩，并多方回应汉使的不解和贬抑：

> 汉使曰："匈奴妇子同穹庐卧，父死，妻其后母；兄弟死，尽妻其妻。约束径，无冠带之节，阙庭之礼。"中行说曰："匈

---

① 王明珂：《华夏边缘》，允晨文化出版公司1996年版，第114页。

奴之俗，食畜肉，饮其汁，衣其皮；畜食草饮水，随时转移。故其急则人习骑射，宽则人乐无事。约束径，易行；君臣简，可久。一国之政犹一体也。父兄死，则妻其妻，恶种姓之失也。故匈奴虽乱，必立宗种。今中国虽阳不取其父兄之妻，亲属益疏则相杀，至到易姓，皆从此类也。且礼仪之弊，上下交怨，而室屋之极，生力屈焉。夫力耕桑以求衣食，筑城郭以自备，故其民急则不习战攻，缓则罢于作业，嗟土室之人，顾无喋喋占占，冠固何当！"①

"中行"从适应性生存的角度理解草原文明，为游牧习俗进行辩解，如果用今天人类学的观点看，这些几乎都是基于功能主义的解释，其中包含的"主位视角"难能可贵，为了适应生存环境，游牧社会的制度简约易行，人们不需要过多的约束，而游牧社会也拥有伦理原则，相比之下，中原农耕社会通过繁文缛节来建构的社会规则却发挥不了实际效用。这位"中行"认为草原文化充满了率真与自然，相比之下，中原冠带礼仪反倒显得迂腐、做作。这是游牧和农耕对抗历史中少有的一次对话，游牧文明的优越感跃然纸上。之后的千年时光，在文化层面的对抗中，农耕文明的冠带礼仪总是战胜游牧文明的简约行易，这种声音渺无人踪，成为绝响。②

我在农牧边界地区体验到了两种文化的冲突与张力，当两个族群生活在一个地域时，他们之间都有一个解读和误解对方的过程，并且在这一过程中，两个族群共同接受外部大环境的影响，彼此都发生着改变，在某些方面，两个族群的人们朝向一种方向融合，而在另外一些方面，族群间却要强化差异，界定出与他者的不同。综观历史，在两个族群之间进行融合与差异，区分与认同的过程中裹杂了非常复杂的因素。简而言之，草原上以汉人为主体构筑起的汉

---

① 《史记·匈奴传》。
② 近当代蒙古族学者扎奇斯钦撰写《蒙古文化与社会》一书，用事实澄清了历来对蒙古族生活生产方式存在的诸多误解，他从一个主位的视角展现了蒙古族和农耕社会大体相同的生活与制度文化、秩序与礼教典章。从他的这本书中，可以感受"各美其美，美人之美，美美与共，天下大同"之不同文化人性互通的根基所在。

人社会，是一个移民社会，他们所能代表的汉人文化，受制于诸多因素的影响，比如移民群体在原来社会中的地位、身份，接触的文化层次，与原移出地的政治文化关系、相关社会的人口密度以及原住民族的社会组织与力量等。而当地生活的蒙古族对自我和他者的界定也随着外部环境的影响，随着政治、经济、文化不断地变化，随着汉人移民社会迅速发展而发生着改变。现在，蒙汉杂居社区在族群边界上发展起各自的族群认同、边界意识以及对"他者"的想象。

巴博德（Burton Pasternak）在呼伦贝尔草原对牧区汉族进行调查时，感受到了当地存在的明显的族群边界。这里的蒙汉人民的生活实质差异不大，他们生活在同一个生活圈子，生产方式、生活习俗十分接近，然而因为族群差异，而在人们心理产生的排斥感却比较强烈。蒙汉区别从服装、语言、政治参与程度上都可以看得出。这里的通婚率非常低，只有5%的汉族妇女与蒙古族男子结婚，也只有12%的蒙古族妇女嫁给汉族。这些表面的区别与深层次的内心情感和对立有关，记忆、经历和政治创伤加强了这种族群间的沉默的对立。[①]

按照巴特（Fredrick Bath）的解释：

> 族群是由它本身组成分子认定的范畴。造成族群最主要的是它的"边界"而非包括语言、文化、血统等的"内涵"；一个族群的边界，不一定指的是地理的边界，而主要是"社会边界"。在生物性的资源竞争中，一个人群强调特定的文化特征，来限定我群的"边界"以排除他人。强调族群边缘的研究，不仅将族群当作一个集体现象，也将之扩及于显示环境中个人的经验与选择。……族群不只是一个受族群特征限定的人群范畴，而是日常生活经验中族群边界的维持与变迁，族群不只是集体现象，也是个人的意志选择。[②]

[①] Burton Pasternak and Janet W. Salaff, *Cowboys and Cultivators: The Chinese in Inner Mongolia*, Boulder: Westview Press, 1993, pp. 170–171.

[②] Barth, Fredrik, *Ethnic Groups and Boundaries*, Illinois: Waveland Press, 1998.

（二）蒙古族传统的尊老习俗

成吉思汗建立蒙古汗国之前，蒙古没有成文的法规，人们遵行的只是传统习惯法；蒙古汗国建立后，制定了具体的法律条款，称为《大札撒》（汉译作《成吉思汗法典》《成吉思汗大法》），今已失传。扎撒（jasag），意即军令、法度。成吉思汗经历过干戈纷扰的时代，他知道用《扎撒》来整顿生活秩序的重要性。他说："凡是一个民族，子不遵父教，弟不聆兄言，夫不信妻贞，妻不顺夫意，公公不赞许儿媳，儿媳不尊敬公公，长者不保护幼者，幼者不接受长者的训教，大人物信用仆从而疏远周围亲信以外的人，富有者不救济国内人民，轻视条例和法规，不通情达理，以致成为当国者之敌。这样的民族，窃贼、撒谎者、敌人和各类骗子将遮住他们营地上的太阳。……"①

秘史中对于若干老人常加"额不干"ebügen 一字，以示敬重之意。甚至还有的地方称他们为"额赤格"（echige）一父，额克（eke）一母，显示对老人的尊重。成吉思汗第三子窝阔台，他的治世的目标之一就是："叫年老的长辈们享安乐，生长中的后生们得平安。"一般汉文史料所说的北亚游牧民族一贯是"贵壮贱老"，其实应该说是一个文化上的误会。

从功能角度上可以看出，成吉思汗制定尊长的法令，其中除为了保证社会的秩序和稳定外，也有功能上的考虑。从很多资料中可以了解到，游牧社会中知识系统非常复杂，经验性的智慧对于牧民的生存非常重要。牧区老人经验丰富，也成为智慧的象征，年轻的牧民在游牧过程中面临的路径选择，草场选择，牲畜放养等一系列问题都需要接受老人的指导。

20世纪50年代阿拉善地区的调查表明，牲畜从山地、滩地到沙地，或从沙地到滩地，都会出现水草不服的问题，所以，牧民在大换场时往往赶着牧群慢慢移动，使牲畜有个逐渐适应的过程。② 移动

---

① 《史集》卷1。
② 内蒙古自治区编辑组：《蒙古族社会历史调查》，内蒙古人民出版社1986年版，第17页。

的多少和游牧路径往往由一个游牧部落或游牧家族长期的经验所定，在呼伦贝尔，游牧路径为祖先所定，这种路径可最节省牲畜消耗，特别是马的消耗。草原牧民在遇到紧急情况，发生自然灾害或者牲畜染病时，附近的老人就会聚在一起，商量对策，依靠以往的经验来应付眼前的灾难，改变转场的路线也只有在老人们做出决定了以后才能执行。

尊老主要体现在老人在家庭中拥有实质上的支配权力，并且享受着象征性的地位。蒙古族传统民间的各种节日、宗教活动中，一家子中最年长的人占据了特别重要的地位。老人在蒙古社会中并不寂寞，在家庭中老人永久是一家之主，除非老人不愿管事，不然事事还是要问他的。在老人跟前，总有儿女扶持，孙辈环绕，受到全家的照顾和孝敬。蒙古民族的谚语中说"尊敬德高的人，敬爱年老的人""老人的经验教育人，太阳的光辉温暖人"等，这些都表现了对老人的尊重和热爱。

新年元旦是一年开始的吉日，蒙古人很重视这一天。元旦这天，全家走出穹帐，在家长的带领下从东方开始跪拜四方；然后回到帐里，在燃起的火旁，走向所供奉的佛像行叩拜之礼；礼毕，家长坐在主位，接受子女和家族们的贺礼，这时做子女的，先由一人手持"哈达"一方，上面再加上一小碗马酒或牛乳献给父母，献递时，跪下右腿，接受家长吉祥的祝福。

内蒙古克什克腾旗和察哈尔地区有给五畜过年的习俗。"五畜过年"是农历的正月择吉日即可，这不仅仅是一两个农户的事情，而是几户甚至十几户牧民联合起来举行庆典活动。由牧户中的长者牵头和大家商议"五畜过年"的地点，届时，日出之前，大家到指定的地方集合。先到的把铁锅支起来，随后大家把带来的茶叶放到刚刚融化的冰水里煮奶茶，茶快开之时，牧马人、放牛的、放骆驼的人们把畜群按先后顺序赶过来，所有参加庆典的牧民也靠拢在集会中心。在临时帐篷外面长者们点燃松柏枝，手里端着奶茶和奶制品"德吉"（指蒙古人崇尚的食品中的最先被享用的部分），颂念祝福词："千头羊，万头马，千千万万，万万千千，膘肥体壮。"然后大家敬供大地，敬供东西南北等各个方位，完成仪式后，牧马人、牧羊人、放牛放骆驼的人从畜群旁边走过来。大家一起迎上前去问候"牲畜过年好？畜群好吗？"放牧者回答："好！好！畜群过年好！"互相问候完大家按着年龄的大小并排坐在牛皮垫上。在野外喝完了茶，拿起煮好的手把肉的德吉，敬苍天、敬佛主、敬祖先，进行"撒查礼"（向苍天、大地、山水、神灵、动物等祭酒、鲜奶等物品）仪式，祈求风调雨顺，牲畜兴旺。

"呼图克沁"又叫"好德格沁"，译成汉语，前一种称谓是"祝福、求子"，后一种称谓是"丑角"的意思。

"呼图克沁"流行于赤峰市敖汉旗萨力巴和乌兰召。农历正月十三到十六演出。演员为蒙古族农牧民，分别装扮成白老头、黑老头、白老头妻子曹门代、女儿花日、孙悟空、猪八戒六个角色。白老头居中，其余随后，唱着《敖汉赞歌》《鸡鸭庙歌》，载歌载舞，进入院里，白老头挥舞宝杖，表示驱邪。白老头被邀入屋中坐在炕上，边喝酒边唱吉祥歌，为主人祝福。

关于它的起源，当地主要有两个传说：一说某年发生天灾、瘟疫，一个名叫嘎拉德恩的人去西天拜佛求援，弥勒佛告诉他，阿尔泰山有个白老头，把他请来能消除灾难，转祸为福。草美羊肥，人民安居乐业；一说某年天降灾难，牛羊死光，成吉思汗的后裔布尔固德老人率领众人面向北方祈祷。以为住在阿尔泰山洞里的白胡子老人拄着宝杖飘然而至，他带领布尔固德老人沿街逐户驱逐瘟疫纳福，这一年果然牛羊遍野，人丁兴旺。

白老头，名叫白音查干巴特，好似相传中的仙翁一样的人物。

黑老头，名叫哈日乎，是白老头的义子，能武善战，好打抱不平，传能除邪扶善。

白老头的夫人曹门代则身着蒙古族古典式妇女的衣服，善良慈祥，可亲可敬。

这个年俗仪式在形式上与北方汉人正月十五闹花灯、跑旱船的民间文艺活动相符，被称为"蒙古秧歌"，出现了汉俗秧歌受人欢迎的孙悟空、猪八戒形象，而在汉俗形式中，杂糅了蒙古族的民间信仰和祈福仪式，白老头形象代表了传统的蒙古族民间信仰的吉祥神灵，接近蒙古族的祖灵形象，蒙古族崇尚白色，白老头象征着祖灵的圣洁。表演者采取了歌唱、舞蹈等形式以达到驱邪降福的目的，虽然不乏娱乐性，但宗教氛围贯穿了整个仪式过程。①

在东蒙地区，老人不仅具有丰富的生产经验，在信仰上得到尊敬，而且在实际的民间政治领域也享有一定的地位，东蒙传统上每几个游牧"阿寅勒"的老人就组成一个老人会，和汉族宗族长老相似，负责处理地方性事务，应变突发事件和执行地方习惯法等。

很久以来，蒙古民族有尊重老人的美德和习惯，认为他们经多见广，老成持重，社会经验丰富。因此，每逢人民祭敖包，喇嘛念《甘珠尔》经或发生民事纠纷时，总是把老人请到一起开会解决，俗称"老人会"（蒙古语称"忽不格得，楚格拉"。这种组织方式，有事则开，无事则散，没有固定的形式）。②

蒙古族的习俗礼仪中时时彰显着老人在家庭中的地位与权威。在日常礼仪上，蒙古社会也将尊重老人，孝敬父母作为教养的一个重要方面，时时体现长幼有序的家教规范。一个晚辈对长辈说话，无论坐立，开始总是要把两手合握，以示尊重。"在长辈未发言之前，不得抢先说话。平常在家时，领口是敞着的，但是，见到长辈就会把它扣好。"③ 在克什克腾旗，家教中尊老的规范还包括：父母在，晚辈不得对面而坐，吃饭不同席，更不许同桌饮酒吸烟。晚辈外出回来，先到祖辈、父辈面前请安。如果长时间不见，要带回酒、点心等礼物，见面时亲自双手敬上，然后汇报外出经过。等到长辈吩咐，方可回到自己居室。

在当地的蒙古族尊老习俗中，体现得最为突出的就是做寿。给老人做寿不但是一个家庭的盛事，而且是家族甚至一个社交圈和地区的盛事。

按照蒙古族的习惯，重视本命年的庆生仪式，按照蒙古族的习惯，生下来算作一岁，以后则是 13 岁、25 岁、37 岁、49 岁、61 岁、73 岁、85 岁为本命年，要举行庆祝仪式。年纪越长，庆生的仪式越是隆重，61 岁以上的长者祝寿对于子女来说是一件非常重要的

---

① 克什克腾旗地方志编纂委员会：《克什克腾旗志》，内蒙古人民出版社 1995 年版。
② 内蒙古社会科学院历史所编：《蒙古族通史》，民族出版社 2001 年版。
③ 扎奇斯钦：《蒙古文化与社会》，台湾商务印书馆 1987 年版，第 121 页。

大事。

献整牛、整羊是蒙古族展现隆重尊贵的传统礼仪。据《清光金珠》记载，1260年，神明大帝忽必烈可汗登基坐殿时，建造几座白色大蒙古包，设大宴，用整羊招待来宾和祭祀神祇，主要取完整、吉祥、齐全、隆重之意。从那时起就定下了这个礼制。

珠玛是指最讲究的整羊，其特点是褪毛、带皮、烤制、完整，一般用来为73岁以上长者祝寿时享用。为61岁和73岁老年人祝寿，招待贵宾，或设大型喜宴时候，每张桌上都有一只整羊。

不论大小整羊，摆在长方形的大木盘里，形如卧着的活羊一般。其摆法是用羊的四肢和尾巴作底，中间搁其他食物，上边放羊乌查（羊软肋以下的下肋脊肉），把羊头方在上面，羊头上放一片奶豆腐。73岁以上老人祝寿用的珠玛必须用镶有银制云头图案的大铜盘，端上桌来珠玛的头要向着过生日的老人。

我在访谈中听他们说，历史上这里很重视给老人祝寿，越是长寿的老人，祝寿的仪式越是隆重，当然隆重与否也与老人的家境如何有关。中华人民共和国成立后很长一段时期废除了蒙古族传统的宗教和娱乐活动，中断了蒙古族自己的文化仪式，所以给老人祝寿的仪式在家庭范围以外不搞了，而且集体化时期牧区的劳动强度非常大，年轻的牧民整日劳动，没有条件给老人祝寿。

20世纪80年代以后，包括祭敖包、举行那达慕传统文化仪式逐渐恢复起来，祝寿也随之办得越来越隆重了。我到白音敖包时，结识了牧民萨如拉，她的母亲说，80年代以后，牧区的经济越来越好，家家都比较富裕，人们喜欢把传统的东西恢复起来。给老人祝寿的仪式也越来越隆重。现在这里除了婚礼，最隆重的家庭仪式就算给老人祝寿了。

达来诺日苏木的会计乌日娜给我讲起了她姑姑庆祝85岁寿辰的盛况。老人和自己的小儿子住在一起，生活在草原上，生计以畜牧业为主，他家里的牲畜多，生活比较富裕，五口之家（长孙和孙女在外面工作），一年下来收入有四五万。小儿媳妇提前一年到锡林郭勒的喇嘛寺请喇嘛订下了日子。儿媳妇到锡林郭勒给老人做了两身崭新的蒙古袍子，定做了许多银碗。寿辰逐渐临近了，家里人准备了羊只、哈达、砖茶、糕饼、银碗等礼物。庆祝之前，家人写好请帖，通知亲朋好友，并且按照来宾多少扎好蒙古包，当时扎了有 7 个包。有很多人在祝寿的前几天就到了，吃住在临时扎的包里。祝寿当天，家里人请上几个长寿的老人，和姑姑坐在一起，接受大家的叩拜和祝愿。

一大早从锡林郭勒请来的乐队就开始边拉马头琴边唱上赞歌，主持仪式的人念颂赞词，老人们穿着蒙古袍子，面南背北端坐在沙发上，面前摆放着一条长桌，上面放着珠玛和许多盘炸好的各色油果子、奶豆腐等。亲朋陆续走进屋子，走向老人。首先是长子、长媳磕头拜寿，其他几个儿子磕头，然后是女儿的家庭，这样由近及远按照顺序给老人拜寿。

人们都戴着帽子在老人脚前叩拜，起身，旁边的人递上酒和酒杯，祝寿的人亲自斟满酒杯，双手向老人敬酒、老人小啜一口，还回酒杯，祝寿的人奉上哈达（向长辈献哈达要略弯腰向前倾，双手捧过头，哈达对折起来，折缝向着长者，否则，为失礼），哈达上面摆放着现金和砖茶等礼物，一般除了现金还有其他礼物，比如毛毯、衣服等，除此之外，赠送羊只作为寿礼的人也不少，一般是赠送山羊作为寿礼。老人接受礼物，回赠哈达、银碗和炸果子，表示与晚辈分享寿数。

因为姑姑的长寿，吸引了非常多的人，不限于亲朋好友，而且连晚辈的同事、苏木知道消息的人纷纷骑着摩托车赶来向老人敬酒祝寿，他们觉得给老人过 85 岁寿辰的祝寿活动太难得了，几年也遇不见一次，并且认为接受了老人回赠的哈达会带来长寿和吉祥。

由于来人太多，老人沙发旁边堆满了客人送的礼物。祝寿仪式从早上 7 点开始，一直进行到了中午 12 点多。拜寿结束后，来宾们在蒙古包饮酒吃饭，小儿子给来宾敬酒。祝寿的人有的当天还住在包里，庆祝的仪式搞了 3 天。

在达来诺日邮政局的邮递员家里，看了他媳妇爷爷祝寿的录像，他们家有两张录像光碟，一张是他们结婚时候的录像，一张就是爷爷做 73 岁大寿的录像。小两口结婚时从经棚的婚庆公司请来的摄影师，而这次为爷爷祝寿，家里人专门从锡林浩特请来的婚庆录像公司，制作费用高于他们结婚录像的费用。她爷爷祝寿的基本程序和上文叙述的差不多，而祝寿过程结束以后，庆典的酒席办在经棚的酒店里，来宾也非常多，除了亲朋好友之外，和婚礼一样，来自晚辈的朋友同事等一些社会交际圈的关系也前来祝贺。

人丁兴旺、经济条件比较好的蒙古族家庭，都会把给老人祝寿看作是一件大事。围绕着祝寿，也说明了当地蒙古族家庭看重老人的地位。

其重要性集中体现上文描述的在祝寿仪式中人际关系调动的范围很大，说明了祝寿成为当地文化认可的一个重要的人生仪式，无论对于老人的家庭还是对于家庭成员的朋友同事，乃至整个社区都可以因为这一人生礼仪而得到充分的调动。

（三）蒙汉沟通与互相影响

当站在蒙汉边界，研究者就被赋予了一个"从周边看汉人社会"和"从汉人社会看周边"的双重视角，动态地观察蒙汉的族际互动。

"从周边看汉人社会"理论源于中国台湾人类学者王崧兴，他在东游日本教读期间，因为距离汉族文化中心相对遥远，开始对研究汉人社会文化产生一种心得，提出"周边文化关系"的理论，企图以边缘看中心的角度来解释华南以及台湾等汉族边缘文化与周边诸少数民族的相互关系。王崧兴强调："必须由汉人周围，或汉人社会内部与汉民族有所接触与互动的异族之观点，来看汉民族的社会与文化。"[①] 李亦园评价这种理论"是一项很有创意的文化接触论点"，对此理论，李亦园认为："放弃从前以汉族文化为中心的'汉化'观念，而着眼于汉族与周边少数民族互动以至相互影响以及其历程的理解。"[②]

李亦园批评以往汉人社会研究中学者存在的思维定式，认为："汉族中心主义的观念由来已久，我们自古以来都以汉族文化为中国

---

① 黄应贵：《从周边看汉人的社会与文化》，载黄应贵、叶春荣主编《从周边看汉人社会与文化——王崧兴先生纪年论文集》，"中央研究院"民族学研究所，1997年。
② 李亦园：《创意的挫折与延续》，载黄应贵、叶春荣主编《从周边看汉人社会的社会与文化——王崧兴先生纪念论文集》，"中央研究院"民族学研究所，1997年。

文化的主流，而视少数周围各民族为夷、狄、蛮、藩，因此只有汉文化的教化，而漠视其他民族文化的影响与传播。这种汉文化中心的思想不仅在历代文化史家如此，即使是现代人类学家、民族学家亦不能免。"

的确如李亦园先生说的那样，在假设了有一个本质的"汉族"，默认正史中所描述的"中原教化四夷"的前提下，学者们在以往研究蒙汉杂居地区的论著中过分偏重对蒙古族如何"汉化"的关注，并且关注于蒙古传统文化的失落。不论这种关注反映了学者的焦虑，或者是反映了"事实的真相"，但是先入为主地认为蒙民"汉化"，就是犯了汉族中心主义的毛病。本文要站在蒙古族的视角，分析周边民族是如何理解、接纳并且在本文化框架的基础上改造性地借鉴汉族的家族模式。与以往研究中，某些学者利用对某种指标、数据的统计就得出了蒙古族"汉化"与否的结论不同，经过观察、访谈，我发现蒙古族总是首先要对汉人文化进行复杂的解读，而这种解读是建立在自我文化的基础之上。伴随着蒙汉之间相互影响以及借鉴的整个过程，蒙古族也随着外部物质和人文环境的改变而不断给自身文化添加意义并修正着所谓的"汉化"。同时，周边民族，尤其是我面对的蒙古族，规模极其庞大，分布广泛，他们对某种汉族家族模式的接触、借鉴、运作都呈现出了层次差序，不同地域和历史背景的蒙古族之间也存在相互或排斥或模仿的复杂关系。从周边角度，我们拥有一个反观汉人文化的有趣角度：不但蒙汉周边的蒙古族在"汉化"过程中重塑自己文化传统，蒙汉周边汉族也在中原文化和蒙古族文化的对话过程中选择和建构"汉"文化，对"汉化"的意义阐释则要放入一个历史场域的脉络中，任何依赖对形式的统计是不具有说服力的结论。

1949年前后，国家政权对移民社会进行了一次强有力的整合。他们和内地农村一样历经了所有的土地改革和政治运动，同质化的政权介入模式和意识形态控制使原本处于"塞外"的这些农民在意识里清除掉了"内""外"之别，他们建立起了和内地农民一样的民族国家认知，尤其是贫农们当家作主的主人翁意识使得这些农民史无前例地将自己卷入到了大社区、共同体的建设中去。

1952年2月15日，阿鲁科尔沁旗焦家沟村韩步贵等11户农民在互助组基础上成立全盟第一个初级社，实行土地、耕畜、大农具、劳力入股分红，当年增产31.2%。

　　1955年9月20日，中华人民共和国主席毛泽东对中共热河省委办公厅写的《翁牛特旗成立了十二个畜牧生产合作社，使牲畜大为发展起来》的报告，加了"这一篇写得很好，可供一切畜牧业合作社参考"的批语，编入《中国农村的社会主义高潮》一书。

　　1956年5月，全盟农业社会主义改造基本完成，农业生产合作社发展到2483个，30万户，其中高级社1479个，近28万户。至此农村牧区生产关系由个体私有制转向社会主义集体公有制。

　　1958年9月，全盟掀起建立人民公社运动高潮，到9月末，实现了人民公社化，共建立人民公社257个，年底并为168个。

　　1961年3月，按中共中央《农村人民公社工作条例（草案）》，全盟各社队取消分配制度上的供给部分，停办公共食堂和托儿所。进一步落实社员自留地、自留畜政策。

　　6月，中共昭乌达盟委按《中共中央关于纠正平调错误，彻底退赔的规定》成立退赔办公室，农村牧区人民公社上调的土地、牲畜、劳力、大型农具和林地等退还原来的生产队，并退赔平调的其他物资。年末将全盟1972个基本核算单位划小为13634个基本核算单位。自此"政社合一，三级所有，队为基础"的人民公社体制稳定下来，一直到1983年恢复乡村建制为止，共延续25年。①

　　这个时期的蒙汉交流也进入较为积极历史阶段。汉族作为先进民族帮助"蒙古族兄弟"发展生产，搞定居、扩大农耕面积，这些

---

　　① 中共赤峰党委地方志编撰委员会：《赤峰年鉴》，内蒙古科学技术出版社1991年版。

都被认为是先进文化帮助落后文化走向进步。在访谈中，我发现，即使在牧区，50岁以上蒙古族汉语说得也很好，甚至要比自己的孩子的汉语还要流利，他们就是在那个时候学习汉语。从巴林左旗嫁到克旗的吴婶是汉族，她当年随父亲下放到了巴林，后来在巴林入了党，担任公社干部。她回忆过去，当年他们汉族干部帮助牧民搞定居，开垦农田。不仅是干农活，汉族干部走在前面，就是放牧、育羔、挤奶，她也事事走在前面，起到带头作用，整天和牧民打交道，自己就在那个时候，学了一口流利的蒙古话。马戎和潘乃谷的调查显示，当时赤峰地区牧区的蒙汉通婚比例大概是15.4%，尤其在干部、职工中间，通婚程度更高。[①] 她说："和蒙古族打交道打时间长了，觉得蒙古族小伙子顺眼。"后来她真的嫁给了牧民。现在，这个地方早已经不农耕了，吴婶家里靠养牲畜为生，她做的"胡如塔"（奶豆腐）受到远近购销商的欢迎。

在那段时期里，汉人群众干部和知识青年共同努力开垦农田，据统计，从1949年到1985年统计的草原面积减少了10.4%，就是说1.38亿亩被开垦了（内蒙古草原过去是将近13亿亩），游牧生产方式遭到了严重的破坏。牧区的公社采取和汉族地区一样的集体化经营方式，各家的牲畜集中饲养，牲畜的所有权属于公社。牧民社员以放牧、挤奶等生产方式积累工分，年底分红。女人们每天早早起床，赶到公社，集体挤奶，做奶豆腐。由于这种挤奶方法非常不容易管理，尤其在春天下羔季节，由于人手不够，造成了羊羔大量死亡，所以集体化养羊只坚持了几年就解散了。集体化时代的另外一项重要的生产是学习农耕，牧区社员在公社领导的带领下开垦了上百亩的土地，种植了杨树，并且挖渠灌溉，由汉族公社干部带头，带领蒙古族人们学习种植庄稼。至今，达里苏木政府的空地还是当年平整出的扬场地。据当地人回忆，50年代，这里还是草壮羊肥，黄羊遍地，"文化大革命"过后，开始搞活经济，家家繁殖牲畜，人和牲畜都越来越多，荒废的庄稼地开始沙化，草也长得不好了。

---

① 马戎、张敦福：《内蒙古赤峰地区的发展模式》，载潘乃谷、马戎主编《中国西部边区发展模式研究》，民族出版社2000年版，第127—172页。

集体化经济时期，牧民开始在草场定居下来。为了占据草场而进行婚后分家的行为变得没有中华人民共和国成立前那么普遍。同时，集体化经营剥夺了牧民的财富，不少牧民没有钱新建蒙古包或者房子，有的家庭就几代人居住在一起，按照蒙古族传统观念，这种居住方式会让家里人觉得窘迫。但是，由于受到汉族观念的影响，他们却会觉得维系同居共财的方式是一种荣誉。比如我访谈了一户人家，刚问起家庭成员，蒙古族的女主人就很骄傲地说："我是家里的大儿媳，和公婆过了12年，等小姑子、小叔子结了婚才分家。"

自1983年开始的经济体制改革使草原地区发生了巨大的变化。"公社—大队"体制转变为"苏木—嘎查"体制，自治旗全面推行了作价归户、分散经营的方式，把畜牧业经营形式从"以集体经营为主"转移到以"以家庭经营"为基础。与此同时，还推行了草牧场的"双权"固定工作，把草场使用权固定到户或联户，并以此固定冬春牧场的使用权，实行以草定畜的原则，兼顾劳动力、人口等因素，草场固定后30年不变。牲畜和牧场重新分给了牧民，随着草畜双承包制的确立，家庭又开始成为牧业生计的基本单位。1990年，全旗绝大多数牧民已结束了传统草原畜牧经营形式，由逐水草游牧向常年定点、季节放牧和固定营地牧养转化，定居、半定居，半定居放牧制已成为主要的生产和生活方式。

现在牧民已经定居，但在草原上生活的牧民多少还是保留了家户不聚居的传统，蒙古草原的房屋之间间隔比较远，较近的距离一般相隔1—2里。在现在的格局中，还有儿子毡房靠近父母毡房的习惯。有的孩子结婚后建的"板升"（蒙语，意为"定居的平房"）就在父母房屋的东边一字排开。每一家庭有自己独立的财产，在劳动繁重时互换劳力。萨如拉奶奶家在西边，东边依次排开的是大姑姑的家，和萨如拉自己家（奶奶大儿子的家），形成一个小小的住户群。每一家屋内住着一个核心家庭，是独立的经济核算单位。

分散经营后，牧区经济收入增长，牧民的经济条件也提高了。最为重要的是，牧区的人们逐渐有了草场个体所有权意识，草场从公共资源转变为私有资源，这种意识的转变影响了当地人们的思维和行为。

另外，从集体化到其解散，恢复生产资料私有，这一过程使蒙汉两族的接触日益加深。加上这段时期内汉人大量进入并形成具有一定规模的社区，汉人社会中的家庭制度、财产观念、文化逻辑也渗透到蒙古族内部，蒙汉之间的相互理解并且大量地吸纳对方的生活方式、习俗和观念。比如在后文中，我将提到，由于受到蒙古族分家方式的影响，当地汉人分家时重长子和幼子，与中原汉人强调均分家产的习惯有差异。而且，父母的家产幼子继承，幼子养老。改革开放后，草原的经济模式发展了重大的改变，人们对财产私有观念增强，具有了货币经济和市场经济意识。当地汉人社会逐渐向中原靠拢，改变了以往幼子继承家业的制度，也和中原汉人一样，平分家产，并且每个儿子都有赡养老人的义务。出于生态保护的原因，政府不遗余力地倡导用定居的生活方式取代游牧，加上包产到户后，土地承包制的分产模式被移植到草原上，家家定居，利用围封的草地饲养牲畜，用庄稼对于农民比照牲畜对于草原牧民的关系，定居下来后，原来共有的草场被划分到各个牧户，在观念上，蒙古族私有占有物意识范围扩大了。甚至出现了这样的现象，有的富裕牧户将自己的草场用铁丝围封起来，而将自己的牲畜放养到别人的草地上，到冬天才利用自己家的草地。

随着汉人家庭生活模式的影响和地方政府政策上的引导，蒙古族的家庭也开始发生了变化，由于其他孩子的争取，家庭中的长子、幼子逐渐失去了继承优势，均分家产逐渐成为主流。对老年人的赡养也开始从幼子负担，向几个儿子共同承担过渡。

草原游牧的生产方式要保证牲畜占据大片草场，聚居则不利于牲畜繁衍，所以，以前游牧生活，各子分家后要搬到离父母比较远的地方，独立放牧，父母一旦年老体衰几乎不可能实行轮养，而定居后，尤其是在农耕地区，即使分家，父母与儿子的居住半径也相当有限，为轮养提供了便利条件。在敖汉、奈曼等农耕文化发达的旗县，有的蒙古族家庭分家，和汉人一样立下字据，采取诸子均分家产的方式，并且随着诸子平均分摊对老人的赡养，出现了"轮班养老"。由于他们继承是的土地和家产，而不是可以繁殖的牲畜，所以外嫁的女儿不能通过嫁妆分割财产，继承在诸子间进行，所以养老也是由儿子来承担。而且在蒙古族农耕地区，因为汉族善于耕地，家庭生活条件比蒙古族好，所以，蒙古族女性外嫁给汉族的比例高。这些嫁到汉族家庭的女子们，接受了汉族女儿不能养老的观念，不但不能赡养老人，也淡化了与娘家的亲密关系。

当然，一个民族发生涵化的方式并不是对另外一个民族的完全模仿，而是在相互接触的过程中根据自己的特点形成另外一套独特的文化模式。当地蒙古族就根据自己对汉文化的理解，根据外部环境的变化和各自的家庭特征形成了几种不同的涵化模式。

（四）东蒙蒙古族轮养的分析

如上文提到，集体化经济解体后，实行了分散经营，牧区经济收入增长，牧民的经济条件也得到了很大程度的提高。最为重要的是，牧区的人们逐渐有了草场个体所有权意识，草场从公共资源转变为私有资源，这种意识的转变影响了当地人们的思维习惯。前文介绍，历史上蒙汉之间在互动过程中的相互影响，使蒙古族形成了别具一格的文化。尤其是在许多弃牧变农的地方，人们采取农耕方式之后，与汉族接触更加频繁，在此影响下，蒙古族不仅改变了生产方式、财产所有权观念，家庭观念、亲属关系结构等也发生了变化。

麻国庆介绍土默特地区的蒙古族家庭模式时指出，在与汉族互动的过程中，农耕蒙古族逐渐接受了儒家文化的熏染，认可儒家教义来进行自我伦理规范。不断地吸收汉族宗族、家族观念，发展礼教文化修养，兴办私塾、修建祠堂、家谱。[1] 其家庭成员关系的维系，家庭模式的安排也和汉族社会日渐趋同，不但出现了人们不仅以"同居共财"大家族为荣，而且也非常重视分家之后建立同祖联宗休戚与共的"兄弟手足"意识，推崇"仁义孝悌"精神。

据我了解，塔古嘎查在 20 世纪 50 年代以前有 4 家合居共爨的联合家族。据老人们根据回忆口述，集体化经济之前的轮养制家族

---

[1] 麻国庆：《汉族的家观念与少数民族——以蒙古族和瑶族为中心》，载赵嘉文、马戎主编《民族发展与社会变迁》，民族出版社 2001 年版，第 449 页。

有12户，而现在，在当地，有7家具备了轮值家族特点。父母在几个子代家户之间轮流吃住。最早实行轮养的家族和族际通婚有关，娶了汉族儿媳的蒙古族家庭，也将汉族轮养习俗引进来了。而给当地人留下极其深刻印象的轮养制家族则在集体化时期前后，人们经常在得知我的来意之后，用这个故事开始我们的访谈，这个故事更好地体现了大家族理念对蒙古族社区的濡染。

这个家族的老当家的姓刘，大概是1910年前后生人。刘老爷子在集体化时期担任公社的书记，人特别能干，为人忠厚、踏实，60多岁就去世了。去世前，这家一直维持着联合家族的模式，即刘老汉和3个哥哥的家户一起生活，合居共爨。老伴姓胡，1922年生人，母亲是汉族，父亲是蒙古族。胡老太太是一个非常善良、能干的女人，得到了当地人的敬重和爱戴。1999年去世时，旗里都有人慕名而来，参加她的葬礼。胡老太太在丈夫去世之后，依然维持大家族不分家，给公婆、几个伯子养老送终，尽了孝悌之义。婆媳、妯娌相处从来没有红过脸，1982年，大家族终于分家，胡大娘在4个儿子家轮流吃住，还是维持着大家族的核心精神不变，感动了当地许多人。

刘老爷子活着时，几房兄弟、妯娌加上下一代的孙男弟女，全家人口最多时达到23人，吃饭要开4桌。而她一直当着这个庞大家族的家，熬过了经济极为困难的时期。

她的三儿子，现任达来诺日镇副旗委书记告诉我，因为大爷和二大爷的身体都不好，大爷有气管炎，媳妇早早死了。他不能干重活儿，犯病时还要有人时时照顾；二大爷小时候，得过小儿麻痹，腿有毛病，没说下媳妇，那个时候集体嘛，算工分，家里没有个劳动力不行，要是分了家，两个大爷不但没人照顾，连口粮都得欠集体的。

> 我母亲就是为了照顾二个大爷，给他们养老送终，一起过。后来和三大爷也没有分家，都在一起。家里的劳动力也不够，也就4个整劳力，我父亲、我母亲、我三大爷两口子，要养活一大家子人，我母亲操持这个大家实在是凭着一股精神，她实

在太能干了。

　　我小的时候好像就没有看见过她睡觉。集体化时期，她4点不到就起床，先到自家的自留地干上一阵，然后做饭，伺候一大家人吃上，赶忙到大田集体劳动，晚上做了饭，再给家里人补鞋袜，缝缝补补到大半夜。那时候粮食少不够吃，好不容易抓点闲工夫，就到坡地上去挖野菜，采榛子什么的。

　　到后来，我们几个兄弟分了家，母亲在我们兄弟几家轮班儿。有一次，在我家，那时候我母亲都有70岁了吧，白天就歪在炕上睡着了，我才想起来，这几十年了也从没看见我母亲睡着的样子，狠狠地哭一场。

说到这里，旗委副书记的眼圈红了。

在当地调查时，不止一个人给我讲起这件事，人们在思想深处仰慕着以"孝悌仁义"维系的大家族，并且追求着对这种理想模式变相实践。在采访当地轮养制家族时，人们经常会说，跟老刘家学的，老人轮班儿在几家走动，有利于兄弟几家团结。

不过，当地生产方式的改变给轮养制家庭产生提供必要条件，农耕的蒙古族依赖土地为生，土地是家产重要组成部分。但土地不可能随着分家而彻底带走，土地维系了分家后家户之间的合作关系，使人们很容易接受老人在各个家户中轮流吃住，作为兄弟之间的纽带。而汉族的均分家产意识则更促使了轮养制家庭这种维系均平原则的模式，顺理成章地在当地得到广泛的接受和认可。

我的房东就是表中的第4个案例家庭。他们家姓秦，蒙古族。两个儿子经常外出打工，娶的媳妇也是蒙古族。他们家房子很宽敞，一排五间，连在一起。老大、老二家各有一间独立的厨房。我住在他家最边上的西屋，和老大的大姑娘一起住。吃饭就和老人一起，在老人的房间吃。两个儿媳妇谁有空谁就做。听老人说，以前房子比较窄小，是集体化时期盖的板升，只有两间房。一家人住在东屋，西屋放些杂物，后来老大结婚了，也没有分出去，把西屋收拾一下，在房后加盖了一间厨房。1998年，老二结婚时，老人召集了一次家庭会议，希望老二结婚后还在一起生活，在老房子的基础上翻新盖一个新房子。儿子们都同意，老人出了1.9万元，老大出8400元，老二出了8000元，请来人将房子盖好。还是住在东边房子里，老两口单独住，老大住西边起第二间房，老二一家挨着老两口的屋子住在东边起第2间房。老两口一般自己不生火做饭，轮流到两个儿子家吃，有时，谁家做了好吃的，就会叫上老人，或者给老人端来一碗。如果家里来了客人，就在老人住的房间里用餐，儿媳妇做饭。

塔古嘎查轮养制家庭调查表

	父母情况	何时轮养	子女情况	时间	居住	经济来源	劳力支出
1	父：68岁 母：66岁	2001年	3个儿子	不限	和幼子居住	子女给零用钱	干家务，农活
2	父：71岁 母：73岁	1998年	5个儿子，一个在外地	一个月	独立居住	儿子固定给粮食和钱	干家务
3	母：74岁	1994年	3个儿子，一个在外地，一个女儿也参加了轮养	不限	没有独立居所	子女年节的时候给零用钱	带孙子，干家务
4	父：69岁 母：61岁	2000年	2个儿子	随机	有独立居所	父亲有退休金	带孙子，农活
5	父：78岁	1991年	2个儿子，4个女儿	一个月左右	和幼子居住	儿子定期给钱	基本不干活
6	父：62岁 母：61岁	2003年	2个儿子	半个月左右	有独立居所	老两口有退休金，倒贴儿子家用	干家务，带孙子
7	父：72岁	1995年	3个儿子	随机	在长子家居住	无	干家务

有意思的是，虽然说是老两口单过，但几个孙子全都和爷爷奶奶睡，每天晚上，除了老大的大姑娘和我一起睡以外，余下的三个孩子（老大家一个小儿子，老二家一个男孩、一个女孩），包括老二

媳妇最小的儿子，才2岁，也要和爷爷奶奶睡，每天晚上，在老两口的屋子里，孩子们的笑闹声响成一片，追逐打闹好久才能入睡。他们家大儿媳妇萨如拉说，我们这里孩子都是爷爷、奶奶带着，要是老人身体好，能给孩子带到上中学。男人在外面打工，女人就在干地里的活，有的女人也去外面打工，比汉族多。没有时间照顾孩子，有老人帮忙省了不少心。老两口打算，如果孩子以后考上经棚（克什克腾旗政府所在地）的中学，就到经棚租租房子，专门照顾几个孩子。据老两口讲，当地这类的情况非常多，老人跟着孩子走。街对过的老刘家，老太太就一个孙子，所以特别疼爱。以前，孙子在经棚读书，奶奶跟到了经棚，后来孩子到赤峰上大学，奶奶又跟着去了赤峰，在姑娘家住下，照顾孙子，孙子去年在赤峰结婚了，奶奶就赤峰住上一段时间，回塔古住上一段时间，两头住着。

案例5中的情形比较特别，老人的老伴1999年去世，去世前老两口和幼子一起住，女儿建立的家户作为轮养的参与者，构成了轮值家户群家族。他们家姓包，蒙古族。长子在1992年车祸去世，长媳1995年改嫁，将孩子留给老两口，他们一直与幼子生活在一起，并且和其他几个孩子一起抚养长子留下的两个孩子。老两口平时和三个女儿的感情很好，长子的两个孩子也主要依赖3个姑姑的扶助。后来，幼子到沈阳做生意，生意越做越大，1995年到俄罗斯发展，很少回来了。照顾父母的责任就落在了三个女儿的身上。女儿们嫁得地方都不太远，大女儿、二女儿在经棚，三女儿在赤峰。长子的两个孩子一个在经棚，一个在赤峰。所以老两口就在赤峰、经棚和塔古来回居住。我问道，"这里有没有女儿不能参与养老的观念呢？"老人的三女儿其其格说：

> 以前有，跟汉族一样，女儿嫁出了，娘家的事情就不太管了。我们这里和牧区不一样，牧区女儿和儿子差不多，都一样看，出嫁女儿的陪嫁和儿子结婚的花销也差不多，女儿养老的也多。我们这里嫁女儿不花多少，娶媳妇花钱。嫁出去了，就管婆家的事，尤其嫁给汉族家，人家就受不了儿媳妇回娘家管事，照顾娘家。

现在，我们的观念又有点转过来了，和牧区学，要是女儿嫁给蒙古族，现在牧区富裕，都愿意嫁到牧区，婚礼啥的也和锡盟那边学，看重女儿。我妈妈是牧区嫁过来的，女儿、儿子一样疼，我们姐妹几个自小就挺知道顾家的，后来，我大哥死了，对我妈打击特别打，我们几个就都想着照顾爸妈。

我们几个本来都是有汉族名字，家里我妈给我们叫的蒙古族名字，后来工作了，也都嫁给牧区的蒙古族，就都改叫蒙古族名儿了，身份证上也改回来了。我大姐嫁给了牧区的一家，公婆在白音敖包还有400多头牛呢，我二姐嫁给个教师，也是蒙古族，我爱人是我二姐给我介绍的，是锡盟的，他们家老人都不会说汉语，我说话他们都听不懂。家里牲畜也挺多的。他们就挺理解我们来养父母亲的，反正我二哥也一时半会儿回不来，我们就照顾父母吧。其实，我觉得，姐妹之间的感情比兄弟之间还亲，我们姐妹几个就特别亲，嫁出去这么多年，但过年过节时，总要我们几个凑到一起好好热闹一下。

在塔古调查的几个案例中，只有案例1、2中的轮值家族的形式和汉族非常接近，由儿子的分支家户组成轮值家户群，案例1中的几个儿子手中还有当年分家立下的分家契约，不仅书写了分家的财产内容，还规定了老人在各家轮养的时间、居住条件。其余案例中，轮值家庭的制度化特征并不明显，老人在各家居住的时间比较随意，甚至组成轮值家户的不一定都是儿子，女儿也参与进来。

改革开放之后，许多蒙古族的传统逐渐恢复，婚葬仪式、年节仪式、给老人祝寿的仪式都和锡盟（锡林郭勒）那边的蒙古族学，比如给老人祝寿时，这边的人也和经棚的人一样，跑到锡盟去给老人定做袍子，打银碗。这样一来，家庭里的关系也改变了不少，老人和女儿过的，和孙子、孙女过的都有。

（五）蒙区轮值家庭的特点分析

上一节，我提到了农耕蒙古族轮养制家户群产生的条件。下面我将针对在塔古调查的情况进行分析和总结。

传统游牧的蒙古族的家庭形式比较分散，儿子婚后即另立门户，并不注重家户之间的凝聚力。父子、兄弟之间的合作虽然比较频繁，老人主要和幼子生活，形成主干家庭，幼子继承主干家庭的财产，和其他的儿子往往并不密切。

随着农耕生产方式逐渐取代了游牧生产方式，塔古嘎查的蒙古族家庭定居下来，依靠土地为生，分家之后兄弟的诸家户之间距离也不会很远，聚族而居，给轮值家族的出现创造了条件。依赖游牧为生的蒙古族家庭财产以牛羊牲畜为主，由于牛羊可以繁殖，所以兄弟之间不太会计较分家份额的多少。但在农区，土地由于不能移动，也不可增值，继承多少土地关系到日后的生存，兄弟之间会比较在乎分家份额，于是，从汉人分家借鉴来的均平观念就在农耕蒙古族社区占据了主流，以均平观念为基础的轮养模式便相应产生。

随着社会的变迁，与北方汉族的轮值家庭相比，现在的蒙古族农村社区轮值家庭呈现出以下特点：

1. 时间

与汉族轮值制度相比，蒙古族的轮值在时间规定上比较随意，一般来说，汉族家庭在订立分家契约时，规定老人在各家吃住的时间，几个儿子也会按照规定严格执行。可塔古嘎查的蒙古族老人则比较随意地在各家吃住，不受时间的约束。

2. 参与家户

许多学者提供的汉人社区轮值家庭的资料显示，由于汉人社会遵从由男系继嗣群原则进行家族组织，儿子家户主要参与到老人轮值赡养中，包括个别案例中，有孙子轮流赡养爷爷的情况。但女儿、孙女作为家户群家族的一部分非常少见。传统游牧的蒙古族家户群家族虽然也是由男系继嗣人构成，外嫁女性与娘家联系很少。由于蒙古族社会重男轻女的观念淡薄，计划生育政策在蒙古族牧区推行得比较顺利。[①] 虽然国家允许少数民族夫妇可以生育二胎，但现在培养子女的费用增高，有的夫妇生育一胎，不管是男是女，都领独生

---

① 张增智：《内蒙古地区蒙古族人口历史与现状概述》，《西北人口》1995 年第 1 期；刘世海主编：《内蒙古少数民族人口素质研究》，内蒙古大学出版社 1995 年版，第 25 页。

子女证书。当地独女户中蒙古族比例占得比较高。

蒙古族家庭重视女子教育，女儿在家庭中的地位也比较高，在婚嫁过程中，并不存在厚娶薄嫁的现象，女子出嫁后，照样可以和娘家保持非常紧密的关系。

我访谈了一户姓白的人家，有2个女儿，1个儿子。家里有34头牛。去年年底大女儿结婚，陪嫁了10头牛，还从家里带走了一台彩电和一台摩托车。我问"儿子结婚能从家里分走多少？"白大妈说："儿子结婚给不了这么多，我们这里重陪嫁。女儿嫁去的家里比较富裕，我们给的嫁妆就不能太寒酸了。"

当地蒙古族也并不绝对排斥妇女对娘家的遗产继承，比如我访谈了另外一户居住在哈日浩舒嘎查的蒙古族家庭，大女儿格日勒在镇上的小学当语文老师，与我关系很亲近，经常与我聊天。她说，她们家里有三个女儿，一个儿子，儿子一直在外面读书，硕士毕业后，留在了浙江上班。父亲2000年去世。大姐和二姐都各生育了一个女孩。她们家里都是女的。家里的事情全都依靠几个女儿。格日勒说，像自己家这种情况，母亲就肯定不会指望儿子来养老，以后家里财产也就都是由几个女儿来继承。

3. 居住

学者们在闽台地区和北方汉区轮值家户群家族材料表明，只有少量的轮值老人拥有自己的独立住所。一般来说，老人将家户转移给几个儿子或某个儿子，老人作为个人有"本家"的象征，却没有本家的物质依托——"房屋"，老人住进谁家，谁家就是老人的家。而在蒙区，老人习惯上有固定的居所，即使是经常到外面居住，也要在老家保留自己的房子。有条件的情况下，老人先选择轮吃，其次再轮住。

4. 观念

移民与本地蒙古族的融合、蒙汉民族的融合都以较平和的方式，在一个较长的过程之中，在农区和牧区以各自的主体文化为导向进行着。农牧矛盾、本地人和移民、蒙古族和汉族的矛盾表现也不突出。蒙地汉族社区建立之初，也受到了当地蒙古族家族组织观念的影响，比如直到20世纪50年代之后，还有不少汉族家庭采取"厚长重幼"的分家习惯，并且比起南方来说，蒙地汉人社会家族中间阻碍分家的力量比较弱，长辈甚至会推动分家，也是和蒙古族家庭中儿子结婚即分家的习俗有关。这为"从周边看汉人社会"视角提供了一个很好例子。而到了1980年之后，汉人社区的规模越来越庞大、稳固，人们开始模仿南部的中原农村地区，同时，经济发展与土地政策也增强了兄弟们对保障自我房份经济利益的意识，所以当地才开始实行诸子均分的分家策略。

"从周边看汉人社会"之外，我们如果从"汉人社会看周边"的角度出发，就会看到，当地蒙古族也在分家之后采取了与汉族轮养制极其类似的轮养制家庭。第一，蒙古族从游牧转为农耕，生产方式发生改变，人们从居无定所到聚落而居，为轮养制家庭的产生创造了条件；第二，在国家力量的介入下，蒙汉之间得以近距离接触和频繁交流，均分概念逐渐渗透到蒙古族的意识当中，也在分家中得以贯彻；第三，和我提到的当地汉族情况类似，集体经济解体后，蒙古族也重新复归自身的民族认同，寻找并重构传统的记忆，正如当地汉族频繁地学习中原，如河北、山东等地的习俗一样，蒙古族向北方，如锡林郭勒、呼伦贝尔等地学习习俗。某些蒙古族的家庭策略重新复活，当地蒙古族在保持以往的轮养制同时，结合新的意识、习俗，建立了一个以汉族轮养制为框架，融合了蒙古族特色的新轮养制家庭。

五 讨论

如前文表述，在中国北方，以移民为主体构成的蒙汉边界社区，人们将轮养制存续下来，成为养老的主要实践模式之一，而且在一定条件下，还促成了周边蒙古族采借这一养老模式，成为蒙古族养老模式的补充。

轮养制在边界地区的延续说明，所谓一种制度的出现和延续依赖于内在逻辑的支撑，而内在于汉人家庭的逻辑核心之一即为"兄弟平等"。据李亚农对历史文献的梳理，从殷代开始，兄弟之间就实行"析财异居"的分家制度，"这是殷人普遍实行的制度，而且实行得非常彻底"。商周时期不仅王室贵族,而且,"在庶民的宗法中,长房、二房、三房、四房等继承财产的权力大致相同,地位也大致相等"。① 这一民间制度也得到了考古资料的确认,当时的家庭多为一夫一妻制小家庭,间或有父子两代及兄弟同居的扩展型小家庭。春秋战国时期,以要求财产析分作为前提的兄弟别居状况已经被半制度化地固定下来,"而每个儿子独立之后都要面临同样的生活、生产和赋税负担,加之血缘关系相同,所以从大家庭中分出去的财产也应该大致相同,这便在诸子析产中加进了'平均'的因素,由此形成了所谓的诸子平均析产方式"②。唐代,诸子均分制已被写进法律之中。《唐律疏仪》卷十和后来的《宋刑统》卷十二的"析产令"条文中都明确规定,"应分田地及财务者,兄弟均分"。

伴随着"兄弟均分"制度确定下来的还有观念上的变迁。随着西周宗法制的衰落以及中央集权国家制度的建立,"孝"中所蕴含的政治意义被政治家们放大,"移忠入孝"或"移孝作忠"应运而生,原儒们所希冀的"孝悌"之道,其中的孝道传承下来,内化于俗民社会的伦理规范中,并写入国家法律,而"悌"则由于失去制度化保障,而仅仅成为一种良好愿望,被伦理学者们空洞地提起。③

兄弟均分一方面是指对家庭财产的析分,同时,也是对赡养父母义务的均平承担。在人们对均平原则的恪守,轮养制似乎是一个最能体现均平的养老策略,于是,无论中国的内地还是边疆,只要有汉人社会存在,就会有轮养制的出现。

通过蒙古族对轮养制度采借分析,我们可以看出,一是,所谓一种制度的出现和延续,需要传统理念和客观因素的支撑。在传统的汉人社会,支撑轮养制度延续的是父系家族主义的"诸子均分"的制度与文化逻辑,而1949年之后,国家针对农村土地制度执行的一系列政策,给轮养制度实践提供客观条件。集体化时期以个人为

---

① 宋雷鸣:《兄弟关系的人类学研究——以豫东楼村为例》,博士学位论文,中国人民大学,2010年。
② 邢铁:《家产继承史论》,云南大学出版社2000年版,第5页。
③ 宋雷鸣:《兄弟关系的人类学研究——以豫东楼村为例》,博士学位论文,中国人民大学,2010年。

单位的分配机制，推动分家提前，为轮养制度提供条件，联产承包之后国家制定的宅基地政策，又为轮养的持续进行提供制度保障。二是，地方蒙古族牧转农以后，在不同的文化背景下，人们在相同制度下发生了生活方式的采借，但是对其解释却因文化而异。处于蒙汉边界的蒙古族采借了轮养制度，但是在实践该制度的时候，却仍然坚持着与汉族的差异。可以看到，少数民族不断向汉族采借制度与文化元素，但是，这种涵化模式并没有改变其民族认同，反而如我们从其他研究中看到的，处于边界双方的民族对彼此的区别意识仍然明显。三是，在对汉族实行轮养制度的观察中，处于制度中的行为者对制度的理解也各有差异，有的是因为儿子尽孝而轮养，但更多的情况是，人们认为这种制度能够达成对老人尽义务与兄弟之间遵守均平逻辑的平衡。处于轮养中的老人，对此也有不同感受，即使是一个老人在不同的儿子家庭轮流走动，也会因儿子给予的不同对待而有不同体会。所以说，孝道对于中国文化是一个理想型，然而在当今社会急剧变迁中，孝道的传统理念和实践有诸多相互调适的做法，包括承继、变异和采借。

我们从对一种制度的分析抽象出一种文化逻辑，然而却可以从对该制度的操作来看出人们在制度中能动性的展现，以及在跨文化采借发生与变异的能动性展现。

信仰、家庭与社区的再造
——对一个西北村庄的考察

黄剑波[*]

在对汉人社会的研究中,需要涉及而尚未得到充分讨论的一个问题就是,在近代中国主动或被动地与外部世界开放和相遇的过程中,一些新的元素被引入并带来一些新的变化,其中值得注意的就是基督教在西方强权进入的同时广泛流入到中国腹地。在近代中国的发展轨迹中,基督教是一个或隐或现的角色,无论我们是强调它对于例如国民教育、医疗卫生、女子权利、报纸杂志、政治民主等诸多方面的积极推动作用,还是将其作为"文化侵略"的力量之一强烈批评。但是,过去的这些相关讨论或是以基督教为中心,考察其是如何得以进入中国各个层级的社会和地区;或是以地方社会为中心,讨论其是如何应对基督教等"外来者"的。因此,我们常能看到的相关研究或是"宣教士或宣教史研究",或是教案研究。而这两类研究有着一个共同的基本思想框架,即传统与现代的二元叙事,具体来说,就是以费正清等人为代表所提出的冲击—回应模式。[①]

在这种基本叙事模型中,无论是以西方为中心的考察,还是以中国为中心的反思,都存在着一个对"他者"的想象。[②] 从这个意义来说,我们在这里所探讨的个案,则是在试图在这种东方与西方、

---

[*] 黄剑波,华东师范大学人类学研究所所长、教授。
[①] Fair Bank, John King, ed., *The Missionary Enterprise in China and America*, Cambridge, MA: Harvard University Press, 1974.
[②] 就如对所谓"东方主义"(Orientalism)的批评一样,其基本策略仍然是东方主义的进路。

传统与现代的叙事模式之外寻找一种可能的进路，将基督教作为一个世界宗教来考察其普遍性是如何在不同的地方社会中得以落实为一种地方性的信仰和文化表达。这里有两点需要特别说明，首先，我们认为把基督教对等于西方文化是有待商榷的，尽管确实它们之间有深厚的历史渊源，因此，我们在这里实际上已经把西方的基督教仅仅作为普世基督教的"一个地方表达"来处理。① 另外，当我们试图采用另一种叙事框架的时候，也绝不是在说这种传统与现代的叙事完全失效，事实上，它对于我们理解当代中国社会的变迁仍然具有强大的解释力。

在我们所考察的吴庄个案中，在内地会宣教士的直接和间接影响下，部分吴庄人归信基督教，并从"四人堂"的简朴开端，经百余年的起伏发展而为如今全面渗入村庄日常生活的各个层面的吴庄主要信仰之一。就家内关系来说，基督教的进入使得部分吴庄人从传统汉人的父子纵向轴心，（至少是部分地）转变为圣经教导的夫妻横向轴心。与此相关，人际关系也从传统的"差序格局"，（至少是部分地）转为接受试图抹平人际地位差异的"上帝面前人人平等"的观念。

在此，我们可以观察到文化变迁过程中的断裂（discontinuity）和延续（continuity）同时存在。如果说上述的两个转变是关于汉人家庭或家族的断裂的话，其实在吴庄基督徒的实际生活中，仍然可以看到他们也大量沿用汉人传统观念和符号，例如，在姻亲关系中，表兄妹的取名沿用了父系传承关系中的"辈分"概念，以及吴庄基督徒对于对联超过其他非基督徒村民的热情。

正是在这种"变"与"不变"之中，我们可以说文化绝非一种静态的结构性框架（structural framework），而是一种不断流动的过程（process）。吴庄的"基督徒汉人"文化就是这样一种地方性的文化混合体（cultural hyberidity），同时也对于理解普遍性的文化变迁具有参照的意义。②

---

① 吴梓明、李向平、黄剑波、何心平等：《边际的共融——全球地域化视角下的中国城市基督教研究》，上海人民出版社2009年版。

② Robbins, Joel, *Becoming Sinners: Christianity and Moral Torment in a Papua New Guinea Society*, Berkeley, Calif.: University of California Press, 2004.

简言之，对于吴庄基督教的考察的意义不仅仅在于这是一项"宗教或基督教研究"，更是旨在理解近代中国社会的急剧变迁过程中所凸显的"传统"与"现代"的议题，是以基督教这个"他者"为切入点来看所谓的"我们"，为中国（北方）汉人社会研究的已有成果提供另一种视角。

一 认识吴庄

2001年2月15日，卦台山伏羲庙会正日。一大早，山上就热闹了起来，秦腔粗犷豪放的唱腔经过几支高音喇叭的传送响彻了整个三阳川，山脚下的吴庄听得更是真切。我抓住一个上山进香的年轻人和他攀谈起来，原来他正是吴庄人，谈起吴庄，他笑着说："嘿，我刚才还听附近村里的一些人在议论说，吴庄信什么的都有，做什么的都有，三教九流都齐全了。"看得出来，他对自己是吴庄人非常认同，也相当骄傲。

他的骄傲其实也有道理。吴庄确实是一个文化底蕴深厚的村庄。村里到处可见的各式对联显明了这里文风的盛行，几乎每家大门都有一副对联，有些家庭的院子里各个房间还有门联。这些对联大都出自村里老学究的手笔，不少人以一手好字为村人所普遍尊重，皆以"先生"来称呼。吴庄还有一些看风水、掌民俗的"阴阳家"，吴耀彰即是其中之佼佼者。而且，据不完全统计，自1978年恢复高考以来，吴庄已经有大专以上学历者100余人，其中还有6人拥有硕士学历。对比当年我上大学时，全村人等奔走相告"某某家出了第一个大学生"的景象，吴庄完全当得起"文化村"的称号。

吴庄在行政建制上隶属于甘肃天水，[①] 地处中国西北内陆。天水之名来自"天河注水"的美丽传说，据《水经注》记载，"上邽北城中有湖，水有白龙出，风雨随时之，故汉武帝改为天水郡。"天水

[①] 作为一个地级市，天水市下辖秦城、北道二区，秦安、甘谷、武山、清水、张家川（回族自治县）五县，总人口332万，主要为汉、回两族，面积为1.43万平方公里，是甘肃东部的经济、文化中心。

的历史非常悠久，传说中国的人文初祖伏羲及女娲均生于此。① 天水素有"陇上明珠"之称，其地东连秦岭与宝鸡相邻，北接六盘山与平凉及宁夏相毗，西望祁连山经定西而襟带兰州，南望岷山从陇南而直通四川，渭河由东而西穿越而过，冲积出一连串的小平原，当地人称之为"川"，成为陇右一带的粮仓。②

吴庄所在之三阳川是天水市北道区主要的大"川"之一，南北两山，绵延不断，遥相应对，渭河东西横贯，葫芦河由北来汇，交相冲积形成一个巨大的盆地形平川。这片南北宽3—5.5公里，东西长15公里，面积达60平方公里的肥沃土地养育了3个行政乡（渭南、中滩、石佛），10多万的人口。在民国时期，这一带一般统称为"北乡"，是天水传统上最为富庶的地区。三阳川最西端就是远近闻名的卦台山，状如龙首，北插渭河，相传当年伏羲据此台放眼三阳，象天法地而妙悟八卦。③

---

① 马天彩：《天水史话》，甘肃人民出版社1985年版。
② 文长辉：《陇上明珠：中国历史文化名城天水》，甘肃人民出版社2000年版。
③ 吴庄阴阳家吴耀彰精通堪舆之学，对三阳川的地理更是熟谙于胸，曾专门撰文《伏羲卦台地理验证》，节选如下：渭河由西而来，在三阳川蜿蜒东流，在卦台山和东西峡口的马嘴山之间形成一个巨大的"S"形；而南北山脉，呈外弓形，若抱若合，整个三阳川犹如一幅巨型的太极图，阴阳的分界就是渭河。雪后登卦台遥望，图形格外显明。卦台山如龙首（即上龙头），南山众脉如龙身，至马嘴山形成南山卧龙；导流山（和马嘴山相对）如龙首（即下龙头），北山众脉如龙身，至卦台对面的刘家爷山形成北山卧龙；两龙首尾合围构成太极图的边缘。乾南坤北，与伏羲先天八卦之乾坤两卦暗合；定乾坤即定天地，阴阳六驳互相变换，生成整个卦体。整个三阳川象天而圆，渭河、葫芦河盘绕交流，暗合天体之银河，而峰峦、山脉分布犹如星座。由太阳黄道经北回归线的夹角为23、27度，而三阳川最南端早阳寺（即善家寺）至最北端郭家寺直线距离是228里，符合"上象下形"，可见三阳风水与天象对应。勘察南山地脉，由三阳川最东马嘴山向西延伸，依次有马王、马鞍子梁、上脯池、下脯池、细尾子沟，止于滴水崖，构成一个马体形象，正是先天卦象乾卦"金化马"的验证。乾卦象天，因可谓之天马。卦台西北新阳川之北山，从牛耳山开始向东延伸，依次有牛蹄湾、牛领上等，构成一个牛体形象，正是先天卦象坤卦"土化牛"的验证。卦台山居三阳川之西北，方位合先天卦之艮卦，正是地理上的"天市"；导流山居川之东南，方位合先天卦之兑卦，正是地理上的"三吉六秀"。卦象相对，关住全川内局，使真气藏而不泄。卦台之下渭河滩头矗立的分心石，正是地理上的大禽星，禽星塞水口，是吉祥之兆，一可使真气不泄，而可阻挡邪风恶气的侵入。因此，三阳川自古以来，很少受冰雹等自然灾害的侵袭，充分享受地理之利，三阳川村民都喜欢在春节时贴这样一副对联：安居即是羲皇里；乐岁还同富贵春。勘察卦台山之来龙，起自凤凰山（即古圭山，为秦州镇山），直下大风台，翻转东行五龙城堡，构成地理上的罗帐，浮浮沉沉、吞吞吐吐延落卦台，结为地理上的武曲星，如龙首伸延于渭河中，而卦台钟灵毓秀，四面八方山脉层层卫护，重重环抱，如紫微垣内，合排象，应天体。龙头入水，则是生生不息之象。卦台山上伏羲先天殿坐北朝南，应卦象坐地观天，庭院布置暗合宫位明堂，古柏按九宫八卦排列。登卦台东向远眺，但见三阳大地莽莽苍苍，雾气腾涌，灵气袭人；两条银汉，一川星月，八面云出，千家烟村，三阳开泰，万里春光。

卦台山东侧山脚下就是吴庄。500余个院落沿着山脚的一道引水渠南北向展开。北侧是潺潺流过的渭河。南侧是运输繁忙的陇海铁路。一条笔直的大道从村口由西而东连接新修的国道310线，距离不过1.5公里而已。国道310线与陇海铁路相交的附近设有一个小型车站，从那里乘汽车到秦城不过16公里的路程，10多分钟就可以到。反倒是到直辖这一片的北道区还要经过秦城，再走上约15公里的天北高速公路。每天有两趟通勤列车会停靠这个小站，早上的时候由定西开往天水，下午的时候由天水发往定西，到天水（北道）火车站不过1个小时。我前两次到吴庄的时候（2000年1月及2000年12月），由于新的国道还正在修建过程中，只有原来的盘山道，到秦城就需要将近2个小时，所以我每次都是乘通勤列车来往于吴庄与天水。图方便之外，还有机会在火车上与邻座的人攀谈。① 2002年3月我第四次到吴庄的时候，小站正在扩建，规划为天水西站，作为天水的货运车站，建成后将极大地推进三阳川地区的城市化进程。事实上，根据《1995—2020年天水市城市总体规划》所绘制的城市发展蓝图，到2020年，天水的城市规划范围将达到74平方公里，人口规模达到50万人，用地规模达到55平方公里，三阳川、南河川为未来城市发展用地，在城市发展布局的四大组团中，三阳川是未来发展的重点组团。②

卦台山西侧山脚下是张村，③离吴庄最近的村庄是陇海铁路南侧的霍村（以霍姓为主），都隶属于渭南乡。逢阴历单日的时候，乡上都有集市，人头涌动，非常热闹。但村民们都更喜欢在阴历双日的时候去赶中滩的集市，那里更为繁华，而且距离也稍近一些，6里多路。赶集的人大多步行，或骑自行车，最近几年越来

---

① 来往的人大多是农民，也有做小生意的，还有的则是家在农村，但在城里工作的，各色人等，和他们的交谈一直是我的乐趣。就算是我第三次到吴庄，发现新的国道已经通车，汽车比火车方便很多，但我还多次专门去坐火车。

② 四大组团分别为：秦城组团，保持全市政治中心和商贸中心，保护古城特色，积极发展科教事业，形成全市科教中心；北道组团，作为区域性重要物资集散地，市主要对外出入口；社棠镇组团，作为市工业发展的主要区域，适当发展轻纺、仪器制造工业；三阳川组团，近期建设蔬菜、副食品基地。

③ 本为3个村庄，张新村、柳滩村、马营村，合称张石村，因其以张姓为主，故本文将其简称为张村。

越多的人也开始坐小面的或中巴，1块钱的价格对很多人来说已经不算什么了。

从卦台山俯瞰吴庄，最为显眼的就是基督教堂的大红十字架，然后就是其正对面的村委会房顶的四支大喇叭，村民们大大小小的院落就以此为中心往南北绵延。教堂南侧是水井的出水龙头，从早到晚都有村民来来往往担水，在等水的时候彼此交谈，俨然一个村民活动中心。村委会北侧是小学，是孩子们的圣地。引水渠以西，紧靠山脚坐落着一座小小的元君庙。据说她是伏羲的女儿。村里人把她当作"家神"来看待。旁边是一个未完工的佛堂，只有两间房，常年在屋外挂着一幅布帘，写着"募捐"的字样。

吴姓在吴庄的人口优势是不言而喻的，据《吴庄户口底册·2000年8月》的数据，吴姓人口占全村人口87%以上。不过，吴姓虽然是绝对的大姓，却没有统一的族谱，也没有宗族祠堂一类在福建、广东等地常见的大家族表现形式。一般来说，北方汉族移民社会的特征比较明显。但这并不是说吴姓人没有宗族观念，事实上，每个成年男人都很清楚辈分排行和各房的系谱分支，谁亲谁疏，关系远近，他们一清二楚。其中辈分和房份是最为重要的两个概念，这与陈其南对台湾汉人社会的观察是一致的，"辈分的法则和同一世代均等分房的法则分别构成中国人系谱坐标的横轴和纵轴"①。吴姓人没有族谱和家谱，或许正是因为他们的生活中根本就没有拟出这么一个成文的"文件"的必要，辈分和房份的原则和内容早就印在了同族人的脑子里了。他们无须去翻动族谱就能对长幼、房份说得清清楚楚。这个看起来松散的家族体系之所以能够出现并持续地延续下来，儒家礼制的高层文化理念成功地活化于汉人民间社会生活中显然是一个根本性的因素。

尽管就吴庄而言，我们看不到家谱、族谱、乡约之类从宋代以降宗法教育的重要手段（因为族谱不仅排列了人伦位置和秩序，在其序跋中还经常会出现儒家礼法和理念的简明表述），但以儒学人伦

---

① 陈其南：《家族与社会：台湾与中国社会研究的基础理念》，台北联经出版事业有限公司1985年版，第134页。

教化为主的对联却相当普及。其外，吴庄也广泛地承继了祭祖和墓祭的习俗。这在"文化大革命"时期作为"四旧"残余而被禁止过一段时间。但当国家控制稍为放松之后，以家庭为单位的祭祖和墓祭就再度盛行起来。林耀华早在1935年就指出："儒家高唱孝的学说，愈助长拜祖风俗，不祭祖宗就是不孝，不立神主，更是不孝，我国祠堂的普遍，拜祖的盛行，儒家大有功焉。"[1] 可见，中国人的祖宗崇拜仪式确实已融入了儒学的理念，并与民间风俗结合在一起，在民众中深深扎根。李亦园在考察日常以及世代交替时的祭祖所表现的亲子关系时，也指出，这"不仅是日常生活关系的投射，而且也是儒家伦理思想的表达与肯定"[2]。庄孔韶在对"金翼之家"进行重访性追踪研究时，归纳指出，"祭祖和墓祭是儒家理念的仪式化"[3]。概括而言，吴庄社会通过张贴对联、实行墓祭以及对辈分、房份的清楚界定而将儒家的思想和理念成功地与民俗生活捏合在一起，儒家礼制渗透于吴庄人生活的方方面面。

根据中华民国二十五年编撰之《天水县志》[4] 记载，当时之天水人口约为34万人，其中佛教（以临济正宗派为主）僧尼盛极，一时曾达4050人，道士（以全真教为主）也达百数十人。2001年所编撰的《秦城区志》[5] 提到国家承认的佛教寺庙不过16处，道观也仅5个。单从这些数据上来看，佛教、道教似乎对当地社会生活无足轻重，但是我们不能忘了以上的数据仅仅包括"建制"内的"正宗"教派，诸多的个人/家庭修行场所，以及居家修士和"建制"外道士并没有被涵括在内。吴庄就有一个正在修建中的念经堂，尽管只有10余户吴姓人家卷入较深，但这个经堂和这些居家修士显然并没有被纳入国家编撰之方志之内。事实上，真正对民众生活产生

---

[1] 林耀华：《义序的宗族研究》，生活·读书·新知三联书店2004年版，第50页。
[2] 李亦园：《中国宗族与其仪式——若干观察的检讨》，《"中央研究院"民族学研究所集刊》第59辑，1985年，第53页。
[3] 庄孔韶：《银翅：中国的地方社会与文化变迁：1920～1990》，生活·读书·新知三联书店2004年版，第253页。
[4] 贾瓒绪等：《天水县志》，国民印刷局铅印，1938年。
[5] 天水市秦城区地方志编撰委员会：《秦城区志》，甘肃文化出版社2001年版。

直接影响的正是那些"建制"外的民间佛教和民间道教形式。① 因为,虽然在中国的制度结构中,"宗教和道德属于两个分开的方面",而"西方宗教是把道德系统与超自然崇拜连接在一个单一的结构之中"②,但庄孔韶指出,"在实际民俗生活中,道教的传统是相当地借助了儒家伦理道德和卷入了日常生活礼制中"③。

多数吴庄人参与的伏羲崇拜正是这样的一个儒、道、佛思想的融会贯通。伏羲庙④并不是佛寺,也不是严格的道观,但2001年2月15的卦台山伏羲庙会上,主持仪式却是道士。而一幅写着"***县兴国寺捐款***元"字样的红色字条,夹杂于"***乡政府捐款***元""***局捐款***元"之类的庙会捐款名单中,显得颇为显眼。更为有趣的是,我在鼓楼下发现了一幅非常有意思的对联:

儒教道教佛学教教教化民,
钟声鼓声赞歌声声声唱爱国。

尽管从文学角度来说,这副对联并不算工整,但却正是三教合

---

① 日本学者渡边欣雄认为汉族宗教的基础及核心,是不属于任何宗教派阀的"民俗宗教"。他接受奎德忠的观点,认为所谓民众道教和民众佛教其实都应该称为"民俗宗教"。[日]渡边欣雄:《汉族的民俗宗教:社会人类学的研究》,周星译,天津人民出版社1998年版,第1页。

② Yang, C. K., *Religion in Chinese Society: A Study of Contemporary Social Function of Religion and Some of Their Historical Factors*, Berkley: University of California Press, 1961, p. 291.

③ 庄孔韶:《银翅:中国的地方社会与文化变迁:1920~1990》,生活·读书·新知三联书店2004年版,第385页。

④ 景军提到,中国传统上称佛教寺庙为"寺",道教称为"观",纪念伟人和先祖之所称"祠"或"祠堂"。但是在中国民间宗教里,供奉医药之神、生育女神、水神以及其他超自然存在的地方通常被称为"庙"。Jing, Jun, *The Temple of Memories: History, Power, and Morality in a Chinese Village*, Stanford University Press, 1996, pp. 23 - 24. 供奉伏羲之地也称"庙",据《甘肃文史资料选辑》第41辑载,中国政协甘肃省委文史资料和学习委员会编《甘肃文史资料选辑》(甘肃人民出版社1997年版),全国现存伏羲庙2座,一在天水,一在河南淮阳。显然,这里没有包括修建于卦台山的伏羲庙。事实上,卦台山伏羲庙还要早于天水城区的伏羲庙。前者始建于金章宗明昌年间,后者始建于明朝成化年间,前后历9次重修,到清光绪时方形成规模宏大的建筑群。刘雁翔:《伏羲庙志》,兰州大学出版社1995年版。

流进入民众生活这个理念的完美写照。对联撰写者准确地看到无论是儒、道，还是佛，这些"教"与"教"可以是不同的，但却都是志在"教化民"。也就是说，这些不同的宗教传统有着同样的目标"教化"，并在功能上呈现一种独特的互补性。

仔细考察这副对联，我们还可以发现它显然在有意无意之间将附近一带拥有众多信徒的基督教信仰排除在外。事实上，自19世纪末内地会将基督教带到天水一带地方，最先发端就在吴庄和张村，这里也一直是天水境内基督徒群体最为集中、基督教影响最为深刻的地方。我在吴庄的十个多月时间里，只要天气允许，几乎每天清晨或黄昏的时候都要爬上卦台山，一为放松和休息，二为锻炼身体。此时卦台山顶总是非常安静的，在沉迷清幽古风、享受清新空气的同时，每每举目而望，最先进入眼帘的总是吴庄和张村的两个高高的大红十字架。再往远眺，可以隐隐约约看到其他村落最为显眼的也是村庄上空的十字架。吴庄最早的几位基督徒同时也是天水地区最早的西医大夫，也是他们建立了天水最早的西式医院。

有意思的是，尽管教堂及十字架是吴庄最引人注目的建筑，基督教在当地社会已经在相当程度上作为一种信仰和生活方式取得了民众的接受，而且还有为数众多的家庭认同了这种"外来"的"异质"信仰，但是非常明显的是，无论是作为撰写对联的"民间知识分子"或"先生"，还是作为最广大的民众心理，所接受的仍然是将儒、道、佛的理念杂糅之后的民间信仰和生活哲学，基督教对于多数人来说仍然显得有些陌生。从这个意义上来说，基督教或许已经成为中国众多宗教中的一种（one of the religions in China），但却还不能说已经成为一种被多数人群和社会心理接受的"中国宗教"（a Chinese religion）。[①]

吴庄人一般都知道吴庄有500多户、3000多人，但至于具体情况如何谁也弄不清楚。负责管理吴庄户口底册的村秘书对我交底说：

[①] Bays, Daniel H., "Protestantism in Modern China as 'Foreign Religion and Chinese Religion': Autonomy, Independence, and the Constraints of Foreign Hegemony", *Paper Presented in Beijing Summit on Chinese Spirituality and Society*, 2008.

"说老实话，就连我都搞不清楚，这里头复杂得很。反正是报一个大概的数字给乡上就行了。"我仔细查阅户口底册，又询问村里的"灵通人士"，才算整理出个大概。吴庄户口底册是以院落门牌号为序进行登记，全村共有院落 503 个，其中空号 2 个（已划地，但尚未建房），2 户共享 1 院 14 例，3 户和 4 户共享 1 院各 1 例，因此实际总户数为 513 户。户口底册的全村总人口为 3128 人，但考虑到一些计划生育特殊挂户现象，有人无户的情况、① 有户无人的情况，② 以及户口迁移及农转非等种种情况，这个数据显然是不准确的，因此，我只能采用全村约有 3100 人这个笼统的说法。

吴庄的家户大小不一，大至 10 人以上，小则 2—3 人，也有单身户，一般则为 5—7 人。吴庄的大户情况不多，仅 6 例，全部为吴姓。这样的家庭结构正好符合传统中国社会的大家庭理念，但其愈见稀少也正好反映了大家庭理念逐渐被核心小家庭取代的现代化过程。

从以上这些对吴庄的地理、人口以及宗教和文化的简要介绍中，我们可以看到吴庄深厚的历史沉淀及多样化的信仰和文化资源。简言之，吴庄是西北内陆的一个普通的汉人村庄，既有沉淀于家庭日常生活的儒家宗法理念，也有佛、道、耶等宗教信仰以及其他民间信仰形式；既有影响大多数村民的伏羲信仰和元君信仰，又有多达 1000 余人的基督教信徒；既是一个历史厚重的汉人村庄，也正处于城市化、现代化的高速变迁进程之中。

二 吴庄基督教的历史过程

1876 年，正是清王朝摇摇欲坠、社会动荡不安、列强坚船利炮横行之际，一个名叫庞克（或名巴格道，George Parker）的英国传

---

① 共有 13 例，其中 1 例是超生女，尚未上户，其余 12 例则是近期嫁来的外村媳妇，也未入户，土地关系仍在娘家，在吴庄没有土地。

② 这种情况以上学、参军为主，1 户中有 1 人不在的情况有 37 户，2 人不在的有 4 户，3 人不在的有 1 户，共计 44 人。

教士奉基督教在华最大差会内地会①的差派来到天水,为新教宣教之第一人。当时信者甚少,老百姓对这个"洋教"根本不了解,对之是敬而远之,几年的宣教努力,几乎没有留下什么成果。②

1880年,内地会又差派两个英国宣教士马殿臣(John B. Martin)、丁秉衡(Douglas A. G. Harding)前来天水。他们在天水站住了脚跟,在北关泰山庙对面(今人民路路南)购置地产,建立"福音堂",是为天水最早的基督教堂。从此,他们开始了颇为成功的传教项目。他们主动接近群众,在冬天给穷人施舍棉衣、春荒时给贫民救济粮食,取得一些群众的了解和信任之后,再进一步登门拜访,很快就赢得了一批信徒。在利用福利方式传教的方式之外,他们也直接到街头、集市、庙会散发传单,赠送单本圣经、画片等,进行直接布道。几年之间,信徒就达到了100人以上。1894年还专设女教堂一处,并在中城新建福音讲堂一座。

传教士除了在城区进行布道工作外,还努力在乡村开展工作。1895年,马殿臣先后带领三阳川张村的张尊三、张峰和吴庄的吴步一、吴去非信仰基督教。很快,吴等人在吴庄就带领了30多人接受基督教新信仰。1898年,成立吴庄基督教会,1900年建立教堂,是为陇南地区第一个基督教乡村教会。1897年刚去世的吴庄教会原长老吴生荣③这样讲述这段历史:"我们吴庄教会创始于1898年,当时

---

① 内地会是由英国人戴德生(James Hudson Taylor)于1865年创建的一个基督教差会。它本身不是一个教会组织,也不具有宗派的性质,但信仰上基本属保守的福音派。蔡锦图:《戴德生与中国内地会1832—1953》,建道神学院1998年版。内地会于19世纪晚期在甘肃建立的传教据点有秦州(1878)、宁夏府(1885)、西宁府(1885)、兰州府(1885)、凉州府(1888)、泾州(1895)、平凉(1895)、镇原县(1897)、伏羌(1898)。

② 天水市基督教两会:《天水市基督教志》,1993年;甘肃省基督教两会:《甘肃省基督教志》,1998年。

③ 吴生荣口述、吴永仑笔录:《吴庄基督教会简史》,1983年版,未刊稿。这份文本是1983年吴庄教会为了向政府要回一间礼拜堂而写的材料,其中很多细节都是语焉不详,而且其中还有很多文字显然是为了得到政府好感而作。口述者吴生荣自己在材料结尾时这样谈及写这份材料的动机:"感谢主,我们教会创办的经过、成立年月及教友名册都由老前辈述于书,给我们做纪念、借鉴,这些都由老前辈存于我家中。1958年反宗教特权运动中,逼迫信徒退教,交回圣经及各种书籍的同时,因自己胆怯小心,把教会简史,以及各种文约地契都交给了政府。因此自觉在主面前有罪,今受圣灵感动,觉得自己的一生,真像一声叹息,很快就要过去了,所以我们愿意趁着还有今天,将自己所知道的有关教会事工留给后来,好在我度尽自己年岁的时候,稍得安慰。愿主祝福,阿门!"

陇南除了甘谷有一所教会外，再没有比我们教会更早的。先是张村张尊三（张霞龄父亲）由英国传教士马殿成传说信了主，再由张尊三传给张峰和我们庄的吴步一（吴洁天父亲）和我父亲吴去非等人。那时我们张吴两庄因教友人数不多，都在一起礼拜。最先是在吴步一家中，后在我家中，后来教友发展到30多人时就开始着手建造礼拜堂。我父亲原是个念经的道教徒，我家有一间念经堂。我父亲信主后就将这间经堂和三分地基都捐给了教会，其他教友捐了现金和木料，就这样于1900年盖了四间平房做礼拜堂。经常来讲道的先是马殿成和李春雷，后来还有英国人任守谦。教会的长老由我父亲吴去非、吴步一和张尊三三人负责。"

1900年所建的这座简易教堂主要由张尊三、张凤、吴步一、吴去非等人主持，信徒也主要是其家属或亲邻，一般村民都称之为"四人堂"，是吴庄最早的教会模型。"四人堂"建立以后，教会逐步扩大，信徒日益增多，10多年时间中就达200人之众，"四人之堂"当然是容纳不下了，教会不得不考虑修建新堂。吴生荣[①]如此描述新堂修建的过程："蒙神祝福，教会日渐兴旺，悔改归主的人日渐增多。到1919年教友已发展到将近200人。四间平房礼拜已经容纳不下了，大家就商议盖厅子。盖厅子初，由大家乐捐，在紧挨原礼拜堂的东边购置地基半亩，在众教友的同心协力下，动手担土填置平整。接着又自己烧了一窑砖瓦。一切准备工作做好之后，于第二年1920年动工建造。蒙神祝福，一切顺利，到6月间就竣工了。在陇南地方来说，像我们吴家庄这样的教会，当时还是第一所。因此大大地彰显了神的荣耀，我们的教会也得到了大大的兴旺，神使我们吴家庄教会的名声，传遍了陇南各处。"1920年，大礼拜堂建成，"四人堂"也正式改称"吴庄福音堂"，时为陇南一带第一间，一时间吴庄教会声名远播陇南各地。

吴庄教会发展的同时，基督教福音也陆续传到同在三阳川的其他村庄，先后成立了乡村教会。最早建立教会的是与吴庄一丘之隔的张村，张村的信徒本来一直在吴庄教会聚会，人数增长以后，于

---

① 吴生荣口述、吴永仑笔录：《吴庄基督教会简史》，1983年，未刊稿。

1922年修建了自己的礼拜堂，正式建立自己的教会。离吴庄最近的霍村的情况也与张村相似，他们在信徒增长到一定程度，于1928年也修建了自己的礼拜堂。这样，到1949年，仅三阳川地区就有教堂11座，信徒1100多人，成为天水基督教信徒最为集中的地区。

自1898年起，吴庄基督教基本上维持内地会为主导的保守福音派的信仰，无论在教导、礼仪和群体生活上都有着比较强烈的外来文化的意味。这其间尽管也有着一些当地信徒领袖试图通过掌握教会权力来进行一些本地化的努力，但真正带来比较大的冲击的是来自中国山东的一个土生土长的基督教教派：耶稣家庭。[1] 1933年冬季，耶稣家庭派出传道人段彩炬、胡天恩二人从山东马庄来到吴庄教会，举行"奋兴会"[2]，教会得到很大的复兴。据吴生荣[3]记载："由于这二人的传讲，神在我们教会大大地动工，各个信徒痛哭认罪，悔改前非，教友增加了不少。紧接着天水地方各教会都聚了'奋兴会'，各教会都得到奋兴，爱主的心大为激发。尤其在我们陇南地方有名望的四大夫吴洁天、卢见原、刘洪基、龚守仁，为主大发热心，在我们陇南地方发起创办了'陇南基督教联合会'，这使天水各地教会都得到了坚固和发展。"

耶稣家庭的到来一方面带来了教会的发展，同时也由于在教导和信仰实践方面的差异而与之前的内地会为主的宣教士"传统"出现冲突，最终分裂为"新""老"两个教会，各自聚会，发展信徒，直到1958年停止礼拜。据吴庄教会现存年纪最大的吴奠福长老回忆，到1949年，吴庄教会已经相当成形了，"老会"有近100多人，"新会"也有近100多人，共计200多人。

1956年，天水市基督教"三自"爱国运动委员会正式成立，在"三自"运动过程中，吴庄教会也在名义上合并成为一个统一的教会，但由于人数较多，还是按照过去的"新会""老会"分别聚会，

---

[1] 陶飞亚：《中国的一个基督教乌托邦：赫苏斯家庭的历史研究》，博士学位论文，香港中文大学，2001年。

[2] 基督教术语，指意在使信徒灵性和信心得到"奋兴"的聚会，内容主要包括富有号召力的讲道、情词恳切的祷告以及感情真挚忘我的敬拜等。

[3] 吴生荣口述、吴永仑笔录：《吴庄基督教会简史》，1983年，未刊稿。

并没有真正按照上级"三自"的要求实行"联合崇拜"。不过一些信徒出于安全和各自利益的考虑，不再公开到礼拜堂，聚会人数明显地逐渐减少。1958年，反宗教特权运动开始，取缔一贯道反动会道门，当时的吴庄大队在工作组的领导下收缴了教会各教友的《圣经》，以及教会的各种文约。同时公社占用"新会"的厅子，大队占用"老会"的厅子，都作为办公室，不久公社搬到渭南，"新会"的厅子就成了小学校的校舍。教会的礼拜也就被迫停止了，信徒们看到当时严峻的政治环境，不敢进行任何公开聚会，教会似乎消失了。但据吴恩德回忆，"（当时）私下里还是有些小的家庭聚会。其实也就不过是一、两家人借着串门的机会一起交通交通，[①] 也不敢唱诗，祷告的话也不能太大声"。1961—1963年政治环境有所放松，吴庄教会也恢复了聚会，但参加聚会的信徒不过几十人。

1964年春，天水县统战部召开宗教会议，吴庄教会派吴兆蹯、王进院、刘洪基三人为代表去参加。之后，政府就制止了一切宗教信仰活动，吴庄教会似乎再次从人们的视野里消失了。1966年"文化大革命"，横扫一切牛鬼蛇神，吴庄教会受到了最猛烈的冲击。"（当时）我们庄里基督教被作为重点打击对象，两位长老中吴兆蹯戴了反革命分子帽子，吴生荣戴了富农分子帽子，6个执事中吴友灵、刘洪基二人戴了反革命分子帽子，法办[②]了吴恩德。另外给教友吴更新、张真香也戴上了反革命分子帽子，还给杨金菊戴上了地主分子的帽子，对圣经及其他一切封资修的书籍进行了搜查、捣毁，从此我们的教会彻底绝迹。教友之间再无人敢提说信主之事，信仰现出灭绝现象，各人只在内心活动，外在的一切形式都没有了。感谢主，在这和以后一段时间里，许多神的儿女为主的名受尽了逼迫、

---

① 交通是基督徒的一个专用词汇，有些类似通常所说的沟通、交流，但被赋予了独特的信仰内涵。似乎给人一种感觉如果一个基督徒用沟通或交流来表述基督徒之间的分享，显得有些不够"属灵"。

② 我一直没弄清楚"法办"是指什么，还以为是枪毙。直到我见到吴恩德本人以后才明白当时他被判了7年劳改，1973年他43岁时刑满释放才结婚。现在他已经73岁了，身体还非常健康，从1980年开始四处步行传道，跑遍了整个甘肃，以及部分陕西和青海。他家里从他爷爷开始信基督教，现在全家差不多60口，全都信教，其中还有2个长老，5个执事，8个可以作讲道人，是一个名副其实的"基督化的家庭"。

凌辱、患难，这也是神的恩典，是神对他众儿女的造就、洁净，使众教友经过了一次火。"①

自 1978 年"三中全会"以后，宗教政策得以再度放宽。1980年，全国三自会得到恢复，其后，天水各地的教会先后得以恢复公开的聚会，聚会重开以后，各地又开始重建各级三自机构。1982 年，在中央确定了宗教问题和政策的基调之后，天水市责成吴庄归还教会 3 个礼拜堂中的一个，而另外一个较大的由于已经作了小学校舍，还有一个较小的已用作大队办公室，就不再归还。从这个时候开始，吴庄教会才正式公开聚会。当年 12 月，吴庄教会举行了盛大的圣诞节聚会，会期 3 天，这也是 35 年来第一次公开举行圣诞聚会。

这之后的 20 年间，吴庄教会迅速成长，信徒中间也不再区分"老教"与"新教"，但以主张方言祷告、医治异能等灵恩倾向的"新教"显然占据了绝对的优势，并成为方圆几百里闻名的"求圣灵"的"圣地"。许多热心寻求特别的"属灵"经验（spiritual experience）或有特殊的身体和家庭需要的信徒纷纷慕名而来，参加吴庄教会名目繁多的聚会，以求得到说方言、"摸着神"的神秘经历。不仅四乡信徒慕名而来，刘长老还介绍说甚至一些更远的人也慕名前来。1998 年 7 月，香港福音杂志《桥》的一个编辑专程前来教会参观，尽管只有 1 天，但对吴庄教会来讲也是一件大事。2000 年 8 月，马来西亚一个教会的牧师慕名而来参观，他本来希望能讲一次道，可惜因为吴神选长老担心这样违反了三自会的规定，被上面知道了以后不利于教会的工作，只是简单介绍了一下他"得救的见证"和"蒙恩的呼召"。②

据北道三自委员会 1999 年上报给宗教局的数据，吴庄的受洗信徒为 471 人，约占全区总受洗人数 6146 人的 8% 左右。对于这些数据的真实性，北道三自委员会主席李牧师很直白地指出："这些数字都是经过处理的，我自己原来也是耶稣家庭出来的，对吴庄教会很熟悉，他们的信徒人数绝对要超过 1000 人，就是受洗人数也一定不

---

① 吴生荣口述、吴永仑笔录：《吴庄基督教会简史》，1983 年，未刊稿。
② 这里分别指的是一个信徒如何成为基督徒的过程，以及他如何感受到神的带领而愿意奉献做传道人的经历。

会少于 600 人。这事大家心里都清楚，就是我自己在汇总最后的数据的时候都要掂量一下，是多说一点，还是少说一点。我自己估计，北道受洗的信徒怎么说也不会少于 1 万。"不论具体的数据如何，但今日的吴庄教会已经远不是当年"四人堂"只有寥寥几个信徒的景象了。吴庄现在的教堂也已不是当年的那个"堂"了，目前使用的教堂最初是 1946 年建成的"老会"的新堂。1982 年政府发还之后，几经修补，到 1995 年因为信徒增多而扩建成现在的样子，主要包括一个东西向的主堂（"厅子"）和一个南北向的副堂（主要用于教会接待以及书籍存放等）。

尽管吴庄教会的负责人刘长老认为吴庄教会有近 1000 人的信徒，但我发现就连这个平常只能容纳 500 人左右的教堂也显得比较空，一般只有 100 多人，而平常晚上的查经聚会则只有 50、60 人，少的时候甚至只有 20、30 人。比较稳定地参加聚会的信徒主要是女性，大约要占 75%，信徒的年龄结构也大大失调，30 岁以下的非常少，不到 20%，而且这些年轻信徒一般只参加主日聚会，其他聚会都是很少去的。[①] 我每次聚会时都会强烈地感觉到，这基本上就是一个中老年女信徒的聚集，当然讲道人还都是男的。[②] 我曾请教刘长老为什么聚会的人这么少，而且弟兄很少，年轻人很少，他认为这其中原因很复杂，很多人是因为打工去了，打工的也是男的比较多，留在村里的人事也太多，忙着挣钱。不过，他觉得最大的问题还是因为他们在信仰上"软弱"了。

转眼间，"四人堂"已经百年有余，这百年也正是中国社会、政治、文化大变革的时期，尽管它偏居一隅，却也见证了其百年的沧桑。现在的"四人堂"已经几乎感受不到最初内地会宣教士的味道了，倒是耶稣家庭的痕迹依旧。尽管如今的教会已经不可能采取当年"家庭"式的组织结构，但它在吴庄的成功植入和复兴却无可置

[①] 吴庄教会没有专门开设青年聚会，秦城和北道虽然从 2000 年 3 月开始每礼拜一次举行青年聚会，但参加的人并不多，分别只有 20 多人。而且实际上，青年聚会在相当大程度上是"娃娃"聚会，基本上是小学生和中学生，由父母或祖父母带着去参加聚会，"学点圣经"。

[②] 秦城和北道的信徒基本上也是以中老年为主，而且女性居绝大多数，约占聚会人数的 80%。

疑，吴庄上空高高矗立的鲜红十字架和散布各地号称上千的信徒都是这个对传统汉人社区来说的"新"信仰的见证。

三 "我们"与"他们"

基督教的一个显著特征就在于其要求信徒有比较明确的委身（commitment）或信仰归属（belonging），而这对于吴庄普通民众来说是一件比较陌生的事情，因为按照秦家懿和孔汉斯的观察，中国人在信仰方面的一个特点正是多重归属，或者说不强调归属。[①] 因此，当一部分吴庄民众归信基督教时，一个必须完成的过程就是建立起自己信仰的独特性，其中的一个基本策略就在于在家庭及社区生活中构建一个群体边界。这个分群的过程最为集中的呈现就是在对于是否以及如何参与作为社区公共活动的卦台山伏羲庙会，甚至以一个相对激烈的方式表达出来，在基督徒看来可以被归结为"信主的"与"拜鬼的"之别，而在其他吴庄民众看来则是作为自己人的"我们"以及作为另类的"他们"。

无论是政府、村庄精英、传统势力，还是进入商品交易系统的商人和普通庙会参与者，都认为卦台山庙会是个多赢的活动，因而是值得支持和推广的。从政府来说，政治教育的作用和推动经济、发展旅游等都是支持庙会举办的决定因素。村庄精英则从自身利益考虑也愿意积极参与，甚至领导这个过程。在吴庄及附近村庄中，唯一不安的是那些不安分守己、不来参拜老祖宗的异己分子：基督徒。唯一不同甚至反对的声音也来自他们，他们竟然祷告要去除一切偶像，当然伏羲或元君都在去除之列。事实上，由于信仰上的这个分野还导致了另一个更为直接的冲突，即基督徒不仅不参加庙会的活动，甚至不同意和抵制村委会按人头进行的摊派。早在20世纪40年代杨懋春[②]记载了发生在山东抬头的一个类似的故事："在分

[①] ［加］秦家懿、［瑞］孔汉思：《中国宗教与基督教》，吴华译，生活·读书·新知三联书店1990年版。

[②] 杨懋春：《一个中国村庄：山东台头》，张雄、沈炜、秦美珠译，江苏人民出版社2001年版，第160页。

担村里演戏费用的问题上，基督教群体和其他村民发生了争执。每年一次的演戏是最重要的娱乐，所有家庭都按收入捐款，但基督教徒拒绝交付他们的那份费用。他们认为演戏是对龙王的一种感恩，不符合基督教教义，因此基督徒不能够出钱。但他们又不阻止家庭成员及其亲戚观看演出，也享受和其他人同样的娱乐。这一行为大大激怒了其他村民，他们不再把基督教徒完全看作本村人。当村民得知基督徒还受外国势力保护时，他们更加气愤了。"

应该指出的是，从总体上来说，吴庄基督徒们对庙会活动的态度非常冷漠，在事实上执行一种三不策略，即不干涉、不参与、不关心。然而，这只是基督徒们处于一个村庄弱势的情况下采取的折中策略，因为按着吴庄教会所一直强调和坚持的复原主义式的圣经教导，凡偶像之物都是要除去的，这在十诫中已经明确地予以了规定。吴庄基督徒们也承认他们经常为这庙会祷告，求神除去，不过他们也认识到这在客观上是不大可能的，因此，也就有了另一个解释来面对这个情况，神之所以不除去，乃是因为要试验信徒的信心，看是不是专心一意地敬拜上帝，还是像当初以色列人那样随从当地的风俗而去敬拜巴力、亚斯他录。[①] 尽管基督徒不愿意与庙会活动牵扯上任何关系，但由于他们仍然生活在原来的社区中，又无法完全脱离关系，尤其是涉及庙会费用的分摊问题。应该说，庙会费用主要是请秦腔剧团的费用，道士主持祭祀、香烛、鞭炮、供品的费用其实都不多。对于多数村民来说，他们愿意缴纳庙会摊派除了觉得这是社区的集体性行为，也有为秦腔这个娱乐活动买单的意思。但基督徒尽管也认为秦腔本身是娱乐，他们自己也喜欢听，但由于这是"庙会戏"，与"鬼"拉上了关系，如果参与到里边，就是与"鬼"沾上了边，而这是基督徒最不愿意的。因此，当1984年庙会正式重开、吴庄开始摊派庙会费用的时候，基督徒与庙管会就发生了直接冲突，没有一户基督徒愿意缴纳。伏叔说："如果是救灾或者做别的，我们都愿意交，拜偶像那是绝对不行的。"

---

① 例如《旧约·士师记》就多次出现类似这样的句子："（耶和华说）因为这民违背我吩咐他们列祖所守的约，不听从我的话。所以约书亚死的时候所剩下的各族，我必不再从他们面前赶出。为要借此实验以色列人，看他们肯照他们列祖谨守遵行我的道不肯。"

这一年的冲突在基督徒和非基督徒之间留下了一道极深的伤痕，但当年也就不了了之。次年开始，作为庙管会负责人的老书记巧妙地改变原来临时到每家去收取庙会摊派的做法，而将每人5元的摊派放进了其他提留、收费里边，然后暗地里将钱转给庙管会。这个做法基督徒也就没什么办法了，一来在村委会里没有一个人是基督徒，就是这种转收的方式他们也一直只是猜测，同时农村收费本来就很混乱，普通村民根本就搞不清到底收了哪些钱。但关于摊派的冲突并没有得到根本性的解决，基督徒们仍然对村委会和庙管会抱有微词，而非基督徒们则在这件事上更清楚地看到了基督徒们与他们的不同。由此，基督徒与非基督徒的区分得到最明显的表达，从而使得宗教信仰成为划分吴庄社区人群分类的一个区别性特征，并形成了"我们群体"（we-group）与"他们群体"（they-group）的社会分类和群体意识。① 基督徒们认为自己是"上帝的选民"，是"圣徒"，是"信主的"，是属"天国"的，而将非信徒们归类为"罪人"或"俗世之人"，是"拜鬼的"，是属"世界"的。反过来，非基督徒则认为自己是传统文化的承继者，是"真正的吴庄人"，而基督徒则是一群"异己"，是祖先的"不肖子孙"，是"信洋教的"。潘守永[②]在对山东抬头村的回访式研究中也指出："这个'信仰圈'与'族群认同'交互作用的个案对于我们认识族群性有特别重要的意义。俗话说，物以类聚，人以群分。分类是人的天性，而人类分群的标准却是多种多样的。抬头社会糅合'宗族'和'宗教认同'，将内在的经验（宗族经验）和外在伦理实践（宗教经验）完美结合的例子，无疑是族群认同的一项创造。"

不过需要指出的是，这种"创造"却对原来社区的集体认同发出了挑战。庄孔韶[③]指出："无论地方士绅集团，还是乡村农民共同体，都因部分中国人传统信仰的改变而发生了分化。在中国地方原

---

① 杨懋春：《一个中国村庄：山东台头》，张雄、沈炜、秦美珠译，江苏人民出版社2001年版，第158页。
② 潘守永：《重访抬头：中国基层社会文化变迁的田野研究》，博士学位论文，中央民族大学，1999年。
③ 庄孔韶：《银翅：中国的地方社会与文化变迁：1920～1990》，生活·读书·新知三联书店2004年版，第428页。

生文化（儒学礼制、民俗信仰）群体的坚强壁垒之外，渐渐形成了试图打碎和超越宗族与家族'原生情感'[①]的具有共同的基督教族群意识的群体。"不仅如此，基督教所主张的"凡信徒皆主民"的教导对中国传统的家族和谐与血缘纽带延续的家系纯洁体系也是一个极大的威胁，詹姆斯·里德[②]说："这些属于上帝之国的人们，不管他们是什么人，都能结成一种比血缘关系更紧密的友谊，属于一个'信仰的家族'比属于一个出生的家族更富有，更具有意义。因为属于一个'信仰的家族'没有空间、时间、国家和民族的限制。属于'信仰的家族'就意味着在天堂我们属于伟大朋友之一员，在地上，我们的朋友数不清，我们'所有的人都在耶稣基督里合而为一'。在'信仰的家族'中，我们都成了上帝的儿子，因此，我们之间的关系都是兄弟般的关系，正是在这一点上，家庭与朋友之间的关系才找到了它们的真正意义。"

我在对吴庄基督徒的深入接触中发现，基督徒用来区分"我们"与"他们"时，不仅是在作为心灵内在的信仰经验，更直接的则是一系列宗教禁忌或行为方式构成的符号系统。人类学对人类利用象征体系进行社会分类已经做了许多的研究，最著名的有玛利·道格拉斯的《洁净与危险》，以及奥克莉（Judith Okeley）对吉普赛人的研究。[③]她们都特别注意到了在区分"我群"与"他群"时分类禁忌的使用。吴庄基督徒的分类禁忌最显著的除了前面提到的是否参与伏羲庙会，以及是否参与墓祭及其他祖先崇拜方式之外，还包括是否参与洗礼和圣餐。[④]这两个仪式性活动之所以重要，就在于前者乃是一个基督徒对自己身份的确认和公开表明，后者则是通过领受

[①] Primordial Sentiments，参见［美］克利福德·格尔茨《文化的解释》，纳日碧力戈等译，上海人民出版社1999年版。

[②] ［英］詹姆斯·里德：《基督的人生观》，蒋庆译，生活·读书·新知三联书店1989年版，第188页。

[③] Bowie, Fiona, *The Anthropology of Religion: An Introduction*, Blackwell Publishers Inc., 2001, Chapter 3.

[④] 基督徒通常把洗礼与以色列人的割礼做类比，认为都是人因信而蒙上帝接纳之后的一个标记，是对自己的信仰向上帝、向天使、向世界及向他人的一个宣告，因此也常有将洗礼比作婚礼的说法。而基督教传统上对圣餐领受资格的限定也是一种分类，只有受过洗礼的人方才能够领圣餐，尽管这在《圣经》里并没有记载，而只是教会传统。

同一个"饼"和同一个"杯"而对自己基督徒认同的再加强以及与其他信徒在仪式上获得的一致性，这也正是基督徒经常用来教导关于基督徒的合一时所用的经文所要表达的："身体只有一个，圣灵只有一个，正如你们蒙召，同有一个指望。一主，一信，一洗，一神，就是众人的父，超乎众人之上，贯乎众人之中，也住在众人之内。"（《新约·以弗所书》4章4—6节）

与犹太人和穆斯林类似，基督徒也采用一些饮食禁忌来帮助进行分类识别。吴庄的信徒们是不沾烟、酒的，特别是长老和执事更是绝对不能。尽管圣经没有说不准吸烟，对酒也只是说"不可醉酒"，原因是"酒能使人放荡"，而并没有绝对禁酒，但无论是保守福音派的"老会"，还是耶稣家庭这个"新会"，他们都不约而同地站在了严格禁止烟、酒的立场上，因为这在社区中是一个非常有效的分别方法。靖玖玮①在云南福贡②的观察与吴庄甚为类似，"这里的基督徒，不但不吸食毒品，对烟、酒的要求也极为严格，基督徒开铺子也不准出售烟、酒，若一个传道吸烟、喝酒，就不要想在信徒中传道了。"在烟、酒之外，另一个主要的饮食禁忌是血。吴庄基督徒是绝对禁止吃血的，认为血里含有生命，而且这是圣经不论旧约、新约都反复强调的禁令。③ 他们甚至把吃不吃血提高到是否承认你是"弟兄"的高度，如果一个基督徒主张并承认自己吃血，那么吴庄教会就会不再将这个人视为基督徒来看待。

基督徒婚姻圈及优先选择基督徒为配偶也是吴庄基督徒的一个识别和分类的方式。吴庄基督徒都表达了希望自己的子女能够"找一个信主的"这样的愿望，尽管他们也意识到由于自己的人群始终是有限的，要绝对地限制只在基督徒圈子中寻找配偶是不现实的，但他们都表示"最好"能是信主的。吴恩德说："我的孩子都还没

---

① 靖玖玮：《滇西行》，《天风》复总154号，1995年10月。

② 据他的调查，认为福贡县可以说是一个基督教化的县，全县总人口8万，基督徒就占了6万。

③ 不吃血的圣经根据主要在《旧约》，但在《新约·使徒行传》中的记载（15章）则更为权威。当时的耶路撒冷会议决定对于那些归信耶稣的外邦人（非犹太人），不再要求他们遵守犹太人烦琐的各种诫命和律法，只有4条要求，即禁戒偶像、奸淫、勒死的牲畜、血。其中后两个都是与生命即血有关的，是被反复强调的。

结婚，我还是很想让他们都找信主的。因为我当初虽然也是找的一个不信主的，但是后来，感谢主，她也信了。不过，我还是想，如果对方本来就是信主的，相处起来应该更容易一些。当然了，现在要找合适的对象本来就不容易了，他们的年龄都不小了，何况还要信主的，哎，实在没办法的时候，不信主的也行。"吴正能在成为信徒之后，就鼓励儿子以后一定要找基督徒，尽管他儿子还不足10岁，"我现在就经常对我娃娃说，长大以后找媳妇一定要找个像你妈这样的，一定要找个信主的，你不晓得信主的媳妇是个多大的福气"。

吴庄基督徒还将日常道德行为也作为一个分类的标准，按刘长老的说法就是，不干坏事、努力进取的就是信主的，反之则是非信徒。伏叔也说："信主的娃娃还是好得多，至少该干什么就老老实实地去干，不像那些不信主的娃娃，一天到晚游手好闲。昨天庙会说是又有打架的，还说是打死了一个。"吴姨在一旁补充道："山上拜的实在是个大魔鬼，每年庙会期间都要死一个人，年年都有打架的事。"吴庄也确实存在这个现象，在全村100余大专以上学历中，包括6名硕士，其中约一半为基督徒家庭的孩子，其比例显然比人口比例要高得多。基督徒对此的解释尽管也有不同，或是完全超自然的解释："完全是神的恩典，神所预备的。"或者是更为社会学的解释："因为管得严格一些，做正事，不去胡搞。"但这些解释无疑都是在为基督徒作定义，即"信主的"就是与众不同的，"我们"的概念在此也得到体现。

在基督徒与非基督徒之间进行分类的同时，基督徒内部也存在着分类。其中既有按照是否"说方言"的标准以分别"新会"与"老会"，也有按照是否积极聚会以分别"信得好"与"软弱"，以及按照是否禁食祷告以分别"属灵"与"不够属灵"。但是，尽管他们自己内部有这样的区分，并形成一定的派系和小群体，但当他们面对外部的非信徒群体时，他们又清楚地表现出"我们"是个整体这个概念。

四 信徒共同体中的女性

到底吴庄哪些人走进教会了呢？除了我的主要报道人伏叔一家，他的连襟姚家也全家归信，① 吴庄6个单姓户中只有1户没有归信。霍（4户）、雷（3户）、田（2户）等小姓户也在教会里，倒是毛（13户）、刘（18户）、王（16户）等几个稍大的姓氏中归信的不多，比较著名的有刘归主长老一家以及天水市三自委员王进院一家。教会中仍然是吴姓为主，但其中绝大部分都是原本处于社区生活边缘的家庭。就算建立"四人堂"的张尊三、吴步一、吴去非等人尽管后来由于学习西医的缘故，社区地位得到极大的提升，最初的时候在当时社会既没有掌握村庄权力，在家族事务中也极少有影响力。目前家庭相当庞大的吴恩德一家以及吴召仁一家，也是这种情况。简言之，吴庄教会的信徒呈现出主要以弱势群体归信的现象，一个映证就是教会中大量女性信徒的现象。② 这与庄孔韶在福建黄村的发现是一致的，在那里的"一个共同现象是年轻妇女基督徒数量大大超过男人数量"。刘长老给我提供的解释是："姊妹们爱心好，信主后生命改变很大，又愿意传福音，和其他女人家长里短聊天的时候就把福音传开了，时间长了，当然是姊妹多了。"这个说法应该说是有一定解释力的。

李沛良③在其对华人社会心理与行为的研究中就指出："在许多世纪以来，华人社会一直是男性占优势的地位，为了维持这优势地位，男性被期待表现坚强，而不可轻易向别人诉苦。有谚语这样说：'大丈夫宁死不屈'与'大丈夫流血不流泪'，因为男性必须向别人

---

① 有趣的是，姚家原本也不是吴庄人，也是上一代逃荒到这里来讨生活。姚叔在市里的工厂上班，周末轮休才回来。有两个孩子，大的是男孩子，刚上天水师范学院；小女儿还在上中学。

② 女性信徒众多是普世基督教的普遍现象，而弱势群体的归信在圣经中也可以看到一些例子，无论是耶稣所主动接触的那些为犹太人所撇弃的税吏、妓女及外邦人，还是保罗在宣教旅程中所最先得到的信徒，相当多的是当时社会中的边缘群体或等外人。

③ 李沛良：《在香港的城市地区性别角色：社会地位与心理状况的关系》，见林宗义、[美]凯博文主编《文化与行为：古今华人的正常与不正常行为》，柯永河、萧欣义译，香港中文大学出版社1990年版，第237—239页。

证明他是个真正的大丈夫，故努力压抑内心的感受，绝不可能随便为任何身心毛病而诉苦。……相反来说，女性在华人社会扮演被动的角色，她们被期待应该软弱和温柔，即使是女性本身也接受'女人是弱者'的想法……既然女人接受自己不如男人（的观点），而且自己的一生是不幸的，那么她就顺理成章地没有不承认自己的毛病或困难的理由了，总的说来，女性身心有毛病是很正常的现象。……（因此）在华人社会，女性比男性更容许把自己的毛病或困难向别人倾诉。"庄孔韶[1]在这个观察的基础上也指出："考虑（到）乡村妇女闲暇时间多，而且家务可以邻里妇女凑在一起做，便造就了女人易向姐妹、邻里诉说心中琐事的机会，……或大或小的妇女同侪团体是排解女人心中积郁的良好场合。带着生活中的叹息、挫折、悲伤、怨气以及归结于命不好的心情听取宣教，终于在引人入胜的《创世记》和令人同情的《路得记》中找到答案。女人罪的羞耻以及全心全意地听从神的命令才能受恩惠的宣教，使那些有软弱传统的中国妇女获得了力量。……基督教倚重的团契活动如今刚好填补了一些妇女思想沟通场合的空缺，故今日星期聚会处中妇女团契已是最重要的力量。在团契中引证圣经、做物质与道义上的互相支持、逢时互相感化，吸引了更多的妇女入教，即团契之结合刚好是一个'妇女倾诉过程'或'传道与信奉过程'，也是文化传统、女性心理和宗教有机结合的过程。"

妇女归信基督教并不等于她们就可以获得更多的权利和更高的地位。事实上，无论是在家里，还是教会中，妇女的角色都是文化限定的。桑戴[2]通过对"跨文化的标准样本"[3]所列举的186个当代及历史上的样本后，发现有156个样本都提供了足以对性别角色的文化场景进行比较研究的资料。她指出，神圣符号并不是世俗权力角色的对应现象，相反它是决定世俗权力的首要因素。事实上，世

---

[1] 庄孔韶：《银翅：中国的地方社会与文化变迁：1920~1990》，生活·读书·新知三联书店2004年版，第440—441页。

[2] Sanday, Peggy Reeves, *Female Power and Male Dominance*, Cambridge University Press, 1981.

[3] Murduck, George P. and Douglas R., "White. Standard Cross-cultural Sample", *Ethnology*, 1969 (8), pp. 329–369.

俗权力角色乃是从神圣权力的古老观念中衍生而来的。代表神圣权威的圣经教导对女性角色做了不少的界定，女性在被确认为与男性同为上帝所造因此就具有同等地位的同时，[①] 有更多的经文及故事透出其劣势的实际。《路得记》如果不从神超然的拯救计划的角度来阅读的话，那位顺服、温柔的"路得"怎么看都与中国古代故事中的才德女子的形象相近。同样，《以斯帖记》中的犹太女子以斯帖也仿佛犹太政治史上的一个牺牲品，与中国历代的"和亲"政策神似。尤其在《新约·以弗所书》5章22—33节中特别强调妻子要顺服丈夫，而丈夫则要爱妻子，甚至把这提高到了"你们做妻子的，当顺服自己的丈夫，如同顺服主"的高度，"因为丈夫是妻子的头，如同基督是教会的头"；而"教会怎样顺服基督，妻子也要怎样凡事顺服丈夫"。中国基督教协会2001年出版的《主题汇析圣经》就丈夫对妻子的责任列出了8个方面的相关经文：亲近妻子；安慰妻子；与妻子快活度日；爱妻子；讨妻子喜悦；称赞妻子；忠于妻子；敬重妻子。相应的，就妻子对丈夫的责任也列出了6个方面的经文：亲近丈夫；爱丈夫；讨丈夫喜悦；忠于丈夫；敬重丈夫；顺服丈夫。两相比较之下，不难发现，就妻子对丈夫的责任而言显然多了一条"顺服"。

谈到这个家庭中男女角色的问题，一位未婚男信徒用很不确定的语气说："家里谁说了算？应该是我吧。不过我会先问她的意见的。我不觉得这有什么不平等，只是角色不同而已嘛。我作头，爱她，照顾她，她呢，应该是顺服我，帮助我。唉，不过，这些是我的理想罢了，到时候如何谁知道呢？"一位已经结婚多年的女信徒则频频摇头，感叹道这说来容易，真做起来就太难了。她说已经这么多年了，还是没有学好怎样去顺服，经常是与丈夫口角之后，就知道自己不对，赶紧认罪祷告，但要向丈夫主动和解总是太困难，没法开口，觉得太没面子。

女信徒在家庭内的文化规定如此，在教会生活中也极为类似。

[①] 最常用作证据的经文是《创世记》1章27节："神就照自己的形象造人，乃是照他的形象造男造女。既然男女都是照神的形象所造，一个自然的推论就是男女生而平等。"另外一处较常使用的经文是《以弗所书》5章21节："又当存敬畏基督的心，彼此顺服。"

《哥林多前书》14 章 34—36 节这样说:"妇女在会中要闭口不言,象在圣徒的众教会一样,因为不准她们说话;她们总要顺服,正如律法所说的。她们若要学什么,可以在家里问自己的丈夫,因为妇女在会中说话原是可耻的。神的道理岂是从你们出来吗?岂是单临到你们吗?"这段经文成了基督教会传统上不允许妇女讲道的直接圣经根据,尽管后来一些教派开始放松这个限定,并且还按立了少量的女牧师,[①] 但总的来说,妇女在教会事务上的角色是与男性不一样的。吴庄教会亦是如此,尽管也有 5 位女执事,但却全是妇女事工方面的,在其他方面没有一个人列为主要参与者。至于讲道则更是非常严格,妇女唯一带领聚会的时候就是礼拜三的妇女查经班,由于与会的全是妇女,带领、讲道的也是女信徒,但教会明确限定此次的讲道人不能上讲台,只能在讲台下讲。

这个女权问题在一些比较现代的大城市里的信徒中,尤其是年轻一代的知识分子信徒中,显得问题比较大,"凭什么女的就要顺服男的?"一些女信徒就此提出疑问,"难道这么说来,在家庭中,男性就是要比女性优越吗?这不是与'人人生而平等'的教导直接违背吗?"应该承认的是,这个在城市教会,尤其受过高等教育的年轻人群体中颇受关注的问题,在吴庄教会几乎觉察不到,很少有人关注这个问题,也很少有女信徒对这个问题提出质疑。导致这种情况出现的一个因素就在于信徒的年龄结构,吴庄信徒的年龄普遍偏大,年轻人比较少,而这一代人中大部分还是深受传统儒家伦理的影响,"夫为妻纲"的想法、"三从四德"的观念体系在一定程度上还在发挥作用。天水师范学院退休的李景沆(秦城教会长老)的看法可以说有一定代表性:"丈夫在家庭里是头,这在我们这里都是这样的,圣经上就是这么说的。圣经怎么说,我们就怎么遵守。况且,圣经说女人要顺服丈夫,但同时要丈夫爱妻子,要是丈夫对妻子不好,你想妻子也就很难顺服丈夫了,对不对?我觉得这不是一个地位高

[①] 中国三自教会里的女牧师比例与国外相比之下算是很高了,但仍然还是"少数群体"(minorities)。而且这些神职人员中担任教会主要负责人的更是寥寥无几,这与整个社会的大环境正好一致。可见,神圣(sacred)与世俗(profane)并不是想象中的那样界限分明,可作类比之处甚多。

低的问题,而是家庭角色不同的问题,丈夫在家里需要的就是尊重,妻子最需要的是体贴和关怀。我觉得圣经将丈夫和妻子的角色这么分配非常有智慧,与男人、女人的天性正好相配。"

吴庄信徒之所以对这个妻子顺服丈夫的教导接受得比城市年轻信徒容易的原因就在于,他们采用了原来所熟悉的儒家观念体系来理解和阐释基督教的教导,使用了传统文化的"旧皮袋"来盛放基督教的"新酒"。这样的策略产生了3个方面的效果,首先是基督教的教导得以被信徒接受并执行。其次,反过来说,传统文化观念也借着新的信仰形式得以在一定程度上保存下来,基督教成了盛放传统文化"旧酒"的"新皮袋"。最后,无论是基督教的经典教导还是地方传统文化观念,都在一些内涵和意义上出现了不同程度上的变化,与原来的经典体系出现一定的偏差。吴庄信徒在接受和执行"女人要顺服丈夫"时很少想到"教会要顺服基督"这个属灵的层面,将这个本来具有群体性的属灵意义的教导化约为简单的个人性的生活指导。同时,"夫为妻纲"和"三从四德"之类的传统观念又被基督教"人人生而平等""神造世人"的教导所修正和改造,至少在理论上不再具有地位差别的政治色彩。

五 家内关系的重新阐释与构建

归信基督教之后的村民发现,自己的家庭观念及其组织方式发生了一些微妙的变化。家庭权威的角色界定和实施,亲子关系与夫妻关系的平衡,乃至信徒家庭与非信徒之间的互动关系都要重新认识。

(一) 家庭权威的形成与转移

基督徒认为,家庭是神所设立的三大制度中的基础。[①] 既然是制度,显然就有结构,有角色的分配和权威人物的出现。在吴庄,体现家庭权威的一个符号是住房的分配。在南北朝向的三间正房中,

---

① 三大制度分别指家庭、教会和国家。

中间一间一般最宽大的，谁占有这一间正房就表明谁是家中的实际权威。这反映了民间住房平面配置上的儒家礼制理念，客厅符号所指代的是家庭与外界交涉，占据客厅者就等于是一个家庭的外交官，表明他具有代表整个家庭决策的权力。传统来讲，中国家庭里的权威一般是长者，在其年老时的权威主要来自道德伦理的文化规范，而不是实际的经济权力。

  吴庄是一个移民社会，尽管是一个大姓村庄，但并没有形成如福建、广东一带那样的完整的宗族体系。[①] 吴庄的吴姓与兰林友[②]描述的后夏寨类似，尽管是一个姓，却并不是一个来源，此吴非彼吴。吴庄的长者对这个区别还很清楚，到伏叔的儿子灵强这一代就几乎没什么概念，只是隐约知道哪几家是最亲近的，哪些则更远一些。吴庄也没有严格的取名辈分规则，借吴召仁的话说："我们取名字都是乱取，没那么多讲究，只要不与本家长辈同名同字就行。"1949年后几十年的政治运动强行消除各种传讲儒家宗族理念的文化形式，尤其是"扫四旧"把吴庄的川地坟墓都全部铲除推平以助规模耕种，[③] 在事实上禁止了传统的墓祭仪式。[④] 在这样一个家族/宗族组织不完全、势力相对比较弱小的社区里，家庭权威形成及转移的经济因素就格外显著。Sung[⑤]认为，家产来源不外乎两种，继承与个

---

  ① [英]莫里斯·弗里德曼：《中国东南的宗族组织》，刘晓春译，上海人民出版社2000年版。

  ② 兰林友：《庙无寻处——华北村落的人类学研究》，博士学位论文，中央民族大学，2002年。

  ③ 我在吴庄的第一个感觉就是见不到几所坟墓。过了一段时间，才知道吴庄原来的坟墓主要就在川地里，"扫四旧"时全部铲平了，现在见到不多的坟墓都是20世纪70年代末期以后的新坟。而且由于人口的增加，土地压力越来越大，越来越多的人选择将坟墓埋在山地，不至于占用易于灌溉、产量高、收成能保证的川地。吴庄一带的坟墓非常简单，只是一个锥形土堆子，几乎没有立碑记录名讳及其后裔，倒是在霍村附近看到4座水泥浇铸的坟墓，还立有墓碑。这是一个1949年逃到台湾的吴庄人前几年回来给父母和祖父母新立的，因为他在庄里已经没有别的直系亲友，无人照料坟墓，立这个墓碑是为了以后自己及子女回来看望时还能辨认。

  ④ 这种早已渗入村民血液的民俗是无法长期禁止的，20世纪80年代以后又开始了清明时节的墓祭，有些坟墓已经消失在田间地头了，村民们就照着记忆在田头点烛、焚香、化纸，以表心意。

  ⑤ Sung, Lung-Shen, "Property and Family Division", Emily Ahern and Hill Gates Eds., *The Anthropology of Taiwanese Society*, Stanford University Press, 1981, p. 337.

人创造。如果分家时继承性财产（如土地）占主导部分，那么父亲的权威就会较大，反之，如果家产是由父亲与几个儿子共同创造而来，其权威就会大大削弱。虽然由于伏叔是唯一的儿子而没有分家，但确实由于家产的创造是由他与其父亲共同创造的，甚至可以说主要是由他创造的，家庭的权威天平显然更倾向于伏叔。因此我们就更能理解这个事实，当伏叔一家还住在老院子时，正房是属于爷爷的，而到1986年迁入现在这个院子的时候，由于当时出资出力的都主要是伏叔夫妻俩，很自然地就由这对年轻夫妻享有了正房。正房居住权的这次转移成了一个象征性的家庭权力转换的事件，具有年轻一代接管家庭权威的象征意义。[①]

但基督徒的权威形成与转移还有一个独特的因素，即与超自然的神的关系，其表现方式一方面在于对圣经的熟悉程度，以及祷告中的"方言"恩赐，另一方面也需要信徒之间及教会的承认（这主要见于基督徒所讲的生活见证）。这种权威的来源不是经济的，也不是儒家式的伦理的，而是超自然的，其神圣性使得这个权威更加不容置疑。这种权威的体现是多方面的，最显著的就是饭前的祷告，每个家庭成员都有向神祷告的权利，但只有作为权威的家长才能以"奉主耶稣之名祷告"来宣布结束。这个"仪式"是每天重复的，渗透于日常生活中，其效果是植入了每个家庭成员的血液里。每天的饭食在满足自己身体的需要的同时，还起到了提醒自己所面对的最上级的权威上帝及与家庭中的权威（通常是父亲），同时也在这样的定位中得以确认自己在神—人关系中及家庭中的角色和位置的作用。

（二）亲子—夫妻关系

费孝通[②]曾准确地指出："我们的家既是一个绵续性的事业社

[①] 在一定意义上来讲，这次的搬迁过程也是一个范杰内普 Van Gennep, Arnold, *The Rites of Passage*, London: Routledge and Kegan Paul, 1960 中所谓的"通过仪式"（rites of passage），也经历了分离、过渡与重新整合这三个阶段。或者说是在特纳 Turner, Victor, *The Ritual Process: Structure and Anti-Structure*, Chicago: Aldine, 1969 术语库中的结构—反结构—结构三重过程。

[②] 费孝通:《乡土中国》，生活·读书·新知三联书店1985年版，第42页。

群，它的主轴是在父子之间，在婆媳之间，是纵的，不是横的，夫妇成了配轴。"吴庄这些接受基督教信仰后的农人发现新的信仰使得他们的理想家庭模式发生了根本性的改变。核心家庭的趋向越来越取代了传统的大家族的几代同居的方式，尤其是在理想家庭形式上已经发生了根本性的变化。如果说后革命时期的中国人家庭走向核心的简单家庭主要是因为社会主义革命带来的社会变革，但那在一些传统农人的眼中仍然认为是"世风不古"的无奈体现，对传统的"四世同堂"依然是心向往之。因为根据基督教的经典教义，每个人在基督里都是"一辈"的。如果全家人都归信了，就都得救了，根据基督教的教导，每个人都是上帝的儿女，是基督里的"弟兄姊妹"，是一个完全平等的关系。有人说，"基督徒没有女婿"，意指基督徒的信仰首先乃是个人性的，而不具有中国民间传统意义上的"一人得道，鸡犬升天"。尽管圣经也有"一人信主，全家得救"的类似记载，但正统基督徒教会的传统解释是"一人信主，全家蒙福"，并不一定带来全家的"得救"，但会"蒙福"，当然首要之福就是听到福音之福，至少有机会得救之福。同时，由于基督教强调"那人独居不好"（《创世记》2章18节），"因此人要离开父母，与妻子同住，二人合为一体"（2章24节）。显然这更为重视夫妻这一横向的家庭关系，并且取代中国传统的父子这一纵向的家庭关系而成为家庭关系的核心轴。①

这其实在一定程度契合了 20 世纪 80 年代以来社会经济发展带来的家庭社会关系的重组，或者说基督教的信仰与以基督教理念建立起来的资本主义经济模式与运作方式之间，② 在一个远离西方的村

---

① 事实上，在基督教的讲台教导中，家庭的核心关系既不是纵向的，也不是横向的，而是呈一个独特的"三角形"，即夫妻双方与所信仰的上帝建立一个关系。如果两个人与上帝的关系"正确"了，那么两人之间的关系也就"正确"了。而且，三角形从几何学的角度来讲，显然是最为稳定的一种结构，况且，根据信仰，上帝的性情是不改变的，因此是有保障的，不像作为凡人的丈夫或妻子难免有情感上的波动和变化。但这显然是理想的家庭形态，从表现上来说，基督徒家庭仍然主要以夫妻关系为主轴。

② ［德］马克斯·韦伯：《新教伦理与资本主义精神》，于晓、陈维纲等译，生活·读书·新知三联书店 1987 年版。

庄得以重叠。阎云翔[1]在东北下岬村的研究也映（印）证了这一点，尽管那里并没有基督教势力的直接影响。他同意经济改革之后20年里中国的分家习俗已经发生了一些重要变化，如分家的时间已被提前，从父居的时间相应地缩短；[2] 兄弟之间平分家产的传统分家方式有被新的"系列分家"方式所取代的趋势；[3][4] 分家之后的家庭之间的合作不断增强，从而使得家产之间的界限模糊不清，形成"网络家庭"。[5][6] 但他指出，这些变化仅仅被视为家庭变迁中的孤例现象而尚未得到应有的重视，事实上，"这些变化之间有着紧密的内在联系，构成了家族制度的重要发展"。他在《礼物的流动》中进行更详细的论证指出，这些变化导致了财产观念及理想家庭模式的改变，而"个体性（individuality）和夫妻关系（conjugality）的上升，自然地显示出了父权制的衰落。这是中国传统社会的一个结构性变迁"[7]。

阎云祥[8]在下岬还发现，"社区的团结和家庭内部的合作是通过亲属关系纽带和非亲属关系共同来维持的"。社区关系与亲属关系一并被纳入到私人网络中，形成"实践的亲属关系"（practical kinship）。布迪厄认为正式亲属关系和实践亲属关系并不完全一样，纯粹基于宗谱关系的亲属关系只在正式情境中使用，执行使社会秩序

---

[1] ［美］阎云翔：《家庭政治中的金钱与道义：北方农村分家模式的人类学分析》，《社会学研究》1998年第6期。

[2] Lavely, William and Xinhua Ren, "Patrilocality and Early Marital Co-residence in the Rural Area, 1955 – 1985", *China Quarterly*, 1992 (130), pp. 378 – 391; Selden, Mark, "Family Strategies and Structures in Rural North China", Deborah Davis and Stevan Harrell eds., *Chinese Families in the Post-Mao Era*, University of California Press, 1993.

[3] 系列分家模式的重要特征是整个分家过程包含着数次财产分割，每个已婚儿子只能从中得到一小部分家产。

[4] Cohen, Myron L., *House United, House Divided: the Chinese Family in Taiwan*, Columbia University Press, 1976; Cohen, Myron L., "Family Management and Family Division in Contemporary Rural China", *China Quarterly*, 1992 (130), pp. 357 – 377.

[5] Networked family, Croll, Elizabeth, "New Peasant Family Forms in Rural China" *Journal of Peasant Studies*, 1987 (14), pp. 469 – 499. 被称为"聚合家庭"（aggregate family）。

[6] 曾毅、李伟、梁志武：《中国家庭结构的现状、区域差异及变动趋势》，《中国人口科学》1993年第2期。

[7] ［美］阎云翔：《礼物的流动：一个中国村庄中的互惠原则与社会网络》，李放春、刘瑜译，上海人民出版社2000年版，第190页。

[8] 同上书，第112页。

化的功能。而实践的亲属关系的运用则是情境化的、灵活的，并且代表了"功利性地利用人际关系的一种特定情况"①。与下岬村类似，吴庄关系网中的多数关系如姻亲、朋友、同事等，是靠村民自己建立和培养起来的，而非从其父母或先祖继承而来。只不过，吴庄村民用以建立和培养这种关系的途径是信仰，也就是说，如果两个家庭具有相同信仰，尽管他们没有任何正式的亲属关系，他们仍然愿意"结盟"，成为实际意义上的"互助小组"。一次伏叔准备重新粉刷一下房子，自己到中滩集市上购买了石灰、刷子等材料后，就和吴召仁忙活起来。两个人都是老师，召仁在张村，还需要走20分钟的路，每天放学回来后就开始做，干得很辛苦，终于趁一个周末才算赶完。我私下里问伏叔，这要给召仁多少钱才合适。"给什么钱"，伏叔看着我笑了，大概是笑话我的问题太市侩，"都是主内的，就是帮忙"，显然共同的信仰成了建立和维系他们之间关系的一个重要维度。

阎云翔②的另一个观察也很有见地，他指出在过去20年中，姻亲的重要性有了相当大的增加。许多人将姻亲看得比直系宗亲还重要，宁愿与内兄弟合作而不愿意与自己的兄弟合作。不仅如此，姻亲概念还包括连桥（连襟）和干亲家之类的拟制关系。Judd③的研究指出，连桥与兄弟不同，他们之间没有继承的利益冲突；而且，相互的扶助和合作能够很容易地由他们的妻子来维持和促进。这在吴庄也极为类似，只是仍然增加了信仰的维度。伏叔与姚叔是连襟，也都是基督徒，因此他们约定在为孩子取名时中间全以"灵"字排序。伏叔的孩子是灵强、灵刚、灵娜，姚家的则是灵应、灵歌（女儿）。这种排序与传统家庭中的辈分形似而神非，仿佛有传统取名方式的模样，却表达了完全不一样的信仰和内涵，尤其还发生在两个没有正式的父系宗族血亲关系的家庭中。

---

① Bourdieu, P., *Outline of a Theory of Practice*, Cambridge University Press, 1977, p. 34.

② ［美］阎云翔：《礼物的流动：一个中国村庄中的互惠原则与社会网络》，李放春、刘瑜译，上海人民出版社 2000 年版，第 95—118 页。

③ Judd, Ellen, "Niangjia: Chinese Woman and Their Natal Families", *Journal of Asian Studies*, 1989 (3), pp. 525 – 544.

（三）"爱"上帝与"恨"父母？

吴庄的基督徒在归信后还发现在家庭生活中出现了一个新的忠诚的问题。詹姆斯·里德①说："在家庭生活中，还有一种危险比这种家庭的不和更可怕，这就是对家庭的忠诚阻碍了我们去追求对上帝及其目的的忠诚。在基督生活的时代，要做一位基督的门徒，最大的障碍之一就是家庭。因此，做基督的门徒就意味着要放弃家庭生活。"在新约圣经里就记载了这样一个故事，一位向耶稣表示愿意跟随他的门徒，向耶稣提了一个对强调照顾年迈父母的义务观的中国人来说非常合宜的请求，"主啊，容我先回去埋葬我的父亲"。没想到的是，耶稣的回答显得相当粗暴，"任凭死人埋葬他们的死人，你跟从我吧"（《新约·马太福音》8章21—22节）。这个回答似乎非常冷酷无情，使人不可理解。

尽管传道人试图对这段经文做出一个合理化的解释，认为耶稣之所以不同意这个门徒的请求，是因为这个人的父亲在没死之前不准他的儿子做基督的门徒，而在他死后，通向基督的门才得以打开。但耶稣的这个回答显然是在强调一个跟随他做门徒的要求，在爱自己的父亲之前必须先爱上帝，上帝是第一位的，必须先向上帝表示更高的忠诚。事实上，耶稣在另一个场合更为严厉地指出，"来跟随我的人必须恨他的父母和他的妻子"。对于吴庄这样的中国农村基督徒来说，这是一个相当大的挑战。詹姆斯·里德②对此的解释是："这里所说的'恨'字，只是因为要表达同世俗的家庭关系作彻底决裂而采用的一种强调方式，如果人们只爱自己的父母、妻子而不爱上帝的话。基督徒就像应征入伍的战士一样，随时准备离开故乡与家庭，违背家人与朋友的愿望。要求这种最高的服从就会丧失大量与家庭的联系。"大部分我所接触的吴庄教会的信徒并不能完全理解和接受这个爱上帝竟然要"恨"家人的概念，但他们基本上都能接受对上帝的爱应当优先于对家人的爱。不过，就我个人的观察而

---

① [英]詹姆斯·里德：《基督的人生观》，蒋庆译，生活·读书·新知三联书店1989年版，第179页。

② 同上书，第180页。

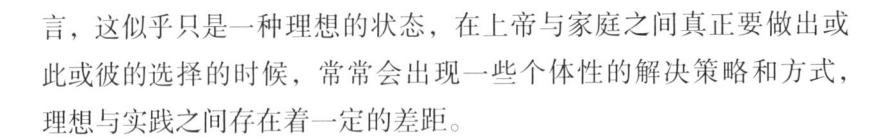

言，这似乎只是一种理想的状态，在上帝与家庭之间真正要做出或此或彼的选择的时候，常常会出现一些个体性的解决策略和方式，理想与实践之间存在着一定的差距。

六 作为"旧皮袋"的对联

我到吴庄的第一个晚上就注意到了伏叔家门上贴着的对联，全是白纸，因为时间久了已见风吹雨打的痕迹。灵强告诉我他奶奶2年前去世，丧事的对联当然得用白纸了，而且还要保留3年，取戴孝3年之意。3年期满后，再用红纸对联覆盖原来的白纸，并标明为"三周年纪念"。"新酒装在旧皮袋"这句话一下子出现在我的脑海里，尽管这并非耶稣当初的意思。次日一早，我赶紧记录下这几副对联。院门是：客旅昨日离客店，天民今朝归天家。横批：天堂相聚。客厅是：神前喜乐复生，主怀平安入睡。横批：安然见主。其他4个房间分别是，

灵归乐园：终生虔诚事奉主，一世淳朴厚待人
永享安息：安睡主怀别尘世，被提云中登圣城
神前复生：年尽辞世人别离，寿满归天主接引
荣归天家：信望爱爱心及四邻，真善美美名传八方

抄录完伏叔家这几幅后，灵强带着我到村里转悠，我惊喜地发现这是个文风盛行之地，非常流行对联，大约80%的院子都贴着各类的对联。如果只是常见的对联的话，这与其他汉族村庄相比似乎并没有特别之处，最多就是显得有点多而已，但这里的对联的内容和表达形式却有着其独特的风味。我花了几天的时间在村里转悠，发现这些对联绝大部分都在表达基督教信仰，大约占全部对联数量的80%。这让我多少有点奇怪，通常被认为是背离中国传统文化的基督徒们不但大量使用了本土文化的表达形式，而且比自认为持守传统的非基督徒们用得更多。而在实际上，基督徒不过占全村人口的1/3，按家庭来论也差不多是这个比例，

因此按道理也应该是非基督徒对联更多一些。我突然冒出一个想法，这是不是可以说作为外来信仰的基督教，尽管通常被视为传统文化的威胁，却在事实上承担了一部分保存乡土传统文化、教育下一代的作用呢？同时，我感觉到基督教在吴庄由于人数众多，基础比较雄厚，已经在事实上形成了一股相当强大的村庄势力，他们敢于，并在客观上也能够通过对联的形式来公开表明自己的基督徒身份，而不被认为，或至少自己不认为是一件不光彩的事情。①

（一）基督徒对联的主题分析

我仔细检阅了一遍伏叔所抄录的基督教对联，大致可分为7类，按从少到多排序为：寿联（11 条）、乔迁与建房（12 条）、圣诞节（38 条）、春联（41 条）、丧事（46 条）、婚事（49 条）以及普通的福音门联（159 条）。显然，这些对联除了圣诞节是因新信仰而带来的重要节日，福音门联主要是劝导信徒信仰实践和日常道德行为外，其他几个类别则体现了农民生活中最重要的几个方面。这之中除了春联主要强调节庆意义外，寿联、乔迁与建房、婚事、丧事莫不是农村信徒人生中的关键事件。

在这些对联中，可以看到几个重复出现的关键词，如"恩""爱""平安""喜乐"等。从主题上来看，这些基督教对联无非在界定4个关系，② 即人与神、人与人、人与自然界以及人与自

---

① 据我在城市知识分子基督徒中的了解，相当部分人在归信后，仍然害怕被同事或同学知道自己的信仰，更不用说公开自己的"新身份"。这当中一方面是因为知识分子普遍认为宗教或信仰是非理性甚至反理性的，因此一般持蔑视的态度，而这在吴庄这样的农村则没有这个顾虑，因为按照唯物主义的观点来看，大家都一样"迷信"，只不过对象不同罢了。另一方面，在城市还存在一定的政治风险和潜在的利益要害，即如果一个学生或职业人士宣布自己的信仰，通常会受到学校或单位的劝阻，对其将来的就业或升迁都会不利。对于这个方面，吴庄基督徒同样也几乎不用考虑。从这个意义上来说，农村的信仰环境要比城市宽松、有利。

② 此说出于基督教的救赎论教导，认为人在亚当和夏娃犯罪之后，在根本上破坏四个方面的关系，而当人愿意回转，接受耶稣的时候，这四个方面的关系就得到恢复和重建。

己。① 当然其主要焦点是前两者，正如耶稣所指出的，"你要尽心、尽性、尽意爱主你的神。这是诫命中的第一，且是最大的。其次也相仿，就是要爱人如己。这两条诫命是律法和先知一切道理的总纲"（《新约·马太福音》10 章 37—40 节）。如果说人与神的关系是纵向的，人与人的关系是横向的，那么这一纵一横正好构成了基督徒在世上生活时的"十字架"。纵向来说，这些对联界定了基督徒与神之间那种施恩—受恩的关系，因此人当知恩，并感恩，"凡事要谢恩，因为这是神基督耶稣里向你们所定的旨意"（《新约·帖撒罗尼迦前书》5 章 18 节）。而"春阳照大地神立大地无人晓，东风吹万物主造万物有谁知""世界永变主计划变前无人先知晓，宇宙恒动神安排动中有谁令止停"这样的联语一方面阐述了上帝造物这个神学教导，同时也界定了人与自然界的关系，即同为上帝所造，故人当善待万物。② 这与《创世记》中耶和华神将亚当"安置在伊甸园，使他修理看守"讲的是同样的道理，即伊甸园或世界万物乃是神造的，其目的是让人可以在其中"安置"，而人的责任就是"修理"和"看守"。

横向来说，无论是春联、喜联、丧联、圣诞联、乔迁联、寿联，这些专用联语都可看到"和睦""恩爱"这样的字句。春联中"善言见善行善善善，新人逢新年新新新""美言不如美行美，新年难比新人新"这类的联语则表达出基督教对"善言""美行"的关注，而这些又直接和人与人的关系相关。丧联中在纪念和表达对逝者的哀思的同时，"信望爱爱心及四邻，真善美美名传八方""八德充足光耀当世，九果硕累香益后人""为人如盐和睦邻舍，行事若光普照乡里""英魂灵气升天上，光盐德风留人间"这样的联语则将基督徒的处世、生活之道阐释得明明白白。普通的福音门联中这种教导

---

① 基督教认为人与自己的关系包括 3 个层次，即按照神造自己的本相接纳自己，正确地认识自己，不高看，也不低看；在生活患难中欢欢喜喜，因为这些外在的环境不会改变自己在上帝里面的身份和地位；既然认识了自己，也知道环境不会改变自己的身份，在生活中就会满有盼望。这样，基督徒就恢复了神最初设立的人与自己的正确关系，重建了良好的自我形象，免于出现自卑、骄傲、自责、忧虑、烦恼等心理问题。

② 这也是一些基督徒主张环保的圣经根据，也成为他们反驳人们对基督教重人轻物从而掠夺自然界并造成环境破坏之批评的说辞。

就更为多见，可以说是其最大的主题，例如"处事求圣洁，待人讲谦卑""忍一句有情有义，让三分无事无非""抱子应念母怀暖，饶人要体主恩宽"等。

在界定这些重要关系的同时，基督教对联还阐述了基督徒当有的人生观、世界观、财产观、末世观、婚姻观以及生死观等之类重要的理念。"健康强如富贵，平安胜似金钱""有信何惧粮粒少，相爱不嫌人口多""只求心灵美，不羡衣履华""赚得全世益何在，赔上生命损无穷""约瑟步步吃苦终为埃及宰相，财主天天享福卒为地狱囚徒"[1] 这样的联语表达了基督教对财产的基本看法，即这些事物都是短暂的，于人生并不是最为重要的，因为"这世界和其上的情欲都要过去，惟独遵行神旨意的，是永远常存"（《约翰一书》2章17节）。丧联更是集中体现了基督教的末世观和人生观，"叹人生转瞬即逝，感主恩永久不移""人间劳苦终有尽，天上福乐永无穷""谢绝尘世苦，永享天上福"等对联阐明了基督教对人生的基本态度，以及乐观的盼望和等候的未来观。[2] 在"欣听主声召主怀平安入睡，静候神号响神前喜乐复生""哀哉今日主怀安睡，乐兮明朝神前复生"这些对联中，我们则可以看到逝者家属面对亲人离世时的心情和态度，一方面是感情上的悲伤，但同时却因为有亲人不过是"入睡"、必将"喜乐复生"这样的确信而得以有"欣听""乐兮"这样的态度。而在如新婚喜联第14幅中提到的"迦拿""拿鹤"这样的故事则可以说是对信徒的一个圣经教育，同时也把基督教的婚姻观表达出来了，即婚姻乃是神所设定的，"神所配合的，人不可分开"，同时，神也对人的婚姻很高兴，他愿意祝福人的婚姻并满足他们的需要。

简言之，吴庄基督教巧妙地采用了对联这一本是用于传递儒家

---

[1] 上联中约瑟的故事记载于《旧约·创世记》37—50章。下联中的"财主"指的是耶稣所讲的一个比喻中与乞丐拉撒路作对比的那个财主，见《新约·路加福音》16章19—31节。

[2] 经常有人批评基督教的末世观是悲观的，因为世界都要被毁灭，但基督教末世观的真正意义在于，在这个毁灭之后，将会有"新天新地""新耶路撒冷""一切都要便成新的了"。在那里"神要擦去他们一切的眼泪，不再有死亡，也不再有悲哀、哭号、疼痛，因为以前的事都过去了"（《新约·启示录》21章4节）。

伦理的手段，表达和重申了基督教的信仰。通过这种容易为吴庄村民接受的方式，基督教把神的爱和恩典、耶稣道成肉身的救赎、基督徒得救后的行为规范等诸多神学内容讲解了出来，成为讲台传道、聚会分享之外的另一个重要传递形式。

（二）对联中的文化断裂与延续

吴庄的对联基本分为3个类型，传递传统道德理念的儒家对联、歌颂政府和党的政治性对联以及基督教对联。第二类出现的情况并不多，我所见到不过1例，因此对话的双方主要发生在儒家对联和基督教对联之间。庄孔韶[①]指出，家谱、族谱、乡约等民间文本是从宋代以降宗法教育的重要手段，因为族谱不仅排列了人伦位置和秩序，在其序跋中还经常会出现儒家礼法和理念的简明表述。尽管我们在吴庄见不到这类文本，但以儒学人伦教化为主的对联却还是相当多。村里不少人家的院门上都有写着"忠义第""祥和第""福德第""瑞祥第""依龙居"之类字样的门楣。一些人家还有门联，如其中一家的门楣是"映南极"，上下联分别是：东来紫气西来福，南进祥光北进财。另一家的门楣是"耕读第"，上下联分别为：户纳东西南北财，门迎春夏秋冬福。这类对联的关键字有"财""福""耕读""忠义"等，与儒家传统的宗法社会关系和理念相吻合。正如林耀华对福建义序黄氏宗族对联的观察，"其他对联甚多，记不胜记，概括言之，都是那些尊祖敬宗，光前裕后，孝悌忠信，睦里收族，一套千篇的句子，然而，就因这种千篇一律、反复重读的名词，造成了中国宗族社会中尊重名教的特殊文化"[②]。

一个显而易见的事实是，吴庄的这些基督教对联有不少与儒家传统伦理道德相合的教训。"抱子应念母怀暖""敬老长示范晚辈，孝父母教育儿郎"之类的对联与儒家重孝的传统极为吻合。在家庭关系上，也可以看到"和睦同居蒙主爱，相亲合一享神恩"这样的联语。在涉及人与人之间的处世之道上，"忍一句有情有义，让三分

[①] 庄孔韶：《银翅：中国的地方社会与文化变迁：1920～1990》，生活·读书·新知三联书店2004年版，第248页。

[②] 林耀华：《义序的宗族研究》，生活·读书·新知三联书店2000年版，第29页。

无事无非"这样的基督教对联听起来与中国传统的观念没什么太大的差别。事实上,从利马窦开始,不少基督教宣教士和中国基督徒就曾多次试图"以儒入耶",提倡所谓"国学化的神学,神学化的国学",何世明①则称之为"融贯神学"。他们认为基督教信仰应当吸收儒家学说中的优秀营养,并尽可能地寻找两者之间的相似因素,然后予以适当变化,以为中国人所熟悉的方式传递出来,以便接受起来更为容易。

但是,需要看到的是,他们在坚持基督教信仰应当吸收儒家因素的同时,也希望能用基督教信仰来改造中国传统文化中的弊端。何世明②的作品中的一贯写法就是先将中国儒家文化的特点和优点描绘出来,然后再指出其弊端,最后则呼吁要用基督教信仰对这些弊端进行分别的改造和超越。因此,基督教对联与儒家理念这两者之间在一些重要领域和立场上也必然会出现冲突和相悖之处。比如与前面提到的"耕读第"正对的院门上就张贴着"信望爱"这样的基督教门楣,上下联则分别为:数算神恩赞美不尽,思念主爱喜乐满心。两相比较之下,"神恩""喜乐"与"财""福"构成了一对富有意味的哲学话题。最有意思的是在两家临近的院子分别张贴着这样的联语,"忠厚持家福自多"与"人信耶稣福自多"。这两个联语非常准确地反映了儒家哲学与基督教信仰的根本性差异,即所谓的"福"或其他好处的来源和途径到底是什么。单从这个对联来看,儒家的"福"来自"忠厚持家",通过的是自己的努力。相反,基督教的方式不是通过自己的努力,"福"的最根本来源是从神那里而来,通过"信耶稣"而"自多"。③ 詹姆斯·里德④指出:"认为通过我们自己的努力就能够达到基督教的人生则是一个巨大的错误。

---

① 何世明:《融贯神学与儒家思想》,宗教文化出版社1999年版;《基督教儒学四讲》,宗教文化出版社1999年版;《基督教与儒学对谈》,宗教文化出版社1999年版。

② 何世明:《从基督教看中国孝道》,宗教文化出版社1999年版。

③ 此即基督教所讲的"恩典观",他们认为人之受造和得救等一切之事都是出于神的恩典,如果人因好行为或好品格或任何其他自己的好而得救的话,那是人当得的工价。如果人不配得,但神因爱的缘故而赐予,这才是真正的恩典。这种"惟独恩典"的观点与"惟独圣经""惟独耶稣""惟独信心"一道构成了福音派信徒所强调的判断基本信仰的四个"惟独"。

④ [英]詹姆斯·里德:《基督的人生观》,蒋庆译,生活·读书·新知三联书店1989年版,第33—34页。

我们仅仅只是下决心按照基督的人生方式生活，并不意味着我们就开始获得了基督教的人生，仅仅只是凭我们意志的力量，并不能保证我们不断向着基督教的人生理想努力。即使我们能够以一种正确的态度来对待上帝，基督教人生的形成也需要上帝的引导与养育。……基督教的人生凭借着上帝的力量得以成长，是上帝的行动在我们身上产生的结果。上帝是基督教人生的源泉，是克服一切困难的力量，是自存之爱的恩典。上帝赐予我们的这些礼物超过了我们自身所拥有的一切优点，胜过了我们自身所具有的一切力量，如果认识不到这一点，只想通过自我奋斗去获得基督教的人生，那一定会失败。"

就以基督教对联和儒家传统对联都经常表达的"孝"为例。我们知道，中国以儒家为主的传统伦理的核心是家庭伦理，也发展得最为完善和系统，并赋之以仪式化的祭祖和墓祭来帮助实现理念的内化以致沉积为一种民族心理。[①] 孟子"五伦"这样予以表达："父子有亲，君臣有义，夫妇有别，长幼有序，朋友有信"，而整个体系的核心和基础就是纵向的"孝"（孝顺父母）和横向的"悌"（尊敬兄长），其中的"孝"则更为重要。孝本身含有两层意义，即以顺从所表达的孝（孝顺）和以尊敬所表达的孝（孝敬）。中国传统伦理中，对顺从的强调过于对尊敬的强调，即所谓的"父为子纲"。基督教"十诫"的第五条就是"当孝敬父母，使你的日子，在耶和华你神所赐你的地上，得以长久"[②]。旧约律法甚至还对以色列人作出这样的规定，"凡咒骂父母的，总要治死他"（《旧约·利未记》20章9节）。新约里的经文更加清楚，"你们作儿女的，要在主里听从父母，这是理所当然的。要孝敬父母，使你得福，在世长寿"（《以弗所书》6章1—3节）。这是第一条带应许的诫命的话，看到这里，圣经的教训与儒家的教导似乎没有差别。但显然，基督教的孝道观所

[①] 林耀华：《义序的宗族研究》，生活·读书·新知三联书店2000年版；庄孔韶：《银翅：中国的地方社会与文化变迁：1920～1990》，生活·读书·新知三联书店2004年版；李亦园：《中国宗族与其仪式——若干观察的检讨》，《"中央研究院"民族学研究所集刊》1985年第59辑。

[②] 见《创世记》20章12节。在"十诫"中，前四诫是规范人与神的关系，后六诫都是在规范人与人的关系，而"孝敬父母"处于人与人的关系之首。

强调的更多是"尊敬",而非儒家伦理更为重视的"顺从"。而且"听从父母"并不是绝对的命令,而是"要在主里",圣经上也有"丈夫是妻子的头""要听从你父母的管教"之类的教导,但确实从根本上来说,那只是一种尊重的关系,而非主从的关系,也许正是这一点造成了基督教意义上的"孝"其实重在"敬",而不是如中国传统意义上的"孝"之所重在于"顺"。耶稣甚至还说,"人到我这里来,若不爱我胜过爱自己的父母、妻子、儿女、弟兄姊妹和自己的性命,就不能做我的门徒"(《新约·路加福音》14章25—26节)。也就是说,基督教所谈的孝主要是对父母(延伸为对长辈)出于爱的尊敬。

我在吴庄认识了一位成长于基督徒家庭的大学生吴正恩。他在西安上学的时候因为接触到一些宣教士,积极参加教会活动,而父母尽管也是信徒,却担心这会带来一些安全问题。他这样描述他与父母之间关系的变化:"从小到大都觉得对父母就应该是凡事听话,这是天经地义的事。不过后来牧师讲道说'当在主里孝敬父母',叫年轻人对父母要尊重、爱和关怀,并不是说盲目服从,特别是当父母所要求的与信仰相背时。我父亲就认为我信是可以的,他不赞同,也不反对,但不能信得太深。所以他不断劝我不要参加聚会,偷偷信就可以了,而且绝对不要和外国人来往。像这个,我就不能完全照办。除了减少和外国人来往外,聚会还是照样参加。"

这种冲突很常见,特别是当非基督徒父母在劝说基督徒孩子不要去信"洋教"的努力失败之后,常常是求其次,要求他们"在心里信就可以了",不允许他们去参加聚会。我在大连做田野工作时就见到这样一位年轻女孩,刚刚开始工作。在成为基督徒后不久,她自己还犹豫着不敢给做大学党团工作的父母讲,她父母就发现了,在轮番劝说不要去信还不奏效之后,他们就给她定下三个要求:不准参加聚会,尤其是不准参加"非法的小聚会";绝对不准与外国人来往;绝对不准参加教会的任何带领的工作。她很苦恼,因为正是外国人给她传的福音,她也参加外国人所带领的查经小组,而这显然不是国家建制的教会,同时她虽然信的时间不长,但却已经开始参与一些帮助聚会的工作。作为独生女,她从小就习惯了听从父母的建议,更别说要求了,可是同时她又不愿意放弃参加聚会。无奈之下,她去找教会牧师寻求帮助,传道人一方面告诉她要"在主里听从父母",因为这是理所当然的;另一方面他又说,在根本信仰问题上"顺从神,不顺从人,是应当的"(《新约·使徒行传》5 章 29 节)。于是他这样建议,让她暂时不与外国人来往,也不去参加家庭小聚会,以此来向父母表明自己对他们的顺从和尊重,但是一个星期至少还要坚持参加一次大教堂的主日礼拜,因为这乃是顺从神。于是她照此去做了,她这样对我说:"没有办法,我只能这样做,我爸爸妈妈见我做了这些让步,他们也就默许我去参加主日礼拜了。"当我问到以后打算怎么办时,她还是用很无奈的语气说:"再说吧,暂时先就这样吧。"

在她这件事中,可以看到存在比较大的张力,是绝对地顺从父母来表达自己的孝呢,还是带着尊重的态度部分地顺从呢。当然在她的这个个案中,似乎是两者之间取得了妥协。然而,不可否认的是同为一个"孝"字,基督教伦理与儒家伦理使用起来却有不同的内涵和相应的实践。这实际上是基督教孝道观对传统中国孝道的改造和置换,虽然仍以"孝"字出现,但价值趋向已发生改变,乃是在借用中国原有的观念来表达新的价值体系。而且我们看到,这个改造和差异不仅是理念上的,还带来了家庭关系的变化。

七 结论与讨论

经过百余年的沉淀,基督教在吴庄已经成为一个社会事实,不仅是因为它拥有差不多三分之一的信众基础,也可见于这些信徒对于如何在自己的日常生活中落实超然性的信仰的种种努力。

需要承认的是,在本文的讨论中,比较多的容纳进了吴庄的基督徒对于这一历史过程和当下生活的解释,而对于当地非信徒的关注不够。但是,这个缺陷并不影响我们在这里以乡村汉人基督徒为中心的考察。我们可以看到,基督教对于吴庄这个乡村社会来说,所影响和改造的不仅仅是信徒个人及其家内生活,也包括对一些公共生活中的基本伦理概念的重塑，甚至在一定意义上来说，也对这一特定的社区是一种"再造"，至少，它改变了之前的村庄信仰及人口构成，当然也对社区内人际交往网络和规则产生了一定的影响。

换言之，一方面来说，吴庄的基督教本身已经是一种被糅合、建构过的文化体，既有对地方原有文化系统的断裂和改造，也有对原有资源的借用和沿用。而这个变与不变的过程构成了一个富有意义地来回转换：对中国（的）基督徒（Chinese Christian）的关注以及对基督徒中国人（Christian Chinese）的强调。断裂与变化可以说是吴庄的（中国）人在强化基督徒这一信仰身份，而不变与延续则是吴庄的基督徒们在强调其中国（汉）人的文化身份。在已有的研究中，比较多的人注意到了基督教的异质性即断裂这个方面，最近一些年也有赵文词[1]、张先清[2]等人对于延续性的关注，而在这里我们则强调要关注在这两个断点之间的来回过程，因为无论变，还是不变，都是作为行动主体的地方民众在更大的历史结构性场景中生成自己的意义世界的努力。[3] 就基督教这个议题来说，则是在具体的地方文化中落实自己的信仰的过程。[4]

在另一方面，我们也注意到，吴庄的所谓传统文化也是在不断被构建的过程，是在新的历史和社会场景中生发出来的一种"新传统"。换言之，不能简单地将基督教进入吴庄时的地方文化传统等同于百年后今日当下的文化系统，更不能假定宋代以降的那个传统仍然如同在当时那样继续扮演完全同样的角色，因为，此传统并非彼传统。

---

[1] Madsen, Richard, *Morality and Power in a Chinese Village*, Berkeley: University of Calif. Press, 1984.

[2] 张先清：《官府、宗族与天主教（17—19世纪福安乡村教会的历史叙事）》，中华书局2009年版。

[3] 在这里主要列举的是以中国基督教为主体的研究，其他讨论中国社会变迁中的文化延续与断裂议题的人类学研究可以进一步参考萧凤霞、波特、庄孔韶、麻国庆等人的著作。

[4] 黄剑波：《地方性、历史场景与信仰表达》，中国戏剧出版社2008年版。

冰雹带上的社会联合
——汉藏交接地区的青苗会组织研究

范长风[*]

洮州的中心区域位于今天甘肃省甘南藏族自治州的临潭、卓尼两县，地处青藏高原东北边缘。[①] 以明清厅治所在地的新城为界，洮州分为东、西、南、北四路。中西路是高山丘陵区，是耕地面积最大的区域，也是农牧结合带；东南路的洮河沿岸河谷区，这些地方在土壤肥力、年降水量、热量方面优于其他地方，但问题是人多而地少；北路和东路一些地方为高山深谷地貌，耕地狭小，森林广袤，人们居住较为分散，是人口密度最小的地区，其中1990年羊沙乡人口密度为每平方公里23.99人。[②]

明初以来大量的军士、农民来到此地，"移京无地农民三万千户于诸卫所"[③]，当时情况正像山歌中唱的那样"出了家门入老林，瞭见林里虎打盹"，古洮州森林茂密，想必是一个生物多样性的场景。以农为本的汉人先民把山上的树木砍掉，建起木结构的土屋，烧荒开地，然而这一切之后他们发现"洮州地属边陲，气候过凉"，尤其是"夏秋之交多疾风雹雨，其来甚骤莫可预防，禾稼遇之则摧折无余，农人深以为患"[④]。土壤的肥力不足，气温过低，无法灌溉，庄

---

[*] 范长风，华东师范大学社会发展学院副教授。
[①] 区划上属于青藏高原。
[②] 此处的"京"，指南京，载《临潭县志》，甘肃民族出版社1997年版，第161页。
[③] 《临潭县志》，甘肃民族出版社1997年版，第775页。
[④] 光绪《洮州厅志》卷1。

稼一年一熟尚招致土地的亏损，他们不得已进一步从森林索要土地，以满足歇地制度的最低要求。先民们首先遇到对于农耕者来说颇为苦恼的生态环境问题，继而又在不断的开发中加剧生态脆弱性。① 生态环境对那里社会的影响明显加大，社会依靠自治组织安排村落生活的意愿也更强，整个洮州社会呈现组织化社会的表征。在人口密度小、人群异质性强的社会里，不同的文化和族群是如何为采取一致行动而达成广泛的社会联合？

一 华北青苗会的相关研究和研究策略

为什么会有青苗会组织和看青行为呢？日本学者旗田巍认为，由于社会分化，农村中出现了贫困之人，盗窃庄稼之事时有发生。② 19世纪的华北村庄是无组织的，是应地方政府的命令于1900年前后建立的；③ 看青的协同关系的成长过程就是农村社会的衰落过程。旗田巍把青苗会的产生归结为中国乡村的衰败、社会失序和贫富分化，由国家的外力推动。内山雅生认为看青是国家现代化过程的产物，是村民合作的经济行为，看青之中包含了救济贫民，包括救济村中游手好闲之徒。④ 我以为，社会组织的产生与发展源于微观经济行为、贫富分化、乡村的衰败，这些观点看似有理，实则否定了社会组织的内生性因素。在一个均平化和运行良好的社会同样需要社会组织的动员和引导。

对于村落是否衰落、是否有凝聚力这一问题，施坚雅认为村落具有开放性质，无论从村落的对外和对内关系来看，皆不能构成结构完整、功能完备的单元。构成中国传统乡村社会基本结构的应该是基层市场共同体。施坚雅就将基层市场区域界定为中国社会的基

---

① 生态脆弱性按笔者的理解，是指自然与人为活动相结合造成生态环境退化、生态功能减退、土地生产力下降、土地资源衰竭的状态。
② ［日］旗田巍：《中国村落与共同体理论》，岩波书店1952年版，见第六章"看青的发展过程"。
③ ［美］马若孟：《中国农民经济》，史建云译，江苏人民出版社1999年版，第65页。
④ ［日］内山雅生：《华北农村社会经济研究》，李恩民、邢丽荃译，中国社会科学出版社2001年版，第94页。

本单位。杜赞奇引用旗田巍的观点，申明青圈亦成为村界，使村庄第一次成为一个拥有一定"领土"的实体。① 村落共同体的内聚力表现在：一是，具有明确而稳定的边界；二是，具有很强的封闭性和排外性，以及村庄内/外身份感；三是，具有高度的集体认同感和共同利益；四是，内部具有比较密切的互动关系，存在集体行动和仪式；五是，有道义的权威中心。看青是与市场体系毫不相干的。在杜赞奇看来，中国传统社会的村落是一个封闭的、结构完整的、功能完备的基本社会单元。② 我的研究表明单个村落的作用十分有限，乡村基础组织是以联村社会为社会单位，较大社会行动的主体是联村组织，但它不是按市场关系凝聚的，而是由庙宇仪式体系和互助行动共同构造而成。

研究方法与策略如下。

本文对临潭县、卓尼县18个青苗大会进行了田野调查，所做访谈130人次，回收访谈调查资料70份：其中"青苗会组织专题调查"20份，"家户调查"50份。人类学发展到今天，村落研究已不能全面表达社会与文化的复杂性和精致程度。由于青苗会组织体系遍布洮州大部分地区的缘故，我所采用的方法是区域研究而非微型村落的社区研究。区域研究结合了"多点"民族志和参与观察的方法。因为洮州存在多种文化类型：以汉人为主的农耕和林业生产地区，回族农商并举的城乡结合区，藏族牧区，多族群的农牧兼业区。这些文化类型实际构成了"多点"的根据；如果从该地方社会所受的影响和作用来看，政治、军事、宗教、族群、经济、传统、宗族和自然力的生态皆对高原汉人社会和民间组织有影响。"琼斯村不是美国"，同样村落图景与大社会图景存在差异，小型社会研究的局限不仅是空间范围狭小的问题，更是视野问题。我在地方社会的研究中引入了历时和共时的维度与有点有面的区域研究相结合，当横向关系与垂直关系交织在一起时，我们更容易发现和识别哪些是内生

---

① ［美］杜赞奇：《文化、权力与国家：1900—1942的华北农村》，王福明译，江苏人民出版社1995年版，第187页。

② 刘玉照：《村落共同体、基层市场共同体与基层生产共同体》，《社会科学战线》2002年第5期。

因素，哪些是外部因素。

在研读历史文献（包括地方史志）和分析田野资料中可以发现，传统时期的国家和社会的联结，竟然是以农业生态为媒介的。帝国的皇帝、朝臣承袭由来已久的劝农惯例，都无一例外地敦促人们开垦荒地、繁殖人口，帝国的官员在其任期内可能会参加各种各样、数量惊人的农业生态仪式，并且从他们的奏折和疏文中可知生态以及粮食对帝国来说有多重要。在洮州襄镇以冰雹为主题的迎神赛会上，在干旱祈雨的仪式上，地方官的参与是必不可少的程序。把眼光投向"长时段"的历史，即意味着应致力于考察和发现社会"结构"。社会"结构"存在于人们的日常生产生活之中，是普通人在日常的生产生活中构建的历史基座。这就意味着关注社会现象之间复杂关联与互动的眼光与视角，历史感加上生态视角来看国家与社会的关系，可能为研究提供一个整体的和有新意的视角。

二 洮州青苗会发生的语境

研究洮州地方的土壤、降水、气候条件、地方物种，可以说明当地异常严峻的生态压力以及人们应对环境的生计方式，能更好地解释组织与生态、仪式、互助行动之间的互构关系。

（一）生态压力与地方物种

高原气候对洮州的农作物生长没有提供优越的条件。过去大部分地区没有种植春麦的历史，更别说冬麦、玉米了。海拔高、霜期长和低温几乎使所有作物处于生存极限。按光、热和水对作物的贡献率，兰州干旱研究所划分出五个作物生态适生区：Ⅰ—最适宜种植区；Ⅱ—适宜种植区；Ⅲ—次适宜种植区；Ⅳ—可种植区；Ⅴ—不宜种植区。[①] 洮州平均海拔为2850米，而此高度是作物种植的上限，所以洮州大部分高山丘陵地区都属于不宜种植区。春麦种植是最近

---

① 邓振镛：《高原干旱气候作物生态适应性研究》，气象出版社2005年版，第34页。

200年气候转暖和品种改良的结果。当地人流传着一句古语："山高地凉，大燕麦不黄。"气温过低和积温过少构成了农业生产的阻碍因素。洮州年均降水量为518毫米，整体上对青稞、春麦是有利的。水似乎是唯一能够产生积极作用的因素，然而降水的不均衡是农业生产的又一阻碍因素。四月初的播种期经常受到春旱的困扰；五月份正值春麦的分蘖拔节时期，是春麦需要水最多的时段，却往往发生干旱之灾。农历四月播种之际的缺水与夏秋之际的多雨形成不均衡分布，而最使乡民恐惧的是"变态"之水——冰雹。在青稞120多天和春麦140多天的生长期内，作物面临的主要威胁是春旱和夏秋之际的雹灾。农民此时在仪式上祈求四五月里"清风细雨"，禳除六七月份"疾风雹雨"。除了北路林区以外，整个洮州几乎都在冰雹袭击的范围之内。2005年8月新城附近遇到一次冰雹袭击，雹子十几分钟下了10—15公分厚，把青稞、春麦连叶带秆打得精光，造成庄稼绝收。

（二）小生境中的群体、生计

小生境是社会科学借用的生态学术语，常常指一个独特的资源群落，"具有特殊环境特征的最小自然区域或空间"①。小生境是"一个群体在整个环境中的位置，它与资源和竞争者有关"②。人类小生境的变迁是由社会和文化方式带来的，③ 这种历时的方法适于研究社会组织的变迁。许多人类学家都特别关注竞争和冲突，其根源在于过分强调小生境的竞争排他性原则（competitive exclusion principle）。在青苗会小生境中，群体之间的竞争仅为组织互动的一种形式，而合作与互助的互惠关系则更为常见。比如村落间劳动力资源的交换与再分配，其中具有生态防御意义的仪式与行动便是互惠的，也是合作与互助的表现。小生境中的各个人类群体在适应严酷的生

---

① S. Cain, *Biotope and Habitat*, F. F. Darling and J. P. Milton, eds., *Future Environments of North America*, Natural Press, Garden City, N. Y., 1966, pp. 38 – 54.

② June Helm, "The Ecological Approach in Anthropology", *American Journal of Sociology*, 67, 1962, pp. 630 – 639.

③ ［美］唐纳德·L. 哈迪斯蒂：《生态人类学》，郭凡、邹和译，文物出版社2002年版，第99页。

态环境中进行文化接触和融合，他们使用仪式信仰的文化手段试图干预自然环境。人们以组织方式联合行动更有效率。

农耕汉人洮州的高原生态环境既不允许复种的存在，也无水利灌溉之便，又兼偏远闭塞，几无运输体系可言。农耕者可做的事仅仅是"朝天一把籽，种收去两回"。洮地冰雹、洪水奇多，西路有些村落是冰雹"十年九打"的地方，而东北路由于水土流失也经常受到洪水的侵袭。汉人也学着藏民的样子过着半农半牧的生活，这便形成了在汉藏共居地带"汉染藏风，藏染汉习"情景。虽然农耕难以致富，即便如此，汉人也总是坚守着农本思想而不松动，依然在土地上刨食。虽不能像印尼爪哇和长三角的农民那样通过"精耕细作"来提高土地的产出，但洮地乡民一方面在耕作制度上实行土地轮歇、倒茬，另一方面施行以牧补农的兼业措施。

因洮地地处高寒不产蔬菜，餐桌上的主要食物是面片和馍馍，其次是洋芋这种菜粮兼备的块茎食物。素食固然可以提供最低水平的热量和营养，但何以补充高海拔缺氧带来的身体消耗呢？对汉人来说，猪肉是他们摄取蛋白质的主要来源，洮州人善于腌制腊肉，上等腊肉的原料是蕨麻猪，腊肉是可以长期储备的蛋白质，特别盛行于农区。洮州汉人吃肉的时间通常是仪式和庆典的场合，我在各地的"扎山"仪式的调查中，每次都能碰上吃肉的场合，应邀与乡民共享美味。按尤金·安德森的说法即"食物在社会中"[1]，食物在汉人社会中的另一主要用途体现在人际关系的互动中，在人神之间的仪式中，即作为社会关系的黏合剂，是一种重要的表达和交流手段。

商贾回民洮地回民深知土地不能生土地的道理，虽然回族很少走科举升迁之路，但他们承袭了"回回善贾"的传统，以卓越的商贸才能有效地适应了生态和社会环境。《洮州厅志》记载，旧城"回回无家不农，亦无家不商"[2]，他们多居城镇，即便散居在乡下也会精明地做起力所能及的小生意。回民的"善贾"恰与汉人"抑

---

[1] [美]尤金·N. 安德森：《中国食物》，马樱、刘东译，江苏人民出版社2003年版，第195—199页。

[2] 光绪《洮州厅志》卷2，风俗。

末"和藏民轻商的传统形成对比,汉藏乡民为回商提供了最大的商机和市场。清光绪三十四年洮州总人口为57364人,丁未年有回民10683人,① 2005年回族人口为24667人,② 分别占洮州人口的19%和16%。在洮州无论今昔,商贸业和饮食业基本为回商所专营。素有"回城"之称的洮州旧城,一个著名宗教和经济集团——西道堂③颇负盛名。以西道堂为组织中心,建立起支系庞大的商贸和运输网络,在乡下建立起"乌玛"(集体或公有)乡庄,使新教回众的生活水平明显高于各个社会阶层。它的成功在于把伊斯兰教和旧式汉学传统有机结合,推行集体主义公社制理念,他们在经贸运作上保持着强烈的进取心和与时俱进的现实感。

  回族餐桌上的主食依然是面食,但他们把食品做得更为精细和适口。伊斯兰教从文化上把猪肉列为禁忌而排除于食谱之外,他们摄取的蛋白质来自牛羊肉。藏民善于牧养食草的蕨麻猪,汉人饲养家猪的数量也明显少于其他地区,皆因家猪消耗食粮且与人争食。禁猪的文化设计减少了该地区消耗大量粮食的猪群规模,等于减少了缺粮地区的粮食消耗,这是文化禁忌的内在动因。生态影响文化的另一个例子是舔碗的习俗,洮州人在吃完饭以后要把碗上的残余粮食舔干净。我在一家饭馆里亲见那些参加赛会的男女老少把碗舔得一干二净。以汉人的大传统而论,这是没有教养的表现,而洮州人说,吃饭不舔碗才是没有教养,而且在日常生活中吃洋芋(土豆)不能剥皮,剥皮也被视为一种文化和习俗上的禁忌;回族说舔碗是节约粮食的美德,是模仿圣行。《洮州竹枝词》说"禾稼终岁只一收,但逢秋旱始无忧"④,说洮州的农作物只能一年一熟,天气干旱但不至于劳而无获,若夏秋之际遇上冰雹必遭饥荒。可见生态压力对文化传统的影响至深。

  游牧藏民、洮州藏民作为原住民,其主要生产方式是畜牧业,

---

① 光绪《洮州厅志》卷4,户口;又见《临潭县志·人口》,第140页。
② 临潭县统计局:《临潭县统计年报2004—2005》,第242、243页。
③ 西道堂是清末民初产生于甘肃省临潭县的一个伊斯兰教派,其前身是创始人马启西建立的学堂,讲解四书五经等内容。后来西道堂成为一个融宗教、教育、生产、贸易等为一体的社会实体,对洮州地方影响颇大。
④ 临潭简史编写组:《临潭简史》,1991年,第172页。

在汉人社会的周围的西、北和南三个方位均分布着牧业部落，他们与汉、回形成的交换网可能始自历史上的"茶马贸易"。纯粹的农业藏民与汉人大同小异，他们在文化上已经完成了融合进程，认同于汉人的民间信仰和组织。虽然农作条件好的地方也有藏农，但他们不丢畜牧的看家本领，以半农半牧的姿态生活着，当地人称这些人为"半番子"。农业为他们提供粮食，畜牧为他们提供肉和奶的营养，家畜又为农事提供畜力、肥料和燃料。这种以牧为主兼业发展的模式是合理利用资源的典范。他们充分考虑不同海拔高度的资源潜力，在高海拔地带宜林则林、宜草则草，在低海拔的沟谷地带种上青稞和油料作物。相比之下，汉人以农为本，农作物在文化上被赋予优于其他植物的地位而成为汉人土地上的主语，但自然界并不喜欢单一性，它所喜悦的是生物多样化。游牧者居帐篷，半农半牧者居"碉房"，殷实之家的三层碉房体现了藏人的生态理性和宇宙观。其底层为家畜及草料库房，中层为人居，上层为供佛的经堂。顾颉刚民国二十七年来洮地看到这种"外不见木，内不见土"碉房，在此神、人、畜共居同一空间，这与藏民"天、地、地下"的宇宙观颇为合拍。藏人爱众生、尊重生物的生命权力也为适应生态环境。藏民的饮食结构颇质朴简陋，糌粑（青稞炒面）、茶、手抓羊肉构成了藏族的主要膳食结构。但我在农区那些半农半牧的藏民家里观察到，他们食用牛羊肉很慎重，并非像人们说的那样频繁。当地人戏言："早上酥油拌炒面，晚上炒面拌酥油，正午头上一改变，还是酥油拌炒面。"藏民饮食的简单不光是生态环境或生产方式的限制，对食物的价值和态度也决定了他们的饮食习惯。他们认为药为治病，饮食为医治饥饿，而汉人常常把吃看作一种乐趣和享受，对食物最常见的看法是"民以食为天""食色人之大欲也"。故饮食、能量、热量、蛋白质具有生物性和文化性或者社会性的双重意义。

（三）竞争与合作

萨林斯就非洲蒂夫人和努尔人的世系分支制社会进行了研究，勾画出政治组织与竞争的关系。他看到两个相邻的属于同一世系的村庄，比相距较远的村庄关系更密切。支系联结的原则是"睦邻友好",友好的程度是血缘关系的亲疏。即是说,空间距离越相近越容易相处得和睦,相距越远则越容易发生纠纷。① 非洲社会群体竞争的结果往往是替代、不稳定、稳定并存。② "替代"即生物学家哈丁的"竞争排斥原理"所指涉的情况:两个种群不能永久据有同一生态小生境,其中之一要么灭绝或离开这一地点,要么改变其生存方式。③ 萨林斯研究的蒂夫人和努尔人是简单社会而不是国家主导社会。在中国,既便在"地处极边"的洮州,国家的存在使那种"替代"性质的竞争很少发生。至于"并存",也必须考虑"时间"因素,历史并非均衡线性发展,潮起潮落、兴废治乱都对竞争的方式有影响。"稳定的并存"多发生在治世,而乱世则可能发生"不稳定的并存"。竞争的直接原因是生态环境的压力,其中主导因素是人口压力及人地关系,但不可忽视文化传统的差异。汉人社会内部的竞争是以地缘组织为单位的资源争夺。因为洮州是一个汉、回、藏插花接壤的地区,所以在以十八位龙神为依托的众多青苗会中,自然会吸引一部分农耕藏族加入到青苗会组织中,他们中有的是以会员村的形式加盟,有的是以松散的联系成为该青苗会及其龙神的"马路"。生存空间是小生境中不同群体争夺的重要资源。比如乾隆二十年在新城以北的党家沟就发生了草山之争。

我在2006年11月调查中碰巧观察到两个汉、藏村落争草山的场面。卓尼县康多乡六十家村的藏民与临潭县八角乡的庙华山的汉人那几天发生了争夺草山的纠纷。藏民越过峡谷开上农用三轮,竖起帐房,表示对草山的所有权;临潭这边的汉人将藏民的部分帐房和两辆三马车烧掉,并将4辆车推入峡谷,双方发生了肢体接触。此事目前正在解决中。械斗是一个双败的马拉松式的对抗过程,是一场零和博弈。无论如何,引起纠纷的结果不可能像努尔人和蒂夫人那样以"替代"方式永久驱逐对方。因为中国地方社会是有国家

---

① M. Sahlins, "The Segmentary Linage: An Organization of Predatory Expansion", American Anthropologist, 1961, 63, pp. 322 – 343.

② C. Smith, "Economics of Marketing Systems: Model from Economic Geography", Annual Review of Anthropology, 1974, 3, pp. 167 – 201.

③ G. Hardin, "The Competitive Exclusion Principle", Science, 1960, 130, pp. 1291 – 1297.

有政府的社会，国家在场的标志是地方行政体系和司法体系的普遍设立，争端的最后解决主要通过国家渠道。

个案："黄帝轿子头一家"

西路的刘顺和水磨川所处的区域是一个南北向的川谷地带，南北两端皆与卓尼县接壤。水磨川有五会九村，分散在汪家嘴、八仁和丁家堡，境内有两个回族村。人口为3796人，人均耕地2.39亩，海拔较高，粮食产量稍低一些。在水磨川会，族群的合作与竞争并存。在狭长的沟谷中部有一座藏传佛教寺院侯家寺及其寺底下村，该寺与村不是青苗会成员单位，但与青苗会保持着良好的接触。回族有自己的宗教组织，其与青苗会关系不大，而藏族皆为青苗会的成员。

在川谷的南端是刘顺青苗会的十几个村落。该会的龙神朱亮祖，据说与大明皇帝有特殊关系而被授予特权：准许穿黄袍、乘黄帝轿子。民间就有了"黄帝轿子头一家"的说法，意思是刘顺龙神在赛会上折了桂冠，刘顺、新城这些地方就会风调雨顺、五谷丰登。为了争夺头一名川谷南北的刘顺与水磨川两会往往打得头破血流，两家百年来恩恩怨怨一直延续至今。为了自己村落的福祉，水磨川附近的回民过去曾赤膊上阵支持本境龙神，与刘顺会接壤南门河的回民也会支持"黄帝轿子"夺取头家。会与会、族群与族群的冲突与合作，皆为争取龙神的天佑，保一方风调雨顺。"黄帝轿子头一家"是人口众多的刘顺会的荣誉，每到迎神赛会之际，从会首到轿夫皆承受着荣誉的重压，异常激动、兴奋、躁动，一种强烈的荣誉感和好胜心常常刺激出来暴躁的情绪和肢体接触，这不止限于刘顺人，也包括其他欲显示力量的会众。

竞争不一定全表现为小生境的资源竞争，为了获取来自社会系统的荣誉和声望也会引起激烈的竞争。在2006年的迎神赛会上，刘顺会异常郁闷，原因是他们的名次被排在水磨川之后位居第二，听到这个消息刘顺人都显得情绪紧张和不安，年轻人涨红着脸准备着一试身手，会首们为此深为忧虑。在踩街举行前的半个小时，72岁的提领（会首）在城隍庙的一间起居室里召开紧急会议。会上年轻人主张用实力说明问题，年长者则担心出事。最后，问题集中在是否继续参加踩街活动。马厂沟的会首说,"如果参加踩街,年轻人会控制不住情绪,打死打伤人费用问题怎么办?"出了事会首都有责任。提领说:"如果我们的人出了事,能把我心疼死,家庭的损失有多大呀,谁能负起责任。"提领最后决定"撤"!刘顺会带着复杂的心情和躁动的情绪离开迎神赛会的队列,从南门河打道回府。仪式举办不当乃是对神的不恭,这种焦虑在人们心理深处投下了一个阴影。如果该会村庄遭受冰雹袭击而绝收时,人们自然会把灾害归咎于"仪式不当"。就在本文写作中,报告人在电话里说"黄帝轿子"没走到头一名,中途回来了,结果刘顺会的三个村庄在七月初遭冰雹袭击庄稼绝收。我10月再次赶往洮州,看到地里长出的青苗与青草,夹杂着枯黄的麦秆,正如《洮州厅志》所载:"播种者仅青禾(青稞)、麦豆(豌豆)、燕麦之属,一经雨(雹)潦则成茂草甚或腐烂。"①

这些竞争也不是只为所谓"稀缺资源",土地所有权受国家保护,资源基本无可争议,而不像非洲和南美高原的无政府社会那样通过直接的对抗去获得土地或其他资源。洮州会社之间虽存在竞争,但他们的竞争方式不是赤裸裸的侵占和掠夺,而一般表现为对象征资源的争夺。他们所争乃为想象的吉祥——本村的风调雨顺,或者为了村落的声望而进行仪式角逐以期获得"黄帝轿子头一家"的殊荣。巴特对斯瓦特群体关系的研究表明,失败和成功对于首领来说具有累计效果,② 名望是积累起来的社会资本,并通过集体记忆神化其荣耀,从而对某一群体发生作用。

三 地方社会的国家化历程

国家倾向于把自己定位于地方社会的导演角色,它通过朝廷的循吏和教化、正祀和淫祀、造神和仪式民间化来宣传正统思想,通过赋役使臣民为帝国效忠,通过军屯民屯、移民实边、土司制度以

---

① 光绪《洮州厅志》卷1,星野。
② [挪威]弗雷德里克·巴特:《斯瓦特巴坦人的政治过程》,黄建生译,上海人民出版社2005年版,第175页。

及茶马贸易和盐的专卖，从军事、经济等方面控制地方以保证疆域安全。可是地方舞台并不是只上演国家导演的剧本，更受青睐的地方剧本也在这个舞台上演出。弗里德曼研究得出"边陲·中心"的模式，即宗族组织之所以存在和保留在边陲地区，与国家权力的遥不可及有关；而我对西北边地汉人社会组织的探讨得出一个反向的结论：国家的权力不但进入而且全方位渗透到边地社会。地方社会在国家—社会的视野里做"自转"和"公转"运动，其关系和互动方式遵循着"公转不离心，自转不脱轨"的类似于宇宙法则的社会规则。

（一）国家贸易

洮州古为番戎地，是游牧者的乐土。对于农业民族，"洮州地属边陲，气候过凉，每岁除三伏外，寒多热少"[①]，此间稻菽不生，棉麻不产，生态脆弱性十分突出。然而洮州"西控诸番，东屏两郡，南俯松叠，北蔽河湟"[②]，其战略地位又十分明显。洮州状况如何，不仅直接关系到明朝能否对陇右地区实行有效统治，还关系到明朝整个西部边疆的安定与否。[③] 洮州是青藏高原与黄土高原的过渡带，是出入内藏的门户和连接汉藏的桥梁。明代乌斯藏僧俗、贵族入京朝贡，经洮州转奏者不下二三十次，因经商、拜佛、议政而前往乌斯藏的人也不在少数。出于安全考虑，过往的重要人物在此做好物质准备，由土官或军士武装护送，从而带动相关商业活动的发展。

"洮州之马天下闻，蹑电追风穿孤云。"[④] 洮州藏区产马，而牧马的西番人嗜茶成瘾，"番人食乳酪，不得茶，则困以病"[⑤]，茶在藏人简单的饮食结构中占据了重要位置。为了保持肉的鲜美和维生素，藏民食用五成熟的牛羊肉。腥肉之食非茶不消，青稞之热非茶不解。这是茶的物性转变为茶政治的基础。茶马互市唐宋有之，明

---

① 光绪《洮州厅志》卷1，物候。
② 光绪《洮州厅志》卷3，建置。
③ 王玉祥：《论朱元璋经略》，《甘肃社会科学》2003年第6期。
④ （清）汪士宏：《前洮马行》。
⑤ 《明史·食货志》。

代盛极，随着大清帝国的统一和稳固，战马需求减少以及市场规律使得茶马互市在清朝康熙时衰落。朝廷在长达千年的历史中利用了番人的生物瘾性和文化习性为国家政治和军事之目的服务。马在各个文化中都是重要的、具有象征价值的资源，但也是一种商品，只有当马用于战争才成为"兵甲之本"①。正如玛丽·道格拉斯说："商品是中性的，而其使用则是社会性的。"② 对于刚刚建立大统的明朝帝国来说，如果能够控制战略资源的马，无疑会"壮中国之藩篱，断匈奴之右臂"③，既可削弱残元势力，同时充足的战马更增加明军的战斗力。从经济上讲，茶叶的专卖还为财政贡献大量的税额。

朝廷通过设置茶马司把茶与马变为特殊商品而独占资源。洮州茶马司设立于洪武十二年。为了控制马源，朝廷在洮州推行金牌信符制。金牌是原用于调兵的信符，是军权的象征。金牌正面上刻"信符"二字，背面上方写"皇帝圣旨"，下面分左右两行"合当差发，不信者斩"。④ 朝廷拨给番人一定牧地，免除赋役，并完全掌握了定价权，控制了生产、流通环节。一方面可以从南方园户低价买茶，再以高价卖给茶商；另一方面一再压低马价。国家从中获得财税收入和战马；然而在国家与茶户、养马户之间的不对等经济关系中，蕴涵着民众与政府、市场与政治的权利博弈。波拉尼的经济人类学强调经济交往箝合于政治、文化和社会之中，其中的经济行为受到它们深刻的影响⑤，可以说，至少在东方尤其是中国，经济常常被纳入政治、文化和社会体系中。洮州发展出一个军事经济的社会模式，说明边陲并非权力真空，相反国家的介入更为直接。

（二）军事农业

自汉朝贾谊上疏国君论"积贮"⑥ 的重要性，粮食便成为帝王

---

① 《后汉书·马援传》。
② Douglas, Mary, *The World of Goods*, New York: Basic Books, 1979, p. 12.
③ 《明会要·卷五五》食货3。
④ 《明史·卷八十》食货4。
⑤ Halperin Rhoda, *Economics Across Cultures, Towards a Comparative Science of the Economy*, New York: St. Martin's Press, 1988.
⑥ （西汉）贾谊：《论积贮疏》。

关心的焦点。屯田是"积贮"的体现和"贵粟"的活用，屯田的直接目的是节省"转输费用"。洮州边地"历来未设驿递"①，故异常昂贵的运输成本无情地限制了许多朝廷守土或扩张的政治抱负。清中叶以前"洮州屯地屯粮比税地税粮多数倍"②，军屯的规模远大于民屯。从中央到地方大致形成这样一个层级关系：伯侯公—都督府金事—都指挥金事（指挥使）—指挥金事（指挥使）—千户—百户—总旗（50人）—小旗（10人）。当时朝廷制定奖励屯田有功者即按此擢升军职。在沐英西征后，留在洮州的江淮将士5600多人，有500多人驻守卫所，余皆屯种，并准许屯军人员迁眷来洮落户。③沉重的税赋、屯军低下的地位和生态脆弱性的影响，使得军屯逐渐转向民屯，这一进程大概在民国以前完成。但国家的、军事的和组织化的影响渗透到地方社会的深层结构中。洮州汉人多来自守边、屯垦的江淮军民，他们按军事编制组织起来。种子、生产工具和役畜由国家提供，卷入军屯体系的农户必须适应军事化管理、集体合作和严格的组织性，而不是以家户为单位的自主性。洮州社会长期处于军事战争的氛围中，协同性和组织性在今天的社会组织形式、仪式和习俗中表现出来是历史记忆的结果。比如"搬场"这种互助性农事活动最有效地体现军事组织的特征，联村的青苗会犹如军事指挥，统一确定和安排各村收割、搬运的次序和具体日期，这些集体行为不限于一村，而是在十几个村之间对劳动力和工具进行配置。

（三）信仰一体化与地方性建构

神道设教是明朝帝国精心计划的一个以神灵和信仰来统治地方、教化人民的国策。洪武二年朝廷在江宁府东北的鸡笼山建立功臣庙，供奉徐达、常遇春、李文忠、沐英、胡大海、康茂才等21位开国功臣，④后又封其为"神"，敕命全国立庙祭祀。据当地人说，洮州18位龙神原为民间小神，"封神"后转变为人格神，他们中大多数是明

---

① 光绪《洮州厅志》卷3，建置。
② 光绪《洮州厅志》卷4，赋役四。
③ 编写组：《洮州史丛》1994年，第68页。
④ 《明史》，中华书局1974年版，第22页。

朝开国元勋。根据社会史研究成果，其一，帝国可以利用神灵控制民众，向其灌输忠孝节义的正统思想；其二，以神权御下，使下属受其节制；其三，以神灵申明统治的合法性。①

洮州18位龙神得到国家的敕封表明国家欲将民间信仰体系纳入到帝国祀典，置于国家信仰体系中以便最大限度地控制地方权力的一种尝试。对于地方社会，神灵得到国家的敕封有如贴上一张国家标识，国家标识是合法性资源和正统性象征。在政治上，明廷在开国之初就认识到西北边疆的险要和多民族聚集的事实，如果采取单一的流官制度不能达到制夷的目的和实现疆土长治久安的理想。因俗而治是古已有之的异邦治理之道，而"土流参治"② 则是明朝在洮州等甘青卫所的政治发明。土司制度的特点是，土官由朝廷任命，享有世袭特权。洮州的西番首领被赐予土司从而被吸纳进中央设置的地方军政机构中，既是国家官员，又领有封赏的土地、民户，帝国允许他们建立一定规模的土司衙门实行自治。

四 洮州青苗会的产生、分布、规模和类型

（一）洮州青苗会的产生

我在新城（原洮州治所）附近的晏家堡青苗会调查中得知，清朝乾隆二十年汉番曾发生过草山争夺事件并留下碑文。《草山记碑》③ 载：

> 我洮处在极边，山高地凉，土瘠民贫，田土草场，尤甚狭隘，日用之度，赖耕牧以养生命，虽地各有其额，而牧场原无分司。唯城北党家沟山后，原设草山一处，系在大沟底青龙湫池一带。自古历今，接辈相传，皆系城乡七会士庶、军民牧牲

---

① 王健：《祀典与淫祀：明清以来苏州地区民间信仰考察》，《史林》2003年第1期。
② 李清凌：《元明清时期甘青地区的土司制》，《云南社会科学》2003年第5期。
③ "洮郡城乡七会众姓草山记碑"今在新城城隍庙内；另见吴景山《甘南藏族自治州金石录》，甘肃人民出版社2001年版，第99页。

之草场，近年以来被朋谋作奸告垦，幸逢张卫主踏验得实，为龙神湫池神林，众姓牧牲草山。

城乡七会众姓人等提领
大清乾隆二十年岁次乙亥四月十八日立

碑文提供了清朝乾隆年间洮州青苗会的信息，如下。

（1）"提领"：洮州18青苗会大多是联村组织，"提领"是联村的领袖，之下是各会的会长；

（2）"城乡七会"：据我在晏家堡青苗会的调查资料显示，该会现在管辖范围仍包括"党家沟""东草山"以及新城镇上的两个村子，这些村落可能属于乾隆年间的"城乡七会"；

（3）"青龙湫池""神林"：晏家堡龙神的封号是"东郊康佑青龙宝山都大龙王"，该会提领说过去湫池是春旱祭祀龙王的地方，神林是青苗会为佛爷管理的森林。从管理职能来看，过去青苗会组织管理的范围涉及生产活动相关的各项事务，包括耕地、草山、林木和水利设施的管理以及发生纠纷的处置权。碑文中记载的争夺草山事件由青苗会出面承办。由此，洮州青苗会至迟在清乾隆年间就可能产生了。

在同治兵燹以后，饿殍遍野，民生凋敝，青苗会组织中断。面对田园荒芜、生业衰败和族群失和的困顿情态，1866年时任矿务学堂番语教习的回族士绅丁裕谦，与汉族乡绅于万一动员回汉民众和睦相处、发展生产，青苗会于是得以重建。[1]洮州的看青起源于庄稼在生长期和收获季节，防止牲畜、禽兽糟蹋农作物，防止成熟庄稼被人偷盗的防御行为，青苗会派专人或轮流到田间巡视，这叫"看青"或"看山"，洮地民间有一个很现代的名称叫"田间管理"，看护庄稼者被称为"恶拉"或"田官"。当地人认为"恶拉"一词源于藏语，意思有二：一曰"雄鹰"，二曰"看护"[2]。这个词很生动，

---

[1] 编写组：《洮州农民文化宫简史》（内部资料），1994年，第9页。
[2] 岷州地方文人李璘说"恶拉"，即藏语的"雄鹰"，临潭县宗教局丁志胜解释是"看护"。

在洮岷农村都有"恶拉"。华北叫作"看青的""跑坡人"。简言之，看青旨在防御牲畜啃食青苗和人为偷窃庄稼。看青行为的发生可以从社会状况、物种数量和土地分散程度三个方面来解释：

1. 社会状况。社会状况的好坏是影响看青的社会因素。洮州"自同治兵燹以来，盗窃时兴，人心欺诈"[1]。中华民国时期北路莲花山成为土匪集结出没的地方，"乡间盗贼如毛，尚有不良军队掺入，很多小市镇受不良军队的骚扰"[2]。晚清至民国时期洮地广植罂粟，这种植物种群的蔓延和扩张有其政治、经济背景，一方面大烟成为地方财政的主要收入来源；另一方面它侵入社会领域加剧了贫困和社会秩序的混乱。在洮州旧城形成了一个地区规模的烟市，当时临潭县（洮州）人口六万余，游民乞丐八千余，男女吸食鸦片者占40%。[3] 石山会的报告人认为吸毒会引起偷盗庄稼：

> 民国时期偷庄稼多是穷苦人或者抽大烟的、好吃懒做之徒干的。特别是大烟鬼，吃上大烟人变得很懒，他们白天睡觉，晚上出来偷鸡摸狗、偷庄稼。看青，由青苗会一个庄子派一两个人，看一块山坡，过去山上挖有窑洞，有时恶拉晚上就待在那里。他是专职看青人，整天巡视。如果抓住偷青贼，所获罚款归恶拉。

刘顺会的报告人说，偷盗的目标变化了：

> 现在晚上不用人看青，粮食不值钱也不好拿，社会发展了，盗贼把目标转移到牲口和机动车上了。张提领家有一头骡子，所以家里养了一条藏獒，凶得很。一些村民为了安全起见，在农闲时都把牛寄养在专门放牧的人那里，放牧人有土枪。在割麦子和青稞的时候，人家也忙着收割，他就把牛赶着送来了。一头牛寄养100天60块。

---

[1] 光绪《洮州厅志》卷2，风俗。
[2] 风玄：《卓尼归来》，载《西北民俗文献》总139册辑023卷。
[3] 《甘肃省二十七县社会调查纲要》，手抄本藏于甘肃省图书馆，53.216—091：1。

水磨川青苗会会长说，地界复杂是青苗被糟蹋的原因：

> 外村交界的地方多，与五六个村庄搭界。其中两个村子是回族村，回族重商不重农，其牲口常进入水磨川的田里。

社会状况好坏会影响到看青行为，过去青苗会和龙神庙是地方社会的道义权威中心，官方会依赖它进行自治管理。

2. 牲畜数量与看青有很大关系。作为食物网的种群，骡、马、牛、羊要吃草，而草与作物皆生长在土地上，而且草被粮食作物种群挤压而缩小了面积，牲畜如要在农区获得必要的能量，有时会威胁到作物。现在实行看青的地方大多是牲畜数量比较多的地方。

> 拉布村是个半农半牧的藏族村落，有130户，560口人。过去牲畜多，村里有七八十匹骡子，村民拥有的牛羊数目从50只到150只不等，青苗会就按老规程把看护庄稼的事承担起来。今年恶拉是青苗会从羊永乡格谢雇请的外村人，外村人比本村人做"恶拉"更好管理，因为他具有承包的性质。他为了自己的收入可以不讲情面，该罚则罚，而本村人当恶拉往往讲情面，办事不力。"恶拉"手执棍棒或鞭子从早上5点到10点轮班看护，凡看护的耕地每亩1元，每户按亩数摊粮给恶拉。直到收割、"搬场"结束，大致是五个月。

商贸运输业的发展影响到牲畜的数量和分布，从而引起看青。新城西街四社村民说：

> 我1991年和1992年做过恶拉，当时临潭北山的木材拉到岷县去卖，新城是集结地，木材生意好，搞运输的人就多，运木材的骡子特别多。必须要有人看护庄稼，青苗会就派我和另一个人做恶拉，凡看护的耕地每亩1元，早上5点到晚上7点轮班。太年轻的当恶拉不合适，容易跟人打架。老年人一般先

警告：若二番让牲口糟蹋田苗，就要不客气。但这是一个得罪人的活。

3. 土地分散程度越高形成的边界就越多，特别是临近村落的交界线长就越有可能采取看青的办法。牲畜伤苗往往发生在相邻村庄的土地边界，有时会引起剧烈冲突，如争地、争草山。有的家庭可能有五六块地，地块之间的距离有的超过3公里，比如一家在不同山坡拥有三块地，在沟谷处有两块川地。这个家庭就没有足够的人手同时照看不同的地块。

（二）组织空间：冰雹带上的社会联合

在洮州的历史进程中，冰雹之灾给地方社会带来了持久的焦虑。《洮州志》提及雹灾时说："夏秋之交多疾风雹雨，其来甚骤莫可预防，禾稼遇之则摧折无余，农人深以为患。"① 洮州及其邻近地区是甘肃省冰雹发生最多的地区，据统计甘南五县在1973—2002年发生雹灾1321次。它主要集中在5—8月，其中6月份最多，占总发生次数的22.5%。② 冰雹持续时间10—20分钟，这似乎是很短暂的时间，但其破坏力却是惊人的。五月之后的雹灾显然对庄稼的打击是致命的，尤其是青稞、春麦成熟季节，往往造成庄稼绝收。所以农历五月洮州人进入一年中的仪式举办的高涨期。

当地人认为冰雹发源地是大石山，因而大石山曾经是洮州驱雹的仪式中心。其实发源地远在甘、青之间的西倾山，又名阿尼玛卿山。洮州的地形是西北高而东南低，因而形成了许多条西北—东南或南北走向的沟谷川地。比如刘顺川就是一个南北走向的川谷，水磨川大会位于川谷北段的海拔较高处，它由五个小会七八个村组成；在同一川谷南段的较低海拔地带是刘顺川大会，它由七会十三村组成。两个实体分别以联村庙或青苗大会为单位设置炮点，而不是以

---

① 光绪《洮州厅志》卷2，物产。
② 丁瑞津等：《甘肃省区域性冰雹等源地及移动路径》，《甘肃科学学报》2006年第2期。

冰雹带上的社会联合

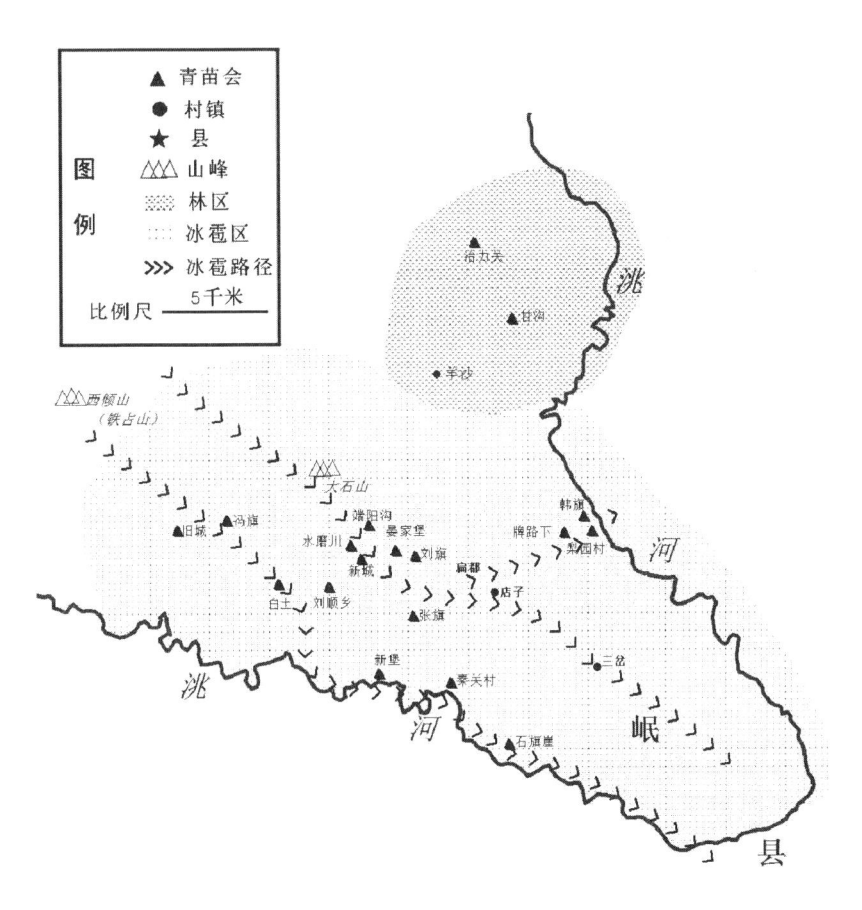

洮州冰雹路径与青苗会分布示意图（根据当地气象局提供的资料绘制）

每个村落为单位单独设置。有两条冰雹路径对洮州危害较大：一是，发源阿尼玛卿山，经大石山、新城（有时绕道刘顺或石门）扁都、店子、三岔后入岷县；二是，自阿尼玛卿山经长川、羊永、刘顺、新城、扁都、店子、三岔后入岷县。[1] 阿尼玛卿山就像一个发射塔，因地形、气候和植被等小气候因素，冰雹路线会发生变异，形成路径上的变化。冰雹路径宽约3—10公里，所以在洮州东、西、南三路大约1000平方公里的山地农耕区形成了一个冰雹带，几乎所有的汉、藏、回村落都处于冰雹的打击范围。经济学家奥尔森强调小集

---

[1] 《甘肃省临潭县农业区划》，1985年，第126页。

团的凝聚力和有效性，认为"采取行动"的集团和小集团一般要比"不采取行动"的集团规模小，他甚至估计出具体的人数，即"采取行动"的小集团平均成员数是6.5人，而"不采取行动"的小集团平均成员数是14人。① 与这些纯粹的经济组织不同，联村青苗会是一个政治、经济、文化的基层社会组织，就它采取行动的范围来说，远远大于利益取向的小集团，也就是说青苗会的行动意义投射到社会联合的高级层面。

可以说，那晶莹而危险的冰雹折射着个人和群体的行为与价值观，这不但在"扎山"仪式和迎神赛会上再现生态危机的情节，而且从小范围的互助到集体协同中都能找到雹灾与组织行为的因果关系。斯图尔特的文化生态学存在的问题在于只关注生计技术（文化核心），而忽略了社会结构中的许多方面，尤其是仪式行为。② 他认识到环境与文化是互构而不可分离的关系，这显然比亚里士多德学派的环境决定论和忽视生态环境的博厄斯文化决定论更令人信服。在洮州，气象灾害带来的恐惧与焦虑深深地植入当地文化中，洮州人的"舔碗"习俗、"搬场"、护林和驱雹行动，祭祀龙神的迎神赛会和"扎山"仪式，无论从人们的日常习俗，抑或组织行为和仪式看，雹灾影响了整个地方社会的结构，而且从某种程度上讲，雹灾塑造了地方组织的许多特质。然而缘起于斯图尔特和怀特（Levin Alvin White）新进化论的谬误导致了生态还原论（ecological reductionism），一些学者主张社会组织和文化的特殊方面乃是为了满足地方群体适应环境的特定功能。③ 犹如把女人看作性器官从而忽略她的社会属性一样，简约论思想把社会组织和文化视为无结构的实践和信仰的安排，而不产生社会凝聚力。洮州的文化生态学，看起来好像环境决定了人们的行为结构和仪式结构，但并置了影响组织结构的所有变量后，比如族群政治、高原经济、生态环境、仪式信仰、

---

① ［美］曼瑟尔·奥尔森：《集体行动的逻辑》，陈郁等译，生活·读书·新知三联书店1995年版，第65页。

② A. P. Vayda, R. Rappaport, "Ecology, Cultural and Noncultural", *Introduction to Cultural Anthropology*, ed. by J. A. Clifton, Boston: Houghton Mifflin, 1968, pp. 477–497.

③ Benjamin S. Orlove, "Ecological Anthropology", *Annual Review of Anthropology*, Vol. 9, 1980, pp. 235–273.

互助行动，我才发现正如生态环境对组织的影响十分强大一样，龙神信仰仪式和社会协同行动对生态危机的防御，对组织的建构显得更为强大和积极。无论生产互助还是防雹，人的行动一方面受到生态环境的影响；另一方面文化的影响为组织化社会提供了一个发挥能动性的舞台。

（三）庙宇体系至关重要

当我们看到某个地方社会有众多的庙宇，很少会深思庙宇之间存在何种关系；假如我们观察到庙宇之间存在某种空间关系和仪式往来，我们的思考也往往止步于该地的信仰体系，很少将庙宇体系与社会组织的网络和地方社会的整合联系起来。在传统乡村，庙宇体系的大小跟社会组织的规模关系密切，庙宇体系也不仅仅是遍布乡村的建筑群，其衍生的仪式体系才是我们关注的重要价值。从草根社会走出来的朱明皇帝，懂得官方如何利用神灵控制民众，深知信仰资源可以成为组织社会生活的低成本策略。朱元璋在开国之初就敕命徐达、常遇春等开国将领配享太庙，封他的开国功臣为各地之神以取代地方小神，洮州各地尊奉的龙王如下：新城背后的徐达，冶力关的常遇春，羊沙—甘沟的成世疆，端阳沟的李文忠，宴家堡的康茂才，新堡的胡大海，刘顺的朱亮祖，共计18位龙神。洮州（临潭县和卓尼县）有十八位龙神，相应的有十八个星团式的地域组织，每个"星团"由若干村落联合成青苗会。

洮州十八位龙神/庙宇/青苗会规模/马路列表

区域	龙神名号	庙宇地址	青苗会规模	马　路①
新城	1. 徐达（明朝）陀龙宝山都大龙王	新城城背后	1村1会	

---

① 龙神的歇马店和祭祀区域，包括藏族、土族村落。

续表

区域	龙神名号	庙宇地址	青苗会规模	马　路
西路	2. 安世魁（明朝）俗称五国爷，镇守西海感应五国都大龙王	旧城（今县城）城隍庙	4会23村	74村跨临卓两县，汉藏地区8乡镇
	3. 李文忠（明朝），俗称石山佛爷，藏族佛爷威震三边朵中石山镇州都大龙王	新城乡石山庙	5会10寨	"马路"有卓尼3个乡，20个藏族村
	4. 朱亮祖（明朝）南部总督三边黑磁都大龙王	刘顺川上寨大庙	7会16村	南到木高利，北至卓尼白土坡，西到牛头城，东到黑松林
	5. 花云（明朝）四季九汉降房护国赤察都大龙王	水磨川花云庙	5会11村	
	6. 马秀英（朱元璋妻），白土娘娘：西郊透山响水九龙元君	羊永乡堡子村娘娘庙	1会2村	
	7. 冯旗娘娘（民间女神）九天化身白马太山元君	长川乡冯旗村	5会5村	恰盖、官洛、班藏
南路	8. 胡大海（明朝），俗称南路爷洮河威显黑池都大龙王	新堡乡青石山大庙	5会13村	洮河两岸临卓2县广大区域及中西路
	9. 赵得胜（明朝）祥渊赤察都大龙王	陈旗乡石旗崖	3会7村	
	10. 武殿章（明朝）五方行雨都大龙王	总寨乡秦观村	2会6村	
	11. 郭英（明朝）普天同知显应龙王	扁都乡张旗	13会16村	

续表

区域	龙神名号	庙宇地址	青苗会规模	马 路
东路	12. 朱氏（民间女神）金木元君	陈旗乡牌路下	2会2村	
	13. 张子明（明朝）祥眼赤砂都大龙王	陈旗乡梨园村	5会12村	
	14. 刘贵（明朝将领）金龙龙洞宝山都大龙王	扁都乡刘旗	2会4村	
	15. 韩成（明朝）水司杨四将军都大龙王	韩旗	4会8村	
北路	16. 成世疆（元末明初），俗称成爷、成沙广济都大龙王	羊沙乡甘沟	3会11村	寺下川、勺哇
	17. 康茂才（明朝）东郊康佑青龙宝山都大龙王	新城晏家堡	13会13村	
	18. 常遇春（明朝）俗称常爷，总督三边常山盖国都大龙王	冶力关乡池沟	6会21村	勺哇、康多、恰盖等地

*此调查于2006年5月甘肃省临潭县新城迎神赛会期间进行。

洮州十八位龙神各有一个主庙，一般称作"大庙"。"大庙"之下还有若干个"小庙"，当地人称"歇庙"。小庙一般只有龙神的牌位，在藏区村庄的庙宇中也供奉着龙神的牌位，这些村庙是龙神的歇马殿。

龙神庙的空间与组织结构如下。

（1）总庙位于新城城隍庙龙王祠，"洮州青苗总会"设在城隍庙里，18个青苗会的象征性机构，每年召集迎神赛会，无实质性统辖权。

（2）大庙为联村的中心庙，联村青苗会的办公地点。大庙对小庙、大会对小会享有统辖权。在庙宇群落和青苗会会员村之外的藏族农业社会，尚存在一个松散的祭祀龙神"外圈"①。龙神庙宇把汉

---

① "外圈"相对于"马路"，指汉人以外的祭祀区域（藏族、土族），与中心庙和青苗大会没有组织上的隶属关系。

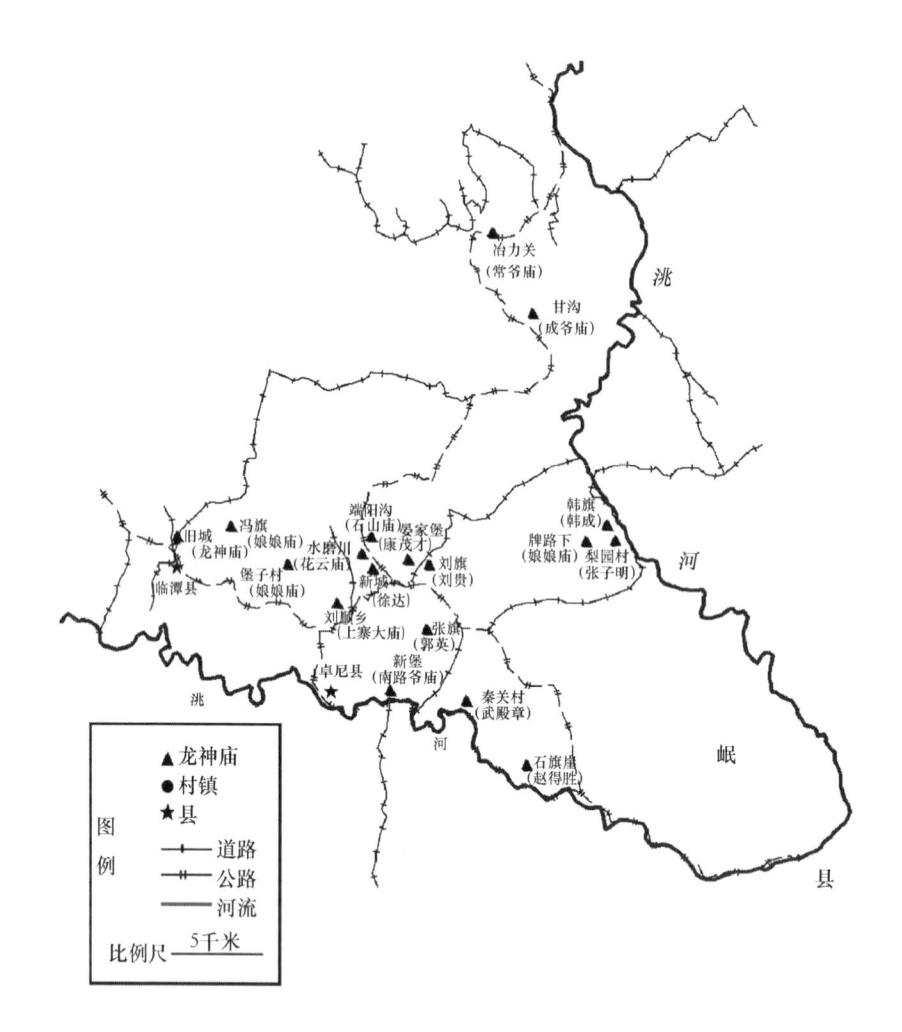

洮州地区十八龙神庙分布

族人与藏民两个社会联结起来。

（3）小庙为村庙，是村落青苗会的办公地点。

"提领"是联村大会的首席和总负责人，联村内的重大公共事务都由他定夺，他的职责是动员各村举办公益和仪式活动，负责为下属庙宇主持仪式，到马路村庄去"插旗"、做"冬报愿"。提领与大会长和法师构成了青苗大会的核心。大会长显然比各村的小会长地位特殊，他的任务是协助提领完成财务和仪式等事务性工作。各村设小会长，小会长是各村的头人只负责村内事务；另有掌匣二人管理财务；小班八人具体经办（以上会首均由神定），另设轿夫十六人抬轿，吹鼓手八人负责奏乐，炮手二人负责打炮防雹（长期任职）。① 小班、轿夫、吹鼓手和炮手来自会内各村。看护庄稼、草山和林木的"恶拉"由各会选举。

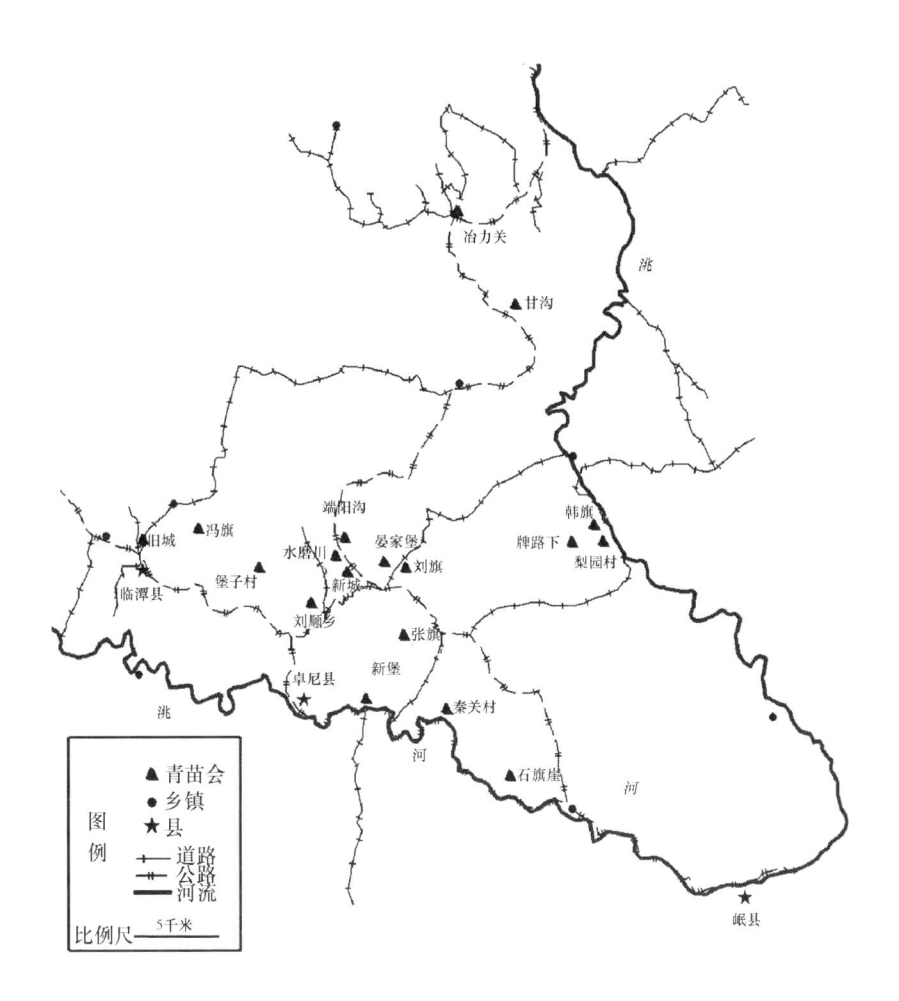

洮州地区十八青苗会分布

青苗大会的会首班子是：提领、大会长—村会长—小班包括恶拉、炮手、轿夫和吹班。

---

① 《洮州农民文化宫简史》（内部资料），1994年。

简单地说，以大会和中心庙宇为中心形成一个基层社会单元。一个龙神庙宇层级和青苗会的组织结构互相配套构成了实际发生作用的联村组织，这样青苗大会始成为一个自主的系统，可视为一个"星团"。

冰雹路径与青苗会组织分布之间的关系是显而易见的，但如此宏大的组织规模是生态环境的因素，还是文化的驱动力？说到组织规模，应该提到斯图尔德的开创性研究。斯图尔德是系统研究社会组织与生态环境之间关系的第一位人类学家，他眼中的社会组织其实是北美大平原上的狩猎和采集的生产组织，其组织类型和规模是适应环境的结果，他的贡献在于发现了几种独特的人类组织类型[1]：

一是，家庭组织适应于资源广泛分散且漂移不定、生产率低下的居住环境。二是，父系群队是由50来人组成的相当固定的复杂家庭组织。三是，混合群队是大规模的核心家庭的集合或复合式家庭集团。斯图尔德把组织类型或规模与资源的丰俭和文化适应的有效性联系在一起了。另一位美国学者魏特夫（Wittfogel）考察了水利社会的组织类型以后说，组织规模太小不能满足社会控制所需机构设置的复杂性。[2] 虽然"水利社会"被赋予国家行政雏形的意味，但比较准确地勾画了中国传统社会组织规模宏大的基本状况。宏大的组织规模凸显中国人偏爱举一国之力办大事的组织模式，这只是事物的一面；信仰的一体化和正统化的建构也出于地方组织的设立，缺少基层乡村组织这个庞大的帝国是无法有效运转的。

洮州北路的冶力关、南路的新堡和西路的旧城是三个超大型的青苗会和地域仪式中心。不同族群拥有相似的神灵崇拜和祭祀活动并以此建立跨越族群的认同，这在洮州是普遍存在的文化现象，龙神崇拜在汉、藏、土三族之间被历史地建构为共有的信仰。超族群型青苗会包括汉人村落和土族、藏族村落，此外，洮州人把藏民和土民的龙神崇拜地区叫作龙神的"马路"，比如旧城和冶力关两会，

---

[1] Stewart J. H., "Basin-Plateam Aboriginal Sociopolitical Groups", *Smithsonian Institution Bureau of American Ethnology*, Bulletin 120, 1938.

[2] Wittfogel, K., *Oriental Despotism*, New Haven: Yale University Press, 1957.

既拥有众多的汉人村落,又拥有组织体系之外的藏族村落——"马路"。①

旧城位于县域西端,比新城向藏区又深入了一步,是古洮州抚番门户的前沿,所以旧城青苗会连同供奉的龙神与藏族有深厚的文化联系。旧城的龙神"五国爷"是明朝的地方官安世魁,他的分支庙宇和马路直达藏区,近有临潭县的城关、古战、术布、卓洛四乡,远至卓尼县的卡车、阿子滩、申藏、大族、小族等五乡。在人们的记忆中旧城龙神曾经参与新城五月端午的迎神赛会,虽然新城的城隍庙里至今还摆放着五国爷的龙神牌位,但五国爷在清朝"同治回乱"以后就完全脱离了新城的仪式体系。对于新城龙神祠继续保留五国爷的神位,新城总会解释说:"人可以开除,神是不能开除的。"旧城青苗会,一个已经彻底完成了它的组织分化过程而成为一个庞大的独立组织。它不但管理着临潭、卓尼两县70多个村庄的仪式往来,而且还经管着大庙超过100万元的资产。由于香火十分旺盛,报告人说大庙每年纯收入不下10万元,2005年仅功德箱的进项就达4.5万元,租赁及社火等服务项目近6万元,会粮收入仍是所有收入的大项,加上会粮总计18万多元,除去5万多元的全年支出,纯收入达13万元。青苗会组织的发展与会首的观念变化形成互为促进的关系,良好的收益和会众的热情又使得他们焕发了积极进取的精神。如此气象造就了一个超级龙王,也形成了扬名一方的超大型青苗会,这一仪式共同体或者一颗巨大的星团是在改革开放后逐渐增强的。

(四)青苗会的多姓轮值模式

华南和东南宗族组织的首领是按房支分配村落和跨村落领导权的,其会首在宗族的血缘关系范围内产生。当然,宗族领导权与某一家支个人的声望和经济实力有关。而在华北,多姓村占有优势,村落组织和超村落组织的权力多采用多姓轮值的方式,比如华北范

---

① "马路"是龙神的供养之地,马路村落有义务为龙神提供会粮、歇马殿,作为回报青苗会,在接到请求时必须派出会首和仪式专家为"马路"村庄做法事,比如禳镇冰雹、求雨和庆祝丰收的"报愿"仪式。

庄龙牌会的会首名单上显示有十几个姓氏；① 洮州与华北较为类似，不同的是村庄规模普遍较小；除了北路的甘沟、羊沙和秋峪三村由宗族任命会首以外，各地青苗会会首均实行多姓轮值的制度。

青苗会大会以联村的形式为主，也有两个范围限于一、两村的小规模青苗会，还有三个超级规模的跨族群青苗会。一村型青苗会在洮州为数很少，但在华北却很常见。② 这些龙神的神格一般较低，祭祀范围小，如西路的白土娘娘，由一个地方小神转变为龙神，后来被建构为朱元璋之妻马秀英。一般来说，联村型青苗会有众多的财务来源和人力资源，因此都设有提领一职。提领是联村领袖，会长是村落领袖。由于其财力和影响力较大，故常常发起若干村落联合的集体行动，比如共同防止冰雹、看护庄稼、统一搬场、防御盗匪和举办学校。

多姓轮值是村民不分姓氏地承担青苗会领导权的制度。多姓村聚落形态是中国北方乡村的居住格局，而华南则普遍存在单姓村和宗族村落。多姓轮值的制度更多地强调全体村民拥有整个村落或社区③的义务，这与宗族主导型青苗会把宗族放在首要位置的做法有所不同。在洮州 18 个青苗大会中，除了甘沟—羊沙的宗族模式以外，其余各会皆为多姓轮值的组织形式。虽然一些村落中显示出某些宗族意识，如刘顺川的刘姓和俞姓，但宗族的权力份额在青苗会中没有过分集中的迹象。提领在各村推选的候选人中打卦产生，大会长产生于上寨村或红堡子村，两村被一条马路隔开，上寨是龙神朱亮祖的大庙——行宫，红堡子是该龙神的老庙和卧宫，龙神在两庙各住半年。大庙所在地的上寨村有俞姓 46 户，其余还有张、李二姓；刘氏为红堡子村的大姓，有 41 户，先祖刘顺跟随明朝沐英守卫洮州。俞、刘、张、李等姓氏均可进入大会的会首班子，现任的提领就出自不到 10 户的小姓，上寨村的张爷从 2000 年到现在已经做了 6

---

① 刘铁梁：《村落庙会的传统及其调整》，载郭于华主编《仪式与社会变迁》，社会科学文献出版社 2000 年版，第 285—286 页。

② 华北解口村和黄土北店村就是这种非联村类型。参见梁桢《解口村大秋青苗会之概况》，载《社会研究》民国二十二年第 40 期；万树庸：《黄土北店村社会调查》，载《社会学界》第 6 卷，民国二十一年。

③ 一位龙神及其神庙所形成的村落共同体。

年的提领。以石山会为例，端阳沟村是大庙所在地，会首产生于该村。村上张姓 4 户，李姓 28 户，仝姓 26 户。会长在三姓中轮值，三姓都担任过会首的职务。有宗族意识而不表现为宗族的权力控制是洮州青苗会的特征。

（五）宗族与青苗会的糅合：异族崇拜

东路青苗会包括十几个村庄，兼有农区和林区，该地青苗会组织具有宗族村的特征。该村所供奉的龙神是明朝的功臣成世疆，也是甘沟成氏的先祖。甘沟是北路林区的一个较大村落，有八个社 284 户，1215 人，耕地面积为 2068 亩，[①] 人均 1.7 亩地。在甘沟村，成、齐二姓为大姓，成姓 42 户 220 人；第二大姓齐家 28 户 133 人，其余为小姓。成、齐家祠堂分别建于 1994 年和 1995 年。青苗会大会长由成家族内推选并在两个房头中轮流担任，齐家选出一名小会长，其他小姓按居住地选出 4 名小会长。成家选会长的方式与众不同："坟上说话。"正月初三给成爷上坟是他们商谈重大事情的场合和惯例，族人在阴界的祖先跟前和阳间的族众面前来决定会长的选任，具有祖先的权威和族内团结的象征意义。此间的议题是：会长推选，参加新城迎神赛会，冶力关神会。

甘沟会下辖三个青苗会，龙神在卓尼县的寺下川藏族村有自己的马路。在下辖的羊沙、秋峪等地有成爷分祀庙宇 6 座。甘沟会境内的村庄普遍建有祠堂，比如羊沙的马家祠堂和李家祠堂，秋峪的陈家祠堂，青苗会也相应地由宗族关系来主导。

在甘沟村村民把成家祠堂叫作"上祠堂"，把齐家祠堂叫作"下祠堂"。甘沟会的龙神大庙因建筑结构问题成为危房，成爷在哪里安身成了问题。会首聚在一起以打卦的方式来决定龙神的住处，结果神卦打在齐家祠堂，这样成爷就在齐家祠堂住了下来。每年正月初三，成、齐两家有"献面"习俗，把长饭（面条）献给对方祠堂的祖先和家神爷，当然长饭由对方宗族的成员享用了。这是村内两姓之间联合的方式。至于超村落和超族群的联合，作为成姓先祖

[①] 临潭县统计局：《临潭县统计年报 2004—2005》，第 288 页。

的龙神显示了博大的胸怀。齐家祠堂并不限制外人进献香火，齐家祠堂走动着成、齐二姓的礼拜者，亦接受外姓、外村、外族的香火，每到初一、十五藏民也经常远道而来。笔者亲眼所见寺下川的藏民拿着青稞面、清油和柏枝在齐家祠堂煨桑祭祀，虔诚地称呼"成爷"。赛会期间，当成爷的神轿在羊沙村街道上巡游时，突然出现几位藏族男子手捧哈达搭在轿顶上，恭敬有加。人类学如何看待一姓先祖能够在血缘之外、村落之外、汉人之外而获得如此广泛的文化认同？以前的宗族研究总是强调宗族意识和共同体内部的稳定性，现在应该关注宗族组织的外部联系和文化适应问题。

羊沙处于林区小生境，很少受冰雹的影响。由于人多地少，过去木材一直是羊沙的生计来源之一。伐木与运输的生产方式不仅需要族内团结，亦需更大范围的社会关系的支持。成爷集龙神和祖先神于一身，这种双重神性对达成族内团结和族外团结无疑是方便的象征资源。作为祖先神的成爷是成姓一家的先祖，首先对族内成员拥有号召力和内聚作用，族姓人格使然；而在神格上成爷是龙神，是社区神，他的人神二重性使得一个成氏祖灵可以超越宗族、村落甚至族群，而成为该地域共同信仰和祭祀的公共神。在祠堂和坟茔的场合，所强调的是族内团结，在多姓杂居的村落场合他们强调村落团结，在族群共居的情景中则强调超村落和超族群的联合。

五 作为地域组织孵化器的仪式

仪式不仅是会首公开就职的舞台，也是联村组织用来标明成员（或成员村）资格的象征。对于会首和团体来说，仪式是权威信息发布和内部合法性确认的场合。西路刘顺大会在会首交接仪式上，一只苹果从上任会首传递到下任会首表明权力交接的完成，接受苹果的人就是合法的会长，而他的合法地位还要在一个甚至几个仪式场合进行公示和再确认。

（一）有意味的苹果

乡村组织的运转离不开乡土精英的管理和导向。这些"乡土精英"是南方汉人的宗族式绅士，还是华北的"村中实力派"的富人？青苗会组织的选举过程的支配权是谁？田野调查和文献资料都表明，洮州在传统时期和当下的会社组织中权力分配与神权和老人制度紧密相连。

用于会首交接仪式上的苹果是一种象征，一种传递和交接权力的象征符号，在传递过程中这种仪式行为伴随着话语行为而发生权力转让，这是发生在当下却保留了非常传统甚至是素朴的选举方式。刘顺川一年一度的会首选举，按常规在二月二"龙抬头"的日子进行。提领姓张，当过村干部，他是刘顺乡所在地的上寨人，74岁的年龄还跑前跑后当会首实在是难为他，但打卦的结果使他再次留任。刘会长生动地描述了"人选神定"的机制：

> 在龙神庙里，原会长洗手、焚香，然后从穿着黄袍的龙神怀中取出"卦"①，交给马角，堂官站在佛爷跟前拿一面铜锣，"咣咣"，师公子接卦，先给上一任会长砸一卦。所谓"砸卦"（打卦）就是将两片木制的"卦"（又称"珓杯"）掷于地上以不同的组合来表明神的选择。该庙的做法是，每人砸三次卦，两片皆朝下为落选，两片朝上不算数，一上一下则当选。上届会首提名若干候选人，这叫"人选"，然后用龙神的卦为他们次第打卦决定，这叫"神定"。

会首们总是拿青苗会的推选与村委会的选举做对比，他们认为两者的原则都一样。只不过村长、乡长的候选名单一旦公布，就等于提醒竞争者去送礼、拉关系，而青苗会会长选举则不会出现贿选的情况。西路的石山会也有类似的选举制度：石山的会长是由围绕庙的三个庄子轮流选出来的。会长的人选是在大年三十商议的，二月二打卦决定。旧城大庙的会首是一个有十个会长和两个提领的会首班子，其会首人数超过任何一个会。会首的选举是经过改革的"人选神定"制度，之所以要改革，皆因严格的神选制度常常造成选

---

① 卦，是决定行动、选择日期的法器，由上下两片组成，形似牛角。

不上会长，候选人轮空，稍加"改革"的神选制度①使得有限的人选被选出的几率增加了，令神事、财务、外务、文化娱乐等各项活动各有所司。

神案上的苹果不为满足口腹之欲，也非互惠交换中的礼物，龙神将权力象征性地凝结其上而包含权力的味道。当选者看到的不是水果而是水果的隐喻；也不是互惠的礼物，若是礼物他只要回赠便清偿债务。它的行走路线是单向的、不可逆的，其中包含着龙神的意志。传统社会组织的权力运作、行动选择，常常是人们通过神权投射于物的象征形式而起作用的。

（二）"三个老人一面官"

当我问到当选会长的条件是怎么规定时，刘说一个会长应该是：一是，50岁以上；二是，能办事；三是，人品好。北路的野林关常爷会的做法也如出一辙：做会长要三辈子不能做坏事——杀人、放火、偷盗，还要是全乎人（有儿有女有孙子）；退休干部不要。比较而言，村委会由年轻人组成，青苗会由老年人组成。如张旗会设有乡规民约，村委会与青苗会不相矛盾，像这种细致费力的活村委会推给青苗会，所以青苗会的作用很大，张旗的500亩"神林"就是青苗会管起来的。在18个青苗会会首的年龄结构中，老人的优势地位是显而易见的。洮州人普遍相信"三个老人一面官"。洮州青苗会会首的平均年龄为63.3岁，据会首们讲过去老一辈也都如此。老人制度是中国乡土社会自治与自决的礼俗规程，其实质犹如费孝通发现的"长老统治"②，其法理根源来自儒家的孝道。青苗会"人选神定"的选举制度说明，一方面在传统时期的中国社会是神权大于人事权力；另一方面必须承认人可以利用神权，打着神的旗号去动员民众，青苗会施行的老人制度是传统社会的权力缩影。

---

① 每年二月二，前任提领和会长物色人选，此所谓"人选"，然后由掌檀（招台）打神卦以定佛爷对此人是否喜欢，此所谓"神选"。原来神卦两半都朝上为当选，一上一下不算数，两者都朝下就不当选或不留任。但这样在候选人人数不多时，可能会出现轮空而导致会长当选人数的不足。他们的"改革"是，两卦朝上与一上一下皆能当选，这就提高了当选的概率，会长和提领的人选也能足额接替。

② 参见费孝通《乡土中国》，上海人民出版社2006年版。

(三) 乡村领袖表演的舞台

北路冶力关在四月"青醮"仪式后换选会首，新任会首要做的第一项工作是组织参加洮州迎神赛会和"走五月"庙会活动，在巡镜活动中，马路村庄为新会首"挂红"使他们的地位得到确认。洮州汉人的就职仪式与特纳描述的恩丹布人的同类仪式有很大差别，恩丹布人在此类通过仪式上极尽戏谑、辱骂之能事，对阈限中的酋长可以进行肆意的语言攻击和身体侵犯，他们的确进入了反结构的狂欢之中。在六月会上，各村代表、新任会首的亲朋好友在迎神的途中选择一个重要时刻，在新会首的胸前缠挂上红红绿绿的绸缎被面，犹如藏民敬献哈达一样。我看见新任的大会长身上足足披戴30条被面，尽管行动不便，但喜悦洋溢在他的脸上。洮州汉人在此类仪式上不会逾越习俗规范，人们对新任会首的向上提升和个人声望表示出充满敬意的祝贺。尽管文化差异和社会结构的不同形成了不同的仪式表达，但两者结果可谓殊途同归：地位提升需经仪式确认。

在拉帕波特看来，策姆巴加人的社会系统周期性地出现的生态危机，这在拉·布朗那里表述为"焦虑"，并认为仪式有减轻焦虑和激发信心的作用。[1] 仪式即是指令，"祖先命令在节庆期间杀掉所有长大的猪"[2]，于是大量的猪肉供给村民和参加战争的同盟者，举办献猪节的重要目标是吸纳更多的同盟者。在洮州，村际联系通过仪式的联结得以完成。这样大庙与小庙、大会与小会的来往主要是仪式服务和人力、钱粮之间的交换，所有这一切都是围绕仪式并经由仪式展开的。拉·布朗把仪式看作一个自我维系的机制，在他看来，仪式可以对参与者产生直接而当下的作用，同时又维系了该社会的组织结构。[3] 仪式的自我维系机制通过庙宇的日常服务和重要仪式活

---

[1] [美] G. C. 霍斯曼：《焦虑与仪式：马林诺夫斯基与拉·布朗的理论》，载史宗主编《20世纪西方宗教人类学文选》，金泽等译，生活·读书·新知三联书店1995年版，第130—132页。

[2] [美] 罗伊·拉帕波特：《仪式、神圣性、控制论》，载史宗主编《20世纪西方宗教人类学文选》，金泽等译，生活·读书·新知三联书店1995年版，第571页。

[3] [英] 拉德克利夫·布朗：《禁忌》，载史宗主编《20世纪西方宗教人类学文选》，金泽等译，生活·读书·新知三联书店1995年版，第111页。

动的举办来加强组织的凝聚力。重要的集体仪式活动非常强调统一行动，培养组织归属感，使次级组织认同高级组织，从而增强组织的凝聚力。

（四）仪式的力量：汉染藏风，藏染汉习

洮州青苗会包含了不同族群的成分；在文化构成上则更为复杂，比如藏、土会众信仰藏传佛教又有本教传统，汉人既有龙神信仰又有祖先崇拜。在仪式孵化了组织且组织内部呈现多样化构成的情况下，如何使文化复杂性在组织结构中形成统一的力量呢？这实质上是关于文化认同的问题。仪式产生文化认同是文化多样性地区实现社会整合的富有创意的策略，人们创造一种跨文化的象征物，然后通过仪式交往将其定格成共有价值。

我们看一下石山会的龙神庙山门，在庙宇的门楣上有一幅二龙戏珠的彩绘，门额上绘制的是藏传佛教的标识——骷髅链，[①] 门联写道：永逐冰雹千里外，常施甘霖九畴中，神功浩荡。门扇上方贴有三张类似于秋报愿仪式上的"坐斗旗"，一种道场符号。汉人信仰、道教传统和藏传佛教所复合而成的文化多样性在一座山门上集中体现出来。而在符号的背后是族群接触和文化融合，骷髅链并非因其装饰性或审美价值而存在，象征总是与某种社会文化行为深刻地关联着。在石山会的"五会十寨"中，有两个藏族青苗会成员村，在组织的"外圈"，有腹地广阔的藏族"马路"村庄。石山会的龙神管理的社区实际上超出了现有的行政区划。

在2006年五月端午的迎神赛会上，石山会买二十几条哈达献给他们的藏民会首和藏民贡献者，轿夫身着藏袍，藏式铜号和汉人唢呐相映成趣。乡民们把石山的龙神说成"藏族的佛爷"，并不仅仅是他们的号手穿了藏袍吹了藏号，也不因为石山大庙多处书写的藏传佛教的图案，而是在汉藏之间存在着共同信仰和实质性合作。石山青苗会每年秋收后派出会首和法师，让龙神巡游藏族"马路"，长达

[①] 藏传佛教的常用图案，又叫海螯缨络图，密宗的解释是：看到这个图案就会提醒人们人生无常，应做善事以求因果报应。

月余的"异邦"巡游使得汉藏之间的文化差异获得尊重和理解,共有价值得以强化。洮州不同于华南、华北同类组织之处在于,它有一种跨族群的组织架构。以往的族群理论研究很少注意文明国家的族群复杂性问题,族群边界被僵硬地结构化,成员身份是确定的。[1]这种过分强调族群认同的客观因素如血缘、语言、信仰的观点已遭到人们的摒弃。该地汉藏居民认同以龙神为中心的信仰体系和汉人的社会组织。沃尔夫在一定程度上认识到,地域社区建立在亲属关系、族群认同或特定神灵信仰的基础上。[2]青苗会组织是以龙神信仰为中心,冶力关的龙神常遇春,从未到过洮地,而土人却与这位遥远的龙神建立了"亲属关系"。传说常爷娶了一个藏民(土民)女子,他们把常爷叫作"姑夫"。报告人说(当地很多人没有"土族"的概念,他说的"藏民"应为"土民"),正月十五藏民"耍姑夫"。从勺哇寺出门以后,藏民戴上面具,寺里和尚嬉戏打人。藏民把牛围着佛爷转一圈以求五畜兴旺。龙神常爷在"六月会"结束后要巡游勺哇,这时新衣服不敢穿,要穿上旧衣服,藏民们"耍常姑父"呢!揪帽子,拉大袖,通常会把龙神的衣袍撕扯得七零八落。

这些传说可视作美丽的想象或者精彩的虚构,但正是土人与常爷建立了一种想象的亲属关系,他们便可以亲昵地戏谑"姑夫",这种戏谑符合民间的习俗和逻辑。再比如"父子七人"的传说,即常遇春(北路)、徐达(新城)、胡大海(南路)、康茂才(新城)、成世疆(北路)、李文忠(西路)、郭英(东路),其中前五位是同辈兄弟。大石山李文忠是朱元璋的侄子,张旗的郭英是朱元璋的外甥,他们是子辈。人们构拟出很多神与神之间的亲属关系,这成为地域间人们认同和交往的思想基础。"父子七人"传说的意义在于,诸位龙神在巡境活动中的分工与合作,他们的交好意味着地域间的密切联系,从而把洮州的大部分地区都联结起来了。种种想象之所以被

---

[1] Judith A. Nagata, "What Is a Malay? Situational Selection of Ethnic Identity in a Plural Society", *American Ethnologist*, Vol. 1, No. 1, May 1974, p. 332.

[2] Wang Shih-Ch'ing, *Religious Organization in the History of a Taiwanese Town*, in *Religion and Ritual in Chinese Society*, Stanford University Press, 1974, p. 71.

生产，实在是人们利用了认同的政治学①，人们根据自己所处的状况和意愿生产了想象与传说，将当下置于过去从而建构了认同。

（五）内圈与外圈

洮州地方形成一个个以龙神庙为中心的联村青苗会及祭祀区域，这些相互分立的区域，通过洮州青苗总会每年一次的迎神赛会而联结成一个仪式体系。在龙神祭祀范围的外缘地带，居住着被称为"族"的藏民群体。边缘上的藏族社会处于汉藏之间，他们通过社会生活中的日常接触和仪式交往而呈现交融状态：藏染汉习，汉染藏风。当地人把这些地方叫佛爷的"马路"，我称之为"外圈"。这些地方是龙神经常光顾的地方，马路有义务向龙神募集资金。林美容认为，祭祀圈是"为了共神信仰而共同举行祭祀的居民所属的地域单位"。②祭祀圈的范围可以是一个村庄、数个村庄，或一乡一镇，基本上是以部落（hamlet）为运作单位③，而以乡镇为最大单位。④"祭祀圈"特征：祭祀多神；成员的义务是强制性的；活动的节日性。在洮州青苗会的仪式交往往往超越了"祭祀圈"范围，并且在汉人之外普遍存在一个"外圈"。马路上的藏民并不属于青苗会正式成员，但与龙神和青苗会有密切的仪式往来。在洮州，马路⑤是龙神的巡游、歇马之地，又是募集修建庙宇款项之地，虽然没有青苗会的分支机构，但与大庙有固定的正式联系；龙神有义务"走马路"，为"马路"村落祈福禳灾，享受他们的供奉和献祭。青苗会的成员村，无论汉藏或土族，都有义务参加共同仪式、缴纳会粮和捐修庙宇，说明其组织不是"自愿性组织"；事实上，"外圈"与"内圈"的交往已经超出了"香客"或信徒组织的界定意义。石山会的大会

---

① Jonathan Friedman, "Myth, History, and Political Identity", *Cultural Anthropology*, Vol. 7, No. 2, May 1992, p. 207.

② 林美容：《妈祖信仰与汉人社会》，黑龙江人民出版社2003年版，第4—5页。

③ 林美容：《由祭祀圈来看草屯镇的地方组织》，《"中央研究院"民族学研究所集刊》1987年第62期。

④ 许嘉明：《祭祀圈之于居台汉人社会的独特性》，《中华文化复兴月刊》1978年第6期。

⑤ 龙神信仰社区的外围地带，也是龙神佛爷的势力范围，当地汉藏居民把它叫作佛爷的"马路"。

长描述了龙神"走马路"的情形：

> 西路石山会每年农历五月都要接到"马路"的邀请，为他们做神事活动。五月十六日一大早，马路上的村庄，长川乡的尼什、初尼亟布和卓尼县出麻滩派来三人骑马接佛爷，邀请我们去"扎山"。礼毕，他们把四匹马留下，拿上龙神的大旗、两个小红旗和神卦，便翻山回去。这四匹马是为提领、会长、马角①和佛爷准备的坐骑。佛爷没有亲自去，但不管去不去，那大纛旗代表佛爷，有一匹高头大马是专为佛爷预备的。到了庄子，全村老幼跪下一大片，烧香、磕头、献灯、献羊，把大纛旗展开，说佛爷"收盖盖②"，这跟汉民不一样。然后把大纛旗供在庙里，坐下来喝酒，阵势大得很，全庄子人都来，先给我们会首敬酒，开始划拳。我们用佛爷的神印将红色的三角旗盖了印戳，马路上的村民把旗插在山上和村界四边。第二天到了卓尼县申藏乡但藏、俞家庄、亚布。这些地方海拔高，只种青稞、燕麦，但冰雹也厉害。到九月里他们把山上插的小旗收回，拉上羊就来庙里献给佛爷。过去佛爷走马路一个村一个村的转，一趟下来要40多天。

这些汉化程度不一的藏民每年阴历五月派头人（会长）到石山龙神庙，向龙神献羊、送红、煨桑、叩头，石山会的会首专门为他们的村落举办仪式。这些头人将盖上龙神印戳的小红旗带回到村子，插在村落的各山头，表示驱雹和风调雨顺。在这里汉人与藏民既没有庙宇的隶属关系，也没有组织上的正式统辖，汉藏之间的往来是通过仪式交往进行的。

六 青苗会的实质行动

（一）远看青山，近看田苗

看青与"搬场"是洮地至今仍然实行的互助行为，行为与仪式

---

① 做神事的法师。
② 收钱粮。

的关联是内在的、不可分割的。如果仪式是从精神层面维系联村组织的凝聚力的话，那么看青与搬场则是从集体行动的层面来体现它的凝聚力；如果赛会与禳镇仪式是在仪式领域表达乡村社会自治的话，那么看青与搬场则是在行动领域表达乡村社会自治。

自二月二青苗会新会长上任，他就要着手在四月前把看青、看林的"恶拉"选出来，西路的水磨川大会在新任提领、会长上任后，二月里选出小班，其中一名是恶拉，青苗会另选5名举事，罚款时要5人在场。看青是一项以村落为单位的防御行为。每年四月各村在"扎山"和赛会期间便开始张罗看青事宜，主要是推选恶拉和张贴护青公约。在民国以前看青由青苗会会长直接管理，现在有些地方村委也参与其中。推选恶拉各村有不同的标准。西路水磨川推选恶拉的原则是救济穷人，村里的贫穷者，单身男子优先，有些残疾亦可但不能影响上山爬坡，做恶拉还要看上去凶一些。水磨川"恶拉"的报酬大致有1600斤粮食和50元脚钱。粮食是按每亩1.3斤计算。恶拉几乎没有跟青苗会或大队签订什么合同，据说过去恶拉是要与青苗会签订文书的，责任和权力的规定便于最后的赏罚。在洮州，看青活动主要是村内选派"恶拉"或青苗会轮流看青，会首义务性的巡视也是一个惯例。

恶拉经常拿的东西是皮鞭和短棍，天刚亮起床，爬上西山，站在那里可以看见全村土地，包括村里的树林。村里现有40头牛，20多头驴骡，且与几个回民村田畴相望。汉人有青苗会管，回民没有恪守会约的责任，但伤害青苗者受伊斯兰教的寺管会处罚。如果发生纠纷，个人和家户并不出面，由青苗会出面与寺管会共同协商和裁决。从对坡到后山之间相距5里路，如果发现牲口啃食田苗则大喊"哎——拉过""拉者下来"；上午10点早饭后从东坡转到肖家嘴，走下来有两三个小时；下午三点走到弯里、马占，学生常常在路上打闹玩耍或遍地跑着打鸟撵兔，可能毁坏青苗，他必须等到学生放学回家后才能收工。那天下午我目睹了看青的情景：有个十一二岁的女孩因贪玩，骡子进地啃了庄稼，"恶拉"过去以后，小女孩吓得哭起来。报告人说，若有门路，恶拉的活都不愿干，主要是怕得罪人，怕报复。所以好多地方没有恶拉，没有设置恶拉的村子看庄稼由青苗会集体管。我上山时还碰上了青苗会的两位会首正在巡视庄稼和林木，这是会首的责任和义务。

在洮州的林区，有一种类似青苗会的护林组织，藏区的迭部叫"俄洛"，夏河叫"俄尔瓦"，临潭县则是"恶拉"，林地、草山就是由青苗会来管理。管理的方式主要是依靠神的威力来管理树林。临潭县龙元乡历史上就有民间护林组织"青苗会"。在五月五迎神赛会后，龙元乡民给龙神祭献羊以后，山林就交给神管理，直至秋收前，他们相信谁要砍树就会使神发怒而下暴雨。若发现有人砍树，青苗会的护林人会敲锣召集村民，围抓偷砍树木的贼。在洮州普遍设有"神林""佛爷林"和"护村林"，在藏民居住地还有"神山""神池"，这些冠以"神"字的山水、林木是一种具有内在禁忌力量的圣地，对行为的约束施以内在规范外在制约的手段，而以内在的民俗规范为主。卓尼县纳浪村有一块光绪二十四年留下的"护林石碑"就记载了"神林"和护林公约。石碑上写：

> 石墩湾草滩湾桥之上下树林、小族山神林、房前神林、草滩湾神林、磨湾神林。倘有不法之徒入林偷伐者，罚猪一头，酒一缸，不受者指名禀官。①

洮地村民在婚丧嫁娶需要木材时，要向青苗会申请，商议并同意后才能砍伐，这种运作方式一直延续到民国时期。

在高原洮州社会，不但有看护青苗的"恶拉"，且范围还扩大到草山和森林的看护，即"远看草山，近看青苗"。看护的对象不限于劳动的成果，自然生长的草地和林木虽非完全的劳动产物，但它们也是生计资源，生产性和自然性资源无论归集体或个人，同样存在所有权，享用和占有资源的人是该土地的主人。野生动物的侵入和取食是免于追究的，打走驱散是最终的结果；家畜则不可豁免，不是打跑驱散完事，而要追究牲畜主人的责任，惩罚要落在人的头上。至于乡村的偷窃行为和所偷的目标是随着社会变迁而变化的：在谷

---

① 收钱粮。

物极度匮乏、取食成为最大压力的传统社会，偷窃和反偷窃的对象是粮食；如今偷窃者把偷的目标转移到牲畜、摩托车上。偷窃对象的转移虽未引起青苗会组织的功能变化，这不表示青苗会没有这种治理的愿望，而是社会设置压缩了传统社会组织的空间。村委会的治安功能以及乡村警力的薄弱是显而易见的，在洮州许多地方三个乡只拥有三个人的警力。青苗会作为民间组织显然没有取得管理社会治安的名分，自然也谈不上实质性的管理了。我们应该思考一下，传统社会组织的某些功能如果能够被激活，其社会治理的巨大潜力必将造福于乡村社会。

（二）作为一种生产互助方式的"搬场"

洮州的"搬场"是在青苗会的安排和指令下，各户把联村以内不同村落的人力和运输工具临时结合起来统一搬运收获物的互助行为。它表达的是扩大的社会关系和互惠感情，强调联村范围的社会互助和村际团结。洮地的"搬场"是庆丰节日与互助行为结合起来而形成的习俗惯制。

在青稞成熟之际的七月中旬，西路冯旗青苗会会众抬着龙神"转山"，巡视庄稼的收成好坏。当龙神享用了第一把烤熟的青稞后，就意味着开镰收割和搬场的农事互助活动即将开始。互助不独存在于汉人中，藏民的互助另有一番情趣，藏人于田中收获青稞及豌豆等作物时，男女沓杂，红衫辉映，一双双一对对，情歌缭绕，相与答和，诚如《洮州竹枝词》描绘的状况："夕阳明灭腰镰影，半是男儿半女流。"[1] 他们在劳作中也显示真性情，比汉人之受重重礼教束缚者，要美满得多。[2] 在收割季节，一些大的集市有劳动力市场，那些季节性流动的"麦客子"成为人们用工的另一选择，以填补打工者外出引起的劳动力不足。收割完毕后，中西路不论哪种作物一律捆成束子，每4束集中起来为"一疙瘩"，五疙瘩为"一丛"。待村里全部收割完毕，联村青苗会在仪式场合召集会议，相互通报各

---

[1] 陈钟秀：《洮州竹枝词》，见《洮州史丛》，第88页。
[2] 范长江：《中国的西北角》，新华出版社1980年版，第52页。

村的准备情况：各村的收成、路桥状况、田亩分布、人力状况等基本信息。情况会迅速传达到各村及相关家庭。搬场的范围限于洮州西路地区，搬场日期一般框定在农历的八月底或九月初。洮地海拔高度不同，作物的成熟会有几天到十几天的间距，这为村际互助提供了短暂的良机。按老规程，上西路地区搬场的顺序从南到北依次是：羊升，千家寨，沙巴，冯旗。搬场顺序是由物候和文化两个因素固定下来的，这种安排是经过青苗会协商并在仪式上确认，因而是神圣的秩序。

各村青苗会会首要在搬场前几日察看路桥是否失修，村里的街道、通往山地的小路，过河的小桥都要根据失修情况进行修整。会首根据工作量收取会粮、组织人力在两三天里把修桥补路的事情做完。此间村民们则分头准备，邀请外村的亲朋好友作"拉贷"。"拉贷"是对外村帮工者的称呼。"贷，施与也；谓我施人曰贷"[1]，这是一种民间换工形式，洮州人叫"偏工"或"偏拉贷"，山西、陕西也叫"变工"[2]。搬场这一天，出嫁的姑娘都要回来"坐娘家"[3]。妇女们做好炸油饼、花卷馍、鸡肉、羊肉等美味佳肴，主家盛情宽待前来帮忙的拉贷和亲友。过去搬场时，人们的穿戴是有讲究的，青壮年男子一般头戴礼帽，上穿白汗褟、黑夹夹[4]，腰扎红腰巾；牛车要绘上油彩，车轴挂钢铃，犏牛角上系上红缨穗子，牛耳扎上彩穗，牛颈系一铜铃，牛车过处叮咚作响，青藏高原汉人的这种生产与节日融为一体的景象是甘南田园韵律的独特表达。村民像过年一样，家家户户灯火通明，亲朋好友及拉贷们欢聚一堂，吃喝谈笑。当青苗会的锣声一响，乡村立即从浪漫的柔情中转入对抗赛的场景：村民们以家庭为单位赶车吆牛，吆喝声、牛铃声、嘈杂声连成一片，搬场是"抢运"，是一场搬运庄稼的激烈比赛，人们争先恐后地把庄稼由近而远搬运到自家居住地附近的麦场里，然后擩成"擩子"。当

---

[1] 宗福邦、陈世铙、萧海波主编：《故训汇纂》，商务印书馆2003年版，第2182页。

[2] 张思：《近代华北村落共同体的变化》，商务印书馆2006年版，第38页。

[3] 方言，即住娘家。

[4] 白汗褟，白衬衣；黑夹夹，黑色或青色的小夹克。

地人形容这个景象是"庄稼人的三忙,忙不过搬场"①。从青苗会统一部署、修桥补路、下达搬运号令到午夜抢运,搬场可以说在各个环节都有军事行动的意味,再结合迎神赛会中出现攻城掠地的仪式表演,有理由认为洮州的组织化社会生活和互助行为是古代军屯传统的遗留。

因土地分散和单家独户劳动力少的限制,人力在农忙时更显紧缺,人们必然会利用庄稼成熟的先后间隔,按村搬运的惯例,进行劳动力再分配。1982年西路千家寨一户,在搬场这天下午来了十三辆牛车,其中有来自该家的几位姻亲,三位汉人朋友,两位藏族朋友,他们来自10里范围内的不同村落。有的家户还有回民"拉贷",回民到汉家帮忙虽不便共食共饮,一个灵活的变通方法是自己动手起伙做饭。现在简单了,主家提供方便面和水果即可解决问题。在华北农村,搭套、合具、换工的互助习俗多发生在几家几户,是没有导演的自演自唱,一种小范围的合作。这是可以理解的,因为中国的地方社会有很强地域性差别,情形极为复杂,比如生态、人口、土地和风俗传统皆表现出不同的社会景观。洮州的扩大互助形式所维系的不仅是村落的团结,而是维系联村以内甚至联村之间的团结,它把一个家庭同外村的数家,一村与跨越边界的数村联在一起进行互动。

七 结论

(一)仪式是乡村社会组织的孵化器

施坚雅意味深长地认为基层市场区域决定了社会体系的边界②,其中,市场体系中的中心地有独特价值。在超过1500平方公里的洮州汉人社会区域内,539个自然村仅拥有新、旧二城两个中心市场。18个庙会中,14个庙宇所在地不是集市。甘沟—羊沙的庙宇中心没有

---

① 参见唐佐治、宁文焕等《洮州民俗风情大观》(内部资料),2005年,第9—10页。

② [美]施坚雅:《中国农村的市场和社会结构》,史建云、徐秀丽译,中国社会科学出版社1998年版,第6、22—23、40、44—55页。

可以依托的基层市场来构建自己的青苗会体系。事实上，甘沟与羊沙的联系是宗族的、仪式的联系，而不是市场联系。宗族大姓控制大庙和青苗会的情况是显而易见的。西路的刘顺大会、石山大会的庙宇群落实际上各自构成一个冰雹防御体系，当然整个洮州的龙神信仰和青苗会的仪式活动都包含着防御生态危机的仪式。这些由若干村落构成一个共同体的方式是建立在防御冰雹的协同组织和共同仪式基础上的。庙会上的庆典和演剧为社会联合和社会结构的整固提供了舞台和机缘，村落社会因而获得合作的潜力。地方仪式对不同文化进行整合，对不同祖先、不同族群的异族崇拜（不同人群的共同信仰）进行强化，从而将文化多样性或族群差异性寓于同一社会组织结构中。共同仪式建构了村落和超村落、汉人和非汉人的社会凝聚力以及地方认同感，因此仪式是社会组织的孵化器。

（二）宗族本位的超越

在汉人宗族研究领域，弗里德曼强调在国家权力薄弱的边疆环境之下，"祀产"以及水利工程和水稻生产的需要促使大型宗族组织产生，但学者普遍认为这种功能主义研究不能解释文化对宗族的影响。庄孔韶[1]、郑振满[2]、科大卫（David Faure）和刘志伟[3]通过历史文献和实地调查发现宗法制度、礼仪和象征资源对宗族的产生和发展起到关键作用。我经过在西北边陲洮州的长期观察，看到宗族与青苗会组织杂糅的情景、宗族的向外扩张，要达成这一组织目标必须处理好文化多样性的问题。洮州宗族村落突破了宗族本位的束缚，不以宗法礼仪的价值强加于人。青苗会将组织扩展到周遭村落甚至"异族"社会，并非是"祀产"之功和"市场体系"之力，在这里庙宇体系至关重要。庙宇是文化多样性的窗口，庙宇间的关系表现为村落间、组织间和族群间的仪式往来。建立在庙宇基础上的

---

[1] 庄孔韶：《银翅：中国的地方社会与文化变迁：1920～1990》，生活·读书·新知三联书店2004年版。

[2] 郑振满：《明清福建家族组织与社会变迁》，湖南教育出版社1992年版，第227—241页。

[3] 科大卫、刘志伟：《宗族与地方社会的国家认同——明清华南地区宗族发展的意识形态》，《历史研究》2000年第3期。

去宗族化的仪式交往弱化了族群的异质性,强化了文化沟通与理解,所以仪式是社会组织的孵化器。

洮州社会的主要组织形式是青苗会,这是一种以汉人为主且跨越族群的地域组织。然而东部林区的青苗会则出现了宗族融为一体的类型,但这些有宗族的村落不同于华北、华南的宗族社会。此类宗族型青苗会的组织体系超越了宗族、村落和族群;所祀龙神也超越祖先神的范围而成为地方神,这完全是开放型的信仰体系或异族崇拜,各个姓氏人们不分族群、不分村内村外皆可祭祀。以往研究皆强调宗族意识对于宗族组织的维系作用,把宗族组织看作稳定的结构或者血缘共同体。可是当宗族组织承当和管理了地方社会的事务必然会超越宗族意识,宗族的扩展并非只限于联宗、联谱,它的组织适应和发展仍需进一步研究。

(三) 作为人类生活常态的合作与互助

强调仪式对组织的孵化器作用,并非贬低生态环境和互助行动的价值。我把仪式、生态和互助行动看作三个影响青苗会组织的重要变量。由于"白雨[①]打湾湾,黑霜杀梁梁",容易遭受冰雹袭击的西北—东南走向的山谷、湾湾,往往会联合起来抵御冰雹的袭击,许多青苗会便是这样因生态因素进行社会关系的整合。人们按照"雹走直线"的气象规律,使跨区域的青苗会联盟顺着冰雹路线而形成。对于社会环境和互助行动的强调与地方现实有关,我主张弃绝功能主义的偏颇,不拒绝功能主义的视角。生态危机意识深深地嵌入地方文化中,仪式禳解便是人们解决生态危机的手段之一,而冰雹带上的社会联合与互助行动直接塑造了青苗会组织的形貌和特征。

人类群体在资源占有上具有排他性,而同时在生产过程和社会交往中又具有合作的倾向。合作是两个群体都得益的积极相互作用,互助是进一步的合作。从明初汉、回人民从江南迁徙到洮地以来,[②]洮州汉、藏、回三个主要族群便开始了相互合作的历史。三个主要

---

① 冰雹,俗称"白雨"。
② 《临潭县志》,甘肃民族出版社1997年版,第775页。

群体以"土流参治"（土官与流管）的方式，在国家"屯田实边"的框架内进行合作。明初洮地的地方官安世魁，传说常与清真寺的阿訇在署堂大殿台阶上弈棋。民间关于安公和阿訇交好的传说可以佐证当时回汉保持的融洽关系。在民国时期的迎神赛会上，水磨川附近的回民青年常常将白号帽脱掉，跟汉人一起抬着本境的龙神飞跑。在调查中意外得知西路千家寨出了一个回族青苗会会长，当然这只是一个个案，而藏族和土族加入青苗会的就不光是个体行为，在洮州汉人周围的农耕藏民和土民几乎都属于某青苗会组织。汉人及回、藏各群体均为适应环境做出了艰苦努力，他们在适应和获取生计资料的竞争、合作和互助中，发展和成长了各自的社会组织，从而更有效地动用文化手段去影响生态环境，提高获取生计资源的能力。汉、藏之间的合作有其信仰基础，但汉与回的合作是在没有信仰基础的情况下发生的，这符合人们普遍的思维定式"道不同，不相为谋"，这使我们对族群合作的层次必须进行思考。如果把族群合作的层次区分为行动层面和思想层面，那么汉人与藏、土村民的合作有信仰基础，因而他们的合作是全方位的：既在行动上也在仪式上进行合作。汉与藏、土之间的文化接触最终形成了同一社会组织；汉、藏与回不是不能达成合作，而是合作的层次限于行动层面，行动包括生产互助和与农事有关的仪式活动，虽然不同信仰的群体之间很难形成一个社会组织，但并不影响两者之间在日常生活中进行合作。

  洮州汉人秉承了江淮稻作社会的宗族传统，在北路林区更为明显，但在文化上呈现了开放心态，宗族组织的开放性问题是宗族研究忽略的，也是值得深思的问题。与华北青苗会、华南宗族组织相比，洮州青苗会内部容纳着多种文化元素和不同的族群成分，在正式的组织结构以外存在着仪式联系的跨族群村落组织，犹如在"星团"之外又存在围绕它运行的"小行星"群落。在长期的文化接触、交往中，青苗会不仅可以与宗法制度加以糅合，而且它能够跨越族群边界在更大范围内进行社会互动。

川西茶馆
——作为公共空间的生成和变迁

吕卓红[*]

一 川西茶馆的研究状况

对茶馆已有的研究，往往附着于茶文化研究，作为茶文化一个组成部分，多探讨它的形态和反映的世风民情，如连振娟的《中国茶馆》。这本书梳理了中国茶馆发展到茶艺馆的历程，把茶馆作为饮食体系的一部分，作为茶文化的载体和民俗文化的体现来研究，强调悠闲、舒适、轻松、祥和的茶馆氛围，对近代茶馆的"畸形"繁荣和功能的复杂化，主要从它"减退了清俭、雅致的文化气息"[①]的角度加以评论。陈锦的《四川茶铺》，图文并茂，介绍了四川茶铺的由来、茶道、茶铺众生相，反映了茶铺作为特定的地方文化现象所折射出的文化心理和市井色彩，是一本非常形象生动地了解巴蜀茶馆文化的入门读物。此外，有对茶馆进行史料钩沉的，如陈茂昭的《成都茶馆》。有对茶馆作为文化娱乐场所的调查，如徐金华《茶馆，不可忽视的文化娱乐场所》。大量的是民俗风情类的，如崔显昌的《旧蓉城茶馆素描》、李英的《老成都茶馆的茶道风情》等，主要是介绍性和史料钩沉类的。以往对川西茶馆的研究注重其休闲

---

[*] 吕卓红，中国人民大学书报资料中心。
[①] 连振娟：《中国茶馆》，中央民族大学出版社2002年版，第3页。

和娱乐的一面，或者把它列为饮食文化的一小部分，对川西这一独特的文化现象，持一种好奇又不大以为然的态度，眼光有猎奇的成分，方法是民俗研究的，对各种茶馆文化现象的收罗和解释流于表面化。①

真正具有开创意义的四川茶馆的研究始于王笛，在其《跨出封闭的世界——长江上游区域社会研究，1644—1911》②《晚清长江上游地区公共领域的发展》③ 以及《二十世纪初的茶馆与中国城市社会生活——以成都为例》④《街头文化：成都公共空间、下层民众与地方政治，1870—1930》⑤《茶馆与都市民众的日常生活》（王笛在华东师范大学的讲演）等一系列论文和专著中，以成都为对象，考察了茶馆这个 20 世纪初中国最基本的经济文化单位，探索这一时期城市社会、公众日常生活以及政治生活的演化和变迁。2010 年他出版了专著《茶馆：成都的公共生活和微观世界，1900—1950》。他在书中主要研究三方面的问题："第一，这个研究对茶馆生活进行综合分析，显示人们怎样利用茶馆进行休闲、会友、娱乐，各种社会集团诸如学生、劳工、社会组织等怎样利用茶馆开展活动……第二，揭示茶馆的经营和管理，观察茶馆的兴旺发达是怎样与其独特的文化联系在一起，考察茶馆怎样运用各种手段以求生存……第三，……探索了在地方和国家政治中茶馆的角色，讨论社会冲突和政府控制的问题，分析茶馆和公共政治的联系，揭示茶馆怎样成为一个政治舞台，以及大众、精英和国家怎样利用这个舞台，使其在革命、改良和战争中发挥着重大的作用。"⑥

王笛对四川茶馆资料的收集、整理，对相关学术研究的梳理，

---

① 朱小田：《近代茶馆与乡村社会运作》，《社会学研究》1997 年第 5 期。
② 王笛：《跨出封闭的世界——长江上游区域社会研究，1644—1911》，中华书局 2001 年版。
③ 王笛：《晚清长江上游地区公共领域的发展》，《历史研究》1996 年第 1 期。
④ 王笛：《二十世纪初的茶馆与中国城市社会生活——以成都为例》，《历史研究》2001 年第 5 期。
⑤ 王笛：《街头文化：成都公共空间、下层民众与地方政治，1870—1930》，中国人民大学出版社 2006 年版。
⑥ 王笛：《茶馆：成都的公共生活和微观世界，1900—1950》，社会科学文献出版社 2010 年版，第 421 页。

显示了其深厚的历史学功底，而他将"公共空间"的概念引入茶馆研究，无疑具有重要的启示意义。本文将在结论部分对他的研究进行讨论。

在茶馆这个公共空间中所发生的行为，与哈贝马斯所说的交往行动相关。无论是休闲娱乐、收集信息，还是交易谈判、调解冲突，莫不是人与人作为行动主体之间的互动，是人们使用语言或非语言符号、以相互理解为目的、在意见一致的基础上遵循语言和社会的规范而进行的合作化的内在行动，最终使社会达到统一并实现个人与社会相统一。从人类学的社会整合视角看茶馆，茶馆作为人们生活世界的公共空间，作为交往行动的载体，无疑在川西民众的生活中具有积极的意义。把哈贝马斯的公共领域和交往行动理论用于川西茶馆的研究，是一种现代性背景下人类学和社会学的方法和视角，可以丰富川西茶馆文化的研究。

空间是人类学研究的主要课题之一。在本文中，笔者将茶馆和祠庙、会馆等纳入"公共空间"这一范畴，在此，空间是以自然的地理形式及人为所建构的环境（物质性空间）为基本要素及中介，[①]是人的认知、活动与生存的物质与非物质场所和中介，而公共空间则是所有人都可以享受的、自由进出的空间。

二 作为公共空间的现代川西场镇茶馆的考察

（一）溪镇茶馆素描

笔者做田野的时候，溪镇一共有42家茶馆，相对于别的行业，这是个不小的数字，绝大多数都是平民化的大众茶馆。

在溪镇，大多数茶馆没有名字。本地人提起哪家茶馆，一般是以茶馆主人的姓来区分的，如"万荣茶馆""李九儿茶馆""宋家茶馆"等。文家茶园也没有挂招牌，"双合"是以前的招牌。

1. 文家茶园

在溪镇，文家茶园并不很大，但它在现在的茶馆中，是有历史

[①] 黄应贵主编：《空间、力与社会》，"中央研究院"民族学研究所，1995年，第4页。

的，有渊源可寻的。文家茶园位于复兴街东口，复兴街与建华街交汇的十字路口西南角，是典型的川西前店后宅式民居。这种民居是城镇民居数量最多的。①临街住宅的前面作店铺，后面是厨房和起居室，铺面的楼上作居室，铺面仅一间，大小二十多个平方米，铺面兼作一家人进出的门道。民居是木结构，铺面临街一面白天铺板全部卸下，晚上打烊后，只留一小门进出。房屋屋面简薄，木构架用料单薄，年深日久，呈现出沧桑的褐色。这种布局在川西具有代表性，溪镇的茶馆基本上都是这样的格局，但有的铺面，已不用木板为门，改成了卷帘门。

现在的主人姓文，出生于1937年。据他回忆，他父亲在中华人民共和国成立前开的茶馆叫双合茶园，当时的木匾还在。茶园有二十张桌子，一百多个座位。"顾客主要是闲耍的人，也有劳动人民，青帮、洪帮、袍哥也去。农民、挑担的要来，口干了喝口茶。"中华人民共和国成立时茶3分一碗（相当于现在的三元）。用的是茶碗。

中华人民共和国成立后公私合营，文的父亲就在茶园提水掺茶，茶园里有两三个职工，茶园也迁到现在的地址，是文家自己的房子。1975年父亲去世，当时文在拉船，哥哥也有工作，没有人手接茶园，茶园只能停业。直到1998年文从长航社退休后，才又重开茶馆，但招牌一直没有挂出来，主人说是因为茶园小，生意也不大好，怕辜负了祖辈。

文家茶园现在有十来张桌子，只要天气允许，茶桌就不限于屋内，要摆几桌到门口的街面上。这也是川西茶馆通常的做法。天气好时，一条街都是茶桌。夏天，一般要支一顶布幔，由竹竿挑着，伸向空中，遮挡阳光。桌子是请木匠定做的，高约70厘米，为了方便打麻将，部分茶桌就按麻将桌的样式做的，四面带四个抽屉。竹凳，较矮，没有靠背和扶手，不是成都市有扶手的大型竹椅。据说是因为溪镇是水码头，某些民风习俗更近于川南。

现在吃的是自来水，不用到河边挑水了。不过吃茶的人都说还是河水好。以前用茶碗，即盖碗，从2000年起，开始用一部分玻璃

---

① 季富政：《巴蜀城镇与民居》，西南交通大学出版社2000年版，第164页。

杯，专门泡好一点的茶，也就是五毛一杯。盖碗泡三毛的茶，而镇上的老顾客，多半自带茶杯和茶叶，茶馆收两毛的水费。如果客人不说要几毛的茶，老板就自作主张，泡五毛的茶。吃三毛的占大多数。

茶园的茶叶是在街上买的，一次也就买一斤。这一斤茶叶，有时候用十几天、半个月。茶是本地产的，镇上车站那里，就有个五马坪茶叶公司，私人的茶厂更多。从溪镇往西的山区就是产茶区，而本地是川内最大的茉莉花产地，建有一万五千亩茉莉花生产基地，茉莉花是窨制茉莉花茶的重要原料，这里茶馆中最普及的就是本地茶厂加工的茉莉花茶，一般都买中低档的，价位不高；档次高的茉莉花茶本地人消费不起。况且，川人喝茶之意不在茶，普通人对茶叶的品质并不讲究。五毛一杯的茶，茶叶是13元一斤，不讲牌子。三毛一碗的茶，五六元一斤。开茶馆时换执照180元，管理费和税三个月一交，管理费60元，税50—60元。证件年检60元，加上卫生费，一年交200来块。①

每天十来个茶客。"寒天"② 就是收个麻将钱，打麻将的都是本街的人。一天也就是卖个十几二十碗茶。赶场天人多一点。茶园是一些孤单老人的寄托，他们几乎每天都来，比如谢大爷，每天早上八点茶园门一开，他就来了，坐在进门的左边第一张桌靠墙的一方，随身带着自己的"太空杯"，茶叶事先已经放进去了。像谢大爷这样的老茶客还有好几个。

茶园早上一般八点开门，编了号的门板一扇扇卸下来，立在门口右首，一盆水泼出门，叉头扫把③扫扫，就把四张桌子端出来，放在街边。这一天，是"寒天"，桌椅刚布置好，谢大爷来了。他坐定后，陆续来几个人，如果人数够，就凑一桌打麻将。老板见谢大爷一桌三缺一，就冲里屋喊了一嗓子，老板娘出来了，招呼客人："谢大爷来了。""来了。"老板娘很自然地坐下，一桌人打开麻将盒子，一阵噼噼啪啪的声响，麻将开战了。这一打，不到中午不会收场。

---

① 数字并不一定准确，收入不好，也可能少交。
② 指不赶场的日子。
③ 四川民间常用的扫帚，几跟竹枝扎成一把，比较大型，一般用于公共场所的清扫。

上午九点，茶园共有七个茶客，除了打牌的，其他几个人坐着，偶尔和老板聊几句，看来是以前的同事。几声鸟叫打破了沉闷，提鸟笼的大爷走进来，老板递过一个撑钩，大爷把鸟笼挂在门口撑遮阳布幔的木架子上。几个人开始谈怎么训练八哥说话。

九点半，屋里有三桌茶客，两桌打牌，一桌打麻将，加上提鸟笼的大爷和一个吃早饭的，共14个茶客。吃饭的人是李刚，他从隔壁面馆要的面条，吃完，有人来收碗。这14个人，有五个以前是和老板同单位的。

中午，茶客渐渐散去。老板面有喜色地说自己赢了几块钱，"你咋样？"他问忙着收拾纸牌的老板娘，"我今天霉得很，输了八块钱"。老板无语。

午饭后，茶馆又慢慢聚拢客人，重复着跟上午一样的故事，平淡得称不上故事。五点，陆续有人结账走了，淡淡的夕阳之下，茶馆越发冷清下来。老板娘抱着三岁的孙子逗乐。六岁的外孙女在茶桌间跑来跑去，叫老板娘"家家"（外婆）。大约五点半，最后一个茶客走了。

这一天，卖了二十五碗茶，收七桌牌钱，收入十二元。"生意差得很。"老板好像习惯了。明天赶场，要多点。一个月收入也就一二百元。

文家茶园从某种意义上，更像一个退休职工的俱乐部，相同遭际的人群，在这里谈论共同感兴趣的话题，在交往中彼此温暖，互相依傍。茶园是一些孤单老人的寄托，他们在这个简朴的空间里，打牌聊天，打发光阴，一日不去，便觉得有所欠缺，对于他们，坐茶馆何尝没有一点信仰的意味。

2. 集成三馆

另外一个比较有特色的茶馆是集成三馆。集成三馆在中华人民共和国成立前就有了，为什么叫集成三馆，是说茶馆、旅馆和饭馆三馆在一起。过去楼上和后面的院子住人，前面可以吃饭、喝茶。中华人民共和国成立时，溪镇好多有钱人都走了，集成三馆也闲置了好长时间。改革开放后开张了，却都不长久。现在的老板才承包了两年。只有旅馆和茶馆，没有饭馆，三馆之名已经名不副实。

集成三馆所在的建华街，是老街商店相对集中，门类相对齐整的商业街。由于离公路和车站、农贸市场比较近，赶场天，人流比南面的复兴街密集一些。这种布局和环境，吸引了更多赶场的农民和生意人。这就决定了集成三馆的客人以农民和小生意人居多。在夏季，产茉莉花的旺季，外来收花的贩子一部分住奎昌旅社，一部分住集成三馆，他们的闲暇时间花在集成三馆。互动的结果，形成集成三馆的几大特色：

一是生意的季节性强。赶场天，农民在这里娱乐、会友。茶馆专门买了一台电视机和放映机，放映录像片，每人五毛的茶钱。看录像的区域用一块深色布幔与其他区域隔离开来。从六月中旬开始，外地收花的贩子比较集中，一直持续到八月底。

二是功能相对复杂，赌博、"勾兑"① 比较突出。由于有生意人住在楼上，茶馆也就发展出相应的服务。

由于上述原因，造成集成三馆的第三个特点：镇上的一般居民很少来坐，农民和生意人多。我的资料提供人都不愿意谈这个茶馆的性交易情况，并且告诫我不要去该茶馆，以免引起误会。据说，派出所曾经查过这里的卖淫，带走过几个年轻女人。的确，这个茶馆跑堂的是年轻女人，茶客中女性茶客的比例相对来说高一些，但极少有老年妇女。它的格局是前面茶铺，后面厨房，有一隐蔽的楼梯通向二楼的房间。

3. "牛甲甲" 茶馆

如果向溪镇人打听茶馆的情况，位于清平街20号的万荣茶馆是提到次数最多的。因为它是最大的，因为它是改革开放后开的第一家茶馆，老板是溪镇工商所个体协会的副会长。此外，它还以牛甲甲（买卖牛的中间人）的茶馆知名。农民要找人买牛来这里；牛甲甲谈生意在这里，了解行情在这里，休息娱乐也在这里。

"牛甲甲"是当地人对买卖牛的中介人的称谓。充当牛甲甲并不容易：第一，要对乡下情况相当熟悉，大致知道谁家有牛，什么牛，有多少。第二，有一定的交往能力和空间，与收牛的牛贩子有联系。

---

① 四川方言，套近乎、拉关系之意。

第三，对牛的情况有判断力。第四，能跑动，身体状况可以。因而，牛甲甲以中青年男人居多。

牛甲甲几乎每天来茶馆，听信息，了解什么人要卖牛，什么人想买牛。一般三方都会出现在茶馆里。牛甲甲把牛的基本情况搞清楚，一般先去看牛，然后回到茶馆说价钱，讨价还价后，带买主去卖方家看牛，先给钱后牵牛。但并不是都这么顺利。卖方开出的价，买主可能不满意，牛甲甲又得来回地说，一回、两回是说不拢的。跑一趟少则十多二十里，多则50里，走路占多数，经常爬山。有公路就坐车，买主掏车钱。有时，已经去牵牛了，生意还可能做不成。做成一笔，买主给牛甲甲一头牛20元钱，卖主不给牛甲甲钱，税由买主上，一头15元。和买主坐茶馆，茶钱买主给。做成一笔有时几天，有时十天八天还做不成。最好的情况，一天就说成两笔。

牛甲甲的生意一般是冬腊月好，一个月说成四五头牛，收入百元左右。上半年的生意不好做。买卖的牛中，生产牛占多数，生产牛（大牛）两千多三千元一头。小牛儿八九百、一千。2002年小牛儿贵，千元一头。肉牛买去宰杀，七元一斤，肉牛的重量是估计的，在四千斤到六千斤之间，一般不会错几斤。

据朱大爷介绍，最早买卖牛，有的牛甲甲是不公开协商的，对买主、卖主两边瞒，叫"kang（上声）盘盖帽"。现在很少。现在卖牛的人精了。

茶馆大堂约有四五十平方米，长方形，进门约三分之一处，横拉着一面绿色的长布帘子，帘子内是看录像的区域，茶钱五毛一碗，比不看录像的多两毛。万荣在溪镇居民的口谈里，是白手起家的典范。万荣以前是"下力"的，拉架子车，找不到钱，生活过不下去了，卖点开水，1978年开了茶馆。茶馆没有名字，万荣的名字就是招牌。茶馆的老主顾多，大部分是农民。私人谈牛生意、茶生意，约人"万荣的茶馆等我"。万荣茶馆无论其规模还是影响，在溪镇都数一数二，其老板参加了个体协会，并有一定地位，因而特别强调自己的遵纪守法。事实上它的确是笔者调查的茶馆中，各种证照最为齐全的一家。万荣茶馆生意较其他茶馆好，不少牛甲甲中午就在这里吃饭，叫老板去街角"端几碗面来"。有几个赶场的农民，打牌到天黑才走。赶场天一天可以卖出五十多元钱，这在笔者调查的茶馆中是最多的之一。

4. 赌博性茶馆

复兴街69号林九儿茶馆和71号的王老二茶馆屡屡被其他茶馆老板并提，前者是开赌场而不被抓的"幸运"者，后者倒霉透了，不仅被罚款，勒令停业一百天，而且老板被抓到犍为县看守所，关了三个月。

林九儿茶馆的侥幸不是偶然的。林是溪镇派出所的公安，茶馆不是以林九儿的名义开的，而是以其母亲的名义，但谁提到这家茶馆都说林九儿茶馆。平时他的母亲和老丈人照看，他妻子下班后就出现在茶馆里。茶馆的前堂与普通的茶馆没什么两样。通往后堂的木板门一般是虚掩着。推开门，是一个大天井，周围隔了几间屋子，楼上，则是雅座，装了空调，进这里要额外交一元空调费。

下午五点半，笔者来到林九儿茶馆，前堂放了八张桌子，已经没有吃茶的人。两张桌子和凳子已经收起来，林的岳母在扫地。前堂右手是一扇通往后堂的门，破旧的木门掩着，不时有光着膀子的年轻男人推开门出来或进去。我吃惊地看到文家茶馆老板的儿子也赤膊出来。还看到在天井的水管旁，聚集了十几个人，玩的是"闷鸡"，九个人赌，其中有三个年轻的女人。围观的人在一盘结束后，也可以加入进去。他们押的钱一般一把五元或一元不等。一盘很快结束，钱在桌上被刨来刨去。一个胸前挂着挎包的女孩，也就十八九岁的样子，

在一盘结束后就"扯飞机票"，也就是收抽头。一般收五块钱。"飞机"指的是三张同样点色的牌，三个A叫大飞机牌，有飞机的人赢，付给茶馆"抽头"。

天井的上首有一间屋，大约有十几个人在赌。桌上桌边看不到茶碗茶杯。

王老二得了绝育手术后遗症，经常吃药，日子不好过，就想来镇上开茶馆。

租了复兴街71号，房租一年1500元。交不起卫生费和税

收，收费的人来了就躲。街坊也知道我家困难，看收费的人要来了，就说：看收费的人来了，你们把门关了嘛。我对不平等的事恨之入骨。我没有后台。去年公安逮"闷鸡"，罚款四千元，茶馆一百天不准开业。把老板抓进犍为看守所，关了38天，每天还要交10元的生活费。旁边派出所的人开的，没有人管，大张旗鼓地打。现在我的生意不好，有时候，"寒天"不开张。昨天赶场，毛利20元。（2002年6月10日访谈录）

王老二到镇上开茶馆，本来是为了摆脱贫困和窘迫，加上是租铺面开茶馆，压力比别人大，因此冒险开赌馆。由于没有背景，受到政府打击，此后一蹶不振，生意没有什么起色，情绪非常低落。

林九儿和王老二茶馆的不同处境从一个侧面反映了乡镇权力格局的投射。中华人民共和国成立前的四川乡镇，袍哥的控制力往往比政府更强，茶馆有袍哥背景和支持，生意才做得顺利。现在，对茶馆的管理主要是工商、税务和公安部门的事。并不是所有的茶馆都到工商部门登记注册，小镇茶馆由于利润薄，收入低，上税并不严格。但对于赌博的控制相对严一些。当然，这是针对一般人的茶馆而言。据称以前在复兴街有一家茶馆搞赌博，抢了林九儿茶馆的生意，也被告发，停业罚款。老板迁到周家巷开茶馆，又被勒令停业，老板最后离开了溪镇。

（二）溪镇茶馆解析

作为场镇几乎唯一的大众公共空间，溪镇茶馆具有如下性质和功能：

1. 精神寄托

在调查中，问及成都乃至川西人为什么爱坐茶铺，有的人会举出诸如地理、自然、生产方式和文化习俗等因素。场镇上的老人多半会回答："习惯嘛，离不得。"

对于普通平民百姓来说，坐茶铺是多年来一代代人"不言而喻"积淀起来的"集体记忆"，这种记忆是由社会成员经过长时间的积累建构起来的，是日常情感的一部分，进入了"习惯—记忆"的范畴，不需要经过理性的思考。坐茶馆是"由行为习惯支配的举动",是不假思索地遵循自幼熏陶其中的传统行为方式。这种感情和行为习惯不是通过规则学会,而是通过"和那些习惯于某种特定行为方式的人在一起学会的"①。

坐茶馆对于一些人来说,是生活的一部分。这在溪镇赶场的农民身上体现得很充分。赶场的重要内容之一就是坐茶馆,并没有专门的目的,主要就是人与人之间的交往。你可以说是为了会朋友,听消息。但在内心深处,茶馆仿佛有一种磁力在召唤。有的人说:"坐茶馆是习惯。一天不坐,在家里就打转转,身心都不安生。一进了茶馆就心满意足。"即使再穷,也是要坐的。哪怕以前一分钱一杯的"玻璃"②也要坐。在茶馆里,体会氛围。如果赶场不坐茶馆,那就不是真正的赶场。这就好比是一个程序。特别是离场镇较远的乡坝里来的人,来茶馆所需的时间与距离,象征着离开每天进行例行公事的乡村而进入一个与自己的劳作和家庭责任少有关系的空间,是一种非日常的时空下所发生的活动。来到溪镇,在茶馆里听到各种消息和传闻,滋养贫瘠的想象,感受其乐融融的人气,哪怕一句话不说,只是盯着说话的人。茶吃白了,过了瘾,又可以打起精神应对日常生活的烦琐。

从这个意义上说,茶馆的空间是人的活动与物质空间相互结合运作而建构起来的象征空间,暂时性地脱离了日常生活秩序,具有一种超越凡俗的宗教性,它与茶馆空间的世俗性奇妙地结合起来。对于大部分茶客,尤其是老茶客来说,坐茶馆与其说满足了口腹之欲,毋宁说是为了精神的放松和慰藉。茶馆中的喝茶与家中日常的喝茶意义完全不同,其乐趣一部分产生于远离日常例行公事,暂时忘却日常责任的超越性。这样,民间宗教信仰空间与茶馆公共空间,在普通人的生活世界里具有一定程度的互补性。

2. 交往娱乐

在川西民间,茶馆是重要的聚会场所。朋友聚会,在饭前或饭

---

① [美]保罗·康纳顿:《社会如何记忆》,纳日碧力戈译,上海人民出版社2000年版,第27页。
② 茶馆俗语,指不放茶叶,只有白开水。

后，必得到茶馆坐坐，交换一下各自的经历和处境，叙旧话新。或者酒足饭饱之后，找一茶馆打牌消食，进一步"勾兑"情感。亲友来访，不喜欢家里局促狭小，干脆把客厅移至茶馆，打牌闲聊，各依其好，聚会娱乐两不耽误。

溪镇茶馆主要的功能是提供娱乐交往的公共空间。娱乐一般以打纸牌和麻将为主，都有小小的赌博，但真正公开赌博的只有一家。茶馆的打牌和赌博有这么几种形式：

打麻将：大约有三成的人参加。金额不等，打得小的半天下来，输赢不过几元钱。一般老年人这么打，只是为了娱乐，"混时间"。

纸牌：也叫贰七拾，比一般的扑克长而且窄，长约10厘米。在四川各地，打法各异，叫法也不同。有的地方叫长牌。在清水溪，纸牌的打法类似麻将。

一般街上的人打麻将的多，农村喜欢打纸牌的人多。

闷鸡：一种类似斗地主的赌博游戏。

此外，还有录像，大约在20世纪90年代初，溪镇的茶馆陆续添置了彩电和放像机，动手早的，生意一下子就超出了别的茶馆，如薛家的清泉茶园，是最早买大彩电的，当时生意就火了，一天能卖二百碗茶。别的茶馆纷纷效仿，没有录像生意就会受影响。吃茶看录像，价钱是五毛到一元。

电视普及后，到茶馆看录像的人减少，茶馆的生意受到影响。现在赶场天，录像还有一定的吸引力。一般农村来的观众居多，警匪武打片占主流。观众的年龄多集中在18岁到40多岁这一段，几乎清一色的男性。也就是说茶馆在溪镇的民间生活世界中，处于交往和娱乐的中心。

在民间信仰空间里，人与人之间的和谐关系和人与自然/超自然的和谐关系同等重要；在茶馆空间里，人与人通过交往行动，达成一种平等、简单、和平共处的关系。茶馆里的交往行为，是茶馆里主要的活动，具有人际关系润滑剂的作用，并进而增进社会的整合和协调。

3. 舆论激荡

茶馆的交往活动有摆龙门阵、交换信息、会客会友等。龙门阵涉及镇内外大小事情和家长里短，比较突出的是对现实的批评和评论，茶馆往往成为此地舆论的激荡处。旧时川西茶馆就与言谈自由不拘搭上了关系，在茶馆里出现"休谈国事"的警示，正是茶馆里人们喜欢纵谈世事，关注社会黑暗面的最好证据。这一传统也许在特定的历史时期会受到压制，但只要条件稍一宽松，茶馆的龙门阵就一定不会缺少对社会中种种不平现象的指点和批评。笔者听到的话题主要集中在这几个方面：

（1）低保发放的不公平

最低生活保障金的发放，并不是完全依照家庭实际收入水平来确定的。在每个茶馆里，都有人披露某人因为与政府有关部门的人有私交，不够领取资格也得到低保，而真正困难的家庭，或因为不懂申请，或没有熟人，领不到低保。"吃低保的人打牌，是政府在供。吃低保的人还有能力写铺面做生意。我们买六毛八一斤的米，吃低保的人吃一块钱一斤的米，还打三轮回家，腰里别他妈个手机"（2002年6月9日访谈笔记）。

（2）治安状况不好

主要是议论去年以来发生在街上的三起杀人案，"提起刀砍人都没有人管"。"被砍的人和砍人的人都不是好人。"这些言论不无夸张的情绪，表达了人们的隐忧。

（3）农民负担重的问题以及乡村干部与百姓的紧张关系

（4）镇政府谎报收入

（5）干部贪污腐败问题

（6）镇政府对茉莉花市场的干涉

这样的话题还有不少。人们在聊天中宣泄了心中的不满和不平之气，绝大部分人并不是针对中央和政府，他们总是强调"中央的政策是好的，都是执行的人搞污了"。茶馆提供了这样一种空间和可能性，即茶馆自身的自由放松氛围使人们产生参与、沟通、互动、融合的感觉，可以随意抒发，肆意地表现出某些离经叛道的言论。通过交流和宣泄，茶客把自己对社会的不满情绪缩小到最低限度，恰如一个城市的下水道，提供了净化环境的途径。其实这也是日常交往的一种形式，人类学家斯各特更将其定义为大众"日常反抗的一种形式"。① 这种日常的反抗与18世纪欧洲咖啡馆里的反抗有所不同,"政治的自由主义在银色咖啡馆(诺依纳咖啡馆)很受欢迎,在那里,梅特涅的反对者紧紧团结在一起……诺依纳咖啡馆对酝酿一八四八年的革命,可以说扮演着某种推波助澜的角色"②。"在普罗可咖啡馆里,有人讨论所有法国的公众生活、有人批评新的戏剧或歌剧、有人写讽刺短诗、有人传递政治性的新闻。"③ "当时法国的咖啡馆成为知识分子评论时局的场所,进而促发了法国大革命,起义领袖就是在咖啡馆里集会、谋划革命的。""咖啡馆的繁华时期是在1680—1780年……无论何处,它们都首先是文学批评中心,其次是政治批评中心,在批评过程中,一个介于贵族社会和市民阶级知识分子之间的中间阶层开始形成了。"④ 溪镇茶馆里,尽管批评政府和社会的声音不绝于耳,但绝不是主调,它只是龙门阵的一部分,而且,茶馆里的茶客虽然几乎囊括社会各个阶层,但主体仍是平民,他们并没有因为进入茶馆而形成新的阶层。可以说,溪镇茶馆里的言谈反而消解了话题的反抗性,人们也只是满足于宣泄不平之气。因此,与官方历来的担忧相反,茶馆确是一个促进社会整合与和谐关系的公共空间。

4. 传承地方文化

茶馆里的龙门阵很多是关于溪镇的历史故事和逸闻的。比如笔者在钟表店向张老板提到有关地方历史、传说、人物等的问题,他在讲述了一番后建议我去茶馆里,"茶馆里面的老人故事多,我说的这些都是在茶馆里听来的"。张老板三十多岁,像他这个年龄的人,对自己家乡历史的了解都是从上一辈那里听来的,而听的场合,除了家庭,多半都是在茶馆。茶馆里的老人喜欢回忆民国时候,溪镇作为水、旱码头盛极一时的景象。谈论袍哥的入会仪式和袍哥大爷

---

① James Scott, *Weapons of Weak: Everyday Forms of Peasant Resistance*,转引自王笛《二十世纪初的茶馆与中国城市社会生活——以成都为例》,《历史研究》2001年第5期。
② [德]克劳士·提勒多曼:《咖啡馆里的欧洲文化》,林珍良译,团结出版社2005年版,第71页。
③ 同上书,第163页。
④ [德]哈贝马斯:《公共领域的结构转型》,曹卫东、王晓珏等译,学林出版社1999年版,第37页。

的逸闻趣事。年轻人听了这些龙门阵，不免对历史产生种种揣想，激起进一步了解的兴趣。

在某种程度上，维持茶馆空间的是闲聊、摆龙门阵。溪镇一天发生的多数事情，有人会在茶铺里叙述、谈论，"这些报道依据的是观察或第一手介绍。乡村闲聊包括这样的日常叙述，加上互相间插科打诨。由此，一个村子（场镇）非正式为自己建构起一段绵延的社区史：在这个历史中，每个人都在描绘，每个人都在被描绘，描绘的行为从不中断"①。正是在茶馆里，一个像我这样的外来者，获得了关于溪镇过去与现在的最为鲜活的认识。

茶馆里的逸闻趣事、俗语谚语也很丰富，地方的风土人情也是经常性的话题。谈论时事和当下的生产生活状况，也莫不是在为历史积淀资料。

茶馆文化传承还有一种重要形式，即民间曲艺的演出，影响最大的恐怕是评书。评书多取材于历史故事、民间传说、文学作品，其间所蕴含的中国人的道德伦理思想对听众潜移默化。当评书和曲艺退出茶馆后，电视、录像成了传播的重要工具，只是这时传承的内涵，已"与时俱进"，更多地脱离了地方色彩，而汇入城市化、全球化的大流。

此外，坐茶馆本身就是一种生活方式、生活态度的传承。

场镇茶馆文化娱乐中心的地位突出，相对城市而言，文化传承的功能明显一些。当然这种传承只是面向部分人，比如茶客里以中老年人居多，青少年则很少，这种文化传承对地方文化的影响并不显著。

（三）溪镇的公共空间及其相互关系

1. 茶馆

茶馆作为公共空间的历史，在川西已经很长了。场镇是乡土社会各色人等活动的大舞台，而舞台的中心都少不了茶馆的角色。茶

---

① ［美］保罗·康纳顿：《社会如何记忆》，纳日碧力戈译，上海人民出版社2000年版，第14页。

馆有档次之分，但在场镇，占多数的是平民化的大众茶馆。溪镇老街，没有一家高档的茶楼，在新的镇政府所在的新区，有两家设雅座、安空调的茶楼，生意都不好。一个原因是，溪镇离县城只有11公里，真正需要高档次服务的，都到选择余地更大、规格更高的县城去了。此外，场镇这几年经济的下滑，消费力的下降也是一个原因。调查中，茶馆老板普遍反映，这几年各行生意都不好做了。开茶馆只是挣个饭钱。三年以前，镇上还只有七八家茶馆，生意都比较兴旺，吃茶看录像一元钱一位。而现在，镇上有了42家茶馆（全镇总人口47108人，其中，非农业人口7136人[①]），哪家的生意都不会太好。

川西茶馆历史以来，就以其平民化、大众性著称，它的生命力就来源于它作为公共空间的平民化和大众性。在溪镇，坐茶馆的人几乎囊括了各个阶层。从最底层的农民、无业游民到工人、职员，包括政府工作人员，生意人不用说了。议事、谈生意、会客、休闲，可吃、可听、可观、可玩，人生一部分内容在这里实践。这也是溪镇极少数的大众的交往空间之一，一个面向几乎所有阶层的公共空间，一个没有陌生人的空间。

2. 宗教空间

中华人民共和国成立前，溪镇有13座庙宇，中华人民共和国成立后，基本都被破坏。大约在20世纪90年代，玉皇观重修，此外马庙也得以修建。马庙是主要的民间宗教活动场所，位于清溪大桥桥头的西面，穿过镇子边缘的老街，沿着蜿蜒如带的河边往上游走，大约一里地，看到一个穹隆形的殿堂，这是观音殿，供奉着释迦牟尼佛、观音菩萨、药王菩萨、文殊菩萨、土地公、土地婆等大小17尊佛。从观音殿旁走上十几级台阶，就是崭新的马庙，供奉的神灵十分庞杂。进门即是一个小殿，供地藏王、牛王、土地、猪仙。正殿中央是玉皇，两边拱卫着东王、玉母、金母、川主、地母、城隍、雷神、月光、太阳神。此外，还有女娲圣主、地脉龙神、龙王、地藏王等。塑像皆彩绘，工艺粗糙，颜色鲜亮。这里没有和尚。

[①] 资料来源：《清溪镇2000年年鉴》，未刊行。

供奉的神仙来自不同的系统，囊括佛、道和民间崇拜各路，诸神几乎都有各自不同的功用，与百姓日常生活密切相关，比如拜猪仙对应于生猪饲养，崇拜太阳、月光、土地则是此地过去农业生产占据重要地位的表现。这种民间信仰的包容性和庞杂性与整个中国民间信仰的状况是一致的。信众中老人、妇女比重大，至少7成以上，尤其是农村妇女最多，占80%左右。他们中文盲和病、残疾人多，基本处于社会的弱势群体地位。庙宇的公共空间所容纳的人群和社会关系，在社会生活中，处于非常边缘化的位置。他们的信仰活动与占卜命相、鬼神崇拜等习俗紧密相连，主要是祈求保佑儿孙平安，消病消灾。他们的虔诚使他们不以微薄而不为，捐功德、出力气，自己修复了玉皇观和马庙。

2002年6月8日，是药王生日，附近的信众近百人聚集到观音殿前，绝大多数是上了年纪的老太太。他们在观音殿和马庙上了香，磕完头，捐了功德（从一毛到十元不等），一群人坐在殿外空坝上打纸牌；另一群人则围着一个自称在成都文殊院皈依的游方僧人拆签看吉凶。

虽然宗教意识或多或少普遍存在于民众，但真正有进庙上香习惯的人以中老年女人为主，由此庙宇的活动产生了变异，在某种意义上，成为妇女汲取抚慰、支撑的联谊会。通过佛教节日聚会，她们在彼此熟识的人群中，诉说凡俗生活中的不满、矛盾和冲突，讨主意，求支持，被调解，庙宇提供的公共空间有互助、满足情感需求和灵性需求的作用，这样，处于社会底层和边缘的个人，其狭小的私人领域得以扩展，汇入一个相对开放和扩大的公共空间。

3. 其他公共空间

同中国其他乡村一样，国家政权建设在明确和强化基层共同体边界的同时，却破坏了川西基层共同体的内聚性，这一点在中华人民共和国成立之后的国家政权建设中体现得更加明显和极端。20世纪80年代改革开放后，中国乡村社会的传统结构在保留了部分社会主义集权主义传统的遗留条件下，也在一定程度上得到恢复，场镇基层市场共同体、宗教等结构在经过了行政结构修正之后，开始重新发挥其原有的区隔功能。[1] 溪镇是川西最重要的茉莉花种植基地，围绕茉莉花种植和茉莉花茶加工的基层生产和市场共同体就是在这样一种结构背景下面，由新的现代化力量——工业化和市场化塑造出来的一个全新的社会结构因素，一个新的公共空间。

改革开放后逐渐发展起来的茉莉花种植和茉莉花茶生产共同体，在发展到一定阶段后，受到溪镇政府介入的影响，形成以溪镇为中心地和集散地的规模较大的，受到政府支持和控制管理的基层生产市场共同体。在这个共同体内，生产的协作关系对原有的结构因素产生了影响，家庭和亲友的内聚范围扩大了，原来的内聚源泉发生了改变，原本并不强大的家族、宗族力量不是复苏和加强，而是更加弱化。我在调查中，没有在溪镇看到宗祠和祠堂。更缺乏以祠堂或宗祠为中心的公共活动场所。宗族所具有的凝聚力、社会保障、对外交往联系等社会功能分别由不同的公共空间承担了，分流了。

具体地说，社会保障由政府有关部门承担；而宗族的凝聚力一部分转化为各生产者、加工者和交易者之间利益关联，宗教场所则承担了联结部分人群的功能；人们的对外交往一方面个人化，渗透于日常生活方方面面；另一方面组织化，比如进入单位、街道等场所。在溪镇民间交往的公共场所，茶馆是最普遍的。

4. 各个公共空间之间的关系

以溪镇为中心地和集散地的茉莉花和茉莉花茶生产和市场共同体，集合了溪镇从农民到场镇居民各个层次的人群，从青少年（采花、择花）到老年人不同年龄阶段的人群，从农民到小作坊主到集体企业经营者不同职业的人群，它席卷了溪镇很大一部分人，他们围绕着种植、收购、加工、销售的环节，相互依赖、相互支持，结成利益高度一致共同体。这个共同体中人与人的关系，是由一定程度上相对密切和固定的协作关系以及市场竞争压力调节的，是一种

---

[1] 刘玉照：《村落共同体、基层市场共同体与基层生产共同体——中国乡村社会结构及其变迁》，《社会学》2003年第1期。

既非企业也非传统的基层乡村市场的协作关系，它建立在特定的人际关系网络之上，并在相互的协作过程中不断调整和重塑原有的人际关系。

溪镇的民间宗教活动卷入的人群主要限于老年女人，她们在生产和市场共同体中处于弱势地位，她们主要承担后勤工作，如做家务，照料孙辈孩子等。

在茶馆这样的公共空间，其主体的一部分是参与了生产和市场共同体的男人，他们中有种植和加工的劳动力，买卖茉莉花的生意人，以及茶叶加工的作坊主、老板。

既然溪镇的民间宗教活动卷入的人群很有限，那么，宗教所具有的支撑、慰藉和调解功能，在提供感情慰藉和促成人际关系与社会生活的和谐等方面的正面功能，以及重要的认同功能，对于没有进入宗教活动空间的人群就失去意义了吗？

如果我们调整一下看茶馆的视角，就会发现，在溪镇不可或缺的茶馆，在为茶客提供休息、娱乐、了解行情、甚至交易的空间的时候，也暗暗发挥了一部分如上所述的宗教活动的作用。茶可以在家里喝；牌可以在家里打；朋友可以在家、在饭桌上会；生意也可以在生产地、加工地谈；正如全国其他一些地区所发生的一样。为什么川西人要在茶馆里进行呢？许多老茶客一语道的："在茶馆里一坐，就安心了。哪怕啥子都不干，还是得到了满足。"茶馆对于缺乏其他娱乐空间的老年人来说，是保持与社会与他人接触的媒介。他们在获得外界信息的同时，情感的交流与认同也得以实现。在情感上，茶馆里的交流和交往会发挥支撑帮助的作用。家庭遇到什么难题，家里的年长女人也许会去庙里烧香磕头，而男人，会在茶馆里与熟人交换看法，听取七嘴八舌的建议，或者玩笑话。当然，茶馆里的交往是很难进入实质的行为阶段的。它更多的是间接起到心理调适的作用。如果说老年女人在疑难困苦之际和固定的宗教节日，到庙里烧香、求神、问卜，祈盼神灵降恩赐福，保佑家庭生活的祥和宁静，以此获得了安抚和慰藉，那么，坐茶馆也同样使一部分人得到内心的平静和自慰。

据《义序的宗族研究》所言，60年前，外人要进入义序，首先必须先到祠堂,祠堂具有"外族交涉"的功能,[①] 是宗族乡村通过宗族组织与外界进行联系的重要功能的具体体现。在川西许多地区,很少有以宗族组织作为对外交涉联系单位的情形,家庭是生产、对外联络的基本单位,而家庭的堂屋在某种意义上,是小而微的"祠堂"。堂屋的空间对于家庭成员来说具有公共性,是一家人碰头交流、议事、做出并宣布决定的场所,对外则有会客、交往的功能。一部分家庭或者因为住房狭小缺乏堂屋的空间,或者堂屋不够轩敞,来了客人就引到附近的茶馆里叙谈,宾主皆觉得自在。于是茶馆成了一部分家庭客厅——堂屋的延伸。茶馆的联络和交往功能在中华人民共和国成立前更明显,它不仅是家庭、个人的对外空间,更是一部分社会组织,如袍哥、行会对外交往的舞台空间。

茶馆里发生的生意和交易,是整个基层生产和市场共同体的一部分。茶馆这个空间以这种介入方式进入生产和市场体系,与溪镇的经济生活发生了联系。茶馆里的交往行为,从个人间的聚会到生意谈判和交易,调节着人群的结构和关系,延续了传统公共空间协调和整合社会的功能,因而在场镇的生活世界中处于重要的位置,保持了旺盛的生机。

三 都市茶馆空间的建构:以成都大慈寺茶馆为例

(一)茶园公共空间的构成

1. 茶客众生各得其便——交往的空间

(1)文化界和新闻界的第二个办公室

大慈寺所处的位置,正好与省文联隔着东风大道,不远处,是成都市的新闻中心。《四川日报》《成都日报》《成都商报》《成都晚报》等报社分布在相邻的几条街道。大慈寺云集了成都市文化界和新闻界人士,成都日报一个编辑曾戏称:"大慈寺树上掉个橘子下来,十有八九会砸在记者头上。"记者和编辑在等待发稿的间隙,会约上几个同行,到大慈寺坐坐,了解信息,交换意见。有的编前会

[①] 林耀华:《义序的宗族研究》,生活·读书·新知三联书店2000年版,第48页。

干脆就到茶园里开。一些知名报人和作家成了茶园的常客，茶工都知道他们来的时间和固定座位。一位茶工曾指着前院的一张桌子说，流沙河每周三来，一般上午来，到十二点钟就走了。还有老报人车辐。几乎每周都来。

车辐，中华人民共和国成立前就从事新闻工作，爱坐茶馆、嗜好美食，是成都市新闻界的老前辈。他对川剧、川菜等本土文化烂熟于胸，从三十年代起就为之呼吁，与国内众多文化名人交流密切，其美食家的声誉广播人口，著有专著《川菜杂谈》及大量有关美食的文章。他在《成都人吃茶》中把盖碗茶的好处归为三点："一、碗口敞大成漏斗形，敞大便于掺开水，底小便于凝聚茶叶；二、茶盖可以滤动浮泛的茶叶、浓淡随心，盖上它可以保温；三、是茶船子承受茶盖与茶碗，如载水行舟，也可平稳地托举，从茶桌上端起进嘴，茶船还在于避免烫手。"几年前，他每周都来茶园，现在，八十多岁了，因为腿脚不便，不能来了，茶园的员工都惦记着他。说起车老先生的故事，茶园里能插话的人不少。"车老啊，朋友多。外地的文化界朋友来了，车老都往茶铺带。"车老的家，就在大慈寺对面的省文联宿舍，茶工都知道。我去车老家里看他，他对不能坐茶铺十分抱憾。他说自己的文思大都在茶馆产生，每周固定去大慈寺会会朋友，或者谈事商讨。在与朋友或他人的龙门阵中，不仅慰情，而且在谈锋机变中，既享受又得到灵感。哪怕一句话不说，也有着一种陶然。车老先生喝茶的历史"比你的年龄还长"，他对我说。"我十来岁就跟父亲一起坐茶铺了。他老人家连洗脸都在茶铺里头。很小的时候，父亲就把茶倒到茶盖里让我喝。家里有事找父亲，我总是在茶铺里头去叫他。那时的茶铺，大都是平民化的，哪个都消费得起，是管老百姓吃喝拉撒的。现在，成都也开了不少高档的茶楼，这跟我坐了几十年的茶铺是两码事，不是平民老百姓的东西。"老人对传统的老茶铺的日益减少，深深惋惜。他说自己喜欢大慈寺茶铺，保持了老成都茶铺的精髓，环境又好，又有文化氛围。

成都某报社副刊部的一个工作室，几个独立的撰稿人平日各跑各的活，每周开一次会讨论选题，布置一周的工作。以前在办公室开会，平时能侃能聊的同事，在办公室正襟危坐，就谈兴萧索，开会成了一种负担。后来负责人经人点拨，决定假借大慈寺茶馆，开茶话会。在绿荫之下，一碗茶在手，活跃的龙门阵开始了，往往在不经意之间，在闲聊中，思想碰出了火花，诞生了好的选题和思路。而且上司与下属的关系也不知不觉拉近了。于是，大家对每个星期一到大慈寺开会产生期盼，就如同期盼一次聚会。成都人往往工作与娱乐不分家，这在文化人中尤其突出。对他们来说，最理想的境界就是在聚会与娱乐中完成工作，或者得到某种启发和提示。

（2）人生乐事常聚首

茶馆与聚会是不可分的，小到两人会面，大到几十甚至上百人的聚会，每天都在大大小小的茶馆中进行着。有的聚会是随意的，想到即会，有的则有自己的规律性，有固定的日子。对于成都市民来说，聚会是体会生命意义的一种形式。聚会从心理需求来说，是把个体投入人群，缓解个体社会化的焦虑和消解对社会的不满的需要。在川西的平民社会中，坐茶馆把等级的差异消融了，不管你是大款还是小手艺人，不管你是官员还是平民百姓，不管你是白领还是工人……坐的桌椅喝的花茶没有差别，得到的服务也一视同仁。茶馆为平民的人生交往提供了最为切合的公共空间。

第一，团体聚会。

在大慈寺茶园，几乎天天都有较大规模的聚会。掌柜和茶工对哪天谁聚会了如指掌。对聚会的组织团体也能说个一二。以下是历年茶馆团体聚会简介：

大慈寺茶园历年聚会表

团体或组织	聚会时间	规模	活动内容	备注/变化
某老年协会（六七十岁）	星期二	四五十人	喝茶、唱歌、跳舞、表演节目	坚持十年了，有人去世，现在只有三四十人
青年路个体协会	星期三	五六十人	开会，搞活动，吃饭	最近一年没有来，因为有的年龄大了，有的"收手"不干个体，组织松散了

续表

团体或组织	聚会时间	规模	活动内容	备注/变化
第二百货公司	星期五	二三十人	喝茶,开会	公司垮了
黄埔军校十八、十九、二十二期同学会	分别于每月18日、19日和22日	近百人	喝茶、联谊会	从1993年到1996年
志愿军战友会	每月一次	几十人	联系、叙旧	1997年以前
原国民党起义人员	每月一次	几十人	喝茶、联络、开会	1996年以前,后来人老了就散了
书法协会	每月两次	约二十人	喝茶、现场表演	1996年以前
成都市玩友协会（川剧院退休演员）	每周日	约二十人	表演、喝茶	从1993年至今
成都老邮政职工协会（60岁到92岁）	每月8号	三四十人	喝茶、叙旧、打麻将、吃饭	已经8年。从1994年至今（1984年就开始聚会,在悦来茶园,悦来茶园改造即移师大慈寺）
西郊体育场老年协会（全部是女性,六十岁左右）	每月一次	一百多人	自己表演唱歌、跳舞、吃饭、打麻将	今年第一次来大慈寺,以前在文化公园、铁二局、农家乐等
某老年体协	隔周星期三	三四十人	喝茶、吃饭、聊天、打麻将	从1994年至今

从以上统计看出,在大慈寺茶园固定聚会的一般是以老年人的民间团体为多,年轻人的聚会相对少一些,而且也不容易固定。茶园为团体提供的主要是娱乐公共空间。在1998年以前,单位借茶园开会议事的情况比较多,近年则大幅度减少。按照茶园的解释,部分原因在于经济形势不好,资金少了,开会没有什么"搞头"。另外,多种公共空间的出现和竞争也分流了茶馆的人流。其中,附近郊区和风景区吃喝玩游一体化的"农家乐",是近年崛起的都市娱乐

形式。尤其在夏季，许多老年人或个人、家庭或团体组织，到青城山、花水湾、翠月湖、都江堰等地的"农家乐"避暑。此外，茶楼、酒吧等空间吸引了一部分生意人、年轻人。茶馆的顾客被分流。这反映了公共空间的构成随着政治经济环境的变化而发生着变迁。

聚会的组织和内容（个案）

成都老邮工协会：

成都的邮政创始于1901年，从1901年到1939年，邮局的法人代表一直是外国人担任和操作。1939年后，成都邮局的管理权回归中国人手中，邮政业务有较大发展。旧社会的邮工解放后大都继续着邮政职业生涯。有的则调到外地。1984年，成都解放后第一任邮政工会主席刘老，从外地返乡，把过去的老同事招呼在一起，组织了老邮工协会，每月八号活动，把老邮工串起来，忆旧，摆龙门阵。最初是在悦来茶园聚会，当时的茶是一元、一元五角一碗。悦来茶园改造后，价钱高了，一般川剧爱好者去得多，普通老百姓少了。老邮工靠退休金生活，就不再去悦来了。转移到大慈寺后，大家比较满意，一是这里环境好，"鸟语花香，地方又大，有露天坝"；二是位置适中，东南西北的人来去方便。

协会设会长和通讯员各一名，现在已是第三任会长，82岁了，众人皆说："还年轻得很。"成员多时有四十多人，少时二十多人，已经有九人去世。大家来去自由，自己花茶钱，"龙门阵大家摆，茶钱各给各"。协会不局限于八号活动，平时会员过生日，大家一起凑份子给寿星祝寿，先喝茶，再到饭馆吃饭。寿星就不用出份子，谓之"罗汉请观音"。逢年过节，以及香港回归、抗战胜利纪念、澳门回归、新世纪到来等重大的纪念日，协会都会到大慈寺茶园聚会。

上午九点钟前后，协会的成员陆续坐下，茶工帮忙把八张桌子拼成长桌，各人付了茶钱，聊天喝茶。喝的都是最便宜的花茶，也有老人自带茶杯，付两元水费。龙门阵从寒暄开始："老凌，身体还好？""老大姐，上次没有来，我们好生惦记。"聊天的话题包括：哪个老邮工没有来，是不是生病了，几个人约好散后去看看；回忆往事，对自己的职业充满自豪感；国家的命运、社会的歪风邪气；外地老邮工的消息；儿女家常；等等。协会的通讯员向大家介绍发表在《成都晚报》和《晚晴》杂志上关于老邮工贡献和艰辛经历以及老成都邮政情况的文章，他说自己那篇《世纪寿星宴》的文章，把每个邮工都写到了，"一人一点，一网打尽"。

上午11点前后，老会长要回家了，他拄着拐杖，在现任会长的帮助下，坐进轮椅车，向众人点点头，说声"后会有期"慢慢离开了。91岁的大姐站起来给大家掺茶，大家连声道谢："谢了，谢了，老大姐。"一位老人带了自己几岁的孙女来，他把茶水倒一点在茶盖上，让孙女喝，还告诉她："浅斟慢饮。"

通讯员说自己今年69岁，在协会算最年轻的之一，还有一个67岁，最小。他称自己和其他四个在中华人民共和国成立后加入邮政的工人是"假打"①，老邮工中，20世纪40年代工作的人最多。"我们都是中华老邮工，坎坷多，严于律己。我们来茶园，不仅仅是喝茶，还有更高的追求，关心国家的命运。茶园氛围好，没有束缚，啥子都可以谈。六七十年代有茶铺，太少了，连三件套盖碗都收了，用杯子，没有一点风味。"

中午12点，茶园小吃部的女主人来登记午饭，老人各自要自己的，"一两饺子""二两素椒面"。通讯员和其他几个人向大家告辞，"再会"。剩下约十个人。二十分钟后小吃部的人送来了各自的面点。各人付了自己的钱。一点钟，众人吃完了饭，有的收拾自己的茶杯，手里摇着扇子，说一声"下个月见"就走了。剩下的人闲聊一会，也陆续告退。他们中没有一个打麻将的（2002年7月8日）。

老邮工协会的老人，年纪都不小，却大多精神矍铄。协会组织给了他们职业自豪感和精神上的安全感，每月一次的聚会总使他们期盼。

上述较为正式的组织在茶馆的聚会时间相对固定，参加人员也都是会员。而茶园里，还有相当多的聚会比较灵活随意。

第二，朋友会面。

茶园里更经常发生的是二三好友的会面。按照动机和规律性大致可以分为三类：固定时间的会面；有事相约；随意的没有目的的

---

① 成都的流行说法，意思是"冒牌"，虚假货。

会面。

戴仪和范新两位老人退休前在一个单位工作，都搞机械技术工作，成了忘年交。退休后，和另一个朋友相约每周星期四在大慈寺茶园会面，风雨无阻，谁迟到或缺席要罚款，至今坚持了七年。一年前，另一个朋友生病，来得少了。他们一般早上八点半来，有自己的固定座位。天气好，在后院的东南角，若下雨，就在前殿内。他们喝三元一碗的花茶。戴仪67岁，1952—1958年在朝鲜当志愿军，他除了每周四和范老会面外，有时参加志愿军战友活动。范老今年已经89岁，耳朵已不大好，需要同伴大声说话。范老写了一本《中华古今名胜楹联评注》，书出版后，需要自己卖。戴仪帮助范老把书带到各风景点代销，与代销点三七开，故二人见面经常谈论代销情况。2002年7月11日，两人又见面了。戴仪告诉范老："武侯祠那两家不能卖了。一家老板老是不露面，听说他炒了小工，小工把书偷走了；一家卖书的女娃娃不知道向人介绍，卖不动。15号去找他们，唯一的解决办法是把书拿回来。"范老很淡定，并不着急。他说书写出来就很知足了。他告诉我，"草堂寺（杜甫草堂）那儿比较好卖，但也慢。"他们预订20号去青城山，"青城山老钟那里，这么久了，可能销了不少"。

以前一起喝茶的人不少，"三朋四友，约着到武侯祠、人民公园、文化公园等地方喝，后来就固定在大慈寺，觉得这里清静，来这里吃茶的人，都有点水平，有文化味"。戴仪说自己"最爱跟范老喝茶。古话说：跟好人学好人，跟坏人杠家神。跟范老学他的知识渊博。他解放前就是工程师。古文修养好。他花了好几年，不辞辛劳，收集了全国著名的名胜古迹，还有国外华侨、华人聚居地区的楹联1000多幅，考证评注，汇集成书，自己出钱印，了不起"。两人聊到中午，约定18号再来，就戴上草帽准备走，范老说："下雨都来。"戴仪则一抱拳"请了"。

像他们这种情况的会面，老人居多，时间地点都固定，喝的是最便宜的花茶。喝什么茶没有关系，他们需要的是一个超乎于个人日常生活之外的公共空间，作为保持与他人联系的场所。他们的关系和感情是自我的、共享的，一般不介入对方个人的家庭。

2. 四季风光一碗中——茶禅一味

以茶会友,把茶馆作为人际交往的公共空间,在现代的川西社会是一种共识。在茶馆中,最为常见的是三五好友或家人小聚,叙情、议事、打牌娱乐。在这种人情味十足的热闹中,不乏独酌的身影。既不会友议事,又不听戏打牌,一碗茶在手,四季风过耳。浮云微影,落叶知秋;腊梅冷香,啼鸟衔春。别人看着有几分落寞,自己心头却有丝丝微醺。

林克兴,四川省特级验光师,退休前是精益眼镜行的特级专家。他今年已经80岁出头了,还经营着两个配镜店。退休前,心里只有验光配镜,几乎没有个人爱好。退休后,家人见他闷得慌,带他来大慈寺喝茶。这一喝,林先生就离不开茶馆了。他每天上午来大慈寺坐,下午到店里看看。周末有时家人陪着,暑期有时带孙子来。更多的时候,林先生一个人,坐在大殿屋檐下,静静地喝茶,听川西茶馆中必不可少的人声的喧响,看庭院四季的流转。他说,喜欢这种不受拘束的自在,可以想很多,有时心里只是一片澄明。茶工都知道他,掺了茶,放一个热水瓶,就不再打扰他。林先生有时也和邻人聊天,多半说的是跟眼镜沾边的事。但他最喜欢的还是一个人,非常自在放松,"家里面关起,气闷,还要听老伴和儿女唠叨,这不能做,那不能吃。在茶馆里面,清静自在,又敞亮透气,身心都舒坦"。

杨华,中学数学教师,今年62岁,坐茶馆的历史可上溯到小学毕业。坐茶馆是受了家庭的熏陶。喜欢去"有点文化氛围的茶馆",大慈寺茶园还没有变味,经常有书画表演,所以即使搬了家,离大慈寺远了,每周还是从北门坐公共汽车来。年轻时坐茶馆,和一群文学青年交流文学,畅谈梦想。现在每周来大慈寺坐茶馆,主要是调剂情绪,释放一周来积聚的不适,也是想听到各种小道大道消息。他习惯坐在前院边的长廊里,正对着满墙的书画作品,自己细细品玩,回家后自己也练书法。对他来说,坐茶馆是一种积极的娱乐形式。

陈锦,四川美术出版社的编审,他对茶铺的认同最后结晶成摄影集《四川茶铺》。他说自己常常半天泡在茶铺里,观察、感受老百姓的生活，喜欢那种互相平等、不讲权威的关系。冬天出太阳，放下手里的工作去茶铺晒太阳，这个（比工作）更重要。他坚持认为四川的茶馆应该叫"茶铺"，茶馆是一种拔高，是形而上的书面语。而且，自己认同的也是普通老百姓坐的茶铺，在街沿、庭院、江边、公园，在场镇、老街。在街边茶铺看街景，坐一天不说一句话也有滋味。坐茶铺找感觉，心里愉快，这就是终级的意义。

3. 生意人的会谈室

个案一：

文博旅游公司在大慈寺内有办公室，但总经理王泽谈生意，与下属交换意见，多半在茶园。他的固定座位在柜台前。2002年7月7日上午，王泽与四川烹饪协会理事罗亨长、企业策划专家范朴真以及文博公司副总经理在茶园商讨公司下一步怎么打文化牌，面对竞争，创文博大慈寺茶馆品牌。

今天要讨论的一件事是关于上个月在大慈寺新开的一家茶馆，叫念慈茶庄，紧邻进入文博茶园长廊，老板是红光101厂下岗工人，叫李三，老板和服务员都是年轻女性。她们的位置更靠近大门，总经理的妹妹说："她们在门口拦客人。有的客人不知道，以为是我们茶园，就进去了，我们的生意受了影响。"在座的人开始出主意，想对策。最后决定文博茶园每天也派一个茶工到长廊入口处坐着，招呼客人。

个案二：

几年前，一段时间，茶园有一拨收文物的在茶园办公，他们住在附近，一人身兼老板职员，规模小，不愿花钱租办公室。在茶园里，可以解决他们的生活问题，可以洗脸、吃饭，甚至躺下休息，这里有文物、奇石、古玩商店，有一批字画爱好者，信息多，有客源。后来几个因素使他们撤出了大慈寺：一是一度关闭了饭馆，茶馆开了好几家，比较乱；二是一个大型文物市场迁到杜甫草堂附近。

大慈寺茶园固定办公的不算多，主要是这里是露天，生意受天气和季节影响，缺乏稳定性。高档茶楼有空调，装修高档舒适，生意人，尤其是年轻人，更愿意选择茶楼谈生意。

4. 玩友的舞台

大慈寺茶园是为数不多的定期举行川剧和扬琴演出的茶馆。文博公司把玩友请进大慈寺，他们都是专业剧团的退休演员。茶园与他们没有经济关系。客人看演出，只需要买两元的茶，茶园与玩友协会各分一元；扬琴演出收三元的茶费，两家各得一半。王泽说："消费很低，主要是满足退休工人。他们工资低，听戏听惯了，喜欢到这里来听戏消遣。"以前请过专业剧团，150元一场演出。而在悦来茶园看演出，一个人至少要15元。一场演出收管理费3000元。

几年前红遍川西的"散打说书"人李伯清，没出名前，曾在大慈寺茶园说书。

目前在茶园演出的团体有两个，一个是成都玩友协会，星期五下午演出；一个是蜀声琴社，星期天下午演出。

戏台在后院大殿，是茶园专门搭建的，音响和灯光半专业化。7月7日这天，中午，已经有不少人坐在台前，边喝茶，边等待演出开始。茶工把桌椅摆成戏院的样子。下午两点三十分，演出开始。台下约有五十人，几乎全部是白发老人，男性居多。有老人带来自己的孙女，小女孩听得认真，喝的是汽水。台下看戏的人表情各异，一个老人手执纸扇，张着缺了牙的嘴，半眯着眼睛跟着台上唱出了声；有的在扶手上打拍子；有的手托腮，似睡非睡，听的什么并不重要，只要身在其中。一曲结束，台下有人高声唱："好！"众人鼓掌，而后窃窃私语，评论的，聊天的。唱《断桥》时，几次有人高唱："好呀！"掌声不断，气氛热烈，一个在奇石店门口搭了两张椅子睡觉的老板，被惊醒，嘟哝着"把我的瞌睡都吵醒了"。两个外国女人，听说有扬琴演出，从上午一直等着，中午要了饺子吃，居然不怕辣。看到她们走进大殿，有老人招呼她们坐前排。她们听不懂（即使是中国人，也大半听不懂），但挺投入，拍了不少照片。她们说想来成都看"民族"的东西，刚到成都，觉得很"Modern"，进了茶馆才终于看到了"民族"文化。她们对北京、上海很失望，到处都是"Western Style"。

休息时，一个演出者用马利牌颜料，在黑板上写下周的节目表，一笔一画，十分工整。演出结束后，一些老人围着演员说话："刘老师，唱得好。"有人询问演出是不是要暂停了，回答说："是的，下周是最后一场。天气热，要上山避暑，秋凉后见。"

这一天，扬琴演出，茶园收入75元。

5. 吃讲茶

中华人民共和国成立前，四川茶馆是乡间街坊调解纠纷的重要场所。中华人民共和国成立后，"吃讲茶"的习俗渐渐淡化了，但并没有彻底消失。我在大慈寺调查期间，就目睹了一起家庭纠纷调解。

张二妹五年前执意要嫁给一个父母眼中的"街娃"，与父母闹得很僵，几乎不再往来。结婚两年，丈夫一直没有正式工作，在社会上混，不但不拿钱养家，还不时把张二妹微薄的工资拿走，常常夜不归宿，对妻子恶声恶气。张二妹生下女儿，没有人照顾，工作也丢了，经济断了来源。张二妹只好向父母求救。父母把孩子带回去养，劝张二妹离婚，并开始为她物色合适的再婚对象。张二妹却痴心不改，而且当自己的丈夫到父母那里取闹，叫嚣"你们破坏我们夫妻关系，我找人来整你们"时，居然站在丈夫一边，父亲气得宣布与女儿断绝关系。张二妹后来开了一个小饭馆，丈夫不仅不帮她，还嫌弃她成天油腻腻的，并发展到对她拳打脚踢，公然把情人带回家。张二妹一直苦苦支撑，直到一个月前，丈夫把自己几年来攒下的四万块钱偷走，据为己有，还叫人打要钱的张二妹，张二妹只好找丈夫的大伯说理，大伯又约了张的父母到大慈寺茶馆谈条件。张的父母本不想管女儿的事，架不住女儿苦苦哀求，来到大慈寺。张二妹夫妇与父母坐一桌，丈夫的大伯夫妇在不远的地方坐下，大伯给了茶钱。一开始气氛还好，大伯悄悄地对妻子说："还融洽嘛，可能用不着我们说啥子。"然而没过多久，气氛陡然紧张，看来是张二妹的父母坚决要女儿离婚，而张下不了决心，她的丈夫对岳父冷言冷语，张的父母生气地拉开竹椅站了起来，对张二妹说："我们再也不管你的事了。你把姑娘领走。他打死你我们也不管！"周围有茶客向这边张望，有的似乎浑然不觉。张二妹拖着父亲的手不让走，哀求着："爸，你看在娃儿份上，再救我一次。"父亲执意要走，怒声低喝："我恨不得打死你这个扶不起的阿斗！"这样一路走过茶园，引得旁人侧目而视。女儿拖着父亲走出了茶园，余下的人也先后离开。他们前脚刚走，后面就响起旁人的议论："现在这社会！""到底是怎么回事？""那个女子自己不争气。""找街道解决，茶园里不管用。"

茶工说茶园里个把月会遇到一次这样的事，有和和气气的，也有这样闹崩的。"我们不管，但不是很欢迎，怕把别的客人吵着了。"

看来现在公开性的吃讲茶几乎消失了，但私下小范围的调解还是要假借茶馆之地。过去茶馆承担的判公道的功能，随着社会的变化而淡化。

茶客职业非常广泛，但由于大慈寺的文化定位以及博物馆的门票制度，限制了部分特别是底层的茶客。

从性别看，男性占到接近80%，当然这个比例对于整个茶园不一定精确，不过的确表明女性茶客比男性少得多。老年女性一般是以团体为单位，来茶馆聚会、打牌娱乐，或者陪同老伴、家人来，单独经常坐茶馆的比较少见。年轻女性则多半是有事或和朋友、同事聚会。老茶客几乎清一色的男性。这与男女的分工是相关的，女性家务多，坐茶馆的时间少得多。

茶客中约有40%已经退休，此外还有约20%的自由职业者，如记者或自由撰稿人之类，算是闲人，其他茶客或多或少都是忙中偷闲到茶馆谈事、会友、休闲。这个比例比较符合多数茶馆的情况。

大慈寺茶馆还有慕名而来的外国留学生和游客，茶客一般见惯不惊，并不会特意地关注，态度都挺友好的。比如安娜和朋友想看曲艺表演，茶客就让出前排的座位。一般人对成都坐茶馆的习俗是自赏的，有老外来，自然激发他们展示文化的自豪感。前几年车辐老人介绍了一位法国的留学生来大慈寺喝茶，留学生由此结识了成都文化界和美食界的一批名人，并撰写了有关四川茶文化的论文，这件事不仅上了成都晚报，在文博公司茶园也留下深刻的记忆，作为对外宣传自己的资料。

（二）大慈寺公共空间的特点和变迁

1. 出尘与入世的交叉

在对茶客的调查中发现，他们之所以选择大慈寺，除了距离等因素外，都会提到诸如"环境好""清静""有历史感""有文化氛围"这类的条件。大慈寺的历史感、好环境和文化氛围无疑是与它曾是"震旦第一丛林"和官民同乐的"庙会"的历史分不开的。大慈寺与茶的渊源更是始自唐代。唐代大慈寺法师无相禅师在参禅品茶的长期实践过程中，开创了"无相禅茶"之法。[①] 在历史的演进过程中，由庙宇而蚕市、药市而庙会而茶馆，大慈寺始终在成都人的公共生活中，占有一席之地。在鼎盛的唐宋时代，在大慈寺之前，成都没有不分官民、不分等级、不分民族、不分性别、不分区域的公共活动空间。它曾是集修行、祈愿、市场交易、野游踏春、吃喝玩乐多种功能于一体的场所。这个空间曾经包容了如此庞杂的内容和人群。作为公共空间，它很早就体现了红尘与世俗交融的独特性。战乱的毁坏、"文化大革命"期间被单位独占，它作为公共空间的历史数度中断，直到它又重新回到普通市民的生活世界之中。相对于人民公园、望江公园、青羊宫、文殊院一类的场所，它是清冷的。没有如织的游人，没有节日灯会的热闹和拥挤，没有浓浓的香火气。这倒给了茶客一种出世般的宁静与平和。坐茶馆既是生活的内容之一，也是脱离日常秩序的一种方式。进入这个空间的凡夫俗子，是希望在世俗的娱乐交往中，获得一点出世的感觉，慰藉内心不时出现的心灵的超脱需求吗？或者是在超脱红尘般的清静中，注入一些凡俗的生气？可以说，大慈寺是神圣与世俗之间的转换空间，身处闹世之中，吸纳百姓日常生活，开市场，容百戏，宴饮与诵经并行，修行与享乐不悖，工作与清心灵动转换，也只有川西天府之国才有这样的神圣与世俗流转不滞的公共空间。

2. 平民性

喝茶这种行为，可以发生在多种场合。同样是著名产茶地的浙江和福建，喝茶的场所与川西就有很大差异。"钟灵毓秀的杭州得天赐名山、名水、名茶，得凝聚历代文人精华，得茶室的文化气氛

---

① 2004年9月8日，韩国《茶的世界》杂志社、《禅文化》杂志社和东亚细亚禅文化研究所等在大慈寺举行"无相禅师学术座谈会"，并作"无相禅师禅茶法"的茶艺表演。参见释大恩《弘扬禅茶文化 促进国际禅茶文化交流》，载《成都理工大学学报》（社会科学版）2005年第2期。

（较别地）更胜一筹，是吴越茶馆文化的代表。"① 杭州的茶馆装修精美，或张挂字画，或供四时鲜花，多以"茶室"命名。杭州茶室可古朴，可豪华，可精致，可简拙，但切不可喧闹粗俗。杂以说唱、曲艺的茶室不多。茶客去茶室，品茗、涤心、赏景，贩夫走卒、引车卖浆之人望而却步。在福建一带，喝茶是个体家庭的事，讲究的工夫茶要么在精美的茶艺馆、茶楼品啜，要么在家中独享。正如一位闽南人所言：家家都有自己的茶具、茶叶，喝茶就在家里解决了，缺乏公共交往型的茶馆。这两地喝茶，看重茶叶的品质和茶馆的环境，享受的是品茗本身。

川西人在家也喝茶，但更愿意选择茶馆，而茶馆中喝茶与家中日常的喝茶意义完全不同。正是远离日常生活的例行公事、暂时抛却日常责任而带来茶馆喝茶的乐趣与吸引力。人们在茶馆喝茶所享受的是茶馆这一公共休闲空间带给人的非日常感受及其意义。在茶馆里喝极其普通而廉价的花茶，不管是处所、茶叶，还是喝茶的人，几乎没有等级的分隔。大家坐同样的茶座，喝同样的花茶，享受同样的服务。三教九流，各行各业，进了茶馆的门，都是茶馆的茶客。这个空间容许人们至少在象征的层次上，超越本身的结构性束缚（如工作、地位、形象等），变成茶馆中一个不具身份的匿名参与者，暂时的融合与平等使社会结构性的等级差异不易表现出来。这种淡化社会等级的消费，正是平民社会滋养出来的。相对川外其他茶馆较多的地方，川西的茶铺非常朴素，无论是以自己家的堂屋作铺面，还是在公园、庭院、闲置地开茶铺，一般都没有装修，没有单独辟出一片雅室、包间类的区域，区分档次。一色的木桌、竹椅、铜茶壶、盖碗，这就够了，掺茶的服务周到但不过分殷勤，否则破坏了自在和平易近人的氛围，反倒留不住客人。前几年在成都非常流行的李伯清的散打段子，特别能说明成都人的平民意识。四川大学哲学系的学者杨秀敏说：川西是个平民社会，凡事以平民为中心，普通百姓不以为自己地位低，平民就是高等。他们要把所有人拉下来，在吃喝拉撒的层次上抹平等级的差异。茶铺作为平民社会的公共空

---

① 连振鹏：《中国茶馆》，中央民族大学出版社2002年版，第74页。

间，就突出地体现了其平民性。

大慈寺的茶客，各行各业、各个阶层都有。有一次，茶工悄悄告诉我，紫藤架下一个安静的角落，坐着的那个长者，是成都锦江区政府的一位副区长，人称"唐伯伯"，旁边的那个，是他的秘书。只要在成都，他几乎每周都来。茶工带着尊敬的口吻，但并不因为他是官员而殷勤。上至政府官员和文化名人，下到擦皮鞋、挖耳朵的小手艺人，都可以把自己舒坦地安置在吱吱轻响，处处体贴的竹椅里，松快地来一声："伙计，掺茶！"稳稳地端起盖碗，揭开茶碗盖，嗅一嗅氤氲的茶与花的香气，三指捏着碗盖，轻轻刮去浮沫，这才不慌不忙地喝一口滚烫的茶水。坐一把椅子不够舒服，那就再拉一把，劳累的脚也有个歇处。面向所有人开放的平民性，是茶铺保持旺盛生机的重要因素。

3. 空间的开放性

川西开茶铺的地点，一般有这样几种：自家沿街的宅屋或老院子；公园；庙宇；暂时没使用的空地；江边空地；郊区农家院落等。沿街的，不拘泥于自家屋子，尽量向街沿延伸。空间力求通透，轩敞。天气好的时候（对于成都人来说，比如出太阳）街沿、江边、公园的茶铺人满为患，去晚了，还可能找不到位子。

大慈寺茶园得天独厚，有几个树林藤架荫蔽的庭院，有隐而不闭的长廊，有相对独立的大空间。身处闹市，却独辟幽境。川西人喜欢茶铺的一个说法是：家里太憋闷了。尤其是住楼房的，接不到地气，养个鸡鸭都要出来放风，何况是人。茶铺的空间自然开放，没有高门槛，甚至没有边界。在大慈寺，你可以把茶桌移到自己喜欢的地方。下雨了，躲进大殿长廊，出太阳，跟着树荫走。一个人，可在檐下独坐；一帮人则笑闹于院子中心。

空间的开放性还体现在海纳百川的包容力。简单地说，茶工"只认茶钱"。他们给你掺了茶，不卑不亢地收了你的茶钱，就不再关注你。无论什么职业、什么性情，在茶园里都不会像刘姥姥进了大观园一样格格不入。无论你在茶馆是聊天、打牌，还是看书、写作；无论你是一个人呆坐还是一伙人高谈阔论，茶园都不会给人脸色。在茶园里，似乎任何奇谈怪论都有其合理性。

4. 空间功能的复杂性

川西茶馆功能的庞杂历来为人津津乐道。外地人看成都茶铺里总是人流不少，就得出成都多闲人，多懒人的结论。就调查的情况看，茶客除了闲人之外，更多的还是忙里偷闲的人，就像一家茶铺门上的对联所言："为名忙，为利忙，忙里偷闲喝杯茶去……"

为什么成都乃至川西给人以闲人特别多的印象呢？一个原因是川西的公共空间比较单一，不像其他地区公共空间分层分级，各个阶层的人各就其位，各得其所。而成都的茶铺是为社会最大多数的平民而开的，它的包容力、开放性是其他公共空间不能比拟的，因而聚集了众多的人群，相应地，茶铺的功能就比较复杂。

大慈寺茶园是各阶层娱乐的场所；是各种民间社团聚会活动、生意人办公议事的场所；对于普通市民来说，起着"会客室""俱乐部"甚至"调解处"的作用；茶园还是某些小商贩的主要营业场所。进入大慈寺茶园买卖的商贩有：卖文物字画的，卖旧书旅游品的，卖报的，卖豆花、糍粑、凉粉凉面的，掏耳朵的，擦皮鞋的，看相的，等等。此外还是民间曲艺艺人和玩友的演出场所。总的来说，茶馆里的交往行为是主要的。

改革开放后，成都的娱乐场所种类和数量增加了不少，对年轻人的影响较大，比如酒吧、咖啡馆、茶艺馆、茶吧、水吧之类。此外高档茶楼一段时间风行一时。但茶铺所受的影响并没有人们想象的大。大众化的茶铺有自己稳定的客人。在大慈寺茶园，老年茶客约占五成左右。有时更高达六成。老人心理上，更认同茶铺，觉得那些"洋盘"与自己有距离，不"巴适"。即使是常去酒吧、咖啡馆消费的年轻人，也有相当一部分仍钟情于价格低廉的茶铺。对于他们来说，茶铺是家常便饭，茶楼、酒吧之类是山珍海味。

当然新的娱乐方式对青年一代的改变也在潜移默化地进行着。笔者在和一个二十多岁的茶客聊天时，发现他坐在竹椅上扭来扭去，好像在找更舒适的角度。果然，他承认，他更喜欢茶楼或酒吧柔软的座椅，哪怕沙滩椅也好。成都也有一些茶铺用塑料沙滩椅，特别是一些新开的江边、风景点的茶铺，茶客中家庭和游人较多。这对于大慈寺茶园的客人来说，是"没有文化，没有品位"的表现，他们心理上难以认同。

四 川西茶馆：作为公共空间的生成和变迁

(一) 近代以来川西社会传统公共空间的变迁

川西乡村民间，由于生产及生活上的种种需要，互相之间形成了不同程度的纵横联系。这些联系与交往，主要表现为成立经济上的互助组织、生产中的协作团体、血缘上的宗族及同宗会以及宗教团体等。这些群体及联络方式将单个农户编织起来，形成重叠交错的社会网络，起到情谊既敦、忧乐与共、守望相助、急难相赴、有无相通及扩展关系等作用。[①] 这些群体存在于农村内部，属于农民自己的组织，活动范围局限于数个或数十个村庄，方圆不超过数里之遥，固是其优势亦是局限。鸦片战争尤其是甲午战争后，四川自然经济解体，商品经济迅速发展，以场镇为中心和基础的城镇的发展，部分地改变了农民的经济活动内容及其空间。嘉庆前后，四川约有3000个地方小市场，形成了一个遍及四川盆地区域、具有相当规模和活动能力的市场网。一旦农民进入城镇，传统的联络方式的功能就难以发挥，早期以乡村为前提发展起来的公共空间就要寻找新的替代形式。那么，农民和城镇居民依靠什么呢？他们依靠的，先有会馆，后有袍哥。

四川会馆有自己的特点：一是会馆设立相当普遍，湖广会馆、陕西会馆、广东会馆、福建会馆、江西会馆和贵州会馆等，几乎遍及各府、厅、州、县。不仅城镇，就是乡场也往往设有。如犍为县，民国时有130多座会馆。川西平原的安县、彭县和汉州（今广汉），会馆数分别是65座、40座和36座。从大城市到乡镇，全省会馆多达上千座。二是参加会馆的人不仅有工商官宦，还有农民，他们也是会馆的基本会众。三是会馆的功能比较复杂，"迎麻神、聚嘉会、襄义举、笃乡情"，这几句话概括了会馆的活动与功能。会馆每年定

---

① 熊亚拿：《仁寿县刘家沟的社会组织》，《金陵女子文理学院文科集刊》1943年第1期。

期祭祀桑梓神祇，唱戏酬神；或设塾延师、教诲同乡子弟；遇到荒年发赈，救济贫困乡亲；为贫病死亡之乡人备棺木、置葬地；对本籍流落乡亲供膳食、住宿；或赠给盘缠；聚会交流信息，包括商务信息；调解同乡之间或同乡与土著之间的矛盾。除了一般会馆的功能外，还涉及若干属于地方行政方面的事物，诸如仲裁是非，调解财产纠纷等。这样四川的会馆既与官方有利益联系，又有自己的利益空间，会众通过大社会里的这个公共空间就可解决问题，"会馆取得了亚宗法社会的权利，对于会众的利益实行保护和约束"①。四是四川的会馆大都有宫庙作为公产，通常还有房屋、田产作为公产出租，其收入用于祭祀活动。会馆由乡人公推德高望重者总揽馆务，这个总揽馆务者名称各异，或叫"首事"，或称"客总""总领"（客总或总领1人，首事若干人），或称"会董"。

如果说在乡镇，会馆是各省移民的互助组织的话，在成都、重庆大城市和后来崛起的自贡这样的盐业城市中，会馆则与商业活动联系起来，是在同乡加同行的基础上建立的，是专为同乡停留聚会和从事商务活动的场所，同乡宦游经商之人可享受免费住宿的便利。这些会馆不仅是同籍人叙乡情、祭祀酬神的场所，而且更多的是商界的信息所和接洽处。会馆把保护本籍人在城市经商的利益作为重要内容，有的会馆就是某行业的组织，如成都的陕西商人在典当、盐茶和棉织业等皆有实力，发展而成"陕帮"。陕西会馆历经三次修建，第三次是在光绪十一年，由陕西籍川省布政使程预首倡，成都的"庆益""益泰"等33家是陕西人商号集资重建的，是"陕帮"在成都的公共活动空间，其所在的街道（原名芙蓉街）也因此被称为陕西街，至今犹存。

会馆建立之初主要是保护城镇往来于各省的商人和移民的利益及权利，后来会馆进一步介入地方公共生活，逐渐演变为对社会有较大影响的组织，王笛把它列为公共领域之一种。② 会馆与宗教场所在百姓的朝拜信仰生活中，占有十分重要的位置，而民众的宗教是

---

① 冉云飞：《从历史的偏旁进入成都》，四川文艺出版社1999年版，第215页。
② 王笛：《晚清长江上游地区公共领域的发展》，《历史研究》1996年第1期。

公共生活的要素，在某种程度上建立于个人与群体的和谐之上，这样会馆与祠庙等公共空间在社会的整合与协调发展方面承担了重要的角色。

会馆在某些活动中，与祠庙地位相当，功能相似，或有互补。不管是庙宇还是会馆，其祭祀朝拜活动一般并非单纯的宗教活动，往往还兼有娱乐、经济、文化活动的性质。以城隍庙会为例，庙内焚香顶礼，庙外商贾云集，摊棚林立，茶酒小食，深宵营业，人来人往，热闹非常。这类庙会朝拜活动，实际上是各阶层的聚会和交往，庙宇和会馆为民众提供了公共生活的空间，平日难以介入社会公共生活的人群，如底层贫民、妇女等，在这种场合可以公开合法地参与其间。

四川社会由移民重建的过程，与乡土社会向场镇、城市发展的过程同步，会馆既是移民社会宗祠、庙宇等早期公共空间在城镇的转化形式，又具有传统社会向近代社会演化时期公共空间的新因素，正是它内在的新因素，使得会馆在20世纪初演变为新的形式。

大规模的移民入川引起了巴蜀文化多方面的流变，诸如语言、风俗时尚、建筑风格、行为方式、衣物饮食、歌舞戏剧、婚丧嫁娶、祭祀礼仪等，都发生了很大程度的变化。早期各方移民往往以原籍为群体聚集而居，使其原籍的乡土文化长期保存下来，"立家庙、修会馆"。但另一方面，尽管四川籍土著为数甚少，但巴蜀文化经数千年发展而凝聚起来的文化底蕴不但仍在四川各地顽强地保存和流传着，而且还不断地影响着从外省迁来的移民的原籍文化。清代中叶以后，各省移民与四川土著之间长期的接触交往、守望互助与婚丧娶嫁，民俗与语言不断融会，新的四川方言形成，新一代四川人成长起来，各方俗尚的差异越来越小。清末更因战争的影响，淡化了移民的客籍意识，强化了土著观念。随着社会流动的加强和经济的不断发展，尤其受到早期资本主义萌芽的冲击，跨血缘、地缘的业缘关系日益重要。在这种情况下，地域和血缘关系纽带不断淡化，早期的民间公共空间开始衰落。

民国建立之后，"共和"观念深入人心，"中国人"的观念逐步改变狭隘的地域、乡党、宗族观念。随着经济、教育的发展，社会关系和人群的组织方式有所改变，会馆作用及其文化现象逐渐淡化。

清末民初公共空间的这种变化，意味着一种公共空间转变为另一种公共空间，在一些旧的公共空间衰落的同时，也有的公共空间顺应时代的变迁而发展变化。

（二）新的公共空间的生成

袍哥与茶馆的密切联系是四川社会特有的现象，这与四川社会公共生活及其空间的变迁是息息相关的。因此，对茶馆作为公共空间的历史的研究就不能忽视袍哥的滋生和活动。

四川袍哥总的来说，是以下层民众为主体，囊括了士农工商各阶层。袍哥组织更是遍布城乡。清末，蜀中各州各县，乃至一镇一乡，皆有袍哥组织。嗨袍哥（操袍哥）是民众求互助和保护的重要方式。当时民间流行两句口语："明末无白丁，清末无倥子。"（没有参加袍哥组织的人叫倥子）1949 年成都的袍哥公口连同分社、支社约计 1000 多个，近 300 万人。

1. 袍哥与政府的关系：权与势转化

四川袍哥并不是完全与现存统治秩序相对立的秘密社会，作为一种民间势力，它与国家权力之间你中有我，我中有你，权与势也可转换合作。清末和民国时期，大多数时候，袍哥作为一种民间势力，与代表国家权力的政府沆瀣一气，参与地方社会公共事务，维护地方生活秩序，其组织及其活动不仅得到民间的认同，并且得到地方官吏的容忍。

袍哥与政府的关系经历了几个阶段。清末四川特殊的社会环境促使袍哥迅速滋生和发展，使其从秘密走向公开，形成袍哥与官吏相互勾结、沆瀣一气的统治格局，袍哥得到地方官员的容忍以至利用。"各衙门、局所、丁役、差役以及不肖地保之中，殆莫不有会党之足迹"[①]；清末民初四川发生"保路运动"，一些袍哥参与其间，借"保路同志会"的名义，迅速蜂起，围攻成都，"当此之时，行

---

① 傅崇矩：《成都通览》，巴蜀书社 1987 年版，第 47—49 页。

者居者，前者后者，无不自号为同志会……而川省因是而乱，清室因是而覆"①。正是袍哥蜀中造反，逼使湖北新军入川镇压，造成武昌起义的大好机会，催生了中华民国。

四川成都军政府时期，袍哥由会匪变为共和功臣，走向公开化、合法化。尹昌衡既是同盟会成都支部名义负责人，四川军政府大都督，又亲自开山堂——大汉公，操袍哥大爷，在大汉军政府中推行袍哥，以袍哥关系支配公事并管理城市。1913年，陈廷杰出任民政长，采取断然措施，取缔袍哥组织，"解散余众，永不滋事"；安置袍哥分子入教养工厂；没收袍哥底金，移作兴办教养工厂。在严厉打击下，袍哥势力迅速瓦解。

其后，川省军阀割据，借助军阀的利用，袍哥重新复活并大肆发展，但原有的互助色彩消退。大军阀本身大都参加了袍哥组织，军队也大量招募袍哥。"1925年四川军阀刘文辉、邓锡侯等击败杨森后，所辖三个军中负责市区的治安的，也大半是袍哥。"②

抗日战争期间，蒋介石的中央政府因袍哥势力从中作梗，与四川地方势力矛盾很大，对袍哥会社进行改造、禁止，但并没有撼动它，反而使之更加团结、强大。③ 其时，政府固然是国民党的一党政府，而社会却是袍哥的独霸社会。举凡办城隍会、开烟馆赌场、开茶铺、烧龙灯、操练民团、贩卖鸦片、维持风化、调解纠纷，以及竞选国大代表，皆由袍哥主持。袍哥的势某种意义上转化为了权。

2. 袍哥与茶馆

作为基层社会的管理者，袍哥对公共事务的卷入程度、对民众公共生活的参与广度都是一般江湖组织无可比拟的。袍哥与茶馆的关系是其中一例。

---

① 王右渝：《大汉四川军政府成立前后见闻》，载《辛亥革命回忆录》，中华书局1962年版。

② 秦宝琦：《清末民初秘密社会的蜕变》，中国人民大学出版社2004年版，第333页。

③ 叶涛、张廷兴：《江湖社会习俗》，山东教育出版社1999年版，第32页。

前面已经提到，茶馆的一个重要功能是作为袍哥组织或商业帮会聚会、办公之地。在四川场镇和城市，袍哥的码头绝大多数是在茶馆里，有些茶馆就是码头开设的。辛亥革命后，成都各条街道，被各码头划分为一个个势力范围，纷纷成立"公口"，"公口"办理一切事务都在茶馆进行。从军阀时期的"防区制"到中华人民共和国成立前夕，成都许多大、中茶馆是各家袍哥组织的据点，处于袍哥势力范围内的茶馆经营者要么是袍哥，要么得到了所在地的"舵把子"的认可。有的茶馆前正式挂出某某公或某某社的招牌，茶馆成为袍哥的活动中心和联络站，经常由红旗大管事[①]坐堂负责。据档案资料，1949 年成都有 130 个袍哥公口，其中注明街道者 119 个，有 36 个标明是在"某某茶馆"，其余都称在"某某街"，很可能也是在茶馆里。[②]

开茶馆的收入也是袍哥的经济来源之一。袍哥利用茶馆开展各种活动，如正月办"春台酒"，腊月办"团圆会"，还有中元节、关帝会都有庆祝活动。其中最重要的一次就是农历五月十三的"单刀会"，即关帝会，相传是三国时关羽单刀赴会的日子。这一天，大小码头、公口都要隆重举办盛会，大排香案，广纳宾朋，会上还要对袍哥论功行赏，办理"提升"。在会期中，还要借此机会解决仇怨纠纷，由头面人物站出来"捞梁子"。[③] 此外，公口每三天召集成员开会议事，提供免费茶水，参加者踊跃，谓之"茶哨"。

在成都高店子，袍哥有两个分会，"一个'清'，一个'混'，两个都在镇上的茶馆中设有山堂并举行会议。大部分男性成年人属于一个分会或另一个分会，几乎在每个集日分会成员们都能与分会职员们一起处理事务，后者待在一个指定的茶馆中"[④]。

除了袍哥公口开的茶馆，川西还有大量不是公口所开但是铺子主人加入袍哥以求自保的茶馆。由于茶馆是三教九流往来，诸色人

---

① 指袍哥堂口内负责外交，接待三山五岳，南北哥弟的人物。
② 成都市公安局档案馆藏：《成都袍哥的一个镜头（1949—1950）》，转引自王笛《二十世纪初的茶馆与中国城市社会生活——以成都为例》，《历史研究》2001 年第 5 期。
③ 杜宇：《成都的袍哥组织》，载《成都掌故》，成都出版社 1996 年版，第 87 页。
④ ［美］施坚雅：《中国农村的市场和社会结构》，史建云、徐秀丽译，中国社会科学出版社 1998 年版，第 47—48 页。

等聚散之地，矛盾众多，纠纷不断，更有一些地方强人和地痞经常勒索茶馆，若有不从则有可能招致骚扰甚至更大的灾祸，因而茶馆老板缺乏有实力的后台或者自己没有"点点"（袍哥身份），休想安安生生过日子。与袍哥、军阀或其他地方强人有关系的茶馆就可免遭此虞。①

四川茶馆的兴盛期与袍哥活动的高潮期都在民国时期，这并不是没有联系的。袍哥组织以码头为联络的据点，正说明其结交四方宾朋，联络各界哥弟的活动方式，需要有方便的公共空间作办事处，而其秘密会社的性质，又要求相对不起眼、富于隐蔽性的据点，利用遍布城镇的公共场所茶馆便顺理成章。

（三）公共空间的置换——茶馆对传统公共空间的继承和变异

1. 对传统公共空间的继承

在考察四川公共空间发展史时，我们不能不注意到一条相承的脉络，从早期的祠庙到会馆到茶馆，蜀文化中一些由来已久的因素被固化为空间中社会交往的形式和内容，并经由各个时期的公共空间传承下去。列一个比较表也许更能说清它们的关系：

公共空间	场所	功能/活动	人员	空间结构
庙宇	乡村和场镇	神明祭祀，庙会	信众和一般民众，不分区域、阶层和性别，但老年妇女是主流	大门，庭院，正殿
祠堂	聚居村庄和场镇	祖先祭祀；定期集会；执行祖训、家法；调解裁决族内外纠纷；对外交往；兴办族学	本族成员、同姓联宗成员	前为大门和戏楼，中为享堂，后为寝堂

---

① 王笛：《二十世纪初的茶馆与中国城市社会生活——以成都为例》，《历史研究》2001年第5期。

续表

公共空间	场所	功能/活动	人员	空间结构
会馆	城市和场镇	同乡聚会；供奉祭祀神祇；唱戏酬神；设塾延师；救济乡亲；为同乡提供膳食、住宿；调解纠纷（联络沟通）	同乡，设首事或会董等管理者	正门、戏台、正殿、花园
袍哥组织	遍布场镇和城市	互助自保、场镇和城市管理、秩序维护、联络征逐；开茶馆烟馆；贩卖鸦片；调解纠纷	农民、市民，包括官绅子弟	部分以茶馆为码头或公口，在场镇和城市划分势力范围
茶馆	遍布场镇和城市，多在街道、公园、河岸、寺庙等公共场所	聚会联络；交往、娱乐；行帮和袍哥办公；小贩营业；曲艺演出；商人交易谈判；调解纠纷	各个阶层、各行各业，	大堂，空地，街沿，竹椅木桌，庭院

从上面的比较表可以看到茶馆对传统公共空间的继承最重要的方面表现在茶馆继承了一部分传统公共空间的职能，如社交娱乐、交易谈判、调解纠纷、民间行帮组织办公等。在场镇，茶馆很大程度上承担了传统的祠庙、会馆的组织、整合社会的功能。"每个寻求即使是非正式的领袖地位的绅士，通常都在他的基层市场上一个固定的茶馆里有一块地盘儿，不同村社中农民之间的纠纷通常也在集日的茶馆里由这些领袖仲裁……在中间集镇的茶馆、酒店和饭铺中，来自周围的基层市场社区环的地方上层的代表们，指导着这个中间市场体系为之服务的更宽广的区域中的各项事务……要进行的关键性的协商谈判——这些交往也都在这一层次的集镇茶馆或村公所中进行。"[①]

其他方面的继承表现在以下几方面：

---

① [美] 施坚雅：《中国农村的市场和社会结构》，史建云、徐秀丽译，中国社会科学出版社1998年版，第53—54页。

一是在空间的地理分布和特性上，具有公共性和中心性。从祠庙到会馆到茶馆，其场所皆属于一个团体、地区和社会的公产，即使茶馆是个人利用自己的私产作铺面，但都极力向公共部分扩展。不管是祠庙还是茶馆，都处于民众生活世界的中心，向周围每个方向开放，以吸纳尽可能多的成员。它不会排斥谁，也不刻意尊崇谁。

二是在空间中的活动以人际间的交往行为为主。祠庙内宗教祭祀是活动的主体，但人们也借此组织群体，交往互助。茶馆里的交往行为更加丰富复杂，所承载的人际关系范围更大。

三是茶馆作为民间曲艺活动的演出场所，是对庙会和会馆曲艺戏曲筹神演出的承接。民间历来没有专门的剧院，人们看戏看曲艺表演先是在祠庙、会馆万年台，尔后是在茶园茶馆。

2. 公共空间的转换

民国时期，当传统的公共领域衰落和发生变迁时，人们公共生活的空间场所相应地转换了。在城镇，随着近代化而日益扩大的市民群体要求不分行业、阶层和地域的大型公共活动空间。在传统社会，人们遇事，首先想到的往往不是官方机构，而是宗祠、会馆与公所等同族、同乡或同业组织。然而，随着近代化的步伐，人们的生活日益突破旧有的圈层和窠臼，层出不穷的新需求和新问题已经越出了同宗、同乡和同行的范围，不是宗祠和会馆所能解决的。茶馆在地理位置、空间设置、经营方式等方面，能够满足人们的公共生活需求，于是成为川西重要的公共空间之一。

川西这个移民众多的乡土社会，一直以来缺乏聚居型的村庄，场镇的地位非常突出，是基本的经济和社会活动单位。茶馆是每个场镇必有的，多半处于场镇的中心。它较之早期地缘性的公共空间，打破了宗族、"老乡"的界限，更加开放和富于包容力，如果说川西社会产生了真正不分血缘、不分阶层、不分地域的平民公共空间，茶馆可以说是较早的一个。即使是早期的地缘性的公共领域宗族，和茶馆也发生着联系："在四川，我调查过的地区，林姓客家家族主要集中于以高店子、赖家店和大面铺为中心的三个基层市场区域中。然而，每个区域中的林姓家族似乎是单独组织起来的，在它们各自集镇的茶馆里有自己的议事机构。"① 场镇的茶馆在赶场的日子，生意总是红火。对于一个赶场的农民来说，到场镇进行交易固然是其出发点，但对其中相当一部分人来说，"更重要的是，他在茶馆中与从离他住处很远的村社来的农民同桌交谈……在高店子有一种对所有人开放的茶馆，很少有人来赶集而不在一个或两个茶馆里泡上至少个把小时的。殷勤和善的态度会把任何一个踏进茶馆大门的社区成员很快引到一张桌子边，成为某人的客人。在茶馆中消磨的一个小时，肯定会使一个人的熟人圈子扩大，并使他加深对于社区其他部分的了解"②。川西场镇的茶馆成为从农民到士绅各阶层的社会交往中心，在场镇而不是乡村一级的范围内把人群组织在一起，这一点在我对溪镇茶馆的观察中仍可见一斑。

在场镇，茶馆总是占据中心位置，分布在商业街上。就我调查的溪镇，茶馆分布于新老集贸市场所在的街道，在最繁华的商业街道和临近街道，茶馆呈现密集化的分布。在其他场镇，如我所到的黄龙溪镇、平乐镇、罗城镇，情形也是如此。

在城市，茶馆的选址要考虑到公共性，即能够产生对人群的集结力，因此，几乎大的街道和市场都有茶馆，是街坊的交往中心；而河岸桥头、公园、寺庙庭院也是绝好的位置。这些地理位置，多利用公共空间和场所，一般具有比较轩敞开放的空间，具有很大的包容力。即使是开在铺面的茶馆，也尽可能地扩大到公共的街沿上。茶馆对空地的利用到了登峰造极的地步。

民国时期，九眼桥下的太平下街，临江傍水，各路商船多停靠于此装卸物资。茶馆给他们休憩、打尖提供了极为方便的场所。太平下街200多户人家的街面上竟有七家茶馆，在街道中间地带就有何、蒋、俞、黄姓四家茶馆紧挨在一起。更妙的是，茶馆都依水而建，其房屋一半在岸上，另一半在水上，统称"吊足楼"。③ 现在成

---

① [美] 施坚雅：《中国农村的市场和社会结构》，史建云、徐秀丽译，中国社会科学出版社1998年版，第47页。
② 同上书，第45页。
③ 清有正：《锦江南岸一小街》，载《市民记忆中的老成都》，四川文艺出版社1999年版，第20—21页。

都的府南河岸边，茶馆众多，天气好出太阳的时候，茶座一字排开，蔚为大观。

抗日战争爆发的第二年，日机空袭成都，市民开始了历时几年、疲于奔命的"跑警报"，城外纷纷开辟了"疏散区"。离不开茶馆的成都人居然在疏散区因陋就简地开起了茶馆，其中，新南门外府河两岸的茶馆最多也最热闹，稍具规模的茶馆北岸有四家，南岸有两家；而两岸又各有一家占优势的大茶馆。北岸那家大茶馆名叫"江上村"，除经营茶馆外，兼营"竞成园"餐厅。它紧靠河边，占地面积宽阔，既有茂林修竹掩映，又有河流可供观赏。茶馆分两重：前面的露天茶座和后面的游廊茶座。逢上好天气，前前后后，座无虚席。如遇"跑警报"，更是人头攒动。抗战前，一般不能在茶馆抛头露面的青年妇女，在这里却和男士平起平坐，品茗交谈，或看书打牌，引人注目。

这种利用公共空地的传统一直持续到现在。2000年初，在锦江区政府附近，一片拆迁后暂时没有派上用场的建筑空地上，冒出了一个"稼轩茶园"，围墙边搭一片雨棚，中央大树下，坝子里，摆二三十张桌子和竹椅，没有什么装修，只在空地种些应时的植物，春天麦苗绿，油菜黄，夏秋向日葵金黄，围墙上爬着瓜藤，水沟上一架木水车，更显一派普通农家院的野趣。这儿地处市中心，邻近成都的新闻文化单位，一时，新闻界、文化界的茶客转移到这里，尤其是各报做副刊的编辑和文联的作家。他们喜欢稼轩开阔、无拘束、城市里的田野味；而普通市民喜欢它朴素自然的农家风味。开阔的空间打牌聊天互不干扰，价钱也便宜，一碗茶两元。只有寓茶馆于生活的成都人，才会这样见缝插针地利用在外地人看来毫无用处的建筑空地。当然，大家都明白稼轩长不了，可那有什么关系，开一天，享受一天，哪天没了，又去发现新大陆。这个茶园存在了两年左右，就像它突然冒出一样，某一天，它又突然消失了，惹得一帮茶客怀念不已，至今还在念叨稼轩。

茶馆对传统公共空间的置换还表现在川西地区寺庙茶园的盛行。利用寺庙内的院坝开茶馆是川西社会生活中特别富于地方色彩的一种。成都以及川西各地，寺庙皆有茶园，像青羊宫、文殊院以及青城山道观的茶馆，都有不短的历史。文殊院地处市区，香火很旺。大殿内外烟雾缭绕，而庭院、长廊和钟楼上，茶座挤得满满的，打牌的、摆龙门阵的、吃瓜子零食的、聚会畅谈的，又是另一番热闹，简直让人忘了身处佛门。有一家人借上香名义来的，其实不过是某个成员，多半是老年妇女，去进香，别的人，说一句"你代我们上了"，就直接找了茶座安顿下来。更多的人，压根儿就没有进香的念头，只是来坐茶馆的。去青城山旅游的，必得在道观坐坐茶园，方觉得这一趟是完满的。大部分人并不是冲着庙观的宗教气氛去坐茶馆的，不过是这些地方一直以来就是公共生活的空间场所，兼得悦目自然怡人的风景或轩敞开放的空间。茶馆对庙观空间的置换，一方面赋予了传统的祠庙公共空间以世俗化和平民性的新因素；另一方面，在满足人们的宗教需求这一点上茶馆的公共生活又顺理成章地继承了传统社会公共空间慰藉情感整合人群的特性。

茶馆空间在某种意义上类似于阈限空间，进入茶馆，人们都是茶客，他们在现实社会结构中的身份、地位和角色在某种程度上被弱化了，模糊了。一碗茶在手，忘却俗世种种不平事，人与人比较容易达成一种真实的、特别的个人之间的关系。茶馆相对于社会的其他空间来说，具有更多的平等性，茶馆里的客人可能是坐小汽车来的，有的是骑自行车来的，还有的坐公共汽车或者走路来，但这种身份和阶层的差异在茶馆里就没有那么明显了。他们喝的几乎都是最普通的花茶，喝贵一些的茶，并不取决于收入和身份，而与具体的场合，诸如是招待客人还是朋友聚会，是与客户议事还是自己休闲等有关。当然，人与人之间这种平等交融状态只是象征性的、暂时的。

从这个意义上看，茶馆既是生活的内容之一，也是脱离日常秩序的一种方式。茶馆空间处于出世与红尘的交叉，进入这个空间的凡夫俗子，在潜意识里难道不是希望在世俗的娱乐交往中，获得一点出世的感觉，慰藉内心不时出现的心灵的超脱需求吗？

这一时期，近代文明在民间开始传播，民智渐开，特别是毁庙兴学的举措对民众的宗教意识产生了一定的影响，传统的公共空间祠庙已经有所衰退，会馆的高峰期也已经过去，茶馆公共空间正开

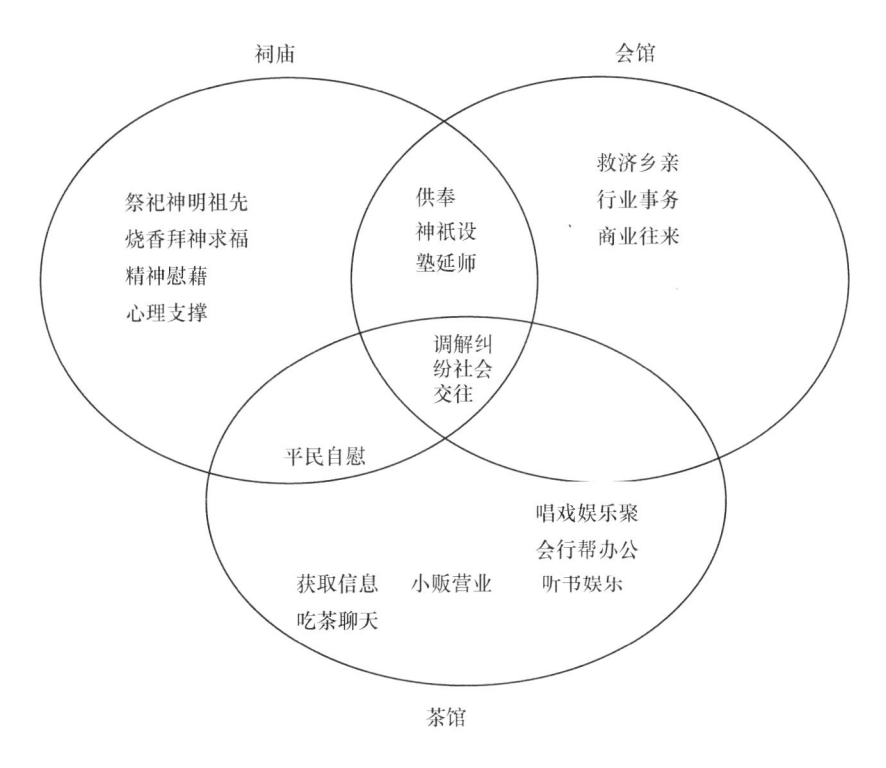

```
          祠庙                    会馆
                                救济乡亲
      祭祀神明祖先      供奉       行业事务
      烧香拜神求福    神祇设      商业往来
      精神慰藉         塾延师
      心理支撑
                      调解纠
                      纷社会
                       交往
              平民自慰
                              唱戏娱乐聚
                              会行帮办公
            获取信息   小贩营业   听书娱乐
            吃茶聊天
                        茶馆
```

清末民初公共空间配置图

始介入场镇和城市的公共生活。但在农民和市民的民间信仰和民俗活动中，祠庙和会馆仍然承担着主要的组织和兴办事务，卷入的民众囊括各个阶层。茶馆里的茶客以中下层平民为主，茶馆的格局和配置还处于形成期，尚不成熟。

民国中后期，祠庙和会馆的数量减少了，并且新建很少，各种民间信仰和相关的民俗活动也出现某种式微的趋势；这时的茶馆则处于鼎盛期，发展出完备的格局，各种档次的茶馆满足不同人群的需求，进入茶馆空间的人群包括各个阶层的民众。这一阶段，袍哥作为影响社会生活的重要团体，其活动与茶馆结下了紧密的关系。茶馆对传统公共空间的继承使其具有慰藉民众精神、整合人群的力量。从下图可以比较清楚地看到茶馆作为公共空间对传统公共空间的继承，以及随着传统公共空间的衰退，茶馆公共空间的发展进程。

供奉神祇
办学场所
救济贫弱

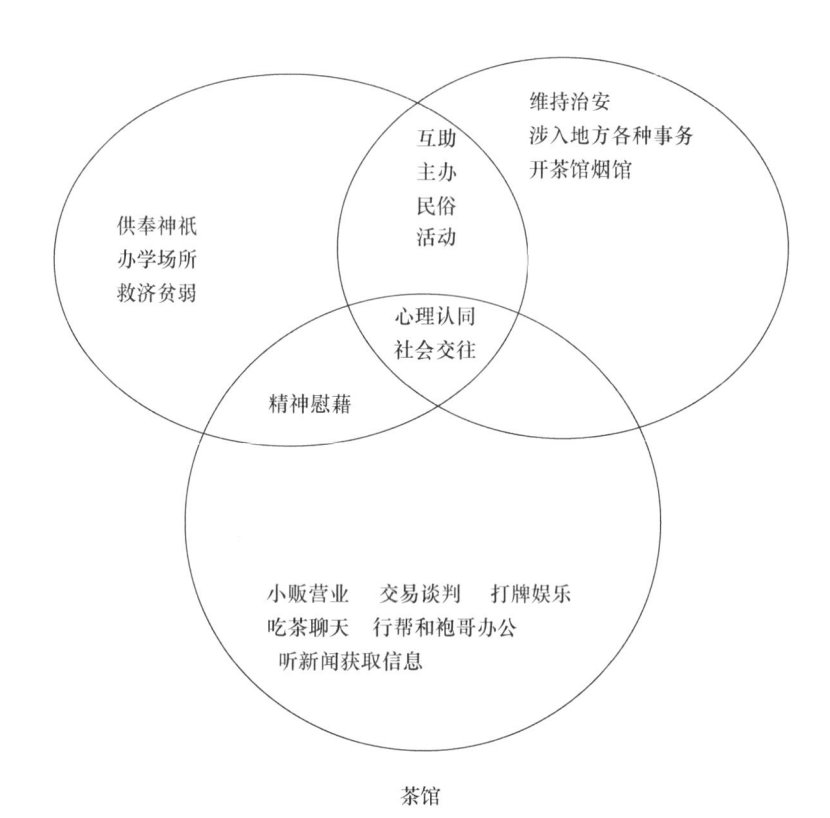

互助
主办
民俗
活动

维持治安
涉入地方各种事务
开茶馆烟馆

心理认同
社会交往

精神慰藉

小贩营业　交易谈判　打牌娱乐
吃茶聊天　行帮和袍哥办公
听新闻获取信息

茶馆

民国后期公共空间配置图

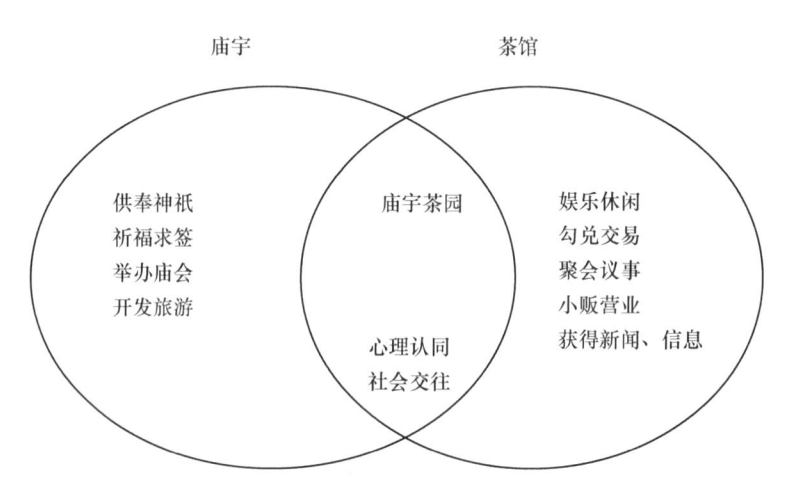

庙宇　　　　　茶馆

供奉神祇
祈福求签
举办庙会
开发旅游

庙宇茶园

心理认同
社会交往

娱乐休闲
勾兑交易
聚会议事
小贩营业
获得新闻、信息

二十世纪末二十一世纪初茶馆与宗教空间关系

这一时期，宗祠和会馆已经退出人们的社会生活，宗教活动则呈星火燎原之势，信众早期以老年妇女为主，而现在卷入的人群范围更大，但总的来说，仍以中下层中老年女性等弱势群体为主体。茶馆则包括社会各个阶层，各行各业，其中男性比例高出女性约四成。庙宇内的活动除宗教以外，经济因素也渗透其中，如以经济交易和娱乐为主的庙会，庙宇茶园，介入旅游开发等。在中国社会，商业活动一向和庙宇密切联系，市场常在庙宇内进行，使庙宇庭院成为当地商业及社区成员活动的中心。茶馆与庙宇的交汇，物质的一面是大量庙宇庭院开设茶园，而内在的一面则体现在都提供了人群交往和整合的公共空间，满足了一部分人群的心理和精神慰藉需求。因此"庙埕同时是神圣及世俗的空间……庙埕可以说是庙内神圣及外界世俗之间的转换空间"[1]。

五 结论：川西茶馆的不同解读

如前所述，茶馆作为川西社会公共空间之一种，其兴盛衰退与再复兴的过程，并不是孤立发生的，而是川西公共空间历史之一环。本文试图把茶馆与传统社会公共空间纳入同一体系，分析在川西社会由传统走向近代化、现代化进程中，茶馆公共空间对传统公共空间诸如祠庙、会馆等的继承和变异关系，以及与特殊的团体袍哥组织之关联。历史的梳理和田野的研究揭示了茶馆与传统社会公共空间之间的功能承接与空间置换的脉络，由此为川西茶馆旺盛的生机增加一层注解。

（一）茶馆是最能体现川西社会传统文化精神的公共空间

川西是道教的发源地，不少四川人认为四川传统文化受道教影响很深，如文人白朗所说："道教的精神、节奏、气场对成都影响很大。爱坐茶馆就是一种标志。"川西人把茶馆当作是川西传统文化精

---

[1] 黄应贵主编：《空间、力与社会》，"中央研究院"民族学研究所，1995年，第417页。

神生生不息的象征，尤其在文化精英们的描述中，茶馆常被视为民间传统文化的保留地，是与国家现代化理论逻辑及以发达国家为标准的政策取向相左的空间存在。它在晚清和民国时期，一直是川西人生活世界的中心之一，即使在现代，在其他现代化的交往和娱乐场所日益扩张的情形下，大众化的茶馆也是川西民众最能接受的公共空间。直到今天，当许多地区的乡村"晚近20余年来，随着茶馆、祠堂、庙宇以及村落等其他公共场域的重建，公共空间的发展已呈现多元化趋势"[①]的时候，川西的许多场镇，茶馆仍然占据着公共空间的主体地位。茶馆不仅具有传统意义上的娱乐身心、传播信息的功能，而且是城市和场镇各色人等进行经济活动、文化活动的场所；是传统社会民间知识和民间曲艺生产和传承的重要场所；是联结地方社会生活网络的一个枢纽。它的存在及其所承载的文化精神及其渊源因素，在社会急剧变化的今天，有其不可替代的积极意义。

在日趋现代化、商品化的当代社会，茶馆体现着传统乡土文化特质：自在、随和的气氛；其乐融融的人气；悠闲舒缓的节奏；肆意散漫的龙门阵；婉转悠长的传统曲艺；"落后"不雅的行为……这些带给疏离感日益增强的现代人少有的亲切感、贴近感，因此茶馆被当作传统文化遗产，被人们寄予怀旧的情怀。川西人常将外地朋友带到这个可以真切体验"地道"地方文化的场所，感受川西社会浓浓的人情和活生生的人气，从而体会川西人的人际关系和价值体系。一位自由撰稿人这样回忆在培根路泡茶馆的生活："……这里开了酒吧、书店、小吃店，但最多的还是茶馆。这里的露天茶馆繁荣得一塌糊涂，有沿街开的，有在四合小院里开的家庭式的，无论哪个季节，什么样的天气，这里的白天晚上都是热闹的。我看见一本介绍西藏旅行的书，成都本来只是一个小章节。我翻开成都那一章，他介绍成都喝茶吃小吃应该到培根路，凭这一点我就能断定这个作者是真的体会过成都。培根路是民间的，它的悠闲很难让外人知

[①] 戴利朝：《茶馆观察：农村公共空间的复兴与基层社会整合》，《社会》2006年第5期。

道。……外地的朋友一到这里，也总是觉得找到了他们心目中的成都"[①]。这种珍惜怀旧的情感尤其在一些老街拆除，老茶铺消失的时候达到高潮。2002年我在成都做田野时，正赶上四川大学外培根路一片被称为"老房子"的茶馆酒吧被拆除，不少在此消磨了闲暇时光的茶客、文青们，甚至一些留学生，不时回废墟拍照、凭吊，感叹又少了一处民间的传统的文化空间。对于城市现代化的扩张对老式茶馆的挤压、改造，成都知识分子发出了反对的焦虑声音。

（二）茶馆是具有某种"阈限"特征的公共休闲空间

川西茶馆是向所有人开放的。茶客可以是个人独往，也可以成群前往，坐茶馆在川西不是纯私人化的，而是公共休闲活动。茶馆不仅仅只是社区成员平日见面的地方，也是社区外不同职业、不同身份的人之间以及和社区成员间交流的空间。很多时候，熟悉或陌生的茶客因共处在一个轻松自在的空间中，不需彼此直接的接触而进入共同参与所衍生的社会关系中，因共享此一空间而产生群体融合的感觉。他们以各自的方式融入茶馆空间，身心、体态都呈现一种无拘无束的状态。在这里可以穿拖鞋，打赤膊，可以衣冠不整，可以脱掉鞋子外套；可以掏耳朵；可以随地吐瓜子果皮；可以看书读报；也可以呆坐或张望；可以静默无语，也不妨高声谈笑。所谈话题可以是飞短流长，也可以是攸关时局的国家国际大事，甚至可以是对政府、社会阴暗面的评论和抨击。这种不同于其他一些公共空间的放松的行为方式，使置身茶馆中的人们感觉到自我本真的存在。四方的人们来到茶馆共同参与休闲，共同创造并享受其中所隐匿的反抗、叛逆意识。种种超越日常约束与控制的行为象征着对社会等级差异的摒弃和对日常秩序与规则的叛逆。这种象征性使得茶馆被看成一个鼓励抛却日常约束与限制的阈限（liminal）空间，给予人们一种超脱日常凡俗枷锁的振奋感。因之对于川西人来说，坐茶馆与其说满足了口腹之欲，毋宁说是为了获得精神的放松和慰藉。这样，民间信仰空间与茶馆休闲空间，在普通人的生活世界里具有

---

① 西门媚：《培根路的秋天》，《万科周刊》2002年11月28日。

一定程度的互补性，正是在这一方面，茶馆对川西人日常生活的意义才显得如此重要。

（三）茶馆是社会文化系统中的边缘空间

如前所述，尽管茶馆如传统祠庙、会馆一样，具有社会文化整合职能，维持和传承川西社会文化系统。但在政府和主流文化体系中，茶馆所呈现的传统乡土文化的镜像——落后、无所事事、藏污纳垢，常使它被划归为需要加以控制和改造的边缘空间，是一个奔向现代化的国家所要摒弃的。在晚清和民国时期，茶馆被精英指责为鼓励人们浪费时间；在执政府者眼中，茶馆的不卫生，茶馆的赌博行为，茶馆中的冲突和暴力事件，茶馆中上演的所谓"淫戏"是需要严加控制和整治的。中华人民共和国成立后，茶馆一度被当作阶级异己分子和落后群众聚集之地而被取缔、关闭。到了整个社会的重心转向现代化建设的当代，依照政府现代化理论逻辑及以先进发达国家为标准的政策取向，茶馆及其经济也被定位为一种非主流的存在；茶馆所代表的大众文化，被文化精英批判为低俗落后。而当现代性显露出其自身的缺陷，疗救"现代病"成为知识精英所焦虑的论题时，茶馆这一类来自民间社会的事项，又以其对主流文化和政府控制的反抗、叛逆被当作是一种抵抗威权的方式和空间，其积极意义被精英们所吁求与支持。当代成都文化精英们就经常诟病"以房地产为代表的所谓现代化"一直在挤压传统茶馆。2005 年培根路的拆迁就导致成都这片最像巴黎左岸拉丁区的茶馆酒吧群的消失。在那片土地上耸立起来的不是拆迁方谎称的牙科医院，而是一组叫"格林威治"的电梯公寓。[①] 这样的拆迁还在以现代化的名义进行着，大量的传统茶馆退出了城市中心地带，场所的边缘化也正是茶馆文化在主流文化中的处境。

（四）茶馆是普通民众的日常生活空间

川西茶馆的功能是复杂的，人们在那里聊天、谈生意、会朋友、

[①] 西闪：《茶馆：历史学家的乡愁》，《新京报》2010 年 5 月 22 日。

阅读、探听信息、解决纠纷，甚至可以擦皮鞋、掏耳朵、做小买卖……许多做苦力的下层劳动者，也能够进入茶馆解渴休息。茶馆对于民众的日常生活有着特殊的重要性，这正是川西茶馆有别于其他地区茶馆的最重要的特征之一。由此坐茶馆成为一种生活方式，一种寄托了普通人情感慰藉的生活方式。王笛的研究却断言："茶馆充满着政治，从阶级冲突、对社会现状的批评，到对国家政策的讨论，以及政府为控制人们思想而进行的宣传，可以说茶馆见证了20世纪上半叶中国政治的发展和演变。"①

的确，茶馆中的自由言谈、舆论激荡；茶馆中抛却日常规则与束缚的行为方式，具有象征意义上的反抗叛逆行为，如一项仪式，带领参与者进入融合状态。茶客们共同创造、享受这种象征性的反抗与叛逆，对现存社会秩序和控制力量表达自己的见解和批评。这种象征意义上的抵抗被一些研究者泛政治化，这多少也反映在王笛对成都茶馆的研究中。

王笛对成都茶馆的研究，特别强调了它的政治色彩，即一个"物质"的公共空间是怎样演变成为社会和政治空间的，将茶馆比作地方的政治舞台。就某一特定的历史时期和特定的历史时间段而言，如保路运动爆发时，社会团体以茶馆为开会场所，哥老会的茶馆活动等②，茶馆与民众的政治生活的确发生了紧密的关系。但相对于欧洲，尤其促发了法国大革命的法国咖啡馆而言，川西的茶馆远没有达到那样的革命性。"当时法国的咖啡馆成为知识分子评论时局的场所，进而促发了法国大革命，起义领袖就是在咖啡馆里集会、谋划革命的。"③ "咖啡馆的繁华时期是在1680—1780年……无论何处，它们都首先是文学批评中心，其次是政治批评中心，在批评过程中，一个介于贵族社会和市民阶级知识分子之间的中间阶层开始形成

---

① 王笛：《茶馆：成都的公共生活和微观世界，1900—1950》，社会科学文献出版社2010年版，第384页。
② 同上。
③ [德]克劳士·提勒多曼：《咖啡馆里的欧洲文化》，林珍良译，团结出版社2005年版，第71页。

了。"① 在"保路运动"中,茶馆"吸引众人聚集,有些人甚至站着聆听人们关于铁路国有和借外款的辩论。然后人们悄然散去,又到另一家茶馆听另一场辩论"②。然而没有明确的证据表明保路同志是在茶馆里集会、谋划罢市罢课等一系列斗争活动的。在王笛的论著中,保路运动中街头成为政治斗争的巨大舞台,上演了"修建牌坊、竖立灵位、烧香祭祀、跪拜街头"等政治反抗仪式,"许多政治事件都是在街头上演的"③,但茶馆在这里身影依稀,远没有法国咖啡馆那么关键。重要的是,茶馆里并没有形成一个新的阶层,也没有整合出新生的力量。在王笛的新著《茶馆:成都的公共生活和微观世界,1900—1950》中,他用了三分之一的篇幅考察"茶馆与政治","揭示精英、民众以及国家怎样利用茶馆以达到各自的政治目的"④,不过同时他又说"茶馆仍然是当时相对安全和稳定的日常生活空间"⑤。

尽管在一定历史时期,袍哥组织与茶馆结下了不解之缘,"据档案资料,1949 年成都有 130 个袍哥公口,其中注明街道者有 119 个。这 119 个中,有 36 个标明是在某某茶馆,其余都称在某某街,很可能也是在茶馆里"⑥。需要补充的是,那一时期成都市茶馆的数量约为 500 多家,但袍哥也开办酒馆、烟馆、旅店、剧院等作为"公口",茶馆并不是袍哥唯一最重要的政治舞台。而在茶馆发展的历史长河中,袍哥与之的关联毕竟只是其中一小段插曲。在研究袍哥与茶馆的关系时,或许我自己也需要反思是不是夸大了茶馆作为政治舞台的重要性。从一段较长的历史时期来看,四川的茶馆只是民众休闲娱乐的空间,更多地满足的是日常生活和心理情感的需要,其政治舞台的角色并不是最主要的,因此在与西方的咖啡馆、沙龙等

---

① [德]哈贝马斯:《公共领域的结构转型》,曹卫东、王晓珏等译,学林出版社 1999 年版,第 37 页。
② 王笛:《街头文化:成都公共空间、下层民众与地方政治,1870—1930》,中国人民大学出版社 2006 年版,第 331 页。
③ 同上书,第 310、315、318 页。
④ 王笛:《茶馆:成都的公共生活和微观世界,1900—1950》,社会科学文献出版社 2010 年版,第 383 页。
⑤ 同上书,第 377 页。
⑥ 王笛:《街头文化:成都公共空间、下层民众与地方政治,1870—1930》,中国人民大学出版社 2006 年版,第 334 页。

公共领域进行类比时，对政治功能的强调就缺乏坚实的基础。"从某种程度上讲，成都茶馆所扮演的社会、文化角色比西方类似空间（欧洲近代早期和美国的 咖啡馆、酒店和 酒吧间）更为复杂。它不仅是人们休闲、消遣、娱乐的地方，也是工作的场所和地方政治的舞台。"① 之所以有这样的判断，我以为，这或许与王笛研究的茶馆限于城市有关，在研究之初，就预设了茶馆与城市发展、市民兴起的因果关系。当然，这也与他研究的主要是民国时期的茶馆有关。从笔者对川西场镇的茶馆调查看，与其说茶馆是政治的舞台，毋宁说它是交往的中心。相对于政治舞台，茶馆中普通民众的社会交往和人际互动，以及由此而产生的社会认同和情感慰藉可说是茶馆的常态。

---

① 王笛：《街头文化：成都公共空间、下层民众与地方政治，1870—1930》，中国人民大学出版社 2006 年版，第 60 页。

组织参与的置换逻辑
——关中"水利社会"的组织形态

石 峰[*]

一 导论

多样性的中国乡村社会是怎样联结为一体的，这是研究中国社会的学者要面对且必须要加以解说的一个问题。"宗族组织"作为优先考虑的对象成为人类学家和社会史家解答该问题的一个重要切入点。

林耀华和葛学溥率先运用社会人类学的方法，对东南沿海（福建、广东）的宗族乡村进行了实地考察同时也对史料进行了爬梳。此时，国际人类学界对"宗族组织"的关注是一大热点。艾文斯－普里查德和弗特斯在非洲发现及提炼出来的"宗族理论"对学界的影响是如此之大，以至于弗里德曼把它用来观察中国社会，并试图与前者形成对话。自此以后，"宗族模式"成为人类学中国研究的一个持续话题且经久不衰。面对弗里德曼的"宗族范式"，后来的学者或赞同之或批评之，在这两种声音下，"宗族理论"愈来愈精致化。

其实，早在林耀华研究宗族乡村的时代，学者们就已察觉到中国社会的多样性实情。就"宗族"而言，在中国社会就存在极大的差异性。一般来说，这个差异主要表现为南北之间的差异。相较而言，北方中国的宗族组织不是那么明显和突出，仅有的大族也呈零星分布状

---

[*] 石峰，贵州师范大学历史与政治学院教授。

态，特别是外显符号（族产、祠堂、家谱和祖坟）相当模糊。

如此看来，中国乡村社会的运转和集体行动，不是用宗族模式就能充分理解的。换言之，为了更全面地理解中国乡村社会，人类学对乡村非血缘组织的研究是一个必然的延伸。

在我的田野点陕西关中地区，已有史家[①]对该地区的社会状况进行了有影响的研究。那就是在历史上该区域阶级分化不明显，是一个缺乏社会分层的地方社会，土地分散，自耕农是社会的主体。相应地，因缺乏强有力的物质基础（宗族组织的一个关键性要素），支配性的强宗大族还未成长起来。亦即是说，这是一个非宗族乡村。那么这样一种乡村社会是怎样运转的呢？作为公共事业的水利工程无疑是一个较为理想的透视窗口。

关中地区气候干燥，水是至关重要的稀缺资源。该地区的水利事业由来已久。在整个水利网络系统中，被分为"官渠"和"民渠"两种类型。值得强调的是，官方主导的水利工程一直长时间地存在着（战国至今）。平原地区的水利工程因其有无限延伸的空间，极有可能造就一个庞大的水利系统，而这样的规模非一般民间组织所能胜任，政府组织的参与就是理所当然的了。虽然如此，在"官渠"也依赖了民间组织参与基层管理。在"民渠"系统中，一些极小的水利工程（一村或几村）逐渐被整合为中型的水利系统。民间组织在关中水利社会中的作用，除了地缘性的水利联合组织外，地方宗教组织和娱乐组织也在其中扮演了积极的作用。

对南方宗族乡村的研究发现，许多像水利工程这样的公共事业，一般都是由地方上的乡族来组织和领导的。不仅如此，那些强宗大族还把他们的触角伸展到社会生活的方方面面，甚至会干预到政府的行为。而在非宗族乡村，政府组织和非血缘性的民间组织在地方舞台上相对会活跃一点。这样来观察中国乡村社会可能更全面和更理智。"宗族模式"于此便显现出它的局限性，而本文的学术努力也在于试图要化解这样一个困境。

---

① 秦晖：《封建社会的"关中模式"》，《中国经济史研究》1993年第1期；秦晖：《"关中模式"的社会历史渊源》，《中国经济史研究》1995年第1期。

(一)"水利"的社会文化关联——学术史检阅

对"水利"的社会文化关联,一些中国远古文献虽有所提及,但还不是严格意义上的学术研究。学术性的研究得从西方学者关于"东方水利社会"的争论开始。

马克斯·韦伯和卡尔·马克思较早把东方专制政体与东方水利社会相互联系起来考虑。承接这一思路并作了出色研究的是魏特夫(K. Wittfogel)和他的大作《东方专制主义》[1]。在魏氏看来,由于东方社会的水利灌溉需要一体化的协作,因此强有力的管理和控制就成为必须,因而就产生了专制主义的统治,这种统治非常稳固,除非这个社会的灌溉系统遭到致命的破坏。魏氏的理论虽遭到广泛的非议,但其运思理路仍有合理之处。还有学者认为中国历史上经济兴衰的区域性体现与水利事业有很大关系,冀朝鼎[2]在20世纪30年代对该问题作了讨论。在人类学界,弗里德曼(M. Freedman)[3]与巴伯德(B. Pasternak)[4]关于"水利"与中国宗族的辩论最为引人注目。弗氏认为中国东南宗族组织的产生与当地的水利建设有关,而巴氏对台湾两个村落的实地考察,却发现情况正与弗氏的假说相反。在巴伯德[5]另一篇文章中,他进一步阐述了其"水利社会学"的思想,认为在依赖雨水的地方更容易出现大家庭,而依赖灌溉的地方则多以小家庭的形式出现。同样在台湾,谢继昌[6]对一个村落的调研,从水利与宗教、水利与武馆、水利与政治,探讨了"水利"

---

[1] [美]卡尔·魏特夫:《东方专制主义》,徐式谷等译,中国社会科学出版社1989年版。

[2] 冀朝鼎:《中国历史上的基本经济区与水利事业的发展》,朱诗鳌译,中国社会科学出版社1981年版。

[3] [美]弗里德曼:《中国东南的宗族组织》,刘晓春译,上海人民出版社2000年版。Freedman, Maurice, *Chinese Lineage and Society*: *Fukien and Kwangtung*, Humanities Press, 1966.

[4] Pasternak, Burton, *Kinship and Community in Two Taiwan Villages*, Stanford: Stanford University Press, 1972.

[5] Pasternak, Burton, The Sociology of Irrigation: Two Taiwan Villages, in *Economic Organization in Chinese Society*, W. E. Willmott ed., Stanford: Stanford University Press, 1972.

[6] 谢继昌:《水利和社会文化之适应:蓝城村的例子》,《民族学研究所集刊》1973年第36期。

与社会文化的适应问题。与弗里德曼的问题有些相关的是郑振满[①]对明清时期福建沿海的农田水利制度与乡族组织作了社会史的考察，他发现随着地方乡族势力的提升，地方的水利事业逐渐被这些乡族所把持。而杜赞奇[②]对华北的历史研究，为了说明"权力的内卷化"，建立了"权力的文化网络"的解释框架。他认为，华北地区的水利管理组织较为典型地体现了他的这个分析性的概念。格尔兹（C. Geertz）[③]以巴厘岛的水利社会为例，来说明他的主要观点，即象征就是权力，权力就是象征。沈艾娣（H. Harrison）[④]对山西水利社会的研究，从一个意想不到的角度探讨了水利社会中的道德问题，她发现在当地的水利社会"暴力"也是被推崇的美德。对华中地区的水利与社会的关系，则有贺雪峰、罗兴佐[⑤]的研究。他们从乡村水利的组织基础、乡村水利的社会组织与水利与农地制度的创新三方面作了较为深入的探讨，在此基础上提出政府对乡村公共事业干预的必要性。

具体到关中"水利社会"特别要提到钞晓鸿、萧正洪、卢勇等的研究。钞晓鸿以关中"水利社会"为个案与日本"水利共同体"[⑥]

---

① 郑振满：《明清福建沿海农田水利制度与乡族组织》，《中国社会经济史研究》1987年第4期。

② ［美］杜赞奇：《文化、权力与国家：1900—1942年的华北农村》，王福明译，江苏人民出版社1996年版。

③ ［美］克利福德·格尔兹：《尼加拉：十九世纪巴厘剧场国家》，赵丙祥译，上海人民出版社1999年版。

④ ［英］沈艾娣：《道德、权力与晋水水利系统》，《历史人类学学刊》2003年第1卷第1期。

⑤ 贺雪峰、罗兴佐：《论乡村水利的社会基础：以荆门农田水利调整为例》，《开放时代》2004年第2期；《乡村水利的组织基础：以荆门农田水利调查为例》，《学海》2003年第6期；《乡村水利与农地制度创新：以荆门市"划片承包"调查为例》，《管理世界》2003年第9期。

⑥ 日本学界对中国"水利共同体"的研究成果蔚为大观，举其要者有：大塚义雄《共同体的基础理论》，于嘉云译，联经出版事业有限公司1999年版；丰岛静英：《中国西北部にれける水利共同体について》，《历史学研究》1956年第201号；森田明：《清代水利社会史》，亚纪书房1974年版；森田明：《明清时代の水利团体——その共同体の性格について》，《历史教育》1965年第13卷第9号；森田明主编：《中国水利史の研究》，国书刊行会，1995年。英文介绍可参见 Mark Elvin Edited, *Japanese Studies on the History of Water Control in China History*: *A Selected Bibliography*, The Institute of Advanced Studies, Australian National University, 1994. 转引自钞晓鸿《灌溉、环境与水利共同体》，《中国社会科学》2006年第4期。

的理论进行了对话。作者集中辩驳了"水利共同体"的解体理论。该理论认为在明清时期由于地权集中导致了"水利共同体"的解体。而关中"水利社会"在地权分散的情况下也出现了共同体内部权利与义务的脱节。作者还强调了"水利共同体"解体的时间未必统一于明末清初时期。与"水利共同体"的解体理论不同,卢勇等则从明清时期关中水利社会看到了共同体的加强,主要表现在当时水利农具和农书的进步,灌区的拓展和水利设施的管理。这两种相异的理论视角和结论无疑丰富了水利社会研究的内容,使这个论题更具争辩性。另外,萧正洪集中讨论了关中水利社会的水权问题,还提供了富有价值的史料。董晓萍则对关中水利进行了当代的田野调查,发现地方的娱乐组织社火也参与了水的象征性管理。

学界对水利的社会文化关联的研究是多向度的,换言之,继续探讨的空间是无限的。本文的视角主要以关中水利社会为切口,来看牵引地方社会运转的组织力量。

(二) 跨村落的"水利社区"

以"村落"为单位来作为观察的对象,是人类学的一个传统。其优势在于规模小,结构简单,便于从中以小见大;另一种看法是认为人们的活动一般都局限于村落的范围,其前提假设是把村落看作是一个封闭的自足的"共同体"。这种工作方法是人类学从"简单社会"研究中积累下来的学术遗产。当人类学家转向"复杂社会"的研究后,发现了这种方法的局限性。施坚雅对中国四川乡村进行研究时特别指出了这一点。他说:

> 研究中国社会的人类学著作,由于几乎把注意力完全集中于村庄,除了很少的例外,都歪曲了农村社会结构的实际。如果可以说农民是生活在一个自给自足的社会中,那么这个社会不是村庄而是基层市场社区。我要论证的是,农民的实际社会区域的边界不是由他所在村庄的狭窄范围决定,而是由他的基

层市场区域的边界决定。①

施氏对"复杂社会"乡民的社会活动范围的新探索对学界造成了强有力的冲击，评论界甚至认为"施氏的原意，不过是要矫正人类学家只着眼于小社团的倾向，但结果几乎完全消灭了他的对手"②。后来的学者在施氏的基础上，又发展出了"婚姻圈"、"祭祀圈"和"信仰圈"的概念③，对乡民的社会活动范围作了多层次的理解。

施坚雅的发现对于本文的意义，在于提示我们"村落"作为研究的对象在某些时空范围并不是十分恰当的选择。具体到水利社会而言，格尔兹对巴厘岛的研究就该问题做了较为细致的分辨。

尽管如此，就村庄的所有范围与权力而言，巴厘农民生活中最重要的一个方面却完全置身于其管辖范围之外：水稻农业。在此，另一种公共团体，subak，是至高无上的，它通常不甚确切地翻译成"灌溉会社"（irrigating society）。在某种意义上灌溉会社是一种农业村庄，而巴厘人的确仍偶尔称之为"水利村庄"（banjaryeh）。然而，该团体的成员（krama subak）却并非共同居住者，而是财产共有者——梯田之拥有者。④ 作为一个生产单位，一个灌溉会社可以定义为（而巴厘人也将其定义为）：从同一条主干水渠引水灌溉的所有稻作梯田。⑤

格氏对"灌溉会社"的界定有两点值得我们注意：一是该团体的成员并不是共同居住者，换言之，他们可能分散居住在不同的村落；二是他们因为拥有共同的水源而结成一个群体。该团体的成员还有相应的权利和义务。马伯（Jonathan B. Mabry）在跨文化比较的

---

① ［美］施坚雅：《中国农村的市场与社会结构》，史建云、徐秀丽译，中国社会科学出版社1998年版，第40页。
② ［美］黄宗智：《华北的小农经济与社会变迁》，中华书局2000年版，第23页。
③ 施振民：《祭祀圈与社会组织》，载《民族学研究所集刊》，"中央研究院"民族所，1975年。
④ ［美］克利福德·格尔兹：《尼加拉：十九世纪巴厘剧场国家》，赵丙祥译，上海人民出版社1999年版，第57页。
⑤ 同上书，第81页。

基础上，认为水利社区（irrigation community）的成员资格标准还有：一是，在服务区域内拥有或租赁土地；二是，土地拥有者或租赁者对水资源的享受有时会脱离土地而可转让；三是，在一个与居住或社会组织有关的成员，他们必须相配合；四是，对使用水资源上税或付费，并交给组织来保管。他还认为水利社区（irrigation community）作为描述资源联盟的词语，不是一个共同居住（coresidence）的群体，"因为物质的灌溉系统时常穿过几个村庄的边界，灌溉社区可能由不同居住点的人的土地所构成"[①]。关中水利社会同样是这样一种情形。作为平原地区，这里的水利社区在规模上有大有小，有的小社区局限在一两个村落范围内，而大社区则是跨两个以上的村落，甚至是跨县的。因历史和自然的原因，从理论上来说，社区的自然边界会出现伸缩变化。我们以水利社区作为考察的对象，实是考虑到地方民众以"水"为中心的社会活动并不局限在一个村落的范围内，单以水利纠纷为例来说，其发生的范围就已超出了村的边界。因此，以"水利社区"作为本文的研究对象是比较切合实际的选择。

二 大族何在？
——历史时期关中地区的社会结构

（一）土地与宗族——大族成立的基本条件

作为一种社会组织，中国的宗族是一个以血缘为核心的家族共同体。关于这个共同体的基本构造，历来史家和社会学家多有论述。如有史家认为，"这个共同体包括三个组成部分，一个是以孝悌伦理为主的思想意识结构，一个是实现孝悌伦理的组织机构，即设置族房长，建祠修谱，制定族规，约束族众，一个是为聚合族众追宗祭祖而设置的祭田，有的族姓还置有赡给族众的族田。"[②] 社会学家多

---

① Mabry, Jonathan B. eds., *Canals and Communities: Small—Scale Irrigation Systems*, Tucson, University of Arizona Press, 1996, p.13.
② 李文治、江太新：《中国宗法宗族制和族田义庄》，社会科学文献出版社2000年版，第27页。

从"集体表象"来探讨社会群体的凝聚力问题,中国宗族组织的"集体表象"在社会学家看来一般有四个基本的呈现:一是族产,二是祠堂,三是族谱,四是祖坟。各家说法虽有差异,但大体说来没有本质上的区别。其中族产作为这种组织的经济基础又是敬宗收族的基本保障。

关于族产的内容,林耀华从生产性的角度认为,"祖产包含两部:一是不能生产的东西,诸如祠堂器具、公所、桥梁、河道、族谱、文件等;一是可以生产的东西,诸如祭田、园林、屋宇、池塘、蚬埕,我们一说祖产,多半是指后者而言"[1]。清水盛光认为,"中国族产之中可分为义田(义庄也包括在内)、祭田(包括祠墓),在宗族内部有其起源者;以及如义仓、义学(包括学田在内)、义冢,起源于宗族之外,然采纳于宗族生活之内者两种"[2]。要言之,土地是族产最基本的也是最主要的内容。

庄孔韶[3]在对中国东南大家族的研究中,提出了"理念先在论"的看法,在一定程度上弥补了前人在该问题上对大传统文化的忽视,提醒我们在观察基层民众的行为时要特别注意沉淀在他们意识中或无意识之中的文化理念的重要性。尽管如此,大族成立的物质基础在学界仍然是一个持久的话题。弗里德曼发现大家族的复杂性在某种程度上与较为富裕有关,"我们还看到和不同的社会阶级的关联,在某种程度上说有较高地位的阶级被证明有可能维持一个复杂的家族"[4]。贝克更强调指出,"所有中国人的家族在思想上有成就大家族的理想,但对大多数家族来说则很少实现……我们可以说,不是所有富有的家族都是理想的家族,而是所有理想家族都是富有

---

[1] 林耀华:《义序的宗族研究》,生活·读书·新知三联书店2000年版,第48—49页。

[2] [日]清水盛光:《中国族产制度考》,宋念慈译,中国文化大学出版社1986年版,第33页。

[3] 庄孔韶:《银翅:中国的地方社会与文化变迁:1920~1990》,生活·读书·新知三联书店2004年版。

[4] Freedman, Maurice, *Chinese Lineage and Society: Fukien and Kwangtung*, Humanities Press, 1966, p.237.

的"①。约翰逊也持相同的观点，他说，"带有儒家规范和较高地位集团的理想家族模式是属地主士绅的数代同堂的大家族"②。

华琛（J. Watson）在对"宗族"（Lineage）的定义中，特别强调了共同财产的重要性。他说宗族与其他继嗣群体（descent group）的本质性区别，在于宗族在整个群体或房支中有一个法定的集体财产的拥有。当这个群体对个人提供物质利益时，这个事实不仅影响个体怎样旁观其群体成员，而且也是群体内部动力和群体在地方社会中存在的权力基础。③

庄英章在对中国台湾宗族进行比较研究后发现，"关于宗族发展的条件，公共的土地财产是维持一个宗族继续的重要原因，没有公共财产的收入，要维持宗族的发展较为困难。再者，系谱与宗族的公共财产有密切的关系，只要有公共财产，宗族的成员为了他的权利一定特别注意系谱关系，因此两者可说是互补的关系，都是宗族发展的重要条件"④。土地对维持一个群体的团结是如此的重要，以至于在中国古典文献中留下了大量强调性的论述。清代安徽桐城县张英撰写的《恒产琐言》无疑是一篇代表性作品。贝蒂（H. J. Beattie）对桐城县方氏、姚氏、张氏、左氏、马氏诸大族群体进行研究后指出，"在桐城要维持持久精英地位无疑有一个基本的要素（确实就像何丙棣提到的那点），那就是出于安全考虑不断对以土地为形式的财富的追求。该县所有的大族在他们的早期就以土地为基础建立起来，土地的吸引力看来是愈来愈提高，而不是减少。随着地方经济商品化和货币化的发展，特别是能在市场上出售农产品和靠高利贷获利的机会增多。尽管如此，当地的商业发展和制造业明显没有达到一个像长江下游地区那样老于事故的水平，可能从来

---

① Baker, Hugh D. R., *Chinese Family and Kinship*, New York: Columbia University Press, 1979, p. 25.

② Johnson, Kay A., *Women, the Family and Peasant Revolution in China*, Chicago: University of Chicago Press, 1983, p. 7.

③ Ebrey, Patricia B. & James L. Watson, eds., *Kinship Organization in Late Imperial China 1000 – 1940*, Berkeley Los Angeles: University of California Press, 1986, p. 5.

④ 庄英章：《台湾汉人宗族发展的若干问题》，载《民族学研究所集刊》，"中央研究院"民族所，1975 年，第 136 页。

没有提供真正的吸引力和一个安全投资的替代"①。在族田的发展过程中，就全国范围来说明显呈现出不平衡的分布状态，这种不平衡性主要体现为南北之间的差异。

北方宗族组织远不如南方普及、健全和发达。北方虽出现过有名的宗族组织，但总的来说寥如星辰。绝大多数是"有庙者少，无庙者多"（乾隆《徐州府志·风俗》）。一般只有缙绅人家设有祠堂，并且在规制上也不讲究。山西绛州"祭祀营庙，唯缙绅家为然，然亦同堂异龛而已"（光绪《绛州志·风俗》）。顾炎武在比较南北族群之异时，指出"北人重同姓，多同谱系，南人则有比邻而各自为族者"，"今日中原北方，虽号甲族，无有至千丁者，户口之寡，族姓之衰，与江南相去复远"（《日知录·通谱及北方门族》）。这种不平衡性远在宋时就初现端倪。范仲淹在江苏创设义田后，仿效者有北宋的刘辉、向子谭在江西，吴奎和韩贽在山东。南宋的郭份在江西，吴明可、石子重、石允德等在浙江，孙仲卿在湖北，赵葵在湖南，陈居仁等在福建。在元代，河南和韩元善，河北有盖苗，浙江有陈、汤、沈、傅、应、董等大族。由此观之，宋元时代，义田之设置，华中、华南就比华北数量稍多。② 明清时期，族田得到进一步的发展，但仍然延续着南北差异的格局。据有的学者保守的估计，如江苏吴县，到宣统年间，族田大约有七万亩，占该县所有土地的 10.87%。常熟县到宣统年间也有七万亩，占该县土地的 7.55%。皖南有的地区族田可占到 32%。族田比重最大的首推广东。海丰县的族田可占到 50%，顺德、新会最高达 60%，东莞县最低也可达 20%。广西族田比例为 22%。福建族田比例为 10%—60%。而黄河流域的族田只占到 1%—2% 还低。③

---

① Beattie, Hilary J., *Land and Lineage in China: A Study of Tung-cheng County, Anhwei, in the Ming and Ching Dynasties*, Cambridge: Cambridge University Press, 1979, p.130.

② [日] 清水盛光：《中国族产制度考》，宋念慈译，中国文化大学出版社 1986 年版，第 112—113 页。

③ 李文治、江太新：《中国宗法宗族制和族田义庄》，社会科学文献出版社 2000 年版，第 187—195 页。

（二）大族何在？——"关中模式"及其延伸的宗族问题

关中是个三面环山向东敞开的河谷盆地，位于陕西省中部。其南倚秦岭山脉，北临北山山系，东部宽阔，南北有三四百里，逐渐向西减少为百十里宽；西起宝鸡以陇坻为界，东至潼关以黄河为限，东西约八百里。《史记·货殖列传》谓："关中自汧（今陕西陇县）、雍（今陕西凤翔），东至河华（今黄河、华山）。"①

学界把历史时期关中的社会性质凸显出来加以讨论，导源于对"阶级话语"的再认识，一如前文所言。其中秦晖②的研究尤其引人注目，他的研究也是本文讨论关中宗族问题的一个重要出发点。③

在20世纪50年代，中共渭南地委就土改问题给省委的一封汇报信中指出，"本区地富数量不多。除极个别的地主外，其占有土地一般超过中农的数量也不大。尤其是富农，在一些地区平均有地几与中农相等。……这就是说，本区绝大多数地区的土地一般不能满足贫雇农的要求，即使动了富农（的土地）也无济于事。……据我们了解，除临潼外，其他各县地主很少，二华（华县、华阴）则有许多乡乃至一部分区的范围内无地主，这些地区的土改内容究竟是什么，是很需要研究的一个问题"。土改时期的一些统计数字表明了同样的情况。渭南专区13个县第一期土改区内，土改前地主占有全部土地的5.93%，富农占有3.63%，而中贫农分别占有当地土地的57.56%和23.8%。这四个阶层的人口比重分别为，地主2.47%，富农1.81%，中农50.77%，贫农34%。在第二、三期土改区内，土改前占总人口数1.54%的地主占有4.3%的土地，2.24%的富农占有4.75%的土地，50.9%的中农占有土地的57.5%，37.3%的贫农占有土地25.2%。这些数字表明该地区半数以上的人口属于占有土地与其人口比例几乎一致的中农，而中贫农总计的人口与土地均

---

① 李令福：《关中水利开发与环境》，人民出版社2004年版，第1页。

② 秦晖：《封建社会的"关中模式"》，《中国经济史研究》1993年第1期；秦晖：《"关中模式"的社会历史渊源》，《中国经济史研究》1995年第1期。

③ 关于"关中模式"的基本性质在正文中除注明外皆引自或转引自秦晖《封建社会的"关中模式"》，《中国经济史研究》1993年第1期；秦晖《"关中模式"的社会历史渊源》，《中国经济史研究》1995年第1期。谨表谢意。

占到80%以上，也即是说该地区两极分化极其微不足道。

在关中其他地区也大体相似。如西部宝鸡专区13县1市，土改前2.48%的地主人口占地7.58%，85.21%的中贫农人口占地80.21%，5.58%的雇农人口占地1.58%。

该地区也不是说没有地主，只是数量微乎其微。以渭南13县而论，土改中划定的地主户在总户数所占比例最大的是华县1.43%，渭南1.39%，最小的是华阴0.01%，蓝田0.02%。

对关中社会性质的这种认识，也反映在民国时期一些调查报告中。在1941年印行的《陕西省土地制度调查研究》（熊伯蘅、王殿俊）一书中，以翔实的数据资料而得出结论认为："陕西的自耕农占78.3%，半自耕农占19.1%，佃农仅占2.6%。"[1] "南郑（在陕南）的佃农较多，大概是因为南郑的水田占耕地的成分较关中为大，水田的地价高，一般贫民无力购买，只有佃耕，因之，佃农的成分较大，这样解释的依据是，在这此调查中，关中水田仅占耕地的4.1%，而南郑的水田则占耕地的35.5%，南郑水田的地价平均每亩174.5元，旱地每亩58.3元，只当水田地价的三分之一。又，南郑佃农的租田，有60%是水田，所以说南郑的水田对于租佃关系很大。"[2] "就全省而言，自田占94.1%，租田仅占5.9%。宝鸡的自田最高，占98.8%，租田仅占1.2%。渭南的自田占98.7%，租田占1.3%。武功的自田占92.7%，租田占7.3%。南郑的自田最少，为78.7%，租田占到21.3%。如仅就关中三县来说，则自田占96.8%，租田占3.2%，三县租田的总和只有160亩，还没有南郑一县的租田多。"[3]

在关中地区对土地的集中占有也不是说没有，但却是一些"特殊地权者"。根据民国时期马玉麟对武功县的调查研究，指出在武功民间固然没有什么大地主，但有三个特殊地权者：一、国立西北农专在杨陵镇有地50余顷；二、"西北某要人，于民国二十二年灾荒

---

[1] 熊伯蘅、王殿俊：《陕西省土地制度调查研究》，国立西北农学院经济系，1941年，第10页。
[2] 同上书，第11页。
[3] 同上书，第11—12页。

时在武功县……贱价收购民田20余顷。现在除租出去一部分外，雇役农民数十人，种植鸦片等物，因该县所产鸦片之佳，在陕西省首屈一指。"三、"本县某要人，于民国二十二年灾荒时在霸王村购买民田5顷，租于农民耕作。"

关中土地分散的情况最早可以上推到明清时期。清初的泾阳县，据说是"昔之产在富，今之产在贫"。"有家累千金，而田不满百亩者。"以至于地价下降，"视明季仅什一耳"（康熙《泾阳县前志·贡赋志》），"家资巨万无一陇之殖，则对于国家终岁不输一钱"（民国《续修陕西通志稿·田赋一》）。因此国家"劝谕富者多置陇亩"（康熙《泾阳县前志·贡赋志》），另一大县三原也是同样情形。"中人之家不能逾十亩。"（乾隆《三原县（刘）志·地理志》）"饶裕之家，劝令买地，多以为累。万金之子，身无寸土。"（乾隆《三原县（张）志·杂记》）富平县，"县之千万家，田鲜阡陌连也"。"县则膏腴，鲜十亩之家。"（万历《富平县志·习俗志》）咸宁县，"荐绅鲜干谒，无奢田广宅"（乾隆《西安府志·学校志》）。合阳县，"人乃以田多为累"（肖钟秀《合阳县乡土志·物产》）。

关中地区多以经商致富。陕西商人以经营盐业为主，历史悠久，逐渐形成陕西商帮，与山西商人一起被称为"西商"。关中地区的商人多出在泾阳和三原，然而商人们获得的利润并没有投资在土地上。在家乡既不兴业，也不置产。相反，唯是奢侈摆阔。因此，"陕西商人所占有的巨额资本，对于关中地区社会经济发展来说，很难断定起了多大作用"①。

从文化建设上来说，关中自五代以降就没有多大建树，这与中国经济文化中心南移有密切的关系，人才结构出现了极为突出的"武盛文衰"现象。缙绅阶层远不如江南、湖广发达，陈正祥②对此作了饶有趣味的比较：

---

① 田培栋：《明清时代陕西社会经济史》，首都师范大学出版社2000年版，第424页。
② 陈正祥：《中国文化地理》，生活·读书·新知三联书店1983年版。

历代中进士人数统计

	唐	宋	明	清
武功（代表关中）	14	7	2	0
钱塘（代表江南）	0	82	155	270

人才培养的物质基础最有实力的本应属于陕西商人，然而这些商人对人才培养的贡献却在外省。例如，流寓扬州的陕西盐商，他们的子弟可以参加本地的科考。其入考的人数大大超过本地人。①

自贵族制被废除后，中国的士绅阶层主要出自有一定经济实力的地方强宗大族家庭。科考名义上是自由竞争，实际上中榜的人多出自世家。这样一种事实上不平等的竞争模式即使在新旧文化交替和社会变迁之际仍然被再生产出来。②

很显然，关中地区土地分散的事实并不能造就一个强有力的宗族组织，有经济实力的商人对本地的影响又微乎其微。

事实上，本地人的宗族意识也并不那么强烈。据民国时期对陕西蓝田县的调查："本地人民，大半不立宗祠、不修家乘，以故义子种类复杂难稽。有因荒年遇流丐收养者、有拾养奸生子者、有买异姓子为己子者，其初尚有乱宗之私议，一经历年久远，便认为一般普通族人。本宗遇有乏嗣者，并原将义子后裔过继，倘义子后裔或有一支乏嗣，本宗也愿为之承继，并无户族以异姓乱宗名义，出而理论。其以甥继舅，以内侄继姑父者，尤属地方公认为正当。"③ 多贺秋五郎④对中国宗谱的比较研究也显示了陕西宗谱的稀少；罗斯基

---

① 田培栋：《明清时代陕西社会经济史》，首都师范大学出版社2000年版，第376—378页。

② 应星：《社会支配关系与科场场域的变迁》，载杨念群主编《空间·记忆·社会转型》，上海人民出版社2001年版，第208—283页。

③ [日]滋贺秀三：《中国家族法原理》，张建国、李力译，法律出版社2003年版，第487页，[注：35]。

④ [日]多贺秋五郎：《中国宗谱的研究》，岩波书店1960年版。

认为陕西并不是一个宗族繁荣茂盛的地方。①

秦晖②的研究也同样强调了这种社会事实,他说:"……与商品货币关系斩断宗法纽带的一般推理相反,近代中国商品经济最发达的东南农村宗族关系与族权势力最大,而相对闭塞保守、自给自足的关中农村反而相对少有活跃的宗族组织和强大的族权。"

在这样一种阶级分化不明显的地方社会,又是一些什么样的人在行使支配的权力呢?土改时期当地农民对分地没有多大兴趣,因为没有多少可分之地,但对"恶霸"却恨之入骨。整个关中地区当时都有"冷分地,热反霸"的特点。这些恶霸比如有临潼的"三皇五帝""五霸七雄",长安县的"河东王"(罗田伯)、"河西王"(张子敬)、"瞎城隍"(刘镇西)等。关中地区的恶霸地产并不多。这些恶霸较为突出的是临潼县铁炉区的"铁炉王"韩国璋。另外在地方上有权势的还有官吏势要、乡保头目,以及一种没有名目但依势恃强横行乡里的地头蛇,关中人谓之"村盖子"。

这样一种特别的地方社会,被秦晖表述为"关中模式",其主要特征可以概括为以下几点:地权分散,地主及无地农民均很少;没有强大的宗族组织和族权;仅有的少量地主多为"经营地主",很少出租土地;"经营地主"经济中的过密化不亚于或甚于小农;收入分配与消费分配的不均远大于土地分配的不均度,"按资产分配"的阶级分化不发达而"按权分配"的等级分化很发达;平民地主经济的不稳定性远大于小农,权力经济特征明显;积累欲贫乏而消费欲高涨;等等。

三 水利与政府组织

关中大规模的水利工程历史久远,其中"官渠"的历史至少可以上推到战国末期秦开郑国渠引泾灌溉,迄今已有 2200 多年的

---

① Rawski, Evelyn S., "The Ma Landlords of Yang-chia-kou in Late Ching and Republican China", *Kinship Organization in Late Imperial China* 1000 – 1940. Patricia B. Ebrey & James L. Watson eds. Berkeley & Los Angeles: University of California Press, 1986, p. 247.

② 秦晖:《封建社会的"关中模式"》,《中国经济史研究》1993 年第 1 期。

历史。

(一) 政府组织主导的"官渠"——建设与管理

1. 郑国渠

郑国渠是秦王政元年动工在关中兴建的大型引泾灌溉工程，这本来是韩国的"疲秦"之计，欲使秦致力于建设，无力东伐，秦花费了十多年时间，经历了一场曲折的政治斗争，建成后对增强秦国的经济实力和完成统一大业发挥了重要作用。[1]

2. 白渠

白渠是汉武帝太始二年继郑国渠之后，由赵中大夫白公主持兴建的大型引泾灌溉工程（《汉书·沟洫志》）。

白渠和郑国渠兴建时间相隔约150年，距六辅渠修建仅隔16年，六辅渠的兴建仅是郑国渠的补充，而白渠则是郑国渠后引泾工程大规模的改造，此时郑国渠的引水因河床下切发生困难，下游引用他水灌溉部分农田，灌溉效益已大为减少。白渠的兴建提高了引泾灌区的效益，加之其他如引渭灌溉工程及关中漕运工程的大规模的兴建，曾使关中成为全国最富庶的地区，史载"天下财富三分，关中有其二"。关于白渠与郑国渠的灌溉效益，班固在《西都赋》中这样描述："郑白之沃，衣食之源；提封五万，疆场绮分，沟塍刻镂，原隰龙鳞；决渠降雨，荷锸成云，五谷垂颖，桑麻铺棻。"赞扬了郑白渠显著的效益。

白渠建成后，仍沿用引洪淤灌的灌溉方式。由于郑国渠引洪灌溉的基础和西汉时期农业生产技术的提高和减免徭役使民休养生息等一系列政策的推行，白渠灌溉面积虽不及郑国渠的三分之一，但已开有支渠，灌水较有保证。

西汉于武帝元鼎二年初置水衡都尉，设有都水丞。《汉书·百官

---

[1] 《史记·河渠书》载："而韩闻秦之好兴事，欲罢之，勿令东伐，乃使水工郑国间说秦，令凿泾水自中山西邸瓠口为渠，并北山东注洛三百余里，欲以溉田。中作而觉，秦欲杀郑国。郑国曰：'始臣为间，然渠成亦秦之利也。'秦以为然，卒使就渠。渠就，用注填阏之水，溉泽卤之地四万余顷，收皆亩一钟。于是关中为沃野，无凶年，秦以富强，卒并诸侯，因命曰郑国渠。"

公卿表》载:"水衡都尉,武帝元鼎二年初置,……甘泉、上林、都水七官长丞皆属焉。"又"内史,周官,秦因之,掌治京师,景帝二年分置左右内史,武帝太初元年左内史更名左冯翊设左都水长丞,右内史更名右扶风有右都水长丞,与京兆尹为三辅"。息夫躬曾受命吃接节领护三辅都水。白渠在三辅都水管理之下,是中国最早的灌溉管理制度。郑国渠运用了140多年引水口即被淤废。白渠至新莽时运用100多年,无永久性引水建筑物长久不衰。事实上东汉迁都洛阳后,关中一带曾多次沦为战地,郑白渠渐废。东晋时期曾有前秦苻坚于泾水上源,凿山起堤,通渠引渎,西魏时开白渠及贺兰祥修造富平堰并开渠引水东注于洛。渠口设置及工程运用时间史无记载。

3. 郑白渠(又称三白渠)

唐代郑白渠,因有大白、中白、南白三大干渠,所以又称三白渠。最初三白渠共设斗门48个。唐武德二年在下邽县扩建金氏二陂,将中白渠横跨石川河,东南注入金氏陂。大历十三年,京兆尹黎干请开郑白支渠后,确立了三白渠集中在三限口设闸分水的渠系布置,斗门增加到135个。安史之乱后,唐王朝日渐衰落,灌溉管理松弛,灌区上游豪强权势之家霸水,使下游高陵灌区无着。长庆三年,高陵县令刘仁师根据《水部式》(唐代颁布的用水管理法规)中所列"居上游者不得壅泉而专其腴"的条文,上告泾阳县,胜诉后获准另开水道,在两县交界处兴建彭城堰和刘公四渠,开工后又因泾阳人"以奇计赂术士"而一度停工,几经周折才得以建成。

自彭城堰和刘公四渠建成后,三白渠的渠系工程配套更加完善。唐代郑白渠因为有较为完备的渠首及渠系工程,其灌溉方式是避开洪水以防渠道淤塞,并逐步形成了每年八月兴工修堰,九月完工,十月一日放水,至次年六月遇涨歇渠,七月住罢的定例,以及支、斗渠自下而上轮灌的顺序。还规定沿渠设置的水碾硙,只能在八月三十日以后正月以前用水,以避开农田灌溉季节。按《水部式》及有关史料记载,斗门的设置是唐代灌溉管理水平的显著标志,有了斗门就可以按各灌溉渠道的灌溉面积、作物种类及不同生长季节的灌水要求,合理地分水和调配水量。而这些斗门须按官府规定修建,不能私设，要用块石砌筑，安装坚固的木闸门，不许当渠造堰，在支渠上可临时筑堰壅水灌溉高地；灌溉田亩须预先申报，按先下游后上游的顺序依次轮灌，以保证均衡受益，还规定了干支渠的分水比例。

唐代对郑白渠的维修非常重视，据不完全记载，近300年间平均不到30年就有一次大整修。唐代的水利管理机构，除中央设有工部尚书，下属水部（水行政管理机构）、都水监（工程施工机构）和河渠署（中央派出机构）外，在地方上还设有河堤使者，后称河堤谒者，郑白渠的管理直属京兆尹，并以京兆尹一人负责，有时也兼有渠堰使衔，或另设渠堰副使，府县差官一人督视，每渠及斗门设长一人。上至中央下至斗门，都有专人管理，形成一套系统的管理机构和体制，还规定了渠、斗长的选用标准和考核制度。

4. 丰利渠

宋神宗即位，采纳王安石变法，多次下诏诸路大兴水利，并于熙宁二年（1069年）颁布"农田水利约束"。熙宁五年先后有泾阳令侯可"凿小郑渠，引泾水与古郑渠等高"，都水丞周良孺自石门堰泾水开新渠，至三限口与白渠合。到大观元年，秦风路经略使穆京以太府少卿出使陕西，接受宣德郎范镐和承直郎穆卞的建议上书奏准，"乃诏本路提举常平使者赵佺与献说者相地计工，二年七月诏可，俾佺董其事，经使以是年九月越明年四月，土渠成，广一丈八尺，深视地形高下，袤四千二百二十尺，南与故渠合；明年闰八月，石渠成，下广一丈八尺，上广一丈四尺，深视地形高下，袤三千一百四十有一尺，南与土渠接。又度渠之北地势高峻，通窦以放涨水。凡溉泾阳、礼泉、栎阳、云阳、三原、富平七县田二万五千九十三顷，赐名丰利渠"（《侯蒙开渠记略》）。

宋代沿用唐代郑白渠立三限闸以分水、立斗门以均水的水量分配制度。

宋代丰利渠直至元代修王御使渠前，渠首已筑有石堰，并保持着每年八月兴工，九月完工的渠堰维修制度。而且规定于七月前，组织用水户就地进行渠道整修和清淤，以保证渠水畅通，并由巡监官、斗门长督促用水户预先修理渠口、砌垒斗口，使无损坏透漏费水。渠首石堰派往30名军看管，三限口等分水处由五县各派监户一名，与都监一同看守。还规定上游石渠、土渠渠岸两边各留空地一丈四尺，不得设置障碍影响巡水道路；三限闸以下各干支渠两边各留空地八尺，斗渠渠岸两边各留空地五尺。每年初春在渠岸栽种榆柳，以坚固渠岸，各斗用水户要就地栽种榆柳。对渠岸修筑不牢固，堵渠开口偷水，砍伐护岸树木者，均予处罚。还实行"计田出夫，验工给水"的制度，规定每出夫一名，可浇夏田一顷三十亩，秋田四十亩，共一顷七十亩。

宋代管水机构，中央仍有工部所属之水部及都水监和外置都水使者（或称外都水丞）之设置。三白渠则专设提举之职，"提举三白渠公事，掌潴泄三白渠，以给关中灌溉之利"（《宋史·职官志》）。

5. 王御使渠

王御使渠是继丰利渠运行200多年后，于元代中叶修建的引泾灌溉工程。丰利渠历经北宋、南宋、辽、金，特别是元伐金等战乱的影响，年久失修，渠堰堵坏。元初曾有几次维修，至元年间立屯田府督治之，大德八年又由屯田府总管夹谷伯彦帖木儿及泾阳尹王珪督导之，但均无大成效。

王御使渠建成前后，正值元代中叶，对三白渠的管理较为重视。早在太宗十二年即设三白渠使及副使，直属朝廷，置司云阳县。至元年间初，因渠堰缺坏，土地荒废，设河渠营田使司，安置屯田，二十八年改为屯田府总管，在三白渠灌区之泾阳、临潼等县有屯田5600多顷。此后泰定年间、天历二年及至正三年到十二年也曾多次维修。

据《长安图志》载，至元十一年九月初二，大司农司扎付呈准中书省制定水法条款，有《洪堰制度》和《用水则例》，成文年代在王御使渠修建前。制度和条例基本上总结了唐宋时期三白渠管理办法。

元代对三白渠（丰利渠）的管理比较重视，设专职官员管理。太宗十二年，梁泰任宣差规措三白渠使，以郭时中为副使，修渠置司于云阳县。至元十一年初，设河渠营田使司，并安置屯田。王御使渠建成后，屯田总管府兼河渠司的组织机构一直延续到元末。

6. 广惠渠

明代引泾灌溉，前期主要是对元代王御使渠及元三白渠系进行整修。洪武年间曾派耿炳文等人多次修治洪堰和疏浚渠道。到明代中叶始建成广惠渠。

明代渠道管理赏罚制度较为严格，现存天启二年所立石碑记："兵巡关内到沈示，仰渠旁居民及水手知悉，如有牛羊作践渠岸，致土落渠内者，牛一只羊十只以下，各水手径自拴留宰杀勿论，原主姑免究；牛二只羊十只以上，一面将牛羊圈拴水利司，一面报官锁拿原主，枷号重责，牛羊尽数辩价，一半赏水手，一半留为修渠之用，特示。高陵县知县兼泾阳县事奉文行取赵天赐。"

7. 龙洞渠

清代前期曾多次对明代的广惠渠进行维修。顺治九年泾阳县令金汉鼎重修广惠渠时，同时利用了泉水和河水。康熙八年泾阳县令王际有，雍正五年督臣岳锺琪、七年总督查郎阿又先后修渠筑堤。到乾隆二年为防止泾水淤渠，于龙洞北口置坝堵口，开始"拒泾引泉"灌溉，改称龙洞渠。

龙洞渠自乾隆拒泾引泉灌溉后，工程维修成为重点。自乾隆、嘉庆、道光、同治到光绪和宣统年间，历任陕西巡抚和泾阳、高陵等县知县，或动用国库银两，或摊派捐款，花费银两少则数千，多则数万，增筑渠堰，疏渠固堤。民国九年靖国军总司令于佑任委任高又明、高士荫等人监修鸣玉泉；民国十二年李仪祉任陕西水利分局局长，筹款二万两，委任高士荫、岳介藩等人监修天涝池、碧玉泉等渠道工程。

龙洞渠的用水管理，一直沿用唐宋以来长期形成的用水制度。由于改为引泉水灌溉，水流量较为稳定，渠系水量分配及干支渠受水时刻都是固定的，每月轮水一次。全渠106条斗渠，斗门每月开闭时刻、灌溉面积、利夫名额都有明文规定。

民国初年，用水制度仍沿用清制。

龙洞渠的管理机构，据《陕西通志》载："雍正七年川陕总督查郎阿以渠工需员专理，题请西安管粮通判改董水利，驻扎王桥镇俾得随时修葺。"开始专设水利通判。乾隆五十一年撤消水利通判，改设水利县丞或由灌区各县知县兼管。民国十一年龙洞渠设管理专局，另设龙洞渠水利局。

8. 泾惠渠

民国初期，陕西水利处于停滞状态。民国十七年至十九年，关中连续三年大旱，全省受灾范围达80余县。民国十九年杨虎城任陕西省政府主席兼西安绥靖公署主任，遂于11月16日召开渭北五县代表大会，成立水利协进会，派张丙昌为协进会监督，特邀李仪祉任陕西省政府委员兼建设厅长，决定由省政府拨款，并准备派一个师的兵力参加修渠。同时，中国华洋义赈救灾总会、檀香山华侨和其他人士也纷纷捐款，赞助引泾工程。至此，酝酿多年的引泾灌溉工程遂得以兴建。民国二十一年，渠首引水工程及总干渠、南北干渠及第三支渠土渠工程告竣，第一期工程建成，并经4月6日陕西政府委员会谈话会议公定，命名为"泾惠渠"。第二期工程于民国二十二年开工，由北平和上海华洋义赈会捐款修建中下游各支渠。民国二十三年"泾惠渠管理局"成立，至年底各项工程先后完成，全部工程施工历时四载。

泾惠渠的管理方式自建成到现在，主要采用专业管理、民主管理和群众管理（详下文）相结合的组织形式。现在设在三原县城的"泾惠渠管理局"一位年轻干部对我说，目前泾惠渠还是延续李仪祉时期的管理模式。

泾惠渠灌区委员会成立于1951年5月8日，当时灌区分属咸阳、渭南两个地区的五个县（区），灌溉委员会由地区专员（或副专员）、各县县长、泾惠渠管理局局长及灌区有关农业科技部门人员组成。[1]

（二）水利纠纷处理中的政府权威——以民国时期为例

据民国二十五年的统计，关中地区发生的水利纠纷主要有三类：一是引水争讼，如先年共用一水源，各自筑堰开渠，一遇天旱，或

---

[1] 编写组：《泾惠渠志》，三秦出版社1991年版。

上游拦截独用，或另开渠堰以灌下游之地及引溉旱田；二是用水纠纷，如同一水源共用一渠，先年轮流分用，旱年水量不足，或上游拦截，或强开支渠；三是渠道及其他纠纷，如渠道占用地亩，或索取地亩租税及修理责任不清等。以下迄录一则截至民国二十五年二十年间所发生的水利纠纷案例及陕西省水利分局的处理经过和结果。①

案例

争讼时期：民国七年至十三年

案由：长安县南乡水寨村因在潏河北岸开渠引灌旧有稻田，徐家村以在该村堰口上游增开渠堰妨害下游用水，因而起讼，于民国七年互控于陕西省水利分局。

事实及处理经过：水寨村于民国四年开始在徐家寨堰口上开渠，两造起诉。经县判令水寨村具结填渠。民国六年用水时期又因修渠斗伤人命。民国七年互控于水利分局，经局派员勘验，水寨渠系新开，所浇之地系潏河水粮稻田。前由杨家堰旧渠用水，现时潏河水量有余，拟准开渠，堰口设闸。引水办法四条，商处未决，案经上诉，奉经呈省署批示，仍遵旧判。民国八年至九年，继讼不已，省署派谘议会水利分局委员处令，长安县委民团局农会绅耆调处议定，水寨旧渠填塞，堰口上移，去徐家寨堰口三百三十弓，另开新渠，经呈准省署未即执行。民国十一年，徐家寨又请查案填渠，经局派员勘测，时届天旱，河水断流，各堰均沿河挑渠引透沙水，上下游堰口均有水灌田，判令仍照前议处理。民国十三年，又兴讼，经局复派员详查，徐家寨稻田旱荒尚非事实，水寨村横河筑沙梁二道，瓜州村筑沙梁一道，该二堰口有明水，徐家寨堰口无明水，判决如主文。

争讼要点：徐家寨所争在天旱水微，上游增开一渠，必致该村堰渠水不足用。水寨村所争系该村本系潏河水粮稻地，先

---

① 张光廷：《陕西省最近二十年来水利纠纷之检讨》，《陕西水利季报》1936年第1辑第1期。

年有堰渠，因被冲毁，现时修复，实非新开。共同争点在堰口间能开透沙水渠长短。

判决主文：水寨村旧渠填塞，将渠口上移，去徐家寨堰口三百三十弓，不得横河筑梁截水。

判决理由：潏河水量经数次勘测，平时水量有余，旱时河水断流，各堰渠均有水引灌。水寨村地亩确系水粮稻地，渠虽新开，所灌之田系旧有，依陕西省水利通则第三条第二十二条之规定。

判决日期：民国十三年七月

巴博德[1]在挑战弗里德曼关于水利工程建设一定会导致宗族组织产生的问题时，曾提醒我们从中产生的组织形态可能会根据水利工程的规模而定。他批评弗氏在处理该问题时忽略了大型水利工程对社会产生的影响和后果。

魏特夫对大型水利工程与专制政府的关联性讨论，尽管遭到来自不同个案研究的质疑，但他把大型水利工程与组织力量的大小相互联系起来考虑仍然是一个富有价值的思路。

比如，在他谈到当水利工程很复杂，协作的队伍又庞大时，特别强调了一体化的重要性——"治水超出部落范围时，往往即成为综合性的劳动。大多数作者提到治水农业的合作方面时，主要是考虑挖掘、疏浚和筑堤；而这些劳动中所需要的组织工作肯定是相当艰巨的。但是，一项主要治水工程的计划者所面对的问题要复杂得多。需要多少人？从哪里才能找到这些人？根据以前的登记，计划人员必须决定挑选的定额和标准。然后发出通知，再进行动员。集合起来的人群时常编成准军事队形进行活动。到达目的地以后，这支治水大军的列兵必须按照适当的人数，并根据惯常的操作分工（掘土、运泥等等）进行分配。如果必须取得像稻草、柴束、木材或石头等类原料，就组织辅助性劳动；如果必须全部或部分地给供水

---

[1] Pasternak, Burton, *Kinship and Community in Two Taiwan Villages*, Stanford: Stanford University Press, 1972.

队供应食物和饮水,那就还必须在征用、运输和分配上想出其他办法。即使是简单的形式,农业治水操作也需要牢固的一体化行动。当它们的形式变得更为复杂时,它们就需要有广泛而复杂的组织计划工作。"[1]

人类学家在回应魏特夫的问题时,在跨文化比较研究的基础上,对灌溉规模与管理组织的复杂程度作了相当细化的分辨。对17个历史与当代的个案进行比较后,Kappel(1974)认为大约5000人的灌溉者需要一个地方性的组织(local assemble or council)。在50个个案中,Uphoff(1986)发现,大约100英亩(40公顷)或稍少的灌溉范围倾向于由整个灌溉者群体来管理,当灌溉范围在100—1000英亩时就通常需要一个中心行政官员来管理,由灌溉者选举或由国家指定。当灌溉范围大约在1000—10000英亩时通常需要三个层次的管理组织。Hunt(1988)对15个工业化和发展中国家的水利系统进行比较后,认为在700—30000公顷灌溉范围,灌溉系统的规模与权威机构没有绝对的关系。但他指出当灌溉系统超出100公顷时,极有可能要由一个高度统一的权威机构来管理。Tang(1992)对47个个案进行比较后也认为,100公顷(或250英亩)对社区管理系统来说同样是一个上限。[2]

关中的大型水利工程从郑国渠到泾惠渠,其灌溉面积据记载,郑国渠为115万亩,白渠为30余万亩,郑白渠鼎盛时期为一万多顷,丰利渠据估计为80—90万亩,王御史渠稍低于唐宋时期,广惠渠后期为755顷50亩,龙洞渠为7万亩左右,泾惠渠在1949年的灌溉面积为70万亩左右。[3] 显然,这么大的工程力量弱小的组织是没法完成的。事实上,中国自古以来在中央和地方的各级政府里都设有专门的水利管理机构和官职。战国时期管仲提出了水利行政部门职能的概念以及置官设署的构想。秦汉以来,水行政管理机构和职

---

[1] [美]卡尔·魏特夫:《东方专制主义》,徐式谷等译,中国社会科学出版社1989年版,第17页。

[2] Mabry, Jonathan B. eds., *Canals and Communities: Small-Scale Irrigation Systems*, Tucson: University of Arizona Press, 1996, pp. 1–30.

[3] 编写组:《泾惠渠志》,三秦出版社1991年版,第41—119页。

能随国家官制逐步完善而职权和事权逐渐分离；至隋唐建立起了与现代基本类似的中央和地方的水行政管理体系构架。水行政组织体系之外，独立的稽查系统始终行使着对水利工程建设和管理的稽查功能。① 建设大型水利工程对一体化的需要，在杨虎城主陕时修建泾惠渠甚至还动用了军队参与其中。

在大型水利系统中，对水利纠纷的处理政府的权威也是不可或缺的。巴博德②在台湾的水利社会中发现，当水利设施还局限在村落一级时，对纠纷的处理主要靠面对面的关系来化解，而当众多的小水利工程被整合为一个大水利系统后，对这些纠纷的处理面对面的关系就无能为力了，这时就需要一个更高一级的组织来化解或裁决。

大型水利工程一般都是跨村甚至跨县的，除了个人之间发生的纠纷外，更多的是渠与渠、村与村、县与县之间的纠纷。从上文所列举的水利纠纷来看，许多纠纷是先呈送县政府解决，县政府无力解决再上诉到省水利局。自唐代开始，引泾渠的三限、彭城二闸每至分水之时，泾阳、高陵、三原等县的主官和渠司主管都要到场监督。各县、各渠之间发生的水权纠纷，必须由县、府、省的有关官员出面调解或裁决。③

四 水利与民间组织

关中水利系统一如前文所言，除了"官渠"外还有"民渠"。这些大大小小的民渠一般是由用水村民自行修建和管理的。在"官渠"系统中，其基层管理在某些时候也依赖了民间组织的力量，甚至一些建设经费还是由慈善组织捐助的。在形形色色的民间组织中，除了因水利建设和管理而产生的地缘性联合组织外，其他在当地已

---

① 潭徐明：《古代水行政管理及监督机制的研究》，2004 年，水利网。
② Pasternak, Burton, *The Sociology of Irrigation*: *Two Taiwan Villages*, in *Economic Organization in Chinese Society*, W. E. Willmott ed., Stanford: Stanford University Press, 1972.
③ 萧正洪：《历史时期关中地区农田灌溉中的水权问题》，《中国经济史研究》1999 年第 1 期。

存在的组织社团有的也被卷入进来了，比如娱乐组织和宗教组织。在水利纠纷中我们也能看见纠纷两造是以什么样的形式被组织起来的。考察这些民间组织在水利场域中的活动，对我们理解中国地方乡村社会的结构和运转是十分有益的。

在我田野调查的时间里，造访了不少熟知过去水利情形的耆老，在他们的回忆中总是有一个人被反复提到，被他们提到的人叫王虚白，说他在任"清浊河水利协会"会长时如何如何铁面无私、敢作敢为、不畏强人。关于王虚白的生平，老人们大概因时间的久远而没有提供更多的细节。我查阅了一些文献资料，发现了不多的简要记载。在《三原水利志》[1]中有王虚白的一小段介绍和他的一幅正面照。

> 王虚白，字镇，号铁面，生于清同治七年（1868），三原大程乡荆中村人。民国二十年移居鲁桥镇，二十五年移居三原城内山西街。
>
> 先生秉性刚直，无私无畏，善为公益，热爱水利事业。民国二十二年（1933），被地方群众推为"三原清浊河水利协会"会长至解放。执水期间，尽职尽责，曾修订"陕西省清浊河水利章程"，制定水规；主持改善八复水灌区；三筑楼底围堤。因水涉讼曾遭暗杀，后经解救，头部带刀伤而归，仍坚持水利工作。年近八旬时，仍扶杖去鲁桥办理水事，他生前整理的大量治水资料，可惜在文革中付之一炬。在职期间备受当时陕西省水利局局长李仪祉的支持和爱护。1953年逝世于三原。

另有文献透露出他"少年膂力过人，习武艺……"[2]。在上文列举的水利纠纷个案4中，也提到了王虚白，当时他还是八复渠的渠长。面对地方上的强人截水霸水，王虚白表现出来的刚毅性格应该是不虚的事实。在他留下的照片上，我们也可以看出其

---

[1] 编写组：《三原县水利志》（内刊），1997年，第181页。
[2] 白尔恒、蓝克利、魏丕信：《沟洫佚闻杂录》，中华书局2003年版，第142页。

干练无畏的神态。王虚白这类民间水利头领一般被称作"渠绅"。关中的民间水利事业主要就是由这些渠绅们组织和领导的。

（一）民渠与地缘性联合组织

关中地区的水利网络在被整合为较大一级的水利系统（如"清浊河水利协会"）前，存在许多相对较小的水利工程。这种小水利工程涉及的灌溉范围狭窄，民间色彩也更浓厚。民国十九年前后水利机构曾对这些小水利工程做过调查，在其他文献中几乎就没有什么记载。

关中民间小水利工程其组织运作和管理方法，但因资料阙如，其细节不能得其详。而关中一些规模稍大一点的民间水利工程留下来的详细资料，足够我们对该问题做进一步的深入探讨。下面是清浊河水利系统的例子。

在关中的水利网络中，有的已运行了上百年的时间。小范围的灌溉渠道通过民间的习惯法和面对面关系的协调，秩序井然，毫不紊乱。但一些跨村跨县的渠道由于涉及的范围广，协调的难度大，面对面的关系就难以发挥作用。同时由于战乱和灾害造成的社会影响，有的民间组织力量已瘫痪失去了影响力，水利纠纷层出不穷。民国年间，已有人察觉到这些弊病，而力陈建立一个统合的水利组织来保障河渠灌溉的正常运行。一位人士在列举了陕西发生的水利纠纷案件后，指出：

> 综观上述水利诉讼案，在此二十年内，有案可稽者，共四十一次。起发生于第一次旱荒期间，自民国十年至十二年者，共十六次，占全数百分之三十九，发生于第二次旱荒期间，实为旱后余波尔。知农田水利纠纷事件，因旱而起者，占百分之八十以上，所以致此者，由于旧有渠堰，无适当健全强而有力之组织为之经营管理，引水用水规约，各自为政，未经政府明文公布，为之保障，演成人民对于水利，潦则放弃，旱则争夺之习惯。目前不能从事其它有效防制旱荒之设施，应即努力现

有之组织——水利协会——使之健全有力，足以管理自卫。……①

该人士提到的"水利协会"是1935年前后在省水利局指导下成立的民间水利组织。1933年根据李仪祉的精神和倡议，省水利局颁布了《陕西省水利协会组织大纲》②。

在省水利局的指导下，全省陆续成立了各自区域的"水利协会"和分会以及堤防协会。

另外，作为"官渠"的泾惠渠其基层管理也依赖了民间组织的力量，并于民国二十四年3月成立了"水老会"，总会长由石川河水利协会会长胡必如兼任。"水老"的任职资格按规定必须是年高有德者、私德完全不嗜烟赌者以及未受刑事处分者。"水老"的下面每斗还设"斗夫"一名，每村设"渠保"一名。水老的职权主要有：一，造具该斗内注册的地亩清册二分；二，出席水老会议；三，监督该斗斗夫、渠保履行职务；四，调解该斗内的用水纠纷；五，查报该斗内灌溉地亩注册，及用水权转移事宜；六，催纳该斗内的水捐。斗夫的任务，主要是保护及开闭斗门。渠保的任务是，随时补修被冲坏的渠堤渠身，挑挖渠内的淤泥，如遇工程浩大，村民不能胜任的，要立即报告斗夫和水老，监督村民按章轮流用水。水老、斗夫和渠保每年的津贴，由该斗内受益地亩均摊供给。③

这些水老、会长、斗夫和渠保的具体身份已不可考，他们被公举出来，除了章程中所规定的任职资格外，我想还另有一些个人魅力所在。从清浊河协会会长王虚白的身上，我们不难体会到这些"渠绅"们在没有多大利益的吸引下，能够站出来热心水利公务，是其公益心使然。不独如此，他们应该还有勇猛顽强的坚毅性格，就

---

① 张光廷：《陕西省最近二十年来水利纠纷之检讨》，《陕西水利季报》，1936年。
② 白尔恒、蓝克利、魏丕信：《沟洫佚闻杂录》，中华书局2003年版，第135—137页。
③ （民国）陕西省水利局：《陕西水利月刊》，《陕西省水利季报》1935年第3卷第5期。

像王虚白一样。而恰恰是这一点，可能是他们被推举出来的一个很重要的因素。

这样的性格是水利社会所需要的。每当用水紧缺时，水利纠纷就会呈上升趋势，冲突械斗也是不可避免的。其惨厉程度，在我访问师老先生时，他说打死人是常有的事，尽管当时已成立了水利局和协会这些高级组织。当时清浊河水利协会另一位会长刘屏山在《清峪河各渠记事·源澄渠记》[1]：

> 上游夹河川道私渠横开，自杨家河起，至杨杜村止，二十余里之沿河两岸，计私渠不下十余道。倘遇天旱，垒石封堰，涓滴不便下流，致下流四大堰，纳水粮种旱地，虽有水利，与无水利等也。所以下游四大堰利夫，纠众结群，遂不惜相率成对，动辄数百，抱堰决水。各私渠以形势所在，鸣钟聚众，一呼百应，各种器械，血战肉搏，奋勇前斗，以与下游四大堰利夫争水。于是豪夺强截之风，于焉大张矣。

郝瑞（Stevan Harrell）在讨论中国社会中"反文化"的暴力行为时，分辨了两种类型的暴力行为：一是"垂直型"的暴力，这类暴力主要表现在一个支配性的群体通过暴力来制止一个下级群体试图改变这种等级格局，或者一个下级群体通过暴力来改变这种等级格局；二是"水平型"的暴力，这类暴力主要表现在两个群体之间为了经济资源或政治权力的平等而导致的暴力冲突。[2]关中水利社会中发生的用水暴力更多的是"水平型"的。除了个人之间的冲突外，一般多发生在村与村、上游与下游、渠与渠之间。谢继昌在台湾的水利社会中还发现为了应对经常性的用水纠纷，在蓝城村很早就出现了"武馆"。但当轮灌制度被严密执行后，武馆也

---

[1] 白尔恒、蓝克利、魏丕信：《沟洫佚闻杂录》，中华书局2003年版，第62页。
[2] Lipman, Jonathan N. & Steven Harrell. eds., *Violence in China: Essays in Culture and Counterculture*, Albany: State University of New York Press, 1990, pp. 1–24.

慢慢地衰微了。① 而沈艾娣（Henrietta Harrison）对山西水利系统的研究发现，在宗教仪式和民间传说中，对在用水纠纷中所使用的暴力行为往往推崇备至，在地方水利社会中这被视为当然的道德行为。②

在水利社会中由于存在潜在的或显现出来的暴力因素，"渠绅"们可能会因此遭遇意想不到的个人伤害。比如，王虚白在办理渠务时，因得罪了地方豪强势力，曾遭两次暗算。1940年于楼底村附近遭枪击；1943年于鲁桥镇突然被数十名持枪歹徒绑架，幸有人报警，方被解救。③ 水利社会在追求平等公正的原则下④，武力也是一种被赞扬的美德。

"清浊河水利协会"是由原来的"清峪河水利协会"和"浊峪河水利协会"合并而成的，会长都是王虚白。"浊峪河水利协会"第一分会设在三原县大程镇，成立时间为民国二十四年三月，分会长庞芳洲，管理的渠道是八复渠十二堵；第二分会设在三原县康马中堡，成立时间与上同，分会长王希天，管理的渠道是通玄下、通玄上、翟家、通玄、苜蓿等堵及翟家堰；第三分会设在三原县西阳镇，成立时间同上，分会长惠光华，管理的渠道是小穆王、大穆王、荐福、蔡家邢等堵；第四分会设在三原县楼底镇，成立时间同上，分会长周秉忠，管理的渠道是白渠堵、马排下中上、长孙、小毛等六堵堰。"清峪河水利协会"第一分会设在三原县大程镇，成立时间同上，分会长庞芳洲，管理渠道是八复渠十二堵；第二分会设在三原县鲁桥镇，成立时间同上，分会长孙玉俊，管理的渠道是五渠、张务常三堵；第三分会设在三原县仙茅庵，成立时间同上，分会长孙毓芬，管理的渠道是沐涨渠；第四分会设在三原县龙泉寺，成立时间同上，分会长毛吉甫，管理的渠道是源澄渠；第五分会设在三

---

① 谢继昌：《水利和社会文化之适应：蓝城村的例子》，《民族学研究所集刊》1973年第36期。
② ［英］沈艾娣：《道德、权力与晋水水利系统》，陈永升译，《历史人类学学刊》2003年第1卷第1期。
③ 白尔恒、蓝克利、魏丕信：《沟洫佚闻杂录》，中华书局2003年版，第142页。
④ Boelens, Rutgerd & Gloria Davila eds., "Searching for Equity: Conceptions of Justice and Equity in Peasant Irrigation", *Van Gorcum*, 1998.

原县鲁桥镇，成立时间同上，分会长赵金福，管理的渠道是工进渠。①

这些协会组织成立后，加大了治水力度。"清峪河水利协会"会长王虚白就于民国二十五年三月颁布了"受水条规"。其主要内容有：一是，各渠每月除八复渠由二十九日戌时起至下月初八日亥禁止受全河水量外，其余毛坊、工进、源澄、下五、沐涨等五渠同时各开渠口，受水灌溉。二是，各渠于每月初九日由协会会长随带政警三名，会同各分会会长各带利夫二名，亲临各堰监开笼口，以各渠灌溉地亩多少，按照旧规宽度，公议深度，开放笼口，分给水量。各堰笼口不准堆垒石块，如水有倒岸情形时，得由会长及分会长监视笼口填石高度，以上下水量均平为准。三是，每月各渠同时受水期内，由会长派政警四名，日夜在堰笼口处逡巡看守，如有在笼口偷填石块，或偷挖笼口，立即报告会长或分会长，不得延迟隐匿，违者重罚。四是，各渠利夫巡水，由二人至四人为限，以巡视渠岸为止，若窃至笼口，即以偷水论。五是，会长及各分会长，于每月初九日齐集鲁桥镇，共同上堰亲验笼口是否合宜，各渠水量是否平允，以息争端。六是，会长及分会长，于每月初九日不亲往监开笼口者，罚洋五元；政警看堰违离者，由协会送县寄押；利夫私自上堰者，罚洋五十元；在笼口填石挖槽者，罚洋一百元。七是，会长及分会长于每月分水，得各支旅费五角；政警看堰每日各发口食费四角；利夫口食自备。上项费用，由受水利户分担。八是，会长及各分会长，每月各渠同时受水期内，须随时亲赴笼口抽查一次。如需更改笼口，报由会长召集各分会长，紧急集堰会议。②

在具体灌溉田亩时，一般是按地亩多少点香计时。巴博德在台湾的水利社会中也发现了这种计时的方法③。觉悟道人（刘屏山的号）在民国初年曾对这种计时方法作了详细的描述，他在《清峪河

---

① （民国）陕西省水利局：《陕西水利月刊》，《陕西省水利季报》第 5 卷三四期合刊，1930 年，附录。

② 白尔恒、蓝克利、魏丕信：《沟洫佚闻杂录》，中华书局 2003 年版，第 146—147 页。

③ Pasternak, Burton, The Sociology of Irrigation：Two Taiwan Villages, in Economic Organization in Chinese Society, W. E. Willmott ed., Stanford：Stanford University Press, 1972.

渠点香记时说》① 中写道：

> 古无钟表，惟有铜壶滴漏以记时辰。究系敩物，不便挪移，因不适宜随带，故有用香记时之事。额定一个时候，香长一尺，一尺又分为十寸，一寸又为一刻，故十刻，即为一个时候，香长一尺也。一刻又分为十分，一分又分为十厘，一厘又分为十毫，一毫又分为十丝，十丝又分为十忽，一忽又分为十微也。中国旧制，一时分为八刻。今各渠点香记时，将一个时候，该分为十刻，不遵旧规者，原为记时之便也。
>
> 是以各渠均有地亩多寡之不同，而点香记时，亦有长短尺寸之异。所浇地亩，点香长短，各渠虽有不同，而额定香长一尺，为一个时候，均相同也。
>
> 故源澄渠，额一尺香，为一个时候，浇地五十亩，每亩额定香长二分。工进渠每一尺香，为一个时候，额浇地三十三亩三分零，则点香额亩，当不只如源橙渠之每亩二分香也。故工进每亩比较源澄，则一亩多浇香一分有零。……而沐涨渠点香，亦额定香长一尺为一个时候。按亩记点，约一尺香浇地五十亩有零，可与源澄相等。余各渠，浇地点香，地亩多寡，点香长短，虽有异同悬殊之处，总之额定香长，为一个时候，各河渠莫不皆然也。
>
> 近代钟表发明，虽有钟表记时，而各河渠浇地，仍按旧规。……

确实，正如刘屏山所说，钟表最终取代了传统的点香计时。我在田野调查中一次巧遇了农民在田间浇地时用表计时的情形。一个上午，我在鲁桥镇边上的农地里采访，地里种的都是蔬菜。农民们告诉我一般蔬菜用水要比庄稼多，有时一天要浇几次水。当时有四户农民在浇地，水从井中抽出，然后通过田间小渠，输送到四周的

---

① 白尔恒、蓝克利、魏丕信：《沟洫佚闻杂录》，中华书局2003年版，第130—132页。

地里。农民们施肥时就把肥料撒在水渠里，经过水的溶解后，很均匀地顺水就流到自家地里了。他们用的是一块很简单的电子表。先由村里管水的人把时间调好，然后交给第一家先浇的人。该农民把水渠在自家地的位置处挖一个缺口，再把水渠堵上，这样水就不会往下流。水渠改道后，水就流到自家地里。男人负责水渠的改道浇地，女人就负责往水渠里撒肥料。第一家浇完后，就把表交给下一家，同时把自家地埂上的通水缺口堵上，再把先前被堵住的水渠疏通。这些事情做完后，就在一张香烟纸壳上记下自己用水的时间。等所有的农民浇地结束后，就把记录时间的那张香烟纸壳和电子表交给村里管水的人，在某个时间一起结账。我抄录了那张记录时间的纸壳，内容如下：

4月7日上午7：01 开2台泵
7：01—7：55
三　民　7：55—8：10
李克思　8：10—11：40
伍二民　11：40—11：59
邓老二　11：59—

民间这种用水的组织和管理在现代虽然形式上有了一些变化，但其实质与传统的惯例依然保持着联系，文化之脉在基层社会的底层仍然顽强地延续着。乡村社会秩序的维持面对面的关系和制度惯例仍是一个不可或缺的强大力量。

(二) 宗教组织的卷入

关中水利社会中宗教组织的卷入，无疑与庙宇拥有庙产（土地）有关系，前面我们提到的《刘氏家藏高门通渠水册》中，就记有文昌阁、玄帝堂和白衣堂等宗教场所的地亩数及受水行程。① 在三原县

---

① 白尔恒、蓝克利、魏丕信：《沟洫佚闻杂录》，中华书局2003年版，第44—47页。

土改中被没收的庙宇土地有 2049 亩。① 这些庙宇所拥有的土地一般称作"香火地"。②

另一位地方人士记录的水利文书《源澄渠各所浇村堡行程定例》③ 中对该渠浇灌的土地涉及庙地的情况有比较详细的描述：

……

再上则曰福严寺斗，系东西两堡浇灌之，在福严寺前，东西一坨。再上则曰董维康斗，浇三郎庙东西，并庙前地。……

再上则曰西门斗，即龙泉寺前，予下坨渠是也。……

再上毛家斗，地头渠俱连老渠，也无行程，毛家堵即管村斗是也。再上则曰山社斗，在卫公祠东（卫公祠俗言药师庙也），土地堂东门首（土地堂即冯家村南，大路北之土地庙也，在药师庙东）故名曰山社。……

……由子刘村西南流，走老利渠，东西拐角子，至三圣庙西地，又三圣庙东，有辛家渠，……后予堡将卫公祠东西置通，水遂在卫公庙东杨八渠放下，……土地堂西，冯家地隔在上节，……

……

再上成家、观音堂，时刻有限，虽有观音堵，亦无行程……

惟西岳庙前有朱砂斗，乃东渠起水之斗，……

事实上，宗教组织在北方十分活跃且行使着多种社会功能。其中以庙会的活动最为突出。庙会或称香会，或称庙市。在北方地区庙会最盛的地方首先是该庙之神最受崇拜、香火最盛的地方，比如城隍庙、土地庙、关帝庙、东岳庙、娘娘庙、药王庙等。庙会首要的功能是文化娱乐功能。演戏是一个普遍的节目，许多庙宇在正殿的对面，往往要修造一个亭阁式的戏台，这从建筑景观上可体现出

---

① 《三原县志》，陕西人民出版社 2000 年版，第 238 页。
② 白尔恒、蓝克利、魏丕信：《沟洫佚闻杂录》，中华书局 2003 年版，第 154 页。
③ 同上书，第 86—88 页。

庙会乃至寺庙本身所具有的文娱特征。① 如三原城隍庙内就有戏楼，南北长15.7米，东西阔17米，面积为180.6平方米，正月十五都有会戏。② 庙会另一个重要的社会功能是为商业贸易提供了一个机会和场所。甚至在社会发生变动、庙拆神倒之后，在原寺庙所在地仍保留着作为定期贸易集市的庙会。清人柴桑说"交易于市者，南方谓之趁墟，北方谓之赶集，又谓之赶会，京师则谓之赶庙。"③

在我的田野点三原县，附近周围最大的庙会活动是耀县"二月二"的药王会。该庙宇坐落在药王山上，主神为孙思邈。从明代开始，就出现了大规模的赶会活动。民国延续清制，会期药王大殿香烟缭绕，钟磬喧天，烛光闪烁，供品堆积。各地群众，扶老携幼，骡马成伍。从"一天门"登上殿内，拜谒药王。通元桥和附近大路两侧，商贩众集，摊棚林立。广场上耍马戏杂技，戏楼上唱秦腔大戏。初二正会这天，除上山烧香外，妇女还要带上孩子请药王"带锁"或"换锁"。从初六开始，直至最后一天唱"天明戏"，达到庙会的高潮。④ 现在耀县药王庙会已恢复了好几年。我在调查期间，正赶上庙会活动，与其他两位同学一行三人一起去感受到了北方庙会的盛大场面。

在清峪河水利系统中一共有五条较大的水渠：源澄、工进、沐涨、毛坊和下五。其中宗教组织曾卷入到了沐涨渠中。沐涨渠的历史据刘屏山《清峪河各渠记事簿·沐涨渠始末记》⑤考证在唐时就已出现。

尝考马岭田《通志》《陕西省志》《西安府志》《泾阳县志》《三原县志》，始知沐涨渠即古五丈渠也。五丈渠，即靖川也，

---

① 赵世瑜：《狂欢与日常：明清以来的庙会与民间社会》，生活·读书·新知三联书店2002年版，第191—193页。
② 《三原县志》，陕西人民出版社2000年版，第949页。
③ 赵世瑜：《狂欢与日常：明清以来的庙会与民间社会》，生活·读书·新知三联书店2002年版，第191—193页。
④ 张世英：《千古名胜药王山》，西北大学出版社1994年版，第153—158页。
⑤ 白尔恒、蓝克利、魏丕信：《沟洫佚闻杂录》，中华书局2003年版，第134—135页。

靖川，即唐李卫公屯军处，又为其故里也。其渠堰始开杜村西边西李村北，即以靖川之河为渠，渠名五丈。所灌之田，即河南孟店镇四周屯军之地。后因渠高河地，将堰上移。然河流日下，叠移不休，且用木橛截河作堰，涨水入渠。因"五丈"字音与木涨相近，故以木涨代五丈也，兼取以木涨水之义，使人顾名思义也。……至此以后，木涨渠之工增加一百以上。又名木涨为"沐涨"，即为沐恩于涨水也。……故沐涨为最下一堰，终年用水艰难，因上有下五渠、工进渠、源澄渠、毛坊渠，此四渠以上水，河水微细，不涨大水，则沐涨渠无水可用。此沐涨渠所由名也。……

这段文字除考证了沐涨渠的历史和名称的由来外，更让我们注意的是文中提到了沐涨渠在五条渠中处于最下游。而下游会在水源紧张时处于不利的地位。

如前所述，在民国时期清峪河水利协会成立时，同时也成立了五个分会，其中第三分会（管理的是沐涨渠）设在三原县的仙茅（有时又写作猫）庵，该庙在鲁桥镇附近的孟店村，庙里有一个和尚叫来心印，老百姓通常叫他来和尚。"仙猫庵有水地二十亩，果子树一园。"[①] 想来来和尚也是热心水利公务的出家人，要不然分会的办公点也不会设在他所在的庙宇里。的确，来和尚曾是沐涨渠的代表之一，参与了不少水利公务和主持渠事。

民国十三年，刘屏山奉令调查清峪河各渠水程，以及每渠所浇地亩数、受水时刻和旧规古例。当时只有工进、源澄二渠有水册，而源澄又有碑记，另外还有岳翰平（当地一位对水利热心的人士）撰写的始末考一册。五渠找不出一个头目出来，所需资料无从考查。沐涨渠也是水册、旧牍碑记全无，刘只能访问故旧长老，然后由来心印和尚在旁监督，书写了一册有关沐涨渠的水事文书。[②]

水册在关中水利管理中起着相当重要的作用。唐、宋、元时期

---

① 白尔恒、蓝克利、魏丕信：《沟洫佚闻杂录》，中华书局2003年版，第102页。
② 同上书，第100页。

关中对水利的管理实行的是"申帖制"。所谓"申帖制",是指用水申报,官给帖文的制度。由于"申帖制"具有许多弊病,到了明清时期,慢慢改用了"水册制",一直到民国水册仍然在水利管理中发挥作用。①

刘屏山最后书写的关于沐涨渠的水册内容如下:②

> 沐涨渠代表李义龙、来心印等,为奉令呈覆事:缘沐涨渠代表接奉钧令内开:现拟汇集各渠堵水册,督饬员绅,重订补修,有水册者,由各该代表渠长另缮一本,送署;如失没水册者,须由该代表渠长呈覆向规各等因。窃查鄗渠沐涨渠,系清河最下之堰,上有毛坊、次有工进、继有源澄、复有下五,每月除八复水外,鄗渠之水,较上各渠,倍觉艰难。是以前清刘抚帅断令每年九月,令上各渠,概行闭堵,准一律掏渠修堰。唯鄗渠受全河之水,以体恤下堰而均苦乐。迨民国十年,有端毅公苗裔王绅恩德,持前清《三原县志》载明八浮每月初一日至初八日,截全河水而东之,水既畅旺,不无溢满之处,沐涨紧接其下游,准沐涨王端毅公暨梁中书希赟以及各有功于渠堰之家,准其灌溉。前经呈请立案,已蒙晓谕宣布在案,至向例每月八复水初八日亥时止,各渠均由初九日子时起,均分受水,某日某时某村起止,灌地若干,列后呈核,以备查考。
>
> ……
>
> 沿路行程浇至三十日日出为止,代表呈覆全渠二十六村,共浇地一百零八顷(来心印即来和尚也),仙猫庵(即沐涨渠分水公所)向例每年二九二月,无论何村之水,该庵浇地一亩,该庙有水地二十亩,果子数一园。……

---

① 萧正洪:《历史时期关中地区农田灌溉中的水权问题》,《中国经济史研究》1999年第1期。
② 白尔恒、蓝克利、魏丕信:《沟洫佚闻杂录》,中华书局2003年版,第100—102页。

之为"民俗聚落"。①

这种"民俗聚落"或可称之为一种文化性的社区组织形式。在中国的南北方都存在社的组织，有许多相同之处，但也有差异。一般来说，南方存在名目繁多的社神，主要为村神，并与特定的宗族发生关系；而更大寺庙则涵盖若干相关的村族，在赛会的时候，都是各族姓请出各自的社神，再由后者群迎它们之上的某一庙神，形成"众社拱庙"的格局。在闽南地区，除了明代初建的里社之庙（祖社或祖庙）以外，原来里社内部又发展起许多村落，不仅各有各的村庙，甚至有各姓的家庙，也称之为社。一个村落可以就是一社，甚至两社。而华北地区正相反，一般是一社之下涵盖若干个村落。②

明清以来的"社火"，正是以社为组织形式的民间文化性活动。在华北地区，绝大部分社火是在春节到元宵期间举行。活动的内容，比如有演戏、唱秧歌、高跷、狮火等。"社火"组织虽以娱乐歌舞为主，但也隐含着许多其他的社会职能。董晓萍在关中泾阳县泾干镇的调查发现，该地的社火表演中与水的象征性管理有莫大的关系。

泾阳正月耍社火，是当地的传统民俗。在社火表演中穿插着求雨仪式。在泾阳有官渠"泾惠渠"，也有许多"民渠"。在地方人民的观念中，官渠与民渠是可以互补和商量的。如果发生用水失调，就会出现官民冲突。在这种情况下，到了春节期间，双方通过耍社火的形式，在泾阳县城的公共场合展开对话。一个例子生动地说明了这一点：

> 在1999年正月十四耍社火时，在跟某些水电行政部门"斗气"表演的两个村中，南强多出了一支社火队，在民俗方正中加强了实力，却故意留出了彩车的空间，这一空间是一个暗喻，暗指被水电部门占用的土地。这个社火队伍压后阵的民俗群体人多势众，表示要跟水电局"斗"。建立村原指望政府扶贫，打两口井，结果少打了一口，他们就少出了一辆彩车，也故意空

---

① 赵世瑜：《狂欢与日常：明清以来的庙会与民间社会》，生活·读书·新知三联书店2002年版，第237—238页。
② 同上书，第241页。

出一块地盘，暗指一口井，表示让行政领导明白，这对他们不公平。当然，在整个游行长队中，他们的这种"抗争"，只是一种象征性的表演，但其深层思想，都与水有关。而正是这种思想观念，造成了他们的仪式表演"与众不同"。有一个例子能从反面证明我们的分析是对的，正月十六泾干镇政府机关一上班，就派干部下乡到建立村解决水问题去了，这表明行政部门在观看民间社火的象征性表演时，看懂了。①

社火组织另外一种水的象征性管理是在表演过程中举行的求雨仪式。在求雨仪式中要唱求雨调。鲁桥镇的杨胜杰老人，一天晚上把当地的两种求雨调唱给了我听：

1.

  狮娃狮娃哥哥，天旱，火着
  毛头女子没人养活，请龙王，拜玉皇
  清风细雨下两场
  先洗狮娃头，下的满街流
  再洗狮娃脊背，下得黄河骨堆
  再洗狮娃脚，下得娃娃顺墙抹
  风来了，雨来了，龙王送的雨来了

2.

  狮娃狮娃哥哥，天干火着
  毛头女子没人养活，请龙王，拜玉皇
  清风细雨下三场，下得满街流
  先洗狮娃的头，先洗狮娃的嘴
  下得美，先洗狮娃的靠（尻）子

---

① 董晓萍：《陕西泾阳社火与民间水管理的调查报告》，《北京师范大学学报》2001年第6期。

> 下得鲁不住，先洗狮娃的脚，下得多

当地求雨仪式的头叫"马脚"。在泾干镇，1949 年前，有过两个出名的马脚，一个叫保柱，一个叫张麻子。求雨时，他们身穿蓝衣服，头扎白布包巾，上顶黄表绫角，脚穿麻鞋，口含 1.5 米的钢锥，手持七尺麻鞭，率队前行。据老人回忆，这条求雨路线为：

> 城隍庙（或太壶寺）—花池渡柳家泉庙（柳毅庙）—翠花山娘娘庙—大曲村水落庵，窝水七天—县城西关（翠花娘娘的出生地，马脚保柱带数村男性村民在此迎候）—县城东门（与柴焦村来的另一个马脚张麻子带领的祁雨队伍相撞，在十字路口处，争送湫水瓶权，举行神判仪式，堵胜）—胜者进城"夸水"（即安放湫水瓶）—入太壶寺①

研究者认为，"民水"管理是以象征性管理为主，其特点为：一是，相信另一个世界对现实世界的水资源的控制，掌握水权的神灵有龙、狮子和翠花女神。二是，制定水规、水册，按民间习惯法用水。三是，在求取水量上，按照神判决策，与自然环境相协调。四是，在经费上，按神费摊派，收支公平。②

"社火"组织在对水的象征性管理中，其象征内容还有所不同。作为仪式，它能通过马脚、狮子和龙灯的配合，把民权转化为神权，在找水成功或失败时，避免大喜大悲，巩固民间管理的地位。据一位老人的回忆，在这种社火仪式中，有一个隐秘的动作是拔龙牙，龙牙象征出丁，丁多才能水旺。另外，社火活动中的踏土绕行，表达了民众对"土"的观念，通过社火队员的脚步行动，把"土"与"水"相连。在泾阳的祈雨路线中，有一段必经之路，即进大曲、经西关、绕东关，再进县城，民间解释是迎候翠花娘娘的大驾，其实是踩着泾阳县的土地绕城一周，然后再把神圣的水种送进城内。这

---

① 董晓萍：《陕西泾阳社火与民间水管理的调查报告》，《北京师范大学学报》2001 年第 6 期。

② 同上。

样就把两个世界的东西融合在一起,象征着水土两旺,农业丰收。当地春季的社火绕渠习俗也是一种与水有关的踏土行为。社火队在踏行的圈子内表明自己的用水权范围。[①]

"社火"组织在关中水利社会中象征性管理的参与,不但在文化层面上表达了地方民众对水的神圣性观念,有时还会起到一些实质性的作用,组织的娱乐性质对化解紧张的官民冲突、合理分配水资源和督促政府制定新的政策等方面,可能是其他组织力量所不能达致的。

五 讨论

(一)关中水利社会中的组织力量

通过对关中水利社会历史而今的人类学考察,我们大体明了在强宗大族缺失的地方社会所卷入公共领域的各种组织力量。

在关中水利社会中,存在"官渠"和"民渠"两大水利系统。就主导性的组织力量而言,前者是政府组织在牵引其运转,主要体现在水利建设和管理诸方面。而后者承担其组织作用的是地缘性的联合组织。这两大水利系统所依赖的组织力量也有交差的地方,比如,"官渠"的基层管理在很大程度上也不得不借助民间组织,以弥补政府组织的缺陷,同样,"民渠"在处理水利纠纷时,因其权威的有限性,而必须仰赖政府组织作为最终的裁判者。

除了这两种主导性的组织力量外,其他辅助性的组织力量在牵引关中水利社会的运转方面也起着不可忽视的作用。关中地区庙宇因其拥有一定的庙产(土地),必然与水利灌溉发生牵连。我们在考察的过程中,发现了宗教组织在关中地区的水事活动中扮演了积极的领导和组织角色。

此外,地方性的娱乐组织"社火"也深深地卷入到了水利社会中。娱乐组织的作用主要体现在对"水"的象征性管理方面,表达

---

① 董晓萍:《陕西泾阳社火与民间水管理的调查报告》,《北京师范大学学报》2001年第6期。

了地方民众对"水"的文化性理解。不独如此,民众还借助这种文化的武器来表达自己对水资源的利益诉求,从而达到了使用其他手段所不能达致的效果。

(二) 关中水利的历史过程与组织形态关系原因初探

综观关中水利的历史发展过程,总体上呈现为秦汉时期大型水利工程蓬勃发展,唐宋以后逐渐衰落,进入民国后大型水利工程再次勃兴。这中间的明清时期虽然大型水利工程未能恢复起来,但小型水利工程在民间却悄然兴起。关中水利的曲折发展过程也导致了组织形态的变化。下面我们对关中水利的发展过程及组织形态变化的原因进行初步的探讨。

1. 政治经济原因

秦汉时期关中为全国的政治经济中心。秦与西汉的国都皆建于此。政府必然要加大对该地的农田水利建设。政治上的成熟稳定带来是经济的繁荣发展,关中地区在秦国时牛耕已超过关东六国。《史记·赵世家》记载,赵国之所以战胜不了秦国,原因就是秦国"以牛田,水通粮"。当时的重农政策也使许多关东农民流入关中地区,补充了关中地区劳动力的不足。汉承秦制,西汉时期除了政治制度继续沿袭秦制外,经济上也继续保持秦以来的繁荣态势。出现了"文景之治"和"汉武中兴"的繁荣局面。这些政治经济因素为该地区政府主导的大型水利工程的修建奠定了关键基础。

宋至明清,随着政治中心的东移,关中地区逐渐失去了政治上的优势地位。朝廷把水利兴修的重点放在了京津地区的黄河、海河流域的治理和南方水利的整治上。关中地区的水利事务被交给地方政府承办。地方政府多以财力困难则委托地方豪绅接办。因此,到了明清时期,关中地区出现了众多的小型水利工程。民间管理组织也随之出现。组织结构为渠长(水老)、斗长、水夫、利户。渠长和斗长皆由民选,按年轮换。规章制度则体现在"水册"上。这样一种民间管理模式一直延续到民国时期。

民国初期中央政府的力量较为软弱,陕西地方政府为了恢复全省的经济状况,重新把引泾灌溉工程提到了议事日程。省水利局把从西方学习现代水利技术的李仪祉延聘为泾惠渠的总负责人。因此，民国时期的大型水利工程得到了地方政治势力的积极扶持。而李仪祉从西方带来的现代水利技术也是这个工程得以实现的保障。

2. 自然环境变迁原因

关中地区的环境变迁对水利工程的规模产生直接的影响。许多学者都注意到关中地区的河床逐渐下切是影响水利工程规模的一个重要原因。李令福认为历史上引泾灌溉工程的变化主要有两点，一是灌溉北区的大型水利工程逐渐小型化；二是灌溉南区由于引水口不断上移，灌田效益逐渐减少。这两个变化与河床下切有莫大关系。据他考证，"郑国渠在六辅渠建成后引水口现存上下二口，相距100米，高差1米，两渠口断面底部高于现泾河河床14米与15米。假设当时河床与渠底高程一致，郑国渠距今2200年，平均每年河床下切0.63厘米左右。这可以代表土质地区河床下切的速度"。"总之，河床下切虽变化甚微，但终无可救也。这是历代引泾渠口向上推移的主要原因，进而导致宋元明引泾效益的递减及清中叶以后'拒泾引泉'。"钞晓鸿同样注意到了环境恶化对水利的影响，他说："战国至明代，引泾渠口逐渐由南向北移动，愈益接近泾河出谷位置，不仅工程难度增加，而且地势高，比降大，河水流速快，河床的下切增强，常常造成渠口与泾河水面上下相悬，不能引水，不得不另建渠口，修建之难，淤积堵塞，古人每有言及。"卢勇等在讨论明清时期关中小水利工程兴盛的原因时也涉及河床下切的问题。他们认为："正是由于泾河床的不断下切致引水困难，泾渠渠首引水口被迫一再上移到山区，而当地的石质山体坚固难凿，灌区规模一缩再缩。"民国时期李仪祉主持的"关中八惠"之所以能够成功，是因为现代的爆破技术和钢筋混凝土技术可以克服石质的坚固性。

清到民国时期关中地区由于降水量不稳定，导致水源紧张，各渠争水行为日益激化。钞晓鸿在考察这个问题后认为："灌溉设施客观上要求水源的稳定性和充足性，与当地降水的不稳定性，旱灾与暴雨常见，这一矛盾是关中水利灌溉所棉队的基本问题，也是引发水利冲突、水利社会变迁的诱因。"因争水引发的社会环境的恶化，是政府组织和民间组织在关中水利社会场域共生共存的一个主要原因。这在民国时期表现最为明显。

3. 社会环境原因

关中地区小型水利系统的管理在民国前期主要依靠民间组织的自主管理。其运作很少受到政府的干预。灌区内的事务和水利纠纷都是在渠长和水老的主持下完成的。但到了民国初年，由于政治和社会动荡，加之灌区自然环境的变化，使得灌区的水资源日益紧张，争水霸水现象层出不穷，水利纠纷愈演愈烈。豪强恶霸把持水资源，甚至渠道管理者和政府官员也利用水资源牟取私利。为了解决这个矛盾，一种新的管理样式，即官与民相结合的办法逐渐成为此时期主要的管理模式。清峪河本为民渠，但这时期水规的变化却要经过省水利局的核准和管理。原来小型水利系统渠绅的权力在与地方官员的合作治理中逐渐被分散。原因是他们已无力处理由于社会环境的恶化所引发的水利腐败和水利纠纷，因此不得不仰赖更高一级的权威机构。

（三）人类学观察汉人乡村社会的两种模式——宗族乡村与非宗族乡村

因受国际人类学思潮的影响，早期的中国人类学研究便把"宗族组织"放在研究的首位，而华南又是宗族组织相当发达的区域，因此，该地区成为人类学观察中国社会的重要实验地。宗族组织发达的乡村社会，人类学家称之为"宗族乡村"。林耀华在描述这种类型的乡村社会时，写道：

> 宗族乡村乃是乡村的一种。宗族为家族的延展，同一祖先传衍而来的子孙，称为宗族；村为自然结合的地缘团体，乡乃集村而成的政治团体，今乡村二字连用，乃采取自然地缘团体的意义，即社区的观念。[①]
>
> 在义序乡村社区之内，只黄姓一族人居住，他姓附居者寥寥无几。所以我们称义序为宗族乡村，盖乃一族人合居于一村。

[①] 林耀华：《义序的宗族研究》，生活·读书·新知三联书店2000年版，"导言"。

宗族组织即是乡村组织。……

　　宗族组织，原为家族组织的伸展，宗族的祠堂，原为家族的宗教机关，家族渐渐发展到宗族，祠堂也渐渐地扩张变为社会的、经济的、政治的、教育的机关了。因此，祠堂的功能，不只是祭祀，他如迎会、社交、娱乐、教育、裁判、外交等事宜，也归于祠堂行使职权。①

　　学者们除了对宗族组织的内部运转机制做了相当细致的研究外，还对宗族组织在其他社会领域中的主导性作用留下了相当深刻的印象，他们发现在宗族乡村，宗族组织对社会生活的影响是无远弗届的。以下我们从政治、经济、文化诸方面考察宗族组织在宗族乡村的活跃程度。

　　首先，我们来看一个典型的宗族乡村福建义序②。在20世纪30年代的义序，还是一个相当完备的宗族村落。黄氏族人在此已繁衍了六百余年，族内时分为十五房。其宗族组织的形式主要体现为祠堂组织、庙宇组织、联甲组织和结社组织。换言之，这些组织是与宗族组织重叠的。而宗族组织在地方上行使着多种社会功能。在宗教仪式方面，除了血缘性的祖宗祭祀外，合族每年还举行迎神赛会。"大王迎会"举行的时间在阴历的正月初九到十五；"将军迎会"的时间在阴历的二月。迎会的过程林耀华做了详细的描述。③ 在村内的法政方面，祠堂为全族立法、司法、行政机关，族内的任何事务，祠堂都有干涉之权。在与地方政府的交涉方面，宗族组织是当然的法人代表，两者来往的过程，林耀华的记录生动而具体：

　　　　宗族的族长和乡长，乃全族的领袖，两人同心合力，共掌族政。族长的任务稍为偏重祠堂祭祀与族内事宜，乡长则偏于官府往来，在外代表本乡。地保任务在于奔波，报告并庶务事宜，临时案件发生，由地保请命于族长或乡长。官府派差来乡，

---

① 林耀华：《义序的宗族研究》，生活·读书·新知三联书店2000年版，"结论"。
② 林耀华：《义序的宗族研究》，生活·读书·新知三联书店2000年版。
③ 同上书，第52—55页。

先见地保，由地保引见族长或乡长。

官府把纳粮税契事交给祠堂，祠堂按房支征收，缴纳官府，官府不自费力。祠堂对于各支派家户之经济情形知之甚审，所以征收赋税有所标准，各无怨言。

官府与乡村的冲突，可说等于零。族人存有奸人，官府则惟祠堂是问，这可见全族族人的集体责任。官府任意擒人，祠堂也有权申辩。1933年义序创立保卫团，祠堂公推甲长举办，后甲长被控侵吞团费、榨取民财，被捕下狱。祠堂公议挽救，由现任族长兼乡长具名率全体族人呈请申述。由此可见宗族乡村对外的一致行动。①

在民间族外往来方面，一是与外族和善敦义，同姓则互照族谱，认为同宗，异姓则联以婚媾，彼此婚姻；二是与外族恶感械斗，世代为仇。在宗族乡村，所有这些对外社会交往，一般都是以宗族为单位发生的。

在其他宗族乡村，情况也不例外。福建玉田县，20世纪30—40年代共十八个乡镇，周围都有聚族而居的大族之人。当时一万人以上的有陈、黄、李三大姓，三千人以上的有十三个大姓。大姓中之大族，大族中之知名人士与富豪有相当的地方权势。历任县长上任伊始，首先要登门拜访大姓豪绅，目的是求得他们的支持以顺利执行公务。②

傅衣凌对豪族干预地方经济已做了出色的研究③。而刘守华对该问题的延展性讨论，让我们更加明了地方市场在形成过程中社会文化的模塑作用。在闽西有四堡墟市，这些墟市的名称和设置主体分别是赖家墟（赖氏）、长校市（长校李氏）、转水会（不详）、公平墟1（雾阁邹氏）、草坪市（不详）、公平墟2（上

---

① 林耀华：《义序的宗族研究》，生活·读书·新知三联书店2000年版，第58—59页。
② 庄孔韶：《银翅：中国的地方社会与文化变迁：1920~1990》，生活·读书·新知三联书店2004年版，第44—48页。
③ 傅衣凌：《论乡族势力对于中国封建经济的干涉》，载氏著《明清社会经济史论文集》，人民出版社1982年版，第78—102页。

保约)、双泉街(双泉邹氏)、龙光墟(江坊江氏)、彭坊(彭坊彭氏)、南桥街(雾阁邹氏)。这些市场在地理分布上并不是像施坚雅所构拟的规整的模式。在四堡,这些市场主要呈带状分布。而这种分布最为突出的特征,就是在南及雾阁、北达江坊十余华里的地带,自北到南分布着龙光墟、赖家墟和公平墟三个墟市,它们的墟期都是逢五、九日。在如此狭小的范围内,为何出现如此密集的墟市和排他性的墟期安排,这是施坚雅模式无法解释的。

实际上,在四堡,墟市是地方社团(宗族组织)进行权力较量和角逐地域控制权的一个关键环节。在这个过程中,宗族组织动员了各种经济的、社会的与文化的资源,而墟市是这些资源中至关重要的一种。这不仅因为墟市本身可以带来许多实际利益,而且它们是控制地方社会比较重要的途径。一个地方社团在开辟新墟时,可以压低或避开纯经济性的考量,而把注意力集中在开墟所产生的社会文化后果上面。①

在宗族乡村,所兴办的水利工程中,地方乡族势力往往成为其中的主导性力量。郑振满对明清时期福建沿海的农田水利制度与乡族组织的考察,发现在该时期,随着地方乡族势力的壮大,原来官办的水利设施逐渐让渡给了地方乡族组织,而政府的力量在日夜强大的乡族面前日渐萎缩。②

华若碧(Rubie S. Watson)对香港新界厦村的研究也同样为我们提供了一幅宗族村落的生动图景。邓族垄断了该村的居住权。在该村的政治、经济诸方面邓族的富户们行使着支配的权力。作为地主和商人的邓成民(Teng Cheng-ming),他的堂号叫"友恭堂"(Yu Kung Tang)。"友恭堂"的势力几乎延伸到了当地的宗教、土地、市场和政治权力诸方面。"像'友恭堂'一样的宗族机构,不仅仅拥

---

① 刘守华:《墟市、宗族与地方政治》,《中国社会科学》2004年第6期。
② 郑振满:《明清福建沿海农田水利制度与乡族组织》,《中国社会经济史研究》1987年第4期。

有宗教和经济的维度，而且还有政治的维度。"①

在宗族乡村的地方文化操演中，大族的力量同样扮演着主导性的角色。萧凤霞研究的广东小榄"菊花会"给我们提供了一个生动的例子。小榄镇的社会生活和地方政治由当地何、李、麦三个大族把持。在"菊花花"举办期间，还举行模仿科考的"菊试"，以及赋诗作画的"菊社"等活动。当地的士大夫们竭力展示自己的风雅和精英式文化。而每次节庆都是轮流在各大族的祠堂内或前举行。小榄的大族们垄断了地方的文化活动，直到社会发生了结构性的变迁。②

以上我们较为简略地从社会生活的诸方面考察了宗族组织在宗族乡村的支配性作用。在这种类型的乡村社会中，社会运转主要是围绕着宗族组织而进行的。在宗族乡村发展出来的学术理论，我们不妨称之为"宗族乡村模式"。这种理论范式自林耀华、葛学溥和弗里德曼以来基本上支配了人类学中国研究的发展方向。且给人一个假象，以为中国社会不分时间和空间，宗族组织在地方社会中都是支配性的力量。我们通过对关中水利社会的考察，发现这种理论模式并不能解释该地区的实际情况。由此引发我们对该问题的一个延伸性的思考，即在"宗族模式"之外来重新审视中国乡村社会的多样性问题。

"社会组织"是人类学的"大问题"（large issue）研究之一③由来已久。根据个体选择的自由度来区分，一般分为"自愿组织"和"非自愿组织"两种。人类学家里弗斯（W. H. Rivers）在"简单社会"中发现了社会组织的多种形态，主要有亲族、兄弟会、秘密结社、职业"社会"、阶级和政权。④换言之，除了非自愿的血缘组织外，还有许多自愿组织在社会中发挥其作用。

---

① Watson, Rubie S., *Inequality among Brothers: Class and Kinship in South China*, Cambridge: Cambridge University Press, 1985, p. 88.
② [美]萧凤霞：《传统的循环再生——小榄菊花会的文化、历史与政治经济》，《历史人类学学刊》2003年第1卷第1期。
③ Eriksen, Thomas H., *Small Places, Large Issues: An Introduction to Social and Cultural Anthropology*, London: Pluto Press, 1995.
④ [英]里弗斯：《社会的组织》，胡贻谷译，商务印书馆1940年版。

具体到中国社会而言，在强大的"宗族模式"主脉络展开过程中，已有学者注意到了中国社会的多样性问题，而他们的声音被重视的程度并不够。施坚雅在反思自己的"市场"模型后，指出"高于村这一级的地方组织是个非常复杂的问题。最近十年来出版的论著表明，标准集市体系的内部结构，要比施坚雅《中国农业的市场和社会结构》一文里所说的多变、有趣。低于标准集市共同体这一级的村外地方体系，由支系较多的大宗族、水利会、庄稼看守结社（看青会）、政治仪式联盟（花样繁多，其中有社和乡）组成，此外还有特定神祇和坛庙的辖区。其中许多（假如不是大多数）是显示一个以上组织原则的综合会社。"[1] 桑高仁（P. S. Sangren）[2] 在一篇重要文献中讨论了在亲属之外（beyond kinship）来重新观察中国传统社会的合作问题。虽然他的本意是要指出非亲属组织与亲属组织的同构性，但启发我们注意到了中国社会组织的多样性问题。他说："尽管讨论的焦点集中在宗族和神明崇拜团体，但手法同样适合同乡会、商会、同学会，以及其它中国人的社会团体。"

在一本讨论中国地方精英与支配模式的论文集中，编者的观点对我们思考该问题也有莫大的助益。西方汉学界在过往的研究中把注意力都集中到了"绅士"的身上，认定中国社会是一个"绅士社会"。在论文集的作者看来，用"地方精英"代替"绅士"可能更能说明中国社会的实情。"所谓地方精英，根据周锡瑞和兰金的定义，指的是在地方舞台上（指县级以下）施加支配的任何个人和家族，这些精英往往比士绅的范围要广泛得多，也更具有异质性，既包括有功名的士绅，也包括韦伯论述过的地方长老，此外还有各种所谓'职能性精英'（functional elite），如晚清的士绅—商人、商人、士绅—经纪，以及民国时代的教育家、军事精英、资本家、土匪首领等。"[3] 编者周锡瑞（J. W. Esherick）和冉枚烁（M. B. Rankin）根据施坚雅的区域模型把地方精英的多样性与中国地区差异联系起来，

---

[1] ［美］施坚雅：《中华帝国晚期的城市》，中华书局 2000 年版，第 415 页，注 48。
[2] Sangren, Steven, "Traditional Chinese Corporations: Beyond Kinship", *Journal of Asian Studies*, 1984 (3), pp. 391–415.
[3] 李猛：《从"士绅"到"地方精英"》，《中国书评》1995 年第 5 期。

类分了长江下游的精英、东南部精英、华北精英、长江中上游的精英、外围地带精英（local elites in peripheral zones）和边疆精英（frontier elites）[1]。

在汉语学界，秦晖[2]已觉察到"宗族模式"解释的限度。根据近年出土的历史资料，他发现在汉唐间湖南长沙地区 143 个聚落都是杂姓村落，单姓村寥寥无几，或者说几乎就没有。因此，他认为传统主流观点认为中国乡村社会是一个由宗族主导的自治单位于此便失去了解释的效度。相反，是国家力量通过编户齐民的方式在统治着乡村社会。秦晖虽然注意到了"宗族模式"的限度，但他笼统地认为整个中国都是国家力量在起宰制性作用，社会力量软弱无力，却忽视了在某些地区特别是华南地区确实存在宗族组织在地方上所起的主导性作用。施坚雅的区域模型对解答这个问题具有较大的参考意义。相对来说，华北地区的宗族势力要比华南地区微弱得多，除去国家力量不加以考虑外，在华北地方社会上起作用的还有许多非血缘性的民间组织，这些民间组织可能代替了宗族组织的许多社会功能，或者说存在宗族组织的地方，这些社会功能可能是由宗族组织来完成的。

郑起东对 1949 年以前的华北农村社会结构做了较详细的研究，认为："在华北地区，由于战乱以及大规模的人口迁徙，以及农村家庭的小型化，造成了宗族的分散。因此，宗族组织已不是农村社会组织的主要形式，取代宗族组织的是各种各样的自治组织、自卫组织、互助组织、文化组织和宗教组织。这些组织既相对独立，又互相包容。自治组织是各种农村社会组织的基本内核，如青苗会，对内作为自治组织，甚至代行行政组织的职能；对外则演变为自卫组织（如联庄会或红枪会）。"[3] 他还对这些组织形式从功能上做了较详细的分类：

---

[1] Esherick, Joseph W. & Mary B. Rankin, eds., *Chinese Local Elites and Patterns of Dominance*, Berkeley & Los Angeles: University of California Press, 1990, Introduction.

[2] 秦晖：《传统中华帝国的乡村基层控制：汉唐间的乡村组织》，载《中国乡村研究》第 1 辑，商务印书馆 2003 年版。

[3] 郑起东：《转型时期的华北农村社会》，上海书店出版社 2004 年版，第 100 页。

自治组织：青苗会
自卫组织：连庄会、枪会、民团
互助组织：婚丧互助组织、生产互助组织、生活互助组织
教育组织：书院、社学、义学、私塾、学堂
娱乐组织：庙会、秧歌会、灯会、迎神会
宗教组织：正统宗教组织、香会、佛堂、善会等①

华北实地调研的先驱甘博（Sidney D. Gamble）在 *North China Villages： social，political，and economic activities before 1933*② 一书中更以人类学的视角对华北诸省的乡村社会作了敏锐细致的观察，特别是村庄的社会组织。在他看来，"会"（associations）是华北乡村的主要组织形式。这些"会"从类型上来说主要有三大类，一是一般性的会（general associations），这种类型的"会"关心村庄的所有利益，如"青苗会"（Green Crop Associations）和后来的"义会"（Public Associations）；二是特殊的会（Specific Associations），这些"会"是独立的群体，有自己的领头人、财政、计划和为某种服务而被组织起来，如为纯粹的宗教目的、看青、水利或谷仓的维修等；三是混合性的会（Compound Associations），这种会由许多半独立的组织所组成，而半独立的组织一般是建立在边界或氏族（clan）的基础上的。有许多事务是这些半独立的组织所处理不了的，所以它们要联合在一起。村民们把高一级的群体叫"大会"，低一级的叫"小会"。另外，他还从会的规模上也进行了类分，一是"大会"（Large Associations），"大会"有三种类型，第一是事实上存在，但没有名称，第二是有明确的组织，但没有明确的名称，第三是在名称中有宗教含义，如"青龙社"（Green Dragon）和"龙洞社"（Dragon Cave）；二是"小会"（Small Associations），小会的种类比

---

① 郑起东：《转型时期的华北农村社会》，上海书店出版社 2004 年版，第 100—102 页。

② Gamble，Sidney D.，*North China Villages：Social，Political，and Economic Activities before 1933*，Berkeley & Los Angeles：University of California Press，1963.

如有氏族、边界和宗教性的。① 甘博重点研究了华北地区主要也是最重要的社会组织"看青会"。②

"看青会"又叫青苗会、义坡会（或公看义坡会）、守望社等。"青苗会"一词最早出现在清嘉庆年间，19世纪后半期开始遍布华北各乡村。"青苗会"虽为一自治组织，却为官府所承认。日本学人旗田巍对青苗会的起源、发展及性质做过详细探讨。他认为，青苗会的发展有四个阶段：第一，没有必要看青的时代。在生活安定的时期，村中没有盗窃之人，所以便没有看青的必要；第二，农家各自看青的时代；第三，光棍土棍私人看青的时代；第四，村民协同看青时代。③

青苗会在发展过程中，逐渐从单一的组织转换为一个多极组织，涉及村庄的各种事务。凡本村种地的一般都是其会员，甚至外村在本村种地的都要加入。所有的公共费用也是由种地的人负担，按地亩平均分摊。当然，村庄的公共活动不只是看青，宗教生活在村里也是一项重要的活动。这种活动的组织力量，有的与青苗会合并，由青苗会兼管。有的虽另立组织，但仍属青苗会的一部分。此外，村里修筑道路、建筑桥梁、疏通沟渠、设置堤坝，以及修庙塑像、筑垒村围、栽种树木、设立义冢等公共事务，都要借助青苗会的组织力量。民国以后，青苗会的作用日渐扩大，在河北清河，青苗会的任务不仅看青，而且为农村生活中心，凡政治、教育、经济及宗教等，无一不受其支配；黄土北店的乡村组织，以青苗会最为基本，学校、村公所、保卫团，均在青苗会的卵翼之下。私塾时代，家长拿学费，改为学校后，即由青苗会承办，从地亩钱内征收，学校既由青苗会承办，所有董事即由会首之中派出。保卫团的每班班长均为青苗会的会首。④

北方地区的自治组织和自卫组织在乡村社会生活中占有如此重

---

① Gamble, Sidney D., *North China Villages: Social, Political, and Economic Activities before 1933*, Berkeley & Los Angeles: University of California Press, 1963, pp. 32–44.
② Ibid., pp. 68–103.
③ 郑起东：《转型时期的华北农村社会》，上海书店出版社2004年版，第102—103页。
④ 同上书，第105—107页。

要的地位，当与频繁的社会动荡和经济的衰败有密切的关系。关中地区同样出现了类似"青苗会"的庄稼看护组织。在清同治年间西北回汉族群关系紧张时期，为了防止回民的羊群啃吃庄稼，当地的汉人组织起了"羊头会"，意为打死啃吃庄稼的羊并将其头挂在树枝上示众。"羊头会"在后来的回汉冲突中转换为一个抵抗组织。①

讨论至此，我们不应忽视另外一种民间组织在乡村社会生活中的作用，即秘密会社。把这个问题提出来讨论，与人类学过往研究重视该问题不够有关。秘密会社作为一支未公开的组织力量，在中国各地的乡村社会普遍存在。因其"反秩序"的性质而得不到合法化。但在历史的脉络中却经常在隐蔽与公开的两极来回游荡。有时可能会是新秩序的创立者。在一本论文集中，论者对中国历史上 (1840—1950) 的秘密会社与大众运动做了出色的研究。② 巴博德在台湾水利社会中发现，当地的社会群体也包括那些被组织起来的"偷水者"③。在华北地区，青苗会要防止的就是偷窃庄稼的人，而这些人也有自己的组织。一位社会学者对20世纪30年代华北某村的这种秘密组织做了详细的记录：

名称：贼社

会员：不分贫富，只要对本社目的同意者，即可为会员

会费：每人一元作为买器械用

组织：会员二十人为限额，推举会长一人，总管本社一切事务；司账先生一人，专管收入与支出款项；打杂或买办二人，专管购买器械和卖青。其余社员应听社长指挥偷青。他们还有誓词："凡我社员，要同安乐，同辛苦，同生同死，一致对敌，绝无反悔，此誓。"

---

① 马长寿：《同治年间陕西回民起义历史调查记录》，陕西人民出版社1993年版。

② Chesneaux, Jean ed., *Popular Movement and Secret Societies in China*, 1840－1950, Stanford：Stanford University Press, 1972.

③ Pasternak, Burton, *The Sociology of Irrigation：Two Taiwan Villages*, in *Economic Organization in Chinese Society*, W. E. Willmott ed., Stanford：Stanford University Press, 1972.

这个贼社从组织以来,有十五个人加入,社长是歪嘴刘。社员中不全是贫家子弟,也有财主家的孩子,被他们引诱。因为入了此社将来可以发财赚钱,大家在一块吃酒捞肉,年轻的子弟谁不愿干呢?尤其是那些穷家子弟,在世界上活着也是受罪。那些富家子弟,因为每日在帝国主义式的家庭里,想是不得自由,还是入了这个社好,有吃有穿,多么快乐呀。

工作:因为他们的组织很秘密,没有人知道。在六月二十那天,规定在夜间去偷青,到了晚上十一点,那社长歪嘴刘率领十位会员,都持着红缨枪并带着镰刀、担子和绳子去偷青。当时看大坡者也是持着红缨枪的,不过他没有想到来了这么多人,就被他们包围了。这看大坡者叫霍六,只好听其自然。他们将他的嘴用布塞满,不使其发声,用麻绳捆牢他的身体四肢,使他不能动作。于是他们不慌不忙地割了一亩半谷子,有时间的限制,在天亮前就得挑出去,挑到他们早约定好的地方去卖。事先已同另村的流氓接洽好了,算是卖给他们。其中有他们的扣头。约会好在某十字路口交换,当时估价,说好几天给钱,把钱交给谁家,到某村某地去取。取了钱来大家再分,社长分得多点。

他们在那偷青的时候,都画上鬼脸子,恐怕看大坡者认出他们是本庄人,若事发了,定然送官的。并且不给看大坡者霍六说话,恐怕霍六分辨出他们的声音来。

当着他们把谷子挑走了,就把霍六放开,他早已麻木无知了。等他们走了好多时候,他渐渐地才醒来,把嘴中塞的布掏了出来,抬头一看,财主刘成的二亩谷子快割没了。只好叹一口气,慢慢地走回来报告地主刘成。把经过情形说了一遍,又领刘成到地里看了一回,只气得刘成说不出话来,心痛得要命。但是看到霍六身上的伤痕,也觉得难为他了,无可奈何,只好回家再想办法。①

---

① 张中堂:《一个村庄几种组织的研究》,《社会学界》1932 年第 6 卷。

在关中地区，清同治年间的回汉冲突中，当地的秘密会社"刀客"曾被地方政府合法化，以作为一支抵抗回民的组织力量。马长寿主持的社会调查为我们记录下了这件事：

三原县调查记录：

当时县长余大老爷手下无兵，很为着急，召集"哥儿"（刀客，土匪自称为哥儿们）上的宋成金想办法。宋成金招募蒲、富、临、渭的刀客几千人来三原县城，想把城内回回全部烧杀，一网打尽。但事前回回已有准备了。大部分回民男女集中在清真寺里，门口安置两尊土炮，用以自卫。五月十三日，宋成金指挥刀客包围礼拜寺。初想攻寺门，因炮火齐发，攻不能入。于是刀客在寺周围纵火，把礼拜寺烧了。烧了三天三夜，大部分回民男女都活活烧死在寺里。①

值得注意的是，以上所提及的自愿性组织，并不是说只有北方地区才存在，在华南地区已有所发现。弗里德曼在《中国东南的宗族组织》中，用了较短的篇幅讨论了华南地区的自愿性组织"会"与"众"。② 他指出"但是，在这一构架内，很显然存在着群集的空间。这些群集或者可能行使与正规的宗族体系无关的特别任务，或者在这些人当中进行调适，他们的伙伴具有相对自由的选择。换言之，这样或那样的自愿组织可能出现在村落的生活中。"③ 随后他引用了葛学溥在凤凰村的调查资料。在凤凰村，有六种不同的自愿组织：互助会、老人会、糖业会、水利会、拳会和八音会（music club）。④

---

① 马长寿：《同治年间陕西回民起义历史调查记录》，陕西人民出版社1993年版，第235—236页。
② ［英］弗里德曼：《中国东南的宗族组织》，刘晓春译，上海人民出版社2000年版，第117—121页。
③ 同上书，第117页。
④ 同上书，第118页。

而郝瑞对台湾一个非宗族村"犁舌尾"（Ploughshare）的实地研究，让我们更直观地了解到一个没有宗族组织的村庄其社会运转的机制如何。位于台北附近的犁舌尾，其社群关系有以下几个特点：一是合作群体不重要，主要体现在没有宗族和缺乏合作群体；二是双边关系很重要，主要体现在姻亲关系紧密，存在兄弟姐妹会，没有以前就存在的纽带。基于这种社会关系，犁舌尾的社会运转靠的是家庭组织和宗教组织来带动和牵引。郝瑞还对社会组织产生的原因进行了探讨，他认为出现什么样的社会组织，端看社会经济的"情景"（context）而定。[1]

同样，在北方地区也有大族的存在，比如甘肃的孔族[2]，陕北的马族[3]以及历史上直隶永平地区的王族。[4]

在此要强调的是，这样一种社会力量的配置和社会架构的形成，当是历史、政治、经济和文化等多种因素合力的结果。我们从区域性的视角出发，需要注意的是这些社会组织在地区中的主次作用。换言之，在某区域可能非自愿组织和自愿组织都存在，但它们在地方社会中所发挥的作用有大有小。或者说在村落一级的范围内，两种组织类型可能会缺少其中的一种，那么另一种组织就会起着完全支配性的作用。

人类学的汉人乡村社会研究，过去一直受到"宗族模式"的支配和影响，学术历程发展至今，已取得了丰硕的成果，而其局限性

---

[1] Harrell, Stevan, *Ploughshare Village: Culture and Context in Taiwan*, Seattle: University of Washington Press, 1982.

[2] Jing, Jun, *The Temple of Memories: History, Power, and Morality in a Chinese Village*, Stanford: Stanford University Press, 1996.

[3] Rawski, Evelyn S., "The Ma Landlords of Yang-chia-kou in Late Ching and Republican China", *Kinship Organization in Late Imperial China 1000–1940*, Patricia B. Ebrey & James L. Watson eds., Berkeley & Los Angeles: University of California Press, 1986；罗红光：《不等价交换》，浙江人民出版社2000年版。

[4] Naquin, Susan, "Two Descent Groups in North China: The Wangs of Yung-ping Prefecture, 1500–1800", *Kinship Orangization in Late Imperial China 1000–1940*, Patricia B. Ebrey & James L. Watson eds., Berkeley & Los Angeles: University of California Press, 1986.

也日渐显露出来。仅就南方而言,"宗族模式"也不能完全成立,遑论社会文化差异较大的北方地区。因此,"非宗族"的观察视角作为"宗族模式"的延伸当是一个必然的发展方向。

(四)总结:组织参与的置换逻辑

社会组织在各地的多样化呈现是由不同原因造成的。总体上来看,社会组织的差异性主要表现在空间和时间两个维度上面。就空间而言,其包含的内容主要有生态环境以及在此基础上人们的生计方式,这两个要素决定了不同民族的社会组织在空间上的变化。就时间而言,居住在某个空间地域的民族在历史过程中因政治经济以及生态变迁导致组织在实践过程中发生变化。不同的民族在时空二维所呈现的组织多样性,无疑归属于该民族的整体文化系统,因而是一种文化的组织。比如,在广大的汉人地区,北方和南方的社会组织就有一定的差异,整体上看,北方的宗族组织相对较为弱小,非亲属的会社较为强大,如西北和华北的青苗会基本上行使了乡村的多重职能,也是整合人群的组织机制。而在东南和华南宗族组织则相对较为强大,单姓村在乡村社会格局中占支配地位。人类作为群居物种,总是要依赖不同的组织来引导社会的运转,这些组织包括从最基本的单位家庭一直到庞大的国家,但这些组织在每一个民族中并不是完备的出现,如有的民族尚未建立国家,那么引导他们的就是中间级别的亲属和非亲属组织。建立了国家的民族,在国家管理之外,也还有各种的中间级别的组织在发挥作用。当然,强调差异性并不是否认不同民族在组织上的一致性,比如民间宗教组织、年龄组、互助会等中间级别的组织在许多民族都存在。如果"宗族乡村"与"非宗族乡村"可以涵括整个中国乡村社会的实情,那么怎样对这种实情进行解说呢?作为最后结论部分,本文试探性地回答这个问题。

正如论文主体部分的分析和讨论,在某一个空间场域,从理论上说各种社会力量,包括国家和自愿性、非自愿性的民间组织,都有可能在场而发挥作用。但因"情景"的限定,这些力量可能并不会都到齐,另一种可能是在全体在场或部分在场的情况下,这些力量因情景性而有强弱主次之别。于是,在牵引社会运转的时候,各种组织会因力量的大小,而参与到不同的事务之中;同样,当某种组织不在场时,会给其他组织留下生长的余地,从而填补遗留的空间,以满足社会的需要。这个分析可以概括为"组织参与的置换逻辑"。其价值在于能说明复杂多样的社会结构和社会运转的时空性差异。